Die Mediengesellschaft und ihre Opfer

Nikolaus Jackob

Die Mediengesellschaft und ihre Opfer

Grenzfälle journalistischer Ethik
im frühen einundzwanzigsten Jahrhundert

Bibliografische Information der Deutschen Nationalbibliothek
Die Deutsche Nationalbibliothek verzeichnet diese Publikation
in der Deutschen Nationalbibliografie; detaillierte bibliografische
Daten sind im Internet über http://dnb.d-nb.de abrufbar.

Umschlaggestaltung und Lichtbildwerk:
© Olaf Gloeckler, Atelier Platen, Friedberg

ISBN 978-3-631-77717-6 (Print) · E-ISBN 978-3-631-77718-3 (E-PDF)
E-ISBN 978-3-631-77719-0 (EPUB) · E-ISBN 978-3-631-77720-6 (MOBI)
DOI 10.3726/b15042

© Peter Lang GmbH
Internationaler Verlag der Wissenschaften
Berlin 2018
Alle Rechte vorbehalten.

Peter Lang – Berlin · Bern · Bruxelles · New York ·
Oxford · Warszawa · Wien

Das Werk einschließlich aller seiner Teile ist urheberrechtlich
geschützt. Jede Verwertung außerhalb der engen Grenzen des
Urheberrechtsgesetzes ist ohne Zustimmung des Verlages
unzulässig und strafbar. Das gilt insbesondere für
Vervielfältigungen, Übersetzungen, Mikroverfilmungen und die
Einspeicherung und Verarbeitung in elektronischen Systemen.

Diese Publikation wurde begutachtet.

www.peterlang.com

*Für meine Familie
und Erich Lamp*

Inhaltsverzeichnis

Einleitung 9

Erstes Kapitel: Der Fall „*Sebnitz*" (2000) – oder die Frage,
wie Herdentrieb und fehlende Satzzeichen zu einem
GAU führen können 31

Zweites Kapitel: Der Fall „*Sibel Kekilli*" (2004) – oder
die Frage, ob Häme und Feixen journalistische
Haltungen sein sollten 51

Drittes Kapitel: Der Fall „*Winnenden*" (2009) –
oder die Frage, ob Gewaltopfer mehr Schutz
und Täter weniger Anerkennung verdienen 61

Viertes Kapitel: Der Fall „*Robert Enke*" (2009) –
oder die Frage, welche Verantwortung Journalisten
für Selbstmorde tragen 77

Fünftes Kapitel: Der Fall „*Jörg Kachelmann*" (2010) – oder
die Frage, ob Journalisten auch Ankläger und Richter
in Personalunion sein sollten 93

Sechstes Kapitel: Der Fall „*Christian Wulff*" (2011–2012) –
oder die Frage, wo gerechtfertigte Politikkritik aufhört
und eine mediale Treibjagd anfängt 125

Siebtes Kapitel: Der Fall „*Uli Hoeneß*" (2014) –
oder die Frage, ob auch geständige Sünder
Achtung verdienen 157

Achtes Kapitel: Der Fall „*Sebastian Edathy*" (2014) –
oder die Frage, ob der Medienpranger
den Rechtsstaat untergräbt
Gastbeitrag von Tanjev Schultz 171

Neuntes Kapitel: Der Fall „*Germanwings 4U9525*" (2015) – oder die
Frage, wie man auch über schlimmste
Ereignisse angemessen berichten kann 189

Zehntes Kapitel: Der Fall „*Kölner Silvesternacht*" (2016) –
oder die Frage, wie wichtig die Herkunft eines Täters
für eine wahrhaftige Berichterstattung ist 211

Elftes Kapitel: Exkurs: „*Die Finanzkrise im Spiegel*" –
oder die Frage, wie die Sprache von Journalisten
Krisen befeuern kann 225

Zwölftes Kapitel: Exkurs: „*Das Interview als Verhör*" –
oder die Frage, wie man mit Interviewfragen
das Trennungsgebot aushebeln kann
Gastbeitrag von Bernd-Peter Arnold 255

Dreizehntes Kapitel: „Gewaltbilder" in den Medien
und die Frage, was Journalisten zeigen sollten
und was besser nicht 265

Zusammenfassung 271

Fazit 283

Einleitung

Auf Einladung des Schauspielhauses Dresden hielt *Zeit*-Chefredakteur Giovanni di Lorenzo am 28. Februar 2016 eine vielbeachtete Rede.[1] Vor dem Hintergrund der zuletzt lauter gewordenen Kritik an den etablierten Medien in Deutschland bekundete er seine Besorgnis um den Ruf des Journalismus und übte freimütig Selbstkritik:

> „Im Wettbewerb um die Aufmerksamkeit des Lesers oder Zuschauers liefen viele Medien immer heißer. Der Übermut wandelte sich in eine Skandalisierung und Boulevardisierung der Berichterstattung auch in bis dato seriösen Medien um. Die Sensationen überschlugen sich: Kachelmann soll vergewaltigt haben! Guttenberg hat abgeschrieben! Wulff ist bestechlich! Schavan hat ebenfalls plagiiert! Hoeneß hat Steuern hinterzogen! Alice Schwarzer auch! Edathy guckt Kinderpornos! [...] Die Erregung ging bis in die absurdesten Details: Im Fall Christian Wulff beispielsweise stellte ein wichtiger Verlag ganz offiziell die Anfrage: Trifft es zu, dass Christian Wulff bei der Schülerratswahl an seinem Gymnasium in Osnabrück Schüler der Unterstufe mit After-Eight-Schokolade kaufen wollte?"

Di Lorenzos Zitat enthält eine ganze Reihe von Fallbeispielen, die auch in diesem Buch eine zentrale Rolle spielen und an denen man tatsächliche Fehlleistungen von Journalisten ebenso wie zentrale Kritikpunkte von Medienkritikern festmachen kann. Für den *Zeit*-Chef liegt ein zentrales Problem darin, dass die Medien vielfach zu hysterischen Übertreibungen neigen, in ihrem moralischen Furor Opfer erzeugen und am Ende daran mitwirken, dass das Vertrauen in sie und andere Institutionen sinkt:

> „Wenn wir Menschen derart auf den Prüfstand stellen: Wer ist dem gewachsen? Wer von uns wäre es? So ein Blick auf die Gesellschaft zeugt nicht von einem moralischen Kompass, es ist im Gegenteil die Neuauflage des mittelalterlichen Prangers. Ich finde, wir machen es uns als Medien bei der Unterteilung der Welt in 'gut' und 'böse' oft viel zu einfach und folgen damit auch dem Wunsch nach hochschießenden Klickzahlen oder dem reißenden Abverkauf am Kiosk, statt ein Gegengewicht zu bilden zu der Hysterie, die sich im Netz aufbaut. Ist es wirklich das, was wir als Aufgabe der 'vierten Gewalt' verstehen wollen? Ob die Vorwürfe – wie in vielen der genannten Fälle – berechtigt waren, oder, wie sich später herausstellte, in manchen unberechtigt: Wimmelt es in Schlagzeilen nur so vor Ausrufezeichen, kommt die Berichterstattung bereits einer Verurteilung gleich. Da kann es nicht ernsthaft überraschen, dass das Misstrauen und die Häme, die wir beständig gesät haben, nun auf uns selbst zurückfallen. Wir sollten uns also dringender denn je fragen, welche Rolle wir als Journalisten in dieser Gesellschaft spielen wollen. Wollen wir Aufregung erhöhen, Treibjagden anheizen und Hysterien schüren? Oder das genaue Gegenteil davon tun, wofür ich dringend plädiere? [...] Die ständige Skandalisierung auch aus nichtigem Anlass entpolitisiert

auf Dauer Gesellschaften. Sie stößt mehr ab, als dass sie Bindung zum Medium aufbaut. Vor allem aber: Sie verwischt zunehmend den Unterschied zwischen Wichtigem und Unwichtigem, sie führt zur fatalistischen Grundhaltung 'Es ist alles schlecht.'"

Diese Analyse deckt sich durchaus mit dem, was die wissenschaftliche Medienkritik seit Jahrzehnten moniert – auch und gerade die Studien des *Mainzer Instituts für Publizistik*. Analysen zur Wirkung der Massenmedien zeigen seit den 1970er Jahren, dass die mediale Darstellung der Wirklichkeit eine ganze Reihe dysfunktionaler Folgen haben kann, von denen einige in diesem Buch adressiert werden. Medienkritik ist folglich nichts Neues, es gibt sie schon so lange, wie es Medien gibt – und genauso alt sind Forderungen nach ethischen Leitlinien für Medien, damit sie bei der Erfüllung ihrer an sich wichtigen Aufgaben nicht Schäden am Gemeinwesen und Opfer unter seinen Bürgern erzeugen. Auch um solche dysfunktionalen Nebenfolgen ihrer Tätigkeit zu vermeiden, sollten sie – wie bereits seit dem 16. Jahrhundert gefordert wurde – „warhafftig" und „grüntlich" arbeiten, „glaubwirdige" Nachrichten verbreiten, „unpartheysch" sein, kein „Lügen-Handwerck" verrichten, ihre Berichte „confirmieren", „nicht jedwedem Geschrey" trauen und „perpetuierliche Selbstkorrektur" betreiben anstatt um des „schnöden Gewinstes" willen zu publizieren.[2]

Ungeachtet ihres historischen Alters und ihrer akademisch-feuilletonistischen Allgegenwart ist Medienkritik zuletzt zu einer Modeerscheinung avanciert. Stammten Medienkritiker in früheren Jahrzehnten zumeist aus Weltanschauungsgemeinschaften wie Kirchen, oder aus der Wissenschaft, aus der Politik und dem Journalismus selbst, scheint sich heute fast jeder zum Medienkritiker berufen. Dass dabei nicht nur sinnvolle Anmerkungen zum Wesen und den Folgen journalistischer Arbeit für Mensch und Gesellschaft herauskommen, sondern auch ungerechtfertigte, ahnungslose und infame, versteht sich von selbst. Qualität und Quantität sind nicht nur in der empirischen Wissenschaft verschiedene Konzepte. Tatsächlich weist die gegenwärtige Mediengesellschaft, wie dieses Buch zu unterstreichen beabsichtigt, unübersehbar eine ganze Reihe von zum Teil schwerwiegenden Missständen auf. Der in den letzten Jahren stetig angeschwollene Chor an Kritikern mag als oberflächlicher Indikator dafür dienen, dass Probleme existieren und einige davon Teilen des Publikums zunehmend bewusst werden. Wo Rauch ist, da ist auch Feuer.

Allerdings kann man aus dem Vorhandensein und der Art von Rauch noch nicht unmittelbar auf die Qualität des Feuers schließen: In seiner Studie *Künstliche Horizonte* aus dem Jahr 1989 zeigte Hans Mathias Kepplinger, dass die Medien u. a. Technik- und Umweltrisiken überzeichneten und eher anhand potenzieller, theoretischer Schäden evaluierten – anstatt mit Blick auf ihre Chancen und Segnungen. Dabei waren mögliche Risiken und tatsächliche Schäden von angewandten Technologien in den Bereichen Verkehr, Chemie oder Biologie nicht von den Medien erfunden worden. Medienberichterstattung entsteht nicht im luftleeren Raum, sie bezieht sich normalerweise auf Realität. Wo Rauch ist, da ist auch Feuer. Die Überzeichnungen und Fehldeutungen, die Kepplinger diagnostizierte, ließen jedoch auf ein Missverhältnis zwischen Realität und dargestellter Realität schließen – ein Missverhältnis von wahrgenommenem Rauch und vermutetem Feuer, denn

> „[...] wo Feuer ist, muß kein Rauch sein und wo viel Rauch ist, muß kein großes Feuer sein. Die Möglichkeiten, vom Rauch auf Feuer, vom Feuer auf Rauch und von der Rauchmenge auf die Feuerstärke zu schließen, sind, wie die Alltagserfahrung lehrt, bestimmten Restriktionen unterworfen [...]."[3]

Will sagen: Wenn Medien über gesellschaftliche Zustände berichten, kann man aus den Berichten selbst nicht spiegelbildlich auf die tatsächliche Beschaffenheit der Zustände schließen. Manche Zustände werden nicht berichtet oder ignoriert – Feuer ohne Rauch. Manche werden übertrieben – wenig Feuer, viel Rauch. Manche entsprechen der Wirklichkeit – viel Feuer, viel Rauch.

Überträgt man diese Metapher auf die allgegenwärtige Medienkritik, bedeutet das: Es gibt sehr viel Medienkritik, aber das heißt nicht, dass die lauteste Kritik die richtigste ist – und dass sie die richtigen Probleme anspricht. Viel Rauch, aber wenig Feuer. Es bedeutet auch, dass es Probleme gibt, die in der Öffentlichkeit kaum diskutiert werden – großes Feuer, aber wenig oder gar kein Rauch. Vielleicht trifft letzteres auch auf den inflationär verwendeten Kampfbegriff der *Lügenpresse* zu, der seit etwa 2015 in Mode kam. Hier gab es viel Rauch, aber vermutlich steckt sehr wenig Feuer dahinter. Der Begriff greift – sieht man von seinem propagandistischen Hintergrund ab – mindestens in zweifacher Hinsicht ins Leere:

Erstens ist das Hauptproblem der dysfunktionalen Auswirkungen journalistischer Arbeit in der modernen Gesellschaft nicht die manifeste Lüge – das gilt beispielsweise auch für Skandale, wie Kepplinger ausführt:

> „Bei Skandalen wird die Wahrheit meist nicht deshalb verfehlt, weil Journalisten lügen. Die Wahrheit wird verfehlt, weil die Wortführer und ihr Anhang bedingungslos an die Richtigkeit ihrer Sichtweisen glauben, weil sie in diesem Glauben Übertreibungen im Interesse der guten Sache hinnehmen, die sie normalerweise ablehnen, und weil sie aus dem gleichen Grund Fakten diskreditieren, die ihnen sonst heilig sind."[4]

Hier wie auch in anderen Berichterstattungskontexten, seien es Krisen oder Konflikte, liegen die Probleme meist woanders: im Auslassen von Details und alternativen Blickwinkeln, im Hochspielen bevorzugter Sichtweisen, in der zunehmenden Skandalisierung und dem Negativismus der Berichterstattung, die in wellenartigen Hypes kulminieren, in Kampagnen gegen Persönlichkeiten aus Politik, Wirtschaft oder Show-Business, in der Schwarzmalerei, was die gesellschaftlichen Zustände und die Zukunft angeht, und darin, dass die Mediengesellschaft in ihrer heutigen, hysterischen Verfassung unentwegt Opfer produziert, von denen sich viele nicht wehren können oder sich nicht trauen, sich zu wehren.[5] Gelogen im wörtlichen

Sinne wird hier in den allermeisten Fällen nicht, viele der dysfunktionalen Effekte von Medienberichterstattung entstehen unbewusst und unbeabsichtigt. Doch dazu später mehr.

Zweitens adressiert der Begriff Lügenpresse die falschen, sind es doch die überregionale Qualitätspresse und zum Teil auch die Lokalpresse, die unter den verschiedenen medialen Grenzgängern im Vergleich seltener als Sünder auffallen. Hier arbeiten viele professionelle Journalisten unter zunehmend schwieriger werdenden (ökonomischen) Bedingungen im Kontext klassischer journalistischer Aufgabenverständnisse wie „Berichten, was ist", „Hintergründe vermitteln", „verschiedene Standpunkte darstellen", und „an der Meinungsbildung mitwirken" – mit kritisch-distanziertem, aber insgesamt konstruktivem Habitus. Die Probleme – die wahren Feuerstellen – liegen auch hier zumeist woanders: auf dem „Boulevard", im Internet, zum Teil im Fernsehen, auch in politischen Magazinen. Was nicht heißt, dass nicht auch die Flaggschiffe der Qualitätspresse gehörig daneben liegen können. Doch auch dazu später mehr.

Im medienkritischen Grundrauschen der letzten Jahre ging viel durcheinander. Wissenschaftlich fundierte und inhaltlich gerechtfertigte Kritik stand bisweilen widerspruchslos neben verschwörungstheoretischen Anwürfen und glatter Propaganda. Doch Kritik und Geschrei, Skepsis und Zynismus sind verschiedene Dinge. Den Autor dieses Buches trieb bei der Entwicklung der *Mainzer Langzeitstudie Medienvertrauen* u. a. die Frage um, was die Bürger für die wichtigsten Kritikpunkte an den Medien halten (Abbildung 1)[6]: So sagten 2016 beispielsweise 50 Prozent der Deutschen, dass die Medien „lieber Experten, die zu ihrer Berichterstattung passen, als Experten, die ihnen widersprechen" zitieren. 46 Prozent der Befragten waren überzeugt, dass „viele politische Skandale von den Medien übertrieben dargestellt" werden. 35 Prozent meinten, dass „neutrale Berichterstattung und wertende Kommentare [...] oft vermisst" werden. Keiner dieser Aussagen würde die empirische Journalismusforschung widersprechen. Viele Studien zeigen daneben auch, dass ökonomische Krisenlagen, gesundheitliche Risiken und schwere Kriminalität vielfach übertrieben dargestellt werden. Hinter solchen Befunden stecken Jahrzehnte seriöser Forschung, z. B. im Rahmen von Fallstudien, Inhaltsanalysen und Intra-Extra-Media-Vergleichen.[7] Diese Art von Medienkritik firmiert u. a. unter wissenschaftlichen Forschungstraditionen wie „Journalismusforschung", „News Bias-Forschung" oder „Nachrichtenselektionsforschung", „Risikokommunikation" und „Politische Kommunikationsforschung". Und es ist diese Art von zutreffender, eher skeptischer, empirisch unterfütterter Medienkritik, die *gerade nicht* den grundlegenden Tenor des *Lügenpresse*-Hypes der letzten Jahre prägte.

Abbildung 1: Wissenschaftlich fundierte und nicht fundierte Medienkritik (%)

Frage: „Denken Sie nun bitte noch einmal an die etablierten Medien in Deutschland zurück, also an die großen Fernsehsender und Zeitungsverlage. Diese werden ja im Augenblick viel kritisiert. Wir haben einmal eine Reihe von Kritikpunkten aufgelistet, was denken Sie, welche dieser Kritikpunkte treffen Ihrer Meinung nach zu, welche treffen nicht zu?

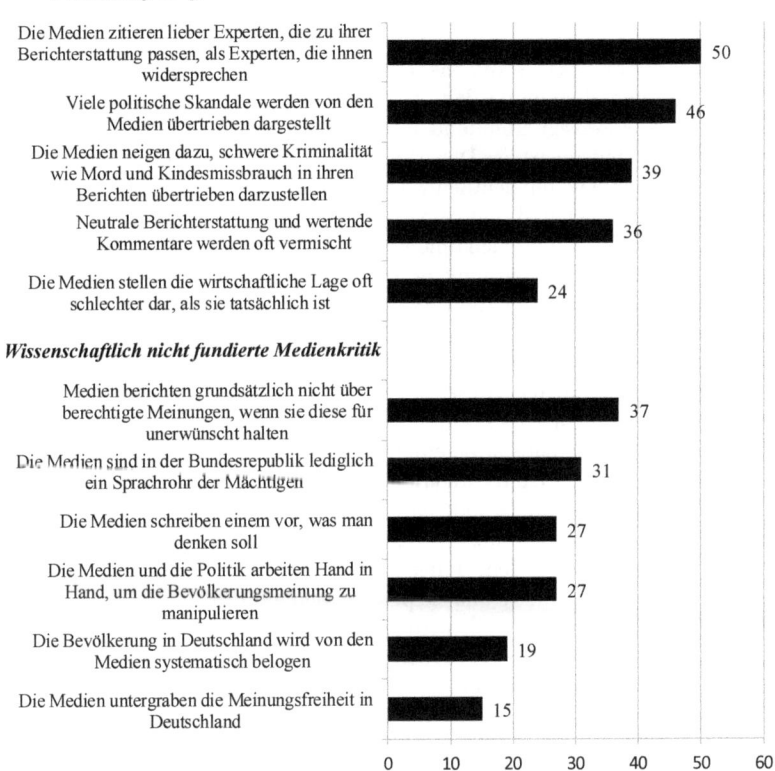

Telefonische Befragung im Oktober/November 2016, n=1200, repräsentativ für die deutsche Bevölkerung ab 18 Jahren; hier ausgewiesen: Befragte, die den jeweiligen Aussagen zustimmten.

Letzterer war eher von Aussagen geprägt wie: „Die Bevölkerung in Deutschland wird von den Medien systematisch belogen" – 19 Prozent der Deutschen teilten diese Ansicht im Jahr 2016. Oder: „Die Medien untergraben die Meinungsfreiheit in Deutschland" – hier waren es nur 15 Prozent. Oder: „Die Medien arbeiten Hand in Hand, um die Bevölkerungsmeinung zu manipulieren" – immerhin 27 Prozent Zustimmung. Diese Vorwürfe waren es, die auf Straßen, im Internet und in Talkshows zu hören waren. Hier schwelte, um Kepplingers Metapher aufzugreifen, dichter, schwarzer Rauch. Doch es war nicht das, was die Mehrheit dachte. Und bereits ein Jahr später fanden solche Vorwürfe weit weniger Anhänger als im Jahr zuvor: Die Zustimmung zur Aussage, dass die Medien die Bevölkerung systematisch belügen, sank von 19 auf 13 Prozent, die Zustimmung zur Aussage, dass Medien und Politik Hand in Hand arbeiten, um die Bevölkerungsmeinung zu manipulieren, von 27 auf 20 Prozent.[8] Auch wenn der Anteil derer zu denken geben muss, der noch 2016 den Medien unterstellte, sie würden unerwünschte Sichtweisen unterdrücken (37 Prozent), den Mächtigen nach dem Mund reden (31 Prozent) und der Bevölkerung vorschreiben, was sie zu denken habe (27 Prozent) – insgesamt schlossen sich selbst auf dem Höhepunkt des *Lügenpresse*-Hypes weit weniger Menschen verschwörungstheoretisch anmutenden oder zynischen Sichtweisen an, als man angesichts der Allgegenwart der Debatten hätte vermuten können. Skeptisch-realistische Kritikpunkte waren deutlich weiter verbreitet.

Selten wurde sachlich und rigoros nach möglichen Gründen für Kritik differenziert. Das Missverhältnis zwischen fundierten und überzogenen Kritikpunkten kam kaum je zur Sprache. Das eigentümliche an der Medienkritik der letzten Jahre war, dass eine laute Minderheit den Ton vorgab. Hier war der meiste Rauch. Die eigentlichen Probleme – die Feuerstellen aus der Metapher – kamen hingegen seltener zur Sprache: Wissenschaftlich fundierte, vielfach empirisch untermauerte Medienkritik oder die vielen zutreffenden Analysen der Medienethik wurden am Rande rezipiert, etwa in Feuilletons und in der Forschung. Viele Journalisten, Internetaktivisten und Populisten hingegen thematisierten ein Zerrbild – die vermeintliche Medienlüge.

Unterstrichen wird diese Interpretation durch die abwägende Haltung der Deutschen bei der Frage, was die Gründe dafür sind, wenn Medien offenkundig falsch berichten – eine weitere Frage, die den Autor dieses Buches seit Jahren beschäftigte. Auch hier, wohlgemerkt auf dem Höhepunkt des *Lügenpresse*-Hypes im Jahr 2016, äußerten Mehrheiten fundierte und skeptische Medienkritik, wie sie auch in Journalismus und Wissenschaft geteilt wird (Abbildung 2): 57 Prozent wussten etwa, dass der Selektionszwang selbst ein Problem ist – „Journalisten müssen auswählen, können nicht alles berichten". 56 Prozent erkannten, dass die „Welt zu komplex" ist, um umfassend abgebildet zu werden. 42 Prozent – noch immer eine relative Mehrheit – entschuldigten Fehler in der Berichterstattung mit dem allgemein bekannten Zeitmangel im Journalismus, dem Aktualitätszwang und Publikationsdruck.[9]

Nichts davon ist neu, das meiste bekannt – und die Mehrheit der Bevölkerung scheint das auch richtig einschätzen zu können. Nur Minderheiten dagegen sahen persönliches Karrierestreben als Hauptursache für falsche Berichte (20 Prozent) oder den Vorrang der eigenen politischen Ideologie vor der Wahrheit (25 Prozent). Zweifellos gibt es Journalisten, die sich in dieser Hinsicht moralisch schuldig machen, wie auch das vorgelegte Buch zeigen wird. Auch müssen die jeweils 37 Prozent der Befragten nachdenklich stimmen, die davon ausgehen, dass Journalisten „jedes Mittel recht" sei, „um ihre Beiträge zu verkaufen" und dass „Journalisten [...] sich nicht [trauen, NJ], Mächtigen auf die Füße zu treten". Allerdings spricht aus den Daten kein zynisch-despektierlicher *Lügenpresse*-Furor. Die Mehrheit spürt, dass die

Probleme komplexer sind und die Zwänge und oft auch unreflektierten Routinen, die den journalistischen Alltag prägen, einen größeren Einfluss auf das Entstehen von Mängeln haben als böse Absichten.

Abbildung 2: Gründe für Fehlleistungen der Medien (%)

Frage: „Was sind Ihrer Meinung nach die Gründe dafür, dass die etablierten Medien Fehler machen oder falsch berichten? Ich lese Ihnen im Folgenden eine Reihe von Gründen vor, bitte sagen Sie mir, ob diese Gründe ‚voll und ganz', ‚eher', ‚teils teils', ‚eher nicht' oder ‚überhaupt nicht' zutreffen."

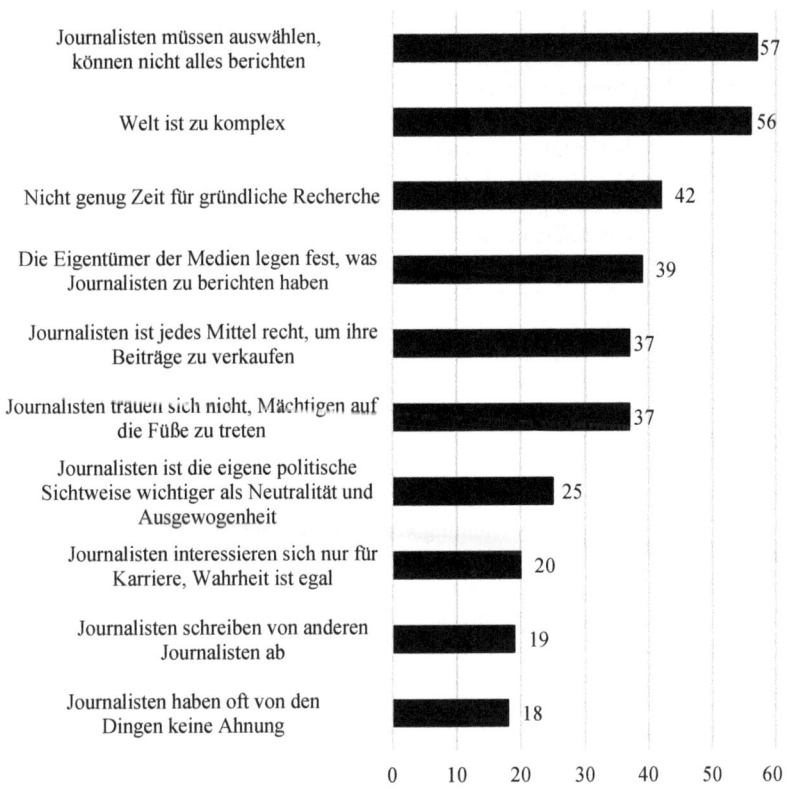

Telefonische Befragung im Oktober/November 2016, n=1200, repräsentativ für die deutsche Bevölkerung ab 18 Jahren; hier ausgewiesen: Befragte, die den jeweiligen Aussagen zustimmten.

Ist damit alles gesagt? Das Problem viel kleiner? Kann man die Diskussion um die dysfunktionalen Wirkungen der Medien ad acta legen? Mitnichten. Schon der Verdacht, dass die deutschen Medien nicht immer an der Darstellung von Wahrheit und Wirklichkeit interessiert sind, ist nicht pauschal von der Hand zu weisen. Das zeigen auch einige der Fallbeispiele in diesem Buch. Die *eigentlichen* Probleme werden in diesem Buch jedoch woanders ausgemacht. Das tatsächliche Feuer, um im Bilde zu bleiben, ist – so die Lesart dieses Buches – nicht da, wo der meiste Rauch aufsteigt. Und diese eigentlichen Probleme, wie sie von empirischer Forschung und vom medienethischen Begleitdiskurs seit langem thematisiert werden, existieren nach wie vor. Dieses Buch dokumentiert eine Fülle an aktuellem Anschauungsmaterial.

Darüber hinaus tragen, wie auch Giovanni di Lorenzo in seiner Dresdner Rede insinuierte, viele Redaktionen in Deutschland paradoxerweise eine Mitschuld an jenem vergifteten gesellschaftlichen Diskurs, der sie am Ende selbst im Vorwurf eigener Toxizität mit einschloss. Stil und Tenor der journalistischen Weltbeschreibung haben dazu sicherlich einen Beitrag geleistet: Das eigentliche Narrativ ist eines von Krise und Skandal. Nicht erst seit heute, doch zunehmend lauter, hektischer, mit höherer Schlagzahl. War beispielsweise infolge eines Rollenwechsels der Journalisten „[...] von passiven Beobachtern zu aktiven Teilnehmern am Geschehen [...] mit einem zunehmenden Machbewusstsein und Machtanspruch"[10] die Zahl der erfolgreichen politischen Skandalisierungen von den 1950er bis Mitte der 1970er Jahre weitgehend gleich geblieben, verfünffachte sie sich bis Anfang der 1990er Jahre.[11] Auch wurden Politiker immer negativer dargestellt[12], ihren wurden zunehmend zentrale ethische Persönlichkeitsaspekte wie beispielsweise Glaubwürdigkeit, Rechtstreue, Pflicht- und Verantwortungsbewusstsein sowie Prinzipientreue abgesprochen: „Sie wurde seit Mitte der sechziger Jahre zunehmend in Frage gestellt bzw. dezidiert bestritten. Die Politiker erschienen immer eindeutiger als Personen, die aus den verschiedenen Gründen kein Vertrauen verdienen."[13] In der Folge sank das Ansehen der Politik auch in der Bevölkerung, etwa bei der Frage, ob man Politikern eher Eigeninteressen oder Gemeinwohlorientierung unterstellt.[10] Und bereits die Medienberichterstattung 1970er und 1980er Jahre war von apokalyptischen Visionen, Schwarzmalerei und Negativismus geprägt. Das zeigen für die Darstellung von Technik- und Umweltrisiken die bereits erwähnten *Künstlichen Horizonte* Kepplingers und viele andere Studien zur medialen Darstellung von Wirtschaft, Politik und Technik.[11]

Die zentralen Stränge jenes journalistischen Narratives waren damals wie heute: Politiker sind unfähig und selbstsüchtig, lösen die Probleme nicht. Die Wirtschaft produziert mehr Verlierer als Gewinner, ist korrupt und nur an Eigennutz interessiert. Technik ist gefährlich, zerstört Umwelt und Individuum. Risiken sind nicht beherrschbar, das Neue ist schlecht, die Zukunft ist schwarz. Zugegeben, das ist zugespitzt. Aber es ist deswegen nicht falsch. Was die Bundesrepublik seit ihrer Gründung an Erfolg, Sicherheit und Wohlstand für die Mehrzahl ihrer Bürger abwarf, wurde von einer journalistischen Erzählung von Scheitern und Inkompetenz übermalt, die den Eindruck unlösbarer Probleme, einer dauerhaften Krise und einer zunehmenden Entfremdung immer übermächtiger werden ließ. Politische, wirtschaftliche und andere gesellschaftliche Eliten wurden in ihren Motiven und Leistungen so konstant diskreditiert, dass man bei aller Zurückhaltung von einer beträchtlichen journalistischen Mitverantwortung am sinkenden Zutrauen der Bürger in ihr Staatswesen und seine tragenden Institutionen sowie deren Protagonisten ausgehen darf.[12] Zu den problematischen Nebenfolgen einer solchen Medienerzählung zählt Hans Mathias Kepplinger folglich auch das

> „[...] besorgniserregende *Schwinden des Institutionenvertrauens*, darunter die wachsende Politikverdrossenheit in Deutschland und den USA [...]. Zwar kann man nicht schlüssig beweisen, dass die Politikverdrossenheit eine Folge dieser Skandale ist. Man kann aber ausschließen, dass die Skandalisierung der Politik [...] das Vertrauen in das politische System stärkt."[17]

Hinter dieser Besorgnis verbirgt sich ein „statistisch gesicherter Zusammenhang"[18] zwischen der Tendenz der medialen Berichterstattung und dem Bild, das die Medienrezipienten von der Wirklichkeit entwickeln. Bezogen auf die Politik bedeutet dies u.a.:

> „Je negativer die genutzten Medien Politiker und Politik darstellen, desto negativer wird im Zeitverlauf ihr Politikbild. [...] Auch für die USA belegen statistische Analysen, dass die Skandalisierung von politischen Institutionen das Vertrauen der Bevölkerung in die politischen Institutionen eher schwächt als stärkt. [...] Betrachtet man das Vertrauen in die Eliten und Institutionen als ein Anzeichen für das Vertrauen in die Selbstreinigungskräfte des politischen Systems, kann man mit großer Sicherheit ausschließen, dass die Skandalisierung von Missständen das Systemvertrauen fördert. Mit großer Wahrscheinlichkeit trifft das Gegenteil zu. Die Skandalisierung fördert eher das Misstrauen als das Vertrauen und ruft ehe resignative Apathie als kritisches Engagement hervor."[19]

Schon die Politikverdrossenheits-Debatte der 1990er Jahre zeigte: Die Medien wurden vielfach dafür mitverantwortlich gemacht, dass den Bürgern die Lust auf die Politik verging.[20] Indem er die Politik als zynischen Zirkus machiavellistischer Monster darstellte, untergrub der Journalismus in vielen Ländern des Westens zentrale Grundlagen der demokratischen Partizipationskultur.[21] Heute sehen wir möglicherweise ähnliche Wirkungen bei der Frage, ob die EU einen segensreichen Einfluss für Deutschland und den Kontinent hat – die Nachwirkungen der Berichterstattung über die Finanzkrise und das Euro-Rettungs-Management werden uns wahrscheinlich noch länger in Form von antieuropäischen Ressentiments und wachsendem Populismus begleiten. Daran haben wahrscheinlich auch die apokalyptischen Visionen mancher Medien und die Zerrbilder, die etwa der Boulevard von der Arbeit der EU und den Verhältnissen in Griechenland und andernorts zeichnete, einen Anteil. Hier wurden Ressentiments geschürt und dem wirtschaftlichen Untergang das Wort geredet – wie auch dieses Buch in Teilen zeigen wird.[22]

Aber auch der Umgang der Medien mit ihren Leistungsträgern taugt als Folie für die dysfunktionalen Wirkungen von Medienberichten über (vermeintliche) Krisen und Skandale. Dieses Buch legt den Schluss nahe: Wie beispielsweise mit Christian Wulff und Jörg Kachelmann in der Berichterstattung umgegangen wurde, ist in Stil und Ton prägend für jenen in Teilen despektierlichen, hämischen und zynischen Diskurs, der am Ende auf die Medien selbst zurückfiel. Für die Bürger sind Einzelpersonen Zugangs- und Identifikationspunkte zu den jeweiligen gesellschaftlichen

Systemen, denen sie ver- oder misstrauen.²³ Angesichts des Tenors vieler in diesem Buch dargestellten Fälle stellen sich Fragen wie: Welche positiven Auswirkungen auf das Bild der Bürger von ihrer Gesellschaft und deren Leistungsträgern kann es haben, wenn diese von den Medien systematisch als unfähig, eigensüchtig, korrupt oder kriminell dargestellt werden? Wenn kleine Fehler zu großen Krisen und schwindelerregenden Abstürzen führen – wie sensibel ist eine Gesellschaft dann noch für die wirklichen Probleme? Und welche Wirkungen haben solche Berichterstattungswellen auf die Eliten selbst und die Bereitschaft von Bürgern, gesellschaftlich zu partizipieren und Verantwortung zu übernehmen? Wenn einzelne Fehltritte dazu führen können, dass sich Häme und Spott über einen Menschen ergießen – welche Art Mensch fühlt sich dann dazu hingezogen, sich ins Scheinwerferlicht zu begeben? Was macht es mit einer Gesellschaft, wenn man als halbwegs prominente Person sicher davon ausgehen darf, dass im Zweifelsfall nichts Intimes heilig und geschützt ist? Wenn die Berichterstattung den Eindruck erweckt, dass Unbarmherzigkeit, Schadenfreude und Häme zu legitimen journalistischen Ausdrucksformen avanciert sind – und von dergleichen Affekten geprägte Umgangsformen durch die mediale Vermittlung gesellschaftlich normalisiert, ja abgesegnet werden? Was macht es mit einer Gesellschaft, in der falsche Anschuldigungen und persönliche Ehrverletzungen so regelmäßig vorkommen, dass es kaum noch auffällt – und wenn diese kaum jemals sanktioniert werden? Und wenn Opfer lebenslang stigmatisiert sind? Was macht das mit dem Gerechtigkeitsempfinden einer Gesellschaft – und wie wirkt sich das auf das Image des Journalismus aus?

Das vorliegende Buch wird diese Fragen nicht beantworten können, dafür ist rigorose Medienwirkungsforschung nötig. Worauf dieses Buch demgegenüber abzielt, ist die Vorgeschichte solcher möglichen gesellschaftlichen Wirkungen zu erzählen – anhand von Fallbeispielen journalistischer Fehlleistungen, die geeignet sind, das Zutrauen in den Journalismus und andere gesellschaftliche Systeme sowie deren Leistungsträger zu beschädigen. Medienethische Problemlagen anhand von ereignisbezogenen Fallbeispielen zu erschließen bietet sich schon aufgrund der ereignisbezogenen Struktur der journalistischen Arbeitsweise an: In der Ringvorlesung „Journalismus und Ethik" an der Freien Universität Berlin forderte der Journalist Peter von Zahn im Wintersemester 1987/88 eine journalistische Moralphilosophie, die „[…] an Hand von Fallstudien aus dem journalistischen Tagewerk unsere Augen schärfen [muss, NJ] für das, was ist und was ethische Norm sein muß oder nicht sein darf [sic!]."²⁴ Darum wird es in diesem Buch im Wesentlichen gehen. Die hier vorgestellten Fallstudien befinden sich chronologisch am Ende einer langen Reihe von kritikwürdigen redaktionellen Entscheidungen und journalistischen Darstellungen zur bundesrepublikanischen Realität. Man muss hier nicht zu ausführlich auf die grellen Schlaglichter der 1980er Jahre verweisen – die *Geiselnahme von Gladbeck*, die *Hitler-Tagebücher*, der *Fall Barschel* – um die Probleme zu exemplifizieren. Dies wurde immer wieder kompetent in der Literatur getan.²⁵ Ein zuverlässiger und aktueller Indikator für den ethischen Zustand unserer gegenwärtigen Mediengesellschaft, für die häufigsten Grenzübertretungen und das Wesen jener dysfunktionalen medialen Gesellschaftserzählung ist, die Spruchpraxis des *Deutschen Presserates*, wie auch Hans Mathias Kepplinger argumentiert: In ihr spiegelten sich die gängigsten Fehlleistungen von Journalisten in ihrem quantitativen Umfang und ihrer qualitativen Struktur wider.[26] Er schreibt:

> „Die 2011 mit Abstand häufigsten Beschwerden (69 bzw. 66 Fälle) richteten sich gegen Verletzungen von Persönlichkeitsrechten (Ziffer 8) und Verletzungen der Sorgfaltspflicht (Ziffer 2). Gegenstand der Verletzung von Persönlichkeitsrechten sind absichtliche und unabsichtliche, von den Betroffenen negativ erlebte Medienwirkungen. Gegenstände der Verletzung der Sorgfaltspflicht sind u.a. irreführende Fotos und nicht korrekt wiedergegebene Interviews. Von den Beschwerden müssen die Rügen unterschieden werden. Die Zahl der Rügen hat sich in den knapp 30 Jahren von 1986 bis 2015 fast verfünffacht. Sie ist von 5 auf 23 gestiegen."[27]

Eine nähere Analyse der Spruchpraxis des Deutschen Presserates zeigt: Seit 1986 gingen dort rund 25.000 Beschwerden ein.[28] Insgesamt 14.781 davon, also mehr als die Hälfte der bisher eingegangenen Beschwerden, erreichten die Medienselbstkontrollinstitution im Zeitraum von 2007 bis 2016.[29] Im kurzen Zeitraum der letzten ca. zehn Jahre, also auch dem Zeitraum, auf den die meisten Fälle in diesem Buch entfallen, wurden fast 60 Prozent aller Beschwerden beim Presserat eingereicht (Abbildung 3).

Abbildung 3: Übersicht über eingegangene Beschwerden von 2007 bis 2016 (n)

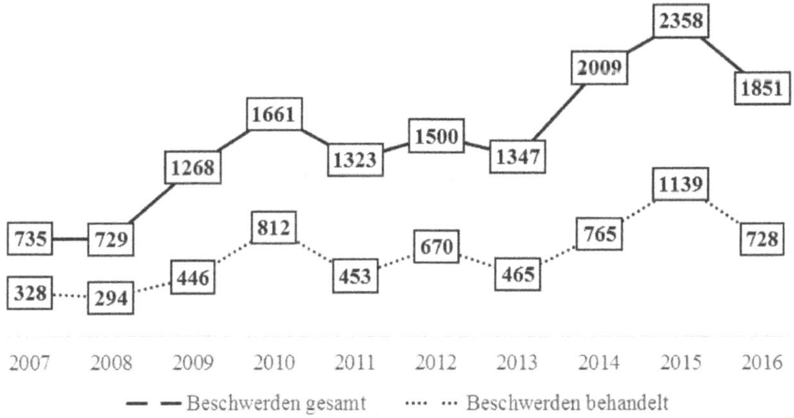

— — Beschwerden gesamt   ····· ··· Beschwerden behandelt

Quelle: Deutscher Presserat, Darstellung nach Valentin 2018.

Kepplinger interpretiert die beschriebene Explosion der Beschwerden beim und der Rügen durch den Presserat als „bemerkenswert gestiegene Bereitschaft zu Grenzverletzungen durch Journalisten [...]."[30] In dieser Aussage steckt Sprengstoff, impliziert sie doch, dass die Missstände im Journalismus stetig zugenommen haben. Bereits 1990 beklagte Heinz Pürer die „zunehmend verkommenen Wertvorstellungen im Journalismus und die immer niedriger sinkenden moralischen Hemmschwellen" sowie das „abhandengekommene Verantwortungsbewußtsein, die fehlende Ethik, die fehlende Moral."[31] Das nicht nur Medienbeobachter zu solchen Urteilen kommen, sondern auch Journalisten zunehmend Kritik am eigenen Stand üben, zeigt nicht nur das eingangs vorgestellte Statement von Giovanni di Lorenzo, sondern auch eine von Kepplinger ins Feld geführte Befragung unter Journalisten:

> „Die Zunahme von Grenzverletzungen ist den meisten Journalisten durchaus bewusst. Das belegt eine schriftliche Befragung von 307 Zeitungs- und Zeitschriftenredakteuren im Winter 2008. Dabei sollten die Befragten auch angeben, ob und wie sich die Einhaltung von ethischen Prinzipien bzw. journalistischen Berufsregeln in den zurückliegenden fünf Jahren geändert hat – ob sie aktuell besser, schlechter oder genauso eingehalten werden. Nach Meinung der meisten Journalisten wurden fast alle angesprochenen Verhaltensregeln 2008 schlechter eingehalten als zuvor."[32]

Der Verfall ethischer Spielregeln ist folglich nicht einfach eine akademisch-weltfremde Diagnose, sondern eine Sichtweise, die auch von vielen Journalisten selbst geteilt wird. Dies zeigen u. a. Analysen von Carsten Reinemann, der Journalisten darüber befragte, wie sie über die Arbeit des Presserates denken: Eine absolute Mehrheit sah damals, etwa 10 Jahre vor Erscheinen dieses Busches, eine Verschlechterung bei der Einhaltung ethischer Maßstäbe[33]: 61 Prozent der Journalisten sah eine Zunahme der Sensationsberichterstattung, 57 Prozent monierten eine geringere Sorgfalt in der journalistischen Arbeit, 56 Prozent eine weniger faire und gründliche Recherche. Verschlechterungen beim Persönlichkeitsschutz und der Achtung der Menschenwürde kritisierten 44 Prozent der Journalisten. Reinemann folgerte: „Viele Journalisten nehmen also einen erheblichen Verfall presseethischer Prinzipien wahr."[34] Insgesamt bekam der Presserat von den Journalisten nur mittelmäßige Noten, zwei Drittel der Befragten hielt seinen Einfluss für zu gering, 60 Prozent fanden den Pressekodex zu unkonkret und wünschten sich detailliertere Hilfestellungen. Und schließlich forderten jeweils Mehrheiten der befragten Journalisten mehr und härtere Sanktionen durch den Presserat – darunter sogar finanzielle Strafen:

> „Angesichts des enormen gesellschaftlichen Stellenwertes der Pressefreiheit und der heftigen medialen Kritik, die jedweder auch nur scheinbare Angriff auf die Pressefreiheit auslöst, ist dies höchst bemerkenswert. Offenbar halten viele Journalisten die Verfassung der Presseethik für so bedenklich und die Möglichkeiten des Presserates für so ineffektiv, dass sie zur Sicherung journalistischer Qualität sogar zu Mitteln greifen würden, die bislang – bei justiziablen Vergehen – der Justiz vorbehalten sind."[35]

Was sind nun die zentralen Probleme, die nicht nur Kommunikationswissenschaftler sondern auch Journalisten selbst seit Jahren anprangern? Der als Thermometer für die Hitze des medialen Klimas verwendbare Indikator der Spruchpraxis des Presserates vermag neben der reinen Quantität – wie Kepplinger anhand der Ziffern 8 und 2 argumentiert – auch die Qualität der Grenzübertretungen anzuzeigen: In 721 seit 1986 ausgesprochenen Rügen wurde insgesamt 940 Mal gegen unterschiedliche Ziffern des Pressekodex verstoßen. Den Löwenanteil davon, insgesamt 748 dieser

Verstöße, betrafen immer dieselben fünf Ziffern des Pressekodex: In fast 80 Prozent aller Fälle fanden sich zu einem der gerügten Beiträge mindestens ein Verweis auf eine dieser Ziffern. Zu diesen Top-5 zählen auf Platz 1 die Ziffer 8 „Schutz der Persönlichkeit" (279 Rügen), auf Platz 2 die Ziffer 7 „Trennung von Werbung und Redaktion" (171 Rügen), auf Platz 3 die Ziffer 2 „Sorgfalt" (160 Rügen), auf Platz 4 die Ziffer 1 „Wahrhaftigkeit und Achtung der Menschenwürde" (73 Rügen) und auf Platz 5 die Ziffer 11 „Sensationsberichterstattung und Jugendschutz" (65 Rügen).

Betrachtet man die Top-10 der meist gerügten Ziffern, fällt auf, dass besonders solche Missstände häufig sind, die individuelle Opfer produzieren (Abbildung 4).[36] 559 Rügen wurden ausgesprochen, weil die Menschenwürde, jemandes Persönlichkeit und Ehre verletzt, weil Menschen als reine Objekte von Sensationszwecken missbraucht, Kinder und Jugendliche in ihrer Schutzbedürftigkeit nicht respektiert, die Unschuldsvermutung nicht beachtet und Menschen diskriminiert wurden. Zur besseren Veranschaulichung wurden diese Angriffe von Medien auf einzelne Personen oder Personengruppen in Abbildung 2 *schwarz hervorgehoben*. Der weitaus kleinere Teil der Probleme – 361 Fälle – betraf keine unmittelbaren Angriffe gegen Personen oder Personengruppen.

Abbildung 4: Ziffern nach Anzahl der Rügen – Top 10 (n)

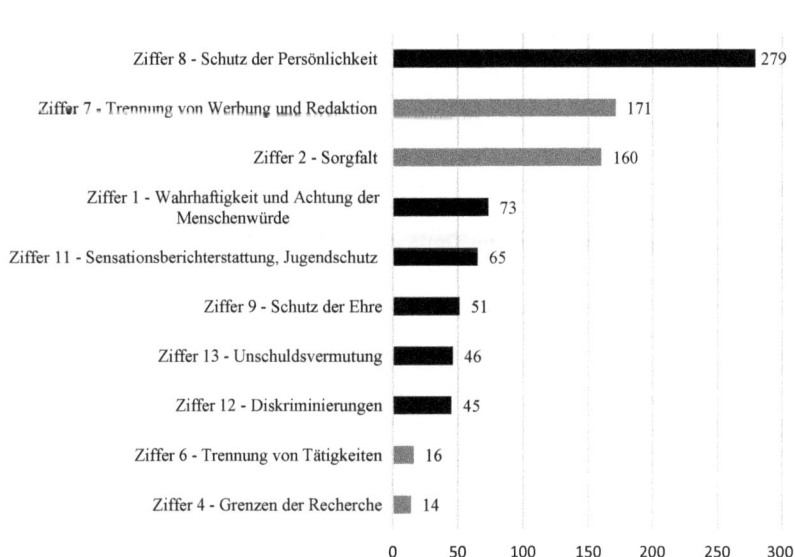

Quelle: Deutscher Presserat, Darstellung nach Valentin 2018.

Summa summarum besteht der *eigentliche Skandal*, so die zentrale Lesart dieses Buches, darin, dass unsere Mediengesellschaft unentwegt Opfer produziert. Hier ist das Feuer, um noch einmal im eingangs vorgetragenen Bild zu bleiben, doch man sieht kaum Rauch. Die Opfer sind vor allem Schwache, z. B. Opfer von Gewalt oder Unfällen – aber auch (vermeintlich) Starke. Mögen die einzelnen Ziffern des Pressekodex jeweils einzelne Tatbestände adressieren, zeigt die summarische Betrachtung, dass Journalisten sich vor allem an einzelnen Personen und Personengruppen vergreifen, indem sie deren Intimsphäre verletzen, sie herabwürdigen, verächtlich machen, diskriminieren, Halb- und Unwahres über sie verbreiten, sie zu Berichterstattungszwecken auch gegen ihre (impliziten) Wünsche missbrauchen. Dahinter liegt, auf der Meta-Ebene, die *Menschenwürde* dieser Personen und Gruppen. Aus der Menschenwürde leiten sich bei eingehenderer Betrachtung die anderen Normen ab – etwa der Schutz der persönlichen Ehre, der Schutz von Kranken und Kindern, der Schutz Unschuldiger, Angehöriger und Unbeteiligter. Die Existenz einer unantastbaren Menschenwürde ist der Grund dafür, weswegen es Persönlichkeits- und Ehrschutz, Jugendschutz, Unschuldsvermutung und dergleichen gibt. Und es ist die Menschenwürde der von Berichterstattung Betroffenen, die in den meisten Fällen auf dem Spiel steht. Bei aller sonstigen Kritik, die man noch an der Arbeit von Medien äußern kann, ist es nach Lesart des vorliegenden Buches der *eigentliche Missstand* der gegenwärtigen Mediengesellschaft, dass die unzähligen Opfer der Medienberichterstattung kaum wahrgenommen werden und nur selten die nötige Achtung erfahren. Hier liegt das zentrale Problem und die Ursache vieler Tendenzen, die Sorge bereiten müssten – angefangen von der ansteigenden Zahl von Grenzverletzungen, wie weiter oben konstatiert, bis hin zur von vielen Seiten wahrgenommenen Verrohung des gesellschaftlichen Diskurses mit seiner zunehmenden Häme, Schadenfreude und Unbarmherzigkeit. Wenn man bedenkt, dass der Presserat lediglich tätig wird, wenn sich ein Beschwerdeführer findet, darf man annehmen, dass das beschriebene Problem weitaus größer ist, als die vorgestellten Zahlen indizieren.

Betrachtet man noch einmal die Top-5 der häufigsten Verstöße, sind die Hintergründe wichtig: Wenn der Presserat eine Redaktion mit Hinweis auf Ziffer 8 des Pressekodex rügt, adressiert er Verstöße gegen den *Schutz der Persönlichkeitsrechte* von Menschen. Die Persönlichkeitsrechte werden, wie Heinz Pürer feststellt, „beinahe täglich"[37] verletzt, sie kommen am häufigsten vor, stellen also mithin eines der zentralen Probleme der Medienberichterstattung dar, wie auch die Fallauswahl dieses Buches zeigen wird. Betroffen sind hier u. a. Kriminalitäts- oder Selbstmordberichterstattung, Opferschutz, Berichterstattung über Erkrankungen. Besondere Rücksicht gilt Kindern und Jugendlichen sowie Familienangehörigen oder Dritten von in den Berichten beschriebenen Ereignissen. Rügt der Presserat Redaktionen mit Hinweis auf Ziffer 2 des Pressekodex, moniert er Verstöße gegen die *Sorgfaltspflicht*: Gewissenhafte Recherche und Prüfung von Informationen in Wort, Bild und Schrift sind grundlegende Merkmale eines handwerklich und ethisch korrekten Journalismus. Der Einsatz von irreführenden Bildern ist beispielsweise zu vermeiden. Auch müssen Symbolfotos kenntlich gemacht werden. Rügt der Presserat Redaktionen unter Verweis auf Ziffer 1 des Pressekodex, ist die *Achtung vor der Wahrheit* und die *Wahrung der Menschenwürde* als oberstes Gebot der deutschen Presse adressiert. Die Einhaltung dieser Ethikrichtlinie, so erklärt der Deutsche Presserat, sei einer der wichtigsten Faktoren für den Erhalt des Ansehens und der Glaubwürdigkeit des Journalismus.[38] Rügen schließlich, die auf Ziffer 11 verweisen, haben *Sensationsberichterstattung* und *Jugendschutz* zum Gegenstand. Diese Ziffer untersagt eine unangemessen sensationelle Berichterstattung, insbesondere in Bezug auf die mediale Darstellung von Gewalt, Brutalität und Leid. Auch hier wird dezidiert auf den Schutz von Kindern und Jugendlichen eingegangen. Diese Ziffern sind, sieht man von der inhaltlich anders gearteten Ziffer 7 zur Trennung von Werbung und Redaktion ab, die zentralen Problemstellen des deutschen Journalismus. Und sie sind zentrale Charakteristika der meisten in diesem Buch beschriebenen Fallbeispiele.

Die Spruchpraxis des Deutschen Presserates ist ein erster Hinweis darauf, dass die Fallauswahl dieses Buches – nimmt man den materiellen Gehalt der Grenzverletzungen zum Maßstab – nicht subjektiv ist, sondern in vielerlei Hinsicht repräsentativ. Die Entwicklung der Spruchpraxis zu den fünf meistgerügten Ziffern *im Zeitverlauf* unterstreicht diese Aussage (Abbildung 5). Seit der Jahrtausendwende ist die Anzahl der ausgesprochenen Rügen zum Teil sprunghaft angestiegen und hat sich auf deutlich erhöhtem Niveau eingependelt. Besonders auffällig ist die starke Zunahme bei der für dieses Buch wichtigen Ziffer 8 zum Schutz der Persönlichkeit: Auf einen steilen Anstieg zwischen 1998 und 2000 folgte eine Stabilisierung auf hohem Niveau. Dabei indizieren die Verstöße gegen Ziffer 8 mit den meisten Rügen zweifellos den größten Missstand in Deutschland. Hier ist nach Lesart des vorliegenden Buches das größte Feuer und man möchte sich fast mehr Rauch wünschen. Verglichen mit anderen Ziffern aus den Top-5 finden sich hier durchgängig sehr hohe Werte – und bezeichnenderweise ist es vor allem der höchst sensible und folgenreiche Bereich des *Opferschutzes*, der am häufigsten adressiert wurde und dem in diesem Buch ein besonderer Stellenwert zukommt. Exemplarisch stehen der *Amoklauf von Winnenden* und der Absturz der *Germanwings*-Maschine 9525 für diesen Missstand – bei letzterem erreichten die Beschwerden von insgesamt 430 Beschwerdeführern ein Rekordhoch.

Nicht nur summarisch, sondern auch im Zeitverlauf zeigt sich auch bei den anderen Top-5-Ziffern eine deutliche Zunahme gegenüber der Zeit vor dem Jahrtausendwechsel. Ganz unabhängig von den Ursachen dieser Entwicklungen kann man an dieser Stelle festhalten, dass die Spruchpraxis des Presserates, so sie nicht eine gesteigerte Sensibilisierung der Beschwerdeführer und der urteilenden Gremien indiziert, auf eine *massive Zunahme an Grenzverletzungen* hindeutet, wie auch Kepplinger feststellte. Die Spruchpraxis des Presserates, die auch in den einzelnen Fallstudien in diesem Buch im Detail vorgestellt werden wird, wo Material verfügbar ist, zeigt die Berechtigung einer detaillierten Auseinandersetzung mit einschlägigen Grenzfällen auf und umschreibt – gemeinsam mit den im Folgenden dargestellten Fallbeispielen – den quantitativen und qualitativen Zustand unserer Mediengesellschaft. Dieser hat sich seit einigen Jahren deutlich verschlechtert.

Abbildung 5: Meistgerügte Ziffern im Zeitverlauf 1986–2017 – Top 5 (n)

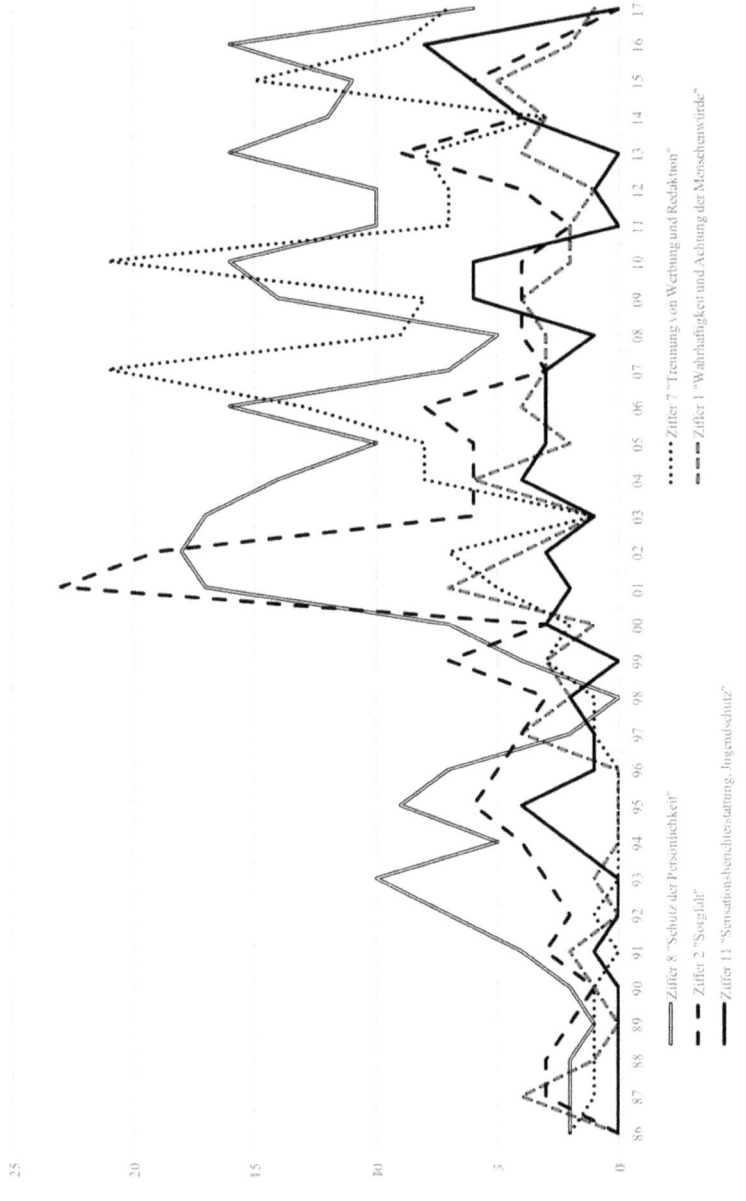

Quelle: Deutscher Presserat, Darstellung nach Valentin 2018.

Die Grenzverletzungen vollziehen sich im Wesentlichen dort, wo die im vorliegenden Buch vorgestellten Fälle sie beschreiben wird: in der Berichterstattung über Opfer von Gewalt, Leid, Unglücken und Kriminalität, in mangelhafter Recherche, haltloser Spekulation, aufbauschender und skandalisierender Darstellung, in Verletzungen der Intimsphäre, der Ehre und Würde von Privatpersonen und Prominenten, in der Verletzung des Jugendschutzes, dort, wo Menschen zum Zweck des Kommerzes und der Sensationalisierung ausgebeutet werden, in der Verächtlichmachung, hämischen Herabwürdigung von Mitmenschen. Ergänzen könnte man – mit den Worten von Heinz Pürer aus dem Jahr 1990 – „Schmutzaktionen" käuflicher Journalisten, „fragwürdige Methoden der Informationsbeschaffung", die „eklatante Verletzung der Menschenwürde", „die unbarmherzige Jagd auf menschliches Leid", „das Ausschlachten von Trauer und Verzweiflung, das Herumtrampeln auf den Gefühlen von Opfern und Angehörigen – kurz das respektlose Verstoßen gegen das Humane und Intime [...]", sowie journalistische Fehlleistungen, in denen „aus der Perspektive der Täter und nicht aus jener der Opfer" berichtet und „Verbrechern eine Plattform" geboten wurde. Er ergänzt: „Man kann übrigens die Tatsache nicht übergehen, daß Verletzungen des Persönlichkeitsschutzes, der Intimsphäre, der Unschuldsvermutung und der Menschenwürde zu journalistischen Alltäglichkeiten (vor allem in der lokalen Unfall-, Kriminal- und Gerichtsberichterstattung) gehören." Auch gebe es eine Strafprozessführung der Medien, die „durch verzerrende Berichte" in die Prozesse eingreifen und Urteile durch „Vorverurteilungen und Vorfreisprüche, tendenziöse oder präjudizierende Stellungnahmen, also auch Beweiswürdigungen" vorwegnähmen.[39]

Solche und weitere Missstände werden im Folgenden anhand von Fallbeispielen dargestellt. Die in diesem Buch dokumentierten Fälle sind zunächst einmal Resultat einer mehr oder weniger subjektiven Auswahl durch den Autor. Zwar lässt sich die Entscheidung für einen Fall zumeist durchaus mit seiner Tragweite rechtfertigen – was u. a. für die Fälle *Kachelmann*, *Wulff*, *Enke* und *Germanwings* zutrifft. Doch hätte bei anderen Entscheidungen – etwa im Fall *Winnenden* – auch ein anderer Fall gewählt werden können: der Amoklauf von Erfurt im Jahr 2002 ist ein Beispiel. Auch fehlt im vorliegenden Buch die Berichterstattung über Terroranschläge, die jedoch den Rahmen gesprengt hätte. Insgesamt wirkten eine Vielzahl weiterer Personen, insbesondere Absolventinnen und Absolventen mit ihren eigenen Forschungsarbeiten sowie die Diskussionen in den Seminaren zum Thema validierend und erweiternd auf die Auswahl ein – was sich etwa darin niederschlug, dass der Fall *Kekilli* in das Buch aufgenommen wurde, weil er den Studierenden sehr wichtig war. Gleiches gilt für die *Kölner Silvesternacht* mit ihrer gesellschaftlichen Tragweite.

Dass die Auswahl der Fälle mit Blick auf ihren materiellen Gehalt nicht willkürlich ist, zeigt die oben dargestellte Spruchpraxis des deutschen Presserates. Das vorliegende Buch beabsichtigt, für zentrale Probleme der deutschen Mediengesellschaft zu sensibilisieren. Auch und gerade angesichts der irreführenden Diskussion um die sogenannte *Lügenpresse*. Es wird argumentiert, dass unsere Mediengesellschaft eine Reihe anderer, nach Lesart des vorliegenden Buches wichtigerer Probleme produziert, als manifeste Lügen von Journalisten oder ihre vermeintliche

Verschwörung mit der Politik gegen die Bürger. Ein wesentlicher Zweck dieses Buches ist, die *eigentlichen Opfer* der gegenwärtigen Mediengesellschaft vorzustellen. Die Stellen, an denen es wirklich brennt, um noch einmal die Metapher vom Anfang aufzugreifen. Diese sind, betrachtet man sich die Fallbeispiele, nicht „das" Volk oder „die" Deutschen. Es sind zum Beispiel Kinder, Angehörige, Unbeteiligte von Unfällen, Verbrechen und Katastrophen. Es sind aber auch Leistungsträger und Eliten wie Unternehmer, Sportler, Politiker. Es können prinzipiell *alle* sein. Und inhaltlich ist es – wie bereits mehrfach angedeutet – zumeist die *Menschenwürde*, die direkt oder indirekt geopfert wird, die Privatsphäre, die persönliche Ehre von Menschen, das entlastende Detail, die andere Seite der Geschichte, die Trennung von Meinung und Berichterstattung, die Distanz, die Neutralität, die Zurückhaltung – ja auch eine gewisse positiv-optimistische Sicht auf die Dinge. Der Skandal, der Hype und die Krise stehen im Vordergrund. Man darf annehmen, dass hier eine Ursache dafür liegt, weswegen nicht nur jene viel gescholtenen Akteure, Eliten und Institutionen weniger Zutrauen erfahren, sondern am Ende auch die Medien vom Missmut der Bevölkerung erfasst wurden, zu dessen Entstehen sie selbst beigetragen haben, wie auch die weiter oben vorgestellten Zitate des Journalisten di Lorenzo und des Kommunikationswissenschaftlers Kepplinger nahelegen. Dies zu zeigen, ist nicht hauptsächliche Aufgabe des Buches. Das Buch liefert vielmehr eine Art medienethisch reflektierte Rahmenerzählung für den Zustand der Mediengesellschaft, die derzeit so viel Aufmerksamkeit und Kritik erfährt.

Dass Medien Fehler machen, einseitig berichten, Fakten auslassen, aufbauschen und skandalisieren, ideologisch verbrämte Publikationsentscheidungen treffen, unsauber recherchieren und verschiedentlich auch Opfer produzieren – sowohl in den höchsten als auch niedrigsten gesellschaftlichen Rängen – ist in der Wissenschaft seit langem bekannt und vollkommen unstrittig.[40] Und anders, als der gegenwärtige Hype vermuten lässt, haben sich damit Generationen von Wissenschaftlern und Journalisten kritisch und selbstkritisch auseinandergesetzt. Es ist keineswegs vertuscht worden, dass Medien bisweilen auch dysfunktional wirken können in einer Gesellschaft, der sie eigentlich dienen sollten – die Belege dafür sind Legion, es ist unmöglich, sie hier alle aufzuführen. In diesem Buch jedoch wird ein anderer Schwerpunkt gesetzt: Es entstand in Grundzügen in Seminaren und Vorlesungen am Institut für Publizistik der Johannes Gutenberg-Universität Mainz, in denen Studierende und ihr Lehrender gemeinsam medienethische Grenzfälle analysierten und evaluierten – und versuchten, auch für herausfordernde Berichterstattungssituationen ethisch tragfähige Lösungen zu finden. Gut zehn Jahre, also lange vor dem populären Hype um Medienvertrauen und die weithin grassierende Medienschelte, dauerten die Vorbereitungen und Recherchen zu diesem Buch und es ist eine durchaus nicht unerwünschte Koinzidenz, dass es nun erscheint, wo alle Welt sich an „den" Medien abarbeitet. Berechtigte Kritik von unberechtigter zu unterscheiden, zwischen der konkreten Auseinandersetzung mit (normativ guten wie schlechten) journalistischen, redaktionellen bzw. produktionsbezogenen Entscheidungen und bösartigem, verschwörungstheoretischen Geraune zu differenzieren, ist eine Aufgabe, die aktuell wichtiger ist denn je. Es geht also auch darum, in den Worten der

Metapher vom Anfang, auf die großen, kontinuierlich schwelenden Brandherde der Mediengesellschaft hinzuweisen, auch wenn sie zeitweise wenig Rauch erzeugen. Das vorliegende Buch stellt gewissermaßen eine *Chronique scandaleuse* der ersten Jahre des 21. Jahrhunderts dar und beschreibt, welche Opfer unser Mediensystem unentwegt produziert und wo dringender Handlungsbedarf besteht – trotz guter Absichten und anerkannter Spielregeln. Dabei ist es mitnichten ein Beitrag zu einer populistischen Medienkritik. Es will den medienethischen Status Quo unserer Gegenwart möglichst anschaulich und an einzelnen Fallbeispielen aufarbeiten und konkrete Formen von ethischen Konfliktsituationen herausarbeiten. Diese Konfliktsituationen sollen dem Leser eine Vorstellung davon geben, womit sich Journalisten auseinandersetzen müssen, welche Entscheidungen sie konkret getroffen haben und welche sie sonst noch hätten treffen können. Es wird diskutiert, wie man diese Entscheidungen vor dem Hintergrund geltender Leitlinien und Spielregeln der Medienethik beurteilen kann.

Anders als die vielen Handbücher und Grundlagenwerke der Medienethik, über die das Fach der Publizistik- und Kommunikationswissenschaft glücklicherweise in hoher Qualität verfügt, geht es hier nicht in erster Linie um Definitionen, Theorien und historische Hintergründe von Ethik und ihrer Bereichsethik der Medien. Dazu haben herausragende Autoren höchst lesenswerte Bücher verfasst, die kaum eine Frage offen lassen und die umfänglich aufzuzählen den Rahmen dieses Kapitels sprengen würde.[41] Das vorliegende Buch hat einen anderen Fokus: die konkrete, beispielhafte, anschauliche Darstellung und Analyse einschlägiger medienethischer Problemlagen und die Ableitung von Handlungsalternativen, wie von Peter von Zahn gefordert. Es entstand aus der universitären Lehre und soll dieser und anderen Formen von Unterricht und Ausbildung, so die Hoffnung, durch Anschauungsmaterial und Diskussionen medialer Handlungspraxis bei der Klärung der medienethischen Grundfragen helfen: Was *sollen* Journalisten, Fotografen, Kameraleute, Redaktionsleiter, Produzenten im Rahmen einer Mediengesellschaft tun, die sich in Artikel 1 ihres Grundgesetzes der *Menschenwürde* verpflichtet sieht? Wie würden wir uns diese Mediengesellschaft *wünschen*? Und was könnte man *konkret dafür tun*, damit die Mediengesellschaft nicht so viele Opfer produziert, wie sie es – den Ertrag des Buches vorweggenommen – im Augenblick tut?

Das *erste Kapitel* eröffnet diese Chronique scandaleuse mit dem Fall *Joseph aus Sebnitz* aus dem Jahr 2000. Beispielhaft wird gezeigt, wie im Rausch kollektiver Koorientierung eine falsche Information in ein öffentliches Drama mündete, in dessen Rahmen sich sogar die Leuchttürme der Qualitätspresse zu Fehlinterpretationen hinreißen ließen. Es wird diskutiert, wie die Berichterstattung aussah, wie sie sich entwickelte und welche Form von Berichterstattung der Sache hätte besser gerecht werden können. Standen im Fall Sebnitz ein Kind, eine Familie und eine Gemeinde im Mittelpunkt der Medienaufmerksamkeit, ohne dass die Prominenz der Beteiligten eine Ursache für das Drama gewesen wäre, rückt im *zweiten Kapitel* ein prominentes Opfer von medienethisch fragwürdiger Berichterstattung in den Mittelpunkt der Betrachtung: die Schauspielerin *Sibel Kekilli*, die einen Konflikt mit der *Bild*-Zeitung auszutragen hatte (2004). Hier geht es um die Menschenwürde einer Schauspielerin, die Gegenstand einer entwürdigenden Berichterstattungskampagne wurde. Das *dritte Kapitel* befasst sich mit einem Fall, der den Studierenden der diesem Buch vorangegangenen Seminare und Vorlesungen immer wieder – und nicht nur sprichwörtlich – Tränen in die Augen trieb: der *Amoklauf von Winnenden* (2009). In der Berichterstattung über diesen Vorfall überschlugen sich einzelne Medien mit grauenhaften Details zum Tatablauf, sie ignorierten den Jugend- und Opferschutz, ließen die Toten durch detaillierte und identifizierende Berichte ein zweites Mal zum Opfer werden und traten einige der wichtigsten Vorschriften des Pressekodex und anderer einschlägiger Ethik-Leitlinien mit Füßen. Die zentralen Fragen der Studierenden lauteten: Wie kann man über Grauen berichten, ohne sich selbst zum Handlanger der Täter zu machen? Wie kann man über schlimmste Angriffe auf die Menschenwürde berichten und zugleich die Menschenwürde aller Beteiligten achten? Es gibt Lösungen in solchen Großkrisen der Berichterstattung, jenseits der Frage „Berichten – oder nicht?", wie das Kapitel ansatzweise zeigen soll.

Mit dem *Selbstmord von Robert Enke* (2009) adressiert das *vierte Kapitel* ein ähnliches Thema: Wie kann man das Leid von Menschen ethisch angemessen darstellen, ohne weitere Opfer zu produzieren und sich zu Sensationalismus hinreißen zu lassen? Es wird insbesondere diskutiert, welche Berichterstattungsstrategien dem Journalismus dabei helfen können, dem sogenannten *Werther-Effekt* – die Imitation von Selbstmorden durch Medienrezipienten – vorzubeugen und sich nicht indirekt selbst schuldig zu machen. Mit dem Fall *Kachelmann* (2010), der im *fünften Kapitel* im Mittelpunkt steht, wird erneut ein Prominenter und sein Konflikt mit den Medien analysiert. Hier geht es im Grunde um die Menschenwürde auch solcher Personen, die schwerer Straftaten bezichtigt werden, um Vorverurteilung, Einseitigkeit, Häme in Medienberichten, darum, wie sich Journalisten selbst zur Partei in einer Strafsache machen – und welche emotionalen und sozialen Konsequenzen dies für das Opfer der Berichterstattung wie für die Rezipienten hat. Auch das *sechste Kapitel* hat einen Prominenten und seinen Konflikt mit den Medien zum Gegenstand: Bundespräsident *Christian Wulff* (2011–2012), der nicht nur durch eigene Ungeschicklichkeiten in Bedrängnis geriet, sondern auch durch zum Teil kleinliche, maßlose und fehlerhafte Berichterstattung. Auch das *siebte Kapitel* beschäftigt sich mit der Frage, wie Journalisten Verfehlungen von Prominenten berichten und berichten sollten – diesmal in einer Situation, in der die Schuld des Betroffenen unstrittig ist. Zweifellos hat *Uli Hoeneß* (2014) Schuld auf sich geladen – er hat sie im Rahmen der Selbstanzeige seiner schweren Steuervergehen selbst zugegeben. Wie sollte eine Berichterstattung aussehen, in der der Täter fraglos schuldig ist? Ist Häme und Nachtreten einer Mediengesellschaft würdig, die sich Menschenwürde zum Leitbild macht? Das ist eine der Fragen, die in diesem Kapitel adressiert werden.

Ein besonders sensibles Thema adressiert das *achte Kapitel* mit dem Fall *Sebastian Edathy* (2014): In einem ersten Gastbeitrag schildert Tanjev Schultz die journalistischen Abwägungen und Nöte im Umgang mit einer Strafsache, die geeignet war, das Ansehen eines unbescholtenen und aufstrebenden Politikers für immer zu ruinieren. Im Mittelpunkt des Kapitels steht ein Dilemma: Wie kann man über den Verdacht der Nutzung kinderpornographischen Materials so berichten, dass man der Sache selbst inhaltlich gerecht wird und zugleich rechtstaatliche Verfahren und medienethische Regeln nicht untergräbt. Das *neunte Kapitel* greift einen der tragischsten Fälle der deutschen Verkehrsgeschichte auf: der Absturz des *Germanwings-Fluges 9525* im Jahr 2015. Die Zahl der medienethischen Fehlgriffe war in diesem Fall besonders groß. Sie reichen von haltlosen Spekulationen über sensationsheischende Vor-Ort-Berichte bis hin zu schweren Verletzungen des Schutzes der Persönlichkeit – vor allem aufseiten der vielen Todesopfer und ihrer Angehörigen. Mit der *Kölner Silvesternacht* und dem Jahr 2016 endet der chronologisch angelegte und schlaglichtartige Versuch einer fallbezogenen Geschichtsschreibung und Analyse der journalistischen Ethik des frühen 21. Jahrhunderts. Das *zehnte Kapitel* diskutiert die Frage, ob es plausible Gründe dafür gibt, die Herkunft von Straftätern in der journalistischen Berichterstattung unerwähnt zu lassen und welche Reaktionen die sogenannte Kölner Silvesternacht hervorrief. Ob die kurz darauf vom Presserat vollzogene Richtungsänderung, niedergelegt im neuen Text der Richtlinie 12.1., einen Beitrag zur Lösung des medienethischen Dilemmas (Wahrheit vs. Schutz vor Diskriminierung) leistet, wird ebenfalls thematisiert.

Es folgen drei Exkurse, die jeweils Spezial- oder Querschnittsthemen herausgreifen und diese – ebenfalls durchaus selektiv – diskutieren, um weitere Problemfelder vor Augen zu führen: Im *elften Kapitel* wird der Frage nachgegangen, welche Verantwortung Journalisten damit auf sich laden, dass sie in Krisen- und Konfliktsituationen bestimmte Darstellungsformen wählen. Hier wird insbesondere untersucht, inwiefern negativistische, stereotype und z. T. übertreibende Berichterstattung Krisen möglicherweise weiter befeuert sowie Vorurteile schürt. Im Mittelpunkt steht beispielhaft der Sprachstil des Nachrichtenmagazins *Spiegel* während der *europäischen Finanz-, Staatsschulden- bzw. Griechenlandkrise*. Im zweiten Gastbeitrag dieses Buches, dem *zwölften Kapitel*, diskutiert Bernd-Peter Arnold, welche Rolle Journalisten in der Interviewsituation einzunehmen haben und mit welcher Aufgabenstellung sie sich dort klassischerweise konfrontiert sehen. Am Beispiel misslungener Interviewsituationen zeichnet er nach, wie Journalisten mehr oder weniger unbemerkt ethische Grenzen übertreten, hier u. a. die Grenzen von Information und Meinung, und wie sie in andere Rollen schlüpfen, etwa in die des Anklägers oder Inquisitors. Das letzte thematische Kapitel wendet sich noch einmal einem grundlegenden Teilproblem der Medienethik zu, der Bildethik: Im *dreizehnten Kapitel* wird dargelegt, welche Gründe für und gegen die Veröffentlichung von Bildern existieren, die Gewalt, Leid und Tod besonders plastisch zeigen. Dass auch hier Journalisten regelmäßig in Dilemmata geraten, wird ebenso dargelegt, wie die durchaus konträren Standpunkte, die sich zu dieser schweren Entscheidung – Zeigen oder nicht Zeigen? – in Journalismus, Wissenschaft und anderswo etabliert haben. Das Buch endet mit einer Zusammenfassung und dem Versuch, einige bescheidene Vorschläge zu formulieren, die den ethisch durchaus fragwürdigen Status Quo unserer gegenwärtigen Mediengesellschaft verbessern könnten.

Das vorgelegte Buch versteht sich, um es noch einmal auf den Punkt zu bringen, in erster Linie als eine möglichst anschauliche und detailreiche Materialsammlung zu wesentlichen ethischen Grenzfällen der ersten Jahre des 21. Jahrhunderts. Es thematisiert anhand wichtiger Fälle, die in möglichst vielen Facetten rekonstruiert werden, welche Entscheidungen Journalisten in spezifischen (Krisen-)Situationen trafen, wie sie publizistisch beschaffen waren, wie die Reaktionen auf diese Entscheidungen ausfielen, welche Konsequenzen sie hatten und wie man zu möglicherweise ethisch besseren Entscheidungen hätte gelangen können. Diese Fragen stehen in nahezu jedem Kapitel im Mittelpunkt. Auf diese Weise soll, z. B. für Ausbildung und Lehre, ein handlungsorientierter Diskurs über ethisch vertretbaren Journalismus unterstützt werden. Vor diesem Hintergrund erklärt sich auch, weswegen in den einzelnen Fallstudien – entgegen der üblichen Vorgehensweise in wissenschaftlichen Texten – oft sehr ausführliche Zitate vorgestellt werden: Der Leserschaft soll, wo es sinnvoll erscheint, eine möglichst ungekürzte Einsicht in relevante Originalquellen ermöglicht werden.

Der äußere Aufbau der Kapitel folgt – mit einigen Ausnahmen – demselben Gestaltungsprinzip: Im *ersten* Schritt wird der einzelne Fall geschildert, begleitet von wichtigen Publikationsbeispielen aus den im Fall relevanten Medien. Im *zweiten* Schritt wird dargelegt, wie Akteure aus Journalismus, Wissenschaft, Politik oder anderen gesellschaftlichen Systemen sowie Medienkritiker und die Instanzen der journalistischen Selbstkontrolle (z. B. der Presserat) auf den Fall reagierten. Im *dritten* Schritt erfolgt schließlich eine medienethische Abwägung des jeweiligen Falles, die tangierten ethischen Normen werden angesprochen, gegebenenfalls relevante wissenschaftliche Konzepte eingebunden und die im zweiten Teil vorgetragenen (ethisch relevanten) Reaktionen evaluiert.

Es ist sicherlich vermessen zu hoffen, dass dieses Buch einen Beitrag zu einer besseren Mediengesellschaft leisten kann. Die beschriebenen Feuer, um die sich so wenig gekümmert wird, kann man mit einem Buch nicht löschen. Studierenden und interessierten Beobachtern ethische Konfliktsituationen vor Augen zu führen und für die konkreten Problemlagen des journalistischen Alltags im Umgang beispielsweise mit Unglücken, Krisen und Skandalen zu sensibilisieren, wäre Aufgabe genug. Daran, dass dies – mit bescheidener Hoffnung – punktuell gelingen kann, hatten eine große Zahl an Studierenden Anteil. Ihnen gilt mein erster Dank. Der zweite Dank gilt den Co-Autoren dieses Buches, die mit ihren Recherchen und Analysen zum Detailreichtum dieses Buches beigetragen haben. Der dritte Dank gilt den beiden Gastautoren Tanjev Schultz und Bernd-Peter Arnold, beides hoch geschätzte Kollegen, herausragende Journalisten und Professoren am Institut für Publizistik der Johannes Gutenberg-Universität Mainz. Der vierte Dank gilt Fabienne Makhoul für ihre Hilfe bei der Schlussredaktion des Buches. Ein fünfter und besonderer Dank geht schließlich an Rebecca Fink, die bei der Recherche, Validierung, Redaktion und Finalisierung des Manuskripts über Jahre unschätzbare Dienste geleistet hat.

Erstes Kapitel: Der Fall „*Sebnitz*" (2000) – oder die Frage, wie Herdentrieb und fehlende Satzzeichen zu einem GAU führen können

Fall

Im Juni 1997 war in einem Schwimmbad in der sächsischen Stadt Sebnitz ein kleiner Junge gestorben. Der ärztliche Befund lautete zunächst: Badeunfall. Offenbar, so der Eindruck verschiedener Gutachter, sei der Junge beim Spielen im Wasser ertrunken. Unmittelbar nach der Tat erklärte die Polizei, ein Straftatverdacht könne ausgeschlossen werden.[42] Gleichwohl äußerte die Familie des Verstorbenen bereits im August 1997 den Vorwurf, es habe ein rechtsextremes „Mordkomplott" gegeben – Tatsachen zu diesem Verdacht konnten sie allerdings nicht vortragen. Im Oktober 1997 erstattete die Familie des kleinen Jungen Anzeige wegen des Verdachts auf Tötung, basierend auf Informationen aus der Bevölkerung – einschließlich der Namen von Tätern und Zeugen. Die Ermittlungen zogen sich bis Mai 1998 hin und wurden dann eingestellt, weil es laut Staatsanwaltschaft Dresden keine hinreichenden Anhaltspunkte für eine Straftat gegeben habe. Gegen die Einstellung der Ermittlungen legten die Eltern eine Beschwerde ein, die vom Generalstaatsanwalt des Freistaates Sachsen zurückgewiesen wurde.

Der Fall ließ die Eltern des Kindes nicht ruhen, die von sich aus weitere Ermittlungen unternahmen. Eine Obduktion ergab, dass sich im Blut des Jungen Spuren von Methylphenidat fanden, was sowohl auf die Einnahme des psychoaktiven Wirkstoffes Ritalin hindeuten würde als auch auf Abbauprodukte der Verwesung. Auch einige Hämatome wurden erwähnt – ob es sich um Resultate von Gewalteinwirkung oder Leichenflecken gehandelt haben könnte, wurde nicht abschließend geklärt. Die Pathologen fanden jedoch einen Herzmuskelschaden vor, der als Ursache in Frage kam – im Urteil der Rechtsmediziner eine durchaus nicht ungewöhnliche Todesursache. Ein Fremdverschulden konnte auf diese Weise nicht mit Sicherheit diagnostiziert werden.

Die Familie des Jungen zweifelte den rechtsmedizinischen Befund an und regte in Schreiben an verantwortliche politische und juristische Institutionen im Frühjahr 2000 eine Neuaufnahme des Falles an. Sie ging von einem geplanten Mord durch Rechtsextreme aus. Es folgten von März bis Mai 2000 Schriftwechsel zwischen Ministerien auf Bundes- und Landesebene sowie der Generalstaatsanwaltschaft des Freistaats Sachsen. Während Politik und Justiz auf den Fall zunehmend aufmerksam wurden, kontaktierten die Eltern des Jungen im Mai 2000 die Dresdner Redaktion der *Bild*, die sich zunächst dazu entschloss, den Verdacht nicht publik zu machen.

Eigene Ermittlungsergebnisse und eidesstattliche Erklärungen übermittelte die Familie des Jungen im Juni 2000 zur Begutachtung nach Hannover, wo das

Kriminologische Forschungsinstitut Niedersachsen e. V. eine Fallanalyse erstellte, die später an Sächsische Ministerien weitergegeben wurde. Das Gutachten bescheinigte den eidesstattlichen Erklärungen „Glaubwürdigkeitssignale". Weiterhin wurden Versäumnisse der Polizei moniert. Folglich wurden weitere Ermittlungen angeregt. Im August und September 2000 setzten sich die zuständigen Ministerien und Staatsanwaltschaften mit der Frage auseinander, welche nächsten Schritte folgen sollten – woraufhin die Staatsanwaltschaft Dresden am 22. September 2000 ein Ermittlungsverfahren gegen drei Beschuldigte einleitete, die verdächtigt wurden, den Jungen gemeinschaftlich ermordet zu haben. Die richterliche Vernehmung im November 2000 ergab einen dringenden Tatverdacht gegen die drei Verdächtigen – es folgten Festnahmen. Kurz vor Ende des Monats jedoch wurden alle drei Verdächtigen aufgrund eines belastbaren Alibis und weiterer Vernehmungen wieder freigelassen – es wurde allerdings weiterhin ermittelt.

Während der Ermittlungsarbeit der Justizbehörden hatte die Familie des Jungen Kontakt zu *Bild* bzw. dem *Springer*-Verlag. Dort war man von den eidesstattlichen Versicherungen und Zeugenaussagen im Grunde überzeugt und befand, eine glaubhafte Story gehört zu haben. Als *Bild* im Rahmen einer Anfrage bei der Staatsanwaltschaft erfuhr, dass in Sachsen nunmehr wegen eines Tötungsdelikts ermittelt wurde, entschloss man sich, den Fall zu veröffentlichen. Am 23. November 2000 titelte *Bild*:

> „Neonazis ertränken Kind. Am helllichten Tag im Schwimmbad. Keiner half. Und eine ganze Stadt hat es totgeschwiegen"[43]

Man verzichtete in der Redaktion auf die Verwendung eines Fragezeichens: „Die Zeitung berichtet das alles so, als sei der Tathergang bereits klar. Es ist eine Vorverurteilung"[44], urteilt Tanjev Schultz.

Nach Vernehmungen von über 200 Zeugen und den eigentlichen Verdächtigen blieb allerdings vom Vorwurf des geplanten Mordes im Schwimmbad nichts mehr übrig. Im Gegenteil: Bereits im November 2000 erstattete der Verteidiger eines der drei Beschuldigten Strafanzeige gegen die Mutter des Jungen wegen falscher Verdächtigung – daneben gab es Anzeigen wegen uneidlicher Falschaussage gegen Zeugen und den Vater des Kindes. Es folgte u. a. eine Hausdurchsuchung der Apotheke, die von der Familie in Sebnitz betrieben wurde.

Für die Analyse des Falles ist der weitere Fortgang nicht entscheidend – abgesehen von dem Befund, dass sich eine (vorsätzliche) Tötung nie nachweisen ließ, im Gegenteil: Im Lichte aller ärztlichen Untersuchungen kam nur ein Badeunfall in Frage, der in Zusammenhang mit einer Herzerkrankung gestanden haben könnte:

> „Vieles blieb unklar, aber nach allem, was man abschließend sagen konnte, war der Tod des kleinen Joseph ein Unfall. Die Verhafteten waren keine Mörder; sogar die Frage, ob und wie weit sie der rechten Szene angehörten, ist nicht so einfach zu beantworten."[45]

Wie aber entwickelte sich die Berichterstattung ausgehend von der ersten Schlagzeile der *Bild*? Detailliert nachgezeichnet wurden die Entwicklung und der weitere Gang der Ereignisse von Anja Willkommen[46], die insgesamt 496 Artikel aus deutschen Tages- und Wochenzeitungen, Magazinen und Illustrierten aus dem Zeitraum zwischen dem 23. November 2000 und dem 12. Januar 2001 analysierte – daneben auch Mitschriften von Fernseh-Interviews. Bei den analysierten Beiträgen handelte es sich in den meisten Fällen um Nachrichten und Berichte (72 Prozent). Dabei wurden u. a. explizit ostdeutsche Tageszeitungen berücksichtigt, um diese mit westdeutschen vergleichen zu können.

Der eigentlichen Analyse der Medienberichterstattung ist eine *Analyse der Agenturberichterstattung* vorgeschaltet, aus der die Autorin die thematische Entwicklung des Falls herleitet und strukturiert. Die Analyse zeigt, dass zu Beginn, am 23. November 2000, vor allem der Mordvorwurf selbst im Mittelpunkt stand. Am folgenden Tag, dem 24. November 2000, kamen dann erstmals Vorwürfe gegenüber Polizei und Justiz im Zusammenhang mit den ersten Ermittlungen im Sommer 1997 zur Sprache – man habe die Sache ohne größeres Interesse verfolgt und voreilig eingestellt. Zugleich wurde auch das (unterstellte) anteilnahmslose Verhalten der Sebnitzer Badegäste thematisiert. Am 25. November rückten vermehrt Reaktionen von Politikern in den Mittelpunkt der Meldungen – weiterhin umrahmt von einem Berichterstattungstenor, der Sebnitz und seine Bürger sehr kritisch darstellte. Bereits zwei Tage nach dem ersten Bericht in der *Bild*-Zeitung folgte, so Willkommen, die Wende im Fall, denn bereits hier erschienen

> „[...] erstmals Meldungen, in denen das Fehlen von Anzeichen für einen rechtsextremistischen Hintergrund für den Tod von Joseph auftaucht. Bestätigt werden diese Zweifel in der Berichterstattung vom 26. November. In fast allen Meldungen werden die [...] geäußerten Verdachtsmomente angezweifelt oder als falsch dargestellt. Bereits am 26. November 2000 kommt es zu einer ersten Kritik am Vorgehen der Medien im Fall Joseph. Ab dem 27. November finden sich verschiedene Schwerpunkte in der Berichterstattung. Die Klarstellung der Geschehnisse und die Ermittlungen zum wahren Hergang rücken ins Zentrum der Beiträge. In zahlreichen Artikeln werden die negativen Folgen der Ereignisse für die Stadt Sebnitz thematisiert. Berichtet wird über verbale Hassorgien und Hetztiraden auf der Homepage der Stadt, über wirtschaftliche und immaterielle Verluste für Sebnitz und die dort ansässigen Unternehmen [...].[47]

In ihrer eigentlichen *Analyse der Presseberichterstattung* zeichnet Willkommen im nächsten Schritt eine regelrechte Berichterstattungswelle nach, beginnend mit einem Beitrag am 23. November in der *Bild*, gefolgt von 28 Beiträgen am nächsten Tag und dem Höhepunkt am 25. November mit 42 Beiträgen. Danach ebbt die Welle etwas ab, die Zahl der Berichte verbleibt jedoch auf hohem Niveau (Abbildung 6):

Abbildung 6: Die Berichterstattungswelle – Anzahl der Beiträge zum Fall Sebnitz in der ersten Woche (23.-29. November) (n)

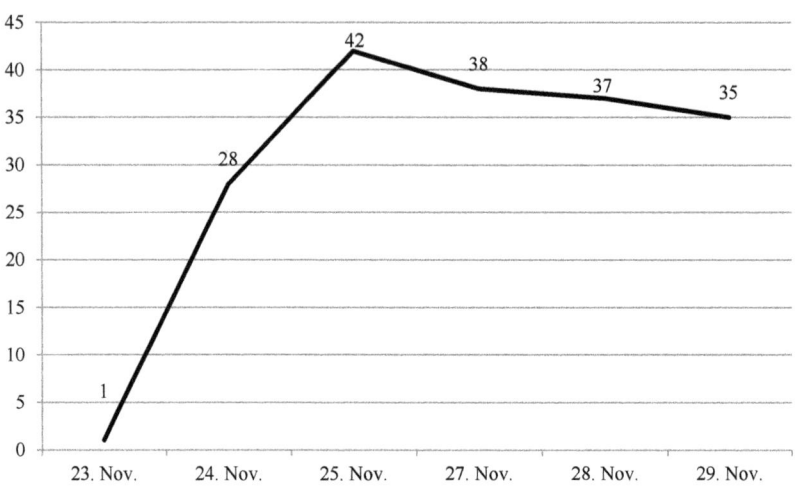

Abbildung 7: Abebben der Welle – Rückgang der Anzahl der Beiträge auf Wochenbasis (n)

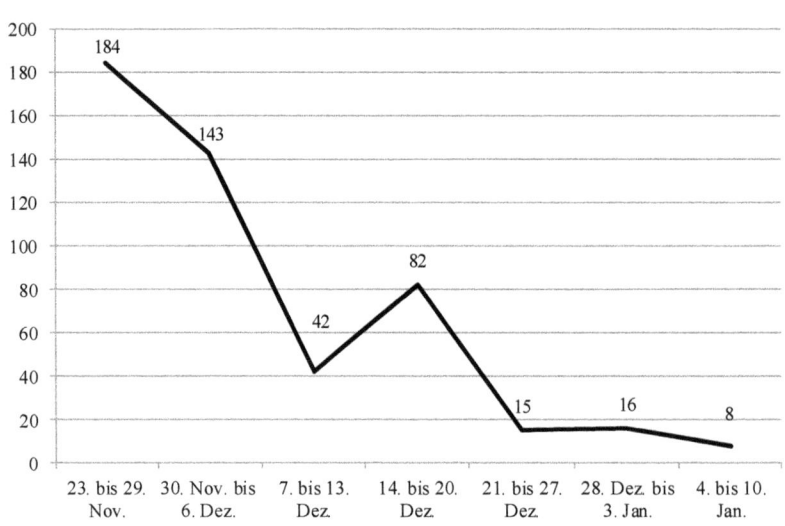

Quelle: Eigene Darstellungen nach Willkommen 2001: 6.

Die Schlagzeilen der *Bild*-Beiträge – „Neonazis ertränken Kind. Am helllichten Tag im Schwimmbad. Keiner half. Und eine ganze Stadt hat es totgeschwiegen" und „Kleiner Joseph – gegen 50 Neonazis hatte er keine Chance" – bildeten den Auftakt, es folgten Tage mit großer Medienaufmerksamkeit für den Fall – regional, jedoch auch und gerade überregional wurde rege berichtet.

Berücksichtigt man, dass Anja Willkommen nur einen begrenzten Ausschnitt aus der deutschen Medienlandschaft analysierte, kann man davon ausgehen, dass die reine Berichthäufigkeit höher lag – der Wellencharakter der Berichterstattung aber ähnlich ausgesehen haben dürfte.[48] Bis Ende November bzw. Mitte Dezember blieb die Medienaufmerksamkeit erhöht, ab Weihnachten sank das Interesse stark, ohne dass das Thema jedoch vollständig verschwand (Abbildung 7):

Die quantitative Entwicklung wurde von einer charakteristischen inhaltlichen Entwicklung flankiert, die Willkommen in fünf Phasen unterteilt:[49] In der *ersten Phase* – die Phase des *Mord-Vorwurfs* –, die nur zwei Tage währte (23. bis 24. November), brachten die Medien schwere Anschuldigungen gegen mögliche Täter und die Stadt Sebnitz vor. Im bereits erwähnten *Bild*-Beitrag wurde der angebliche Mordfall minutiös geschildert: „Es passierte am helllichten Tag in einem belebten Freibad. 50 Neonazis überfielen den kleinen Joseph (6). Schlugen ihn, folterten ihn mit einem Elektroschocker, dann warfen sie ihn ins Schwimmbecken, ertränkten ihn [...]".[50] Willkommen führt dazu aus:

> „Der Vorwurf der Mutter des Jungen [...], bei dem es sich um einen unbestätigten Verdacht handelt, wird im Artikel der „Bild-Zeitung" als feststehende Tatsache dargestellt. Darauf, dass es sich um einen Verdacht handelt, wird nicht hingewiesen. Detailliert werden die Aussagen von drei Zeugen wiedergegeben. Der Vorwurf wird erhoben, 300 Badegäste hätten tatenlos zugesehen und den Vorfall drei Jahre lang verschwiegen: „Fast 300 Besucher waren an jenem Tag im 'Spaßbad' im sächsischen Sebnitz. Viele hörten seine Hilferufe, keiner half." Für den Leser entsteht der Eindruck, der Vorfall habe sich tatsächlich wie geschildert ereignet. Der Artikel stellt zudem Sebnitz als „Zentrum dumpfbrauner Umtriebe" dar. Es wird ein sehr negatives Bild von der Stadt gezeichnet: „Aber viele Bürgerhäuser wirken heruntergekommen, viele Geschäfte sind aufgegeben".[51]

Am Folgetag wurde das Leitmotiv weitgehend aufgegriffen: Der kleine Junge soll im Jahr 1997 im Schwimmbad, beobachtet von ca. 300 Badegästen, von Neonazis ermordet worden sein. Die Darstellungen wurden umrahmt von Zeugenaussagen – auf Hinweise, dass es sich *nicht* um gesicherte Tatsachen gehandelt hatte, wurde in vielen Fällen verzichtet: Nur 14 der untersuchten 25 Beiträge wiesen zumindest andeutungsweise darauf hin, dass man noch von einem Verdacht sprechen müsse, so Willkommens Analyse. Neben der Fallschilderung war die erste Phase vor allem von Angriffen auf die Stadt Sebnitz, ihre Bürger, Badegäste und die Ermittlungsbehörden in Sachsen geprägt.

Die *zweite Phase*, die Phase des *Zweifels* (25. bis 27. November), zeichnete sich laut Willkommen dadurch aus, dass die Berichterstattung von Anschuldigungen – wie in den ersten Tagen –, aber zeitgleich auch von ersten Zweifeln geprägt war: „Während in 20 Artikeln noch die Version vom Mord an Joseph dargestellt wird, rücken in

24 Beiträgen die ersten Zweifel an der Mordversion in den Mittelpunkt [...]."[52] Zunehmend wurden auch die negativen Folgen für die Stadt Sebnitz thematisiert und Kritik an Justiz und Behörden geübt.

> „Aber am 27. November rückt erstmals die Kritik am Verhalten der Medien ins Zentrum der Berichterstattung. An diesem Tag werden erstmals in sechs Beiträgen die Anschuldigungen [...] klar zurückgewiesen [...]. Die Sebnitzer wehren sich gegen die Anschuldigungen in den Medien, gegen die pauschalen Vorverurteilungen und gegen das negative Bild, das von ihrer Heimatstadt gezeichnet wird."[53]

In der darauf folgenden *Phase der Klarstellung* (28. November bis 16. Dezember) differenzierte sich die Berichterstattung weiter aus: Hauptsächlich wurden Belege dafür vorgebracht, dass die Mordversion falsch war, begleitet von Analysen, die sich mit den Folgen für die Familie des verstorbenen Jungen und die Stadt Sebnitz beschäftigten. Kritik war ein wesentliches Charakteristikum dieser Phase – vor allem an den Medien, weiterhin aber auch an Justiz und Behörden. Eingerahmt wurde dies alles vielfach in größere Zusammenhänge wie einen (vermeintlichen) Ost-West-Konflikt sowie den damals hoch aktuellen Rechtsradikalismus-Diskurs:

> „Im Zentrum der Berichterstattung steht die Klarstellung der Ereignisse. In 92 Beiträgen werden die ursprünglichen Anschuldigungen zurückgewiesen [...]. Zahlreiche Beiträge sprechen von einer „überraschenden Wende der Ereignisse" („Frankfurter Allgemeine Zeitung", „Frankfurter Rundschau", „Die Welt", „Der Tagesspiegel", 28. November 2000). Bereits die Überschriften der Beiträge wie „Kein Zeuge sah Skinheads im Bad" („Süddeutsche Zeitung", 29. November) oder „Vieles bleibt rätselhaft, undurchsichtig – War der ungeheuerliche Verdacht, Joseph sei ermordet worden, nur eine Konstruktion der verzweifelten Eltern?" („Frankfurter Rundschau", 29. November) deuten das Abrücken von der Mordversion an."[54]

Die Darstellungen gingen z. T. detailliert darauf ein, wie zentrale Zeugen ihre eigenen Aussagen in Frage gestellt bzw. widerrufen hatten. Es wurde berichtet, dass die Hauptverdächtigen wieder frei gelassen worden seien. Anja Willkommen schließt aus den Berichten, die Version vom „rassistisch motivierten Mord an Joseph" habe sich als „haltlos" erwiesen.[55] Die Imageschäden, die Folgen von hoher Polizei- und Medienpräsenz in Sebnitz und die Umstände und Folgen verschiedener Veranstaltungen vor Ort (z. B. Gottesdienst, Lichterkette) kamen ebenfalls zur Sprache. Insgesamt 50 Beiträge brachten mehr oder weniger klar artikulierte Medienkritik vor, sowohl Selbstkritik von Journalisten als auch Kritik von Dritten außerhalb des Journalismus.

In der *vierten Phase*, die Willkommen rund um den *Besuch des damaligen Bundespräsidenten Johannes Rau* verortet (17. bis 21. Dezember), beschäftigten sich die Beiträge vorwiegend mit den Folgen für Sebnitz und trugen weiterhin Medienkritik vor. Darauf folgte die *fünfte Phase*, die *Phase der Medienkritik*, in der zwischen dem 22. und 26. Dezember vertieft die Ursachen und Folgen der medialen Fehlleistungen im Mittelpunkt standen – dasselbe gilt auch für die letzte, die *sechste Phase* (*Folgen für die Familie*), in welcher ab dem 27. Dezember neben fortwährender Medienkritik vor allem die Konsequenzen für die Familie des verstorbenen Jungen thematisiert wurden.[56]

Besonders interessant sind die inhaltlichen Analysen des auf diese Weise sortierten Materials: Sie zeigen u. a.,

- wie sich der *Tenor der Überschriften* entwickelte,
- was *Gegenstände des medienkritischen Diskurses* um den Fall Sebnitz waren,
- in welcher Form gegen fundamentale *journalistische Normen* verstoßen wurde, als u. a. *Verdachtsmomente für Tatsachen* ausgegeben wurden,
- wie sich die Berichterstattung später schrittweise versachlichte, d. h. wie sich der *Anteil wertender im Vergleich zu wertfreien Berichten* entwickelte,
- wie *emotionalisierend* die Berichte gestaltet waren.

Die Entwicklung der *Überschriften* allzu detailliert nachzuzeichnen, hat für das vorliegende Kapitel keinen Mehrwert, spiegeln die Überschriften doch den Verlauf und die Phasen der Berichterstattung wider. Jedoch ist zu berücksichtigen, dass von etwa der Hälfte aller Artikel in Tageszeitungen nur die Überschriften gelesen werden, welche die Wahrnehmung des Inhalts nachhaltig prägen. Die Charakteristika von Überschriften sind somit hinsichtlich ihrer Wirkung auf den Rezipienten bedeutsam.[57] Eine Auflistung der prominentesten Überschriften vermag darüber hinaus einen Eindruck von der Art und Weise und dem Tenor der damaligen Berichterstattungswelle vermitteln (die ersten *Bild*-Schlagzeilen werden hier nicht wiederholt):

- „Sebnitz in Sachsen: Der stille Tod eines Kindes – Erstickt in den Wellen des Schweigens" (*Süddeutsche Zeitung*, 24. November 2000);
- „Badeunfall erweist sich als rassistischer Mord" (*taz*, 24. November 2000);
- „Der Kinder-Mord in Sebnitz – Ein Polizeiskandal mindestens" (*Der Tagesspiegel*, 24. November 2000);
- „Der Tod des kleinen Joseph – Deutschland entsetzt. Die Skinheads standen wie eine lebende Mauer um Joseph" (*Bild*-Zeitung, 24. November 2000);
- „'Na, mach's endlich, schmeiß ihn schon rein' Die ganze Gruppe lachte und guckte zu – Der Tod des sechs Jahre alten Jungen in einem Schwimmbad in Sebnitz" (*FAZ*, 25. November 2000);
- „Ein Kind ertränkt wie eine Katze – Wie es geschehen kann, dass Menschen nicht merken wollen, was in ihrer Mitte geschah" (*Süddeutsche Zeitung*, 25. November 2000);
- „Der Tod im Schwimmbad von Sebnitz – Es geschah am helllichten Tag" (*Der Tagesspiegel*, 25. November 2000);
- „Und ein ganzes Dorf schaute weg – Verbrechen: Nachdem sich der Badeunfall in Sebnitz immer deutlicher als brutaler Mord entpuppt, weisen sich die Verantwortlichen gegenseitig die Schuld zu. Drohungen gegen die Familie des toten Jungen" (*General-Anzeiger*, 25. November 2000);

- „Sebnitz: Eine Kleinstadt macht die Türen zu" (*Bild*-Zeitung, 25. November 2000);
- „Rechtsextremismus: Rassistischer Mord vor Spaßpublikum – Haftbefehle gegen drei mutmaßliche Täter / Kritik an Ermittlern" (*Neues Deutschland*, 27. November 2000);
- „Sebnitzer Mörderbande bedroht Mutter des Opfers – Nazimord an Sechsjährigem vertuscht?/Minister verschärfen Demo-Recht" (*Neues Deutschland*, 27. November 2000).[58]

Später mäßigte sich der Ton angesichts der aufkommenden Zweifel, Beispielaussagen lauteten etwa:

- „Verdächtige leugnen Tatbeteiligung" (*taz*, 25. November 2000),
- „Zweifel an allen Versionen der Geschichte vom Tod des sechsjährigen Joseph – Unfall oder Mord" (*Leipziger Volkszeitung*, 25. November 2000),
- „Haftbefehle im Fall Joseph wieder aufgehoben" (*Die Welt*, 28. November 2000).

Die Entwicklung des *Tenors der Überschriften* veranschaulicht Willkommen in einer Verlaufsgrafik (Abbildung 8), aus der die anfänglich massive Negativität der Beiträge und folgende Verschiebungen sichtbar werden. Der Gesamteindruck, den die Beiträge von Sebnitz vermittelten, wurde mithilfe einer fünfstufigen Skala gemessen (–2 bedeutet, der Beitrag zeichnet ein eindeutig negatives Bild, +2 bedeutet, der Artikel vermittelt einen eindeutig positiven Eindruck): Herrschte in der ersten Phase ein überwiegend negativer Tenor vor, hellte sich das Bild sukzessive auf, bis die Überschriften nach der Phase der Klarstellung im Tenor weitgehend neutral-positiv ausfielen.

Abbildung 8: Tenor der Überschriften zum Fall Sebnitz (MW)

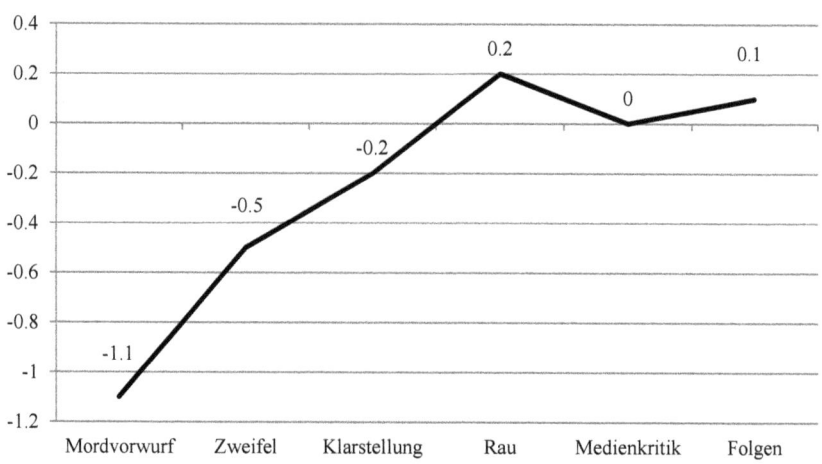

Quelle: Eigene Darstellung nach Willkommen 2001: 15.

Vor allem zu Beginn waren die Überschriften (aber auch die Beiträge) von starker *Emotionalität* geprägt, die diese negativen Eindrücke und Affekte transportierte:

> „Von den 488 analysierten Überschriften enthalten knapp die Hälfte (42 Prozent) emotionale Stilmittel [...]. Das heißt, es werden Übertreibungen, symbolhafte oder affekthaltige Begriffe, wertende Adjektive oder Adverbien, Superlative oder emotionsbetonte Elemente [...] verwendet."[59]

Zu Beginn, in der *Phase des Mord-Vorwurfes*, waren laut Willkommen etwa drei Viertel der Überschriften stilistisch stark emotionalisierend gestaltet, bereits wenige Tage später sank der Anteil emotionalisierender Überschriften – im Zuge aufkommender *Zweifel* – auf unter 60 Prozent (Abbildung 9). Erst mit der *Phase der Klarstellung* wurde ein Übergewicht sachlicher Überschriften erkennbar – weniger als 40 Prozent der Überschriften waren klar emotionalisierend. Danach sank der Anteil emotionalisierender Überschriften weiter – auf elf Prozent in der *Phase der Medienkritik*. In der Phase der *Folgen* stieg der Anteil emotionalisierender Überschriften nochmals leicht. Dieser Anstieg, so Willkommen, ist vermutlich der Thematik rund um die Folgen für die Stadt Sebnitz und für die Familie des Jungen geschuldet.[60]

Abbildung 9: Anteil emotionalisierender Überschriften (%)

	Mordvorwurf	Zweifel	Klarstellung	Rau	Medienkritik	Folgen
sachliche Überschriften	24	46	61	67	89	72
emotionalisierende Überschriften	76	54	39	33	11	28

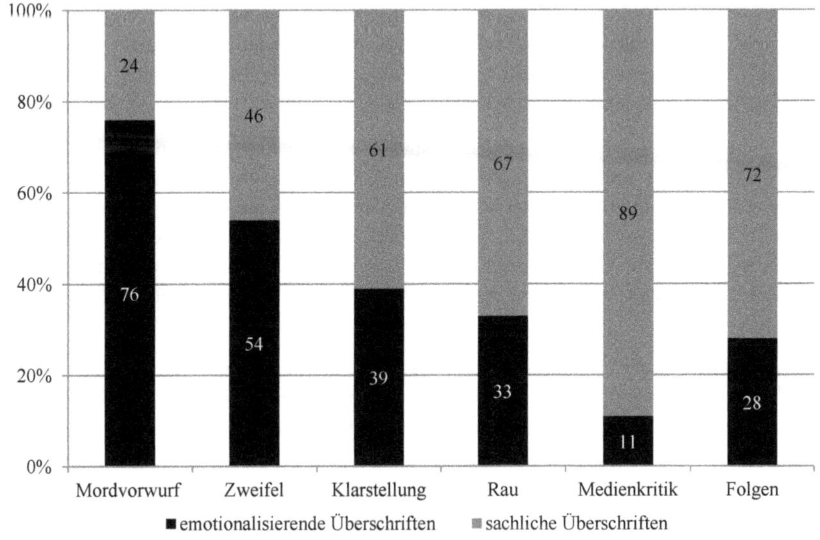

Quelle: Willkommen 2001: 16.

Zu den wesentlichen journalistischen Standards, gegen die Journalisten verstießen, gehören die Sorgfaltspflicht (Ziffer 2 des Pressekodex) und der Umgang mit Verdachtsmomenten in der Berichterstattung (Richtlinie 13.1 des Pressekodex). In den entsprechenden Ziffern heißt es u. a.: „Unbestätigte Meldungen, Gerüchte und Vermutungen sind als solche erkennbar zu machen" und „Zwischen Verdacht und erwiesener Schuld ist in der Sprache der Berichterstattung deutlich zu unterscheiden."[61] Anja Willkommens Analysen zeigen, dass ein großer Teil der Berichte die angeblichen Ereignisse unreflektiert wiedergaben – 43 Prozent der Beiträge berichteten den angeblichen Mord im Schwimmbad als Tatsache, immerhin 57 Prozent deuteten an, dass es sich um einen unbestätigten Verdacht gehandelt habe.[62] Viele der Kennzeichnungen von Verdachtsmomenten waren jedoch so diskret – etwa in Form von Fragezeichen oder Begriffen wie „mutmaßlich" und „vermutlich" –, dass vor allem im Kontext der starken Emotionalisierung und Moralisierung der Beiträge der Gesamteindruck erweckt wurde, es würden tatsächliche Geschehnisse berichtet. Willkommen verweist auf einen Beitrag in der *Welt*:

> „Während in der Kellerzeile der Überschrift noch skeptisch gefragt wird, *„wurde er von Neonazis brutal zu Tode gequält?"*, werden bereits im ersten Abschnitt des Artikels die Vorgänge im Schwimmbad als Tatsache geschildert: *„300 Menschen können zusehen, wie rund 50 Jugendliche einen sechsjährigen Jungen grausam misshandeln, ihn ins tiefe Wasser werfen und dort weiter quälen."*[63]

Insgesamt waren die verhältnismäßig leisen Zwischentöne – vor allem zu Beginn der Berichterstattung – zu leise, um die Debatte zu versachlichen.

Neben der unzulässigen Tatsachendarstellung verweist Willkommen auch auf die stark *wertende Berichterstattung* – als Ausdruck einer mangelhaften Trennung von Nachricht und Meinung.[64] Gemeint sind vor allem wertende Aussagen,

> „[...] die nicht objektiv die Tatsachen darstellen, sondern die Geschehnisse kommentieren. Sie geben die subjektive Meinung des Journalisten wieder. In sieben Prozent der analysierten Beiträge machen wertende und kommentierende Aussagen sogar den größten Teil des Artikels aus [...]. Dies verstößt klar gegen das Gebot der Trennung von Nachricht und Meinung: Meinungsäußerungen müssen klar und für den Leser ersichtlich, gekennzeichnet werden und von der reinen Faktendarstellung getrennt werden [sic!]."[65]

Fast 40 Prozent der Beiträge über die Ereignisse in Sebnitz wurden zunächst nicht sachlich-neutral, sondern klar kommentierend und wertend dargestellt (Abbildung 10) – wohlgemerkt: in den Berichten, die eigentlich zur objektiven Tatsachendarstellung verpflichtet sind. Viele Journalisten vermittelten der Leserschaft auf diese Weise nicht die Faktenlage, sondern u. a. ihre Meinungen, Wertungen, persönlichen Gefühle und Betroffenheiten.

Abbildung 10: Anteil wertender Aussagen in der Berichterstattung (%)

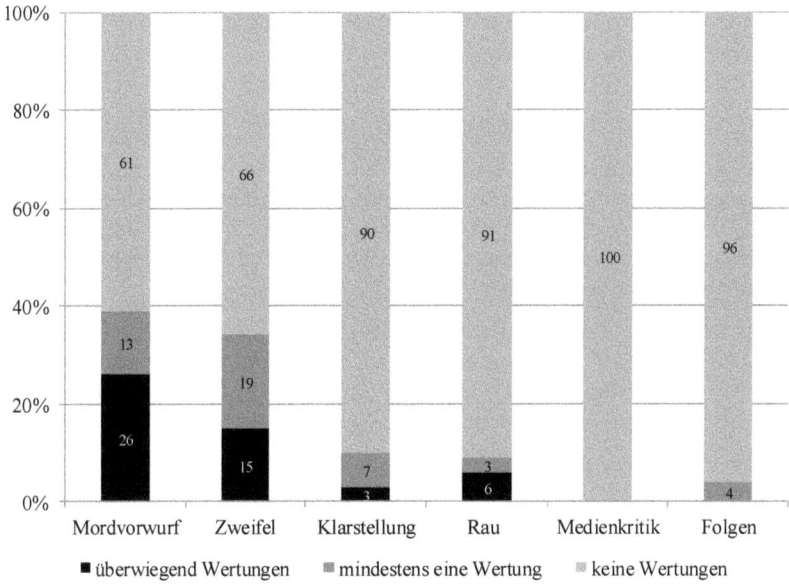

Quelle: Eigene Darstellung nach Willkommen 2001: 26.

Die Analyse zeigt jedoch auch, dass die Journalisten recht schnell zu ihrem eigentlichen Auftrag, der sachlichen, faktenorientierten Berichterstattung zurückkehrten – spätestens ab der Phase der Klarstellung entsprach das Gros der Berichte der Anforderung einer weitgehend werturteilsfreien Ereignisbeschreibung.[66]

Abschließend noch ein Verweis auf die starke Verwendung rhetorischer Stilmittel, die als Vehikel einer emotionalisierenden Darstellung dienten: Viele Beiträge, auch solche, die von ihrer Darstellungsform her eigentlich tatsachenbetont-nachrichtlich konzipiert waren, wiesen z. B. Hyperbeln und Superlative auf – auch hier vor allem in den ersten Phasen der Berichterstattung.[67]

Der Vergleich verschiedener Mediengattungen zeigt schlussendlich, dass sich überregionale Qualitätszeitungen, Magazine und Boulevardzeitungen inhaltlich kaum unterschieden. Westdeutsche Zeitungen schienen sich stärker auf die Linie festgelegt zu haben, es habe sich um einen rassistischen Mord gehandelt, der gewissermaßen in das Narrativ vom „rechten Osten" passte – während Zeitungen aus den neuen Bundesländern mehr die Folgen für Sebnitz thematisierten.[68] Stärker ausgeprägt waren laut Anja Willkommen die Unterschiede beim Ausmaß und Niveau der Medienkritik, die eher in Magazinen, Wochenzeitungen und der überregionalen Qualitätspresse ein Forum gefunden hatte: „So beschäftigen sich beispielsweise 26 Prozent der Beiträge von Magazinen und Wochenzeitungen schwerpunktmäßig mit dem Thema Medienkritik. In den Boulevardmedien findet das Thema hingegen kaum Beachtung."[69] Mediale Selbstkritik betreiben in erster Linie überregionale Qualitätszeitungen, ansonsten wurden Kritikpunkte vor allem von Quellen vorgetragen, die nicht selbst dem Mediensystem entstammten.[70]

Reaktionen und Konsequenzen

Wie fiel nun diese *Medienkritik* aus und was waren ihre Gegenstände? Wenige Tage nach der Erstveröffentlichung der Vorwürfe machten kritische Berichte zum Umgang der Medien mit dem Fall bereits den Großteil der Berichterstattung aus. Allerdings handelte es sich bei zwei Dritteln der kritischen Aussagen um Kritik von Außenstehenden an den Medien,

> „[…] beispielsweise durch die Sebnitzer oder durch den Sebnitzer Oberbürgermeister Mike Ruckh, der die Entwicklungen im Fall Sebnitz als *„Medien-Katastrophe"* oder gar *„Medien-GAU"* bezeichnet (Süddeutsche Zeitung, 1. Dezember 2000). Äußere Kritik an den Medien erfolgt auch durch Politiker oder Medienexperten."[71]

Lediglich elf Prozent der untersuchten Berichte entstammen journalistischer Selbstkritik. Mediale Selbstkritik machte vom Umfang her also nur einen kleinen Teil der kritischen Aussagen aus – gleichwohl war die Kritik deutlich:

> „Zahlreiche Artikel beschreiben den Fall als *„publizistischen Fallout"* („Sächsische Zeitung", 30. November 2000), *„mediale Blamage des Jahres"* („Der Spiegel", 30. Dezember 2000) oder *„erstrangigen Medienskandal"* („Süddeutsche Zeitung", 2. Dezember 2000). […] So schreibt beispielsweise die „Frankfurter Rundschau" (27. November 2000) unter der Überschrift *„Die Medien-Katastrophe"* […] *und die Berichterstattung darüber ist in großen Teilen eine Katastrophe. […] Wie der Junge […] ums Leben kam, was im Schwimmbad wirklich geschah – all das ist bis heute nicht geklärt. […] Aber es ist immer noch ein Verdacht, mehr nicht. Doch es gibt Fernsehsender und Zeitungen, für die der Fall klar ist […] Journalisten dürfen nicht schreiben, was sie vielleicht glauben wollen."* Sowohl äußere Kritiker als auch Journalisten selbst kritisieren, dass die Medien vorschnell auf den Fall angesprungen seien, dass Fragezeichen und Skepsis zu schnell weggefallen seien. Vor allem wird den Medien vorgeworfen, sie hätten nicht ergebnisoffen recherchiert. Da viele Journalisten das Geschehen für möglich gehalten hatten, hätten sie Ungereimtheiten und offene Fragen übersehen und ihre Information nicht ausreichend sorgfältig überprüft. Vor allem wird den Medien angelastet, ein negatives Bild von Sebnitz gezeichnet und damit eine regelrechte Hetzkampagne gegen die Stadt betrieben zu haben. […] Die Journalisten gestehen Fehler bei der Berichterstattung zum Fall Joseph ein. Sie geben zu, vorschnell auf den Fall angesprungen zu sein und vor allem Sebnitz und seine Einwohner pauschal vorverurteilt zu haben."[72]

Bei der Frage nach den Ursachen der eklatanten Fehlleistungen einiger Medien verwies ein Großteil der Kritiker auf die initiale Berichterstattung der *Bild* – auch verbunden mit Kritik an den Eltern des verstorbenen Kindes. Weitere Erklärungen betrafen den etablierten Erwartungshorizont, auch unter Journalisten, wonach im Osten Deutschlands der Rechtsextremismus floriere. Tatsächlich waren die 1990er Jahre von starken rechtsextremistischen Ausfällen z. B. gegen Asylantenheime geprägt, weswegen es nicht unwahrscheinlich erschien, dass eine solche Tat in einer sächsischen Stadt hätte passieren können.[73] Etablierte Klischees und Stereotype sowie tatsächliche Erfahrungswerte führten unter professionellen Beobachtern dazu, journalistische Standards vorschnell hintanzustellen. Eine weitere Ursache für den kollektiven Blackout, der für zwei bis drei Tage vorherrschte, wurde im Wesen der modernen Mediengesellschaft bzw. ihrer Marktmechanismen ausgemacht – müsse man doch der Aufmerksamkeit und der Auflage bzw. Einschaltquote wegen mitziehen, wenn andere Medien (wie die *Bild*) über einen so aufsehenerregenden Fall berichten.[74] Die *Bild*-Zeitung dagegen wies alle Verantwortung von sich und beschuldigte die Ermittlungsbehörden,

„[...] die durch ihre nachlässigen Ermittlungen den negativen Verlauf der Ereignisse ausgelöst hätten: *„Ein klarer Vorwurf in Richtung Staatsanwaltschaft. Die Justiz in Sachsen muss sich die Frage gefallen lassen, warum sie erst jetzt zu ihren Erkenntnissen gekommen ist [...]. Einen Fall Sebnitz hätte es nie gegeben. Keine Verhaftungen, keine Schlagzeilen, kein Ausnahmezustand in Sebnitz."*[75]

In der Gesamtschau schließt Anja Willkommen, dass die Berichterstattung nur in den ersten beiden, sehr kurzen Phasen zum Teil eklatant fahrlässig war. Danach sei die Presse sehr darum bemüht gewesen, aufzuklären und der Kritik Raum zu geben:

„Betrachtet man den Umfang, in dem die jeweiligen Sichten vorherrschen, hatten am Ende alle Leser eine reale Chance, die Wahrheit über die Geschehnisse in Sebnitz zu erfahren. In weitaus größerem Umfang und über einen längeren Zeitraum als dem des Publizierens von für Sebnitz negativen Informationen war die Presse bemüht, die Geschehnisse richtig zu stellen. Bestrebungen dazu zeigen sich bereits wenige Tage nach den ersten Veröffentlichungen zum Fall Joseph. Die Presseberichte zielen auf Schadensbegrenzung und Wiedergutmachung. Ein großer Teil der Medien gesteht Fehler bei der Berichterstattung ein. Die Journalisten ziehen aus diesem Fall für sich die Konsequenz, in Zukunft eine intensivere und ergebnisoffenere Recherche zu betreiben und bei der Berichterstattung mehr Zurückhaltung zu üben. Viele Journalisten gestehen ein, dass sie in diesem Fall zu sehr das geschrieben haben, was sie selbst glaubten, und dass sie einen Mord für möglich hielten, weil das in das Klischee vom rechtsextremen Osten passte. Sie haben darum, räumen sie ein, Ungereimtheiten übersehen. Vor allem ziehen einige der Medien den Schluss, sich künftig vor pauschalen Wertungen und schnellen Vorverurteilungen zu hüten, vor allem wenn diese nur auf unbestätigten Anschuldigungen und Mutmaßungen fußen."[76]

Nicht nur Politiker übten zum Teil scharfe Kritik an den Medien, sondern auch bemerkenswert oft und intensiv Journalisten selbst. Nicht umsonst nennt Willkommen eine der entscheidenden Phasen des Falls *Phase der Medienkritik*. In seltener Einmütigkeit und Klarheit bezogen viele Journalisten schon in der Hochphase des Falls kritisch Stellung zu den eigenen Fehlern und denen ihrer Kollegen: „Zugute halten kann man einigen Journalisten, dass ihnen vergleichsweise rasch Zweifel an der Mord-Version kamen und sie diese in Berichten auch artikuliert haben"[77], urteilt auch Tanjev Schultz.

Äußere Kritik wurde beispielsweise durch die Sebnitzer Bürger, durch Politiker oder von Medienexperten geübt. Wie bereits erwähnt, sprach der damalige Bürgermeister der Stadt von einem „Medien-GAU".[78] Der damalige Bundespräsident Johannes Rau warnte vor „falschen Ost-West-Klischees"[79] in den Medien und forderte bei seinem Besuch in Sebnitz: „Medien sollten sich entschuldigen." Aber auch Journalisten selbst kritisierten, dass „Gefühle statt Fakten" im Vordergrund gestanden hätten und bezeichneten die Berichterstattung als „makabres News-Entertainment".[80] Insgesamt fiel der Umfang der journalistischen Selbstkritik auf, wie auch der sächsische Ministerpräsident Kurt Biedenkopf in seiner Regierungserklärung anmerkte: Es habe „ein bisher nicht gekanntes Maß an Selbstkritik in den deutschen Medien"[81] gegeben.

Für die Publizistik- und Kommunikationswissenschaft wurde der *Fall Sebnitz*, wie Wolfgang Donsbach am 25. November 2010 gegenüber der *Zeit* sagte, zum Lehrstück darüber,

> „[...] wie Journalisten zu einem kollektiven Fehlurteil gelangen. [...] Kaum einer von Donsbachs Studenten durchläuft seine Ausbildung, ohne von Sebnitz gehört, ohne auf eine Collage aus Joseph-Schlagzeilen geblickt zu haben. Der Fall ist Grundwissen. »Ich kenne kein Beispiel in der deutschen Pressegeschichte«, sagt der [damals, NJ] 61-Jährige, »in dem die Journalisten ähnlich dramatisch falsch gelegen haben.« Die gefälschten Hitler-Tagebücher des *Stern*? Nicht vergleichbar, weil Betrug. Die Ursachen des Sebnitz-Debakels? Der Verdacht habe ins Klischeebild vom ausländerfeindlichen Osten gepasst, sagt Donsbach. Fatal sei gewesen, dass sich Journalisten in einer unklaren Situation unter Zeitdruck festgelegt hätten – und sich der eine am anderen orientiert habe. Die Einzelheiten werden heute in Medienethik-Seminaren studiert. Journalistik-Nachwuchs lernt am Beispiel Sebnitz. Das mag ein kleiner Trost sein."[82]

Der *Deutsche Presserat* gelangte zu einem ähnlich drastischen Urteil über den Fall. Vor allem gegen die Ziffer 2 des *Pressekodex* sei massiv verstoßen worden, die da lautet:

> „Recherche ist unverzichtbares Instrument journalistischer Sorgfalt. Zur Veröffentlichung bestimmte Informationen in Wort, Bild und Grafik sind mit der nach den Umständen gebotenen Sorgfalt auf ihren Wahrheitsgehalt zu prüfen und wahrheitsgetreu wiederzugeben. Ihr Sinn darf durch Bearbeitung, Überschrift oder Bildbeschriftung weder entstellt noch verfälscht werden. Unbestätigte Meldungen, Gerüchte und Vermutungen sind als solche erkennbar zu machen."[83]

Auch in den verschiedenen Landespressegesetzen gilt die Sorgfalt als eine wichtige Pflicht der Presse: „Die Presse hat alle Nachrichten vor ihrer Verbreitung mit der nach den Umständen gebotenen Sorgfalt auf Wahrheit, Inhalt und Herkunft zu prüfen."[84] Der Presserat kritisierte folgerichtig, dass die Formulierungen in dem initialen Artikel der *Bild*-Zeitung jeden Zweifel an einer Straftat ausgeschlossen habe, wodurch „die Grenze zwischen zulässiger Verdachtsberichterstattung und unzulässiger Tatsachenbehauptung eindeutig überschritten"[85] worden sei. Einige Wochen nach der Hauptphase des Falls Sebnitz veröffentlichte der *Presserat* eine Pressemeldung, in welcher er seine Urteile zusammenfasste und erklärte:

„Der Beschwerdeausschuss des Deutschen Presserats hat in seiner Sitzung am 13. Februar 2001 drei Zeitungen für ihre Berichterstattung über den am 13. Juni 1997 in Sebnitz angeblich von Neonazis getöteten Jungen [...] gerügt: die BILD-Zeitung, die BERLINER MORGENPOST und die ebenfalls in Berlin erscheinende TAGESZEITUNG. Außerdem wurden die Beschwerden gegen zwei weitere Tageszeitungen als begründet erachtet. Ihren Entscheidungen legten die Mitglieder des Publizistischen Selbstkontrollorgans Ziffer 2 des Pressekodex zugrunde. [...] In allen drei Fällen kritisierte der Presserat insbesondere die Aufmachung der Artikel in den Überschriften. Sie schlossen jeden Zweifel am Tathergang aus. Damit wurde die Grenze zwischen zulässiger Verdachtsberichterstattung und unzulässiger Tatsachenbehauptung überschritten. Der Beschwerdeausschuss betonte, dass mit den Entscheidungen gegen einzelne Zeitungen die übrige Presse nicht entlastet sei. Er habe nur über diejenigen Veröffentlichungen beraten, gegen die beim Presserat Beschwerde erhoben wurde. Insgesamt habe es sich mit den offensichtlich falschen Berichten über die Geschehnisse in Sebnitz um einen Tiefpunkt der Medienberichterstattung gehandelt."[86]

Diskussion

In der Zeitung *Die Welt* schrieb Wolfgang Donsbach bereits am 06. Dezember 2000, dass sich der Fall Sebnitz binnen wenigen Tagen zu einem medienpolitischen Thema entwickelt habe. Er stellt fest,

„[...] dass sich die meisten deutschen Medien zu früh und zu einseitig auf eine Version der Ereignisse von 1997 einließen. Sie haben damit bei ihren Lesern und Zuschauern – und in Folge beim Publikum der Auslandsmedien, die dies natürlich aufgriffen – Wahrnehmungs- und Meinungsprozesse ausgelöst, die zu einem großen Teil nicht mehr rückholbar sind."[87]

Wie sehr diese Einschätzung auch noch Jahre später zutraf, zeigen Daten einer repräsentativen Befragung aus dem Jahr 2008: 30 Prozent der Befragten gaben acht Jahre später an, sich an den *Fall Sebnitz* zu erinnern – und nur 14 Prozent wussten auf Nachfrage noch, dass ein Unfall die Todesursache war. Die restlichen 86 Prozent der Befragten glaubten an ein rassistisches Verbrechen oder sagten „Weiß nicht".[88] In einem späteren Abschnitt des Fragebogens, mit weitem Abstand zum ersten Erinnerungstest, wurden die Befragten erneut mit dem *Fall Sebnitz* konfrontiert, die Frage lautete: „Wie Sie vielleicht wissen, haben die Medien vor einigen Jahren den Tod des kleinen Joseph aus Sebnitz falsch dargestellt. Sie haben behauptet, der Junge sei von Neonazis getötet worden. In Wirklichkeit war es aber ein Unfall. Haben Sie damals den Medien geglaubt, dass Joseph ermordet wurde?" Der größte Teil der Befragten, 63 Prozent, gab an, nicht mehr zu wissen, ob sie selbst die Medienberichte vom Mord damals geglaubt hatten, sieben Prozent meinten sich zu erinnern und sagten von sich, dass sie den Bericht vom Mord an Joseph schon damals nicht geglaubt hatten – aber immerhin 29 Prozent gaben zu, den Medienberichten mit der Mordversion „ein bisschen" oder „ganz und gar" geglaubt zu haben.[89] Zwar können die schlechte Erinnerung von Befragten und Effekte sozialer Erwünschtheit solche Ergebnisse durchaus verzerren. Außerdem ist von weit höheren Zahlen auszugehen, wenn es um die Effekte der Erstberichte auf die Wahrnehmungen damaliger Mediennutzer geht. Dennoch war der Anteil derer, welcher der Mordversion in der Berichterstattung Glauben schenkte, immerhin acht Jahre nach dem eigentlichen Geschehen bemerkenswert hoch. Von diesen 202 Personen aus einer bevölkerungsrepräsentativen Stichprobe sagten 83 Prozent, dass es der Mangel an alternativen Informationen gewesen sei, der sie dazu verleitet habe, die Falschdarstellungen zu glauben (vgl. Abbildung 11). 78 Prozent sagten, dass diese Berichte mit ihren etablierten Schemata, Stereotypen, Erwartungen und Weltsichten korrespondiert hätten, „[...] es war ja nicht das erste Mal, dass sowas berichtet wurde". Auch der konsonante Eindruck der Medienberichterstattung trug in den Augen der Befragten seinen Anteil zu den irrtümlichen Eindrücken bei: Viele Medien berichteten ähnlich über den Fall, es gab zunächst keine alternativen Lesarten, Zweifel waren gering und der Ton schrill – die Konsonanz und Kumulation[90] von ähnlichen Sichtweisen in den Medien dürfte zu Anfang auch die angenommene Glaubwürdigkeit des einhelligen Medientenors in der Wahrnehmung der Rezipienten ausgemacht haben.

Abbildung 11: Gründe, weshalb man den Medienberichten über Sebnitz geglaubt hat (%)

Frage: „Wie Sie vielleicht wissen, haben die Medien vor einigen Jahren den Tod des kleinen Joseph aus Sebnitz falsch dargestellt. Sie haben behauptet, der Junge sei von Neonazis getötet worden. In Wirklichkeit war es aber ein Unfall. Haben Sie damals den Medien geglaubt, dass Joseph ermordet wurde?" („Ja, ganz und gar"; „Ja, ein bisschen"; „Nein", „Weiß nicht", „Erinnere mich nicht mehr").

Frage: „Und warum haben Sie das damals geglaubt? Ich lese Ihnen nun einige Möglichkeiten vor, bitte sagen Sie mir jeweils, ob das für Sie zutrifft oder nicht zutrifft."

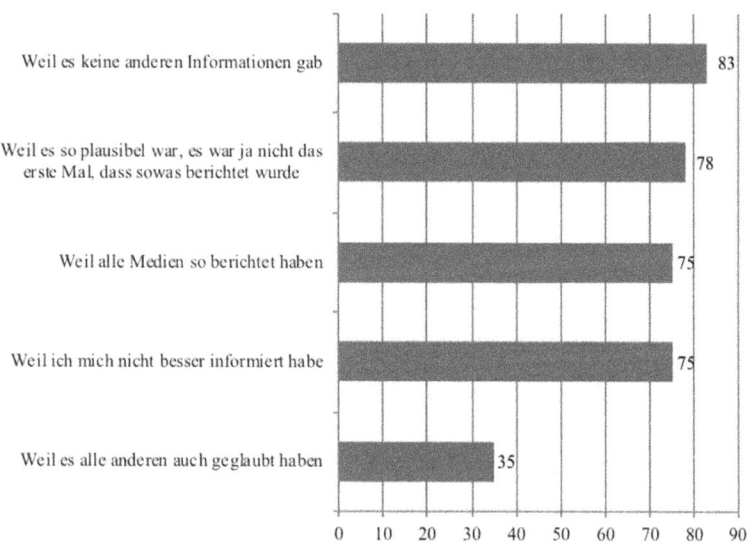

Quelle: Jackob 2012: 200.
Ausgewiesen sind Befragte, die angaben, die Mordversion geglaubt zu haben.

Die schematische, zum Teil von Vorurteilen getriebene Berichterstattung der Medien traf auf eine ebenso schematische Rezeption bei den Betrachtern. Die Geschichte klang vor dem Hintergrund der Neonazi-Umtriebe der 1990er Jahre allzu plausibel, wie Tanjev Schultz erklärt:

> „Die Region um Sebnitz war bzw. ist durchaus eine Hochburg des Rechtsextremismus, und es hätte gute Gründe gegeben, den alltäglichen Rassismus und Terror im Ort und der Umgebung journalistisch in den Blick zu nehmen. [...] Im Fall »Sebnitz« fanden viele Journalisten es auf Anhieb plausibel, dass eine Horde Neonazis im Freibad einen kleinen Jungen gequält und getötet haben soll. Es schien so gut zum Klischee des wilden Ostens zu passen. Denn hatte sich das Klischee nicht schon allzu oft als traurige Realität erwiesen?"[91]

Problematisch daran ist, das sei ergänzt, dass die Medien ernsthaften Bemühungen, den Rechtsextremismus einzudämmen, auf diese Weise einen Bärendienst leisteten – können doch Vertreter entsprechender Strömungen seither auf Sebnitz verweisen, um ihren Lügenpresse-Vorwürfen Gewicht zu verleihen.

Hinzu kam: Die Kollegenorientierung der Journalisten sowie der eindeutige Tenor hebelten jene Pluralität in der Berichterstattung aus, die nötig gewesen wäre, um sich ein angemessenes Bild zu machen.[92] Dahinter liegt ein Phänomen, das in der Wissenschaft als *Koorientierung* oder *Kollegenorientierung* bekannt ist: Donsbach beschreibt Kollegenorientierung als eine Variante der *peer-* oder *in-group-Orientierung*. Eine in-group liegt ihm zufolge dann vor, „wenn Mitglieder der gleichen 'sozialen Kategorie' als Gruppe auftreten".[93] Aus der sozialen Interaktion zwischen den Beteiligten resultieren gemeinsame Wertvorstellungen und Normen. Kollegenorientierung herrscht demzufolge vor, „wenn die Berufsgruppe als Bezugsgruppe fungiert. Sie ist dann eine spezielle Form der in- oder peer-group".[94] Auf den Journalismus bezogen wird folglich die „*normierende Wirkung* dieser Interaktion und Kommunikation für die Denk- und Verhaltensweisen von Journalisten"[95] betont. Dass diese Orientierung an Kollegen im Journalismus – im Vergleich zu anderen Berufsklassen – so prägnant ausfällt, hat mehrere Ursachen. So ist u. a. die journalistische Entscheidungsfindung häufig von Unsicherheit geprägt, bspw. in der Frage, ob ein Ereignis berichtenswert ist.[96] Bei dieser und anderen Fragen wird das journalistische Verhalten daher häufig an dasjenige von Kollegen anderer Medien angeglichen. Das ist kein ungewöhnlicher Vorgang, wie Kepplinger erklärt:

> „Die Angehörigen aller Berufe beobachten ihre Kollegen. Sie sind Gegner im beruflichen Wettbewerb, liefern die Maßstäbe für Leistungsvergleiche und sind Autoritäten der Kollegenkritik. In keinem Beruf ist jedoch die Kollegenorientierung so intensiv und schnell wie im Journalismus. Die Lektüre zahlreicher Tageszeitungen und Internetdienste gehört zur Routine von Fernsehredakteuren. Zeitungsredakteure verfolgen den ganzen Tag über die gleichen Internetangebote sowie die Nachrichten der Hörfunk- und Fernsehsender. Dabei gibt es Leitmedien wie die *Frankfurter Allgemeine Zeitung* und die *Süddeutsche Zeitung*, den *Spiegel*, *Focus* und eine Reihe anderer Blätter. [...]

> Sie dienen als Quellen der Anregung für eigene Artikel und als Richtmaß zur Beurteilung der eigenen Beiträge [...]. Die generell starke Koorientierung im Journalismus wird bei Skandalen und anderen spektakulären Ereignissen noch intensiver, weil die Redaktionen die Meldungen anderer Medien verstärkt zur Justierung ihrer eigenen Beiträge heranziehen."[97]

Auf diese Weise entsteht eine Art Selbstreferenzialität der Berichterstattung, die Darstellungen schaukeln sich gegenseitig hoch, bestärken sich wechselseitig und münden in eine Erzählung, die sich eher an medialen Binnenlogiken denn an den Fakten der (vermeintlich) berichteten Außenwelt orientiert. Das ist es auch, was Giovanni di Lorenzo meinte, als er in seiner Dresdner Rede anmerkte:

> „Lange bevor Pegidisten und AfD den Begriff der „Systemmedien" wiederbelebten, habe ich in den deutschen Medien bereits einen besorgniserregenden Hang zum Gleichklang beobachtet. Immer wieder höre ich auch von wohlgesonnenen Leserinnen und Lesern dieselbe Frage, die sich manch einer unter Ihnen vielleicht auch schon gestellt hat: Sprecht Ihr Euch eigentlich ab? Ich muss Ihnen nicht sagen, dass wir das natürlich nicht tun, aber dass dieser Eindruck überhaupt entstehen kann, ist für mich ein Alarmzeichen. Das Merkwürdige ist, dass der Konformitätsdruck nicht von mächtigen Medienunternehmern, Regierungschefs oder anderen finsteren Mächten ausgeübt wird. Vielmehr kommt er aus der Mitte unserer Branche, er geht von uns Journalisten aus, zum Teil auch von Lesern und Zuschauern."[98]

Tanjev Schultz identifiziert vor diesem Hintergrund von Koorientierung, Konformismus, Konsonanz, Selbstreferenzialität und homogener Sozialisation im Journalismus bezogen auf die Berichterstattung über Sebnitz ein „Meute-Schema",

> „[...] also die Neigung, eine einmal eingeschlagene Richtung nur unter besonderem Druck und bei unabweisbaren Widersprüchen wieder zu verlassen. Was auf Anhieb plausibel erscheint, wird nicht mehr oder nur unzureichend hinterfragt. Dazu muss man wissen: Die Zahl der Journalisten, die in einem konkreten Fall wie dem von Sebnitz selbst die Fakten recherchieren und einen direkten Zugang zu Zeugen, Ermittlern, Akten oder weiteren Quellen haben, ist relativ klein. Alle anderen berichten, kommentieren und titeln aus der geographischen und sachlichen Ferne und verlassen sich mehr oder weniger auf die Berichte der Kollegen und die oft recht dürren offiziellen Verlautbarungen. Und wer möchte schon, wenn Entsetzen und Empörung längst grassieren, als Zweifler dastehen und Zurückhaltung einfordern und damit mutmaßlichen Tätern – hier: Neonazis – zur Seite springen?"[99]

Mit Befragungsbefunden wie dem oben dargestellten kann man natürlich keine kausale Wirkungsforschung betreiben. Dennoch sind die Befunde ein Indiz dafür, dass irreführende Medienberichte Wirkungen auf ihre Rezipienten haben können – im *Fall Sebnitz* durchaus eine Reihe negativer Wirkungen. Um letztere kreisen auch die Reaktionen der Beobachter, die sich u. a. mit der Frage beschäftigten, wie es überhaupt zu einem solchen „Störfall im Mediensystem" kommen konnte.[100] Wolfgang Donsbach subsummierte die Entstehung, den Verlauf und die Konsequenzen des „Störfalls" Sebnitz wie folgt – weil man es aus kommunikationswissenschaftlicher Sicht kaum besser und kürzer ausdrücken kann, in weitgehend ungekürzter Fassung. Zuerst zu den Eigenheiten des Falles:

> „Das Phänomen Rechtsradikalismus war erstens durch vorangegangene Ereignisse generell thematisiert. Aus der Forschung über Nachrichtenauswahl ist bekannt, dass Themen, über die bereits vorher viel berichtet wurde oder zu denen es besondere „Schlüsselereignisse" im Vorfeld gab, eine überdurchschnittliche Wahrscheinlichkeit haben, beachtet zu werden. Dies war hier der Fall. Zweitens hatte der Tod des kleinen Joseph alle übrigen Merkmale eines Ereignisses mit hohem Nachrichtenwert. Dazu gehören sein Negativismus, die Personalisierung, also die Bedeutung handelnder Personen, und vor allem seine hohe Faktizität: Er war anschaulich und gut darstellbar in Worten und in Bildern. Hinzu kam drittens die spezielle Erwartung, dass der Osten Deutschlands einen Hort an Rechtsradikalen darstellt – je östlicher um so radikaler. Durch die Behauptungen der Eltern wurde somit ein fertiger Bezugsrahmen bedient. Dieser Bezugsrahmen war sogar resistent gegen die Alltagserfahrung, dass – trotz der statistisch tatsächlich stärkeren rechtsextremen Tendenzen im Osten – wohl kaum Hunderte von Bürgern einen Mordfall decken. Letzteres bedeutete dann aber, viertens, gerade einen qualitativen Sprung im Phänomen Rechtsradikalismus. Die erste Version beinhaltete nämlich den Verdacht, die Bürger einer ganzen Stadt und zusätzlich Polizei und Staatsanwaltschaft seien zu Mittätern geworden. Dieser Aspekt verlieh dem Fall bei einem Journalismus, der sich traditionell als Kontrollinstanz gegenüber Herrschaft versteht, oberste Priorität. Schließlich, fünftens, folgte der Fall einem einfachen, daher relativ leicht vermittelbaren und eingängigen Schema: Eine Familie, bei der der Vater aus dem Ausland und die Mutter aus dem Westen stammen, kämpft gegen einen gleichgültigen bis kriminellen Staat vergeblich um ihr Recht! Sie muss es dann auf eigene Faust versuchen."

Die Spezifika der Vorgänge bzw. des *Falls Sebnitz* treffen nun auf generelle und spezifische Mechanismen im (deutschen) Journalismus, die Donsbach wie folgt beschreibt:

> „Diese besonderen Merkmale des Falles trafen auf mehrere Eigenschaften des Journalismus. Erstens sind Journalisten gegenüber dem Phänomen Rechtsradikalismus besonders aufmerksam, weil sie sich selbst überwiegend politisch links verorten. Dieser Faktor hat aber im Fall Sebnitz eine eher untergeordnete Rolle gespielt, was man daran erkennen kann, dass auch konservative Qualitätszeitungen die sich später als falsch herausstellende Berichterstattung mitgetragen haben. Zweitens sehen sich die deutschen Journalisten mehr als beispielsweise ihre angelsächsischen Kollegen (Ausnahme: englische Boulevard-Presse) in einer politisch-aktivistischen Rolle. [...] Drittens gibt es im deutschen Journalismus eine vergleichsweise geringe redaktionelle Kontrolle. [...] Viertens sind Journalisten in der schwierigen Lage, dass sie in unklaren Situationen unter Zeitdruck Entscheidungen treffen müssen. [...] In der Sozialpsychologie bezeichnet man Situationen, in denen es keine objektiven Handlungskriterien gibt, als „unbestimmt". [...] Auch Sebnitz war eine solche „unbestimmte Situation". Über Wochen hatten verschiedene Journalisten recherchiert, das angeblich belastende

Material von der Familie ausgehändigt bekommen und sollten nun entscheiden, ob sie damit an die Öffentlichkeit gehen oder nicht. Der intensive Kontakt mit Kollegen führte zu dem Kollektivurteil, dass die Version der Familie wohl glaubwürdig sei. Als eine Boulevardzeitung, nach wiederholter Prüfung der Unterlagen, vorgeprescht war, brach der Damm auch beim Rest der Medien. Schließlich, fünftens, kennen oder bedenken Journalisten meistens nicht die Wirkungselemente ihrer Berichterstattung. [...] Viele Beiträge zu Sebnitz waren im Text vorsichtiger und sachlicher formuliert als in der Schlagzeile. Die Redakteure bedachten aber nicht die Wirkungsunterschiede. Viele Korrespondenten meinten, die Distanz zu den berichteten Anschuldigungen durch die Verwendung des Konjunktiv zu wahren. Sie ahnten nicht, dass dies in der Wahrnehmung weitgehend irrelevant ist."

Donsbachs schließt am Ende seiner Analyse:

„Sebnitz ist ein Lehrstück für Journalismus. Es sollte die Berufsangehörigen dazu motivieren, sich stärker mit den teilweise unbewussten und unbekannten Grundlagen des eigenen Denkens und Handelns zu beschäftigen. Die Folgen von Medienberichterstattung sind [...] zu gravierend, um Sebnitz als kleinen Betriebsunfall abzutun und zur Tagesordnung überzugehen."[101]

Zweites Kapitel: Der Fall „*Sibel Kekilli*" (2004) – oder die Frage, ob Häme und Feixen journalistische Haltungen sein sollten

Fall

Sibel Kekilli ist eine deutsche Schauspielerin türkischer Abstammung, die in den letzten Jahren vor allem durch ihre Rolle in der Serie *Game of Thrones* internationale Bekanntheit erlangte. Ihr schauspielerischer Durchbruch in Deutschland gelang ihr im Alter von 23 Jahren mit ihrer Hauptrolle im Film *Gegen die Wand* unter der Regie von Fatih Akin, für die sie auf der Berlinale im Februar 2004 mit dem Goldenen Bären ausgezeichnet wurde. In diesem Film verkörpert sie eine deutsch-türkische Frau, die eine Zweckheirat eingeht, um ihrem strenggläubig muslimischen Elternhaus zu entfliehen. Dieser Erfolg wurde zum Ausgangspunkt einer publizistischen Auseinandersetzung mit der *Bild*-Zeitung, die am 16. Februar 2004 auf der Titelseite enthüllte: „Sie siegte bei der Berlinale – Deutsche Filmdiva in Wahrheit Porno-Star".[102] Recherchen der *Bild* hatten ergeben, dass Sibel Kekilli zwischen 2001 und 2002 unter verschiedenen Pseudonymen an Pornofilmen mitgewirkt hatte. Um der vermeintlichen Sensation mehr Bedeutung zu verleihen, wurde die Schlagzeile mit Szenen aus ihren Pornoproduktionen unterlegt.

In nahezu jeder der folgenden Ausgaben (bis einschließlich 27. Februar 2004) wurde auf die Porno-Vergangenheit Kekillis eingegangen, zumeist in prominent platzierten und aufgemachten Beiträgen mit großformatigen Bildern aus Kekillis Vergangenheit – gut die Hälfte aller Ausgaben der *Bild* titelte in den letzten beiden Februarwochen ganz vorn und ganz groß mit Kekilli. Darunter fanden sich Beiträge,...

... in denen Pornoszenen ironisch untertitelt wurden: „In solchen Filmen lernte die neue Kino-Heldin ihr Handwerk" (*Bild* vom 16. Februar 2004, S. 7),

... in denen ein Familienkonflikt wegen der pornographischen Vergangenheit thematisiert und angeheizt wurde: „Porno-Enthüllung nach dem Berlinale Sieg. Eltern verstoßen sündige Film-Diva" (*Bild* vom 17. Februar 2004, S. 1) und „Die traurige Zwillingsschwester der sündigen Film-Diva" (*Bild* vom 24. Februar, S. 5),

... in denen ihre Motive für ihre Porno-Drehs diskutiert wurden: „Warum drehte die zarte Diva so harte Pornos?" (*Bild* vom 17. Februar 2004, S. 9),

... in denen andere Filmprominente zum Thema zu Wort kamen: „Uschi Glas steht sündiger Film-Diva mutig bei" und „Uschi Glas will mit sündiger Film-Diva vor die Kamera" (*Bild* vom 18. Februar 2004, S. 1 und S. 8),

... in denen junge Türkinnen sich zum *Fall Kekilli* äußern durften: „Wir sind stolz auf Dich, sündige Film-Diva" (*Bild* vom 19. Februar 2004, S. 9),

... in denen ihre ehemaligen Vorgesetzten und Realschullehrer zu Wort kamen: „Sie wollte ganz groß rauskommen", „Sie wollte anders sein" (*Bild* vom 18. Februar 2004, S. 8),

... in denen über ihr Liebesleben spekuliert wurde: „Hat die süße Film-Diva ihr Herz schon vergeben?" (*Bild* vom 20. Februar 2004, S. 10),

... in denen Interview-O-Töne Kekillis aus der *Frankfurter Allgemeinen Sonntagszeitung* nachgedruckt wurden: „Hemmungslos! Sündige Film-Diva beichtet alles" und „Sündige Film-Diva entschuldigt sich für nichts" (*Bild* vom 23. Februar 2004, S. 1 und S. 8),

... und in denen weitere vermeintliche Porno-Enthüllungen folgten: „Wie viel Sünde kommt da noch raus? Berlinale-Star machte sich auch für Beate Uhse nackt" (*Bild* vom 27. Februar 2004, S. 12).

Diese und weitere Beiträge waren zumeist mit expliziten und großformatigen Fotos bebildert, die aus pornographischem Originalmaterial, einem Fotoband mit Aktbildern und aus Internet-Anzeigen entnommen und z. T. nicht weiter bearbeitet worden waren.

Besondere persönliche Brisanz erhielt der Fall durch den familiären Hintergrund Sibel Kekillis, deren Eltern als Angehörige der ersten Generation von Gastarbeitern in den 1970er Jahren von der Türkei aus nach Deutschland gezogen waren.[103] Kekilli wurde 1980 als Tochter eines Arbeiters und einer Putzfrau in Heilbronn geboren. Gemeinsam mit einer Zwillingsschwester und drei jüngeren Brüdern wuchs sie in einem Haushalt auf, der zwischen Konservatismus und Moderne schwankte. Verschiedene Medienbeiträge aus der Zeit berichteten, dass Kekilli keinen deutschen Freund haben, nicht auf Klassenfahrt mitfahren und nicht das Abitur machen durfte.[104] Vor diesem Sozialisationshintergrund erscheint es verständlich, dass Kekilli der Familie ihre Vergangenheit in der Porno-Szene verheimlichte. Diese Hintergründe hielten die *Bild* jedoch nicht davon ab, die unwissenden Eltern zu interviewen. Tatsächlich erschienen die Aussagen des offensichtlich geschockten Vaters in der Ausgabe vom 17. Februar 2004 – dort sprach er von Schmach und Entehrung seiner Familie und verstieß seine Tochter öffentlich:

„BILD-Besuch bei den Eltern des Film-Früchtchens. Sie wohnen in einem Vorort von Heilbronn (Baden-Württemberg). Ein gelb getünchtes Einfamilienhaus in einer bürgerlichen Wohngegend. Vater Mehmet (44) hat Tränen in den Augen, sagt: „Die Schmach für die Familie ist so groß." [...] „Sibel ist vor zwei Jahren nach Hamburg gezogen. Angeblich hat sie im Rathaus gearbeitet. Jetzt diese Nachricht. Das werde ich ihr niemals verzeihen. Ich will sie nicht mehr sehen."[105]

Ihren Höhepunkt erreichte dieser familienbezogene Teil der Berichterstattung in einem Beitrag des *Berliner Kurier* am 20. Februar 2004, in welchem der Vater angeblich mit Mord drohte, dort hieß es im Original:

„[...] Nachdem die Porno-Vergangenheit des Berlinale-Stars bekannt wurde, hat ihr Vater sie verstoßen. Und jetzt gab es auch noch Morddrohungen. [...] Für den Film „Gegen die Wand" von Regisseur Fatih Akin gab's den Goldenen Bären. Hauptdarstellerin Sibel Kekilli wurde bundesweit begeistert gefeiert. Aber dann tauchten harte Sexfotos der Schauspielerin aus Filmen mit Titeln wie „Megageile Kükenfarm" auf. Sibels Vater war entsetzt: „Die Schmach ist so groß. Das werde ich ihr nie verzeihen. Sie gehört nicht mehr zu unserer Familie." Nun kam es zu den Morddrohungen. Die Polizei nahm sie ernst: Es wäre nicht das erste Mal, dass Männer aus dem islamischen Kulturkreis solche Drohungen wahr gemacht hätten. Jedes Jahr werden Verbrechen innerhalb von türkischen Familien registriert, wo männliche Familienmitglieder „Ehre" wiederherstellen wollen. Deshalb fuhr die Polizei nach Bekanntwerden der Drohung zum Vater, einem Arbeiter nach Heilbronn. Die Beamten wiesen ihn deutlich auf die Strafbarkeit auch nur der Drohung hin. Sibel Kekilli bekam in Hamburg kurzzeitig Polizeischutz. Es wurde überlegt, sie aus der Stadt zu bringen. Doch dann fand sie Unterschlupf bei einem Bekannten, dessen Adresse ihre Familie nicht kennt. Sie will jetzt versuchen, die Situation zu entspannen, mit ihrer Familie sprechen."[106]

Persönlich nahm Kekilli zu den Vorwürfen erstmals in einem Interview mit der *Frankfurter Allgemeinen Sonntagszeitung* am 22. Februar 2004 Stellung.[107] Dort bekundete sie ihr Bedauern darüber, dass ihre Eltern auf diese Weise von ihrer Vergangenheit erfahren haben:

„Erst einmal möchte ich sagen, daß meine Eltern ziemlich modern und offen sind. Aber insgesamt wären sie wahrscheinlich ganz froh, wenn ich weiterhin im Heilbronner Rathaus als Verwaltungsfachangestellte arbeiten würde, vielleicht verheiratet mit einem türkischen Mann. [...] Ich kann meine Eltern verstehen. Es tut mir unendlich leid, daß sie es so erfahren haben, aber ich werde mich für meine Vergangenheit, für mein Leben bei niemandem entschuldigen. Ich habe niemandem weh getan, ich habe nichts Illegales getan, ich habe keinem Menschen geschadet – außer mir selber, wenn überhaupt. Meine Eltern schämen sich jetzt wahrscheinlich für mich. Sie denken wahrscheinlich, die Leute zeigen mit den Fingern auf sie und sie können niemandem mehr in die Augen gucken. Das tut mir wirklich leid, aber es ist nun mal passiert, und ich kann und ich möchte es nicht ändern. Und ich bin darüber auch niemandem eine Rechenschaft schuldig. Jeder Mensch hat eine Vergangenheit, ich bin 23, meine Vergangenheit war vielleicht etwas heftiger, aber so ist das nun mal, und ich kann es auch nicht auslöschen, es gehört zu mir."

Ihre Tätigkeit in der Porno-Industrie begründete sie mit ihrer Jugend, dem Geldmangel und einer Neigung zur Rebellion gegen Zwänge und Doktrinen. Auf die Frage nach den Gründen antwortete sie konkret:

„Aus Geldmangel. Ich hatte immer mehrere Jobs – ich habe zum Beispiel Obst und Gemüse verkauft, gekellnert, als Türsteherin gearbeitet, ich war sogar mal für einen Monat Geschäftsführerin eines Nachtclubs – es war wirklich so, wie es immer heißt: ich war jung und brauchte Geld. Und daß ich diese Filme gemacht habe, das war vielleicht auch eine Art Rebellion. [...] Ich wollte mir damit vielleicht selber beweisen, daß ich mein eigenes Leben leben kann, wie ich will. [...] Ich habe einen ziemlich starken Freiheitsdrang, und je mehr man versucht, mir etwas zu verbieten, desto mehr rebelliere ich."

Insgesamt zeigte sich Kekilli von der Art der Berichterstattung tief getroffen: „Natürlich habe ich damit gerechnet, aber daß „Bild" so eine große Sache draus macht, daß sie es auf die Titelseite nehmen, so riesig, so schmutzig, das hätte ich nicht gedacht." Zum Vorwurf, Kekilli habe die Öffentlichkeit über ihre vermeintlich „schmutzige" Vergangenheit getäuscht, erklärte sie: „Hätte ich mich bei der Berlinale hinstellen sollen und ungefragt sagen, Leute, ich weiß ja nicht, wen es interessiert, aber ich habe mal Pornos gedreht? [...] Aber ich bin nicht dazu gezwungen, das öffentlich zu machen. Es ist meine Vergangenheit. Und es ist: Vergangenheit." Und zur konkreten Bewertung der Berichterstattung und ihrer Folgen führt sie aus:

> „Ich finde alles schlimm. Da melden sich jetzt irgendwelche Leute und behaupten, ich sei „naturgeil" gewesen oder hätte damals schon Starqualitäten gehabt und jeder hätte gewußt, daß ich mal berühmt werden würde. So ein Quatsch! Die kannten mich doch alle kaum. Und natürlich finde ich es auch schlimm, daß sie an meine Eltern herangetreten sind. Aber daß meine Eltern dazu dann auch etwas gesagt haben, finde ich schade. [...] Ich mache ihnen keinen Vorwurf, die stellen das sicher sehr geschickt an, diese „Bild"-Reporter. Jetzt melden sich sogar Leute, die doch eigentlich wissen müßten, daß man sich dazu nicht äußert – ehemalige Lehrer, Amtsleiter. Plötzlich wollen alle immer schon gewußt haben, daß ich es sowieso nicht lange aushalte in der Müllabteilung, weil ich ja immer Star sein wollte oder so. Oder meine Schwester. Ich nehme es ihr zwar nicht übel, wirklich nicht, aber daß auch sie sich öffentlich äußern mußte, das finde ich eigentlich traurig. Aber die Methoden sind halt ziemlich gerissen. Die „Bild"-Zeitung sagt mir zum Beispiel: Wir wollen jetzt an deine Eltern ran. Aber wir können sie in Ruhe lassen, wenn du uns ein Interview gibst. Ich laß mich ganz bestimmt von denen nicht erpressen."

Nach der ausführlichen Berichterstattung der *Bild* im Februar 2004 folgte eine längere Pause bis zum November 2004: Anlässlich der *Bambi*-Verleihung griff die *Bild* unter dem Titel „Sie haben den begehrten TV-Preis...aber jetzt springt das *Bambi* zum Pornostar" erneut auf ihre etablierte Form der Berichterstattung zurück: Unter ein Bild früherer *Bambi*-Preisträger wie Jean Marais, Maria Schell und O. W. Fischer druckte das Blatt ein Foto, auf dem Kekilli beim Geschlechtsverkehr zu sehen ist. Die ironische Bildunterschrift lautete: „Eindringliche Darstellung: In insgesamt sechs Hardcore-Streifen war Sibel Kekilli die willige „Dilara"."[108] Damit spielte die Redaktion auf die Begründung der *Bambi*-Jury an, die Kekillis Schauspiel als „kraftvoll, eindringlich und mit dem Mut, große Gefühle zu zeigen" lobte. Das Wort „eindringlich" wurde von der Redaktion der *Bild* gewissermaßen pubertär-feixend als Wortspiel für die in den Pornos dokumentierten Geschlechtsakte entlehnt. Die *Bild* stellt die Karriere Kekillis im Beitrag so dar, als sei sie gar nicht – wie von Kekilli behauptet – in Essen zufällig auf der Straße für den Film *Gegen die Wand* rekrutiert worden: „In Wirklichkeit", so die *Bild*, „hatte Sibel Kekilli unter ihrem Künstlernamen ,Dilara'

in etlichen Pornofilmen mit Titeln wie ‚Die megageile Kükenfarm' [...] mitgespielt."
Im Anschluss an ihre Dankesrede bei der *Bambi*-Verleihung am 18. November 2004
forderte Kekilli von der *Bild* ein Ende der „dreckigen Hetzkampagne" und sprach
von einer medialen „Vergewaltigung" – man müsse einem Menschen, der einen
neuen Lebensabschnitt begonnen habe, Respekt zeigen.

Reaktionen und Konsequenzen

Eine erste Bewertung der Berichterstattung nahm bereits am 02. Dezember 2004
der Deutsche Presserat vor. Der Beschwerdeausschuss kritisierte konkret die in
den Beiträgen dokumentierte Reduzierung der schauspielerischen Leistung Kekillis
durch Sätze wie „Jetzt kommt raus: Die Hauptdarstellerin lernte ihr Filmhandwerk
in Hardcore-Pornos"[109] – und pochte auf den Schutz der individuellen Persönlichkeit und der Würde Sibel Kekillis als Grenze für die Berichterstattung. Mit seiner
Pressemitteilung vom 02. Dezember 2004 führt der Deutsche Presserat aus:

> „Öffentlich gerügt wurde die Berichterstattung der BILD-Zeitung über die Schauspielerin Sibel Kekilli. Die Zeitung hatte nach der Verleihung des *Goldenen Bären* mehrfach
> über die Vergangenheit der Schauspielerin berichtet, die vor ihrer Rolle in dem ausgezeichneten Film *Gegen die Wand* in Pornofilmen mitgespielt hat. Natürlich kann über
> die Vergangenheit einer Schauspielerin berichtet werden. Dabei ist aber zu beachten,
> dass in der Berichterstattung die Persönlichkeit der Betroffenen nicht mit den Rollen,
> die sie gespielt hat, identifiziert wird. Der Beschwerdeausschuss ist der Überzeugung,
> dass die Berichterstattung über Sibel Kekilli insbesondere durch die Kombination von
> Text und Bild diese Grenze deutlich überschreitet. Solche Berichterstattung entwürdigt nach Meinung des Ausschusses die Betroffene und verletzt damit die in Ziffer 1
> des Pressekodex geforderte Wahrung der Menschenwürde: *Ziffer 1: Die Achtung vor
> der Wahrheit, die Wahrung der Menschenwürde und die wahrhaftige Unterrichtung der
> Öffentlichkeit sind oberste Gebote der Presse*. Das öffentliche Interesse deckt eine Form
> der Berichterstattung nicht, in der die Persönlichkeit der Betroffenen auf das reduziert
> wird, was man über diese in den Klappentexten von Pornofilmkassetten lesen kann."[110]

Vor Gericht erwirkte Sibel Kekilli in der Folgezeit u. a. eine einstweilige Verfügung
gegen die *Bild*-Zeitung, der damit untersagt wurde, Nacktfotos zu veröffentlichen,
die die Schauspielerin beim Geschlechtsakt in bestimmten Stellungen zeigen. Die
Richter des Berliner Kammergerichtes verurteilten vor allem den Beitrag zur „eindringlichen Darstellung" als „Teil einer Kampagne", in der Kekilli „in höhnischer
Weise herabgesetzt und verächtlich gemacht" worden sei. „Ein derartiger Eingriff in
die Würde eines Menschen" sei durch die Freiheit der Berichterstattung „nicht mehr
gedeckt" – bei Zuwiderhandlung drohte das Gericht mit 250.000 Euro Ordnungsgeld bzw. Ordnungshaft.[109] In einem anderen Verfahren wurde dem Sender *RTL* im
Jahr 2010 die Verwendung von pornographischen Filmszenen untersagt, wie sie im
Magazin *Exclusiv* ausgestrahlt wurden – die Schauspielerin müsse nach so vielen
Jahre nicht mehr hinnehmen, dass solche Szenen gesendet würden.[110]

Die *Bild* reagierte auf die Rüge des Presserates wie folgt: Wie die Nachrichtenagentur *epd* berichtete, sei aus dem Rügentext selbst für die *Bild*-Redaktion nicht eindeutig hervorgegangen, welche Verfehlungen konkret moniert worden wären und worüber man die Leser hätte aufklären müssen. Man habe daher den Presserat gebeten, die Ausführungen zu präzisieren.[111] Tatsächlich druckte die *Bild* die Rüge dann doch, und zwar am 18. März 2006 – zwei Jahre nach der Berichterstattungs-Serie über Kekilli. Auf der vierten Seite des Blattes, gut versteckt zwischen anderen Berichten, fand sich folgender Hinweis: „Presserat rügt BILD. Wegen der Berichterstattung im Februar 2004 über die Schauspielerin Sibel Kekilli hat der Deutsche Presserat eine Rüge gegen BILD nach Ziffer 1 und 12 Pressekodex ausgesprochen."[112]

In einem Interview mit dem *ZEITmagazin* spielte das Thema noch sechs Jahre später eine Rolle, die Schauspielerin bekundete dort im Jahr 2010, wie sehr ihr persönliches und berufliches Leben von der damaligen Auseinandersetzung beeinflusst wurde: Auch später noch sei es zunächst die Diskussion um ihre Vergangenheit gewesen, an die man sich erinnert habe. Und noch Jahre später habe sie keinen Kontakt mehr zu ihrer Familie gehabt.[113] Im Jahr 2015 schließlich gab es erneut Differenzen zwischen *Bild* und Kekilli, als das Blatt eine Gegendarstellung Kekillis drucken musste. Der Schauspielerin zufolge habe sich eine *Bild*-Reporterin als Mitarbeiterin der *B.Z.* ausgegeben, um O-Töne von ihr zu erhalten. Die Gegendarstellung lautete wie folgt:

„Über www.bild.de haben Sie einen Artikel vom 08.02.2015 mit der Überschrift „Mein neues Leben in Hollywood" verbreitet. Dort heißt es in Bezug auf mich „Jetzt erzählt Sibel Kekilli BILD bei der Berlinale, wie ihr neues Leben in Hollywood läuft und wie es weitergeht". Hierzu stelle ich wie folgt fest: Ich habe anlässlich der Berlinale 2015 nicht mit BILD über mein neues Leben in Hollywood und meine Zukunft gesprochen. Das besagte Gespräch habe ich mit einer Reporterin geführt, die erklärt hatte, mich für die „B.Z." zu befragen [...]."[114]

Diskussion

Sollten Häme und Feixen journalistische Haltungen sein? Ist ein höhnisch-despektierlicher Ton gegenüber einer Künstlerin mit Jugendsünden und einem ansonsten unbescholtenen Leben Ausdruck eines fairen, gesellschaftlich verantwortlichen Journalismus? Auf diese (rhetorischen) Fragen gaben für den konkreten Fall sowohl der Deutsche Presserat als auch Gerichtsurteile Auskunft: Kekilli wurde in höhnischer Weise herabgesetzt, lächerlich gemacht und entwürdigt. Dabei war nicht die Tatsache an sich zu beanstanden, dass ihre pornographische Vergangenheit Gegenstand von Berichterstattung wurde. Solche Berichte können durchaus mit den Aufgaben einer freien Presse gerechtfertigt werden, welche die Öffentlichkeit über Themen von Belang zu unterrichten hat. Im vorliegenden Fall wurde über eine Person der Zeitgeschichte in einem aktuellen Berichterstattungszusammenhang berichtet.[115] Berichte über Prominente lassen sich durch die Prominenz selbst rechtfertigen, daran gibt es nichts zu beanstanden. Was jedoch sowohl ethisch als auch juristisch beanstandet wurde, ist die Frage, *wie* die Berichterstattung gestaltet war – und damit letztlich eine der Grundfragen journalistischer Ethik. Denn anders als Journalisten, die sich über Verweise auf die Pressefreiheit und ihre Kritik an vermeintlicher Zensur für ethisches Fehlverhalten zu rechtfertigen versuchen, geht es bei der Auseinandersetzung mit problematischen Formen von Berichterstattung in der Regel nicht um Verbot bzw. Zensur oder Erlaubnis. Es geht fast immer um die Frage, *wie* eine angemessene Unterrichtung der Öffentlichkeit auszusehen hat, die zugleich ethische Grundprinzipien wie z. B. die Achtung der Menschenwürde berücksichtigt. Dabei wird es sehr oft keine wissenschaftlich objektivierbare Norm oder Verhaltensregel geben, die immer und ausschließlich auf jede Form von Berichterstattung zutrifft. Vielmehr müssen Redaktionen in jeder heiklen Situation aufs Neue interpretieren, was angemessen und was nicht mehr angemessen ist. Die Güter „Unterrichtung der Öffentlichkeit" und „Berücksichtigung der individuellen Rechte Betroffener und ihrer Würde" müssen gegeneinander abgewogen werden. Dabei wird man selten zu wissenschaftlich richtigen oder falschen Entscheidungen kommen – eher zu ethisch guten bzw. schlechten Entscheidungen oder justiziablen bzw. nicht justiziablen.

Im *Fall Kekilli* haben Journalisten ethisch schlechte und justiziable Entscheidungen getroffen, indem sie klar gegen die Menschenwürde der Schauspielerin verstießen. Sie haben sie als Mensch, als Frau und als Schauspielerin über frühere Rollen in Pornofilmen definiert, die Ernsthaftigkeit ihrer schauspielerischen Fähigkeiten ironisch in Frage gestellt und in vielerlei Hinsicht durch Text, Bild und Text-Bild-Kombinationen hämisch und entwürdigend dargestellt. Dies geschah nicht einmalig, nicht in wenigen Einzelfällen – sondern systematisch und über Wochen, in denen mit jeweils wechselnden Themenschwerpunkten verschiedene Facetten in den Vordergrund gerückt wurden. Die Beiträge waren z. T. nur zum Zweck der fortgesetzten Berichterstattung konstruiert, ohne weitere äußere Anlässe aufzugreifen. Konkret wurden vom Presserat und gerichtlich bestimmte einzelne Formen der Darstellung moniert – man kann aber mit einigem Recht die gesamte Berichterstattungskampagne als Angriff auf die Menschenwürde eines jungen Menschen begreifen. Die Menschenwürde zu achten bedeutet u. a., einen anderen Menschen nicht vorsätzlich zu *entwürdigen* und zu *demütigen*. Der Eigenwert eines Menschen wird auf diese Weise nicht respektiert bzw. unterminiert – und dies besonders schwer, wenn es fortgesetzt geschieht und eine Person damit rechnen muss, ständig Opfer von öffentlichen Demütigungen zu werden. Das damit einhergehende Gefühl der sozialen Anprangerung und Ausgrenzung sowie der individuell empfundene Kontrollverlust über die eigene Persona sind schwere psychologische Konsequenzen solcher öffentlichen Formen von z. T. Entwürdigung und Demütigung,[116] die nicht zuletzt deswegen auch von Gerichten mit schweren Strafen sanktioniert werden können.

Menschen haben ein Bedürfnis nach sozialer Integration und leiden unter Isolation, wie Erich Lamp darlegt[117]: Sozialer Schmerz, der beispielsweise durch Anprangerung, Verächtlichmachung, Isolation oder öffentliche Bloßstellung ausgelöst werden kann, aktiviert dieselben Hirnregionen wie physischer Schmerz – das empfundene Leid infolge sozialer Ächtung ist vergleichbar mit körperlichem Leiden.[118] Dass auch Medienberichte dazu imstande sind, solche Empfindungen von Leid auszulösen, legt eine Studie von Kepplinger und Glaab nahe:[119] Die beiden Forscher befragten Menschen, die sich beim Presserat aufgrund negativer Berichte über ihre eigene Person beschwert hatten. Bei den Befragten handelte es sich größtenteils um Privatpersonen, die zuvor noch nie Gegenstand der Berichterstattung waren und dementsprechend keine Erfahrung im Umgang mit den Medien hatten. Es zeigte sich, dass mehr als die Hälfte der Betroffenen über die Berichterstattung verärgert war und Hilflosigkeit empfand, ein Drittel fühlte sich alleingelassen. Zwar gaben nur wenige an, Angst oder Scham empfunden zu haben, doch dürfte der Anteil vermutlich höher gelegen haben, da Gemütsregungen wie Furcht oft nicht zugegeben werden. Hinzu kam bei der Hälfte der Betroffenen der Eindruck, dass ihr soziales Umfeld sich wegen der Beiträge in den Medien ihnen gegenüber anders verhalten habe.[120] Auf die Frage hin, wie es sei, auf das Geschehene zurückzublicken, gab es kaum Unterschiede zwischen den Befragten – ganz unabhängig davon, wie lange der Zeitpunkt der Berichterstattung zurücklag: Selbst nach Monaten und Jahren fanden 99 Prozent der Befragten ihren Fall immer noch wichtig. Negative Presseberichte haben anscheinend starke und langanhaltende Wirkung auf die Betroffenen.[121]

Auch und gerade Prominente leiden stark an negativen Berichten über ihre Person, sie können Opfer von Medienberichten werden und sich als Opfer fühlen, auch wenn man das angesichts ihrer privilegierten Position nicht erwarten mag. Ein Grund dafür ist nach Kepplinger die Tatsache, dass „die Masse der skandalisierenden Berichte neben zahlreichen richtigen auch zahlreiche falsche Behauptungen enthalten, gegen die sich die Skandalisierten nicht effektiv wehren können: Sie werden weder alle erreichen, die die Informationen erhalten haben, noch alle Erreichten überzeugen [...]."[122] Sie fühlen sich angesichts dieser empfundenen Asymmetrie – sie allein gegen alle – hilflos und ohnmächtig. Auch wissen sie, dass in der öffentlichen Wahrnehmung ihrer Person letztlich immer etwas hängen bleibt. Ein weiterer Grund ist die schiere Menge der Berichte, die man nicht stoppen kann und die das eigene Ansehen ruinieren sowie, will man auf die reagieren, die eigene Arbeitsfähigkeit einschränken können. In der Folge entstehen starke Emotionen wie Wut, Ärger und Hilflosigkeit – ein Sich-Verlassen-Fühlen, eine Art sozialer Isolation.[123] Lang andauernde Kränkungen und Verletzungen stellen sich ein, die mit Veränderungen im sozialen Umfeld, dem Verlust von Freunden, dem Gefühl ungerechter Behandlung angesichts der wahrgenommenen falschen Darstellung ihrer Rolle, Motive und Handlungsumstände einhergeht.[124] Hinzu kommt, dass sich die von den Medien als Täter dargestellten Personen selbst als Opfer fühlen, die Öffentlichkeit sie aber als Täter sieht. Wenn sie sich nun selbst öffentlich in der Opferrolle darstellen, folgt darauf in der Regel Hohn und Spott:

> „Der Skandal zielt auf die Bekräftigung von Normen durch die Unterwerfung derer, die ihnen nicht folgen, und auf die Isolation jener, die sich zu den Normverletzern bekennen. Dies erfordert Distanzierung und schließt Identifizierung aus. Sie und das daraus resultierende Mitleid würden der Erfüllung der sozialen Funktion des Skandals im Wege stehen. Deshalb darf der Täter im Skandal auch kein Opfer sein, mit dem man Mitleid empfindet, wenn es sachlich berechtigt ist."[125]

Dies mag im *Fall Kekilli* nicht in diesem Umfang eingetreten sein, trifft aber für andere Fälle in diesem Buch – etwa die Fälle Wulff und Hoeneß – zu. Was aber im hier sicher zutrifft, was die subjektiv empfundene „unvorstellbare Gewalt" einer „Medienkampagne"[126], die Ursprung jener von Kekilli artikulierten Verletzung ihrer sozialen Natur war. Menschen haben das Bedürfnis sozial integriert zu sein und eine Deckungsgleichheit von Selbst- und Außenbild zu erreichen. Im Skandal wird das eigene Selbstbild durch den Entwurf eines inkongruenten Außenbildes angetastet – es folgt ein massiver Kontrollverlust, der auch mit sozialen Ängsten und der Sorge um die soziale Existenz einhergeht – vor allem bei Menschen, deren Selbstwertgefühl oder öffentliche Funktion von den Urteilen anderer abhängt, wie es bei Prominenten oft der Fall ist.

Mittel sich zu wehren bieten das Persönlichkeits- und Presserecht. Allerdings ist es nicht immer sinnvoll, sich zu wehren, weil man einerseits viele Rezipienten auf diese Weise nicht erreicht und andererseits diejenigen, die man eventuell erreicht, so nicht überzeugt[127]:

> „Viele von denen, die das Recht im Skandal auf ihrer Seite sehen, verzichten wegen ihres berechtigten Ohnmachtsgefühls gegenüber den Medien darauf, ihr Recht wahrzunehmen. Sie gewinnen nach ihrer eigenen Überzeugung im Augenblick kaum etwas und riskieren für die Zukunft viel: Vom Recht erhoffen sie weniger, als sie von den Medien befürchten. Dies ist mit Blick auf die Verfassung des Rechtsstaats zwar eine bedauerliche, aus Sicht der Protagonisten aber rationale Haltung."[128]

Vor diesem Hintergrund sollte man auch über stärkere Sanktionen gegen Medien nachdenken, deren Berichte vorrangig diskreditieren, erniedrigen und beschämen sollen. Die bisherige Praxis – beispielsweise die Rügenveröffentlichung – steht in keinem Verhältnis zu dem entstandenen Schaden bei den Betroffenen:

Die Beurteilung der wesentlichen ethischen Normverletzung – Angriff auf die Menschenwürde Kekillis – ist weitgehend unstrittig und hatte die üblichen Konsequenzen. Die *Bild* musste eine Rüge durch den Presserat in Kauf nehmen, die allerdings medienethisch nicht zufriedenstellend und viel zu spät abgedruckt wurde. Als eine Konsequenz aus diesem Fall wäre zu überlegen, ob Redaktionen nicht dazu angehalten werden müssten, Rügen zeitnah und in einer Form zu publizieren, die der gerügten Berichterstattung entspricht. Im *Fall Kekilli* wäre ein unmittelbarer Abdruck großformatig und auf der Titelseite angemessen gewesen, doch es gibt keinen Sanktionierungsmechanismus, der ein Verzögern von und ein Versteckspiel mit dem Abdruck von Rügen ahndet. Als Lehre aus dem *Fall Kekilli* müsste eine zentrale Forderung an den Presserat und sein Kontrollregime lauten, dass öffentliche Rügen in derselben Größe, Aufmachung und am selben Platz veröffentlicht werden müssen wie der angeprangerte Beitrag bzw. die Beiträge. Das wäre eine wichtige Präzisierung und zugleich ein Versuch, ein Mindestmaß an Fairness in den ansonsten sehr asymmetrisch verlaufenden und für die Betroffenen von solchen Berichten oft traumatisierenden Anprangerungen zu garantieren.[129] Weiterhin wäre eine ausführlichere Darlegung der konkreten Monita wichtig, die über die lapidare Erwähnung der jeweiligen Ziffern des Pressekodex hinausgeht. So, wie der Abdruck der Rüge im *Fall Kekilli* erfolgte, ist weder anzunehmen, dass die Redaktion sich ethisch tatsächlich verantwortlich gefühlt hat, noch dass sie dem Opfer ein angemessenes Entgegenkommen zeigen wollte. Es wurde nur das Allernötigste getan.

Unabhängig von der offenkundigen Verletzung der Menschenwürde, lassen sich noch einige weitere Problemebenen des Falls herausarbeiten. Da wäre zunächst der Eingriff in die Privatsphäre der Schauspielerin und ihrer Familie, die Tatsache, dass mit Eltern und Geschwistern auch Unbeteiligte in die Öffentlichkeit gezerrt wurden – und das, wie die verschiedenen oben referierten Aussagen zeigen, z. T. unter Druck und gegen ihren Willen. Damit geht ein schwerwiegender Mangel an interkulturellem Feingefühl einher, wurden doch erwartbare kulturelle Konflikte zwischen den beteiligten Familienmitgliedern nicht nur bewusst in Kauf genommen, sondern provoziert und zum Zwecke der Berichterstattung gewünscht. Die Redaktion hat damit eine Mitverantwortung für die familiären Konsequenzen.

Eine weitere Problemebene betrifft erneut die Art der Berichterstattung, diesmal nicht mit Blick auf Sibel Kekilli selbst, sondern mit Blick auf die Leserschaft und die erweiterte rezipierende Öffentlichkeit: Neben dem unmittelbaren Gebot der Menschenwürde ist auch der Jugendschutz durch die Art der Darstellung adressiert. Offensichtlich pornographisches Material, das millionenfach von Kiosken prangt, in Wartezimmern und Friseurstudios ausliegt und auch für Kinder und Jugendliche auf diese Weise problemlos einsehbar ist, ist ethisch ebenfalls höchst fragwürdig. Zudem sind die hämisch-feixenden Darstellungen der verschiedenen Berichte sicherlich kein leuchtendes Vorbild – weder für ein respektvolles gesellschaftliches Miteinander noch für einen fairen, angemessenen, respektvollen und die Menschenwürde achtenden öffentlichen Diskurs.

Drittes Kapitel: Der Fall „Winnenden" (2009) – oder die Frage, ob Gewaltopfer mehr Schutz und Täter weniger Anerkennung verdienen

Fall

Der Begriff *Amok* stammt aus dem Malaiischen und geht auf das dort verwendete Ursprungswort *amuk* zurück, welches einen „wütenden" oder „rasenden" Zustand beschreibt.[132] Der Begriff Amoklauf meint in diesem Zusammenhang „[...] die (versuchte) Tötung mehrerer Personen durch einen einzelnen [...] Täter mit (potenziell) tödlichen Waffen innerhalb eines Tatereignisses ohne Abkühlungsperiode, das zumindest teilweise im öffentlichen Raum stattfindet."[133] Amokläufe unterscheiden sich von terroristischen Anschlägen dadurch, dass sie weder religiös noch politisch motiviert sind.[134] Man kann Amokläufe weiterhin in verschiedene Typen unterteilen, zu denen sogenannte *School Shootings* und *Workplace Violence* gehören.[135] *School Shootings*, also Schul-Amokläufe, werden in der Regel von jugendlichen Tätern begangen, die oft Schüler oder Ehemalige der Schule sind, an der der Amoklauf stattfindet. Die Schule oder ein mit der Schule verbundener Ort werden gezielt vom Täter ausgewählt und haben für ihn zumeist eine symbolische Bedeutung für z. B. erlittene Erniedrigungen und erlebtes Versagen.[136]

Vor diesem Hintergrund von einem Amoklauf der Medien im Zusammenhang mit dem *School Shooting* in *Winnenden* im Jahr 2009 zu sprechen, verbietet sich möglicherweise. Mit Blick auf die etymologische Wurzel des Wortes kann man jedoch das Verhalten einiger Medienvertreter durchaus als „rasend" bezeichnen, wie die vielen Beschwerden beim Presserat und dessen tatsächliche Sanktionen sowie die einhellige Kritik von professionellen Medienbeobachtern nahelegen:

> „Die Berichterstattung über den Amoklauf an der Albertville-Realschule am 11. März 2009 hat alle Grenzen gesprengt – wieder einmal. Es scheint, als hätte das Medienvolk aus dem Erfurter Schulmassaker von 2002 nichts gelernt. Im Gegenteil: Zu heroisierenden Täterdarstellungen und grotesken Verstößen gegen die Persönlichkeitsrechte der Opfer kamen Falschmeldungen über das Internet, gefälschte Gesprächsprotokolle auf einer Website und ein Video, das den Tod des Täters zeigt. Der Amoklauf von Winnenden – ein Amoklauf der Medien? Mit Sicherheit."[137]

Tatsächlich sind einige Journalisten, Kameraleute, Fotografen, ja ganze Redaktionen zumindest vorübergehend in Raserei verfallen und durchbrachen wesentliche medienethische Absicherungen für den Krisenfall.

Am 11. März 2009 betrat der damals 17-jährige Tim Kretschmer in den Morgenstunden zu den üblichen Unterrichtszeiten die Albertville-Realschule in Winnenden, um dort ein Blutbad anzurichten – seine ehemalige Schule, an der er im Vorjahr seinen Schulabschluss gemacht hatte.[138] Die Tatwaffe entwendete er zuvor aus dem

Kleiderschrank seines Vaters, der Mitglied im örtlichen Schützenverein war und mit dem Tim des Öfteren gemeinsam Schießübungen unternommen hatte. Komplett in schwarz gekleidet betrat er zunächst seinen ehemaligen Klassenraum und tötete dort zwei Schülerinnen einer neunten Klasse, die direkt am Eingang saßen. Eine weitere Schülerin wurde am Kopf getroffen und starb später im Krankenhaus – daneben gab es Verletzte durch Streifschüsse. Als nächstes betrat er einen weiteren Klassenraum und tötete dort vier Schülerinnen und einen Schüler. Eine weitere Schülerin wurde schwer verletzt und erlag auf dem Weg ins Krankenhaus ihren Verletzungen. Nachdem er von diesem Raum abgelassen hatte, erschoss er auf dem Schulflur eine Lehrerin und eine Referendarin, die gerade die Ursachen für den Lärm im Schulgebäude herausfinden wollten. Gewarnt durch die Schüsse und Schreie verschloss die in einem anderen Klassenraum unterrichtende Referendarin ihren Raum von innen, um Schlimmeres zu verhindern – Tim Kretschmer schoss daraufhin zweimal durch die verschlossene Tür und tötete die Referendarin. Innerhalb von wenigen Minuten erschoss bzw. verletzte Tim Kretschmer 13 Personen tödlich.

Etwa zehn Minuten nach Beginn des Amoklaufs erreichte die Polizei den Tatort. Der Täter gab noch einige Schüsse auf die Beamten ab und flüchtete dann auf das angrenzende Parkgelände des Zentrums für Psychiatrie, wo er einen 56-jährigen Mann durch mehrere Schüsse tötete. Vor dem Eingang des Zentrums nahm er eine Geisel und zwang diese, ihn mit einem Auto aus der Stadt zu bringen. Nach einer zweistündigen Fahrt über Stuttgart und Tübingen gelang der Geisel bei einer Autobahnauffahrt in der Nähe von Wendlingen die Flucht aus dem Auto. Tim Kretschmer floh in Richtung Industriegebiet in Wendlingen-Wert, wo er sich in ein Autohaus flüchtete. Dort erschoss er einen Verkäufer und einen Kunden. Im Anschluss daran lief Tim Kretschmer aus dem Haupteingang ins Freie und schoss auf ein vorbeifahrendes Fahrzeug. Es kam zu einem Schusswechsel zwischen der Polizei und dem Täter, bei dem letzterer an den Beinen verletzt wurde. Daraufhin begab er sich zu einem benachbarten Firmengelände, wo er weitere Schüsse auf ein Zivilfahrzeug der Polizei und die bis dahin eingetroffenen Polizeibeamten abgab. Im Anschluss erschoss er sich selbst.

Noch während Tim Kretschmer um sich schoss, twitterten Medien wie *Bild*, *Stern*, *Focus* und *n-tv* auf ihren Webseiten über den Amoklauf und in kürzester Zeit erreichten die ersten Medien den Ort, um über das Geschehen zu berichten. Als eines der ersten *Twitter*-Ereignisse Deutschlands wurden z. T. bis zu 50 Tweets pro Minute mit inhaltlichem Bezug zum Amoklauf verschickt, auf die die Medien in den ersten Stunden Teile ihrer Berichterstattung aufbauten – darunter Sender wie *CNN* und *Al Jazeera*, die nach Augenzeugenberichten suchten.[139] Zeit, die Richtigkeit und Authentizität der Tweets zu prüfen, war in der Echtzeitberichterstattung nicht gegeben – Falschmeldungen machten die Runde. Keine zwei Stunden nach Beginn des Amoklaufes kursierte bereits der Name des Schützen im Internet und im Fernsehen – ein vollkommen unbeteiligter Auszubildender gleichen Namens wurde auf seinem Weg zur Arbeit zum Massenmörder erklärt und von Journalisten bedrängt. In kürzester Zeit wurde Winnenden zur belagerten Stadt. Straßenzüge in Schulnähe, die Nachbarschaft des Hauses der Familie sowie das Umfeld des väterlichen Betriebes wurden von Übertragungswagen, permanent live sendenden Kamerateams, Heerscharen von Reportern aller Mediengattungen und Fotografen regelrecht überrannt. Voreilige Urteile, haltlose Mutmaßungen, emotionalisierende Kommentierungen und z. T. klare Falschmeldungen beherrschten die ersten Stunden der TV-Berichterstattung – wie meistens, wenn Journalisten berichten sollen, aber noch nicht viel zu berichten haben.

Ein Beispiel: Eine offensichtlich journalistisch noch sehr unerfahrene Reporterin von *RTL* versuchte in der Sendung *Punkt 12* vom 11. März 2009 einen Eindruck von der Situation vor Ort zu vermitteln und überschlug sich in unangebrachten Superlativen, die in dem Ausspruch mündeten, in Winnenden herrsche „ein Chaos vom Feinsten": „es ist Wahnsinn. Hier blinken die Lichter um uns herum... es ist Wahnsinn. Es heißt sogar, dass der Täter hier vor Ort noch um sich springen könnte... eine solche Größenordnung... ein Chaos vom Feinsten".[140] Unter dem Vorwand, die Urheber- und Nutzungsrechte schützen zu wollen, ließ RTL das dazugehörige *YouTube*-Video kurz darauf löschen. Die Sperrung des Videos wirkte jedoch vielmehr wie der Versuch, die Peinlichkeit zu beenden, dass die Reporterin – und vor allem der Sender selbst – wiederholt von Rezipienten und Medienkritikern vorgeführt wurden.[141]

Am Tag des Amoklaufs ergoss sich eine Flut von Bildern über die Mediennutzer: Kolonnen von Polizei- und Krankenwagen, weinende Schüler, die für bestimmte Gesten und Kommentare von Journalisten bezahlt wurden, Fotos von Opfern – von Journalisten hastig aus sozialen Netzwerken kopiert –, und alles umrahmt von ratlosen Experten und Kommentatoren, die in eilends angesetzten Sondersendungen das Geschehene einordnen sollten. Auf die Wünsche von Schülern, die mit Schildern wie „Lasst uns in Ruhe trauern" und „Keine Presse!" ihre Bedürfnisse klar artikulierten, wurde nicht in gleichem Umfang eingegangen.

In der folgenden Berichterstattungswelle brachen wesentliche medienethische Dämme: Es wurden Fotos der Opfer auf den Titelseiten abgedruckt, das Leben des Täters bis ins kleinste Detail analysiert, Trauernde fotografiert und kurz nach der Tat für Interviews vor die Kameras gezerrt. Kinder, die vor wenigen Minuten Schreckliches erlebt hatten, sollten vor aller Welt von ihren Erlebnissen erzählen, die sie selbst noch nicht verarbeiten konnten. Berichte über den Amoklauf strotzten von inhaltlichen Fehlern, verwechselten Namen, sensationsheischenden Bildmontagen, Inszenierungen des Täters in Heldenpose, spekulativer Ursachenforschung und immer wieder personalisierenden Opferportraits. Der Deutsche Presserat schloss in seinem im Folgejahr erschienenen Praxisleitfaden zum Umgang mit Amokläufen:

„Die „Medienmeute", die über die Städte herfiel, Hinterbliebene belagerte, Fotos von trauernden Schülern schoss und über die Hintergründe der Tat mutmaßte, wurde scharf kritisiert. [...] Der Presserat erhielt allein zu Winnenden rund 90 Beschwerden von Lesern gegen Zeitungen und Zeitschriften. Fazit: Es gab schlimme Ausreißer, aber die Mehrheit der Printmedien wurde ihrem ethischen Selbstanspruch gerecht und berichtete innerhalb der zulässigen Grenzen des Pressekodex."[142]

In der dem Praxisleitfaden des Deutschen Presserates beigefügten Stellungnahme des *Expertenkreises Amok* der Landesregierung Baden-Württemberg heißt es etwas kritischer:

> „Bereits kurz nach dem Mehrfachmord an der Albertville-Realschule waren am Morgen des 11. März 2009 noch während der Tat unzählige Medienvertreter vor Ort und berichteten im Minutentakt. Der „Amoklauf von Winnenden" war binnen Stunden Thema der weltweiten Medienberichterstattung und die Stadt Winnenden im medialen Belagerungszustand. Die Berichterstattung hatte zwei Seiten. Zum einen wurden Leid, Betroffenheit und Solidarität vom Ort des Geschehens in die Welt hinaus übertragen. Zum anderen zeigte sich das fragwürdige Gesicht einer übereilt exzessiven Jagd nach jeder noch so kleinen Information, nach ungeprüften Neuigkeiten und Sensationen. Auf der Jagd nach Namen, Bildern und Zeugen bedienten sich einige Journalisten des sog. Scheckbuchjournalismus. Beispielsweise bot ein ausländischer Sender einem verletzten Schüler 8.000 Euro für ein Interview in seinem Klassenzimmer, bei dem er den Tatablauf schildern solle. Der Schüler lehnte ab. Anderen betroffenen Schülern wurden 100 Euro für ein Klassenfoto geboten. Fotos der getöteten Kinder und Erwachsenen wurden ohne Zustimmung der Angehörigen veröffentlicht, auch auf Titelseiten. Während der Beisetzung eines Opfers boten einzelne Pressefotografen Friedhofsanwohnern hohe Summen für geeignete Standorte zum Fotografieren der Beerdigung. Privatsphäre und Pietät wurden durch die mediale Belagerung derart beeinträchtigt, dass die Behörden für sämtliche Beerdigungen ein Film- und Fotoverbot verfügten. Diese Negativbeispiele stehen für eine Vielzahl von Vorfällen. Sie sollen zwar nicht den Blick auf die seriöse und verantwortungsvolle Medienarbeit verstellen, die Summe der unverantwortlichen Grenzüberschreitungen nahm jedoch ein Ausmaß an, das nachdenklich stimmen muss. Nachdenklich stimmt auch in einzelnen Punkten die ähnliche Verhaltensweise ansonsten seriöser Medienvertreter."[143]

Die beiden Statements lassen die Vielzahl und Schwere der medienethischen Problemstellungen erahnen, die der *Fall Winnenden* mit sich brachte. Es sind zu viele, um sie erschöpfend im Rahmen einer solchen Darstellung aufzuarbeiten. Daher werden im Folgenden einige exemplarische Formen von medienethisch fragwürdiger Berichterstattung vorgestellt – jeweils getrennt zur Illustration der Presse- und der TV-Berichterstattung.

Mit Blick auf die *Presse* fiel vor allem die Berichterstattung der *Bild*-Zeitung auf. Das Blatt veröffentlichte großformatige, sensationsheischende Beiträge in grellsten Farben, darunter...

> ... einen Zeitungsartikel mit einer Zeichnung von Tim Kretschmer, wie er einen Schuss abfeuert, woraufhin eine weibliche Person, die nach hinten überkippt, im Moment ihres Sterbens gezeigt wird. Links oben im Bild ist der Satz zu lesen: „Offenbar schoss Tim K. gezielt auf Mädchen und Lehrerinnen." Die Ästhetik der Zeichnung mit der Fotomontage des Kopfes des Täters und dem Mündungsfeuer der Waffe erinnert stark an ein Computerspiel. Unter der Frage „Wie wurde so ein netter Junge zum Amokschützen?" wurden Bilder des Wohnhauses der Familie und ein Kinderfoto abgedruckt (*Bild* vom 12. März 2009, S. 4).

... einen Zeitungsartikel, der Tim Kretschmers Kopf montiert auf einen schwarzen Kampfanzug zeigt. Der Täter zielt mit gezogener Waffe auf den Leser, die Überschrift lautet: „Seid ihr immer noch nicht tot?" Der Beitrag zeigt weiterhin trauernde Schüler und eine verdeckte Leiche (*Bild* vom 12. März 2009, S. 3–4).

... einen Zeitungsartikel, in welchem unter der Überschrift „Er schoss gezielt auf Mädchen" die Anonymität von vier minderjährigen Opfern aufgehoben wird – mit Namen, Alter und Foto (*Bild* vom 12. März 2009, S. 5).

... einen Zeitungsartikel, in dem eine Überlebende vom Tod ihrer Freundin berichtet – unter dem Titel: „Der erschütternde Bericht einer Schülerin: 'Ich sah meine Schulfreundin Chantal sterben'". In diesem und weiteren Artikeln wird das Leid und Sterben (minderjähriger) Schüler sensationalistisch ausgeschlachtet – ohne Rücksicht auf die Interessen der Opfer und ihrer Angehörigen. Es werden einzelne Schüler über den Tod ihrer Mitschüler, ihre Gefühle während des Amoklaufes und den Tathergang befragt. Selbstverständlich ohne Anonymisierung und Aussparung von Details – etwa in dieser Form: „Später fiel sie zu Boden und um sie herum bildete sich eine Blutlache. Sie zuckte noch, es war schlimm." (*Bild* vom 13. März 2009, S. 4).

... einen Zeitungsartikel mit einem Bild eines Mädchens namens Selina, die in der Ausgabe vom 12. März 2009 auf Seite 5 als tot dargestellt wurde und in der Ausgabe vom 13. März 2009 auf Seite 4 einen detaillierten Einblick zum Tod ihrer Freundin Chantal gewährt. Hinzu kommen unterschiedliche Altersangaben, wonach die verstorbene Chantal in der Ausgabe vom 12. März 2009 16 Jahre alt war und in der Ausgabe vom 16. März 2009 15 Jahre alt (*Bild* vom 12. März 2009, S. 5 und *Bild* vom 16. März 2009, S. 8).

... einen Zeitungsartikel mit einer Fotoverwechslung, der am 13. März 2009 auf Seite 2 einen falschen Tim Kretschmer bei Schießübungen zeigt, die Richtigstellung folgte am 14. März 2009 auf Seite 6.

... einen Zeitungsartikel, der Familienangehörige des Täters zu dessen Hintergründen, Kindheit etc. befragt, umrahmt mit Kinderfotos des Täters (*Bild* vom 14. März 2009, S. 6–7).

... ein 3-D-Video, das *Bild* auf seiner Website kurz nach der Tat veröffentlichte – Titel: „Die blutige Spur des Amokläufers". Das Video zeichnet den Amoklauf aus der Perspektive des Täters in 3-D-Shooter-Ästhetik minutiös nach. Pappkameraden in den verschiedenen Räumen stellen die Opfer dar, daneben werden Bilder der Getöteten gezeigt.

... ein weiteres Video auf *Bild*-Online mit dem Titel „Die letzten Sekunden des Amok-Killers [...]", das zeigt, wie sich der Amokläufer auf einem Parkplatz selbst erschießt.

Neben *Bild* fiel auch eine Titelseite des Nachrichtenmagazins *Focus* vom 16. März 2009 auf: Das Magazin titelte vor schwarzem Hintergrund mit Fotos der verstorbenen Minderjährigen und ihrer Lehrer – mit Namen und Alter. In derselben Ausgabe druckt *Focus* eine Fotostrecke mit dem Titel „Die letzten Sekunden des Killers", die

minutiös (wenn auch verpixelt) zeigte, wie Tim Kretschmer sich selbst richtete – das letzte Bild zeigte einen weiß eingekreisten Blutfleck mit der Bildunterschrift „Der Blutfleck markiert die Stelle, an der Tim Kretschmer starb."
    Mit Blick auf das *Fernsehen* fielen vor allem Beiträge des *ZDF* und von *RTL* auf: Am 15. März 2009 veröffentlichte das *ZDF* die Reportage „Der Amoklauf in Winnenden".[144] Es wurden Interviews mit dem ehemaligen Tischtennistrainer von Tim Kretschmer und der Inhaberin des Billardlokals „Domino" geführt, in dem sich der Junge des Öfteren aufgehalten haben soll. Eine Stimme aus dem Off erklärte: „Langsam fügt sich ein Bild des Tim K. zusammen. Gerne möchte er dabei sein, anerkannt werden, in Kneipen und auf Partys mit Gleichaltrigen. Doch der Rummel, so scheint es, fand meistens ohne ihn statt. Tim K. – ein Außenseiter." Des Weiteren wurden das Haus der Familie Kretschmer sowie die Firma und der Schützenverein des Vaters gezeigt. Auch der ehemaligen Fahrschule des Täters wurde ein Besuch abgestattet. Dort führten die Journalisten ein Interview mit dem Fahrschullehrer und Jugendlichen, die den Amokläufer kannten. Der Reporter fragte die Jungen: „Wie war Tim so? War der so cool, so wie ihr?" Diese antworteten: „Er hat so ausgesehen wie ein Streber, obwohl er keiner war". Die Jugendlichen sagten, Kretschmer sei immer alleine gewesen und urteilten: „Ein Loser". Eine Stimme aus dem Off beschrieb Tim Kretschmer als einsamen, verwöhnten Außenseiter, welcher zu Hause streng behandelt wurde.
    In einem späteren Abschnitt des Filmes filmten die Reporter die örtliche Lokalzeitungs-Redaktion bei der Entscheidungsfindung. Es wurde die Frage gestellt, welche Bilder man zeigen dürfe und welche nicht. Die Redaktion beschloss, die Titelseite komplett in schwarz zu gestalten und mit nur einem einzigen Wort zu titeln: „Warum?". Darüber hinaus gestaltete die Redaktion eine ganzseitige Traueranzeige mit dem Titel „Es geschehen Dinge, die wir nicht begreifen können". Anscheinend ließ sich das ZDF-Team von so viel Pietät und journalistischer Seriosität nicht weiter beeindrucken und berichtete in geradezu atemberaubender Widersprüchlichkeit davon, dass sich viele Betroffene „von der Medienlawine überrollt" fühlten, weiland es unmittelbar nach dem Amoklauf einen offensichtlich emotional vollkommen überforderten Schüler interviewte und den Gottesdienst am Abend nach der Tat durch Filmarbeiten störte. Auch die Nachbarn der Familie des Täters wurden von den *ZDF*-Reportern belästigt. Vom Reporter angesprochen machten sie einhellig deutlich, dass sie keine Interviews geben möchten. Der Reporter kommentierte wehleidig und verständnislos: „Distanz überall. Reporterschicksal. Winnenden will Ruhe, aber Fragen stellen ist nun mal unser Beruf. Deutschland will daheim am Fernseher Neuigkeiten sehen, aber in Winnenden möchte keiner von Reportern an der Haustür belästigt werden. Auch wir spüren den Unmut der Nachbarn." Es wird ein journalistischer Rechtfertigungstopos erkennbar, die Abwälzung der Verantwortung auf den Rezipienten, dessen Rezeptionsmotive man (vermeintlich) kennt und denen Rechnung zu tragen sei. Das ZDF-Team gerierte sich als Opfer – doch es bleibt die Frage: Wollen die Rezipienten wirklich all diese Details sehen?
    Immer wieder sprach die Off-Stimme im Beitrag von einer „Invasion der Medien". Man ließ einen verantwortlichen Zeitungsredakteur, Martin Winterling, zu Wort kommen, welcher der „Medienmeute" kritisch gegenüber stand. Er sagte: „Die Leute

trauen sich nicht mehr auf die Straße, wer bei drei nicht auf dem Baum ist, wird interviewt". Die Frage lautete: „Wo sind die Grenzen? Wo hört Journalismus auf und wo fängt Voyeurismus an?" Diese für die journalistische Ethik zentralen Fragen schien sich das ZDF-Team nur am Rande gestellt zu haben, es wird deutlich, dass sich die Reporter in einer ganzen Reihe von Situationen entgegen den implizit suggerierten normativen Empfehlungen verhielten. Sie erkannten das Fehlverhalten der Presse und handelten gleichwohl nicht anders. In der Dissertation von Susann Rochler wird entsprechend gefolgert: „Es ist nicht sensibel, [...] unter Schock stehende [...] Menschen zu filmen, die sich abwenden oder den stummen Protest der vom Weinen roten Augen, die sich gegen die Kameras schließen, zu ignorieren. [...] Solche Berichterstattung ist nicht verantwortungsbewusst, legt man ethische Standards an und fragt nach Anstand, Sitte oder Moral."[145]

Wenn schon im öffentlich-rechtlichen Fernsehen solche eklatanten Normverstöße zu finden sind, verwundert es nicht, dass auch die privaten Sender wenig Hemmungen zeigten. In *RTL aktuell* wurden Tatwaffe und Kleidung von Tim Kretschmer detailliert beschrieben und die Szenen vor und nach der Selbsttötung ausgestrahlt. Außerdem wurde der Tathergang sehr genau rekonstruiert – u. a. durch digitale Aufarbeitung der Tatorte. Des Weiteren wurde von Anfang an der Name des Täters preisgegeben, zwölf Mal wurden Fotos des Amokläufers gezeigt – Tim Kretschmer rückte hierbei in den Vordergrund der Berichterstattung. Auch gab es einen ganzen Beitrag nur über die persönlichen Hintergründe von Tim Kretschmer.[146]

Reaktionen und Konsequenzen

Bis Mitte September 2009 hatten sich 79 Personen beim Presserat beschwert – allein über die Winnenden-Berichterstattung. 47 dieser Beschwerden mündeten in Verfahren, in deren Rahmen schlussendlich 13 Verstöße gegen den Pressekodex geahndet wurden: drei öffentliche Rügen, eine nicht-öffentliche Rüge, fünf Missbilligungen und fünf Hinweise.[147] In den meisten Fällen wurden die Ziffern 8 (Persönlichkeitsrechte) und 11 (Sensationsberichterstattung) des Pressekodex verletzt.

In Ziffer 8 des Pressekodex heißt es:

„Die Presse achtet das Privatleben des Menschen und seine informationelle Selbstbestimmung. Ist aber sein Verhalten von öffentlichem Interesse, so kann es in der Presse erörtert werden. Bei einer identifizierenden Berichterstattung muss das Informationsinteresse der Öffentlichkeit die schutzwürdigen Interessen von Betroffenen überwiegen; bloße Sensationsinteressen rechtfertigen keine identifizierende Berichterstattung. Soweit eine Anonymisierung geboten ist, muss sie wirksam sein. [...]"[148]

Konkret spezifiziert werden die einzelnen medienethischen Problembereiche in den korrespondierenden Leitlinien, dort heißt es u. a., dass die Presse bei Straftaten in der Regel keine Informationen veröffentlicht, die Opfer und Täter identifizierbar machen, dass Kinder und Jugendliche besonderen Schutz genießen, dass Opfernamen besonders geschützt werden sollen, ebenso die von Familienangehörigen. Mit Blick auf diese Leitlinien standen im Mittelpunkt der Sanktionen des Presserates vor allem...

... das auf den Webseiten von Zeitschriften und Zeitungen veröffentlichte Video von den letzten Minuten des Amokläufers, in denen zu sehen ist, wie er angeschossen wird, zu Boden fällt und sich schlussendlich selbst richtet. Hier erteilte der Presserat den Medien einen Hinweis, dass die Veröffentlichung nicht mehr vom öffentlichen Interesse gedeckt sei und gegen die Menschenwürde verstoße: „Auch wenn es sich um den Tod eines Amokläufers handelt, der viele Menschenleben ausgelöscht hat: die Darstellung seiner Selbsttötung ist durch das öffentliche Interesse nicht mehr begründet, verletzt seine Menschenwürde und ist unangemessen sensationell [...]."[149]

... verschiedene Beiträge, in denen Opferfotos als Symbolfotos missbraucht wurden. Die meisten Beschwerden bezogen sich auf die Veröffentlichung von Namen, Bildern und Details über die Opfer. Während der Presserat in einer Reihe von Fällen keine ethisch problematischen Darstellungen feststellen konnte – insbesondere dann nicht, wenn mit dem Material dezent und nicht sensationalistisch umgegangen wurde –, verwies er im Rahmen eines Hinweises darauf, dass „[...] die Opfer von Winnenden nicht als Personen der Zeitgeschichte anzusehen sind." Er kritisierte in diesem Zusammenhang die Zweckentfremdung von Opferfotos – erneut u. a. in der *Bild*: „Die Fotos dienen bei dieser Veröffentlichung [...] lediglich zur Illustration der Geschichte. Sie sind als sensationelles Element zweckentfremdet, um auf den Text aufmerksam zu machen. Fazit im Beschwerdeausschuss: Bilder von Opfern dürfen nicht als Symbolfotos verwendet werden."[150]

... ein Beitrag der *Bild,* der damit titelte, dass der Täter vornehmlich Mädchen im Visier hatte: Hier erfolgte eine nicht-öffentliche Rüge dafür, dass die Anonymisierung von minderjährigen Opfern vollständig aufgehoben wurde: „Der Schwerpunkt der Berichterstattung liegt auf dem Umstand, dass die überwiegende Zahl der Opfer des Amoklaufes von Winnenden weiblich ist. Das öffentliche Interesse ist unbestritten. Die Redaktion geht jedoch aus presseethischer Sicht zu weit. Sie nennt die vollen Namen von drei Opfern. Der Presserat berücksichtigt zwar, dass es sich im *Fall Winnenden* um ein Ereignis mit „besonderen Begleitumständen" handelt, doch ist es nicht gerechtfertigt, dass die Redaktion die Anonymisierung der Opfer vollständig aufhebt. Anders als der Täter sind die Opfer keine Personen der Zeitgeschichte. Mit Rücksicht auf die Hinterbliebenen ist es nicht zulässig, die Opfer über das weitere Umfeld hinaus für die gesamte Öffentlichkeit erkennbar darzustellen. Hier unterscheidet der Presserat ausdrücklich zwischen der Nennung des abgekürzten Namens, der einen gewissen Grad an Anonymität bietet, und der Nennung des vollen Namens."[151]

... der Beitrag der *Bild*, in welchem das Schicksal der Schülerin Chantal besonders hervorgehoben wurde – mit großen Fotos, biographischen Details und Informationen über die Umstände des Todes. Hier sprach der Beschwerdeausschuss eine Missbilligung aus: „Diese Hervorhebung eines einzelnen Schicksals ist nicht vom öffentlichen Interesse gedeckt und mit den Persönlichkeitsrechten nicht vereinbar. Der Beschwerdeausschuss sieht auch eine Verletzung der Ziffer 11, Richtlinie 11.1

des Pressekodex (Unangemessene Darstellung). Die Überschrift „Ich sah meine Schulfreundin Chantal sterben" berichtet über einen sterbenden Menschen in einer Art und Weise, die über das öffentliche Interesse hinausgeht."[152]

In Ziffer 11 des Pressekodex heißt es: „Die Presse verzichtet auf eine unangemessen sensationelle Darstellung von Gewalt, Brutalität und Leid. Die Presse beachtet den Jugendschutz."[153] Konkretisiert werden die medienethisch relevanten Problemfelder in den korrespondierenden Leitlinien, in denen unangemessen sensationelle Darstellung als eine Form der Berichterstattung definiert wird, in der ein Mensch zum Objekt, zu einem bloßen Mittel der Berichterstattung, herabgewürdigt wird: „Dies ist insbesondere dann der Fall, wenn über einen sterbenden oder körperlich oder seelisch leidenden Menschen in einer über das öffentliche Interesse und das Informationsinteresse der Leser hinausgehenden Art und Weise berichtet wird."[154] Weiterhin wird gefordert, dass die Presse bei Gewalttaten die Interessen der Opfer und das Informationsinteresse der Öffentlichkeit sorgsam gegeneinander abwägen möge. Mit Blick auf diese Leitlinien sanktionierte der Presserat u. a. ...

... die ganzseitige Fotomontage in der *Bild*, die den Amoktäter in der Pose eines Helden zeigt, bewaffnet und im Kampfanzug – die Überschrift lautete: „Seid ihr immer noch nicht tot?". Der Presserat verurteilte die Darstellung im Rahmen einer öffentlichen Rüge: „Der Beschwerdeausschuss erkennt in der zweiseitigen Berichterstattung unter der Überschrift „Seid ihr immer noch nicht tot?" eine Verletzung der Ziffer 11 des Pressekodex (Sensationsberichterstattung, Jugendschutz) und spricht eine öffentliche Rüge aus. Die Darstellung des Täters im Kampfanzug und mit gezogener Waffe ist unangemessen sensationell. Er wird in einer Art Heldenpose gezeigt. In Verbindung mit der Überschrift „Seid ihr immer noch nicht tot?", als Zitat dem Amokläufer zuzuschreiben, sowie der gezogenen Waffe, wird der Täter in eine Machtposition gehoben, die die Gefahr der Glorifizierung des Täters birgt. [...] Diese unangemessen sensationelle Darstellung hätte auch mit Rücksicht auf die Hinterbliebenen der Opfer nicht veröffentlicht werden dürfen. Das Foto mit den Schülern der Nachbarschule macht vier schockierte Schüler erkennbar. Es hätte nicht erscheinen dürfen. Die Persönlichkeitsrechte der jungen Leute sind höher zu bewerten als das öffentliche Informationsinteresse. Das gilt auch für das Bild einer Schülerin, die von einer Lehrerin getröstet wird [...]"[155]

... die Illustration des Tötungsmomentes in derselben *Bild*-Ausgabe – dargestellt wurde, wie die Kugel eine Lehrerin trifft, die nach hinten umkippt. Auch hier verurteile der Presserat die Darstellung in einer öffentlichen Rüge: „Die Grafik, die den Amokläufer von Winnenden in einem Klassenzimmer beim Morden von Menschen zeigt, ist eine unangemessen sensationelle Darstellung von Gewalt, Brutalität und Leid. Der Presserat reagiert darauf mit einer öffentlichen Rüge. Der Leser kann in dieser Zeichnung den Moment des Sterbens eines Menschen, gekennzeichnet durch den nach hinten überkippenden Oberkörper, miterleben und daran teilhaben. Vor allem im Hinblick auf die Gefühle der Hinterbliebenen hält der Beschwerdeausschuss diese Darstellung für unangemessen sensationell und damit presseethisch nicht für zulässig."[156]

... die 3-D-Animation „Die blutige Spur des Amokläufers" auf der Website der *Bild*, die den Nutzern ermöglichte, in Ego-Shooter-Perspektive durch die Schule zu laufen und die Mordmomente, illustriert an Pappkameraden, nachzuvollziehen. Der Presserat sprach hier eine Missbilligung aus: „Die 3-D-Animation verletzt Ziffer 11 des Pressekodex. Die Mitglieder [des Beschwerdeausschusses, NJ] [...] sehen die Grenze zur unangemessen sensationellen Darstellung überschritten. Der Leser kann aus der Sicht des Täters den Amoklauf von Winnenden nacherleben. Der Eindruck der Nähe zu einem Computer-Spiel drängt sich auf. Er wird durch die Kommentierung noch verstärkt. Unangemessen sensationell wird die Animation zudem durch die Abbildung der Opfer. Die Details der Dokumentation, durch die der Betrachter genau mit- erleben kann, wo und in welcher Situation welches Opfer erschossen wurde, ist nicht vom öffentlichen Interesse gedeckt. Gerade mit Rücksicht auf die Hinterbliebenen hätte diese Animation unterbleiben müssen."[157]

Daneben lehnte der Presserat es ab, die Veröffentlichung des vollständigen Namens von Tim Kretschmer zu sanktionieren, weil dieser als Person der Zeitgeschichte angesehen werden könne. Zurückzuführen sei dies zum einen auf die Grausamkeit der Tat, zum anderen darauf, dass sie in der Öffentlichkeit stattgefunden hat. Zudem falle Tim Kretschmer auch nicht unter den in Richtlinie 8.1 genannten besonderen Schutz Jugendlicher.[158]

Neben der Presseberichterstattung erntete auch die Berichterstattung des öffentlich-rechtlichen und privaten Fernsehens viel Kritik. Allerdings unterliegt der Rundfunk formell nicht der Spruchpraxis des Presserates, wenngleich die im Pressekodex formulierten Grundsätze aus medienethischer Sicht eigentlich universell gelten und sich an alle Journalisten richten. Sowohl dem öffentlich-rechtlichen als auch dem privaten Rundfunk liegen dieselben Programmgrundsätze zugrunde, wie z. B. die Beachtung der journalistischen Sorgfaltspflicht, die Achtung des Jugendschutzes oder die Pflicht zur Wiedergabe von Gegendarstellungen.[159] Grundsätze wie diese sind im Staatsvertrag für Rundfunk und Telemedien und dem Jugendmedienschutz-Staatsvertrag festgehalten.[160] Der Staatsvertrag für Rundfunk und Telemedien enthält Mindeststandards der Berichterstattung sowie grundlegende journalistische Normen, darunter die Achtung der Menschenwürde, die Würdigung sittlicher und religiöser Überzeugungen der Bevölkerung, die Achtung vor Leben, Freiheit und körperlicher Unversehrtheit, vor Glauben und Meinung anderer zu stärken und die persönliche Ehre des Einzelnen.[161] Der Jugendmedienschutz-Staatsvertrag befasst sich mit dem Schutz von Kindern und Jugendlichen vor Angeboten, die deren Erziehung oder Entwicklung gefährden oder beeinträchtigen könnten. Außerdem werden Richtlinien zur Wahrung der Menschenwürde festgelegt. Im Text des Vertrages werden u. a. solche Angebote als unzulässig erklärt, die Gewalttätigkeiten gegen Menschen so darstellen, dass sie einer Verherrlichung oder Verharmlosung von Gewalt gleichkommen. Dasselbe gilt für Medieninhalte, die gegen die Menschenwürde verstoßen – ganz besonders mit Blick auf Berichte über Menschen, die im Sterben liegen oder anderweitig seelisch bzw. körperlich leiden – wobei die Informationsinteressen der Öffentlichkeit dagegen abgewogen werden müssen.[162] Ansonsten unterliegen die Rundfunkveranstalter in Deutschland weitgehend einer freiwilligen Selbstkontrolle, da die Rundfunkfreiheit gilt.[163] Stellen jedoch zuständige Behörden, wie z. B. Landesmedienanstalten, Verstöße gegen geltende Vertragswerke fest, kann dies zu einer Beanstandung, Untersagung, Rücknahme oder zu einem Widerruf der jeweiligen Darstellungen führen.[164] Mit Blick auf Privatsender sind darüber hinaus noch hausinterne Codes of Conduct erwähnenswert, wie etwa derjenige von *Bertelsmann*, zu dem die *RTL Group* zählt.[165] Solche Verhaltenskodices enthalten Richtlinien für die Mitarbeiter, z. B. in dieser Form: „Wir sind uns der Verantwortung, die wir als Meinungsbildner gegenüber der Öffentlichkeit haben, bewusst und gehen sorgsam mit ihr um. [...] Die Redaktion verpflichtet sich zur Achtung der Privatsphäre sowie zum korrekten Umgang mit Informationen, Meinungen und Bildern."[166] Im Code of Conduct ist außerdem festgehalten, dass man sich vor jeder Entscheidung die Frage stellen solle, ob man die Veröffentlichung eines Beitrags gut mit dem eigenen Gewissen vereinbaren und problemlos nach außen offenlegen könne.[167]

Vor dem Hintergrund dieser Gesetzes- und Regelwerke stellt sich die Frage nach medienethischen Konsequenzen und Reaktionen für die TV-Sender, deren Beiträge in der Darstellung des Falles exemplarisch vorgestellt wurden. Zur Erinnerung: Die ZDF-Reportage „Der Amoklauf in Winnenden"[168] zeigt Interviewversuche und Interviews mit Privatpersonen, Nachbarn, Kindern, Jugendlichen und Trauernden. Einige Personen wollten offensichtlich nicht interviewt werden, andere waren von der Situation überfordert. Die Reporter drangen in die Nachbarschaft der Familie des Amokläufers ein, ebenso in den elterlichen Betrieb. Was besonders ins Auge sticht: Kinder und Jugendliche wurden in Interviews vorgeführt. Es ist fraglich, ob diese jungen Menschen gewollt haben können, dass ihre der Situation geschuldeten Einlassungen noch in Jahrzehnten für jeden denkbaren Mediennutzer verfügbar sind.[169] Kinder und Jugendliche – doch nicht nur sie – dürften sich dem Ausmaß der Situation und ihrer Konsequenzen höchstwahrscheinlich nicht bewusst gewesen sein. Es handelt sich um eine Verletzung der Menschenwürde und des Jugendschutzes.[170] Geradezu gegensätzlich stellen sich demgegenüber die individuellen und kollektiven Reaktionen der örtlichen Lokalpresse dar, die von den medienethisch eher unsensiblen *ZDF*-Reportern paradoxerweise als Best-Practice-Beispiel vorgestellt werden.

Während im vorgestellten *ZDF*-Beitrag weniger der Sensationalismus als der Schutz von Betroffenen wie Opfern und Beteiligten vor Ort zu beanstanden wäre, sind es im erwähnten Beitrag bei *RTL aktuell* die detaillierte Darstellung der Tatwaffe und Kleidung von Tim Kretschmer und die Szenen vor und nach der Selbsttötung. Auch die detaillierte Rekonstruktion des Tathergangs mit Einzelheiten zu Tatorten und persönlichen Motiven bzw. Vorgehensweisen des Täters wären möglicherweise im Sinne sensationalistischer, Täter- bzw. Tat verherrlichender Darstellung zu beanstanden gewesen.[171] Allein, es gab keine nennenswerten Konsequenzen.

Gleichwohl gab es mindestens zwei wichtige Reaktionen auf formaler Ebene: Es wurde neben dem „Expertenkreis zur Aufarbeitung des Amoklaufs von Winnenden und des geplanten Anschlags in St. Augustin" in Nordrhein-Westfalen auch der „Expertenkreis Amok" in Baden-Württemberg ins Leben gerufen. Beide Gremien beschäftigten sich ausführlich mit der Medienberichterstattung rund um das Geschehen in Winnenden. Im 2009 erschienenen Bericht „Prävention – Intervention – Opferhilfe – Medien" des letztgenannten Expertenkreises thematisiert das Gremium u. a. heroisierende Darstellungen von Amoktätern. Letztere ermöglichen eine Identifikation vor allem jugendlicher Mediennutzer mit diesen Tätern und könnten (potentielle) Täter in ihrem Wunsch nach Aufmerksamkeit und Macht darin bestärken, selbst diese „einmalige Bühne" zu erhalten und „posthum weltbekannt" werden zu können:

> „Eine extensive, täterzentrierte und detaillierte Amokberichterstattung ist Katalysator für Nachahmungsphantasien und -absichten amokgeneigter junger Menschen. Ähnlich wie bei Suiziden kann von der Medienberichterstattung bei Amoktaten eine besondere Verantwortung mit Blick auf Nachahmungstaten erwartet werden. [...] Die Berichterstattung am und nach dem 11. März 2009 offenbart das Spannungsverhältnis zwischen Informationsrecht und Pressefreiheit einerseits und Opferschutz und Nachahmungsgefahr andererseits. [...] Die Pressefreiheit muss gewährleistet sein, sie muss jedoch die grundgesetzlich definierten Schranken achten. Diese Schranken dienen dem Schutz der getöteten Kinder und Erwachsenen, ihrer Familien und Freunde, der traumatisierten Schüler und aller Betroffenen, ebenso wie den Bürgern von Winnenden und Wendlingen. Ihre Rechte zu achten, ist nicht nur eine rechtliche, sondern auch eine moralische Frage, eine Frage des Respekts und der Pietät, die eine Gesellschaft, auch eine moderne Informationsgesellschaft, Opfern entgegen bringen muss."[172]

Aus den Erfahrungen rund um Winnenden und ähnlichen Fällen folgerte die Kommission zweierlei: *Formal* wurde ein medienübergreifender Ethikkodex vorgeschlagen, der von den Medienanbietern in Sinne freiwilliger Selbstkontrolle erarbeitet werden soll und für alle Mediengattungen zu gelten habe – damit adressierte der Expertenkreis eine der größten Schwachstellen der institutionalisierten Medienethik in Deutschland: ihre Blindheit auf einem Auge, das vollständige Fehlen konsensueller und verbindlicher Regeln für die audiovisuellen Medien. Der *Fall Winnenden* zeigte die klare, wenn auch nicht in jeder Hinsicht strenge und konsequente Reaktion des Presserates im Sinne der Ziffern des Pressekodex – und die leider nur sporadisch stattfindende medienethische Reflexion vor allem der TV-Berichterstattung, die über vereinzelte Stellungnahmen von Bloggern, Feuilletonisten, Kirchenvertretern und Politikern nicht hinaus geht.

Inhaltlich wurden Empfehlungen zum medialen Umgang mit Amoktaten erarbeitetet: Mit Blick auf die Gefahr von Nachahmungstaten schlug die Kommission vor, keine Vermutungen zum Motiv zu äußern, keine Fotos und Namen weiterzugeben, keine Vermutungen zur Rolle bestimmter Personen beim Tathergang zu äußern, keine zu konkrete Darstellung der Tat (z. B. Tatablauf, Kleidung, Waffen etc.) und keine zu konkrete Darstellung von Täterphantasien und emotionalem Bildmaterial verfügbar zu machen. Dies alles dient u. a. dem Zweck, Heroisierung und Mythisierung von Tat und Täter zu vermeiden und keine Handlungsmuster zu vermitteln, an denen sich Nachahmungstäter orientieren könnten. Die Experten forderten dagegen von den Medien, in der Berichterstattung nicht den Täter, sondern die Opfer zu fokussieren und möglichst alle identifizierenden Informationen wegzulassen. Und sie forderten, dass die Vermittlung dieser Regeln im Umgang mit Amoktaten Gegenstand von Aus- und Fortbildungen journalistischer Berufsvertreter werden müsse.[173] Ähnlich reagierte auch das nordrhein-westfälische Pendant, das sich in seinem Abschlussbericht aus dem März 2010 ebenfalls dezidiert mit möglichen Strategien beschäftigte, solche Gewalttaten möglichst zu verhindern. Im Bericht heißt es:

„Wünschenswert ist eine Selbstbeschränkung der Presse in der medialen Übermittlung, wie dies bereits bei Suizidfällen geschieht. Der Deutsche Presserat hat dies bereits aufgegriffen. Da insbesondere das Fernsehen eine wichtige Rolle spielt, werden die von der Ständigen Konferenz der Innenminister der Länder gemeinsam mit Presserat, Journalistenverbänden und dem Verband Privater Rundfunk und Telemedien geführten Gespräche zur Ergänzung der „Verhaltensgrundsätze Presse/Rundfunk und Polizei zur Vermeidung von Behinderungen bei der Durchführung polizeilicher Aufgaben und der freien Ausübung der Berichterstattung" mit Interesse verfolgt. Selbstverständlich muss der Schutz der Privatsphäre berücksichtigt werden."[174]

Diskussion

Sowohl in den Printmedien als auch im öffentlich-rechtlichen und privaten Fernsehen leisteten sich Journalisten eine Reihe ethischer Fehltritte, die zu ernsthaftem Nachdenken anregen sollten: Zeitungen und Sender wetteiferten um die aufsehenerregendsten Details – auch und gerade, als noch gar keine belastbaren Informationen vorlagen. Persönlichkeitsrechte insbesondere der Opfer wurden verletzt und Berichte veröffentlicht, deren Inhalte nicht mit dem Interesse der Öffentlichkeit gerechtfertigt werden konnten. Zum Zwecke der Unterhaltung, des Schocks und des Gruselns wurden große Mengen unangemessener Darstellungsformen ausprobiert – darunter 3-D-Animationen in Ego-Shooter-Ästhetik, comichafte Zeichnungen, großformatige Blutlachen, Leichentücher und Bahren – was besonders in Hinblick auf die Hinterbliebenen ethisch höchst fragwürdig war. Auch der Umgang mit den Betroffenen vor Ort war in vielen Fällen unsensibel, wurden doch offensichtlich unter Schock stehende Kinder und Erwachsene in einer Extremsituation gefilmt und interviewt, in der sie die Folgen ihrer Aussagen nicht abschätzen und ihre eigene Situation noch längst nicht verarbeiten konnten. Ein ganzer Ort wurde von Übertragungswagen überrollt und nach Info-Happen gierende Reporter zeigten sich davon begeistert, inmitten dieses „Chaos vom Feinsten" (Zitat) berichten zu dürfen. Dabei waren sich selbst Reporter des öffentlich-rechtlichen Fernsehens nicht zu schade, ihre moralischen Hemmungen zu überwinden, um Nachbarn, Mitarbeiter, Arbeitskollegen, Passanten – schlicht jede Person, derer sie habhaft werden konnten – um O-Töne anzubetteln. Verteidigt wurden diese Fehlleistungen mit einem klassischen Rechtfertigungstopos, der die Verantwortung auf den Mediennutzer abwälzt, weil dieser solcherlei „Informationen" angeblich nachfrage. Abgesehen davon, dass einer solchen Rechtfertigung – neben einer ethischen – auch eine empirische Begründung fehlt, stellt sich die Frage, wen es überzeugt, wenn Journalisten ihre ethischen

Fehlleistungen, derer sie sich im Augenblick der Herstellung ihres Beitrages offenkundig bewusst waren, mit impliziter Publikumsbeschimpfung als berechtigt erscheinen lassen wollen.

Am Beispiel des Amoklaufes von Winnenden wird überdies einmal mehr deutlich, wie schwierig es ist, zwischen dem Informationsinteresse der Öffentlichkeit, dem Opferschutz und der Gefahr von Trittbrettfahrern abzuwägen. Der Presserat hat seine Entscheidungen, die Veröffentlichung des Namens und persönlicher Details des Täters nicht zu sanktionieren, genau mit dieser Abwägung nach Ziffer 8 gerechtfertigt. Die Anonymisierung aufzuheben, sei in diesem speziellen Fall angesichts der Tragweite des Falles und des öffentlichen Interesses in Ordnung gewesen. Der baden-württembergische Amok-Expertenkreis kommt angesichts der Gefahr von Nachahmungstaten zu einem anderen Urteil – auf eine Täteridentifizierung müsse verzichtet werden. Diesem deutlich strengeren Urteil muss man sich angesichts der Schwere der Konsequenzen anschließen, sind doch der Name, die Bilder und biographische Details des Täters für die Darstellung und Einschätzung des Falles in der Regel unerheblich – das dient meist nur dem Sensationalismus.

Deutlich schärfer urteilt der Presserat über Verstöße gegen Ziffer 11 – insbesondere im Zusammenhang mit der Darstellung von Opfern. Werden Opfer nur zum Zwecke der Ausschmückung eines Berichts eingesetzt, dienen sie nur zur Steigerung der emotionalen Erregung, liegt ein Missbrauch dieser Menschen vor – sie werden ein zweites Mal zum Opfer (*sekundäre Viktimisierung*): diesmal zum Opfer der Aufmerksamkeits- und Reichweiten-Kalkulationen moralisch weitgehend desensibilisierter Journalisten. Unmissverständlich prangerte der Presserat Berichte an, in denen die Opfer „[...] durch die Veröffentlichung [...] ein zweites Mal zu Opfern [...]" wurden und forderte, dass „die Menschenwürde – auch des Täters – [...] stets gewahrt [...]" werden müsse.[175]

Die medienethische und gesellschaftliche Verantwortung von Journalisten berührt hier folglich vier Felder: die Opfer, den Täter, mögliche Nachahmungstäter und die Mediennutzer. Opfer müssen in jeder Hinsicht geschützt werden, sie dürfen nicht zum bloßen Zweck der Auflagensteigerung bzw. ökonomischen Nutzenkalkulation werden. Sie haben eine *Menschenwürde*, die es verbietet, sie zum Zweck, zum bloßen Instrument herabzuwürdigen. Gleichermaßen hat auch der Täter eine Menschenwürde – ebenso und ganz besonders seine Familie. Mit Blick auf die Vermeidung zukünftiger Amokläufe verbieten sich detaillierte Informationen zum Täter, seiner Vorbereitung, der Tatwaffe, der Tatkleidung sowie dem Tathergang im Grunde von selber, werden auf diese Weise doch Handlungsanleitungen, Identifikationsmöglichkeiten, Orientierungspunkte vermittelt. Oftmals werden Amokläufer als Außenseiter präsentiert, ohne Freunde und mit schulischen Problemen. Durch die Tat erlangen sie Bekanntheit und (vermeintliche) Bewunderung, werden zumindest gefürchtet und gehen, wenn die Medien personalisiert berichten, auf diese Weise in die Geschichte ein. Zumindest diese letzte Prämie sollten Journalisten potenziellen Amoktätern vorenthalten. Kein potenzieller Amokläufer sollte vorher schon wissen können, dass er später weltberühmt werden wird. Diese Motivation sollte man niemandem gönnen, werden die Taten solcher „Berühmtheiten" doch von potenziellen Nachahmern mit Bewunderung und Respekt aufgenommen.

Auf einigen Internetplattformen werden Amokläufer regelrecht zu „Superstars" heroisiert und als eine Art Märtyrer gesehen, die „für eine Revolution der Ausgestoßenen" eintreten.[176] Dem Täter darf folglich keine Bühne zur Selbstdarstellung geboten werden. Journalisten haben hier eine große Verantwortung den Opfern, den Betroffenen und der Gesellschaft gegenüber. Nicht zuletzt deshalb ist dem Expertenkreis Amok Baden-Württembergs auch dahingehend zuzustimmen, dass Journalisten eine berufsethische Ausbildung unterlaufen müssten, um sie in Hinblick auf solche medienethischen Fragen zu sensibilisieren. Vor diesem Hintergrund ist Melanie Verhovnik in ihrer durchaus pointierten Bilanz des *Falles Winnenden* zuzustimmen:

> „Was bleibt als Fazit angesichts der 15 Opfer und einer Berichterstattung, die ohne zu übertreiben als Medien-Amok bezeichnet werden kann und in vielen Fällen dem Kodex des Deutschen Presserates widersprach? Nicht nur die Lernbereitschaft müsste höher ausfallen, auch die journalistische Selbstverantwortung muss ernster genommen werden. Wer über einen Amoklauf berichtet, muss sich darüber im Klaren sein, welche Folgen schreiende und reißerische Berichte haben können, wer sich von heroisierenden Täterdarstellungen dazu berufen fühlen wird, ähnlich 'ruhmreich' in die Geschichte einzugehen, und was es für den Opferschutz bedeutet, wenn es nach einem Ereignis wie einem Schulamoklauf Computer-Rollenspiele wie das 'Super Columbine Massacre RPG!' gibt, das den Weg von Eric Harris und Dylan Klebold durch die Columbine High School beschreibt, oder 3D-Animationen wie auf 'Bild-Online', die Fiktion und Realität vermischen und zeigen, wie sich Tim K. durch die Schule bewegte und wen er dabei erschoss. Keine Opferfotos, keine Beerdigungsberichte, behutsamer Umgang mit Stellungnahmen traumatisierter Kinder – eine einfache Haltung, wie sie sich die 'Winnender Zeitung' zu eigen machte, würde genügen – sie hätte genügt."[177]

Viertes Kapitel: Der Fall „Robert Enke" (2009) – oder die Frage, welche Verantwortung Journalisten für Selbstmorde tragen

Fall

Robert Enke, Torhüter von Hannover 96 und der deutschen Fußball-Nationalmannschaft, beging am 10. November 2009 im Alter von 32 Jahren in der Nähe seines Wohnortes Suizid, indem er sich von einem Zug überrollen ließ. Er hatte seit längerer Zeit unter Depressionen gelitten und war in Behandlung. Die *Hamburger Morgenpost* machte am Tag des Suizids wie folgt auf:

> „Um 18.25 Uhr machte Robert Enke am Dienstagabend seinem Leben ein Ende. Der Nationalkeeper warf sich vor den Regionalzug 4427, der mit 160 km/h ungebremst am Örtchen Eilvese vorbeiraste. Die Notbremsung kam zu spät – der 32-Jährige war sofort tot. Mit seinem Selbstmord löste der Nationalkeeper ein riesiges Medienecho aus."[178]

Die Website der *Robert-Enke-Stiftung* bietet seither einige Hintergrundinformationen zum Leben Robert Enkes:

> „Geboren am 24. August 1977, wuchs er in Jena wie die meisten deutschen Kinder der Siebzigerjahre auf: zwischen zwei Wäschestangen. Die dienten im Hinterhof als Tor. [...] Er war ein talentierter Stürmer, der FC Carl Zeiss Jena, der große Klub der Stadt, verpflichtete ihn mit 8 Jahren [...]. Sein Talent war nicht zu übersehen. Mit 15 spielte er bereits in der Jugend-Nationalelf, mit 20 bei Borussia Mönchengladbach erstmals in der Bundesliga. 1999, mit 21, wurde er für die Reise mit der Nationalelf zum Confederations Cup nominiert, doch es sollten acht Jahre vergehen, bis er tatsächlich erstmals für die DFB-Auswahl spielte; acht Jahre, in denen er die Höhen und Tiefen des Sports in extremer Intensität erlebte. Er, das gehegte Talent in Mönchengladbach, wurde danach ein Star bei Benfica Lissabon, dann beim FC Barcelona Ersatztorwart, er landete ein halbes Jahr in der Arbeitslosigkeit, gehetzt und vergessen, und kämpfte sich über Teneriffa und die zweite spanische Liga zurück auf die große Bühne, wo er sich ab 2004 bei Hannover 96 als reifer Klassetorwart präsentierte. [...] Kurz nach ihrem zweiten Geburtstag starb seine herzkranke Tochter Lara nach einer Ohrenoperation. Robert Enke versuchte auch danach, dankbar zu sein; für die wenige Zeit, die er und seine Frau Teresa mit Lara gehabt hatten. [...] Seine Bescheidenheit und Zurückhaltung machte er zu seinem Torwartstil. Er verzichtete auf triumphale Gesten. Er war ein König im Duell Auge in Auge mit dem gegnerischen Stürmer, und wenn er wieder einmal auf großartige Weise ein Tor alleine gegen den Angreifer verhindert hatte, ging er so selbstverständlich ins Tor zurück, als sei nichts geschehen. Nur innerlich lachte er vor Glück. Eine Stiftung mit seinem Namen muss den Anspruch haben, gegen beide Tragödien seines Lebens zu kämpfen, für die Unterstützung herzkranker Kinder

genauso wie gegen Depressionen, diese tückische Krankheit, die Robert Enke am Ende sogar den Gedanken raubte, wie sehr er das Leben liebte."[179]

Mehr muss man über den Fall selbst nicht wissen, um sich einer medienethischen Evaluation der Berichterstattung zuzuwenden. Es ist nur verständlich, dass sich die deutsche Medienlandschaft intensiv und emotional mit dem Suizid des Fußballnationaltorwarts auseinandersetzte – angesichts der Prominenz des Verstorbenen und der Beliebtheit des Sports. Auf den ersten Blick sah die Berichterstattung von Presse und Fernsehen unbedenklich aus, sieht man von wenigen Ausreißern ab – diesen Eindruck legt auch die vergleichsweise zurückhaltende Spruchpraxis des Presserates nahe, auf die später näher eingegangen wird.

Allerdings war die Berichterstattung über den Selbstmord Robert Enkes keineswegs so unproblematisch, wie es schien. Es gab Beiträge, die...

... den Suizid als Top-News präsentierten, oft auf der Titelseite, in besonders spektakulärer Aufmachung, mit großen, emotionalisierenden Schlagzeilen, darunter in der *Hamburger Morgenpost* und der *Bild* (z. B. am 12. und 13. November 2009),

... emotionalisierende, effektheischende Bilder zeigten, darunter Portraits von Enke, seiner Frau, seiner Tochter, Bilder vom Tatort, Bilder der Polizei und ihrer Einsatzfahrzeuge am Tatort (z. B. in *Bild* am 11. November 2009, S. 10),

... aus Abschiedsbriefen zitierten, z. T. mit wörtlichen Zitaten, in denen sich Robert Enke für die „bewusste Täuschung" entschuldigte, die notwendig gewesen sei, um seinen Plan in die Tat umsetzen zu können (so in der *Bild* am 12. November 2009, S. 12),

... den Suizid als nachvollziehbar, begründet und unausweichlich darstellten, etwa durch die Formulierung, „Depressionen trieben Robert Enke in den Tod" im *Handelsblatt* vom 11. November 2009,

... den Suizid romantisierten bzw. idealisierten, etwa indem suggeriert wird, Enke sei nun mit seiner Tochter im Tod vereint, weil er die „letzte Ruhe" gefunden habe, bei seiner Tochter (so die *Hamburger Morgenpost* und die *Bild* am 12. bzw. 13. November 2009),

... die Suizidmethode, einzelne Details vom Tatablauf und dem Tatort genau beschrieben (z. B. in *Bild* am 12. November 2009, S. 12).

Eine detailliertere Analyse der Berichterstattung legten Markus Schäfer und Oliver Quiring im Jahr 2013 vor. Sie schlossen alle Beiträge in ihre Analyse ein, die innerhalb von 21 Tagen nach Robert Enkes Tod in den Nachrichtenmagazinen *Spiegel* und *Stern*, den Tageszeitungen *Frankfurter Allgemeine Zeitung* und *Süddeutsche Zeitung*, der Boulevardzeitung *Bild*, der Wochenzeitung *Die Zeit* und der Publikumszeitschrift *Bunte* veröffentlicht worden waren.[180] Anhand dieser Auswahl untersuchten sie, wie die Berichterstattung über den Enke-Suizid beschaffen war und inwiefern diese sich im Einklang mit Richtlinien und Empfehlungen zur Suizidberichterstattung, beispielsweise der WHO, befand. Die Inhaltsanalyse ergab, dass über den Suizid Robert Enkes in den untersuchten Printmedien im Untersuchungszeitraum „wiederholt und umfassend berichtet" wurde – darunter zahlreiche Artikel in auffallender Aufmachung und prominent platziert, z. B. auf der Titelseite, und mit großen Bildern versehen.[181] In 157 der 193 untersuchten Artikel wurde die Suizidmethode nicht genannt, in neun Artikeln war die Beschreibung der Methode jedoch so detailliert, dass man „von einer Schritt-für-Schritt-Anweisung [sprechen] kann."[182] Auch der genaue Suizidort wurde in 23 Artikeln erwähnt und in 13 sogar so genau, dass ein Auffinden ermöglicht und erleichtert worden wäre. Weiterhin stellten neun der untersuchten Artikel die Gründe für den Suizid vereinfacht dar und in vier Artikeln wurde der Suizid als Lösung eines Problems bezeichnet. Lediglich zwei Artikel wiesen auf konkrete Hilfsangebote hin – weshalb dieser Punkt wichtig ist, wird später vertieft. 64 Artikel nannten immerhin Alternativen zur Selbsttötung oder sprachen allgemeine Hilfsangebote an. In 33 Artikeln wurde „Enke als Held oder herausragendes Vorbild" dargestellt.[183] Die Frage, wer die Verantwortung für Enkes Suizid trug, wurde in etwa jedem dritten Artikel gestellt, dabei wurde in der Mehrzahl der Fälle auf externe Personen und Faktoren als Verantwortliche verwiesen – hier vor allem der Tod seiner Tochter und die Herausforderungen seiner Karriere als Torhüter. In 26 Artikeln wurden Angehörige Enkes und in sieben Artikeln wurde sogar aus seinem Abschiedsbrief zitiert. Eine andere Studie ergab, dass ungefähr 36 Prozent der untersuchten Artikel „undifferenziert sensationalisierende Berichterstattung" darstellten.[184] 25 Prozent wiesen Merkmale zur Heroisierung des Suizidenten Robert Enke auf, viele Berichte waren darüber hinaus nachvollziehend-rechtfertigender Natur.

Unter den vielen TV-Berichten zum *Fall Enke* lohnt es sich, zwei besonders augenfällige und zusammenhängende Beispiele herauszugreifen.[185] Die Produktionsfirma *NonstopNews* filmte unmittelbar nach der Selbsttötung die Bergungsarbeiten am Bahnübergang und zeichnete auf, wie Enkes Frau Teresa Enke am Unglücksort eintraf. Man erkennt, wie sich Teresa Enke mit verzweifelter Stimme bei den Polizisten vor Ort nach ihrem Mann erkundigt. Der Anbieter vermarktete die Aufnahme wie folgt:

> „Bilderangebot: Schock für ganz Fußball-Deutschland: Nationaltorwart Robert Enke von Zug erfasst und tödlich verletzt [...] Ort: Eilvese, Region Hannover, Niedersachsen [...]. Die aktuellen NonstopNews-Bilder und die O-Töne: Totale der Einsatzstelle, Großaufgebot Feuerwehr und Polizei vor Ort, Regionalbahn auf den Gleisen, Feuerwehrleute stehen rund um den Regionalzug, Auto von Robert Enke unweit des Bahnübergangs, Exklusiv: Abfahrt Rettungswagen, Exklusiv: Mercedes M-Klasse von Robert Enke wird auf Abschlepper sichergestellt, Notfallseelsorger vor Ort, Polizei bei Unfallaufnahme, Bahnhof Eilvese, Seelsorger mit Feuerwehrleuten im Gespräch, Frau von Robert Enke, Teresa: „Jetzt sagen sie mir endlich was mit meinem Mann ist", Abfahrt Leichenwagen [...]. Bestellen Sie das TV-Material unter [...]."

Der FAZ-Journalist Stefan Niggemeier, der diesen Beitrag intensiv kommentierte, ergänzt: „Und die Fernsehsender nahmen das Angebot an und kauften die Aufnahmen. Mindestens das ZDF, RTL und Kabel 1 zeigten auch die Szene, in der wir erfahren, wie es aussieht, wenn eine Frau an den Ort kommt, an dem sich ihr Mann gerade das Leben genommen hat — ProSieben sogar unverpixelt, mit Ton und, für alle Fälle, Untertiteln."

Unmittelbar nach der Tat war der Tod von Robert Enke u. a. Aufmacher in der *ProSieben*-Nachrichtensendung *Newstime*. Der Zuschauer sieht eine abendliche Szenerie an Bahngleisen, einen stehenden Zug, Feuerwehrleute um die Lokomotive, danach eine Straße, Gleise, einen Bahnübergang. Dann sieht man eine junge Frau, die mit erregter Stimme mit Personen vor Ort spricht. Man hört ihre verängstigte Stimme, die nicht gut zu verstehen ist, weswegen *ProSieben* die Bilder untertitelte: „Sagen Sie bitte, was mit meinem Mann ist". Dann hört man die Antwort des Polizisten: „Das kann ich Ihnen jetzt nicht sagen." Die Frau spricht wieder, schwer verständlich, daher der Untertitel: „Lebt er noch?" Der Polizist antwortet erneut: „Das kann ich Ihnen jetzt nicht sagen." Stefan Niggemeier ergänzt zu diesen Bildern:

> „Als ich bei N24 anrufe, den Sender, von dem ProSieben seine Nachrichten bezieht, versteht man erst meine Frage nach irgendwelchen Reaktionen auf die Ausstrahlung dieser Szene nicht. (Ich wollte nicht gleich fragen, ob der verantwortliche Chefredakteur noch im Amt ist.) Außerdem sei das überall gelaufen, heißt es aus der Sendergruppe, teilweise allerdings verpixelt. ProSieben-Sprecher Christoph Körfer sagt: „Aus Sicht der Nachrichtenredaktion war es angemessen, die Bilder zu zeigen.""

Reaktionen und Konsequenzen

Diese und ähnliche Berichte können in zwei Richtungen kritisiert werden – für den eklatanten Mangel an Pietät und Sensibilität im Umgang mit den Betroffenen und Familienangehörigen und für die weitgehende Blindheit der Journalisten, was die Folgen ihrer Berichterstattung anbetrifft. Der erste Aspekt ist schnell abgehandelt – Stefan Niggemeiers Entsetzen kann exemplarisch dafür stehen, wie es auf medienethisch sensible Rezipienten wirken muss, wenn Teresa Enke in einer der schlimmsten Situationen gefilmt wird, die man sich als Mensch vorstellen kann. Nicht nur, dass die Kameraleute „draufhalten", als die noch unwissende Ehefrau Enkes am Tatort erscheint – sie ergänzen auch noch Untertitel, damit kein Zuschauer diesen Moment verpasst. Niggemeiers Reaktion: Eigentlich müsste der verantwortliche Chefredakteur der betreffenden Sendung entlassen werden.[186]

Viel schwerwiegender jedoch waren die vielen, vermeintlich unproblematischen Beiträge über Enkes Tod, die mit viel Empathie und großen Schlagzeilen jedes Detail der Tat und ihrer Folgen zeigte. Es folgten die Trauerfeier, mit zehntausenden Gästen im Stadion von Hannover 96 und der deutschen Fernsehöffentlichkeit, die Beerdigung und verschiedene Pressetermine – alles unter den Augen der Öffentlichkeit. Man kann erneut Stefan Niggemeier zu Wort kommen lassen, um das eigentliche Problem des Großteils der Medienberichte auf den Punkt zu bringen:

> „Die Medien arbeiten seit einer Woche daran, die Zahl der Selbstmorde in Deutschland in die Höhe zu treiben. Selbstmord ist ansteckend. Berichterstattung über Suizide erhöht die Zahl der Suizide. Das ist der sogenannte „Werther"-Effekt, benannt nach Goethes Roman. [...] Wäre es also am besten, wenn Medien gar nicht über Selbstmorde berichten? In den meisten Fällen [...] lautet die Antwort: Ja. Es wäre am besten, wenn Medien gar

nicht über Selbstmorde berichten. Das ist für Journalisten eine unerträgliche Antwort. Journalisten gehen davon aus, dass es gut ist, wenn etwas an die Öffentlichkeit kommt. Dass es erlaubt sein muss, über etwas zu berichten, das sich unzweifelhaft ereignet hat. [...] Die Erkenntnis, dass es am besten wäre, wenn Medien über die meisten Suizide gar nicht berichten würden, widerspricht [...] nicht nur dem Wettlauf um Auflage und Quote, sondern auch ganz fundamental dem journalistischen Selbstverständnis eines ganzen Berufsstandes. Aber dem besinnungslosen Kampf um Aufmerksamkeit, Auflage und Quote widerspricht es natürlich auch, und vermutlich lässt sich nur so die flächendeckend grotesk verantwortungslose Berichterstattung der vergangenen Tage erklären. Man könnte den Eindruck haben, eine ganze Branche hätte sich zu einem großen Feldversuch entschlossen, einmal zu testen, wie weit sich die Zahl der Selbstmörder in die Höhe treiben lässt, wenn man jeden einzelnen Ratschlag zur Suizidprävention ignoriert. [...] *Ein Suizid sollte nicht als Aufmacher auf der Titelseite erscheinen.* Geschenkt, bis auf die FTD erschien heute kein einziges Publikumsmedium mit einem anderen Thema als Aufmacher. *Es sollten weder Fotos noch Dokumente wie der Abschiedsbrief publiziert werden.* Natürlich wäre es naiv, anzunehmen, dass eine Berichterstattung über den Freitod eines Sportstars ohne Foto auskäme. [...] Und nicht nur die genauso skrupellose Fernsehversion namens RTL. Bei kaum einem Medium (die „FAZ" vielleicht ausgenommen, bei der ich allerdings natürlich befangen bin) habe ich in den vergangenen Tagen so etwas wie Zurückhaltung aus Sorge um den „Werther-Effekt" feststellen können. Schon am Dienstagabend enthielten die Meldungen der Nachrichtenagentur dpa jedes verdammte Detail über den Ort und den Ablauf des Geschehens. Dabei lässt sich sogar zeigen, dass eine veränderte, zurückhaltende Berichterstattung Leben rettet. [...] Nun kann man natürlich sagen, dass es unrealistisch ist, diese Empfehlungen im Fall eines so prominenten und beliebten Menschen wie Robert Enke umzusetzen. Allerdings sind es gerade die Suizide von solchen Menschen, die besonders viele Nachahmungstäter herausfordern. Und bei aller Trauer um den Nationaltorwart, bei aller Anerkennung, was für ein besonderer Sportler und Mensch er gewesen sein mag, muss man die Frage auch stellen, inweit [sic!] die grenzenlose Heroisierung, die in den vergangenen Tagen passiert ist, gefährlich ist. Und natürlich hilft es wenig, wenn sich nur zwei, drei Medien an die Empfehlungen halten und sich alle anderen mit spektakulären Bildern, knalligen Titelseiten, detaillierten Grafiken und exklusiven Abschiedsbriefen überbieten. Natürlich müsste es eine Absprache, eine Vereinbarung der Medien geben, sich gemeinsam an bestimmte Vorgaben bei der Suizid-Berichterstattung zu halten. Ich kann aber auch sechs Tage nach dem Tod von Robert Enke keinen Beteiligten, kein Medium erkennen, das überhaupt eine Diskussion über einen solchen Kodex in Gang setzt. Mag sein, dass es unrealistisch ist, davon auszugehen, dass die Medien anders über einen Fall wie den des Robert Enke berichten könnten. Dann seien wir aber auch ehrlich genug zu sagen, was der Preis für diese vermeintliche Informationspflicht und diesen Verkaufswettkampf ist. Er lässt sich in Menschenleben zählen."[187]

Diese Besorgnis ist nicht einfach eine journalistisch getriebene individuelle Sichtweise – die Wissenschaft teilt die formulierten Sorgen: Markus Schäfer und Oliver Quiring setzen sich in der weiter oben zitierten Studie detailliert mit den Folgen dieser Berichterstattung über Enkes Suizid auseinander – und dokumentieren steigende Suizidraten in den vier Folgewochen nach Enkes Tod.[188] Um die möglichen Auswirkungen der Berichterstattung über Enkes Suizid auf die Zahl der Suizide in Deutschland zu untersuchen, ermittelten Schäfer und Quiring die Suizidzahlen für die Woche vor Enkes Tod und für die vier Wochen danach und verglichen diese mit den Daten für die jeweiligen Wochen in den beiden Vorjahren. In den Ergebnissen ist „ein massiver Anstieg der allgemeinen Suizidzahlen"[189] zu erkennen – mit insgesamt über 130 Suiziden mehr, als auf Basis der Datenlage erwartbar war. Ebenfalls bemerkenswert sind die über 40 zusätzlichen Suizide, die auf ähnliche Weise zustande kamen, wie von Enke praktiziert. Außerdem kam es auch zu einem Anstieg der Suizidrate unter Personen, die demografische Ähnlichkeiten mit Robert Enke aufwiesen – also z. B. männlich waren. Diese Ergebnisse interpretieren Schäfer und Quiring dahingehend, dass sich einige Menschen mit Enke identifizieren konnten und ihrem Vorbild nacheiferten, unterstützt durch die detaillierte Darstellung der Motive, Vorgehensweise und Örtlichkeiten in den Medien. Sie erkennen in ihren Analysen einen klaren Zusammenhang mit der Presseberichterstattung zum Tod Robert Enkes und sehen „diese[n] Zusammenhang ohne einen Einfluss der Medienberichterstattung kaum zu erklären."[190]

Der *Fall Enke* rief weitere Forscher auf den Plan, die z. B. untersuchten, ob der sogenannte „Enke-Effekt" auch Langzeitfolgen und mögliche Jahrestag-Effekte hervorrufen könnte.[191] Die Autoren kommen zu dem Ergebnis, dass die Zahl der Eisenbahnsuizide in den folgenden zwei Jahren nach Enkes Tod um 19 Prozentpunkte anstieg, was für eine längerfristig gesteigerte Popularität von Schienensuiziden nach Enkes Tod und somit für Langzeitfolgen des „Enke-Effekts" spreche. Auch das *Statistische Bundesamt* und der damalige Bahn-Vorstand Rüdiger Grube bestätigten den Enke-Effekt: In den Wochen nach Enkes Selbstmord stieg die Zahl der Selbstmorde (unter Männern im Dezember 2009 verdoppelt) und der Schienensuizide („verfünft- bis versechsfacht") massiv an.[192]

Trotz der mit Blick auf Nachfolgetaten problematischen Berichterstattung und der Aufmerksamkeit der Wissenschaft für den *Fall Enke* gab es kaum Kritik vom Deutschen Presserat. Lediglich eine öffentliche Rüge wurde ausgesprochen, weil die Satire-Zeitschrift *Titanic* am 12. November 2009 auf ihrer Website zwei Fotos und einen Cartoon zu Enkes Tod veröffentlicht hatte. Der Presserat sah hier einen Verstoß gegen Ziffer 1 des Pressekodex, die Wahrung der Menschenwürde:

> „TITANIC-Online erhielt eine öffentliche Rüge wegen eines Verstoßes gegen die Menschenwürde (Ziffer 1 des Pressekodex). Die Zeitschrift hatte online mehrere Cartoons zum Tod von Fußballtorwart Robert Enke veröffentlicht. Unter anderem war das Foto eines Lokführers unter der Überschrift: „Jetzt meldet sich der Zugführer zu Wort" gezeigt worden. Der Zugführer wird dann zitiert mit den Worten „Ich habe Enke überlistet!". Grundsätzlich hält der Presserat auch scharfe, polemische Satire für zulässig – solange sie einen sachlichen Kern an Kritik enthält. Den konnte der Ausschuss nicht erkennen und wertete die Cartoons als die Menschenwürde verletzende Witzeleien über den Suizid eines Menschen. Das reine Spiel mit den Gefühlen der Angehörigen

und der Bahnführer, die von einem solchen Geschehen ebenfalls traumatisiert werden, ist in den Augen des Presserats keine Satire. Aufgabe von Satire ist immer auch, durch Überspitzung und drastische Darstellung weiterführende Gedanken anzustoßen. Bei den kritisierten Cartoons von TITANIC ging es jedoch nur darum, sich über das Lebensdrama eines Menschen lustig zu machen."[193]

Diskussion

In seinem Abschiedsbrief schrieb Goethes *Werther* die folgenden, rührseligen Zeilen[194], und man kann sich vorstellen, welche Wirkung sie auf jugendliche Schwärmer des späten 18. Jahrhunderts hatten, die selbst an einem gebrochenen Herzen litten:

„Alles ist so still um mich her, und so ruhig meine Seele. Ich danke dir, Gott, der du diesen letzten Augenblicken diese Wärme, diese Kraft schenkest. Ich trete an das Fenster, meine Beste! und sehe, und sehe noch durch die stürmenden, vorüberfliehenden Wolken einzelne Sterne des ewigen Himmels! Nein, ihr werdet nicht fallen! Der Ewige trägt euch an seinem Herzen, und mich. Ich sehe die Deichselsterne des Wagens, des liebsten unter allen Gestirnen. Wenn ich nachts von dir ging, wie ich aus deinem Tore trat, stand er gegen mir über. Mit welcher Trunkenheit habe ich ihn oft angesehen! oft mit aufgehobenen Händen ihn zum Zeichen, zum heiligen Merksteine meiner gegenwärtigen Seligkeit gemacht! Und noch – O Lotte, was erinnert mich nicht an dich! Umgibst du mich nicht! Und habe ich nicht, gleich einem Kinde, ungenügsam allerlei Kleinigkeiten zu mir gerissen, die du Heilige berührt hattest! Liebes Schattenbild! Ich vermache dir es zurück, Lotte, und bitte dich, es zu ehren. Tausend, tausend Küsse habe ich darauf gedrückt, tausend Grüße ihm zugewinkt, wenn ich ausging oder nach Hause kam. Ich habe deinen Vater in einem Zettelchen gebeten, meine Leiche zu schützen. Auf dem Kirchhofe sind zwei Lindenbäume, hinten in der Ecke nach dem Felde zu; dort wünsche ich zu ruhen. Er kann, er wird das für seinen Freund tun. Bitte ihn auch. Ich will frommen Christen nicht zumuten, ihren Körper neben einen armen Unglücklichen zu legen. Ach, ich wollte, ihr begrübt mich am Wege, oder im einsamen Tale, daß Priester und Levit vor dem bezeichneten Steine sich segnend vorübergingen und der Samariter eine Träne weinte. Hier, Lotte! Ich schaudere nicht, den kalten, schrecklichen Kelch zu fassen, aus dem ich den Taumel des Todes trinken soll! Du reichtest mir ihn, und ich zage nicht. All! All! So sind alle die Wünsche und Hoffnungen meines Lebens erfüllt! So kalt, so starr an der ehernen Pforte des Todes anzuklopfen. Daß ich des Glückes hätte teilhaftig werden können, für *dich* zu sterben! Lotte, für *dich* mich hinzugeben! Ich wollte mutig, ich wollte freudig sterben, wenn ich dir die Ruhe, die Wonne deines Lebens wieder schaffen könnte. Aber ach! Das ward nur wenigen Edeln gegeben, ihr Blut für die Ihrigen zu vergießen und durch ihren Tod ein neues, hundertfältiges Leben ihren Freunden anzufachen. In diesen Kleidern, Lotte, will ich begraben sein, du hast sie berührt, geheiligt; ich habe auch deinen Vater darum gebeten. Meine Seele schwebt über dem Sarge. Man soll meine Taschen nicht aussuchen. Diese blaßrote Schleife, die du am Busen hattest, als ich dich zum ersten Male unter deinen Kindern fand – O küsse sie tausendmal und erzähle ihnen das Schicksal ihres unglücklichen

Freundes. Die Lieben! Sie wimmeln um mich. Ach wie ich mich an dich schloß! Seit dem ersten Augenblicke dich nicht lassen konnte! – Diese Schleife soll mit mir begraben werden. An meinem Geburtstage schenktest du sie mir! Wie ich das alles verschlang! – Ach, ich dachte nicht, daß mich der Weg hierher führen sollte!--Sei ruhig! Ich bitte dich, sei ruhig! – Sie sind geladen – Es schlägt schon zwölfe! So sei es denn! – Lotte! Lotte, lebe wohl! Lebe wohl!"

Die Szenen nach dem Selbstmord beschreibt Goethe so:

„Ein Nachbar sah den Blick vom Pulver und hörte den Schuß fallen; da aber alles stille blieb, achtete er nicht weiter drauf. Morgens um sechse tritt der Bediente herein mit dem Lichte. Er findet seinen Herrn an der Erde, die Pistole und Blut. Er ruft, er faßt ihn an; keine Antwort, er röchelt nur noch. Er läuft nach den Ärzten, nach Alberten. Lotte hört die Schelle ziehen, ein Zittern ergreift alle ihre Glieder. Sie weckt ihren Mann, sie stehen auf, der Bediente bringt heulend und stotternd die Nachricht, Lotte sinkt ohnmächtig vor Alberten nieder. Als der Medikus zu dem Unglücklichen kam, fand er ihn an der Erde ohne Rettung, der Puls schlug, die Glieder waren alle gelähmt. Über dem rechten Auge hatte er sich durch den Kopf geschossen, das Gehirn war herausgetrieben. Man ließ ihm zum Überfluß eine Ader am Arme, das Blut lief, er holte noch immer Atem. Aus dem Blut auf der Lehne des Sessels konnte man schließen, er habe sitzend vor dem Schreibtische die Tat vollbracht, dann ist er heruntergesunken, hat sich konvulsivisch um den Stuhl herumgewälzt. Er lag gegen das Fenster entkräftet auf dem Rücken, war in völliger Kleidung, gestiefelt, im blauen Frack mit gelber Weste. Das Haus, die Nachbarschaft, die Stadt kam in Aufruhr. Albert trat herein. Werthern hatte man auf das Bett gelegt, die Stirn verbunden, sein Gesicht schon wie eines Toten, er rührte kein Glied. Die Lunge röchelte noch fürchterlich, bald schwach, bald stärker; man erwartete sein Ende. Von dem Weine hatte er nur ein Glas getrunken. Emilia Galotti lag auf dem Pulte aufgeschlagen. Von Alberts Bestürzung, von Lottens Jammer laßt mich nichts sagen. Der alte Amtmann kam auf die Nachricht hereingesprengt, er küßte den Sterbenden unter den heißesten Tränen. Seine ältesten Söhne kamen bald nach ihm zu Fuße, sie fielen neben dem Bette nieder im Ausdrucke des unbändigsten Schmerzens, küßten ihm die Hände und den Mund, und der älteste, den er immer am meisten geliebt, hing an seinen Lippen, bis er verschieden war und man den Knaben mit Gewalt wegriß. Um zwölfe mittags starb er. Die Gegenwart des Amtmannes und seine Anstalten tuschten einen Auflauf. Nachts gegen eilfe ließ er ihn an die Stätte begraben, die er sich erwählt hatte. Der Alte folgte der Leiche und die Söhne, Albert vermochts nicht. Man fürchtete für Lottens Leben. Handwerker trugen ihn. Kein Geistlicher hat ihn begleitet."

Diese Zeilen aus dem Ende des 18. Jahrhunderts veröffentlichten Briefroman *Die Leiden des jungen Werthers* von Johann Wolfgang von Goethe sind es, die die moderne Wissenschaft dazu inspirierten, sich mit dem sogenannten *Werther-Effekt* auseinanderzusetzen: Zeitgenössischen Quellen zufolge kam es in Folge der Publikation des Buches zu einer zweistelligen Anzahl von Nachahmungssuiziden.[195] Die Nachahmer waren von dem Buch anscheinend so sehr inspiriert und in ihrem innersten Empfinden berührt, dass nicht nur die Tötungsart Kopfschuss, sondern bisweilen auch die Kleidung Werthers imitiert wurde. Auf die Veröffentlichung des Buches folgte eine Suizidwelle, die damals als *Werther-Fieber* bezeichnet wurde.[196] Aufgrund der erhöhten Suizidgefahr, die das Buch bei seinen Lesern auszulösen schien, wurde es in einigen europäischen Ländern verboten.[197]

Die Annahme, dass es durch fiktionale und reale Suizide zu Nachahmungstaten kommen könnte, war schon länger verbreitet. Jedoch erst David P. Phillips konnte in seiner Studie *The Influence of Suggestion on Suicide* einen empirischen Beleg dafür dokumentieren – und prägte in der Folge den Begriff *Werther-Effekt*[198]: Er untersuchte im Zeitraum von 1947 bis 1967 den Zusammenhang der offiziellen Suizidstatistiken und der Berichte über Suizide bekannter Personen auf den Titelseiten von verschiedenen Zeitungen. Dafür errechnete er den Durchschnitt aus den Suizidentenzahlen für den jeweiligen Monat des Prominentensuizides aus dem vorherigen und dem nachfolgenden Jahr. Damit erhielt er eine theoretische Annäherung, wie viele Suizidtote im Monat des Referenzsuizides zu erwarten wären. Für 26 von 33 Fällen konnte er auf diese Weise zeigen, dass die Suizidzahlen nach einem Prominentensuizid deutlich höher sind, als zu erwarten. Dieser Zusammenhang war umso stärker, je bekannter der Suizident war und je länger über den Suizid auf der Titelseite berichtet wurde. In weiteren Studien konnte Phillips zeigen, dass auch die Zahl der Toten durch Kraftwagenunfälle signifikant anstieg, nachdem über einen Prominentensuizid berichtet worden war – diese Unfälle interpretierte er als „getarnte" Suizide[199], auch weil sich in den betroffenen Fahrzeugen zumeist nur eine Person im Auto befand. Insgesamt stellte sich heraus, dass die Mediendarstellung nicht einfach nur bereits suizidgefährdete Personen schneller zum Suizid brachte, sondern allgemein zu einem Anstieg der Selbstmorde führte. Neuere Studien zeigen u. a., dass es für das Eintreten des Werther-Effekts offensichtlich nicht von Bedeutung ist, ob Suizide von realen Personen oder Suizide von fiktiven Personen wie zum Beispiel Serienfiguren berichtet werden.[200]

Zwei Faktoren haben anscheinend entscheidenden Einfluss auf die Stärke des Werther-Effekts: die Intensität bzw. Dauer der Berichterstattung über den Suizidfall[201] und die Möglichkeit, sich mit dem Suizidenten zu identifizieren.[202] Allerdings hat Suizidberichterstattung nicht immer und nicht ausschließlich negative Folgen: So berichten manche Suizidgefährdete, dass sie sich gegen eine Selbsttötung entschieden hätten, weil sie von den negativen Folgen für ihre Angehörigen gelesen haben.[203] Außerdem konnte die Forschung zeigen, dass eine verantwortungsbewusste Suizidberichterstattung, die über Symptome von Suizidalität und Alternativen zur Selbsttötung informiert, sogar suizidpräventiv wirken kann. Diese, dem Werther-Effekt entgegengesetzte Wirkung wird als *Papageno-Effekt* bezeichnet: So konnten z. B. Niederkrotenthaler und Kollegen in einer Studie in Österreich zeigen, dass die Suizidzahlen sogar sinken können, wenn die Berichterstattung über (Prominenten-)Suizide sich an Suizid vorbeugenden Richtlinien orientiert, wie sie im Folgenden dargestellt werden.[204] Die zentrale Frage für Journalisten lautet folglich – wie zumeist bei medienethischen Problemlagen – nicht, *ob* berichtet werden sollte, sondern *wie* berichtet werden sollte.[205]

Für den Werther-Effekt stellen die Aufmerksamkeits- und Motivationsprozesse der Lerntheorie die wichtigsten Ansatzpunkte dar: Ein medial prominent inszenierter Suizident, mit dem sich Nachahmer gut identifizieren können, sowie ausführliche Details zur Suizidmethode und zum Suizidort sind wesentliche Elemente von Suizidmodellen, von denen Nachahmer lernen und an denen sie sich bevorzugt orientieren.[206] Gerade Prominente sind für viele Menschen beliebte „Modelle", da sie eine hohe Attraktivität besitzen. Nach Prominenten-Suiziden ist der Anstieg der Suizidrate besonders hoch, haben solche Nachrichten doch meist eine größere Reichweite. Außerdem unterstützt eine umfassende, wiederholte Berichterstattung das Erlernen des suizidalen Verhaltens, da sich Wiederholungen positiv auf die Gedächtnisprozesse auswirken. Darüber hinaus können heroisierende und romantisierende Berichte über Suizidenten die Motivation der Verhaltensimitation steigern, da gefährdete Personen sich nach ähnlichen positiven Konsequenzen sehnen. Sie können eine möglicherweise unterdrückte suizidale Neigung aufbrechen lassen, weil sie den Anschein vermitteln, der Selbstmord sei gesellschaftlich anerkannt und hätte positive Folgen[207] – wie z. B. Verständnis, Mitgefühl, Bewunderung, Zuneigung.

Auf Basis der Annahmen und wissenschaftlichen Befunde zum Werther-Effekt (aber auch zum Papageno-Effekt), wurden in verschiedenen Ländern Leitlinien für Suizidberichterstattung erarbeitet. Österreich, die Schweiz und Australien sprechen beispielsweise in ihren Pressekodices die Gefahr von Nachahmungssuiziden konkret an und fordern eine rigorose Abwägung von öffentlichem Interesse und Gefährdung der Leser.[208] In Australien gibt es sogar ein Empfehlungsschreiben, das nur auf Suizidberichterstattung ausgerichtet ist und Ratschläge zu einer verantwortungsvollen Berichterstattung erteilt. Im Gegensatz dazu wird die Gefahr der Nachahmung im deutschen Pressekodex nicht erwähnt. In Richtlinie 8.7 wird lediglich Zurückhaltung gefordert: „Die Berichterstattung über Selbsttötung gebietet Zurückhaltung. Dies gilt insbesondere für die Nennung von Namen, die Veröffentlichung von Fotos und die Schilderung näherer Begleitumstände."[209] Im Bereich der Suizidprävention durch verantwortungsvollere Medienberichterstattung ist Deutschland, verglichen mit anderen Ländern, rückständig.[210] Ein positives Gegenbeispiel im Zusammenhang mit suizidpräventiver Berichterstattung sind nationale Preise bzw. Auszeichnungen für besonders vorbildliche Suizidberichterstattung.[211] Solche Auszeichnungen wurden u. a. in Australien, Belgien und Dänemark eingeführt. Sie werden von einem Gremium verliehen, das aus verschiedenen Mitgliedern aus Medien- und Suizidpräventionsorganisationen sowie Mitgliedern von Organisationen für geistige Gesundheit besteht. Bei den Preisträgern und ihren Kollegen können solche Auszeichnungen zu einer gesteigerten Sensibilität und Aufmerksamkeit für das Thema führen.

Beispielhafte Vorgaben für angemessene Suizidberichterstattung finden sich in den Empfehlungen der Deutschen Gesellschaft für Suizidprävention[212]: Journalisten sollten dementsprechend alles vermeiden, was zur Identifikation mit dem Suizidenten führen könne. Außerdem sei es empfehlenswert, den Selbstmord nicht als Aufmacher zu verwenden und ihn nicht auf der Titelseite zu platzieren, wo er besonders spektakulär wirke. Fotos oder Abschiedsbriefe sollten nicht abgedruckt werden, genauso wie eine Beschreibung der Methode oder des Orts. Ein Fehler sei es, den Suizid als nachvollziehbare und unausweichliche Reaktion darzustellen und ihn zu billigen, zu heroisieren oder zu romantisieren. Allgemein solle alles vermieden werden, was die Selbsttötung in irgendeiner Weise positiv darstelle, da so die Gefahr der Nachahmer besonders groß sei. Es wird empfohlen, auf Hilfestellen für Suizidgefährdete hinzuweisen.

Die World Health Organization (WHO) argumentiert, dass man als Journalist stark auf die Formulierung des gesamten Artikels achten müsse – und formuliert dazu einige Empfehlungen, darunter:

„Avoid language which sensationalizes or normalizes suicide, or presents it as a solution to problems

[…] Such language should not sensationalize suicide. […] The phrase 'committed suicide' should not be used because it implies criminality, thereby contributing to the stigma experienced by those who have lost a loved one to suicide and discouraging suicidal individuals from seeking help. Rather, one should refer to 'completed suicide'. […].

Avoid prominent placement and undue repetition of stories about suicide

Prominent placement and undue repetition of stories about suicide are more likely to lead to imitative behaviours than more subtle presentations. Newspaper stories about suicide should ideally be located on the inside pages, towards the bottom of the page, rather than on the front page or at the top of an inside page. Similarly, broadcast stories about suicide should be presented in the second or third break of television news, and further down the order of radio reports, rather than as the lead item. Consideration should be given to the extent to which the original story should be repeated or updated, and caution should be exercised in this regard.

Avoid explicit description of the method used in a completed or attempted suicide

Detailed discussion of the method used in a given completed or attempted suicide should be avoided, because a step-by-step description may prompt vulnerable people to copy the act. […]

Avoid providing detailed information about the site of a completed or attempted suicide

Sometimes a location can develop a reputation as a 'suicide site' – e.g., a bridge, a tall building, a cliff or a railway station or crossing where fatal or non-fatal suicide attempts have occurred. Particular care should be taken by media professionals not to promote such locations as suicide sites […].

Word headlines carefully

Headlines are designed to attract the reader's attention by giving the essence of the story in as few words as possible. Use of the word 'suicide' in the headline should be avoided, as should be explicit reference to the method or site of the suicide.

Exercise caution in using photographs or video footage

Photographs or video footage of the scene of a given suicide should not be used, particularly if doing so makes the location or method clear to the reader or viewer. In addition, pictures of an individual who has died by suicide should not be used . [...] Also, suicide notes should not be published.

Take particular care in reporting celebrity suicides

[...] reports of suicides by famous entertainers and political figures are particularly likely to influence the behaviour of vulnerable individuals, because they are revered by the community. Glorifying a celebrity's death may suggest that society honours suicidal behaviour. For this reason, particular care should be taken in reporting celebrity suicides. Reports should not glamorize the suicide, should not describe the method in detail, and should comment on its impact on others. Additionally, care should be taken when reporting a celebrity death where no reason for the death is immediately available. Speculation about suicide on the part of the media can be harmful, and it is preferable to wait for the cause of death. [...]

Provide information about where to seek help

Information about the options for seeking help should be included at the end of a story on suicide. The specific help sources will depend on the context, but might include general physicians, other health professionals, and community resources, as well as telephone helpline services [...]."[213]

Journalisten sollten sich nach Auffassung der WHO, die diese Leitlinien von führenden Suizid-Forschern erarbeiten ließ, in ihrer Berichterstattung sehr zurückhalten – zumal, wenn Prominente involviert sind. Ebenso seien Bilder des Suizidortes oder des Suizidenten zu vermeiden sowie die genaue Nennung des Ortes und der Details der Tat. Eine Vereinfachung des Suizids und seiner Gründe oder gar eine positive Darstellung als z. B. „letzter Ausweg" müssen auch vermieden werden. Überhaupt sollte die Berichterstattung weder positiv noch negativ wertend sein: Eine völlig negative Darstellung könne zu Stigmatisierung derer führen, die suizidgefährdet sind, weswegen stets eine neutrale Berichterstattung von Nöten sei. Schlussendlich verweisen alle Richtlinien, auch die der WHO, auf die Wichtigkeit von Prävention: In Suizidberichten sollte stets erwähnt werden, wo gefährdete Personen Hilfe finden können. Außerdem sollte auch erklärt werden, wie Angehörige bei ihren Verwandten und Freunden Warnsignale erkennen können. Wie in der Fallschilderung gezeigt, hat ein beträchtlicher Teil der deutschen Medienlandschaft eklatant gegen diese Prinzipien verstoßen und im Urteil von Medienkritikern Nachahmungssuizide billigend in Kauf genommen. Auch Schäfer und Quiring zeigen, dass keiner der untersuchten Artikel sämtliche Vorgaben erfüllte:

„Die Ergebnisse der Inhaltsanalyse machen deutlich, dass viele Empfehlungen der einschlägigen Richtlinien zur Suizidprävention in der Presseberichterstattung zum Suizid von Robert Enke in einer beträchtlichen Zahl der Artikel nicht eingehalten wurden. Dieser Umstand scheint umso bemerkenswerter, als die Entwicklung der allgemeinen Suizidzahlen auf einen massiven Anstieg der Suizide nach dem Tod des Nationaltorwarts hinweist. [...] Es stellt sich daher die Frage, inwieweit der mediale Umgang mit Prominentensuiziden künftig im Sinne der Suizidprävention verbessert werden kann und ob nicht insbesondere der deutsche Presserat gefordert ist, auf die Etablierung allgemeiner Standards hinzuwirken. Denn ein konkreter Praxis-Leitfaden des Presserats, wie er zum Beispiel für die Berichterstattung über Amokläufe inzwischen vorliegt [...], existiert bislang nicht. Das ist insofern verwunderlich, als die theoretische wie empirische Datenlage zur Berichterstattung über Amokläufe im Vergleich zu Suiziden keinesfalls weiter fortgeschritten ist oder gar einen größeren akuten Handlungsbedarf nahelegen würde. Im Gegenteil: Suizide sind gesellschaftlich weiter verbreitet und die Belege zum Zusammenhang mit der Medienberichterstattung sind umfangreicher und stichhaltiger. [...] Legt man die Erkenntnisse zum Werther-Effekt zugrunde, erscheint ein entsprechender Praxis-Leitfaden für die Suizidberichterstattung zwingend. Als Vorlage könnten die Empfehlungen der Weltgesundheitsorganisation WHO dienen."[214]

Das Problem, dem sich Journalisten bei der Suizidberichterstattung gegenüber sehen, ist, dass die Empfehlungen der Gesundheits- und Suizidpräventionsorganisationen im genauen Gegensatz zu den Werten stehen, die sie in ihrer Ausbildung lernen und nach denen sie arbeiten.[215] Wenn die WHO in ihren Richtlinien zur Suizidberichterstattung empfiehlt, keine Details zu Suizidort und -methode zu nennen, dann müssten die Journalisten gegen ihr Prinzip verstoßen, umfassend und wahrheitsgetreu zu recherchieren und zu berichten und unbekannte Hintergründe aufzuklären.[216] Journalisten befinden sich auf dem Gebiet der Suizidberichterstattung in einem Spannungsverhältnis zwischen dem gesinnungsethischen Ziel, die „Wahrheit" zu berichten, und der verantwortungsethischen Entscheidung, sich in ihrem Schreiben durch die möglichen negativen Folgen ihrer Berichterstattung selbst zu beschränken:

„Ein verantwortungsethisches journalistisches Handeln im Rahmen der Suizidberichterstattung – also die Ausrichtung journalistischen Handelns an den möglichen (unbeabsichtigten) Folgen der Berichterstattung im Sinne von Werther- und Papageno-Effekt – wäre mit Blick auf die gesteckten Ziele einer verantwortungsvollen Berichterstattung über Suizide so etwas wie das Nonplusultra der Suizidprävention."[217]

Doch hinter dem gesinnungsethischen Vorwand, der Wahrheit und den Interessen der Öffentlichkeit zu dienen, verbirgt sich allzu oft ein ökonomisches oder karrieristisches Motiv für mangelnde Zurückhaltung, denn

„[e]in Selbstmord eines Prominenten, der besonders tragische Freitod eines jungen Liebespärchens oder auch ein spektakulärer Suizid an einem ausgefallenen Ort sind marktstrategisch gesehen [...] reizvolle Aufhänger für eine auflagensteigernde Positionierung des Themas".[218]

Angesichts des Konkurrenzdrucks unter den Medienanbietern ist meist nicht viel Zeit für ethische Abwägungen. Auch lebt die Boulevardpresse vielfach von starker Emotionalisierung, geringer Komplexität und vereinfachtem Vokabular.[219] Generell sind die Voraussetzungen für die Darstellung eines so sensiblen Themas wie Suizid also nicht ideal. Folglich ist es umso wichtiger, möglichst viele Medienanbieter für die Einhaltung der Empfehlungen zu gewinnen, damit kein Anbieter dadurch unter Marktnachteilen zu leiden hat.[220]

Dennoch wird es – bei aller gebotenen Kritik – kaum möglich sein, alle Vorgaben in der Berichterstattung umzusetzen. Journalisten befinden sich in einem Dilemma: Sie fühlen sich einerseits beruflich dazu verpflichtet, der Gesellschaft Nachrichten zu Geschehnissen von öffentlicher Bedeutung zu liefern.[221] Gerade Suizide von Prominenten sind von öffentlicher Bedeutung. Andererseits gibt es ethische Grundsätze, die mit Verweis auf den Werther-Effekt klar davon abraten, über Selbsttötungen zu berichten. Bei der Frage, ob sie einen Suizid publizieren oder nicht, muss zwischen den möglichen Risiken einer Publikation und dem Informationsanspruch der Öffentlichkeit abgewogen werden – das alles unter Zeit- und Konkurrenzdruck. Man stelle sich einen Journalisten vor, der sich ethisch angemessen verhält und den Suizid einer sehr prominenten Person verschweigt. Seine Nichtpublikation könnte nicht zuletzt hinderlich für die eigene Karriere sein.[222] Und das nicht nur, weil viele Medienanstalten vorrangig kommerzielle Interessen verfolgen. Das Dilemma der Journalisten scheint schwer aufzulösen: Egal, wie sie sich entscheiden, sie werden kaum die Interessen der Leserschaft, der Vorgesetzten, der Berufsprinzipien und möglicher Suizidenten zugleich so berücksichtigen können, dass allen beteiligten Interessen genüge getan wird.

Es gibt allerdings Beispiele, wie dies gleichwohl gelingen kann – wenn die richtigen Akteure mitarbeiten: Im Frühjahr 1994 wurde der international bekannte Sänger Kurt Cobain tot aufgefunden. Er nahm sich mit einem Schuss in den Kopf das Leben.[223] Das Medieninteresse war groß und es wurde eine Suizidwelle erwartet, da man einige von Cobains Anhänger als labil ansah[224] und Cobain für melancholische Jugendliche als Identifikationsfigur betrachtet wurde.[225] Um einen Werther-Effekt zu vermeiden, warb die *Seattle Crisis Clinic* mit ihrer Telefonnummer und wies in den Medien auf Hilfsangebote für Suizidgefährdete hin. Die Presse wurde dazu aufgefordert, sich bei der Berichterstattung zurückzuhalten. Außerdem organisierten die Stadt Seattle und lokale Radiostationen eine Gedenkfeier, auf der Fans gemeinsam trauern und sich Halt geben sollten. Dazu kam, dass Cobains Ehefrau Courtney Love wütend den Abschiedsbrief des Musikers vorlas und offen zeigte, für wie egoistisch und unnötig sie den Suizid ihres Partners hielt. Dadurch wurde einer Romantisierung des Suizids ein Stück weit vorgebeugt, Cobain wurde nicht unmittelbar als Held gefeiert. Es wurde deutlich getrennt zwischen der Musikerpersönlichkeit Kurt Cobain und seinem Dasein als depressiver Drogenabhängiger.[226] Die Bemühungen lohnten sich: Es konnte kein signifikanter Anstieg der Suizidzahlen in dem Monat nach Cobains Suizid festgestellt werden. Dafür verzeichnete die Suicide Crisis Hotline in Seattle deutlich mehr Anrufe als zum gleichen Zeitpunkt in den umliegenden Jahren.[227] Das Beispiel zeigt, dass die Zurückhaltung der Presse und sofortige Hilfsangebote und Gegenmaßnahmen einem Werther-Effekt entgegenwirken können. Die wichtigsten Informationen zum Suizid wurden veröffentlicht, eine Heroisierung jedoch vermieden, sodass ein angemessener Ausgleich zwischen Informationspflicht und ethischer Verantwortung gefunden wurde.

Es gibt Anzeichen, dass Redaktionen in der dargestellten Form zunehmend sensibler mit Suiziden umgehen: So fügte beispielsweise die Zeitung *Die Welt* am Ende eines Berichts im Mai 2017 über den Selbstmord eines Managers der Deutschen Bank folgenden Absatz hinzu:

> „Wer Suizidgedanken hat, sollte sich an vertraute Menschen wenden. Oft hilft bereits das Sprechen dabei, die Gedanken zumindest vorübergehend auszuräumen. Wer für weitere Hilfsangebote offen ist oder sich um nahestehende Personen sorgt, kann sich – auch anonym – an die Telefonseelsorge wenden: Sie bietet schnelle Hilfe an und vermittelt Ärzte, Beratungsstellen oder Kliniken unter der Nummer 0800/1110111."[228]

Um solcherlei sensibilisierte Berichterstattung flächendeckend zu erreichen, sollte vor allem in der Journalistenausbildung und dem Redaktionsalltag mehr darauf geachtet werden, dass Journalisten für ethisch sensible Themen geschult werden. Es muss darauf aufmerksam gemacht werden, welche Folgen bestimmte Publikationen haben und wie diese verhindert werden können.

Allerdings zeigen Fälle aus den vergangenen Jahren, dass der Weg noch sehr weit ist, etwa bei den Suiziden von Mick Werup, Gunther Sachs oder Robin Williams: Es wurde in nahezu jedem Fall erneut groß und sensationalistisch aufgemacht, prominent bebildert, detailliert berichtet – über den Ort, den Zustand der Leiche, Details des Sterbevorgangs. Es wurde aus Obduktionsberichten und Abschiedsbriefen zitiert, Verständnis für die Selbstmorde geweckt, beschönigende Begriffe verwendet (Freitod!), die Taten wurden als Ausweg, als unausweichlich und für den Suizidenten erlösend dargestellt.[229] Es sieht nicht so aus, als habe man überall aus vergangenen Fällen gelernt.

Eines kann man an dieser Stelle sicher festhalten: Der Deutsche Pressekodex müsste in jedem Fall novelliert werden, um den vielfältigen und anerkannten Richtlinien zur Suizidprävention Rechnung zu tragen. In seiner gegenwärtigen Form ist der Text unzureichend: Es wird nicht einmal auf die Gefahr eines Imitationssuizides eingegangen, auch werden keine praktikablen, alternativen Formen der Berichterstattung thematisiert. Die einschlägigen Zeilen im Pressekodex sind „vage" und werden nicht durch einen Praxisleitfaden, vergleichbar mit dem für Amokläufe, ergänzt, wie Markus Schäfer im Rahmen seiner Analyse der Spruchpraxis des Presserates bilanziert. Folgerichtig spielen

> „Werther- und Papageno-Effekt als mögliche Folge der Berichterstattung [...] in den Entscheidungen des Presserats dagegen so gut wie keine Rolle. Vor der Jahrtausendwende werden mögliche Medienwirkungen auf die Entwicklung von Suiziden weder von den Beschwerdeführern noch von Redaktionen oder vom Presserat explizit thematisiert. Vom Jahr 2000 an wird die Möglichkeit von Nachahmern durch allzu detaillierte Suizidberichte von den Beschwerdeführern in immerhin sieben Fällen aufgegriffen. In Anbetracht der Befunde verwundern die jüngsten Aussagen des Deutschen Presserats, wonach die Berücksichtigung von möglichen Medienwirkungen und Aspekten der Suizidprävention eine langjährige Maxime der Ratsarbeit darstellt. Mögliche

Wirkungen der Berichterstattung auf die Entwicklung der Suizidzahlen spielen in der Spruchpraxis des Presserats zwischen 1985 und 2012 allenfalls eine marginale Rolle."[230]

Bei Amokläufen geht der Presserat bisweilen auf die Gefahr von Imitationstaten ein – dies müsste in ähnlicher Weise auch bei Suiziden umgesetzt werden. In Österreich, der Schweiz oder Italien beispielsweise werden Suizid vorbeugende Richtlinien in der Berichterstattung längst adaptiert, „hier wird explizit auf die Möglichkeit von Folgesuiziden durch die Berichterstattung über Suizide verweisen"[231], wie Schäfer und Potrafke feststellen. Sie schließen:

> „Die Zurückhaltung der internationalen Medienselbstkontrolle in dieser Frage ist aus theoretischer wie praktischer Sicht kaum nachvollziehbar. Angesichts von hunderttausenden Suiziden jährlich scheint es geradezu geboten, Journalisten verbindliche Informationen und Hinweise zu möglichen Konsequenzen der Suizidberichterstattung an die Hand zu geben, um auf ein verantwortungsethisches Handeln in der Suizidberichterstattung hinzuwirken. Zudem scheint es aus Sicht der Medienselbstkontrolle gerade hier besonders wichtig, zwischen berechtigten journalistischen Interessen auf der einen und suizidpräventiven Zielen auf der anderen Seite abzuwägen, um Medienschaffenden konkrete Hilfestellungen für den Umgang mit Suizidfällen bereitstellen zu können. Diese Abwägung haben Presse- und Medienräte in ihren Ethikkodizes zu leisten."[232]

Fünftes Kapitel: Der Fall „Jörg Kachelmann" (2010) – oder die Frage, ob Journalisten auch Ankläger und Richter in Personalunion sein sollten

(in Zusammenarbeit mit Maike Harzheim)

Fall

Jörg Kachelmann gründete 1990 das Unternehmen *Meteomedia*, mit dem er Wettervorhersagen für Radio- und TV-Sender produzierte. Beim deutschen Radiosender *SWF3* wurde er durch seine von Sprachwitz geprägten Vorhersagen als „Weatherman" zum Publikumsliebling. Er wandte sich bewusst vom trockenen Meteorologen-Jargon ab und prägte außergewöhnliche Begriffe und Formulierungen. Er machte TTV-Wettervorhersagen zu einer Unterhaltungsform. Sein Markenzeichen war neben dem lockeren Umgangston seine legere Kleidung. Kachelmann war zudem für die hohe Treffsicherheit seiner Prognosen bekannt. Ab 1992 sagte er im *Morgenmagazin* der *ARD* das Wetter vorher, zwei Jahre später wurden seine Beiträge direkt vor der *Tagesschau* gesendet. Für die Vorhersagen in der *ARD* gründete Kachelmann seine zweite Firma *Jörg Kachelmann Produktions AG*. 1996 übernahm er für zwei Jahre die Programmdirektion beim *Wetterkanal* in Düsseldorf. Außerdem wurde er auch in Diskussions- und Unterhaltungssendungen eingesetzt: In den 1990er Jahren war der Meteorologe Talkmaster des Schweizer *Zischtigsclubs* und Showmaster der *ARD*-Sendung *Vorsicht Blöff* (1996–1997). Kurzzeitig moderierte er auch die damals legendäre Samstagabendshow *Einer wird gewinnen* (1998). Zudem moderierte er den *MDR*-Talk *Riverboat* (1997–2004; 2007–2009) und war Gastgeber der Talkshow *Kachelmanns Spätausgabe* (2000–2008).[233]

Über die Jahre entwickelte sich der Wetterdienst zu einer Firmengruppe mit Niederlassungen in Deutschland, der Schweiz, Kanada sowie den USA und ungefähr 100 Mitarbeitern. 2007 weitete Kachelmann seine Dienste auf die USA aus und richtete weitere Messstationen ein. Sein Unternehmen stach 2000 sogar den staatlichen *Deutschen Wetterdienst* (*DWD*) aus, nachdem sich Kachelmanns Vorhersagen in verschiedenen Situationen als genauer erwiesen hatten. Nachdem der *WDR* zu *Meteomedia* gewechselt hatte, zog die *ARD* nach: Kachelmann übernahm das *Wetter im Ersten* nach den *Tagesthemen* und belieferte zusätzlich eine Vielzahl an Rundfunkanstalten mit Wettervorhersagen und -berichten.[234]

Über sein Privatleben schwieg sich der Wetterexperte in der Öffentlichkeit stets aus. Er war bereits zweimal verheiratet: 1983 bis 1998 mit einer Schweizer Grafikerin und 2004 bis 2009 mit einer Schweizer Wirtschaftsprüferin. Am 9. Februar 2010 wurde der Moderator von seiner Ex-Freundin Claudia D. wegen Vergewaltigung angezeigt. Von Anfang an beteuerte Kachelmann, die ihm vorgeworfene Tat nicht begangen zu haben und bezichtigte später seinerseits das mutmaßliche Opfer der Falschbeschuldigung. Kurz nach Bekanntwerden der Vergewaltigungsvorwürfe berichteten die Medien von einer Vielzahl an Geliebten Kachelmanns, zu denen er in den letzten Jahren zeitgleich Beziehungen gepflegt haben soll. Die meisten dieser Frauen sollen eigenen Angaben zufolge erst aus den Medien von den anderen Beziehungen Kachelmanns erfahren haben.[235] Während des Verfahrens heiratete er die Psychologiestudentin Miriam Kolbus. Durch den Prozess verlor er seine Anstellung bei der *ARD*, außerdem kam es innerhalb seiner Firmengruppe zu einem Machtkampf. Nach seinem Freispruch präsentierte Kachelmann zunächst für verschiedene kleinere Radiosender die Wetteraussichten – später auch wieder auf größerer medialer Bühne – und ging in die Offensive: Seine Erfahrungen aus dem Prozess publizierte er 2012 mit seiner Ehefrau Miriam in dem gemeinsamen Buch *Recht und Gerechtigkeit*.[236] Außerdem absolvierte er mehrere öffentliche Auftritte (zum Beispiel in der *ARD*-Talkshow *Günther Jauch* am 14. Oktober 2012) und kritisierte öffentlich – u. a. über den Kurznachrichtendienst *Twitter* – Journalisten und Verlage für deren Berichterstattung während des Prozesses.

Zum Ablauf des Falls: Am 9. Februar 2010 wurde Kachelmann von seiner Ex-Freundin Claudia D. angezeigt. Sie warf ihm vor, sie mit einem Küchenmesser bedroht und vergewaltigt zu haben. Der Wetterexperte flog am folgenden Tag nach Vancouver, um von dort aus bei den Olympischen Spielen Wetterberichte für die *ARD* zu liefern. Zu diesem Zeitpunkt wurde die Staatsanwaltschaft noch nicht aktiv, da sie „seinerzeit Bedenken hinsichtlich eines dringenden Tatverdachts [hatte]".[237] Bei seiner Rückkehr von den Olympischen Spielen in Vancouver am 20. März 2010 wurde Kachelmann dann allerdings am Frankfurter Flughafen festgenommen und in Untersuchungshaft gebracht.[238] Während Kachelmann seine Unschuld beteuerte, wurde in den Medien ausführlich über seinen Fall sowie seine mögliche Schuld beziehungsweise Unschuld spekuliert.

Bis zu Beginn des gerichtlichen Hauptverfahrens im Juli blieb der Meteorologe in Untersuchungshaft, da er keinen festen Wohnsitz in Deutschland nachweisen konnte und darum laut Staatsanwaltschaft Fluchtgefahr bestand. Bei einem Haftprüfungstermin am 24. März 2010 bestritt Kachelmann die Vorwürfe und schilderte den Abend des 8. Februars 2010 aus seiner Sicht: Die Wohnungstür sei angelehnt gewesen und Claudia D. habe bereits mit hochgezogenem Strickkleid auf ihn gewartet. Es sei zu einvernehmlichem Geschlechtsverkehr gekommen und danach habe man etwas gegessen. Ihm zufolge sei alles wie immer gewesen, man habe sich auf das Sofa gesetzt und ferngesehen. Danach wäre das Gespräch auf einen anonymen Brief gekommen, den Claudia D. am Nachmittag in ihrem Briefkasten gefunden habe. Darin waren Kopien von zwei Flugtickets (das eine auf Kachelmann, das andere auf einen ihr unbekannten Frauennamen ausgestellt) und ein Brief mit dem Inhalt „Er schläft mit ihr!". Nachdem Kachelmann zugegeben habe, 2008 mit einer anderen Frau verreist zu sein, habe Claudia D. die Beziehung beendet. Diese Entscheidung habe er verstanden und akzeptiert. Nach einem emotionalen Abschied sei er dann ins *Holiday Inn* in Mörfelden gefahren, von wo aus er am nächsten Morgen zum Frankfurter Flughafen gefahren sei. Er habe niemanden bedroht und schon gar nicht vergewaltigt, beteuerte er.[239] Vor dem Gerichtsgebäude warteten nach dem Haftprüfungstermin zahlreiche Journalisten auf Kachelmann. Er sagte ihnen: „Ich bin unschuldig, das ist alles, was ich im Moment sagen kann."[240]

Am 19. Mai erhob die Staatsanwaltschaft Mannheim Anklage gegen ihn wegen des Verdachts der Vergewaltigung in einem schweren Fall und gefährlicher Körperverletzung; Claudia D. trat als Nebenklägerin auf. Das Hauptverfahren dauerte insgesamt fast neun Monate (43 Verhandlungstage). Nahezu 30 Zeugen sowie zehn Sachverständige und Gutachter wurden angehört – größtenteils unter Ausschluss der Öffentlichkeit. Ein Großteil der Zeuginnen waren Ex-Geliebte Kachelmanns, da Kachelmann die Aussage verweigerte und sich das Gericht durch die Anhörung nach eigenen Angaben ein Bild von der Persönlichkeit des Wetterexperten machen wollte. Einige der Ex-Freundinnen gaben in den Medien intime Details seines Privatlebens preis. Eine erste Haftbeschwerde gegen die Untersuchungshaft am 1. Juli 2010 lehnte das Landgericht zunächst ab. Zu einem späteren Zeitpunkt wurde dieser Beschwerde allerdings stattgegeben und Jörg Kachelmann wurde am 29. Juli 2010 aus der Untersuchungshaft entlassen.[241] Am 9. Juli wurde das Hauptverfahren eröffnet; am 6. September begann der Prozess vor dem Landgericht Mannheim. Allerdings wurde dieser gleich wieder vertagt, da Kachelmanns Anwälte zuvor Befangenheitsanträge gegen zwei Richter gestellt hatten. Diese Anträge wurden jedoch abgelehnt.[242] Am Tag der Anklageverlesung, dem 13. September 2010, gab Kachelmann lediglich seine Personalien zu Protokoll, sonst sagte er nichts zu den Vorwürfen.[243]

Am 18. Oktober begann die Vernehmung des mutmaßlichen Opfers unter Ausschluss der Öffentlichkeit. Claudia D. hielt an ihren Beschuldigungen fest. Kachelmann habe sie am Abend des 8. Februar in ihrer Wohnung in Schwetzingen besucht. Nach einem gemeinsamen Abendessen sei es zum Streit gekommen. Claudia D. habe Kachelmann auf den anonymen Brief angesprochen, den sie in ihrem Briefkasten gefunden habe. Der Wettermoderator habe zunächst abgestritten, die Frau zu kennen, später aber eingeräumt, 2008 mit der anderen Frau verreist zu sein. Daraufhin habe Claudia D. ihn gebeten, die Wohnung zu verlassen. Er sei dieser Aufforderung jedoch nicht nachgekommen und habe sie wüst beschimpft. Dann sei er in der Küche verschwunden, habe ein Messer genommen und es ihr an den Hals gehalten. Kachelmann habe sie an den Haaren gezerrt und ins Schlafzimmer gezogen, wo er sie auf dem Bett vergewaltigt habe. Danach habe er ihre Wohnung verlassen und sie dort liegengelassen. Nach einigen Stunden, in denen sie nicht gewusst habe, was sie nun tun soll, habe sie sich ihren im Nachbarhaus wohnenden Eltern anvertraut. Auf deren Initiative habe sie Kachelmann telefonisch bei der Polizei angezeigt.[244]

Nach und nach stellte sich heraus, dass Claudia D. sowohl bei ihrer Anzeige als auch im Ermittlungsverfahren selbst unzutreffende Aussagen bezüglich der Vorgeschichte und den genauen Umständen der Vergewaltigung gemacht hatte. Diese widersprüchlichen Schilderungen und der damit einhergehende Glaubwürdigkeitsverlust des mutmaßlichen Opfers waren ausschlaggebend dafür, dass das Oberlandesgericht Karlsruhe schließlich der Haftbeschwerde Kachelmanns stattgab und ihn aus der Untersuchungshaft entließ. Anders als von Claudia D. geschildert, hatte sie nicht etwa durch einen anonymen Brief erfahren, dass der Wetterexperte neben ihr zeitgleich noch Beziehungen zu anderen Frauen geführt hatte. Auf ihrem Computer wurden Daten sichergestellt, die bewiesen, dass sie den Brief eigenhändig verfasst hatte. In der kriminalpolizeilichen Vernehmung vom 11. Februar 2010 hatte sie zudem angegeben, nicht zu wissen, wer ihr den Brief geschickt hatte. Sie habe den Frauennamen zwar gegoogelt, aber keinen Kontakt zu der Person aufgenommen. Diese Aussage wurde ebenfalls durch E-Mails auf ihrem Computer widerlegt: Claudia D. hatte schon 2009 Kontakt zu der Frau aufgenommen.[245] Auch in Hinblick auf den Tathergang an sich waren ihre Angaben widersprüchlich oder lückenhaft.[246] An viele Details und Abläufe der mutmaßlichen Vergewaltigung konnte sich Claudia D. nicht erinnern. So konnte sie z. B. nicht plausibel machen, wie Kachelmann ihr die ganze Zeit über das Messer an die Kehle gedrückt und sich gleichzeitig teilweise entkleidet haben soll.[247]

Unter den insgesamt zehn verschiedenen Gutachtern herrschte bei einer Vielzahl von Aspekten Uneinigkeit. Bereits Anfang Juni 2010 drangen immer wieder Details aus Gutachten an die Öffentlichkeit, die Kachelmann abwechselnd be- und entlasteten. Medienberichten zufolge kamen die Gutachter vor allem bezüglich der Glaubwürdigkeit sowie der Verletzungen des mutmaßlichen Opfers zu gegensätzlichen Ergebnissen. So kam eines der psychologischen Gutachten zu dem Schluss, dass die Aussagen des mutmaßlichen Opfers nicht den „Mindestanforderungen an die logische Konsistenz, Detaillierung und Konstanz"[248] genügten. Dies belege zwar nicht zwangsläufig eine Falschaussage, allerdings könne weder ausgeschlossen werden, dass das mutmaßliche Opfer lüge, noch, dass es sich um eine „,autosuggestiv' kontaminierte' Aussage"[249] handele. Ein Psychotraumatologe war der Meinung, dass Claudia D. traumatisiert sei und sich aus diesem Grund nicht mehr an Details des Tatgeschehens erinnern könne.[250] Gutachten dreier anderer Psychologen und Psychiater bezeichneten die Aussagen des mutmaßlichen Opfers dem Magazin Stern zufolge als „,mindestens sehr zweifelhaft'".[251] Ein Aussageexperte hielt es Medienberichten zufolge sogar für möglich, dass Claudia D. über die Nacht mit Kachelmann absichtlich Falsches gesagt habe.[252]

Auch die Spuren am mutmaßlichen Tatmesser stellten sich als kriminaltechnisch zweifelhaft dar: Claudia D. hatte ausgesagt, dass Kachelmann ihr das Messer die ganze Zeit an die Kehle gedrückt habe – allerdings fanden sich nur wenige, undeutliche DNA-Spuren von ihr und dem Meteorologen an Messerschneide und -griff. Auch hätten sich nach Claudia D.s Tatschilderung mehr Spuren des mutmaßlichen Opfers an der Klinge und mehr Spuren von Kachelmann am Griff befinden müssen.[253] Kachelmann sagte aus, er könne zwar nicht hundertprozentig ausschließen, das Messer an jenem Abend benutzt zu haben, zum Zeitpunkt der Vernehmung könne er sich aber nicht daran erinnern.[254] Ein Gutachter urteilte zudem, dass Claudia D. sich die Hämatome an den Oberschenkeln sehr wahrscheinlich selbst zugefügt habe.[255] Auch Rechtsmediziner hielten es für naheliegend, dass Claudia D. sich selbst verletzt haben könnte. Auf dem Computer des mutmaßlichen Opfers wurden Fotos vom Vorjahr gefunden, die ganz ähnliche Verletzungen an ihren Oberschenkeln zeigten. Für die Verteidigung war das der Beweis, dass Claudia D. – wenige Wochen, nachdem sie mit der anderen Geliebten Kachelmanns Kontakt aufgenommen hatte – den Plan, ihm eine Vergewaltigung anzuhängen, erprobt hatte.[256] Claudia D. bestätigte, dass sie die Fotos selbst aufgenommen habe, dass sie aber nicht wisse, woher die Verletzungen stammen.

Ende November 2010, kurz vor der Anhörung der Sachverständigen, wechselte Kachelmann überraschend seinen Anwalt: Statt Reinhard Birkenstock war fortan Johann Schwenn sein Verteidiger. Schwenn beantragte Redaktionsdurchsuchungen bei *Bunte* und *Focus*. Er warf den Zeitschriften vor, den Prozess mit gekauften Zeuginnen beeinflussen zu wollen. Der Antrag wurde allerdings abgewiesen. Schwenn beantragte auch die Vernehmung Alice Schwarzers als Zeugin. Er warf der Feministin, die für die *Bild*-Zeitung über den Prozess berichtete, einen öffentlichen Feldzug gegen seinen Mandanten vor. Am 25. März wurde das mutmaßliche Opfer nochmals vernommen, am 31. März traten auf Antrag der Verteidigung die Staatsanwälte als Zeugen auf. Sie berichteten über die Vernehmung Claudia D.s und bestätigten, dass sie die Ermittler mehrfach belogen hatte. Die Staatsanwaltschaft hielt Kachelmann dennoch weiterhin für schuldig und forderte eine Haftstrafe von vier Jahren und drei Monaten wegen besonders schwerer Vergewaltigung und schwerer Körperverletzung. Die Verteidigung hingegen forderte Freispruch für ihren Mandanten. Am 31. Mai sprach das Landgericht Mannheim Kachelmann aus Mangel an Beweisen vom Vorwurf der Vergewaltigung frei – nach 132 Tagen in Untersuchungshaft und einem fast neun Monate andauernden Verfahren.[257] In der Urteilsbegründung rügte das Gericht die Medien für den Umgang mit den Prozessbeteiligten. Sowohl die Staatsanwaltschaft als auch die Nebenklägerin Claudia D. legten Revision gegen das Urteil ein. Allerdings zogen beide Parteien ihre Anträge im Oktober 2011 wieder zurück.[258]

Wie sah nun die Berichterstattung über den *Fall Kachelmann* aus? Obwohl zwischen der Anklage und der Verhaftung Kachelmanns ein Zeitraum von mehr als fünf Wochen lag, gelangten in dieser Zeit keinerlei Informationen über den Fall an die Öffentlichkeit. Das änderte sich allerdings schlagartig mit der Festnahme des Meteorologen. Bereits am 22. März 2010, zwei Tage nach der Verhaftung, informierte die Mehrheit der Online-Auftritte verschiedener Medien über die Verhaftung. Ein Großteil der Printmedien, darunter zum Beispiel *Süddeutsche Zeitung* (*SZ*), *Frankfurter Allgemeine Zeitung* (*FAZ*), *Bild*, *Die Welt* sowie regionale Tageszeitungen berichteten erstmals am 23. März über die Inhaftierung. Neben den Tageszeitungen griffen auch Wochenzeitungen (z. B. *Die Zeit*) sowie Magazine (z. B. *Focus* und *Spiegel*) und Illustrierte (z. B. *Bunte*) den *Fall Kachelmann* in der jeweils nächsten Ausgabe auf. Beim Haftprüfungstermin am 24. März wartete vor dem Gerichtsgebäude eine große Menge von Journalisten auf Kachelmann. Sein Kommentar „Ich bin unschuldig, das ist alles was ich im Moment sagen kann" wurde zum Anlass für eine erneute Berichterstattung genommen, obwohl sich die Nachrichtenlage nicht verändert hatte.[259] Aufgrund mangelnder Neuigkeiten wurden außerdem Tatsachen von geringem Informationsgehalt wie z. B. das Mittagessen des Angeklagten veröffentlicht.[260] *Bild* veröffentlichte einige Tage später auch Fotos, die Kachelmann beim Hofgang in der JVA Mannheim zeigten.[261] In der ersten Ausgabe nach der Verhaftung des Meteorologen erschien im *Focus* ein Artikel, in dem Details aus den

Ermittlungsakten sowie aus den Aussagen des mutmaßlichen Opfers veröffentlicht wurden. Diese Einzelheiten betrafen den Tathergang sowie sexuelle Vorlieben und vergangene Beziehungen des Moderators. Diese Details von zum Teil sehr intimer Natur wurden daraufhin auch von anderen Medien veröffentlicht.

Am 22. April veröffentlichte die *Süddeutsche Zeitung* einen Artikel über belastende Indizien: An einem Messer aus der Wohnung des mutmaßlichen Opfers seien DNA-Spuren des Meteorologen gefunden worden.[262] Diese Information wurde nach Angaben der *SZ* aus Ermittlerkreisen an die Journalisten der Zeitung weitergegeben, erwies sich jedoch im Nachhinein als Falschmeldung. Bevor dies bekannt wurde, hatten allerdings bereits andere Medien auch diese Meldung übernommen.[263] Immer wieder wurden Details über das mutmaßliche Tatgeschehen sowie über Kachelmanns Privat-und Sexualleben publiziert und öffentlich diskutiert. Die *Bunte* veröffentlichte vor und während des Prozesses drei Exklusivinterviews mit Ex-Geliebten Kachelmanns. Inhalte waren private und intime Details aus dem Leben des Meteorologen. Unter dem Pseudonym „Isabella M." erzählte eine dieser Ex-Geliebten am 29. April 2010 – neben weiteren Sexualpraktiken – von dem gemeinsamen Leben, von Hochzeitsplänen und davon, dass sie nichts von seinen zeitgleichen Beziehungen zu anderen Frauen geahnt habe.[264] Die anderen zwei Interviews veröffentlichte die Illustrierte während der nächsten Monate. Auch Informationen aus den späteren Interviews wurden von einer ganzen Reihe anderer Medien übernommen und fanden somit Zugang zu einem noch breiteren Publikum.[265] Nach seiner Entlassung aus der Untersuchungshaft im Juli 2010 gab Kachelmann zwei Interviews: ein Videointerview mit dem freien Journalisten Jan Mendelin[266] und ein Interview im *Spiegel*.[267] Darin äußerte er sich erstmals zu den Vorwürfen, beteuerte seine Unschuld und berichtete von seiner Zeit in der JVA Mannheim.

Nach dem Freispruch Kachelmanns erfolgte eine Wende in der Berichterstattung: Hatten die Medien während des Verfahrens über den Moderator berichtet, ging Kachelmann jetzt in die Offensive und stellte die Medien seinerseits in den Mittelpunkt der Berichterstattung. In seinem nachträglich erschienenen Buch war von einer „öffentliche[n] Hetzjagd"[268], einer „Vorverurteilungsorgie"[269] und einem „mediale[n] Zirkusprozess" die Rede.[270] Einzig *Zeit* und *Spiegel* – und damit die Medien, die während des Prozesses in seinem Sinne berichtet hatten – nahm Kachelmann von seiner Kritik aus: „Was Sabine Rückert für die *Zeit* und mit Abstrichen Gisela Friedrichsen für den *Spiegel* veröffentlichten, basierte auf Recherche, Fachkompetenz und kritisch überprüfter Überzeugung."[271] Der Wochenzeitung gab Kachelmann kurz nach seinem Freispruch ein ausführliches Interview, dem *Spiegel* knapp ein Jahr später.[272] Doch nicht nur die Medien wurden kritisiert, auch das mutmaßliche Opfer klagte er an: Claudia D. habe ihn zu Unrecht beschuldigt und wolle sich auf diese Weise dafür rächen, dass er sie während der Beziehung mit anderen Frauen hintergangen habe. In seinem Buch *Recht und Gerechtigkeit* bezeichnete er sie u.a. als „Falschbeschuldigerin".[273] Doch auch Claudia D. meldete sich nach dem Freispruch öffentlich zu Wort: „Jetzt redet sie!" titelte die *Bunte* am 18. Juli 2011.[274]

Bei näherer Betrachtung der *Struktur der Berichterstattung* fällt das entscheidende Charakteristikum des Falles auf – eine Eigenschaft, die den Fall von anderen abhebt und so diskussionswürdig macht: Viele der großen überregionalen Zeitungen und Zeitschriften in Deutschland ließen von Anfang an eine Positionierung erkennen, indem sie eindeutig Partei für den Angeklagten oder das mutmaßliche Opfer ergriffen. Die Berichterstattung ging damit über die reine Dokumentation der Ereignisse hinaus. Vor allem Publikationen des Burda-Verlags (*Bunte*, *Focus*) und des Axel Springer-Verlags (*Bild*) fielen durch eine „Contra-Kachelmann"-Berichterstattung auf. Auf der anderen Seite, der „Pro-Kachelmann-Fraktion", befanden sich vor allem *Spiegel* und *Zeit*.[275] Das Magazin *Bunte* des Burda-Verlages machte vor allem durch Exklusivinterviews mit Ex-Geliebten Kachelmanns auf sich aufmerksam. Diese waren größtenteils auch vor Gericht geladen, um dort als Zeuginnen auszusagen. Da die Vernehmungen aber unter Ausschluss der Öffentlichkeit stattfanden, konnte *Bunte* ihre Geschichten exklusiv vermarkten. Mit einigen Ex-Geliebten trat die Zeitschrift bereits vor Prozessbeginn – und damit vor einer möglichen gerichtlichen Aussage – in Kontakt. Später stellte sich heraus, dass sie den Frauen zudem mehrere Tausend Euro (der höchste Betrag waren 50.000 € für „Isabella M.") für die Interviews bezahlt hatte. Die Chefreporterin Tanja May, die für einen Großteil der Berichterstattung verantwortlich war, machte keinen Hehl daraus, dass sie Kachelmann die Tat durchaus zutraute. So erzählte sie beispielsweise das angebliche Geschehen in der Tatnacht in einem Artikel detailliert nach, wobei sie die Ereignisse so darstellte, als hätte der Moderator die Vergewaltigung erwiesenermaßen begangen.[276]

Das Magazin *Focus* gab in seiner Ausgabe vom 29. März 2010 zahlreiche Details aus den Aussagen des mutmaßlichen Opfers preis und zitierte aus den Ermittlungsakten.[277] Diese enthielten neben detaillierten Schilderungen der mutmaßlichen Tat oftmals sehr intime Einzelheiten. Schilderungen der Ex-Geliebten Kachelmanns wurden unkritisch wiedergegeben: Von ritualisierten Prügelszenen ist die Rede, von mehr oder weniger unkonventionellen Sexualpraktiken wie Sadomaso-Sex und Fesselspielen. Auch Auszüge aus dem Tagebuch Claudia D.s wurden veröffentlicht. Am 03. Mai schrieb *Focus*, Kachelmann sei ein „[...] notorischer und eiskalter Falschspieler, der mit Lügen, Manipulationen und Verdrehungen seine Partnerinnen dominierte und ausbeutete."[278] Verschiedene spätere Ausgaben des Magazins stellen Kachelmann als Lügner und Betrüger dar: So schrieb die Zeitschrift beispielsweise „Er unterhielt x Beziehungen gleichzeitig. Er belog und betrog mehrere Frauen. Er manipulierte sie und nutzte sie aus." Und sie urteilte: „Die Selbstbeschreibung als scheuer und verletzlicher Lächel-Casanova, der Frauen zwar zugegebenermaßen reihenweise betrüge und manipuliere, ihnen aber sicher kein physisches Leid antue, passt mit den Schilderungen seiner Verflossenen nicht zusammen."[279] Dass ein turbulentes Privatleben noch kein Beweis für eine Vergewaltigung ist, wurde dabei nicht berücksichtigt. Darüber hinaus wurde in den Beiträgen über objektive Tatspuren am Messer und an den Schenkeln des mutmaßlichen Opfers berichtet.

Auch die *Bild*-Zeitung zeichnete selten ein gutes Bild von Kachelmann. Dem Leser wurde nicht nur suggeriert, dass der Wetterexperte die Tat begangen hat, er selbst wurde zudem oftmals als herzlose, eiskalte Person dargestellt. So titelte die Zeitung zum Beispiel wenige Tage nach Bekanntwerden der Verhaftung „Kachelmann fast 3 Stunden im Verhör. Lachend geht er zurück in den Knast".[280] Auch von angeblichen sexuellen Vorlieben Kachelmanns („Brutalo-Sex"[281]) und weiteren privaten Details war häufig die Rede. Mangelte es einmal an Neuigkeiten, so wiederholte *Bild* bereits bekannte Tatsachen oder veröffentlichte Einzelheiten, die nicht von öffentlichem Interesse waren. Alice Schwarzer, Herausgeberin der Zeitschrift *Emma*, kommentierte den Prozess für die *Bild*. In einer wöchentlichen Kolumne berichtete sie aus dem Gerichtssaal. Bereits als die Vergewaltigungsvorwürfe bekannt wurden, schlug sie sich öffentlichkeitswirksam auf die Seite des mutmaßlichen Opfers: Nach eigener Aussage schien es Schwarzer nötig, „dass in einem tagesaktuellen, meinungsprägenden Blatt auch die Sicht des mutmaßlichen Opfers ernst genommen wird."[282] Die Feministin schien davon überzeugt, dass Kachelmann ein Verbrechen begangen hat – wenn nicht strafrechtlich, dann sicherlich moralisch.[283] Schwarzer trat in mehreren Talkshows auf, um ihre Sicht der Dinge zu verteidigen und Kachelmanns Lebensweise zu kritisieren.[284] Die Heirat Kachelmanns während des Prozesses sieht sie gar als „eine weitere Ohrfeige [...] für die zahlreichen Frauen, die Kachelmann über Jahre miteinander betrogen hat. Und die nun auch noch öffentlich gedemütigt sind. Denn trotz alledem hatte sich die eine oder andere noch immer Hoffnungen gemacht [...]".[285]

Auf der anderen Seite befanden sich Gisela Friedrichsen, Gerichtsreporterin des *Spiegels*, und Sabine Rückert, Gerichtsreporterin der *Zeit*. Die beiden Journalistinnen übernahmen die mediale Verteidigung Kachelmanns. Friedrichsen machte deutlich, dass ihrer Ansicht nach ein Unschuldiger angeklagt sei und kritisierte die Staatsanwaltschaft scharf für ihr Verhalten in dem Prozess:

> „Sie hatte Ermittlungen unterlassen. Sie hatte gegen die Fortdauer der U-Haft keinen Finger gerührt, sogar als Falschaussagen des angeblichen Opfers offen zutage traten. Sie hatte die Öffentlichkeit, freundlich ausgedrückt, einseitig informiert und getrickst, wenn es ihr opportun erschien."[286]

Die Staatsanwaltschaft sei befangen gewesen und habe auch entlastende Ergebnisse eines Gutachters ignoriert, so Friedrichsen. Bei der Verhaftung habe die Staatsanwaltschaft überreagiert, weil es sich bei Kachelmann um einen Prominenten gehandelt habe, sagte Friedrichsen in einem Interview.[287] Ebenso wie *Focus* zitierte auch der *Spiegel* während des Prozesses aus Ermittlungsakten.[288]

Rückert ihrerseits hielt den *Fall Kachelmann* für einen Justizirrtum. Bereits Wochen vor Prozessbeginn legte sie dar, warum der Schweizer Meteorologe zu Unrecht angeklagt worden sei. Sie kritisierte die Strafjustiz dafür, den Fernsehmeteorologen zu diskreditieren, indem sie auf ihrer Anklage beharre, obwohl ihr die Beweise abhandengekommen seien. Zudem schrieb sie, dass Kachelmann gar nicht mehr in Untersuchungshaft hätte sitzen dürfen, nachdem bekannt wurde, dass Claudia D. in einigen Punkten ihrer Aussage gelogen hatte. Die Gerichtsreporterin warf der Staatsanwaltschaft vor, es ginge ihr nur darum, ohne Gesichtsverlust aus dem Prozess hervorzugehen – die Suche nach der Wahrheit rücke dabei in den Hintergrund. Neben der Staatsanwaltschaft griff sie auch den Anwalt Kachelmanns sowie

Kachelmanns Ex-Freundinnen an und präsentierte einseitige Fakten. Birkenstock verfolge ihrer Ansicht nach mit seinem „Schmusekurs"[289] die falsche Strategie, um den doch unschuldigen Meteorologen glaubhaft zu entlasten. Den Frauen warf sie vor, „wie leicht [sie] es dem Wetterpropheten machten, mit ihnen seine Spielchen zu spielen, und wie widerspruchslos sie sich seinen Wünschen fügten." Auch die Glaubwürdigkeit dieser Frauen stellte sie öffentlich in Frage: „Von großer Liebe reden sie. Wer soll das glauben?"[290] Rückert nahm ihrerseits mit Birkenstock Kontakt auf, um über die Bereitstellung von Ermittlungsakten zu sprechen.[291] Sie ließ zudem keinen Zweifel daran, dass sie Claudia D.s Anschuldigungen als eindeutige Falschbeschuldigung ansah und am Ende des Prozesses nur ein Freispruch für Kachelmann stehen könne.[292] Rückert ergriff Partei für den Angeklagten und informierte die Leser nicht darüber, dass sie Kachelmann den Anwalt zu seiner Verteidigung empfohlen hatte.[293]

Mit Blick auf die *Themen der Berichterstattung* fielen einige Besonderheiten auf: So gab beispielsweise das Magazin *Focus* wenige Tage nach der Verhaftung des Meteorologen zahlreiche Einzelheiten über Kachelmanns mutmaßlich bevorzugte Sexualpraktiken preis. Die Zeitschrift berichtete etwa, dass er Claudia D. zufolge „beim Liebesspiel einige besondere Rituale bevorzugt" und er sie schon einmal gefesselt und nicht nur „Kuschelsex"[294] gewollt habe. Auch von ritualisierten Prügelszenen und dem Einsatz von Reitgerten wird berichtet.[295] Die Verfasser räumten zwar ein, dass ungewöhnliche Sexualpraktiken niemanden etwas angingen und – solange sie einvernehmlich geschehen – kein Indiz für eine Vergewaltigung seien. Diese Tatsache hinderte sie allerdings nicht daran, diese Details dennoch zu veröffentlichen. *Bild* zitierte einige der Einzelheiten aus den Ermittlungsakten wenige Tage später aus *Focus*.[296] Auch in den folgenden Monaten wurde immer wieder über sexuelle Vorlieben des Meteorologen spekuliert. Kachelmann zufolge veröffentlichte die *Hamburger Morgenpost* einen Artikel, der weitere intime Details sowie „Spekulationen zu speziellen Neigungen, zum Kondomgebrauch und zur Potenz"[297] enthielt. *Bild* berichtete im Juli 2010 von Sadomaso-Vorlieben des Meteorologen: „Es geht um bizarre Spiele mit Schlägen, es geht um Fessel-Sex, Handschellen und Peitschen."[298] Diese Details hatte die Zeitung eigener Aussage zufolge aus vorliegenden Ermittlungsakten.[299]

Neben sexuellen Vorlieben wurden in den folgenden Monaten auch weitere private Einzelheiten aus ehemaligen Beziehungen ausführlich in den Medien diskutiert. Die Illustrierte *Bunte* bot verschiedenen Ex-Geliebten Kachelmanns eine Plattform, um intime Details aus Privat-und Sexleben des Meteorologen öffentlich zu machen. Wie weiter oben dargelegt, erzählte Tanja May das angebliche Geschehen in der Tatnacht in dem Artikel „Ist er ein Frauenhasser?" detailliert nach:

> „Kachelmann habe sie aufs Bett geworfen, sich auf sie gesetzt. Als er sich von ihr gelöst habe, um sich die Hose auszuziehen, habe sie versucht, vom Bett zu flüchten. Doch der 1,90-Meter-Mann habe sie festgehalten und wieder aufs Bett zurückgestoßen. Er habe ihr Strickkleid hochgeschoben, ihren Slip ausgezogen. Sie flehte, er möge sie

bitte in Ruhe lassen [...]. Da habe er nur gelacht, [...] gehöhnt, jetzt sei sie dran, und sie beschimpft."

Im Beitrag wurde das Opfer als von Natur aus zurückhalten und auf Harmonie bedacht dargestellt, Kachelmann dagegen als janusköpfige und misogyne Gestalt:

> „Er leide unter Frauenhass, dadurch werde er zu ausbeuterischem Verhalten gegenüber Frauen getrieben. In seinem Kopf lege sich ein Schalter um, dann suche er sich Frauen, denen er Wochen oder Monate Liebe vorspiele, nur um sie dann wieder eiskalt abzuservieren."

Eine für ein psychologisches Profiling zu Rate gezogene „Expertin" diagnostizierte darüber hinaus einen ausgeprägten Narzissmus bei Kachelmann, der Gewaltakte ausgeübt habe, ohne sich darüber Gedanken zu machen, welche – möglicherweise juristischen – Folgen diese haben könnten:

> „Ein ausgeprägter Narzisst ziehe nach einem Gewaltakt, also nach Wiederherstellung von Kontrolle und Dominanz über sein meist höriges Opfer, aufgrund seiner Grandiositätsvorstellungen überhaupt nicht in Erwägung, derartige Schutzmaßnahmen vorzunehmen. In seiner krankhaften Überheblichkeit kann er sich nicht vorstellen, dass ihn jemand anzeigen bzw. zur Rechenschaft ziehen könnte"[300]

Die Illustrierte bot zudem mehreren Ex-Partnerinnen Kachelmanns ein Sprachrohr, um ihre persönlichen Meinungen öffentlich kund zu tun. Alle Ex-Geliebten beteuerten, dass sie sich für die einzige Freundin des Schweizer Wettermoderators gehalten und nichts von anderen Frauen gewusst hätten.[301] Wie sich später herausstellte, zahlte das Magazin den Frauen jeweils mehrere Tausend Euro für ihre Exklusivinterviews.[302] Damit einher ging u. a. der Vorwurf, *Bunte* habe die Frauen dafür bezahlt, dass diese in ihrem Sinne über Kachelmann berichteten und in der Öffentlichkeit ein Bild zeichneten, „das ihn in der Gesamtheit der inzwischen bekannt gewordenen Beziehungsgeflechte als notorischen Lügner entlarvte, als Falschspieler und Meister der Manipulation".[303] Ein Vorwurf, der sich auch in dem späteren Antrag Schwenns auf Redaktionsdurchsuchung widerspiegelte. Einige der Interviews wurden sogar vor den gerichtlichen Aussagen der Frauen veröffentlicht. So wurde das Interview mit „Isabella M." beispielsweise am 29. April 2010 publiziert, ihre Zeugenaussage vor Gericht fand allerdings erst Ende März 2011 statt. „Anja L.", eine andere ehemalige Geliebte Kachelmanns sagte am 4. Oktober 2010 vor Gericht aus. Knapp einen Monat davor erschien ihr Interview in *Bunte*.[304] Allein der Titel „Ich bin auch ein Opfer von Kachelmann" impliziert, dass der Schweizer Meteorologe eindeutig schuldig sei. Kachelmann habe Sex mit ihr gehabt, obwohl sie geweint und Nein gesagt habe, konnte man in *Bunte* lesen. Einige Monate zuvor hatte sie bei ihrer polizeilichen Aussage noch zugegeben, ihm nicht direkt gesagt zu haben, dass sie keinen Sex möchte. Vor Gericht passte „Anja L." dann ihre frühere Polizeiaussage ihren Darstellungen in der Illustrierten an.

Neben *Bunte* berichteten auch *Bild* und *Focus* über Einzelheiten aus vergangenen Beziehungen und von Schilderungen verschiedener Ex-Freundinnen. Auch private

Konversationen des Meteorologen fanden den Weg in die Medien: Unter dem Aufmacher „50 heiße Flirt-SMS! So baggerte Jörg Kachelmann Pop-Star Indira an"[305] veröffentlichte *Bild* private SMS, die er der Sängerin geschickt habe. Die Zeitung publizierte außerdem private E-Mails, die Kachelmann an eine frühere Freundin gesendet habe. Darin äußerte er sich laut *Bild* auch über seinen Gesundheitszustand: „Er sei wegen 'dissoziativer Identitätsstörungen' in Behandlung und hätte auch schon dreimal versucht, sich das Leben zu nehmen."[306] Über diese E-Mail-Konversation berichtete auch *Focus*.[307] Laut *Bild* war in den E-Mails auch von „sadistischen Neigungen" die Rede. Bereits im Juli 2010 hatte *Bild* über E-Mail-Kontakt Kachelmanns mit Claudia D. berichtet: „In einer weiteren E-Mail fragt Jörg Kachelmann seine Freundin, ob sie dauerhaft in seine Hände und unter seine 'Peitsche' will. Sie beteuerte ihm gegenüber, es gehöre zu ihrem Leben, seine 'Dienerin' zu sein."[308]

Zudem veröffentlichte *Bild* Fotos, die den Meteorologen bei einem Hofgang während seiner Untersuchungshaft in der Justizvollzugsanstalt Mannheim zeigen.[309] Die Fotos wurden später von der Südtiroler Sonntagszeitung *Z* und dem Online-Auftritt des Schweizer *Blick* übernommen.[310] Außerdem veröffentlichten der Schweizer *Blick* sowie *Bunte* Fotos, die den Meteorologen bei einem Urlaub in Kanada während einer Prozesspause zeigten.[311]

Insgesamt vermittelte die Berichterstattung einer ganzen Reihe von Medien den Eindruck, dass es auch schon vor dem Urteilsspruch keine großen Zweifel an der Schuld Kachelmanns gab: Als eine der ersten schlug sich Alice Schwarzer auf die Seite Claudia D.s. Bereits vor Beginn des Gerichtsverfahrens ergriff sie durch ihre Kolumnen in der *Bild* sowie in unterschiedlichen Talkshows für das mutmaßliche Opfer Partei. „So wird sich auch dieses mutmaßliche Opfer weiterhin durch den Dreck ziehen lassen müssen – und der mutmaßliche Täter kann zu dem machtvollen Auftritt seines Verteidigers süffisant lächeln und mit dem iPad spielen"[312], schrieb sie beispielsweise. Auch was sie von Kachelmann als Person hielt, machte Schwarzer deutlich: „Gewiss jedoch ist schon jetzt, dass der Mann auf der Anklagebank die Frau auf der Nebenklägerinnenbank schwer gedemütigt und verletzt hat."[313] Neben solchen Aussagen nahm sie auch kritisch Bezug zu seinem Privat- und Intimleben, das sie schon als halbes Schuldeingeständnis Kachelmanns zu sehen schien: „Vielleicht geht Ihnen aufgrund Ihrer Sexualpraktiken aber auch alles durcheinander. [...] Vielleicht wissen Sie gar nicht, dass das kein Spielchen ist, wenn eine Frau im Ernstfall Nein sagt, sondern Ernst." Sie ergänzte: „Und übrigens: Auch nette Männer vergewaltigen manchmal, Kollege Kachelmann. Leider".[314] Tatsächlich äußerte sie ihre Ansichten in Kommentaren, wodurch diese durch die Meinungsfreiheit geschützt sind.

Neben Alice Schwarzer und *Bild* ließ auch *Bunte* eine deutliche Tendenz in der Berichterstattung zu Gunsten des mutmaßlichen Opfers erkennen. Chefreporterin Tanja May bezeichnete das Opfer beispielsweise als „von Natur aus zurückhaltend und stets auf Harmonie bedacht".[315] Nach der Entlassung Kachelmanns aus der Untersuchungshaft titelte die Illustrierte: „Er ist frei – und seine Ex-Frauen leiden. Wer glaubt einem Vergewaltigungsopfer?"[316] Dadurch, dass nicht von einem mutmaßlichen Vergewaltigungsopfer die Rede war, wird dem Leser suggeriert, Kachelmann habe die Vergewaltigung erwiesenermaßen begangen. Auch die Artikelüberschrift des Exklusivinterviews Anja L.s „Ich bin auch ein Opfer von Kachelmann"[317] erweckte den Eindruck, der Meteorologe habe die Tat begangen. Der Autor Hellmuth Karasek machte in einem Kommentar an anderer Stelle sogar deutlich, dass die Schuldfrage für ihn ohne Bedeutung und auch das Gerichtsurteil hinfällig ist:

> „Ob Jörg Kachelmann schuldig oder unschuldig ist, spielt keine Rolle mehr. Der Wettermann hat seine Lausbubenunschuld verloren. [...] Das ist ebenso verdient oder unverdient wie der TV-Ruhm. Und keine Frage eines Strafprozesses mehr. [...] Er kann bestenfalls noch in Sadomaso-Shows im Privatfernsehen auftreten. Gewalt hinterlässt Spuren. So oder so."[318]

Karasek wartete das Gerichtsurteil nicht ab, sondern fällte sein eigenes Urteil:

> „Ob er nun verurteilt wird oder nicht – es bleibt von Kachelmann das elende Bild eines Gewalttäters, der mit Zustimmung ichschwacher Frauen sein übersteigertes Ego auslebte, das ihm nach seinen wolkigen Fernsehprognosen in den Kopf und sonst wohin gestiegen war."

Auch das *Magazin der Süddeutschen Zeitung* trug zur Berichterstattung bei. In seiner Ausgabe vom 26. August 2010 titelte das Magazin „Wer hat Angst vor Jörg Kachelmann?"[319] und ließ eine Reihe von Frauen im Leben Kachelmanns zu Wort kommen. Neben Ex-Freundinnen berichteten auch ehemalige Kolleginnen über den Wetterexperten. Diese Frauen erzählten aus verschiedenen Facetten seines Privatlebens: „Die zwei Gesichter des Herrn Kachelmann", „Warum keine was gemerkt hat" und „Kachelmanns Manipulationstalent" sind einige der übergreifenden Themen, zu denen die Frauen befragt wurden. Die Autoren stöberten in Kachelmanns Privatleben und zeichneten durch die Aussagen der Frauen ein Charakterbild Kachelmanns. Eine seiner Ex-Freundinnen (vom *SZ-Magazin* als „Freundin3" bezeichnet) sagte beispielsweise: „Er hätte auch ein Sektenführer sein können. Bei Sektenführern geht es doch auch immer um Frauen und Sex." Solche Aussagen übernahm das Magazin, das den Artikel mit der Anmerkung einleitete: „Er ist frei, sein Ruf für alle Zeiten ruiniert."

In den Wochen nach der Verhaftung des Wetterexperten war die Berichterstattung vor allem von Sensationslust geprägt. Trotz mangelnder neuer Erkenntnisse, die eine erneute Berichterstattung gerechtfertigt hätten, überboten sich Medien gegenseitig in Vermutungen, Hintergrundberichten und angeblichen Details zu dem Fall. Oftmals wurden Nachrichten, die keine waren, aufgrund fehlender Neuigkeiten als solche verkauft. So wurde Kachelmann am 24. März mehrere Stunden zu den Anschuldigungen verhört und sagte den wartenden Journalisten auf dem Weg des Mannheimer Amtsgerichts zum Polizeibus „Ich bin unschuldig, das ist alles, was ich im Moment sagen kann." Das nahmen einige Medien zum Anlass für eine ausschweifende erneute Berichterstattung: *Bild* berichtete u. a. in einem minutiösen Protokoll über den Transport Kachelmanns zu einem Verhör und wieder zurück in die Untersuchungshaft, analysierte seine Gestik und seine Mimik.[320] Mangelte es an Neuigkeiten, so wiederholte *Bild* bereits bekannte Tatsachen oder veröffentlichte Tatsachen von zweifelhaftem öffentlichen Interesse, wie beispielsweise das Mittagessen des Meteorologen („Gestern gab es für Kachelmann Fleischkäse mit Kartoffeln und Wirsing zum Mittagessen."[321]), einen Kleidungstausch, sein Leben in der Untersuchungshaft und Spekulationen rund um die Person und das Privatleben des Wetter-Moderators.

Reaktionen und Konsequenzen

Der *Fall Kachelmann* provozierte in dreierlei Hinsicht Reaktionen – mit entsprechenden Konsequenzen: Zunächst kam es zu einem Gerichtsverfahren und einer ganzen Reihe anderer rechtlicher Auseinandersetzungen, in deren Rahmen Jörg Kachelmann u. a. gegen verschiedene Verlage vorging und in den meisten Fällen Recht bekam. Weiterhin reagierten Politiker, Journalisten, Wissenschaftler und Medienkritiker auf den Fall und kritisierten die einzelnen Medien zum Teil harsch – oder forderten neue gesetzliche Regelungen bzw. Selbstverpflichtungen der Medien. Und schließlich kam es auch zu Beschwerden beim Presserat, allerdings in weit geringerem Umfang, als man das angesichts der dokumentierten Berichterstattung und ihrer juristischen Folgen hätte erwarten dürfen. Zunächst zu den juristischen Aspekten des Falles:

Von Anfang an stand auch die Justiz in der Kritik – durch Rechtsexperten, Anwälte und Journalisten. Thomas Knellwolf stellte in seinem Buch *Die Akte Kachelmann* fest: „Im Fall Kachelmann läuft alles verkehrt: Während der Strafuntersuchung, eigentlich geheim, ist fast alles publik geworden, während des Prozesses, eigentlich öffentlich, bleibt das meiste geheim."[322] Gisela Friedrichsen kritisierte im *Spiegel* das Verfahren und das Vorgehen der mit dem Fall betrauten Behörden ebenfalls:

> „Überforderte Richter, leichtfertige Verdächtigungen, aufgehobene Haftbefehle, lügende Zeugen, einander widersprechende Gutachter: Die Arbeit der Justiz an der Wahrheit kann das Vertrauen in Gerechtigkeit auch zerstören, ohne dass ein Unschuldiger hinter Gittern landet. [...] Darf Gerechtigkeit so willkürlich sein? Was taugt eine Justiz, in der die Wahrheit zur Ansichtssache wird?"[323]

Den bereits erwähnten öffentlichen Hofgang im Rahmen des Haftprüfungstermins nannte der Berliner Medienanwalt Christian Schertz eine „Vorführung": „Mir ist kein Fall in der deutschen Pressegeschichte bekannt, wo es die Justiz ermöglicht hat, dass ein bloßer Beschuldigter vor laufenden Kameras in eine grüne Minna weggeschlossen wurde"[324], da Haftprüfungstermine für gewöhnlich auch bei berühmten Beschuldigten hinter verschlossenen Türen stattfänden. Gerichtssprecher Volker Schmelcher verteidigte diesen Vorfall und sagte dem *Spiegel*: „Das Vorgehen wurde mit Herrn Kachelmann abgestimmt, dem auch Gelegenheit gegeben wurde, sich gegenüber der Presse zu äußern."[325]

In einem Buch zu *Litigation-PR*, zu dem Alice Schwarzer ein Geleitwort beisteuerte, ist eine Studie über die Berichterstattung im *Fall Kachelmann* dokumentiert.[326] Die Autoren entwickeln dort ein „4-Faktoren-Modell der Berichterstattung" und stellen fest, dass sowohl die Staatsanwaltschaft als auch die Verteidigung rege Öffentlichkeitsarbeit betrieben haben. Diese Art der strategischen Kommunikation im Rahmen juristischer Prozesse wird Litigation-PR genannt – also verhandlungsbezogene Öffentlichkeitsarbeit. Im Rahmen ihrer Analyse untersuchten die Autoren die staatsanwaltschaftliche Öffentlichkeitsarbeit, die mediale Berichterstattung und die Image-PR Kachelmanns mithilfe von Befragungen von Journalisten und Rezipienten sowie Inhaltsanalysen der Berichterstattung zentraler medialer Akteure. Ein Fazit der Studie lautet, dass die Staatsanwaltschaft dem Gebot der Unschuldsvermutung nur eingeschränkt Respekt gezollt hatte. Auch waren der Ort der Verhandlung sowie der Beruf des Angeklagten veröffentlicht worden, was eindeutige Rückschlüsse auf Kachelmann zugelassen und somit die Grenzen des Landespressegesetzes überschritten habe. Die Staatsanwaltschaft hatte die Öffentlichkeit täglich mit Updates versorgt, wie zum Beispiel mit der Aussage, es gebe eine „steigende Verurteilungswahrscheinlichkeit". Weiterhin sei über das Tatmotiv gemutmaßt worden, ohne dass klare Beweise für eine Straftat vorgelegen hätten. Die Unschuldsvermutung selbst sei zu keinem Zeitpunkt Thema einer Äußerung der Staatsanwaltschaft gewesen. Die befragten Journalisten neigten durchaus zu Selbstkritik: Fast die Hälfte der Journalisten hielt Kritik am eigenen Stand für gerechtfertigt, 37 Prozent kritisierten jedoch auch die öffentlichen Aussagen der Staatsanwaltschaft. Im öffentlichen Meinungsbild wurde Kachelmann eher als „Medienopfer" wahrgenommen, 71 Prozent der befragten Rezipienten waren laut eigener Aussage von seiner Unschuld überzeugt, knapp zwei Drittel gaben an, den Fall intensiv verfolgt zu haben. Der Rufschaden durch die Berichterstattung ließ sich hier ebenfalls klar ablesen: Ebenfalls fast zwei Drittel sagten, dass ihnen Kachelmann aufgrund seiner Polygamie unsympathischer geworden sei.

Es führt zu weit, vermeintliche oder tatsächliche Fehler der Justiz an dieser Stelle angemessen zu diskutieren. Was aber interessiert, sind relevante Reaktionen von Beobachtern. So gab es beispielsweise eine Podiumsdiskussion zum Thema *Recht im Zentrum*, veranstaltet von der Aachener Zeitung und dem Landgericht Aachen. Der Bericht vom 17. Juni 2010 fasst die Problemlage zusammen:

„Die Frage dabei ist nicht, ob berichtet wird, dass ein Fernsehmoderator unter dem Vorwurf der schweren Vergewaltigung steht. Die Frage ist, wie berichtet wird. „Die in Artikel 5 des Grundgesetzes geschützte Medienfreiheit kann nicht grenzenlos sein", sagte Gernot Lehr. Der Bonner Medienrechtler, der zahlreiche bekannte Unternehmer und Politiker juristisch berät und vertritt, glaubt, dass die Grenze zum Persönlichkeitsschutz im Fall Kachelmann weit überschritten wurde. Medien dürften grundsätzlich über den Verdacht berichten, dass sich eine Person des öffentlichen Lebens strafbar gemacht hat. „Dies gilt aber nur dann, wenn der Strafvorwurf mit der öffentlichen Funktion dieser Person in irgendeinem Zusammenhang steht", sagte Lehr. Das sei im Fall Kachelmann nicht der Fall. Die Staatsanwaltschaft habe mit ihren konkreten Schilderungen von Tatverdacht und Tatvorgängen die „öffentliche Hinrichtung eines Prominenten" befördert. [...] Der Anklagebehörde [...] wirft Lehr ein „pflichtwidriges Verhalten" vor, weswegen Kachelmann nach einem Freispruch, „was derzeit nicht auszuschließen ist", hoher Schadensersatz durch den Staat zustünde. Lehr fordert, dass für Staatsanwaltschaften bei Verdachtsberichterstattung „dieselben engen Grenzen" wie für Medien gelten müssten: Veröffentlichung nur bei berechtigtem öffentlichen Interesse; keine Vorverurteilung; die Gegenseite hören."[327]

Genau diese Prognose Lehrs – unter anderem mit Blick auf die tatsächlich stattgefundene (mediale) Vorverurteilung und zahlreiche Verletzungen des Persönlichkeitsrechts – traf schon kurz darauf im von Kachelmann und seinen Anwälten angestrebten Schmerzensgeldprozess gegen zentrale Medienakteure des Falles eindrucksvoll ein – das Urteil gegen den *Springer Verlag* lautete in erster Instanz: Über 600.000 € Schmerzensgeld für Jörg Kachelmann:

> „Von der Entschädigungssumme entfallen 335.000 Euro auf Berichte in „Bild" und „Bild am Sonntag" sowie 300.000 Euro auf „bild.de", wo zumeist dieselben Artikel veröffentlicht wurden. Kachelmann sei unter anderem durch Informationen über sein Sexualleben, durch die teilweise wörtliche Veröffentlichung seines SMS- und E-Mail-Verkehrs und durch die Veröffentlichung von Fotos, die ihn etwa beim Hofgang in der Justizvollzugsanstalt zeigten, „in seiner Intimsphäre, seinem informationellen Selbstbestimmungsrecht und seinem Recht am eigenen Bild" verletzt worden, erklärte das Kölner Landgericht. Durch die Berichterstattung sei es außerdem zu unzulässigen Vorverurteilungen gekommen. [...] Zudem folgte das Gericht nicht der Argumentation Kachelmanns, dass „Bild" gemeinsam mit anderen Verlagen eine Kampagne gegen ihn geführt habe. Der Springer-Verlag verwies in einer Stellungnahme darauf, dass Kachelmann etwa 70 Prozent der bisherigen Gerichts- und Anwaltskosten zahlen müsse. Die Höhe der ursprünglichen Forderung bezeichnete der Konzern als „irrwitzig"."[328]

Schon die erste Reaktion des *Springer Verlages* zeigte, dass man dort uneinsichtig blieb und statt einer Entschuldigung für die tatsächlichen Rechtsverstöße eher einen Gegenangriff im Sinn hatte – schließlich habe Kachelmann ja nicht alle inhaltlichen und finanziellen Forderungen, die in Millionenhöhe gingen, durchsetzen können. Die Tatsache, dass es sich gleichwohl um die höchste Schadensersatzsumme der deutschen Mediengeschichte handelte, war dem Verlag keine anerkennende Erwähnung wert – eher Spott, dass die Summe nicht höher ausgefallen war. Bescheidener zeigte sich dagegen der *Burda Verlag*, wie im Frühjahr 2015 bekannt wurde:

> „Der Fernsehmoderator Jörg Kachelmann hat sich im Rechtsstreit mit der Hubert Burda Media außergerichtlich geeinigt. Das bestätigten Kachelmanns Anwalt Ralf Höcker und eine Sprecherin von Burda. Über die Konditionen wurde Stillschweigen vereinbart. Kachelmann hatte eine Million Euro für Berichte gefordert, die über ihn in den Magazinen „Bunte" und „Focus" erschienen waren. Über die außergerichtliche Einigung hatte als erstes der Branchendienst „Meedia" berichtet."[329]

Die juristischen Erfolge, die Kachelmann gegen Medienhäuser feiern konnte, die an der kritikwürdigen und rechtlich unzulässigen Berichterstattung maßgeblich Anteil hatten, kommentierte die *Westdeutsche Zeitung* wie folgt:

„Es ist erstaunlich, wie sich der im Prozess gegen den Wetterexperten Jörg Kachelmann unterlegene Springer-Verlag seine Niederlage schönredet. Von Kachelmanns Forderungen sei nur ein Bruchteil übriggeblieben, heißt es in einer Bewertung des Landgerichts-Urteils. Gewiss, Kachelmann hatte 2,25 Millionen Euro eingeklagt, er bekam nicht das, was er wollte. Und er muss einen Großteil der Prozesskosten tragen, die sich zu den vielen anderen Ausgaben addieren, mit denen er durch bisherige Rechtsstreitigkeiten belastet ist. Fakt aber bleibt: Die 635 000 Euro Schmerzensgeld, die ihm zugesprochen wurden, sind die höchste Summe, die es je vor deutschen Gerichten in vergleichbaren Fällen gab. [...] Der Fall dürfte ein deutlicher Warnschuss für solche Medien sein, die Prominente allein wegen ihrer Berühmtheit als Freiwild betrachten. Auch diese Menschen haben ein Recht auf Wahrung ihrer Privatsphäre. Die mediale Begleitmusik zu dem Strafprozess, in dem Kachelmann 2011 vom Vorwurf der Vergewaltigung freigesprochen worden war, hat Grenzen überschritten. Intimstes wurde auf den Marktplatz der Öffentlichkeit getragen. Die Schäden sind für Kachelmann irreparabel. Auch dürfte die Anzeigebereitschaft von Opfern sexueller Gewalt sinken, wenn in Prozessen behandelte Details nach außen getragen werden. Der Presserat, der mit seinem Pressekodex und den darauf basierenden Rügen immer wieder Grenzen aufzeigt, ist wichtig. Aber beeindruckender dürften Verurteilungen zu Schmerzensgeldzahlungen sein. Für diejenigen, die ethische Grundsätze und rechtliche Grenzen allzu oft für Schnickschnack halten."[330]

Gleichwohl strebte der *Springer Verlag* eine weitere rechtliche Klärung des Sachverhaltes in der nächsthöheren Instanz an, die das erste Urteil jedoch im Wesentlichen bestätigte, wie die Pressemeldung vom 12. Juli 2016 zeigt:

„Der 15. Zivilsenat des Oberlandesgerichts Köln hat dem Wettermoderator Jörg Kachelmann wegen 26 Fällen schwerwiegender Persönlichkeitsrechtsverletzung eine Geldentschädigung in Höhe von insgesamt 395.000 Euro zugesprochen. Das Landgericht Köln hatte in erster Instanz wegen 38 Fällen insgesamt einen Betrag von 635.000 Euro ausgeurteilt (vgl. PM 6/15 Landgericht Köln). Nachdem beide Seiten Berufung eingelegt hatten, hat das Oberlandesgericht diesen Betrag auf insgesamt 395.000 Euro herabgesetzt. Davon entfallen 215.000 Euro auf die Springer SE für 14 Printveröffentlichungen und 180.000 Euro auf die Bild GmbH & Co KG für 12 Onlineveröffentlichungen, wobei die Inhalte teilweise identisch sind. [...] Im Einzelnen wurden dem Kläger insgesamt 235.000 Euro wegen insgesamt 13 Bildveröffentlichungen zugesprochen. Dazu zählen etwa Bilder, die den Kläger im Innenhof der Kanzlei seiner Verteidigerin (je 10.000–15.000 Euro), auf dem Weg in den Urlaub und am Ort seiner Hochzeit (je 20.000 Euro) und als Untersuchungshäftling im Hof der Justizvollzugsanstalt (20.000–25.000 Euro), davon einmal mit nacktem Oberkörper (30.000 Euro) zeigten. Insbesondere beim letztgenannten Bild sei der Kläger unter Missachtung seiner Würde zur bloßen Belustigung bzw. Befriedigung der Neugier des Publikums vorgeführt worden. Dies sei sogar vorsätzlich geschehen, weil das Landgericht den Beklagten zu diesem Zeitpunkt bereits die Veröffentlichung von ähnlichen Bildern verboten gehabt habe. Ferner habe der Kläger einen Anspruch auf eine Entschädigung in Höhe von insgesamt 70.000 Euro wegen der Verletzungen seiner Geheimsphäre in 6 Fällen. Das betreffe etwa die Veröffentlichung privaten SMS-Verkehrs (15.000 Euro) oder Angaben zur gesundheitlichen Situation des Klägers (10.000 Euro).

Weiter wurde dem Kläger insgesamt ein Betrag von 40.000 Euro wegen der Verletzung seiner Intimsphäre in 3 Fällen zugesprochen, weil die Beklagten intime Details zu seinem Sexualleben veröffentlicht hatten. [...] Schließlich erhält der Kläger 50.000 Euro wegen unzulässiger Vorverurteilung in 4 Fällen. In verschiedenen Veröffentlichungen hätten die Beklagten eine unzulässige Verdachtsberichterstattung betrieben, die nicht von einem hinreichenden Mindestbestand an Tatsachen gedeckt gewesen sei. [...]"[331]

Die herabgesetzte Schadensersatzsumme wurde postwendend von Kachelmanns Anwaltsteam kritisiert, Ralf Höcker bezeichnete die vom Gericht angedachte Entschädigungssumme als zu niedrig: „Das sind Beträge, über die die Beklagte (Springer) lacht. [...] Objektiv war diese Berichterstattung darauf angelegt, Herrn Kachelmann zu zerstören." Die Gegenseite argumentierte – im Grunde an der Kritik der Richter beider Instanzen vorbei – man wolle die Presse mit solchen Urteilen „auf ein amtliches Verlautbarungsorgan reduzieren. [...] Die Presse hat die Aufgabe, die Entscheidungsfindung des Gerichts zu begleiten", so ein *Springer*-Anwalt.[332] Entsprechend ließ *Springer* am 12. Juli 2016 offiziell in einer Pressemitteilung – in durchaus einseitiger Lesart des Urteils – verlauten:

„Im Berufungsverfahren zur Berichterstattung u. a. von BILD über den Vergewaltigungs-Prozess gegen Jörg Kachelmann in den Jahren 2010 und 2011 hat das Oberlandesgericht Köln am Dienstag, 12. Juli 2016, die Geldentschädigung für den Wetter-Moderator weiter reduziert. [...] Bereits in der mündlichen Verhandlung am Donnerstag, den 28. April 2016, hatte das Oberlandesgericht bestätigt, dass es keine Kampagne gegen den Wetter-Moderator gegeben hat. Das Gericht bestätigte die Auffassung des Landgerichts Köln, dass Jörg Kachelmanns Strafverfahren wegen Vergewaltigung ein hohes Berichterstattungsinteresse hervorgerufen sowie immer wieder neue Anlässe zur Berichterstattung gegeben habe. Der Senat bezeichnete mehrere Berichte als „harmlos", die zuvor von Jörg Kachelmanns Anwalt wegen Verletzung des Persönlichkeitsrechtes angegriffen worden waren. Einige Fotos, die Jörg Kachelmann etwa auf dem Weg zum Gericht und auf dem Gefängnis-Hof zeigten, hielt der Senat indes für entschädigungswürdig. Das Landgericht Köln hatte bereits in der Vorinstanz am 30. September 2015 betont, dass die Abwägung zwischen den gegensätzlichen Grundrechtspositionen von Persönlichkeitsrecht und Pressefreiheit für Redaktionen in diesem Fall außerordentlich schwierig gewesen sei. BILD habe weder vorsätzlich noch hartnäckig agiert."[333]

Man sei von der Zulässigkeit der Berichterstattung nach wie vor überzeugt. Entsprechend nutzte *Springer* eine Möglichkeit, auf das Urteil einzuwirken, und legte Nichtzulassungsbeschwerde ein, wie im August 2016 bekannt wurde. *Springer*-Vertreter begründeten diese Entscheidung damit, dass „wahrheitsgemäße" – so der Wortlaut – „Berichterstattung über Gerichtsverfahren gegen bekannte Persönlichkeiten [...] nicht durch Strafzahlungen in dieser Größenordnung sanktioniert werden" dürfte. „Dies würde eine einschüchternde Wirkung auf die freie Presse haben."[334] Im April 2018 wies der Bundesgerichtshof die Nichtzulassungsbeschwerde des *Springer*-Verlages gegen das Schmerzensgeld für Kachelmann zurück. Damit fuhr Kachelmann seinen vorläufig letzten Sieg gegen *Springer* ein.[335] Insgesamt kann man festhalten, dass Kachelmann

109

den Großteil der von ihm eingeleiteten Rechtsverfahren gewann, eine Vielzahl von Unterlassungen durchsetzen konnte und eine historisch hohe Schadensersatzsumme gegen ein großes Medienhaus zugesprochen bekam.

Vonseiten der einschlägigen Medienkritik bezog Stefan Niggemeier[336] vergleichsweise deutlich Stellung zum Fall – und insbesondere zu den Urteilen gegen den *Springer*-Verlag: Er mokierte sich u. a. über die Reaktion der stellvertretende Chefredakteurin Tanit Koch, die zu den Gründen für das Urteil gewittert hatte: „Ganz im Ernst: Wenn ich das erklären könnte, müßten wir ja nicht in Berufung." Er legte ihr nahe, das Urteil selbst zu rezipieren, wo in der Urteilsbegründung z. T. sehr klare Medienkritik geübt wurde. So sei Kachelmann „als gewaltaffiner und frauenverachtender Serientäter charakterisiert" worden, „der aus eigensüchtigen Motiven nicht nur mehrere Partnerinnen gleichzeitig gehabt, sondern diese auch systematisch zur Befriedigung seiner sexuellen Bedürfnisse belogen haben soll."

Die Berichterstattung habe den Kläger moralisch abqualifiziert und eine Prangerwirkung entfaltet – mit den Folgen einer sozialen Isolation und einer lebenslänglichen Stigmatisierung: Derart negative Berichterstattung – das legen wissenschaftliche Analysen nahe, die auch für andere Fälle in diesem Buch relevant sind[337] – führen bei den Betroffenen zu Gefühlen von Hilflosigkeit und Wut. Außerdem haben sie das Gefühl, dass sich ihr persönliches Umfeld nach den veröffentlichten Berichten ihnen gegenüber anders verhält, sich zurückzieht und sie isoliert. Die mediale Demütigung kann in andauerndem sozialem Schmerz resultieren, der schwerwiegende psychosoziale Folgen haben kann.[338] Selbst wenn die publizistischen Vergehen geahndet werden, fühlen sich viele Betroffene nicht rehabilitiert, da sie in der Regel ihr öffentliches Ansehen nicht im vollen Umfang wieder herstellen können.[339]

In seiner Kritik an den Medien verweist Niggemeier darauf, dass das Gericht eine wiederholte und hartnäckige Verletzung der Privatsphäre des Klägers festgestellt habe:

> „Insgesamt 18 Mal sei Kachelmann von der „Bild"-Berichterstattung „schwerwiegend in seiner Privat- bzw. Intimsphäre verletzt" worden. Dadurch, dass „Bild" Kachelmanns private Kommunikation veröffentlichte, ohne dass es einen Zusammenhang zu dem Verfahren gegen ihn gab. Dadurch, dass „Bild" „detailreich über seine vermeintlichen sexuellen Beziehungen mit diversen Frauen" berichtete. Dadurch, dass „Bild" „mehrfach und entgegen der Unschuldsvermutung über vermeintliche weitere sexuelle Übergriffe" berichtete, „obschon lediglich die Aussage des vermeintlichen Opfers als vermeintliche Beweistatsache vorlag". Und dadurch, dass „Bild" „unter hartnäckiger Verletzung der Privatsphäre des Klägers mehrfach Fotos [veröffentlichte], die ihn als Häftling in der JVA und im Hof der Kanzlei seiner Verteidigerin zeigten, ohne dass er die Möglichkeit gehabt hätte, dieser – mitunter heimlichen – Nachstellung zu entkommen". [...] Ausschlaggebend für die hohe Geldentschädigung waren viele Fälle klarer, schwerer Persönlichkeitsrechtsverletzungen."[340]

Bei der *Bild* und bei *Burda* habe man, so Niggemeier, den strafrechtlichen Vorwurf als Vorwand genommen, „alle möglichen, dafür irrelevanten Details und Behauptungen über das Privat- und Intimleben von Kachelmann öffentlich zu machen." Man habe in diesem Zusammenhang Berichte publiziert, „die sich in keiner Weise mit einem irgendwie gearteten Informationsinteresse der Öffentlichkeit rechtfertigen lassen – und schon gar nicht mit der Unschuldsvermutung vertragen." Im Einzelnen kritisiert er die rechtswidrige Publikation von Textnachrichten, die Kachelmann einer Popsängerin geschrieben hatte („Er schickte ihr 50 heiße Flirt-SMS") – hier habe es sich um mehr als eine bloße Indiskretion gehandelt. Vielmehr habe *Bild* ein komplexes Charakterbild einer moralisch verwerflichen Person gezeichnet, die eine Vielzahl amouröser Beziehungen unterhalten hatte – und das, obwohl keine Beweise für eine Gewalttat in irgendeiner dieser Beziehungen vorlagen. So sei es zum „stigmatisierende[n] Verdacht" gekommen, Kachelmann habe weitere Frauen misshandelt, wo doch nicht einmal der eigentliche Vorwurf rechtlich geklärt worden war. Entsprechend folgerte das Gericht, auf dessen Urteil der Medienkritiker detailliert eingeht:

> „Vor diesem Hintergrund läuft der Kläger aber Gefahr, ungeachtet der rehabilitierenden Wirkung eines Freispruches von dem Vorwurf der schweren Vergewaltigung und gefährlichen Körperverletzung in den Augen einer breiten Öffentlichkeit weiterhin mit dem Makel eines charakterlich defizitären, lügnerischen und perfiden Verhaltens gegenüber Frauen gebrandmarkt zu sein, ohne dass ein über die Befriedigung der bloßen Neugier hinausreichendes Informationsinteresse erkennbar wäre."

Weil erst einmal in die Welt gesetzte Gerüchte und Vorverurteilungen weder die gleiche öffentliche Aufmerksamkeit wie von Schuldvorwürfen befreiende Informationen erhielten noch der ursprüngliche Vorwurf selbst mit all den (irrelevanten) Details jemals vergessen werden würde, müsse Kachelmann eine symbolische Entschädigung erhalten. Diese habe den Zweck, den entstandenen Schaden wieder gutzumachen – aber auch abschreckend und präventiv zu wirken, damit ein weiterer *Fall Kachelmann* nicht mehr wieder vorkommen könne. Schließlich sei Kachelmann nicht nur während des Zeitraums der Berichterstattung, sondern für seine gesamte Lebenszeit nun als Frauenverächter und Gewalttäter stigmatisiert und in seinem Privat- und Berufsleben massiv beeinträchtigt, wie es auch in der Urteilsbegründung hieß.

Doch nicht nur Gerichte, die einschlägige Medienkritik und die Wissenschaft beschäftigten sich mit dem *Fall Kachelmann* – verschiedene Politiker reagierten mit Forderungen nach Gesetzesänderungen, wie im Juni 2011 berichtet wurde:

> „Die Debatte in Gang gebracht hatte ein Vorschlag der Union: Der Vorsitzende des Rechtsausschusses im Bundestag, Siegfried Kauder (CDU), sagte: „Es darf nicht sein, dass die Intimsphäre der Betroffenen bis in den letzten Winkel in aller Öffentlichkeit ausgebreitet wird." Medien müssten dazu gebracht werden, über Aussagen, die vor Gericht unter Ausschluss der Öffentlichkeit gemacht würden, nicht zu berichten. [...] Ihm schwebt zunächst eine freiwillige Selbstverpflichtung der Medien vor. Falls eine solche nicht zustande komme, sei eine Änderung der Strafprozessordnung nötig. So müssten zum Beispiel Zeugenaussagen, die nicht-öffentlich gemacht würden, auch im weiteren Prozessverlauf geschützt werden. [...]"[341]

Vonseiten der damaligen Opposition wurden diese Forderungen scharf kritisiert. Einschränkungen der Pressefreiheit seien nicht die Lösung, so u. a. SPD-Vertreter. Eine andere Lösung brachte CSU-Rechtsexperte Norbert Geis vor, der eine Selbstverpflichtung der Medien forderte – einen „Ehrenkodex, mit dem sich die Branche verpflichtet, weitaus zurückhaltender über Prozesse wegen sexueller Gewalt zu berichten [...]."[342]
Auf diese und ähnliche Initiativen von Rechtspolitikern verschiedener Seiten reagierten Journalistenverbände ebenfalls ablehnend. Zwar wurde in den meisten Reaktionen eine Gesetzesänderung abgelehnt, zugleich aber vorgeschlagen, den Pressekodex anzupassen, wie z. B. der *DJV Brandenburg* im Juni 2011 schrieb:

„Im Kachelmann-Verfahren war die Öffentlichkeit viel zu häufig ausgeschlossen und die Berichterstattung stark behindert. Die Schlagzeilen wurden dagegen durch Spekulationen, gekaufte Interviews und Recherchen in der Privatsphäre der Beteiligten bestimmt. Letzteres belastet vermeintliches Opfer und Beschuldigten viel mehr, als die Berichterstattung aus dem Gerichtssaal. Die vielen Einstweiligen Verfügungen, Gegendarstellungen und Unterlassungserklärungen beruhten überwiegend auf dem außergerichtlichen Stöbern im Dreck. Der Vorstand DJV Brandenburg schlägt daher dem Presserat eine Erweiterung des Pressekodex im Bereich der Gerichtsberichterstattung vor: Medien dürfen Verfahrensbeteiligten (Zeugen/Parteien) in Gerichtsverfahren keinerlei Vergünstigungen oder Geld vor Ende ihrer Teilnahme am Verfahren anbieten. Über Zeugen und deren Äußerungen darf erst nach deren Anhörung durch das Gericht berichtet werden."[343]

Der *DJV Bundesverband* dagegen verwies auf die bereits geltenden Regeln des Pressekodex, wonach der Schutz der Privatsphäre von Opfern und Zeugen Vorrang vor der Berichterstattung habe – ähnlich äußerte sich der *Deutsche Presserat*:

„,Diese Selbstverpflichtung der Medien macht gesetzliche Regelungen überflüssig'. Rechtspolitiker sollten sich erst mit der Sachlage vertraut machen, bevor sie die Pressefreiheit in Teilen zur Disposition stellten. Außerdem sei es verfassungswidrig, die Berichterstattung per Gesetz einzuschränken. [...] Der Deutsche Presserat sieht keinen Anlass für eine gesetzliche Beschränkung der Berichterstattung über Vergewaltigungsprozesse. „Das wäre ein Eingriff in die Pressefreiheit, und da muss man den Anfängen wehren", sagte der Sprecher des Selbstkontrollgremiums, Bernd Hilder [...]. Der Journalismus in Deutschland brauche auch keinen neuen Ehrenkodex, weil es bereits den Pressekodex des Deutschen Presserats gebe, sagte Hilder. Bisher seien zur Kachelmann-Berichterstattung erst fünf Beschwerden bei dem Gremium eingegangen. In keinem Fall habe der Presserat einen gravierenden Verstoß festgestellt. [...] Es sei erstaunlich, „dass jetzt plötzlich die Medien an allem Schuld sein sollen", kritisierte Hilder. „Ebenso könnten sich die Rechtsanwälte und die Staatsanwälte fragen, ob sie einen neuen Ehrenkodex brauchen." Die sensiblen Informationen zum Kachelmann-Verfahren seien von diesen Stellen an die Medien gespielt worden. Allerdings seien Journalisten auch zu einer professionellen Distanz verpflichtet."[344]

Tatsächlich waren zur gesamten Berichterstattung über den *Fall Kachelmann* nur insgesamt fünf Beschwerden beim Presserat eingegangen, wie der Presserat auch gegenüber dem Autor dieses Buches bestätigte – und keine der Beschwerden hatte weitergehende Konsequenzen. Zwei Beschwerden wurden bereits vor dem Hauptverfahren als unbegründet zurückgewiesen. Drei gelangten ins Hauptverfahren: *bild.de* wurde wegen der Kolumne *Post von Wagner* beim Presserat angezeigt, worin der Kolumnist schrieb: „Kachelmann ist für mich ein Liebe-Lügner. Ich weiß nicht, welche Strafe es für so einen Mann gibt. Die Kastration?" Diese und eine weitere Beschwerde gegen *Bild* wurden als unbegründet zurückgewiesen. Des Weiteren wurde ein Beitrag aus *Die Aktuelle* angezeigt, in welchem die Schirmherrschaft Kachelmanns für den Kinderschutzbund kritisch dargestellt wurde – darin waren vor allem zeitliche Details falsch berichtet worden. Die Beschwerde wurde als begründet bewertet, jedoch ohne Maßnahmen folgen zu lassen.

Am Rande und in der Folge des eigentlichen Geschehens spielten sich kleinere „Szenen" im Fernsehen ab, die gut illustrieren, was daraus folgt, wenn ein Prominenter erst einmal als Verbrecher abgestempelt ist. Seine Dokumentation „Die spektakulärsten Kriminalfälle – dem Verbrechen auf der Spur" bewarb der Privatsender *kabel eins* mit einem Trailer, in der Kurzzusammenfassung nach Niggemeier:

> „Dunkle Geheimnisse. Undurchschaubare Abgründe. Verhängnisvolle Taten. Diese Menschen sind bis zum Äußersten gegangen und wurden zu Verbrechern, die jeder kennt. Welche Motive hatten sie? Und warum ziehen uns wahre Kriminalfälle so in ihren Bann? Die Faszination des Grauens in der neuen Doku. „Die spektakulärsten Kriminalfälle – dem Verbrechen auf der Spur". [...] Im Bild, unter anderem: Hans-Jürgen Rösner und O.J. Simpson, Marianne Bachmeier und Jürgen Harksen – und Jörg Kachelmann, der Wettermoderator, der von dem Vorwurf, eine Frau vergewaltigt zu haben, *freigesprochen* wurde. Und kabel eins zeigt den – noch einmal: rechtskräftig freigesprochenen – Moderator als *Verbrecher, den jeder kennt* – was auf eine ironische Weise fast schon wieder treffend ist, angesichts der Vorverurteilung und der anhaltenden Folgen des Prozesses und der Berichterstattung für Kachelmann. Kachelmanns Anwalt hat die Sendergruppe ProSiebenSat.1, zu der kabel eins gehört, abgemahnt. Die „Behauptungen" über Kachelmann seien „allesamt unwahr": Es habe schon keine Tat gegeben, deshalb auch kein Motiv und kein „Grauen", das faszinieren könnte. Die Behauptung, Kachelmann sei ein „Täter" bzw. „Verbrecher" werde „in ehrenrühriger Weise und wider besseres Wissen aufgestellt". ProSiebenSat.1 bestätigte auf Anfrage, die geforderte Unterlassungserklärung abgegeben zu haben und den Trailer nicht mehr zu zeigen [...]."[345]

Ganz ähnlich wurde mit Kachelmanns Persona im Schweizer Portal *20 Minuten online* umgegangen – dort in einem Artikel mit dem Titel „Karriere-Killer. Männer zwischen Macht, Gewalt und Sex", der mit Köpfen von Dominique Strauss-Kahn, Jörg Kachelmann, Julian Assange und dem US-Politiker Herman Cain arbeitete, um den Zusammenhang zwischen Macht, Gewalt und Sex zu illustrieren. Obwohl hier Kachelmann ebenfalls mit Gewalt und Sex in Verbindung gebracht wurde, sprach der *Schweizer Presserat* keine Rügen aus.[346]

Ein letzter, öffentlich besonders breit rezipierter Nebenschauplatz auf dem Feld der Reaktionen und Konsequenzen resultierte aus dem Engagement der Feministin Alice Schwarzer, die als Gerichtsbeobachterin für *Bild* tätig war und sich früh auf eine in Bezug auf Kachelmann sehr kritische Interpretation des Geschehens festlegte. In einem Vorwort zum bereits oben erwähnten Buch über Litigation-PR schrieb sie im Jahr 2012:

> „Sie alle werden den Kachelmann-Prozess verfolgt haben. Sie alle werden eine Meinung zu dem Fall haben. Und Sie (fast) alle werden überzeugt sein, ich hätte geschrieben, der Angeklagte sei schuldig und seine Ex-Freundin sage nichts als die Wahrheit. Was falsch ist. Sie (fast) alle haben sich täuschen lassen. [...] [In] seiner Urteilsbegründung betonte der Richter, der Verdacht, dass Kachelmann seine damalige Lebensgefährtin vergewaltigt und mit dem Tode bedroht habe, habe sich 'nicht verflüchtigt', das Gericht habe weiterhin 'Zweifel an seiner Schuld'. Genau das war meine Position in diesem ganzen Verfahren: der Zweifel."[347]

Zwei Jahre zuvor hatte sie noch weniger gewunden ein tatsächliches Verbrechen insinuiert, etwa mit Formulierungen wie: „Hier verhandelt eine ganze Nation anlässlich dieses einen Prozesses über die Frage: Ist sexuelle Gewalt in Beziehungen Privatsache? Oder ist sie ein Verbrechen?"[348] Solche Formulierungen setzten voraus, dass es diese Gewalt gegeben hat. In Statements wie diesen thematisierte Schwarzer die öffentliche Bewertung von Gewalt gegen Frauen, nicht die Tatsächlichkeit derselben in Kachelmanns Fall. Entsprechend gelang es Kachelmann, einstweilige Verfügungen gegen Schwarzer durchzusetzen, u. a. weil diese die Formulierungen „einvernehmlicher Sex" und „Unschuldsvermutung" als Unworte des Jahres vorgeschlagen hatte.[349]

Diskussion

Der *Fall Kachelmann* polarisierte von Anfang an. Vor allen Dingen an der journalistischen Lagerbildung lässt sich dies ablesen – prominent repräsentiert im publizistischen Clinch zwischen Gisela Friedrichsen und Alice Schwarzer. Friedrichsen resümierte über die Makel der *Bild*-Berichterstattung und insbesondere die „Berichterstattung" Schwarzers:

> „Wer einer fanatischen Feministin gestattet, auf rechtsstaatlichen Garantien wie etwa der Unschuldsvermutung öffentlich herumzutrampeln und Werte, die die Gesellschaft zusammenhalten, ins Lächerliche zu ziehen, der darf sich nicht wundern, wenn die Rechnung am Ende höher ist als der Gewinn durch ein kurzzeitig damit erzieltes und überdies mit Beifall von der falschen Seite begleitetes Spektakel."[350]

Daneben agierte auf der Pro-Kachelmann-Seite noch Sabine Rückert von der *Zeit*, die die Beschuldigerin mehrfach als „Opferzeugin" titulierte.[351] Das Pro-Kachelmann-Lager schlug sich im Verlauf des Prozesses zunehmend auf die Seite des Meteorologen, obwohl niemand sicher wissen konnte, ob er tatsächlich nicht doch eine Frau vergewaltigt hatte. Abgesehen davon gab es eine Reihe weiterer Gründe, unabhängig vom eigentlichen Vorwurf Kachelmanns Lebensführung zu kritisieren, hatte er doch erwiesenermaßen eine ganze Reihe von Frauen verletzt. Nur ging die Öffentlichkeit diese Aspekte von Kachelmanns Lebensführung nichts an. Vor diesem Hintergrund und der noch einseitigeren und zum Teil ehrabschneidenden und vorverurteilenden Berichterstattung des Contra-Kachelmann-Lagers war es nicht an sich unverständlich, dass sich ein publizistisches Gegengewicht zu *Springer*, *Burda* und der Staatsanwaltschaft bildete – auch wenn man sich generell neutrale und sachlich berichtende Medien wünschen würde, wie auch Michael Hanfeld in einem Beitrag in der *FAZ* anmerkte:

> „Parteiischer und einseitiger, als die Berichterstattung [...] ausgefallen ist, kann man sich die Arbeit von Vertreterinnen der „vierten Gewalt" jedenfalls nicht vorstellen. So wie sich vor Gericht Staatsanwaltschaft und Verteidigung gegenüberstehen, haben sich die Reporterinnen aufgestellt: Anklage, Verteidigung und kein Richter dazwischen, als Korrektiv aber sehr wohl die Kollegen anderer Blätter, die sich an das gehalten haben, was im Gerichtssaal zur Sprache kam. Wer sich in den vergangenen Monaten über diesen Prozess allein aus „Spiegel", „Zeit", „Bild" oder „Bunte" informierte, war ziemlich schief gewickelt. Keine Rede mehr von der gebotenen journalistischen Distanz. [...] Es hat schon etwas Absurdes, bitter Zynisches, dass sich die widerstreitenden Publizistinnen wechselseitig desjenigen bezichtigen, was sie selbst kräftig betreiben. „Sie weiß vom Straßprozess [sic!] nichts, aber seit zwanzig Jahren erzählt sie Sachen, die ich falsch eingeschätzt hätte", sagte Gisela Friedrichsen bei Radio FFH über Alice Schwarzer: „Sie war nie in den Prozessen, sie hat keine Ahnung davon, aber immer eine feste Meinung." Die hat Alice Schwarzer in der Tat, und so war es kein Wunder, dass sie am Tag des Urteils als eine der Ersten von dem Sender Phoenix einvernommen wurde. „Es ist kein Freispruch, auf den er stolz sein kann", sagte sie über Jörg Kachelmann, der Richter habe dargelegt, „dass der Verdacht weiter besteht". „Wir alle" blieben „ziemlich ratlos und unbefriedigt zurück". Nach dem Plädoyer der Ankläger hatte sie geschrieben, nun gebe es „kein Drumherum mehr: Jörg Kachelmann habe ein ,Verbrechen der besonders schweren Vergewaltigung begangen, so die Staatsanwaltschaft." Die grinsenden Journalistinnen der Gegenseite fielen Alice Schwarzer an diesem Tag unangenehm auf. [...] Kompromisslos war die Haltung der „Bunte". Während der „Focus" „Tausende Ermittlungsseiten" der „Akte Kachelmann" aufbot, gestaltete „Bunte" eine Bilderstrecke samt herzergreifender Geschichte einer Zeugin – „Ich bin auch ein Opfer von Kachelmann". Einmal 5000, einmal 8500, einmal 50 000 Euro gab es für derlei Auftritte als Honorar, die Chefredakteurin Patricia Riekel verwies in einem Gespräch mit dieser Zeitung darauf, sie schließe Standardverträge, wie sie „in allen Redaktionen üblich" seien, es sei „ehrverletzend und diskriminierend", ihre Zeitschrift dem Verdacht auszusetzen, sie manipuliere Zeuginnen. Doch es ist natürlich nicht Standard und Usus der Branche, Zeuginnen auf diese Weise einzukaufen."[352]

Noch bevor der eigentliche Prozess begann, schien es, als hätten viele Medien bereits ihr Urteil gefällt – ohne das des Gerichts abzuwarten. Zeugenaussagen wurden zuerst in den Medien getätigt und dann vor Gericht, Medien zitierten aus Prozessakten und schlachteten Privat- und Intimleben des Meteorologen in der Öffentlichkeit aus. Die einseitige Präsentation von Fakten und vorschnelle Prognosen wechselten sich mit den Anschein von Sachlichkeit wahrenden Wertungen ab. Auch unzureichende

Rechercheleistungen und eine fehlende Unschuldsvermutung waren an der Tagesordnung. Zudem wurden ehemaligen Freundinnen und Geliebten Jörg Kachelmanns hohe Summen für Exklusivinterviews geboten, sodass nach und nach intime Details seines Sexuallebens an die breite Öffentlichkeit gelangten.
In juristischer Hinsicht fiel das Urteil über die Contra-Kachelmann-Seite klar aus. *Burda* konnte sich durch einen Vergleich einer gerichtlichen Auseinandersetzung entziehen und über *Springer* urteilten zwei Instanzen in bemerkenswerter Klarheit. Neben allem, was bisher gesagt wurde, und über all die erfolgreichen Rechtsverfahren Kachelmanns und seiner Anwälte hinaus erteilten Richter den Journalisten von *Springer* eine Lektion in den Grundregeln journalistischer Arbeit – um es noch einmal auf den Punkt zu bringen:

„Im Rahmen der durchzuführenden Gesamtschau [...] ist zu berücksichtigen, dass der Kläger durch die Beklagte insgesamt zwanzig Mal (hinsichtlich der Wortberichterstattung dreizehn und hinsichtlich der Bildberichterstattung sieben Mal) schwerwiegend in seiner Privat- bzw. Intimsphäre verletzt wurde. So veröffentlichte die Beklagte seine private Kommunikation, ohne dass sie einen Zusammenhang mit dem gegen ihn geführten Strafverfahren aufgewiesen hätte. So unterstellte die Beklagte ihm, seine Partnerinnen „psychisch ruiniert" zu haben, ohne dass es hierfür irgendwelche Anhaltspunkte gegeben hätte. So berichtete die Beklagte über seine Zeugungsunfähigkeit, obschon diese für das gegen ihn gerichtete Verfahren keinerlei Bedeutung aufwies. So berichtete die Beklagte detailreich über seine vermeintlichen sexuellen Beziehungen mit diversen Frauen, ohne dass diese Detailtiefe von Belang für das gegen ihn geführte Strafverfahren gewesen wäre. So berichtete die Beklagte mehrfach und entgegen der Unschuldsvermutung über vermeintliche weitere sexuelle Übergriffe, obschon lediglich die Aussage des vermeintlichen Opfers als vermeintliche Beweistatsache vorlag. Schließlich veröffentlichte die Beklagte unter hartnäckiger Verletzung der Privatsphäre des Klägers mehrfach Fotos, die ihn als Häftling in der JVA, im Urlaub, nach seiner Hochzeit und im Hof der Kanzlei seiner Verteidigerin zeigten, ohne dass er die Möglichkeit gehabt hätte, dieser – mitunter heimlichen – Nachstellung zu entkommen.

Zudem ist zu beachten, dass neben der – wie dargestellt unzulässigen – Berichterstattung über weitere Vorwürfe von anderen Frauen als der Anzeigenerstatterin gerade die – ebenfalls unzulässige – Mitteilung von Details aus seinem Sexual- und Privatleben geeignet war, eine erheblich stigmatisierende Wirkung in der breiten Öffentlichkeit zu entfalten. Denn der Kläger wurde durch die Berichterstattung der Beklagten als gewaltaffiner und frauenverachtender Serientäter charakterisiert, der aus eigensüchtigen Motiven nicht nur mehrere Partnerinnen gleichzeitig gehabt, sondern diese auch systematisch zur Befriedigung seiner sexuellen Bedürfnisse belogen haben soll. Dass eine den Kläger derart abqualifizierende Berichterstattung nicht nur eine erhebliche Prangerwirkung entfaltet und zu einer sozialen Isolation führt, sondern den Kläger zudem mit einem Makel belegt, den er trotz des Freispruchs sein Leben lang mit sich führen wird, bedarf sicherlich keiner weiteren Erörterung.

Ferner ist zu berücksichtigen, dass seitens der Beklagten Details aus der Ermittlungsakte an die Öffentlichkeit getragen wurden, die noch nicht Gegenstand öffentlicher Verlautbarungen der Staatsanwaltschaft oder der Gerichte gewesen waren. Zudem wurden Zeugenaussagen zum Sexual- und Privatleben des Klägers veröffentlicht, bevor die Zeuginnen in der Hauptverhandlung vernommen wurden. Hierdurch wurde trotz der bestehenden Unschuldsvermutung, der deshalb gebotenen Zurückhaltung bei der Berichterstattung und der Breitenwirkung derselben schon vor der eigentlichen Hauptverhandlung durch die Beklagte ein Bild des Klägers in der Öffentlichkeit gezeichnet, das die gesteigerte Gefahr der Vorverurteilung des Klägers als frauenverachtenden und gewaltbereiten Menschen in sich barg. Denn durch die stete Wiederholung eines im Kern vergleichbaren Vorwurfs der Gewaltausübung gegenüber Frauen verfestigte sich in der öffentlichen Meinung die Einschätzung, dass auch der Vergewaltigungsvorwurf zutreffend sein könnte.

Zudem ist der enorme Verbreitungsgrad der Berichterstattung zu berücksichtigen. Denn die BILD-Zeitung ist nach ihren eigenen Angaben die größte Tageszeitung Europas mit 12,13 Millionen Lesern täglich. Hinzu kommt die hier ebenfalls streitgegenständliche Berichterstattung über die Internetseiten www.welt.de und www.abendblatt.de. Ein größerer Umfang der Verbreitung der den Kläger stigmatisierenden Artikel innerhalb Deutschlands ist kaum denkbar. Zudem wurden die angegriffenen Berichte im Internet zahlreich verlinkt und kopiert. [...]

Vor dem Hintergrund der [...] ausgeführten Erwägungen sprechen sowohl der Präventionsgedanke als auch der Kompensationszweck für die Zuerkennung einer nicht nur unerheblichen Geldentschädigung. Denn zum einen muss der Beklagten durch die Höhe der Geldentschädigung verdeutlicht werden, in Zukunft bei der Berichterstattung über vergleichbare Geschehnisse eine größere Sorgfalt und Zurückhaltung an den Tag zu legen [...]. Zum anderen war zu beachten, dass der Kläger zumindest auch durch die seine Intim- und Privatsphäre verletzende sowie in weiten Teilen reißerische Berichterstattung der Beklagten nicht nur während des Zeitraums derselben, sondern auch in Zukunft als frauenverachtender und gewaltbereiter Wiederholungstäter stigmatisiert wurde bzw. bleiben wird, wodurch sowohl sein berufliches Wirken als auch sein Privatleben massiv beeinträchtigt wurden bzw. bleiben werden."[353]

Wie ist der Fall nun summarisch zu bewerten? Zunächst muss man die rechtliche von der ethischen Ebene unterscheiden. Während die gesetzlichen Regelungen vom Gesetzgeber vorgegeben und dem Journalismus von außen auferlegt werden, wurden die Grundsätze des Pressekodex aus dem Berufsstand heraus definiert. Aus dieser Tatsache ergibt sich eine unterschiedliche Bewertung der Leistungsfähigkeit und der Grenzen der Richtlinien.[354] Die Bestimmungen im Medienrecht besitzen aufgrund ihrer rechtlichen Fixierung ein hohes Sanktionspotenzial. Einen Teil ihrer Anwendbarkeit büßen diese Richtlinien allerdings durch ihre oft rigide bzw. vage formulierten Regelungen ein. Dadurch können sie nur bei eindeutigen bzw. schweren Vergehen angewandt werden.[355] Ein weiteres Problem der rechtlichen Regelungen liegt darin, dass der Gesetzgeber in einigen Bereichen (vor allem Neue Medien und Multimedia) häufig nur reagieren, nicht aber vorgreifen kann. Gerade diese Bereiche stellen den Gesetzesapparat aufgrund der ständigen Veränderung und Weiterentwicklung vor immer neue Herausforderungen und sorgen dafür, dass er aktuellen Entwicklungen hinterherhinkt: „Da die Technik in diesem Bereich in voller Entwicklung begriffen ist und das Recht sich meist als eine Reaktion auf die technischen Möglichkeiten herausbildet, befindet es sich notwendigerweise in einem Zustand der Unvollständigkeit."[356] Auch im *Fall Kachelmann* wird dieses Problem deutlich: Wurden Artikel online veröffentlicht, so dauerte es nach erfolgreichen rechtlichen Schritten des Meteorologen häufig eine geraume Zeit, bis die Inhalte gelöscht wurden. Diese Tatsache ist u. a. auch darauf zurückzuführen, dass Teile der Berichterstattung häufig von anderen Medien (sowohl Online-Medien als auch Printmedien) übernommen wurden und auf diese Art immer weiterverbreitet wurden.

Der *Pressekodex* hingegen formuliert detailliertere Leitlinien, sanktioniert aber ungleich schwächer. Zugleich wird der Presserat nur auf Initiative Dritter hin tätig: Im *Fall Kachelmann* zeigte sich, dass diese Praxis ein Hindernis für eine effektive Sanktionierung ethischer Fehlleistungen darstellt. Nur fünf Beschwerden gingen über die mehr als ein Jahr andauernde Berichterstattung ein. Dabei erfüllten sehr viel mehr Handlungen einzelner Redaktionen den Tatbestand eines medienethischen Verstoßes – wie ja nicht zuletzt auch die Gerichtsurteile zeigten, in denen Medienrecht und Medienethik konvergierten. Weil der Presserat nur auf Beschwerde durch Personen und Institutionen tätig wird, kam nicht der angemessene Druck auf die verschiedenen Redaktionen zustande.

Eine Diskussion des Falles kann anhand einzelner Problemdimensionen erfolgen, von denen der *Sensationalismus* der Berichterstattung, die verschiedenen *Ehrverletzungen* und – vor allem – die missachtete *Unschuldsvermutung* im Vordergrund stehen. Mit Blick auf den *Sensationalismus* der Medienberichterstattung fielen die vielen privaten, oft sehr intimen Details auf, die von den Medien grell aufgemacht wurden – man denke nur an die „Lausemädchen", die detailreich geschilderten Sexualpraktiken oder private SMS mit Dritten. Die Berichterstattung muss grundsätzlich zwischen dem Interesse der Öffentlichkeit auf Information und dem Schutz des Individuums und seiner Privatsphäre abwägen. Branahl betont:

> „Je bedeutsamer die Information für die Allgemeinheit ist, desto weiter müssen die Interessen der Betroffenen hinter dem 'öffentlichen Informationsinteresse' zurücktreten. Zu beurteilen ist ihre Bedeutsamkeit anhand der öffentlichen Aufgabe, also normativ, nicht anhand der empirischen Feststellung, wie viele Konsumenten – etwa aus Sensationslust oder reiner Neugier – an ihr interessiert sind."[357]

Die rechtlich bemerkenswert klaren Konsequenzen zugunsten Kachelmanns trugen den Eingriffen in Kachelmanns Privat- und Intimsphäre, die durch kein öffentliches Interesse gerechtfertigt waren, Rechnung – was die Beurteilung dieses Falles deutlich vereinfacht. Bemerkenswert ist jedoch, dass es nur zu insgesamt fünf Anzeigen beim Presserat kam, obwohl die einschlägigen Ziffern unmissverständlich formuliert sind. In Ziffer 8 des Pressekodex heißt es:

> „Die Presse achtet das Privatleben und die Intimsphäre des Menschen. Berührt jedoch das private Verhalten öffentliche Interessen, so kann es im Einzelfall in der Presse erörtert werden. Bei einer identifizierenden Berichterstattung muss das Informationsinteresse der Öffentlichkeit die schutzwürdigen Interessen von Betroffenen überwiegen; bloße Sensationsinteressen rechtfertigen keine identifizierende Berichterstattung. Soweit eine Anonymisierung geboten ist, muss sie wirksam sein. Die Presse achtet das Recht auf informationelle Selbstbestimmung und gewährleistet redaktionellen Datenschutz."[358]

Weder mit öffentlichem Interesse noch auf sonstige Art und Weise ist zu rechtfertigen, dass Details aus Kachelmanns Sexual- und Privatleben an die Öffentlichkeit gelangten. Diese Details zeugen von einer unangemessen sensationellen Darstellung der Geschehnisse. Kachelmann war nicht nur Angeklagter in einem Vergewaltigungsprozess, sondern wurde gleichzeitig auch als gewalttätiger, notorischer Lügner und Person mit bizarren sexuellen Vorlieben bloßgestellt. Eine Darstellung, die der Richtlinie 11.1 der Ziffer 11 des Pressekodex widerspricht:

> „Unangemessen sensationell ist eine Darstellung, wenn in der Berichterstattung der Mensch zum Objekt, zu einem bloßen Mittel, herabgewürdigt wird. Dies ist insbesondere dann der Fall, wenn über einen sterbenden oder körperlich oder seelisch leidenden Menschen in einer über das öffentliche Interesse und das Informationsinteresse der Leser hinausgehenden Art und Weise berichtet wird [...]."[359]

Und weiter heißt es im Pressekodex: „Sensationsbedürfnisse allein können ein Informationsinteresse der Öffentlichkeit [jedoch] nicht begründen".

Kachelmann wurde, so drastisch darf man das formulieren, am Medienpranger zur Schau gestellt. Dies alles geschah auf dem Rücken eines Beklagten und auf Kosten seiner persönlichen Ehre. Hier wäre der zweite Aspekt berührt, die *Ehrverletzungen*. Der Schutz der persönlichen Ehre von medial thematisierten Personen ist u. a. in den Landesmediengesetzen verankert (etwa § 7 Abs. 1 LMG RLP). Darin heißt es:

> „Medieninhalte dürfen nicht gegen die verfassungsmäßige Ordnung verstoßen. Die Vorschriften der allgemeinen Gesetze und die gesetzlichen Bestimmungen zum Schutz der Jugend und des Rechts der persönlichen Ehre sind einzuhalten."[360]

Geschützt sind Menschen vor *Schmähkritik*[361], bei der nicht mehr die Auseinandersetzung in der Sache, sondern die Diffamierung der Person im Vordergrund steht. Die Veröffentlichung privater und intimer Aspekte aus dem Leben des Meteorologen hatte nicht nur eindeutig nichts mit dem Tatvorwurf selbst zu tun – auch und vor allem die Art und Weise der Darstellung war problematisch. Und zwar nicht nur nebensächlicher Aspekte, die eigentlich nicht hätten Gegenstand von Medienberichten hätten werden dürfen – sondern auch und gerade Schilderungen, die den Tatvorwurf unmittelbar betreffen. Nur weil diese für die Informationsversorgung relevant sind, folgt daraus noch keine Rechtfertigung für jedwede Art der Darstellung. Die Schilderungen aus seinem Intimleben betrafen den Tatvorwurf nicht. Doch auch die Schilderungen zum eigentlichen Tatvorwurf waren in vielerlei

Hinsicht problematisch: So wurde die mutmaßliche Tat in aller Ausführlichkeit beschrieben, um Neugier, Sensationslust oder Voyeurismus zu bedienen – ohne damit einer „sachbezogenen Erörterung des vermeintlichen Tathergangs oder der Beweislage"[362] einen journalistischen Dienst zu erweisen. Es ist nicht mit öffentlichem Interesse zu rechtfertigen, dass intimste Details aus dem laufenden Verfahren sowie dem Privatleben des Meteorologen an die Öffentlichkeit gelangten. Die Intimsphäre betreffend

> „herrscht ein grundsätzliches Verbot ungenehmigter Veröffentlichungen, selbst überwiegende Interessen der Allgemeinheit können einen Eingriff in diesen Kernbereich privater Lebensgestaltung nicht rechtfertigen."[363]

Die Veröffentlichungen bedeuteten ein erneutes Eindringen in Kachelmanns Intimsphäre (Gesundheitszustand, sexuelle Vorlieben) sowie ein Verstoß gegen seine Persönlichkeitsrechte (private Konversation).

Die ehrabschneidenden Textbeispiele sind Legion, sie wurden juristisch geahndet, sie an dieser Stelle zu wiederholen, ist nicht nötig. Allerdings verdient hier noch einmal das bemerkenswerte Statement von Hellmuth Karasek eine zweite Erwähnung, der es für irrelevant hielt, ob Jörg Kachelmann schuldig oder unschuldig ist. Der Satz, Kachelmann könne „bestenfalls noch in Sadomaso-Shows im Privatfernsehen auftreten" mit dem Nachsatz „Gewalt hinterlässt Spuren. So oder so" kann nur als ehrverletzend bezeichnet werden. Karasek übernahm die Rolle von Staatsanwalt und Richter im publizistischen Gewand: „Ob er nun verurteilt wird oder nicht – es bleibt von Kachelmann das elende Bild eines Gewalttäters, der mit Zustimmung ichschwacher Frauen sein übersteigertes Ego auslebte, das ihm nach seinen wolkigen Fernsehprognosen in den Kopf und sonst wohin gestiegen war."[364] Das kann man durchaus als Schmähkritik empfinden, welche die Grenze der Meinungsfreiheit überschreitet:

> „Ihre Grenze findet die Meinungsfreiheit – auch in Auseinandersetzungen über Angelegenheiten von allgemeinem Interesse – [...] jedoch dort, wo [...] es dem Kritiker erkennbar nicht mehr um die Sache, sondern in erster Linie um die vorsätzliche Kränkung des Angegriffenen geht ('Schmähkritik')."[365]

Neben der für alle Beobachter sichtbaren Lagerbildung in der publizistischen Auseinandersetzung mit dem *Fall Kachelmann* waren es nicht zuletzt die mannigfaltigen Verletzungen einer ehernen Ehrenregel des Journalismus, die den Fall so bemerkenswert machten. Das Gericht sprach Kachelmann zunächst in dubio pro reo frei. Doch von dubium, also Zweifel, konnte in vielen Medienberichten nicht die Rede sein. Der mangelnde Respekt vor der Unschuldsvermutung wurde auch in der Urteilsbegründung kritisiert. Die Unschuldsvermutung ist u. a. Folge des in Artikel 20 des Grundgesetzes festgelegten Rechtsstaatsprinzips. Zudem garantiert die in Artikel 1 festgehaltene *Menschenwürde* auch mutmaßlichen Verbrechern und (noch) nicht verurteilten Beschuldigten Schutzwürdigkeit. Ausdrücklich festgeschrieben ist die Unschuldsvermutung in Artikel 6 Absatz 2 der Europäischen

Menschenrechtskonvention: „Jede Person, die einer Straftat angeklagt ist, gilt bis zum gesetzlichen Beweis ihrer Schuld als unschuldig."[366] Der Pressekodex befasst sich in Ziffer 13 mit vorurteilsfreier Berichterstattung:

> „Die Berichterstattung über Ermittlungs- und Gerichtsverfahren dient der sorgfältigen Unterrichtung der Öffentlichkeit über Straftaten und andere Rechtsverletzungen, deren Verfolgung und richterliche Bewertung. Sie darf dabei nicht vorverurteilen. Die Presse darf eine Person als Täter bezeichnen, wenn sie ein Geständnis abgelegt hat und zudem Beweise gegen sie vorliegen oder wenn sie die Tat unter den Augen der Öffentlichkeit begangen hat. [...] Ziel der Berichterstattung darf in einem Rechtsstaat nicht eine soziale Zusatzbestrafung Verurteilter mit Hilfe eines „Medien-Prangers" sein. Zwischen Verdacht und erwiesener Schuld ist in der Sprache der Berichterstattung deutlich zu unterscheiden."[367]

Viele der Journalisten hatten ihr Urteil bereits vor der Urteilsverkündung – und oftmals sogar schon vor Beginn des Prozesses selbst – gefällt. Zu diesem Zeitpunkt waren aber weder die Ermittlungen abgeschlossen noch gab es eindeutige Zeichen für Kachelmanns Schuld. „Die Wahrheit steht folglich immer erst am Ende des geregelten Verfahrens fest. Bis zu diesem Ende müssen alle möglichen Folgerungen gleiche oder zumindest ähnliche Chancen besitzen"[368], so Hans Mathias Kepplinger. Diese Chancengleichheit in Form einer objektiven Berichterstattung, die eigentlich Aufgabe der Medien ist, war sowohl durch die Positionierung als auch die Art der Berichterstattung nicht gegeben, wie auch Ludger Fittkau vom *Deutschlandfunk* urteilte:

> „Das Verfahren gegen Herrn Kachelmann ist das wohl erschütterndste Beispiel für aus den Fugen geratene Medienberichterstattung in unserem Land. Von Anfang an ist in diesem Verfahren nicht nur die Unschuldsvermutung mit Füßen getreten worden. Schwerwiegende Fehlentscheidungen, eine kaum noch nachvollziehbare Einseitigkeit der ermittelnden Staatsanwaltschaft, eine über weite Strecken immer deutlicher werdende Vorfestlegung des Gerichtes, jeweils in deutlicher Kombination mit lancierten Medienberichten haben jede Chance einer Prozessführung, die dem Fair-Trial-Prinzip hätte gerecht werden können, von Anfang an zunichte gemacht."[369]

Im *Fall Kachelmann* verstießen die Medien massiv gegen fundamentale ethische und rechtliche Vorgaben. Diese Art der Berichterstattung war durchaus einträglich – sie lieferte eingängige Schlagzeilen und hohe Verkaufszahlen: So erzielte der *Spiegel* mit dem Titel „Die Akte Kachelmann" sein mit 1.005.329 verkauften Zeitschriften bestes Ergebnis des Jahres 2010.[370] Auch die *Bunte* durfte sich mit dem Titel „Jörg Kachelmann: Freispruch, aber was wird aus ihr?" über ein prächtiges Geschäft freuen – 348.627 Exemplare wurden verkauft, der zweitbeste Wert im Jahr 2011.[371] Kachelmann brachte den Medien einen schönen Gewinn ein – seinen Verbündeten wie seinen Gegnern. Aber die Medienberichte trugen nicht zur Aufklärung des Falles bei. Private Verfehlungen und vermeintlich unmoralisches Verhalten wurden vor die eigentlichen Prozessgeschehnisse gestellt und dominierten die Berichterstattung. Weder war es notwendig und ethisch korrekt, intime Details aus dem Privatleben des Angeklagten oder mutmaßlichen Opfers zu veröffentlichen. Auch gehören Details aus Prozessakten nicht an die Öffentlichkeit. Die Publikation solcher „Informationen" diente einer lukrativen Vermarktung der eigenen Publikationen. Insgesamt erwirkte Kachelmann mehr als 100 einstweilige Verfügungs- und Klageverfahren, die sich fast alle gegen die Berichterstattung über das Verfahren und seine Person richteten – unter anderem auch gegen Alice Schwarzer.[372] Eine vollständige Auflistung dieser rechtlichen Schritte bis zu dessen Publikation findet sich in Kachelmanns Buch *Recht und Gerechtigkeit*. Anhand dieser Dokumentation wird auch ersichtlich, dass diese einstweiligen Verfügungen in beinahe allen Fällen erfolgreich waren. Mit dem Freispruch und den Erfolgen gegen *Springer* und *Burda* war der Fall jedoch noch nicht erledigt – nicht für Kachelmann. Es blieb zunächst die soziale Stigmatisierung.[373] Kachelmann verlor nach eigener Aussage einen großen Teil seines Bekanntenkreises und musste sein Leben vollständig neu organisieren. So achtete er beispielsweise darauf, was er in den Müll wirft, um nicht durch eine Unachtsamkeit neuerlich angegriffen zu werden.[374] Der Medienpranger hatte langwierige Folgen für Kachelmann und sein soziales Umfeld[375] – vor allem, solange jener Zweifel an Kachelmanns Unschuld fortbestand, den das Gericht damals wie folgt umschrieb: „Wir entlassen den Angeklagten und die Nebenklägerin mit einem möglicherweise nie mehr aus der Welt zu schaffenden Verdacht, ihn als potenziellen Vergewaltiger, sie als potenzielle rachsüchtige Lügnerin."[376]

Um auch diesen letzten Zweifel zu tilgen, zog Kachelmann in den Folgejahren weiter vor Gericht: Im Jahr 2012 verklagte er Claudia D. vor dem Landgericht Frankfurt am Main auf Schadensersatz: Sie solle ihm die Kosten in Höhe von über 13.000 Euro für Gutachten erstatten, die er in Auftrag gegeben hatte, um im vorangegangenen Strafverfahren falsche Aussagen durch Claudia D. ermitteln zu lassen.[377] Hierbei ging Prozessbeobachtern zufolge weniger um den tatsächlichen Schadensersatz als um die Rehabilitierung Kachelmanns, die ihm trotz des Freispruchs von 2011 nicht ermöglicht wurde.[378] Im damaligen Urteil hoben die Richter hervor, dass der Freispruch Kachelmanns nur wegen des im Strafverfahren geltenden Grundsatzes in dubio pro reo erfolgte. Im Gegensatz zum Strafprozess lag die Beweislast im Zivilverfahren nun bei Kachelmann. Kachelmann musste folglich selbst beweisen, dass Claudia D. bei ihren Beschuldigungen nicht die Wahrheit sagte.[379] In erster Instanz wurde die Klage im Dezember 2013 abgewiesen. Dagegen legte Kachelmann im Januar 2014 beim Oberlandesgericht Frankfurt am Main Berufung ein.[380] Im daran anschließenden Zivilprozess wurde beim Leiter der Frankfurter Rechtsmedizin, Marcel Verhoff, ein Gutachten in Auftrag gegeben, in welchem die potentiellen Selbstverletzungen Claudia D.s sowie das angebliche Tatmesser nochmals untersucht werden sollte.[381] In seiner Vorstellung des Gutachtens erläuterte Verhoff Anfang 2016, dass die Verletzungen der Ex-Geliebten Kachelmanns ‚,durch fremde Hand oder Unfallgeschehen entstanden sein'" könnten, es aber „‚deutlich mehr für Selbstbeibringungen'"[382] spreche. Am 28. September 2016 wurde Claudia D. zur Zahlung von über 7000 Euro verurteilt. In der Urteilsbegründung hieß es, das Gericht sei davon überzeugt, dass Claudia D. Kachelmann „‚vorsätzlich, wahrheitswidrig der Vergewaltigung bezichtigte'".[383] Damit war ein mit Vorsatz begangenes Verbrechen an Kachelmann nunmehr offiziell festgestellt: „Ein später, echter Freispruch. Doch im Vergleich zum Strafprozess 2011 war nun kaum noch Presse im Saal"[384], wie Fabienne Hurst von der *Zeit* feststellte. Aufgrund dieses Urteils leitete die Staatsanwaltschaft Mannheim Ermittlungen gegen Claudia D. wegen des Verdachts auf Freiheitsberaubung ein – Kachelmann hatte schließlich 132 Tage in Untersuchungshaft verbracht.[385] Die Ermittlungen wurden jedoch im September 2017 eingestellt, da „ein hinreichender Tatverdacht nicht begründet werden" könne.[386] Kachelmann legte Beschwerde hiergegen ein.[387]

Einen weiteren juristischen Sieg errang Kachelmann im Juli 2017, nachdem der Wettermoderator drei Jahre zuvor Klage gegen die Staatsanwaltschaft Mannheim wegen „boshafte[r] Nachverurteilung"[388] erhoben hatte. Im Jahr 2012 hatte die Staatsanwaltschaft Mannheim gegenüber *Stern TV* behauptet, dass am Griff des Messers, mit dem Kachelmann seine ehemalige Geliebte bedroht haben sollte, DNA-Spuren gefunden worden seien, „die mit der DNA-Typisierung Kachelmanns übereinstimmten". Im Prozess war jedoch einem Gutachten zufolge die DNA nicht Kachelmann zugeordnet worden, „da sie auch von jedem anderen Mann stammen" könnte. Die Staatsanwaltschaft Mannheim musste daraufhin eine entsprechende Unterlassungserklärung abgeben.[389]

Im April 2018 schließlich wies der Bundesgerichtshof die Nichtzulassungsbeschwerde des *Springer*-Verlages gegen das Schmerzensgeld für Kachelmann zurück. Damit fuhr Kachelmann seinen vorläufig letzten Sieg gegen *Springer* ein.[390]

Sechstes Kapitel: Der Fall „Christian Wulff" (2011–2012) – oder die Frage, wo gerechtfertigte Politikkritik aufhört und eine mediale Treibjagd anfängt

(in Zusammenarbeit mit Victoria Rieß)

Fall

Am 12. Dezember 2011 berichtete die *Bild*-Online-Ausgabe um 22.02 Uhr, dass Bundespräsident Christian Wulff offenbar in Zusammenhang mit einem Privatkredit unvollständige Angaben gegenüber dem niedersächsischen Landtag gemacht habe.[391] Am darauffolgenden Tag wurde der Sachverhalt auf der Titelseite der Printausgabe publiziert. Daraufhin erklärte Wulff in einer schriftlichen Stellungnahme sein Bedauern, dass er die geschäftlichen Verbindungen zu einer privaten Kreditgeberin namens Edith Geerkens bei der Anfrage im Parlament nicht erwähnt hatte.[392] Darüber hinaus räumte Wulff am 18. Dezember 2011 ein, mehrere Gratis-Urlaube in den Häusern befreundeter Unternehmer verbracht zu haben. Zwei Tage später wurde eine weitere Gefälligkeit eines befreundeten Unternehmers öffentlich: AWD-Gründer Carsten Maschmeyer soll Wulff im Landtagswahlkampf 2007 für das Amt des Ministerpräsidenten mit einer Anzeigenkampagne für ein Interviewbuch mit rund 42.000 Euro unterstützt haben.[393]

Unmittelbar vor Weihnachten entließ Bundespräsident Wulff überraschend seinen langjährigen Mitarbeiter und Pressesprecher Olaf Glaeseker[394] und nahm erstmals selbst mit einer öffentlichen Erklärung Stellung zu den geschäftlichen Verbindungen zu Edith Geerkens. Darüber hinaus gestand er, dass die Finanzierung seines Privathauses in der öffentlichen Debatte „irritierend" gewirkt haben müsse: „Das hätte ich vermeiden können und müssen", gab Wulff zu. Außerdem versicherte er, er habe in keinem seiner „öffentlichen Ämter jemandem einen unberechtigten Vorteil gewährt".[395]

Im Januar 2012 berichteten die *Frankfurter Allgemeine Sonntagszeitung* (*FAS*) und die *Süddeutsche Zeitung* (*SZ*) übereinstimmend, Wulff habe mit einem Anruf bei *Bild*-Chefredakteur Kai Diekmann versucht, die Berichterstattung über seinen Privatkredit zu verhindern. Allerdings scheiterte der Versuch, weswegen Wulff ihm eine Nachricht auf dessen Mailbox hinterließ, in der er mit juristischen Konsequenzen im Falle einer Berichterstattung drohte. Infolge des Bekanntwerdens der Mailbox-Nachricht nahm Wulff in einem von *ARD* und *ZDF* gemeinsam geführten Fernsehinterview zu den neuen Vorwürfen Stellung: Er erklärte, dass er mit seinem Anruf nicht beabsichtigt habe, die Berichterstattung zu verhindern. Vielmehr habe er die Berichterstattung um einen Tag bis nach der Rückkehr von seiner Dienstreise aus den Golfstaaten verschieben wollen. Ferner bat er um Verständnis, dass er sich in dieser Situation als „Opfer" gesehen habe. Darüber hinaus habe er nicht nur seine Familie, sondern auch seine Freunde, die in die Öffentlichkeit gezogen worden sind, schützen wollen; es gebe auch „Menschenrechte selbst für Bundespräsidenten"[396], so Wulff. Um mehr Transparenz in die Berichterstattung zu bringen und seine Kooperation mit den Journalisten zu demonstrieren, versprach er, alle Antworten auf Presseanfragen im Internet zu veröffentlichen. Allerdings blieben die zugesagten Antworten bzw. Veröffentlichungen zunächst aus, Christian Wulffs Anwalt Gernot Lehr nahm in einer Stellungnahme die spontane Ankündigung seines Mandanten zurück. Erst nach Vorliegen der Entbindungserklärungen der entsprechenden Journalisten konnte zwei Wochen nach der Ankündigung der Fragenkatalog veröffentlicht werden. Das im Internet verfügbare Dokument geht minutiös auf Fragen und Vorwürfe zur Kreditfinanzierung des Eigenheimes, zu Urlaubsaufenthalten und weiteren Themenkomplexen wie den Verbindungen zu Maschmeyer ein und schließt mit folgender rechtlicher Bewertung:

> „Nach unserer anwaltlichen Prüfung bestehen weder zwischen den Darlehen von Frau Edith Geerkens und der BW-Bank noch den Familienurlauben bei Freunden einerseits und den Amtspflichten als niedersächsischer Ministerpräsident andererseits irgendwelche Zusammenhänge. Die privaten Freundschaften von Herrn Wulff haben seine Amtsführung nicht beeinflusst. § 5 Abs. 4 des Niedersächsischen Ministergesetzes bestimmt, dass Mitglieder der Landesregierung auch nach Beendigung ihres Amtsverhältnisses keine Belohnungen und Geschenke "in Bezug auf ihr Amt" annehmen dürfen. Ein solcher Amtsbezug ist bei den dargestellten Sachverhalten nicht zu erkennen. Anhaltspunkte für die Tatbestände der Vorteilsannahme oder Vorteilsgewährung haben sich nicht ergeben. Insoweit teilen wir die in den Medien berichtete Einschätzung der Staatsanwaltschaft Hannover. Aufgrund von Medienberichten haben wir auch die Frage möglicher Verletzungen von steuerrechtlichen Vorschriften geprüft und sind zu dem Ergebnis gelangt, dass hierfür keine Anhaltspunkte bestehen."[397]

Mitte Januar berichteten das Nachrichtenmagazin *Spiegel* und die *Bild am Sonntag* über einen Hotelaufenthalt Wulffs bei einem Besuch des Münchner Oktoberfests. Filmproduzent David Groenewold soll dem Ehepaar Wulff ein Upgrade in eine Hotelsuite bezahlt haben.[398] Des Weiteren wurden am 8. Februar 2012 in der *Bild*-Zeitung Wulff und Groenewold mit einem weiteren Hotelaufenthalt in Verbindung gebracht. Wulff ließ über seine Anwälte den Aufenthalt auf Sylt von Ende Oktober 2007 bestätigen und erklärte, er sei für die entstandenen Kosten selbst aufgekommen.[399] Aufgrund der Berichte beantragte die Staatsanwaltschaft Hannover am 16. Februar 2012 die Aufhebung der Immunität von Bundespräsident Wulff wegen des Anfangsverdachts der Vorteilsnahme.[400] Am darauffolgenden Tag erklärte Christian Wulff seinen Rücktritt vom Amt des Bundespräsidenten.

Die Berichterstattung über den *Fall Wulff* behandelte eine Vielzahl von unterschiedlichen Vorwürfen:

„In chronologischer Reihenfolge kann man 15 Hauptthemen seiner Skandalisierung unterscheiden: Hausfinanzierung, Geschäftsbeziehungen, Urlaubsaufenthalte, Buchfinanzierung, Reaktionen auf Vorwürfe, Diekmann-Anruf, Nord-Süd-Dialog, Autos, Upgrades, Finanzierung Mitgliederzeitschrift, Anwaltstätigkeit, Glaeseker, Kleidung, Firmenförderung und kostenloses Handy. Die meisten dieser themenspezifisch zusammengefassten Vorwürfe bestanden ihrerseits aus Serien von Einzelvorwürfen [...]. Vermutlich kann sich kaum noch jemand an alle Vorwürfe erinnern, die damals mosaikartig zum Bild eines Mannes zusammengefügt wurden, der charakterlich für sein Amt ungeeignet war. Vermutlich werden noch weniger wissen, welche Vorwürfe sich als substanziell erwiesen haben und welche nicht – falls sie das überhaupt erfahren haben."[401]

Rückblickend kann man den „Affären-Komplex Wulff" in drei Unteraffären unterteilen: die *Kredit-Affäre*, die *Mailbox-Affäre* und die *Urlaubsreisen-Affäre*. Die Medien berichteten umfassend über den *Fall Wulff* und diese Teil-Dimensionen. Der Großteil der Medienberichte wurde in den neun Wochen zwischen dem Aufkommen der ersten Vorwürfe in den Printmedien am 12. bzw. 13. Dezember 2011 bis zum Rücktritt Wulffs Mitte Februar 2012 veröffentlicht. Insgesamt druckten allein die überregionalen Medien *Bild*, *Spiegel*, *Stern*, *Frankfurter Allgemeine Zeitung* (*FAZ*), *Süddeutsche Zeitung* (*SZ*) und *Zeit* (inklusive der jeweiligen Sonntagsausgaben) fast 370 Artikel zum Thema – unabhängig von journalistischen Darstellungsformen und Ressorts; Leserbriefe und Zuschriften an die Redaktion nicht eingeschlossen. Die Berichterstattung dieser ca. 370 Beiträge – über die TV-Berichterstattung wird im vorliegenden Kapitel nicht in vergleichbarem Umfang referiert – gestaltete sich wie folgt:

Im Zusammenhang mit dem ersten Teil des Affären-Komplexes, der sogenannten *Kredit-Affäre*, titelte *Bild* im Dezember 2011 mit der Schlagzeile „Wirbel um Privatkredit" und stellte die Frage, ob Christian Wulff 2010 als niedersächsischer Ministerpräsident den Landtag hinters Licht geführt habe. Ausführlich berichtete die *Bild*-Zeitung auf Seite 2 über eine parlamentarische Befragung vom 18. Februar 2010, in der Christian Wulff zum Vorwurf eines kostenlosen Upgrades in die Business-Class schriftlich Stellung genommen hatte. Gemeinsam mit seiner Familie war Wulff in den Weihnachtsurlaub nach Florida geflogen, ohne den vollen Preis für die Flugtickets zu zahlen. Den zweiwöchigen Urlaub hatte er in einer Villa des befreundeten Unternehmers Egon Geerkens verbracht. Nach Bekanntwerden des Sachverhalts untersuchte der Niedersächsische Landtag den Vorgang – insbesondere die Frage, ob seinerzeit zwischen Ministerpräsident Wulff und Egon Geerkens geschäftliche Beziehungen bestanden: Christian Wulff verneinte diese Frage, obwohl das Ehepaar Wulff sich im Rahmen eines privaten Darlehensvertrages im Oktober 2008 eine halbe Million Euro von Edith Geerkens geliehen hatte, um ein Einfamilienhaus mit einem 658 Quadratmeter großen Grundstück zu kaufen. Die *Bild*-Zeitung erklärte weiter, dass Wulff unmittelbar nach der Anfrage des Parlaments den privaten Kredit vorzeitig durch ein Hypotheken-Darlehen bei der Stuttgarter *BW-Bank* abgelöst habe.[402]

Nach dem ersten Beitrag berichteten neben der *Bild*-Zeitung auch die *FAZ* und die *SZ* über den Vorwurf. Laut diesen Berichten sei die Darlehenssumme von einem Konto des Ehepaar Geerkens an Wulff transferiert worden.[403] Des Weiteren beleuchteten

127

die Berichte insbesondere die Person Egon Geerkens, der als „väterlicher Freund" und „medienscheuer Geschäftsmann" charakterisiert wurde. Sowohl die *Bild* als auch die *FAZ* berichteten am 14. Dezember 2011 über Egon Geerkens als einen Freund von Wulffs Stiefvater. Die *FAZ* berief sich bei dieser Behauptung auf einen Bericht der Neuen Osnabrücker Zeitung, wonach er ein „'Skatbruder' von Wulffs Stiefvater"[404] gewesen sein soll. *Bild* behauptete: „Geerkens spielte schon in einer Skatrunde mit Wulffs Vater Rudolf".[405] Tage später machte die *Frankfurter Allgemeine Sonntagszeitung (FAS)* darauf aufmerksam, dass die Behauptung, Geerkens sei ein Skatbruder des Vaters, falsch gewesen sei: „Ich kann überhaupt nicht Skat spielen, noch nicht einmal Mau-Mau"[406], wurde Geerkens zitiert. Daneben legten die Berichte dar, dass Geerkens, der damals in der Schweiz lebte und nicht mehr als Geschäftsmann tätig war, Christian Wulff dreimal auf Delegationsreisen ins Ausland begleitet hatte.[407]

Als Reaktion auf diese Berichte veröffentlichte Wulff eine schriftliche Erklärung, in der er Stellung zu dem Vorwurf nahm, den Landtag getäuscht zu haben:

> „Bei der zitierten parlamentarischen Anfrage aus dem Niedersächsischen Landtag ging es darum, ob geschäftliche Beziehungen zwischen mir und/oder dem Land Niedersachsen auf der einen Seite und Herrn Geerkens, einem weiteren Unternehmen oder Firmen, auf der anderen Seite bestanden. Das war nicht der Fall. Dementsprechend habe ich die Frage beantwortet und keine Veranlassung gesehen, den privaten Darlehensvertrag mit Frau Geerkens zu erwähnen".[408]

Wulff erklärte weiter, dass das private Darlehen durch ein kurzfristiges Geldmarktdarlehen der *BW-Bank* zurückgezahlt worden sei. Der zweite Kredit wiederum sei durch ein langfristiges Bankdarlehen ebenfalls bei der *BW-Bank* abgelöst worden. Um mehr Transparenz herzustellen, ließ Wulff bei seinem Anwalt Unterlagen zur Einsicht für interessierte Medien hinterlegen. Die insgesamt 27 vorgelegten Seiten umfassten den Kaufvertrag über das Einfamilienhaus, Grundbuchauszüge, die Bestätigung der Zinszahlung und den privaten Kreditvertrag.

Interessanterweise hatten der *Stern* bereits im Juni 2009[409] und später der *Spiegel* im Dezember 2010 beim Amtsgericht Burgwedel die Einsicht ins Grundbuch beantragt, um Wulffs Hauskauf unter die Lupe zu nehmen. Beiden wurde die Einsicht verweigert.[410] Im weiteren Verlauf der Recherchen entschied sich die Redaktion des *Sterns* im Februar 2011 dazu, direkt im Bundespräsidialamt nachzufragen. Wulffs Pressesprecher Glaeseker antwortete im Namen des Bundespräsidenten und erklärte: „Darlehensgeber war und ist die BW-Bank".[411] Parallel dazu recherchierten die *Bild*-Zeitung und der *Spiegel*, welcher nach einer Beschwerde vor dem Oberlandesgericht schließlich vor dem Bundesgerichtshof auf Einsichtnahme in das Grundbuch klagte. Die Richter des BGH bestätigten, dass dem Interesse der Presse an einer Einsicht Vorrang vor dem Persönlichkeitsrecht des Eingetragenen einzuräumen sei. Allerdings führte der Einblick in den Grundbuchauszug der Familie Wulff nicht zu weiterführenden Hinweisen. Das Dokument belegte lediglich, dass die *BW-Bank* drei Wochen nach Wulffs Nominierung zum Bundespräsidenten die Finanzierung des Einfamilienhauses übernommen hatte.[412]

Daraufhin setzte *Bild*-Reporter Nikolaus Harbusch seine Recherchen in Großburgwedel fort, jedoch ohne Erfolg, da ihm der Vorbesitzer des Hauses keine neuen Informationen zur Verfügung stellen wollte. Im Anschluss kontaktierte der Vorbesitzer jedoch Wulffs Frau Bettina und teilte ihr mit, „dass sich die *Bild*-Zeitung bei ihm gemeldet und Fragen gestellt habe, zum Verkauf des Hauses".[413] Am nächsten Tag beschwerte sich Wulffs Pressesprecher Olaf Glaeseker im Namen des Bundespräsidenten bei der *Bild*-Chefredaktion über die Recherchen in Großburgwedel.[414] Um die entscheidende Frage zum Privatkredit beantwortet zu bekommen, wandte sich die *Bild*-Redaktion wiederum per E-Mail an Wulffs Pressesprecher. Am 6. Dezember 2011 schließlich erhielt *Bild*-Reporter Martin Heidemanns, einen Tag später auch ein Redakteur des *Sterns*, Einblick in den Darlehensvertrag zwischen dem Ehepaar Wulff und Edith Geerkens. Beide berichteten, dass Pressesprecher Glaeseker die Bedingung gestellt hatte, den Namen der Kreditgeberin nicht zu veröffentlichen.[415] Sowohl der *Stern* als auch die *Bild* lehnten diese Zusage ab, bis Glaeseker schließlich einlenkte.[416]

Nachdem der Name bekannt geworden war, begann die Recherche zum Ehepaar Geerkens. Dafür reisten die *Bild*-Reporter Nikolaus Harbusch und Fabian Matzerath in die Schweiz, um persönlich mit dem Ehepaar Geerkens zu sprechen. Doch Egon Geerkens wollte sich nicht äußern.[417] Daraufhin kontaktierte die *Bild*-Zeitung am 11. Dezember 2011 um 6:49 Uhr per E-Mail erneut die Pressestelle des Bundespräsidenten mit einem ausführlichen Fragenkatalog – u. a. mit der Frage, weshalb Wulff eine geschäftliche Beziehung zu Edith Geerkens, die in Gütergemeinschaft mit ihrem Ehemann lebte, vor dem Landtag verschwiegen hatte. Zudem wurde eine Stellungnahme Wulffs bezüglich des Verdachts der bewussten Täuschung erbeten.[418] In der Folge trafen per Telefax einige Antworten auf diese Anfrage in der Redaktion ein, woraufhin *Bild*-Reporter Heidemanns per SMS Olaf Glaeseker um Erlaubnis bat, Auszüge aus den Antworten zu veröffentlichen. Im Anschluss zog Glaeseker die Antworten zurück. Angesichts der fehlenden Autorisierung entschied sich die *Bild*-Redaktion zu einer Berichterstattung ohne Stellungnahme des Bundespräsidenten.[419] Auf die fehlende Stellungnahme wies die Redaktion am Ende des Artikels hin: „Auch auf mehrfache Anfrage von BILD wollte sich der Bundespräsident nicht offiziell zu dem Vorgang äußern".[420]

Zur *Kredit-Affäre* wurde insgesamt auch an anderer Stelle viel recherchiert. Besonders die Konditionen wurden direkt bei der *BW-Bank* hinterfragt. Zu den genauen Bedingungen des Kredits äußerte sich die Bank zwar nicht, räumte aber ein, dass Wulff als gehobener Privatkunde eingestuft wurde.[421] In diesem Zusammenhang befragten Zeitungen Wirtschafts-, Finanz- und Immobilienexperten zu den Kredit-Bedingungen, die urteilten, dass die Konditionen für Wulff recht unüblich gewesen seien.[422]

Wie ging die Presse nun mit den Verdachtsmomenten um, die sich aus den Recherchen ergaben? Zunächst sprach die *Bild*-Zeitung in der Tat nur von einem „Verdacht" und warf die Frage auf, ob Wulff „den Landtag in Hannover getäuscht" habe. Im weiteren Verlauf des Artikels legte sich *Bild* dann fest, dass „Wulff das

Parlament in die Irre geführt" hat.[423] Im dazugehörigen Kommentar wurde Wulffs Erklärung vor dem Landtag nicht als „Lüge im juristischen Sinne" bezeichnet – „die Wahrheit war es eben auch nicht".[424] Allerdings ging die *Bild* nicht davon aus, dass Wulff sich strafbar gemacht habe.[425] Als „formal korrekt und juristisch unanfechtbar" beurteilte auch die *FAZ* die Vorgänge[426], ähnlich wie die *Zeit*, die am 15. Dezember 2011 aufgrund des Kenntnisstandes keinen Anhaltspunkt dafür sah, dass Wulffs Verhalten „[i]llegal" gewesen sei: Eine unvollständige Auskunft sei juristisch gesehen keine Lüge, damit könne Wulff auch vor Gericht „vermutlich durchkommen".[427] Der *Spiegel* dagegen stellte als erstes Wulffs Behauptung in Frage und hielt ihn für einen Täuscher. Nach Auffassung der *Spiegel*-Journalisten habe vieles dafür gesprochen, dass Wulff das Darlehen von Egon Geerkens und nicht – wie behauptet – von dessen Ehefrau erhalten hatte. Dies begründete der *Spiegel* mit Aussagen Geerkens aus einem gemeinsamen Telefonat. In diesem Gespräch habe Egon Geerkens gesagt: „'Ich habe mit Wulff verhandelt'", „'ich habe mir überlegt, wie das Geschäft abgewickelt werden könnte'" und „'ich bin der Freund von Wulff'".[428] Auch die Transaktion des Geldes durch einen Bundesbankscheck habe er selbst begründet: „'[I]ch wollte nicht, dass irgendein Bank-Azubi sieht, dass so viel Geld von mir an Wulff fließt'". Darüber hinaus habe Geerkens ausgesagt, dass beide Eheleute uneingeschränkte Vollmacht über sämtliche Konten besäßen. Auch die Rückzahlung des Kredits sei auf ein gemeinsames Konto des Ehepaars erfolgt. Dementsprechend nahm der *Spiegel* an, dass der umstrittene Kredit „wohl" von dem Unternehmer selbst gewährt wurde. In diesem Zusammenhang berichteten auch *FAZ*, *SZ* und *Bild* über die Recherchen der Kollegen vom *Spiegel* und beriefen sich auf dessen Informationen. Auch der *Stern* griff in seiner nächsten Ausgabe die Zweifel an Wulffs Aussage auf und berichtete über die „immer noch nicht restlos aufgeklärten Umstände des Privatkredits".[429] In der darauffolgenden Berichterstattung gingen die Medien davon aus, dass Egon Geerkens der „mutmaßliche"[430] Kreditgeber war. Allerdings beantworteten sie die Frage, ob Wulff den Landtag belogen habe, nicht eindeutig – zumeist blieb es bei der Formulierung eines „Verdachts". Die *SZ* beispielsweise betonte, dass es dazu „viele offene Fragen" gegeben habe, insbesondere, „ob Wulff überhaupt einen Vorteil daraus zog, dass er den Kredit nicht bei einer Bank aufnahm".[431] Auch die zwei folgenden Kredite durch die *BW-Bank* wurden nicht als bestehende Verdachtsmomente dargestellt.

Wulffs Privatkredit wurde auch intensiv in den Kommentaren der Presse thematisiert: Die *FAZ* bescheinigte dem Kredit einen „üblen Geruch", weil Wulff ihn „auf Nachfrage vertuscht, aber kurz darauf in aller Eile ehrbar gemacht hat".[432] „[A]dvokatenschlau"[433] habe Wulff das Parlament hinters Licht geführt und die „Verschleierungsversuche gehen weiter", kritisierte die *FAZ*. Die *SZ* verglich das Verhalten von Wulff mit dem eines „verdruksten Kleinbürgers"[434], der sich für sein Verhalten geniert und „sich später scheinheilig dazu erklärt".[435]

Zur Berichterstattung der *Bild* und dem Verdacht der Lüge gegenüber dem Landtag von Niedersachsen erklärte Wulffs Sprecher Glaeseker am 13. Dezember 2011:

„Die Anfrage der Abgeordneten [...] wurde im Niedersächsischen Landtag korrekt beantwortet. Die Anfrage bezog sich auf geschäftliche Beziehungen zu Herrn Egon Geerkens oder zu einer Firma, an der Herr Geerkens beteiligt war. Solche geschäftlichen Beziehungen bestanden und bestehen nicht. Es bestand eine Vereinbarung mit Frau Edith Geerkens zu einem Darlehen aus ihrem Privatvermögen. Dementsprechend wurde die unmißverständliche Anfrage wahrheitsgemäß verneint. Durch den privaten Darlehensvertrag mit der mit dem Bundespräsidenten seit vielen Jahren befreundeten Frau Edith Geerkens wurde 2008 der Kauf des privaten Einfamilienhauses der Eheleute Christian und Bettina Wulff in Burgwedel zu einem Zinssatz von vier Prozent finanziert. Die fälligen Zinsen wurden fristgerecht gezahlt. Im Frühjahr 2010 ist dieses Privatdarlehen durch eine Bankfinanzierung mit niedrigerem Zinssatz abgelöst worden. Der BILD-Zeitung und anderen Journalisten wurde dieser Sachverhalt in den zurückliegenden Wochen ausführlich mit Dokumenten dargelegt. Dabei wurde auch der Name der Kreditgeberin gegen die Zusage genannt, diesen aus Gründen des Datenschutzes und des Schutzes von Persönlichkeitsrechten nicht zu veröffentlichen, weil es sich um eine Privatperson handelt."[436]

Die *Bild*-Zeitung konterte daraufhin: „Anders, als es das Bundespräsidialamt gestern darstellte, gab BILD ausdrücklich nicht die Zusage, den Namen von Frau Geerkens nicht zu veröffentlichen".[437]

Wichtiger als diese Pressemeldung war eine persönliche Stellungnahme des Bundespräsidenten vom 22. Dezember 2011, die in der Berichterstattung umfangreich aufgegriffen wurde. Darin erklärte Wulff:

„[...] Alle Fragen zu den Vorgängen nehme ich sehr ernst und habe deshalb für volle Offenheit im Hinblick auf die Finanzierung unseres Einfamilienhauses gesorgt. Sowohl, was den Privatkredit anbelangt, als auch, was alle Verträge und alle Konditionen der Geldmarktkredite bei der BW-Bank anbelangt. Alle Auskünfte sind erteilt worden, auch zu Konditionen. Vom Bankgeheimnis ist umfassend befreit worden. Außerdem habe ich die Ferienaufenthalte bei Freunden offengelegt, die Dokumente liegen seit Montag bei einer dazu beauftragten Rechtsanwaltskanzlei aus. Und es ist ja gelegentlich auch Einsicht genommen worden. Bis heute habe ich über 250 Einzelfragen jedweder Art nach bestem Wissen und Gewissen beantwortet. Davon viele, die Einzelheiten aus meinem Privat- und Familienleben betreffen. Ich weiß und finde es richtig, dass die Presse- und Informationsfreiheit ein hohes Gut ist in unserer freiheitlichen Gesellschaft. Das bedeutet gerade für Amtsträger, jederzeit die Wahrnehmung ihrer Aufgaben vor der Öffentlichkeit zu erläutern und gerade auch im Grenzbereich zwischen Dienstlichem und Privatem, zwischen Amt und privat, die erforderliche Transparenz herzustellen. Das ist, wie viele von Ihnen auch wissen, nicht immer leicht, gerade wenn man an den Schutz betroffener Familienangehöriger und Freunde denkt. Aber es ist eben notwendig, denn es geht um Vertrauen in mich und meine Amtsführung. Mir ist klar geworden, wie irritierend die private Finanzierung unseres Einfamilienhauses in der Öffentlichkeit gewirkt hat. Das hätte ich vermeiden können und müssen. Ich hätte auch den Privatkredit dem niedersächsischen Landtag damalig offenlegen sollen. Das war nicht gradlinig, und das tut mir leid. Ich sehe ein, nicht alles, was juristisch rechtens ist, ist auch richtig. Ich sage aber auch deutlich, zu keinem Zeitpunkt habe ich in einem meiner öffentlichen Ämter jemandem einen unberechtigten Vorteil gewährt. Persönliche Freundschaften sind mir, gerade auch menschlich, wichtig. Sie haben aber meine Amtsführung nicht beeinflusst. Dafür stehe ich."[438]

Auf diese erste öffentliche Entschuldigung reagierte die Presse mit den Schlagzeilen „Das tut mir leid"[439], „Das war nicht geradlinig"[440] und „Das war nicht geradlinig, und das tut mir leid"[441] fast überall auf der ersten Seite. Darüber hinaus druckten sowohl die *Bild* als auch die *FAZ* die vollständige Pressemitteilung ab.

Man könnte meinen, damit sei die Sache für Wulff ausgestanden gewesen – doch es folgte die weit folgenreichere *Mailbox-Affäre* als zweiter Akt des Dramas: Am 20. Dezember 2011 erschien in der *FAZ* die erste vage Andeutung über den Anruf von Christian Wulff. Demnach erzählte man sich in „Journalistenkreisen [...] von umständlichen, gewundenen Mailbox-Ansagen bei Medienchefs, in denen der Bundespräsident bald drohend, bald bittend noch vor einer Veröffentlichung interveniert".[442] Nachdem größere mediale Entrüstung über den Drohanruf ausgeblieben war, griff die *FAS* am 01. Januar 2012 das Thema erneut auf – diesmal als Tatsachenbehauptung, belegt mit wörtlichen Auszügen: Ein Tag vor der ersten Berichterstattung zur *Kredit-Affäre*, so die *FAS*, habe Christian Wulff, der zu diesem Zeitpunkt auf einer Auslandsreise am Persischen Golf weilte, versucht, den Chefredakteur der *Bild*-Zeitung Kai Diekmann per Handy zu kontaktieren. Da Wulff ihn nicht erreicht hatte, hinterließ er ihm eine Nachricht:

„Guten Abend, Herr Diekmann,

Ich rufe sie an aus Kuwait. Bin gerade auf dem Weg zum Emir und deswegen hier sehr eingespannt. Weil ich von morgens 8.00 Uhr bis abends 11.00 Uhr Termine habe. Ich bin in vier Golfstaaten unterwegs, und parallel plant einer ihrer Journalisten seit Monaten eine unglaubliche Geschichte, die morgen veröffentlicht werden soll und die zum endgültigen Bruch mit dem Springer-Verlag führen würde. Weil es einfach Methoden gab mit Dingen im Nachbarschaftsumfeld in Burgwedel, die über das Erlaubte hinaus gehen, und die Methoden auch öffentlich gemacht werden von mir. Ich habe alles offengelegt, Informationen gegeben, gegen die Zusicherung, dass die nicht verwandt werden. Die werden jetzt indirekt verwandt. Das heißt, ich werde auch Strafantrag stellen gegenüber Journalisten morgen, und die Anwälte sind beauftragt. Und die Frage ist einfach, ob nicht die *Bild*- Zeitung akzeptieren kann, wenn das Staatsoberhaupt im Ausland ist, zu warten, bis ich Dienstagabend wiederkomme, also morgen, und Mittwoch eine Besprechung zu machen, wo ich mit Herrn Heidemanns und den Redakteuren rede, wenn sie möchten, die Dinge erörtere, und dann können wir entscheiden, wie wir die Dinge sehen, und dann können wir entscheiden, wie wir den Krieg führen. Aber wie das gelaufen ist in den letzten Monaten, ist das inakzeptabel, und meine Frau und ich werden Mittwochmorgen eine Pressekonferenz machen zwischen dem [Treffen mit dem] japanischen Ministerpräsidenten und den weiteren Terminen und werden entsprechend auch öffentlich werden. Weil diese Methoden Ihrer Journalisten, des investigativen Journalismus, nicht mehr akzeptabel sind. Und Sie werden ja voll umfassend im Bilde sein; ich vermute, nicht voll, richtig, objektiv informiert sein, aber im Bilde sein. Und ich wollte einfach, dass wir darüber sprechen. Denn wenn das Kind im Brunnen liegt, ist das Ding nicht mehr hochzuholen – das ist eindeutig. Nach den Erfahrungen, die wir in den letzten Wochen gemacht haben. Es gab immer dieses jahrelange Gerücht, Maschmeyer hätte was damit zu tun. Wir haben dargelegt, dass das alles Unsinn ist. Und jetzt werden andere Geschichten behauptet, die Unsinn sind. Und da ist jetzt bei meiner Frau und mir einfach der Rubikon in dem Verhalten überschritten. Und ich erreiche Sie leider nicht. Ich höre, Sie sind in New York – insofern ist es da ja Mittag, und hier ist natürlich schon Abend. In Berlin ist es jetzt 18.00 Uhr. Es wäre nett, wenn Ihr Büro versuchen kann, Herrn Glaeseker oder Herrn Hagebölling, den Chef des Bundespräsidialamtes, oder mich zu erreichen. Ich bin nur jetzt im Gespräch, und dann habe ich hier eine Rede zu halten. Und ich bin also erst wieder etwa in eineinhalb Stunden in der Lage, dort in der Deutschen Botschaft zu sprechen. Ich würde aber dann natürlich gerne mit Ihnen sprechen, denn dass man nicht bis Mittwoch wartet, die Dinge bespricht und dann sagt, okay, wir wollen den Krieg und führen ihn, das finde ich sehr unverantwortlich von Ihrer Mannschaft, und da muss ich den Chefredakteur schon jetzt fragen, ob er das so will, was ich eigentlich mir nicht vorstellen kann. Vielen Dank! Und bis dann, wo wir uns dann sprechen. Ich hoffe, dass Sie die Nachricht abhören können. Und ich bitte um Vergebung, aber hier ist jetzt für mich ein Punkt erreicht, der mich zu einer Handlung zwingt, die ich bisher niemals in meinem Leben präsentiert habe. Die hatte ich auch nie nötig. Die Dinge waren immer ordentlich, sauber, bei allen Vorbehalten und Gerüchten, die es immer verbreitet gab. Die alle falsch waren. Und jetzt würde ich diese Dinge dieser investigativen Journalisten des Netzwerkes offenlegen. Und insofern denke ich mal, es gibt jetzt noch eine Chance, und die sollten wir nutzen. Dankeschön! Wiederhören, Herr Diekmann."[443]

Ein Tag danach thematisierte auch die *SZ* die Mailbox-Nachricht, die den Medien zu diesem Zeitpunkt noch nicht sämtlich in Volltext vorlag, und ergänzte: „Nach SZ-Informationen soll Wulff sogar mit einem Strafantrag gegen die Journalisten gedroht haben".[444] Die *Bild*-Zeitung hingegen zitierte als einziges überregionales Blatt keinerlei Textpassagen, lediglich der Anruf des Bundespräsidenten wurde eingeräumt, in dessen Verlauf Wulff „u. a. mit strafrechtlichen Konsequenzen für den Fall einer Veröffentlichung gedroht"[445] hatte. Unter der Überschrift „In eigener Sache" erklärte die Chefredaktion der *Bild*, weshalb sie nicht exklusiv über den Vorfall berichtete, sondern ihn an die Kollegen der *FAS* weitergereicht hatte. Nach einer persönlichen telefonischen Entschuldigung des Bundespräsidenten „für Ton und Inhalt seiner Äußerungen" habe „die BILD-Zeitung nach breiter redaktioneller Debatte davon abgesehen, eigens über den Vorfall zu berichten".[446] Sowohl *Stern* als auch *Zeit* verzichteten auf die Wiedergabe von Textpassagen. Beide thematisierten die *Mailbox-Affäre* ausschließlich in Kommentaren.

Damit war eine neue Eskalationsstufe im *Fall Wulff* erreicht: Der Anruf des Bundespräsidenten löste eine Welle massiver Kritik mit durchgängig negativem Tenor aus: Die *FAZ* schrieb, eine derartige Äußerung passe „nur zu einem Staatsoberhaupt, das von allen guten Geistern verlassen worden ist".[447] Auch ein „Mangel an Urteilskraft"[448] sei zu erkennen. Ferner wurde das Verhalten von Wulff mit jenem eines

Ex-Freundes verglichen, „der noch lange nach der Trennung zwischen Rachedurst und Sehnsucht schwankt und beseelt zum spätabendlichen Monolog ansetzt".[449] Bestürzt zeigte sich die *SZ* von der „Mischung aus Naivität und Dreistigkeit, mit der Wulff agiert hat".[450] Weiter hieß es: „Die Sicherungen, die bei einem Präsidenten im Falle einer – politischen wie privaten – Krise funktionieren sollten, funktionieren bei ihm nicht". Hinsichtlich des Vorwurfs, der Bundespräsident habe die Pressefreiheit mit Füßen getreten, gingen die Meinungen auseinander: Der *Spiegel* hielt diesen Vorwurf für „reichlich übertrieben"[451], die Nachricht sei ein „Dokument der Kopflosigkeit"[452] und kein „ernsthafter Versuch, Zensur auszuüben", so die *Zeit*.

Der dritte und letzte Akt des Dramas – die *Urlaubsreisen-Affäre* – eröffnete mit Recherchen zur Finanzierung weiterer privater Reisen Wulffs: Medienrecherchen förderten insgesamt sechs Urlaubsaufenthalte bei befreundeten Unternehmern ans Tageslicht, darunter eine kostenlose Hochzeitsreise in die Toskana. Die Reisen verstießen nach Auffassung von Wulffs Anwalt nicht gegen das niedersächsische Ministergesetz – mit folgender Begründung:

> „Besuche bei den langjährigen Freunden von Christian Wulff hatten keinen Bezug zu seinem Amt als niedersächsischer Ministerpräsident. Seit seiner Wahl zum Bundespräsidenten hat Christian Wulff keine privaten Ferieneinladungen angenommen."[453]

Problematisch für Wulff wurde jedoch, dass – kaum hatte die *Mailbox-Affäre* Anfang Januar 2012 hohe Wellen geschlagen – am 15. Januar 2012 neue Berichte zu einem Hotelaufenthalt Wulffs in München erschienen: *Bild am Sonntag* berichtete, der Berliner Filmproduzent David Groenewold habe Christian Wulff 2008 zu einem Oktoberfest-Besuch ins Käfer-Festzelt eingeladen. Darüber hinaus habe Groenewold sowohl ein Hotel-Upgrade für die Familie Wulff als auch die Kosten für die Betreuung von Wulffs Sohn Linus per Kreditkarte bezahlt. Die Kosten für das Kindermädchen habe Wulff Groenewold in bar zurückerstattet.[454] Es wurde ein Interessenskonflikt vermutet, da ein Jahr zuvor die Produktionsfirma *Waterfall*, an der David Groenewolds Münchener Produktionsfirma zu 50,1 Prozent Beteiligungen hielt, eine Bürgschaft des Landes Niedersachsen in Höhe von 5 Millionen Euro zugesprochen bekommen hatte. Ausbezahlt worden sei die Summe nicht, da die Produktionsfirma trotz der Finanzgarantie keinen Film gedreht habe.[455] Bis auf *Stern* und *Zeit* berichteten die meisten Printmedien über den Besuch des Münchner Oktoberfests.

Am 8. Februar 2012 enthüllte die *Bild*-Zeitung neue Vorwürfe mit den Schlagzeilen „Wer zahlte Wulffs Sylt-Urlaub?" und „Neuer Wirbel um Wulff-Urlaub": Zwei Kurzurlaube im Oktober 2007 und im August 2008 gaben diesmal Anstoß zur Berichterstattung. Die Buchung und die Vorabbezahlung für das Ehepaar Wulff habe Groenewold veranlasst, die Kosten seien jeweils nachträglich von Wulff in bar erstattet worden.[456] *Bild* berichtete weiter, Groenewold habe am 16. Januar 2012 das Hotel kontaktiert und das Personal um Verschwiegenheit gebeten. Darüber hinaus habe er sich persönlich die Anreiseliste, den Meldeschein und die Verzehrquittung vom Hotel-Manager aushändigen lassen.

Der *Spiegel* und die *Bild*-Zeitung recherchierten zunächst über den Besuch auf dem Münchener Oktoberfest und im Anschluss daran über die zwei Sylt-Aufenthalte, die den Anschein erweckten, Christian Wulff und David Groenewold hätten voneinander profitiert. Es entstand der Eindruck privater Nähe zwischen Politik und Wirtschaft, welche sich womöglich auch auf politische Entscheidungen hätte auswirken können. Im Gegensatz zu den rein privaten Sylt-Urlauben war Christian Wulff auf dem Münchener Oktoberfest auch als Ministerpräsident erschienen, um dienstliche Gespräche über medienpolitische Fragen zu führen.

Im Rahmen der Berichterstattung über den Besuch des Münchener Oktoberfestes 2008 berief sich der *Spiegel* auf vorliegende Dokumente und Hotelrechnungen zum Aufenthalt in München: Groenewold habe die Rechnung mit seiner privaten American-Express-Karte bezahlt, die Rechnung selbst sei dann an die *Odeon Film AG* geschickt worden. Zudem belege die Hotelrechnung, dass Groenewold einen Teil von Wulffs Hotelkosten und die Kosten für das Kindermädchen beglichen hatte. Aus einem Begleitschreiben veröffentlichte der *Spiegel* die Anmerkung des Hotels: „Wie von Herrn Groenewold gewünscht, haben wir bei der Logis die Zimmernummern gelöscht".[457] Auf Nachfrage der *Bild*-Zeitung begründete Groenewolds Anwalt das Upgrade mit der Tatsache, dass das Ehepaar Wulff überraschend mit dem vier Monate alten Sohn angereist sei und sein Mandant daraufhin einen Zimmertausch veranlasst habe.[458] Die zusätzlichen 200 Euro pro Übernachtung habe Groenewold ohne Wulffs Wissen bezahlt. Dies wurde in den beiden Mitteilungen der jeweiligen Anwälte erklärt. Sogar der entlastende Hinweis, dass die zunächst von Groenewold übernommenen Kosten für ein Kindermädchen umgehend von Wulff in bar erstattet worden seien, fand Erwähnung.

Die *Bild*-Zeitung berief sich in ihrer Berichterstattung darüber hinaus auf eigene Recherchen und schriftliche Anweisungen für die Hotelangestellten mit dem Vermerk: „Falls also Bild oder Springer anruft, wir wissen von nichts!"[459] In diesem Kontext wurde ebenfalls erwähnt, Groenewold habe die Mitarbeiter des Hotels aufgefordert, relevante Rechnungen und Belege aus dem gemeinsamen Kurzurlaub mit dem Ehepaar Wulff auszuhändigen. Am Tag darauf berichteten die *Zeit*, die *FAZ* und die *SZ* über dieses Detail und beriefen sich dabei auf die Berichterstattung der *Bild*-Zeitung. Der *Spiegel* hingegen berichtete abweichend von der *Bild*: „Die Direktionsassistentin des Hotels händigte ihm die Kopien aus, woraufhin er vor zwei weiteren Angestellten noch die spaßige Frage stellte, ob man aus dem Gästebuch die Seite von Wulffs Besuch herausreißen könne".[460] Nach Darstellung der *Bild*-Zeitung wurden die Originaldokumente ausgehändigt. Gegen diese Behauptung erwirkte Groenewold vor dem Landgericht Köln eine einstweilige Verfügung und forderte eine Gegendarstellung der *Bild*. Diese wurde deutlich zeitverzögert am 24. April 2012 veröffentlicht:

> „Unter www.bild.de vom 8. Februar 2012 verbreiten Sie über mich unter der Überschrift „Neuer Wirbel um Wulff-Urlaub" im Zusammenhang mit einer Berichterstattung über einen gemeinsamen Sylt-Aufenthalt mit dem damaligen Ministerpräsidenten Wulff im Jahr 2007 Folgendes: 1. „Am Morgen des 20. Januar fordert er Mitarbeiter des Hotels

auf, relevante Rechnungen und Belege aus dem gemeinsamen Kurzurlaub mit dem Ehepaar Wulff aus dem Jahr 2007 auszuhändigen. Ein Hotel-Manager übergibt Groenewold Anreiselisten, Meldescheine und Verzehrquittungen." Hierzu stelle ich fest: Ich habe das Hotel lediglich um die Anfertigung von Kopien der Rechnungsbelege gebeten. Mir wurden auch weder Anreiselisten, Meldescheine noch Verzehrquittungen übergeben. 2. Weiter schreiben Sie: „In bar will Wulff (...) die von Groenewold übernommenen Hotelkosten auch bei einem Oktoberfest-Besuch im Jahr 2008 erstattet haben." Hierzu stelle ich fest: Herr Wulff hat mir lediglich die von mir übernommenen Kosten für die Babysitterin in bar erstattet. Darüber hinaus habe ich lediglich den Aufpreis für ein größeres Zimmer während des gemeinsamen Oktoberfest-Besuchs übernommen, ohne dies Herrn Wulff mitzuteilen. Er hat den Betrag auch nicht in bar erstattet, sondern mir vor rund 3 Wochen überwiesen, nachdem er erstmals hiervon über die Medien erfahren hatte. [...]"[461]

Insgesamt enthielten viele der Veröffentlichungen nicht den Verdacht neuer Vorwürfe gegen Wulff, sondern auch Argumente für Wulffs Unschuld: „Die Zahlung sei bar erfolgt"[462], die „kleinen Großzügigkeiten [seien] stets wieder beglichen" worden[463] und „in bar will Wulff [...] die von Groenewold übernommenen Hotelkosten [...] erstattet haben".[464] Auch wurde differenziert darüber berichtet, ob Wulff Kenntnis über Groenewolds möglichen Vertuschungsversuch der Sylt-Aufenthalte gehabt habe: „Er wusste [es] nicht" und „Christian Wulff hielte eine solche Vorgehensweise in jeder Hinsicht für falsch".[465] Es gab aber auch Beiträge, die Wulffs Unschuld in Frage stellten und die Behauptung, Wulff habe Groenewold die entstandenen Kosten jeweils in bar erstattet, als lebensfremden Sachverhalt anzweifelten: „Da stand also der Ministerpräsident von Niedersachsen und zählte einem 14 Jahre jüngeren Mann ein Bündel Geldscheine in die Hand".[466] „[R]iecht nach Korruption"[467], so Hans-Ulrich Jörges im *Stern* darüber, dass Wulff „dem klebrigen Vorfinanzier die Kosten in bar erstattet" haben soll. Auch erschien der *Bild* die Vorstellung, dass Wulff „einen Haufen Euro [rumschleppt], um sie dem ziemlich besten Freund in die Hand zu drücken"[468] als nur mit „viel Fantasie" plausibel.

Was nun angesichts der Trias an Vorwürfen rund um den Hauskredit, die Mailbox-Nachricht und den Urlaubsreisen unausweichlich kommen musste, war die Frage, ob Wulff vom Amt des Bundespräsidenten zurücktreten müsse. Diese Frage beantworteten die Medien durchaus uneinheitlich: Allein wegen des Hauskredites wollte zunächst kaum jemand Wulff zum Rücktritt auffordern, er wurde zu Anfang des Falles als ein Präsident mit Fehlern wahrgenommen. Heribert Prantl von der *Süddeutschen Zeitung* etwa relativierte dahingehend, dass alle Bundespräsidenten, „auch die, die heute als Vorbilder gelten [...] ihre Fehler" hatten.[469] Entsprechend wurde von anderen Journalisten gefordert, Wulff müsse „[...] durch Wort und Tat klarmachen, dass er seine Fehler aus dem anderen Leben erkannt hat und sie vor allem nicht fortsetzen wird".[470] Wie die Affäre ausgehen würde, läge in der Verantwortung Wulffs, dessen Umgang mit den Vorwürfen entscheidend sei: „Politiker stürzen ganz selten 'nur' wegen einer Affäre an sich. In der Regel stürzen sie darüber, wie sie mit der Affäre umgehen", so die *Bild*.[471] Folglich lautete der Tenor:

„Hoffen Sie nicht, dass Ihre Kreditaffäre in den Archiven verschwindet. Lassen Sie die Hosen runter, stellen Sie sich vor die Presse".[472] Viele Journalisten teilten diese Ansicht und erwarteten eine Erklärung von Wulff, mit welcher „der Karren nun hoffentlich vor dem Abgrund zum Stehen"[473] kommt.

Im Zusammenhang mit den Vorwürfen gegen Wulff verwiesen Journalisten u. a. auch auf die Flug-Affäre des ehemaligen Bundespräsidenten Johannes Rau, der sich als Ministerpräsident von Nordrhein-Westfalen Privatflüge von der *WestLB* bezahlen ließ. Damals war es auch der niedersächsische Landespolitiker Christian Wulff, der den Rücktritt des Bundespräsidenten forderte und selbst hohe moralische Ansprüche an das Amt stellte: „Es ist tragisch, dass Deutschland in dieser schwierigen Zeit keinen unbefangenen Bundespräsidenten hat", so Wulff damals.[474] Dennoch blieb Rau, der sich für seinen Fehler entschuldigte, im Amt. Der *Spiegel* hingegen sah bereits allein durch die *Kredit-Affäre* eine Beschädigung des Amtes und nannte Wulff deshalb den „falsche[n] Präsident[en]".[475] Im Dezember 2011 vertrat lediglich der *Spiegel* diese Ansicht und setzte sich damit vom Rest des Spektrums ab – wie auch der Konter der *SZ* zeigte: „Das Kreditverhalten Wulffs war und ist falsch, aber Wulff ist deswegen kein 'falscher', sondern ein fehlerhafter Präsident".[476] Die Beurteilung des Privatkredites war folglich differenziert und ausgewogen.

Mit der Berichterstattung zur zweiten Komponente des Affären-Komplexes, der *Mailbox-Affäre*, änderte sich jedoch der Tenor der Berichterstattung: „Ein Mann, der die Pressefreiheit im Munde führt, sie aber nicht respektiert, ist ein falscher Präsident", so die *SZ* als Antwort auf Wulffs Versuch, den *Bild*-Chefredakteur u. a. mit Drohungen zu einer Änderung der Berichterstattung zu bewegen.[477] Im Zentrum der Kritik stand von nun an das generelle Kommunikationsverhalten des Bundespräsidenten: „Er hätte sofort alle Tatsachen auf den Tisch legen müssen" und sich nicht nur für „das Darlehen selbst", sondern auch für „das Verschweigen des Darlehens vor dem Landtag in Hannover" entschuldigen müssen – so im selben Beitrag. Wulff habe von Anfang an die Konfrontation gescheut und sei „immer nur vor der nächsten Veröffentlichung geflohen, anstatt alles offenzulegen", so die *Zeit*.[478] Und die *SZ* folgerte, Wulffs Verhalten habe selbst dazu geführt, „seine Fehler aufzublasen".[479] Mit dem Aufkommen der *Mailbox-Affäre* ging es nun erstmals um das Thema „Rücktritt" – die *Zeit* warf die Frage auf: „Soll Christian Wulff darum von dem Amt, das er real nicht mehr ausfüllt, auch noch formal zurücktreten?".[480] Die *SZ* antwortete zurückhaltender: „Wenn er den Weg zum Rücktritt fände, wäre das verständlich und richtig".[481]

Reaktionen und Konsequenzen

Am 17. Februar 2012 trat Christian Wulff nach 598 Tagen infolge der Affäre um die angebliche Annahme von Vorteilen vom Amt des Bundespräsidenten zurück. Die Ermittlungsverfahren, die den Ausschlag für Wulffs Rücktritt gegeben hatten, und das sich anschließende Gerichtsverfahren ergaben keine justiziablen Vorgänge, weswegen ihn das Landgericht Hannover am 27. Februar 2014 vom Vorwurf der Vorteilsnahme in seiner Zeit als niedersächsischer Ministerpräsident freisprach.

In seiner Autobiografie schrieb er, er sei davon überzeugt, dass sein Rücktritt 2012 falsch gewesen war.

Gegenüber den Autoren dieses Kapitels gab der Deutsche Presserat in einem E-Mail-Wechsel aus dem Frühjahr 2015 an, dass der *Fall Wulff* „kein sehr großes Thema" gewesen sei: „In den Jahren 2011 bis 2012 hatten wir 13 Beschwerden dazu. Alle diese Beschwerden hat der Presserat als unbegründet abgewiesen." Einblick in diese Entscheidungen konnte der Presserat nicht gewähren, da es sich um nichtöffentliche Verfahren gehandelt hatte – öffentlich werden die Inhalte der Verfahren erst dann, wenn sie mit öffentlichen Rügen enden oder wenn sie von den Beschwerdeführern bzw. Beschwerdegegnern selbst öffentlich gemacht werden. In der E-Mail äußerte der Presserat überdies, dass „die Forderungen nach einer Verschärfung des Pressekodex, die Herr Wulff Mitte vergangenen Jahres öffentlich geäußert hat, aus unserer Sicht unberechtigt sind. Wir halten den Kodex in seiner bestehenden Form für völlig ausreichend."

Dennoch gab es auch unter den wissenschaftlichen und journalistischen Beobachtern der Berichterstattung gegen Wulff Stimmen, die Vorwürfe gegen die Medien erhoben. So geriet u. a. *Bild* dafür in die Kritik, den Anruf Wulffs über den Umweg einer anderen Zeitung publik gemacht und damit die *Mailbox-Affäre* ausgelöst zu haben: „Mit Wulffs Mailbox-Eseleien trieb 'Bild' ein zynisches Spiel. Erst nachdem die Kredit- und Urlaubsvorwürfe ihre Wucht verloren hatten, wurden die Anrufe nach außen lanciert", so Hans-Ulrich Jörges im *Stern*.[482] Auch die *Zeit* attackierte die *Bild* für ihr Verhalten: „Wer es selber derb treibt, sollte nicht die verfolgte publizistische Unschuld geben".[483] Weil jedoch Wulff auch unter dem Eindruck der *Mailbox-Affäre* zunächst nicht zurücktreten wollte, weiteten die Medien ihre Recherchen aus und begannen, zunehmend auch über kleinere, weitgehend unwesentliche Details zu berichten und den Fall kontinuierlich am Köcheln zu halten – was zu einer zunehmend kritischen Meta-Berichterstattung führte: Nicht mehr nur Wulff stand im weiteren Verlauf im Zentrum der Kritik, sondern auch die Medien selbst. Vor allem der inhaltliche Fokus der späten Berichterstattung wurde angeprangert, etwa erneut in der insgesamt vergleichsweise sachlichen *SZ*: „Die Vorwürfe gegen den Bundespräsidenten reißen nicht ab, sie werden aber immer kleiner, kleinlicher, immer kleinkarierter"[484] und damit „lächerlich klein".[485] Am 18. Januar 2012 wurde beispielsweise über ein geschenktes Bobby-Car berichtet, für das sich der Bundespräsident erkenntlich gezeigt haben soll. Zudem wurde verschiedentlich unterstellt, Bettina Wulff habe eine Vergangenheit im Rotlichtmilieu gehabt. Wulff wurde gegen Ende des Falles, als die Berichterstattung zunehmend schmähender und höhnischer wurde, als geschmackloser, billiger Nassauer mit einer tätowierten und fragwürdigen Frau dargestellt.[486] Außerdem wurden bekannte Inhalte „immer wieder recycelt"[487], „neu aufgewärmt und neu gewürzt"[488] und „ein bisschen aufgepeppt".[489] Aus Sicht der *SZ* „ist [es] nicht die Aufgabe der Medien, einen Rücktritt zu erzwingen".[490]

Vor allem die Fülle und die enge zeitliche Aneinanderreihung der Vorwürfe ließen für einige Beobachter wie für Christian Wulff selbst den Eindruck entstehen, es habe sich allmählich eine „Schmutzkampagne"[491] und „Treibjagd"[492] gegen ihn entwickelt. So sprach der Kommunikationswissenschaftler Hans Mathias Kepplinger am 24. Januar 2014 in der Zeitschrift *Cicero* von einer „Medienhatz":

„Die enge Beziehung von Christian Wulff zum Ehepaar Geerkens und seine Vorzugsbehandlung durch Air Berlin waren schon während seiner Zeit als Ministerpräsident ein Thema im Niedersächsischen Landtag. Zum Skandal wurde das erst, als *Bild* und *Spiegel* im Dezember 2011 eine Beziehung zu seinem Hauskredit aufgezeigt und Thorsten Denkler auf *Süddeutsche.de* eine schlüssige Verbindung zwischen Geld, Moral, Charakter und Amt hergestellt hatte: „Mit der Kreditaffäre hat Bundespräsident Wulff das Recht verwirkt, als moralische Instanz zu gelten. Er verliert damit die stärkste Legitimationskraft in diesem Amt. Wer Wulff kennt, weiß dass es so kommen musste".

Zwei Tage später schlug Frank Schirrmacher in der *Frankfurter Allgemeinen Zeitung* in die gleiche Kerbe: „Kreditfragen...sind moralische Fragen. Es geht um Glauben und Vertrauen. Damit sind sie das Äquivalent zum höchsten Staatsamt. Es geht um moralischen Kredit". Damit hatten die wichtigsten Leitmedien – *Bild, Spiegel, Süddeutsche Zeitung* und *Frankfurter Allgemeine Zeitung* – ein Schema etabliert, das die folgenden Recherchen und Interpretationen geprägt hat. [...]

Die Etablierung skandalträchtiger Schemata dauert in den Medien nur wenige Stunden oder Tage. Einen Beleg dafür liefert der Bericht der *BILD*-Reporter Martin Heidemanns und Nikolaus Harbusch über das Zusammentreffen mehrerer Journalisten in der Kanzlei des Anwaltes von Wulff, Gernot Lehr, drei Tage nach Beginn der Skandalisierung. Dort konnten sie die Unterlagen zur Finanzierung seines Hauses einsehen. Nach Darstellung der Reporter war „von Jagdfieber...nichts zu spüren" – aber nicht, weil die Journalisten den Vorwürfen keine Bedeutung beimaßen. Es ging „in den Gesprächen, die einige Journalisten miteinander führten weniger darum, ob der Bundespräsident zurücktritt. Vielmehr war die Frage, wann er den entscheidenden Schritt tut". Drei Tagen [sic!] nach der Erstveröffentlichung von *BILD* aber mehr als ein Jahr vor Abschluss der Vorermittlungen durch die Staatsanwaltschaft war damit für die Gatekeeper vor Ort die Sache schon gelaufen.

Nachdem das Anti-Wulff-Schema gebildet war, wurden alle früheren und folgenden Rechercheergebnisse schemagerecht interpretiert. Dazu gehörten angeblich fragwürdige Vergünstigungen (Urlaubsausreisen, Flugreisen, Hotelaufenthalte, Buchwerbung, Handybenutzung, Autokauf, Leihkleidung); Kontakte zu angeblich fragwürdigen Personen (Geerkens, Maschmeyer, Glaeseker, Schmidt, Groenewold); ungebetene Telefonanrufe bei Springer-Verlagsangehörigen (Diekmann, Döpfer, Springer) und exotische Themen (Tätigkeit als Anwalt, Rolle im VW-Aufsichtsrat, Ernst Jünger-Zitat, Bobby-Car, Handy-Nutzung usw.). Auf dem Höhepunkt der wechselseitig erzeugten Selbstgewissheit gab es kein Halten mehr. Berthold Kohler, Herausgeber einer angesehenen Tageszeitung, verstieg sich zu einem Spottgedicht über den Bundespräsidenten, drei seiner Kollegen, Günter Bannas, Stephan Löwenstein und Majid Sattar, informierten ihre Leser, wie man im Internet Gerüchte über Frau Wulff findet. Zahllose Kollegen in allen Medien demonstrierten mit dem Kunstwort „Wulffen" ihren grimmigen Humor.

Nach der ersten Attacke von *Bild* entstand eine Welle von Wulff-Berichten. Die Zahl der Aussagen über ihn in den meinungsbildenden Medien stieg nach den

Untersuchungen des *Media Tenor* von knapp 100 im November auf über 3.500 im Dezember. Der Anteil negativer Aussagen nahm von weniger als 5 Prozent auf knapp 30 Prozent zu. Daran änderten auch einige kritische Stimmen u.a. von Giovanni di Lorenzo in der *ZEIT* und von Heribert Prantl in der *Süddeutschen Zeitung* nichts. Zwar wurden viele der Vorwürfe gegen Wulff nicht weiter verfolgt und spielten letztlich keine Rolle mehr. Jeder Einzelne hat aber zu seiner Skandalisierung beigetragen: Sie bestätigten das bereits etablierte Bild von seinem Charakter und ließen ihn im Amt des Bundespräsidenten untragbar erscheinen. [...]

Die meisten Skandale müssen, damit sie ihre volle Wirkung entfalten können, immer wieder neu angefacht werden. Bei der Skandalisierung von Wulff lieferten die Rechercheure von *BILD* mit ihren schemagerecht interpretierten Erkenntnissen hinreichend viel Nachschub. Trotzdem erlahmte der Schwung der Angriffe nach zwei bis drei Wochen. Das ist normal und deshalb hätte Wulff, weil er nicht entlassen oder abgewählt werden konnte, gute Chancen gehabt, die Angriffe im Amt zu überstehen. Allerdings hatten sich seine Gegner ein Killerthema aufgespart – Wulffs Anruf bei Diekmann. Angesichts der späteren Darstellung des Anrufs als Angriff auf die Pressefreiheit hätte man vermuten können, dass Diekmann den Vorfall in *Bild* als spektakuläre Exklusivmeldung sofort veröffentlicht. Das hat er aber nicht getan. Die Situation änderte sich schlagartig Anfang Januar 2012 durch Beiträge der *Frankfurter Allgemeinen Sonntagszeitung* und der *Süddeutschen Zeitung*. Innerhalb weniger Tage mutierte der Mailboxanruf zum „Drohanruf" und zum Angriff auf die Pressefreiheit. Die schemabildenden Schlüsselworte hatte Wulff selbst geliefert: „Rubikon" und „Krieg führen".

Die Welle von weitgehend gleichartigen Kommentaren und Meldungen vermittelte den Eindruck, als sei der Anruf eine einzigartige Entgleisung gewesen. Einzigartig war er insofern, als Wulff auf der Mailbox einen Beweis hinterlassen hatte. Keineswegs einzigartig war aber sein Ansinnen: Fast die Hälfte der Berliner Korrespondenten hat nach eigenen Angaben schon die Erfahrung gemacht, dass Politiker ihre Berichterstattung mit Hilfe ihres Redaktionsleiters beeinflussen wollten. Jeder Zehnte berichtet, der Politiker habe die Berichterstattung über ein bestimmtes Thema verhindern wollen. Hierbei handelt es sich um eine kritikwürdige, aber nicht unübliche Praxis – und das Verhalten von Wulff war keineswegs so einzigartig, wie es dargestellt wurde. Einige Monate später bekannte deshalb Michael Hanfeld ganz entspannt in der *Frankfurter Allgemeinen Zeitung*: „Anrufe [...] von Politikern..., freundliche oder unfreundliche, berechtigte Kritik, Beschwichtigungen oder Drohungen sind für Journalisten Tagesgeschäft. Wollte man derlei an die große Glocke hängen, käme man zu nichts anderem mehr". [...]

Als klar war, dass Wulff dem publizistischen Druck nicht nachgeben würde, blieb nur ein Mittel, ihn zum Rücktritt zu zwingen – die Einleitung eines Ermittlungsverfahrens und die dafür erforderliche Aufhebung seiner Immunität. Ein Mittel dazu war die instrumentelle Aktualisierung der Kritik von Juristen an der angeblich zögerlichen Behandlung der Vorwürfe durch die Justiz. Am 7. Februar behauptete Dietmar Hipp in *SPIEGEL ONLINE*: „Im Fall Wulff werfen immer mehr renommierte Strafrechtler den Ermittlern vor, den Bundespräsidenten zu sanft zu behandeln". Er belegte seine Behauptung mit Äußerungen von mehreren Strafrechtsprofessoren. Am 9. Februar berichtete *BILD*, die Hannoveraner Staatsanwaltschaft zeige sich durch einen Bericht des Blattes über einen Hotelaufenthalt von Wulff auf Sylt „alarmiert". Am 10. Februar, nannten Severin Weiland und Philipp Wittrock in SPIEGEL ONLINE die Tätigkeit der Ermittler als eine [der] „drei größten Gefahren für Wulff", weil „der Druck" auf die Staatsanwälte, ihre Ermittlungen über Olaf Glaeser [sic!] und Manfred Schmidt auf Wulff auszuweiten, gestiegen sei. „Sollte die Staatsanwaltschaft tatsächlich einen Anfangsverdacht erkennen, müsste sie beim Bundestag beantragen, die strafrechtliche Immunität des Präsidenten aufzuheben". Am 14. Februar erhöhten die beiden Autoren an gleicher Stelle selbst den Druck, über den sie zuvor berichtet hatten. Unter der Überschrift „Staatsdiener gegen Staatschef" behaupteten sie, „mit wachsender Empörung" würden viele beobachten, „wie die Justiz bislang mit dem Fall Wulff umgeht. Bis jetzt ist es nicht zu staatsanwaltschaftlichen Ermittlungen gegen den Bundespräsidenten gekommen... Das wundert etliche Staatsdiener". Am 16. Februar war es dann soweit. Der Hannoveraner Oberstaatsanwalt Clemens Eimterbäumer, der noch wenige Tage vorher gegenüber dem *Tagesspiegel* einen enormen inneren wie äußeren Druck eingeräumt hatte, beantragte die Aufhebung der Immunität Wulffs. [...]

Schon lange vor Prozessbeginn gab es dezidierte Kritik von Journalisten an der Skandalisierung von Wulff. Den Auftakt bildeten Beiträge von Stefen Niggemeier im *Spiegel*, Harald Staun in der *Frankfurter Allgemeinen Sonntagszeitung* und Hans-Ulrich Jörges im *Stern*. Trotz der enormen Diskrepanz zwischen dem Ausmaß der Skandalisierung von Wulff und dem bescheidenen Ertrag des Ermittlungsverfahrens stimmen aber noch heute nahezu alle Kommentatoren darin überein, dass sein Rücktritt notwendig war. Warum bleiben sie bei ihrer Meinung und wie begründen sie das? Die erste Begründung lautet: Wulff ist selbst schuld, weil er bei seiner Verteidigung schwere Fehler gemacht hat. Nach der gleichen Logik ist der Hase an seinem Tod bei der Treibjagt [sic!] schuld, weil er so ungeschickt herumgesprungen ist. Das Argument beruht, wenn es kein reiner Zynismus ist, auf einer Verkennung der sachlichen, sozialen und emotionalen Belastungen, denen die Skandalisierten ausgesetzt sind sowie ihrer angesichts immer neuer Vorwürfe sehr begrenzten Reaktionschancen. Die zweite Begründung lautet: Wulff war für das Amt ungeeignet, weil er seiner Vorbildfunktion nicht gerecht geworden ist. [...] Die dritte Begründung lautet: Wulff war von Anfang an erkennbar für das Amt ungeeignet. [...]."[493]

Hier werden einige Stimmen genannt, die verschiedene Kritikpunkte an der Medienberichterstattung über die Causa Wulff zu Sprache brachten. Eine dieser Stimmen war Hans-Ulrich Jörges, der im *Stern* von einer „[f]ürsorglichen Vernichtung" durch „Rudeljournalismus" sprach:

„Es ist Zeit – und Anlass wahrlich genug –, über Macht und Hybris der Medien nachzudenken. Auch selbstkritisch. Denn deren Auftreten und Wirkung haben sich verändert, dramatisch. Die Fehler, die Schwächen Wulffs [...] sollen hier ausgeblendet werden, denn sie verstellen den Blick auf die mediale Verantwortung. Nur darum soll es gehen. Rudeljournalismus nenne ich das Phänomen. Die Verirrung von kritischem Journalismus, den es mit Zähnen und Klauen zu verteidigen gilt, in besinnungslose, lustvoll schmähende Kampagnen. Ohne Widerworte, ohne abweichende Stimmen, ohne Selbstbesinnung. Die gab es früher verlässlich, die gibt es heute immer seltener.

Denn ideologische Gräben sind planiert, publizistische Lager aufgelöst. Das Rudel folgt Leitwölfen, vereint in Skandalisierung und Emotionalisierung. Das Ergebnis ist eine Medienrepublik, in der Journalisten nicht mehr argumentieren, wer regieren sollte und wer nicht, sondern in der sie darüber entscheiden. Das journalistische Ethos pervertiert zu fürsorglicher Vernichtung. Politiker verfolgen das mit angehaltenem Atem und geballter Faust in der Tasche – aber stumm. [...] Man muss Wulff hören, um zu verstehen. Er ist auch bitter über den stern. Ich zitiere hier Sätze, die nicht zur Veröffentlichung gedacht waren. Ich tue es nach Abwägung dennoch, denn sie schaden ihm nicht. „Seit dem Tag meines Rücktritts rede ich nicht mehr mit Journalisten", sagt er. „Die verlorene Ehre der Katharina Blum ist nichts gegen meine Erfahrungen und die meiner Familie." Heinrich Bölls Erzählung handelt vom Schicksal der Katharina Blum, die von einem Blatt als Terroristenbraut hergerichtet wurde. „Barmherzigkeit, Menschenwürde, Unschuldsvermutung, faires Verfahren, Privatsphäre, Familie, Kinder, nichts ist mehr heilig", sagt Wulff. „Meine Frau bekam einen Weinkrampf, als Günther Jauch Kachelmann fragte: Was nützt ein Freispruch?" Sein Sohn Linus frage auf dem Weg zum Kindergarten, was die wollten – „Wegelagerer auf der Jagd, sich am Leid anderer labend". Ich habe dieses Jagdfieber erlebt. Es wurde gewettet auf Wulffs Rücktritt. Ich wurde mehrfach bedrängt, den auch zu fordern. Der ARD-Journalist Michael Götschenberg hat ein kluges Buch darüber geschrieben, spricht von einem „moralischen Standgericht". Medien seien als „Ankläger und Richter" aufgetreten. Sie trieben Staatsanwälte in Ermittlungen, von denen nichts übrig blieb als 754 Euro einer Hotelrechnung. [...] Und ich? „Aus" hieß es über meiner Kolumne, die unmittelbar vor Wulffs Rücktritt erschien: „Mit Verlaub, Herr Präsident, Sie haben keinen Arsch in der Hose." Das war im Ton daneben. Ich habe dem Druck nachgegeben, nicht die Kraft aufgebracht, weiter alleine zu stehen. [...]. Auch wenn sich alles in mir dagegen sträubt: Ich war Teil der Meute."[494]

Auch aus den Reihen der Politik wurde die Berichterstattung über Christian Wulff kritisiert, darunter von ehemaligen Gegnern wie Peer Steinbrück von der SPD, worüber ein *Zeit*-Beitrag vom 11. Juni 2014 wie folgt berichtete:

„Der ehemalige SPD-Kanzlerkandidat Peer Steinbrück hat die Medien wegen ihres Umgangs mit Bundespräsident Christian Wulff scharf kritisiert. „Mit einem gewissen Abstand stellen sich der 'Abschuss' und die Entwürdigung von Christian Wulff als Skandal eines gewalttätigen Journalismus im Umgang mit einem Politiker dar", schreibt Steinbrück [...] „Im Falle Wulff wurde aus der scharfen Klinge der Meinungsfreiheit ein Folterwerkzeug." Den Umgang der Medien mit Wulff hebt Steinbrück auf die gleiche Stufe wie die *Spiegel*-Affäre. Nicht wenigen sei in der Geschichte der Sinn für Verhältnismäßigkeit und die Achtung vor Rechtsprinzipien abhanden gekommen, schreibt der frühere Bundesfinanzminister. „Die *Spiegel*-Affäre vor über 50 Jahren war schlechthin der Skandal der Politik im Umgang mit einem kritischen Journalismus und der Pressefreiheit. Jetzt ist es umgekehrt", so Steinbrück. Der SPD-Politiker hat Wulffs Buch *Ganz oben, Ganz unten* für die ZEIT rezensiert. Steinbrück äußert dabei großes Verständnis für das Schreiben des Buches. Wulff müsse sich weder verteidigen noch rechtfertigen. Er wolle nur seine subjektive Sicht der Affäre schildern. „Was denn sonst?", schreibt Steinbrück. „Der Autor des Buches *Ganz oben, Ganz unten* ist aber unschuldig." Nichts von dem, was ihm medial vorgeworfen und juristisch ins Feld geführt wurde, habe Bestand. Auch wenn Wulff sicher auch Fehler begangen habe. „Es beschämt mich, dass ich den richtigen Zeitpunkt für eine Geste gegenüber Christian Wulff verpasst habe", fügt er selbstkritisch hinzu. Für Steinbrück ist die Geschichte Wulffs kein Einzelfall, sondern paradigmatisch für den Umgang der Medien mit der politischen Klasse: „Unter dem Druck des Wettbewerbs um Auflage, Quote und Klicks, im Hochgeschwindigkeitsjournalismus um die erste und die süffigste Nachricht, in der Tendenz zur Personalisierung und Reduzierung von Politik auf Duellsituationen haben wir es gewiss mit anderen Zeiten zu tun als jener, in der es nur zwei öffentliche Fernsehanstalten, kein Internet, keine Onlinedienste und kein Twitter gab", so Steinbrück. [...] Viele hätten sich „an der politischen und persönlichen Verfolgung und Zurschaustellung von Christian Wulff" beteiligt oder hätten andere gewähren lassen."[495]

Medienkritiker Stefan Niggemeier, der den Rücktritt Wulffs explizit als Medienskandal bezeichnete,[496] ging besonders auf die Umstände des Rücktritts von Christian Wulff ein:

> „Christian Wulff musste aufgrund einer Falschmeldung der „Bild"-Zeitung als Bundespräsident zurücktreten. Es ist erstaunlich, wie wenig das bekannt ist und wie wenig das die Leute zu stören scheint. Wulff trat am 17. Februar 2012 zurück, weil die Staatsanwaltschaft Hannover ein Ermittlungsverfahren gegen ihn einleitete. Ausschlaggebend dafür waren, wie der Celler Generalstaatsanwalt Frank Lüttig später der „Welt am Sonntag" sagte, Presseberichte, wonach Wulffs Freund David Groenewold versucht habe, „Beweise aus der Welt zu schaffen". Berichtet hatte das die „Bild"-Zeitung am 8. Februar 2012. Doch deren Behauptungen und Mutmaßungen waren falsch und sind längst gerichtlich untersagt. Am Ende von Wulffs Amtszeit steht ein Skandal. Es ist ein Medien-Skandal. Der „Bild"-Artikel, der zum Rücktritt des Bundespräsidenten führte, trug die Überschrift: Vertuschungs-Verdacht. Wer zahlte Wulffs Sylt-Urlaub? Es geht um einen Urlaub, den die Eheleute Wulff im Herbst 2007 mit Groenewold im Hotel Stadt Hamburg auf Sylt verbrachten. Groenewold hatte die Reise organisiert und vorab bezahlt. Wulff sagt, er habe Groenewold Auslagen vor Ort in bar beglichen. Das war nicht neu. Das hatte der NDR schon Wochen vorher berichtet; Groenewold hatte dem Sender damals entsprechend Auskunft gegeben. „Bild" wurde die Behauptung, diesen Sachverhalt „enthüllt" zu haben, später gerichtlich untersagt. Neu war aber der Vorwurf der versuchten Vertuschung. Anfang Januar, so „Bild", hätte Groenewold beim Hotel angerufen und die Angestellten aufgefordert, „keinerlei Infos über ihn" und den gemeinsamen Urlaub herauszugeben. „Falls also Bild oder Spiegel anruft, wir wissen von nichts!", habe das Hotel notiert. Wenige Tage später habe sich Groenewold erneut im Hotel einquartiert und Mitarbeiter des Hotels aufgefordert, „relevante Rechnungen und Belege aus dem gemeinsamen Kurzurlaub mit dem Ehepaar Wulff aus dem Jahr 2007 auszuhändigen. Ein Hotel-Manager übergibt Groenewold Anreiselisten, Meldescheine und Verzehrquittungen. [...]" Die „Bild"-Geschichte war in allen entscheidenden Punkten falsch. Es gab keinen Vertuschungsversuch. Groenewold hatte bemerkt, dass er keine Unterlagen hatte, um Fragen der Presse nach diesem gemeinsamen Urlaub beantworten zu können. Er rief beim Hotel an und bat,

ihm Kopien der Rechnungsbelege zu schicken. Das Hotel lehnte das unter Verweis auf den Datenschutz ab — er müsse schon vorbeikommen. Groenewold bat um Diskretion, fuhr ein paar Tage später hin und holte Kopien ab. Keine Anreiselisten, Meldescheine und Verzehrquittungen, wie „Bild" schrieb. Nur Kopien der Rechnungsbelege. Zeugen bestätigten das der Staatsanwaltschaft. Dass Groenewold keine Originaldokumente mitnahm, wusste „Bild" schon am Tag vor der Veröffentlichung. Der Direktor des Hotels teilte der „Bild"-Chefredaktion am Nachmittag mit, es habe nie einen Versuch von Groenewold gegeben, etwas zu vertuschen oder zu vernichten. Er habe lediglich Kopien für seine Unterlagen erbeten. Diese Information hätte der ganzen „Bild"-Geschichte die Brisanz genommen. Das Blatt ließ sie einfach weg. Laut Wulff erklärte der Axel-Springer-Verlag das später damit, das Schreiben des Hoteldirektors sei nicht relevant gewesen, weil es in dem Artikel nicht darum gegangen sei, dass Herr Groenewold Originale angefordert habe. Das ist natürlich Unsinn, denn nur so konnte der Eindruck einer Vertuschung entstehen. Bis hierhin ist es bloß eine Geschichte, die niemanden überraschen kann, der sich ein bisschen mit den feinen Methoden der „Bild"-Zeitung beschäftigt. Es kommt aber noch besser. Groenewalds [sic!] Anwalt beeilte sich, gegen die falschen „Bild"-Behauptungen vorzugehen. Er erwirkte am 14. Februar 2012 beim Landgericht Köln eine einstweilige Verfügung, die „Bild" die Behauptung untersagte, auf Sylt sollten Beweismittel beseitigt werden. (Vier Monate später erkannte der Springer-Verlag sie in allen Punkten rechtskräftig an.) Eine Kopie des Gerichtsbeschlusses, der einen wesentlichen Teil der Berichterstattung der Vortage kassierte, schickte er an die Nachrichtenagentur dpa. Und die meldete: Nichts. [...] Drei Tage später trat Wulff zurück. So. Würde man nicht annehmen, dass diese Vorgänge rund um einen falschen und, wie ich sagen würde: absichtlich irreführend geschriebenen Bericht der „Bild"-Zeitung ein großes Thema in den anderen Medien wären? Noch einmal: Es handelt sich um den Artikel, der den Auslöser dazu bildete, dass Wulff zurücktrat. Ist das nicht eine große, berichtenswerte, recherchierenswürdige Sache? Ist es nicht bemerkenswert, dass Wulff am Ende durch eine Falschmeldung der „Bild"-Zeitung zu Fall gebracht wurde? Offenbar nicht. Kaum jemand hat darüber berichtet. Die einzige größere Ausnahme, die ich gefunden habe, ist „Focus Online". Dort berichtete die Berliner Korrespondentin Martina Fietz im November 2013, zwei Tage vor Beginn des Prozesses gegen Wulff, ausführlich über die Ungereimtheiten. Die beiden Autoren der falschen „Bild"-Zeitungs-Geschichte, Martin Heidemanns und Nikolaus Harbusch, wurden im Mai 2012 von den führenden Journalisten des Landes mit dem Henri-Nannen-Preis in der Kategorie „Beste investigative Leistung" geehrt. Ausgezeichnet wurde allerdings konkret ihr „Bild"-Stück über den Hauskredit Wulffs. Der damalige Chefredakteur des „Handelsblattes" Gabor Steingart hatte vorher eine solche Würdigung für die beiden gefordert, denn: „Die 'Bild'-Geschichte war sauber recherchiert. Und sie war, da das Staatsoberhaupt schließlich zurücktrat, die wirkungsmächtigste Enthüllung des Jahres 2011." Dass die „Bild"-Geschichte derselben Autoren, wegen der Wulff tatsächlich zurücktrat, eine Falschmeldung war, interessierte Steingart so wenig wie die meisten Kollegen. Christian Wulff schildert die Vorgänge ausführlich in seinem Buch „Ganz oben – Ganz unten", das in der vergangenen Woche erschienen ist. Das wäre nochmal ein guter Anlass gewesen, sich diesem besonderen Kapitel der ganzen Affäre zu widmen, die eben auch eine Medienaffäre ist. Hat aber wieder keinen interessiert. [...] Anders als Wulff verstehe ich schon, warum so viele Journalisten offenbar glauben, dass es keine Rolle spielt, ob diese Geschichte falsch war. Für sie ist der Bundespräsident nicht wegen dieser einen Geschichte zurückgetreten, sondern wegen *allem*. Weil er eh fällig war, untragbar, peinlich, diskreditiert, da kommt es nicht auf so läppische Details wie den Auslöser des Rücktritts an. Natürlich ist an dieser Sicht etwas dran. Diese eine, falsche Geschichte aber war der konkrete Auslöser des Rücktritts, und wer weiß, ob die Staatsanwaltschaft auch ohne sie die Aufhebung der Immunität beantragt hätte, und ob Wulff nicht dann im Amt geblieben wäre, beschädigt, aber, wie das so ist, mit der Chance, die Leute wieder für sich zu gewinnen. Jedenfalls muss man diese Episode kennen, um zu verstehen, warum Wulff meint, sein Rücktritt sei falsch gewesen. Ich kann seine Fassungslosigkeit verstehen, dass die Medien sich für diese Dinge so gar nicht interessieren. Dass die, die ihm jetzt wieder „Mehr Selbstkritik!" zurufen, in größeren Teilen dazu selbst nicht in der Lage sind."

Hans Mathias Kepplinger nannte die auch von Niggemeier eindringlich kritisierten Verhaltensweisen eine „Ungeheuerlichkeit": Der Rücktritt Wulffs habe in direktem Zusammenhang mit einer Falschdarstellung gestanden und die korrekte Version der Geschichte sei im „,Nachrichtenfluss stecken geblieben'":

„Drei Monate nach Wulffs Rücktritt ‚erkannte die Axel Springer AG' laut Wulff ‚die einstweilige Verfügung in allen acht Punkten als rechtskräftig an'. [...] Weil dpa die Information über die einstweilige Verfügung nicht weitergeleitet hatte, erfuhren die meisten Journalisten nichts davon. Sie mussten davon ausgehen, dass die Vermutungen und Verdächtigungen gegen Groenewold und Wulff zutreffen. Das änderte sich durch das Erscheinen des Buches 'Ganz oben – Ganz unten', in dem Wulff den Vorgang ausführlich schildert. Wegen der Ungeheuerlichkeit des Vorgangs könnte man erwarten, dass Wulffs Darstellung von den Medien intensiv berichtet und kontrovers diskutiert wurde. Das war aber, von wenigen Ausnahmen abgesehen, nicht der Fall."[497]

Kepplinger kam zum selben Schluss wie Niggemeier, dass es im Grunde niemanden kümmerte, dass der wesentliche Medienbeitrag, der zu Wulffs Rücktritt geführt hatte, eine Ente war:

„Deshalb wurde der vermutlich folgenreichste Skandal der jüngeren deutschen Pressegeschichte dreimal nacheinander totgeschwiegen – zunächst von der Deutschen Presseagentur, dann von fast allen Rezensenten von Wulffs Buch und dann von den Journalisten, die die ausführlichen Darstellungen von Steinbrück und Niggemeier gelesen, den Vorgang aber auch dann noch nicht aufgegriffen haben."[498]

Ein Jahr nach dem Rücktritt Wulffs konstatierte *Cicero*, dass sich trotz der Einsichten von Wissenschaftlern, Politikern und Journalisten nichts geändert habe:

„Wenn es darum geht, das eigene Handeln zu hinterfragen, sind Journalisten eigentlich gewissenhaft. Manchmal allerdings neigen sie zu verkürzter Reflexion. In der Wulff-Affäre, die vor genau einem Jahr mit dem ersten Bericht in der Bild-Zeitung begann, waren sich die Journalisten weitgehend einig: Abgesehen von kleineren Patzern haben sie alles richtig gemacht. Als der damalige Bundespräsident die Berichterstattung erst in dem TV-Interview Anfang Januar kritisierte und in seiner Abschiedsrede dann davon sprach, dass diese ihn und seine Frau „verletzt" hätte, konterte die Frankfurter Allgemeine Zeitung: Christian Wulff habe sich politisch selbst zerstört. [...] Die FAZ aber rühmte sich, dass keine einzige deutsche Qualitätszeitung über die schmutzigen Gerüchte um seine Frau Bettina berichtet hatte. Nicht einmal die Bild. Was so nicht ganz stimmte: In einem längeren Artikel versteckte auch die FAZ den Hinweis, wie man die zwielichtigen Texte im Netz aufstöbern kann. Später mussten sowohl die Berliner Zeitung als auch der Stern Unterlassungserklärungen abgeben. [...] Und doch sahen die Medien selbst nur wenig Anlass zur Kritik. Die Bild-Zeitung fühlte sich gar genötigt klarzustellen: Es habe weder einen „Machtkampf" noch eine „Medien-Kampagne" gegen Wulff gegeben, schrieb Chefredakteur Kai Diekmann. Ähnlich argumentierte der Deutsche Journalisten-Verband. Die Intensität der Berichterstattung sei „die Folge von zahllosen Ungereimtheiten und möglicherweise auch strafrechtlich relevanten Vorgängen von Wulffs Amtsführung" gewesen, erklärte Verbandsvorsitzender Michael Konken. Damit verfestigte er den Eindruck, wonach sich die Medienindustrie von Anfang an selbst ein mustergültiges Verhalten bescheinigte. Dabei ist dieser Fall ein Paradebeispiel dafür, was der Sozialwissenschaftler Niklas Luhmann einmal ein „selbstreferentielles System" nannte. Die Medien verstricken sich so sehr in ihr eigenes Weltbild, dass ihnen die Diskrepanz zwischen Selbstwahrnehmung und öffentlicher Fremdwahrnehmung gar nicht mehr auffällt. Denn Mitte Januar hielten viele Deutsche trotz aller Medienberichte ihrem Präsidenten noch die Treue. In Umfragen forderten weniger als die Hälfte der Befragten (46 Prozent) seinen Rücktritt. Zugleich aber hielten 53 Prozent den Umgang der Presse mit Wulff für „unfair". [...] Die Journalisten reagierten auf die Kritik ihres Publikums zunehmend genervt. Tagesspiegel-Autor Matthias Kalle fragte: „Kann man uns eigentlich nicht einfach in Ruhe lassen? Damit wir unseren Job erledigen?" Und „Freitag"-Herausgeber Jakob Augstein bemerkte, wenn die Presse „von vielen nicht als Teil der Lösung, sondern als Teil des Problems empfunden" werde, sei der lachende Dritte Christian Wulff. [...] Fassen wir zusammen: Es war die Bild-Zeitung, die erfolgreich die Recherchen zum Hauskredit führte, Kai Diekmann, der die Auszüge von Wulffs Mailbox-Nachricht an FAZ und Süddeutsche lancierte, Diekmann, der ein Kunstwerk des Wutausbruchs anfertigen ließ; und es waren Bild-Reporter, die nun die Hoheit über die historische Einordnung des Skandals haben. Ist es nicht genauso, als wäre man in einem Spiel zugleich Linienrichter, Stürmer und Kommentator? Nicht nur die Bild-Zeitung steckt in dieser befangenen Rolle, sondern die gesamte Presse. Dies erklärt zugleich das Dilemma aller „Wulff und die Medien"-Berichte: Es fehlt an Aufarbeitung. [...] Natürlich muss man die Rechercheleistung der Presse würdigen. Was aber ist mit jenen teils obsessiven Leitartiklern, die noch vor Bekanntwerden der staatsanwaltschaftlichen Ermittlungen den Rücktritt des Präsidenten forderten? Was ist mit der fragwürdigen Performance der Moderatoren in dem ARD-ZDF-Interview? Was ist mit eben jenem Spiel der Bild-Zeitung, die Wulff in seiner Niedersachsen-Zeit noch hofiert hatte? Und warum haben eigentlich alle Medien ihre Recherchen eingestellt, als die Staatsanwaltschaft mit ihren Ermittlungen begann und Wulff den Rücktritt bekanntgab? Gäbe es dazu nicht auch noch offene Fragen?"[499]

Solche und ähnliche Stimmen kamen nachträglich vermehrt auf und es wurde allenthalben Medienkritik geübt. Auch wenn diese Stimmen im vorliegenden Kapitel viel Platz beanspruchen, ist es nötig, sie zu dokumentieren – zeigen sie doch, dass das mediale Urteil im *Fall Wulff* keineswegs so einhellig war, wie man angesichts des Rücktritts meinen könnte. Gleichwohl ist es unmöglich, alle relevanten Einlassungen von medialer Seite vollständig zu referieren. Summa summarum waren sich viele Beobachter einig, dass die Presse mit Wulff vielfach zumindest kleinlich umgegangen sei. Der gerichtliche Freispruch habe Wulff Recht gegeben. Die Medienkritik war zum Teil heftig, trotz der Tatsache, dass der Presserat keiner einzigen Beschwerde stattgegeben hatte.

Das Spektrum der Reaktionen und Konsequenzen war jedoch nicht einhellig, es gab eine große Zahl an Beobachtern, die den Rücktritt für folgerichtig und konsequent hielten und die Schuld allein Wulff zuschrieben – etwa Michael Hanfeld am 17. Februar in der *FAZ*:

„Christian Wulff ist zurückgetreten. Jetzt wird ein Schuldiger gesucht: Von einer Hetzjagd der Medien, die keine war und einem Präsidenten, der es sich selbst zuzuschreiben hat. Wer hat Schuld am Rücktritt des Bundespräsidenten? Die Medien – so lautet die naheliegende Antwort. Christian Wulff hat sie in seiner kurzen Rede selbst angedeutet: „Die Berichterstattungen, die wir in den vergangenen zwei Monaten erlebt haben, haben meine Frau und mich verletzt." Die zweite Frage, die im Fernsehen zu Wulffs Rücktritt gestellt wird, lautet, ob die Bürger den Eindruck hätten, er werde von den Medien gehetzt. Mehr als vierzig Prozent sind dieser Meinung. Und auch in den Medien selbst ist da und dort von der „Hatz" die Rede, von den unwürdigen Kleinigkeiten, mit denen die Presse an Wulff herangetreten sei. Doch es ist der erste Punkt in den Umfragen, der zum Kern der Causa Wulff führt: Ist der Mann ehrlich, aufrichtig, glaubwürdig? Das glaubte zum Schluss nur noch eine verschwindende Minderheit. Und dafür haben nicht die Medien, dafür hat Christian Wulff selbst gesorgt. Die Sache kippte nach seinem Interview in ARD und ZDF, das sich in mehr als fünfzehn Punkten als korrekturbedürftig erwies. Zu viele Fragen blieben offen, vor allem diejenige, wie das Darlehen über eine halbe Million Euro für das Eigenheim zustande kam. Es war eben kein normaler Kredit der BW-Bank, wie Journalisten zunächst Glauben gemacht werden sollte, sondern ein Privatgeschäft mit – angeblich – der Ehefrau des Unternehmers Geerkens, zu dem Wulff, wie er als Ministerpräsident vor dem niedersächsischen Landtag sagte, keine geschäftliche Beziehungen unterhalten haben will. [...] David Groenewold ist, wohlgemerkt, der Filmfinanzier, mit dem die Wulffs auf Sylt Urlaub machten, wozu dieser hernach die Quittungen einsammelte, und er ist auch der Mann, der ein Buch über Christian Wulff mit mindestens zehntausend Euro unterstützt hat. Die Beziehungen, die Wulff zu Groenewold unterhielt, sind es, welchen die Staatsanwälte nachgehen. Bei diesen wie bei vielen anderen Komplexen haben Journalisten die Erfahrung gemacht, von Wulff, vor allem aber von dem Sprecher Olaf Glaeseker – dessen wahren Rücktrittsgrund wir nicht kennen –, mit Teilwahrheiten abgespeist zu werden. Wer vor Jahren schon nach Groenewold fragte, bekam zu hören, es handele sich um eine lockere Bekanntschaft, nicht mehr. Dagegen aber spricht vieles, was man nicht verniedlichen und nicht auf Spielzeugniveau herunterspielen sollte. Die Geschichte mit dem Bobbycar, das ein Autohändler den Wulffs schenkte, war nur eine am Rande. Von ehrverletzenden Gerüchten über Bettina Wulff wiederum, die man bei einer Google-Suche im Internet sofort angezeigt bekommt, war, wenn wir es richtig überblicken, in der deutschen Qualitätspresse nirgends zu lesen, nicht einmal in der „Bild"-Zeitung. Blogs hingegen sind voll davon. Und hingedeutet darauf hat niemand anderes als Wulff selbst – in seinem Interview mit ARD und ZDF. [...] Es gibt in der Berichterstattung zur Causa Wulff schon unglaubliche Volten. Das pfauenhafte Gehabe des „Bild"-Redakteurs Martin Heidemanns zum Beispiel, der mit den Wulffs nach Italien fliegt und schreibt, man habe den „Rubikon" überschritten. Oder die Schlussfanfare des „Stern"-Trompeters Hans-Ulrich Jörges, der lange zu Wulff stand, sich in dieser Woche aber von dem „immer weniger verehrten" Bundespräsidenten, der „keinen Arsch in der Hose" habe, mit einem sich selbst maßlos überschätzenden „Aus" verabschiedet. Nicht zu vergessen Giovanni di Lorenzo, Chefredakteur der „Zeit", der sich in Wulff hinein fühlt und meint, die Bobbycar-Sache und die „schlüpfrigen Andeutungen über frei erfundene Begebenheiten" seien „eine Affäre für sich" – womit die Andeutungen wieder einmal angedeutet wären. Und dass der Publizist Hugo Müller-Vogg am Tag des Rücktritts bei ARD und ZDF erklärt, welchen moralischen Ansprüchen Christian Wulff nicht gerecht geworden sei, ist auch eine Pointe: Müller-Vogg hat das Wulff-Buch geschrieben, für dessen Bewerbung der notorische Finanzunternehmer Carsten Maschmeyer heimlich rund 42.000 Euro bezahlte, wovon Müller-Vogg nichts wusste. Er hat auch seine Erfahrungen in der Causa Wulff gemacht. Es sind ohne Zweifel Pharisäer unter uns. Es gibt auch keinen Grund, zu jubeln. Doch eine Presse, die ihre Arbeit ernst nimmt, kann auf Recherchen und auf die entsprechenden Berichte und Kommentare nicht verzichten. Den Gegenstand dafür hat Christian Wulff produziert. Er hat sich politisch selbst zerstört."[500]

Eine große Zahl von journalistischen Beobachtern war am Ende überzeugt, dass Wulff nicht Opfer einer Kampagne gewesen sei, sondern selbst für den Skandal verantwortlich. Leitende Journalisten fanden Rücktritt auch nach dem klaren Freispruch noch richtig. Die Binnenlogik der Erzählung hielten sie zum Schluss aufrecht und als sich die eigentlichen Vorwürfe als mehr oder weniger substanzlos erwiesen, wurden die Ursachen für den Skandal im Charakter Wulffs und seiner Kommunikation gesucht.[501]

Wulff selbst äußerte sich nach dem Ende des eigentlichen „Affären"-Geschehens in einem Buch sowie in verschiedenen Reden, Interviews und Publikationen zu alledem. Die Medien hätten ein „Zerrbild seines Charakters" gezeichnet und „Niederträchtigkeiten" publiziert. Er sah sich u. a. als „Opfer eines Meinungskartells" und sei zum „Rücktritt gezwungen" worden. Er beklagte insbesondere die „Verrohung des Diskurses, diese ganze Häme, mit Diffamierung und Denunziationen." Als Konsequenz forderte Wulff eine Anpassung der Spruchpraxis des Presserates und eine strengere Ahndung von ethischen Regelübertretungen. Insbesondere die Maßstäbe, die an Politiker angelegt werden, stellte Wulff in Frage: „Aber wenn Sie solche Maßstäbe an Politiker so unbarmherzig und rigoros anlegen, dann können Sie sich Politiker künftig im Kloster ausleihen."[502]

Diskussion

Der *Fall Wulff* war deutlich komplexer und heißer diskutiert – dazu in breiteren Beobachterkreisen –, als viele der anderen Fälle in diesem Buch. Angesichts der Komplexität und der vielen unterschiedlichen Urteile geht es in diesem Kapitel nicht um die Frage, wer von denjenigen, die sich mit Reaktionen zum Fall zu Wort gemeldet haben, Recht hat. Die Frage, die hier im Mittelpunkt steht, lautet: Lassen sich in der Berichterstattung der Medien medienethische Problemlagen identifizieren, deren Betrachtung für eine Analyse der journalistischen Ethik des frühen 21. Jahrhunderts in Deutschland wichtig sind? Und die Antwort auf diese Frage lautet klar: Ja.

Betrachtet man den Fall mit seinen drei „Unter-Affären", so kann man sagen, dass der Umgang mit der *Kredit-Affäre* noch am ehesten dem Auftrag der Medien entspricht, das Verhalten von Politikern kritisch zu hinterfragen – zumal in hohen Ämtern. Zweifellos gaben die Art der Finanzierung und das Verhalten Wulffs im Umgang mit dem Landtag in Niedersachsen sowie mit der Wahrheit an sich Anlass für Spekulationen und Zweifel. Diese initiativ und vollständig auszuräumen, hätte sicher geholfen. So verwundert es nicht, dass Journalisten verschiedener Medien alle für sie erschließbaren Quellen ausfindig machten und dabei sowohl der Bundespräsident, die Familie Geerkens als auch die *BW-Bank* zu den Vorwürfen befragen wollten. Besonders *Bild* und *Der Spiegel* recherchierten aufwändig und erstritten u. a. die Einsichtnahme in relevante Dokumente. In der Berichterstattung der Qualitätsmedien handelte es sich in erster Linie um Verdachtsmeldungen, dass sich Wulff während seiner Amtszeit als niedersächsischer Ministerpräsident nicht gesetzestreu verhalten habe. Unmittelbar vor der Veröffentlichung erster Vorwürfe waren Christian Wulff, sein Pressesprecher Olaf Glaeseker und Egon Geerkens darüber informiert, dass Details zu dem Hauskredit bekannt werden würden. Die Berichterstattung war im Wesentlichen kritisch, aber noch nicht (vor-)verurteilend. Was zur Sprache kam, war nicht so sehr der Kredit selbst, sondern der Umgang Wulffs mit der Skepsis an seiner Version der Geschichte. So bemängelten die Printmedien vor allem Wulffs ausweichendes Verhalten. Die sogenannte *Kredit-Affäre* selbst war noch nicht geeignet, als Musterbeispiel für ethisch problematisches Verhalten herzuhalten – weder auf der Medienseite noch, im Übrigen, aufseiten des damaligen Ministerpräsidenten und Bundespräsidenten Wulff. Einen Vorwurf jedoch musste Wulff sich zu Recht gefallen lassen: dass er als Ministerpräsident mit anderen – darunter Johannes Rau – deutlich härter umgegangen war, als er es bei sich selbst in einer ähnlichen Situation zulassen wollte. Dieses Messen mit zweierlei Maß hat sicher auch dazu beigetragen, dass die Medien nicht lockerließen.

Die Sache war jedoch in dem Augenblick für Beobachter der medialen Diskurslogik der Gegenwartsgesellschaft verloren, als die sogenannte *Mailbox-Affäre* bekannt wurde. Der sogenannte „Drohanruf" lag gewissermaßen auf „Wiedervorlage", um ihn zu einem guten Zeitpunkt nutzen zu können. Als dann der Fall so gut wie tot war und Wulff keine Anstalten machte, zurückzutreten, wurde er lanciert. Es ging darum, dem Fall noch einmal neuen Schwung zu verleihen, so Hans Mathias Kepplinger: „Die sehr ähnlichen, kurz nacheinander veröffentlichten Schemata zur

Skandalisierung Wulffs [...] über Wulffs 19 Tage zurückliegenden »Drohanruf« beim Chefredakteur der *BILD*, kurz bevor das Interesse an dem Fall zu versickern drohte, deuten in die gleiche Richtung."[503] Der Anruf bei Diekmann, so Kepplinger, war das *Killer Issue*, das man sich für den richtigen Zeitpunkt aufgehoben hatte[504]:

> „Ihre größte Wucht erreichte die Skandalisierung von Wulff folglich nicht durch die Kritik an seinem Hauskredit, seinen Reisen und ähnlichen Themen, sondern durch die Kritik an seinem Umgang mit *Bild*, stellvertretend für die Medien. Die Welle der weitgehend gleichartigen Berichte und Kommentare vermittelte den Eindruck, Wulffs Anruf sei eine einzigartige Entgleisung gewesen. Einzigartig war er deshalb, weil Wulff auf der Mailbox Diekmanns einen Beweis hinterlassen hatte. Keineswegs einzigartig war aber Wulffs Ansinnen: Laut einer Befragung von 230 Mitgliedern der Bundespressekonferenz im Jahr 2006, hat fast die Hälfte der Journalisten (44%) schon die Erfahrung gemacht, dass Politiker ihre Berichterstattung über ihre Redaktionsleiter beeinflussen wollten. [...] Hierbei handelt es sich um eine kritikwürdige, aber nicht unübliche Praxis, und das Verhalten Wulffs war deshalb keineswegs so einzigartig, wie es dargestellt wurde und erscheinen musste. [...] Die Zurückhaltung und subkutane Verbreitung des Anrufs waren aus mehreren Gründen ein beispielloser journalistischer Coup von Diekmann: Erstens konnten er und seine Mitarbeiter mit einer großen Medienresonanz rechnen, weil sich Journalisten bei tatsächlichen oder vermeintlichen Angriffen auf die Pressefreiheit generell mit ihren Kollegen solidarisieren. Zweitens war ein Großteil der Journalisten indirekt betroffen, weil es solche Versuche der Einflussnahme nicht nur in Berlin gibt. [...] Drittens wusste die Bevölkerung nicht, dass derartige Versuche [...] häufig vorkommen und musste annehmen, dass es sich bei Wulffs Anruf um eine empörende Entgleisung gehandelt hat. Viertens überließ die *Bild* die problematische Veröffentlichung eines Anrufs, dessen Inhalt erkennbar nicht für die Öffentlichkeit bestimmt war, zwei Qualitätszeitungen. Dadurch vermied *Bild* den Verdacht, aus Eigeninteresse journalistische Berufsregeln zu verletzen. Und fünftens gefährdete *Bild* mit seiner diskreten Zurückhaltung nicht seine neue Rolle als uneigennütziger Anwalt der Pressefreiheit."[505]

Und tatsächlich: Wer weiß, wie Journalisten sich in der Regel instinktiv und kollektiv um die ihrigen scharen, welche von Mächtigen bedroht werden (sei es nun eine reale Drohung oder nur ein unbedacht gesprochenes Wort), der konnte ahnen, was auf Wulff zukommen würde. Entrüstete Verweise auf die Pressefreiheit, um deren Flagge sich alle – auch Gegner der *Bild* – versammeln würden, waren vorprogrammiert. Wer nicht selbst sagte, dass Wulff eine Grenze übertreten und eine Grundregel demokratischer Kommunikation gebrochen habe, der schüttelte vielleicht nur den Kopf angesichts des Mangels an Professionalität, der aus dem Vorgang sprach:

> „Die journalistischen Medien sehen darin einhellig den verwerflichen Versuch eines mächtigen Politikers, die Unabhängigkeit eines ihresgleichen, also eines anderen journalistischen Mediums, zu beeinträchtigen. So sorgten sie dafür, indem sie sich in den Kampf um die Unabhängigkeit eines von der Politik bedrohten Mediums warfen, dass 'Bild' in der breiten Öffentlichkeit zwangsläufig als bedeutendes investigatives Medium erschien. 'Bild' musste nicht mehr tun, als die Mailbox-Nachricht vertraulich, geschickt

selektiv und Stück für Stück in die Branche einsickern zu lassen. Die Deutung 'Bedrohung der Pressefreiheit' zwingt die Interpreten zudem, Christian Wulff ein Maß an Ungeschicktheit und Dummheit zuzuweisen, die man gewöhnlich einem erfahrenen Bundespolitiker nicht unterstellen mag. In sein Verhalten waren so offenkundig von vornherein Wirkungslosigkeit und Scheitern eingebaut, dass es verwundert, warum nie nennenswert eine andere Erklärung versucht worden ist. Für die Deutung aus dem Blickwinkel der Geschäftsbeziehung sind mehr einleuchtende Gründe vorzutragen als für diejenige der bedrohten Unabhängigkeit. Die Vorstellung, ein offensichtlich in der Bredouille sitzender Christian Wulff sei in der Lage, das größte Medium des Landes mit einem verzweifelten Anruf unter Druck zu setzen, hat etwas Absurdes. Sehr viel plausibler ist die Annahme, dass Wulff zu Recht davon ausging, dass zwischen ihm und 'Bild' keine Beziehung zwischen Politiker und Journalist, sondern vielmehr eine seit vielen Jahren erprobte Geschäftsbeziehung zur Produktion von Aufmerksamkeit zu beiderseitigem Vorteil bestünde."[506]

Die Motive für Wulffs Anruf spielen an dieser Stelle keine Rolle, doch darf man annehmen, dass er sich in einem belastbaren Vertrauensverhältnis gegenüber *Bild*-Chef Diekmann wähnte – doch er täuschte sich massiv über die mögliche Reaktion seines Gegenübers. Man darf weiterhin annehmen, dass er, hätte er gewusst, dass seine Nachricht publik würde, diese nicht auf Band gesprochen hätte. Hinweise gibt die Pressemeldung des Bundespräsidenten vom 05. Januar 2012:

„Sehr geehrter Herr Diekmann,

für Ihr heutiges Schreiben danke ich Ihnen. Meine Nachricht vom 12. Dezember 2011 auf Ihrer Telefon-Mailbox war ein schwerer Fehler und mit meinem Amtsverständnis nicht zu vereinbaren. Das habe ich gestern auch öffentlich klargestellt. Die in einer außergewöhnlich emotionalen Situation gesprochenen Worte waren ausschließlich für Sie und für sonst niemanden bestimmt. Ich habe mich Ihnen gegenüber kurz darauf persönlich entschuldigt. Sie haben diese Entschuldigung dankenswerterweise angenommen. Damit war die Sache zwischen uns erledigt. Dabei sollte es aus meiner Sicht bleiben. Es erstaunt mich, dass Teile meiner Nachricht auf Ihrer Mailbox nach unserem klärenden Telefongespräch über andere Presseorgane den Weg in die Öffentlichkeit gefunden haben. Es stellen sich grundsätzliche Fragen zur Vertraulichkeit von Telefonaten und Gesprächen. Hier haben die Medien ihre eigene Verantwortung wahrzunehmen.

Wie ich gestern auf Nachfrage im Fernsehinterview sagte, ging es mir darum, der Bild-Zeitung meine Sicht darzulegen, bevor sie über eine Veröffentlichung entscheidet. Da ich mich auf Auslandsreise in der Golfregion mit engem Programm befand, konnte ich das aber erst nach meiner Rückkehr nach Deutschland am Abend des Dienstag, 13. Dezember, tun. Wie sich aus der Ihrem Schreiben beigefügten Mail ergibt, hatte deshalb mein Sprecher den recherchierenden Redakteur der Bild-Zeitung um Verschiebung der Frist zur Beantwortung des differenzierten Fragenkatalogs zu meinem Eigenheimkredit gebeten. Der Redakteur hatte aber nur Verlängerung bis zum Nachmittag des Montag, 12. Dezember, zugesagt. Es gab für mich keinen

151

ersichtlichen Grund, warum die Bild-Zeitung nicht noch einen Tag warten konnte, wo die erfragten Vorgänge schon Jahre, zum Teil Jahrzehnte zurückliegen.

Das habe ich nach meiner Erinnerung auf der Mailbox-Nachricht trotz meiner emotionalen Erregung auch zum Ausdruck gebracht.

Angesichts der Veröffentlichung Ihres Schreibens an mich mache ich auch meine Antwort öffentlich.

Mit freundlichem Gruß"[507]

Nimmt man einmal kurz Wulffs Sichtweise ein, wurde hier ein Vertrauen gebrochen, von dem zunächst angenommen werden durfte, dass es belastbar wäre, und das 'Bild' jetzt einseitig und zum Schaden Wulffs aufkündigte.[508]

Doch auch um die Frage nach Vertrauensbeziehungen zwischen Politikern und den Medien soll es an dieser Stelle nicht gehen. Vielmehr muss die Frage gestellt werden, wie man die Veröffentlichung des Anrufs von Wulff medienethisch beurteilen sollte. Gegen eine Veröffentlichung spricht im vorliegenden Fall, dass Wulff „die in einer außergewöhnlich emotionalen Situation gesprochenen Worte" lediglich an *Bild*-Chefredakteur Diekmann gerichtet hatte. Die später erfolgte Entschuldigung des Bundespräsidenten gegenüber Diekmann könnte ebenfalls dafür sprechen, dass die Veröffentlichung mit einem Vertrauensbruch einhergegangen war. Das Argument, es habe ein öffentliches Interesse an Wulffs Nachricht gegeben, könnte man zu Wulffs Verteidigung mit der bisherigen Rechtsprechung kontern, die bei einer Abwägung strenge Maßstäbe ansetzt: Ein „überragendes" öffentliches Interesse existiert demnach lediglich bei schweren Straftaten oder im Falle der unmittelbaren Gefährdung der Öffentlichkeit.[509] Und auch die Frage, ob überhaupt ein öffentliches Interesse an den Inhalten der Nachricht existiert haben könnte, muss keineswegs mit „Ja" beantwortet werden. Aus journalistischer Sicht hätte diese Nachricht nicht zwangsläufig veröffentlicht werden müssen – auch wenn man bedenkt, dass solche persönlichen Gespräche zwischen Politikern und Journalisten ganz und gar nicht selten sind.

Jedoch: Es muss in diesem Fall auch die politische Rolle und das Amtsverständnis des Bundespräsidenten berücksichtigt werden. Der Bundespräsidenten „ist *'lebendiges Symbol'* des Staates"[510], ein Vorbild und eine moralische Instanz. Deshalb ist das gesprochene und geschriebene Wort „eines der stärksten politischen Mittel des Bundespräsidenten". Vor diesem Hintergrund brachte sich Wulff – der hier eher wie ein Strippenzieher aus der Provinz wirkte, nicht wie ein gravitätisch-distanziertes Staatsoberhaupt – selbst in Bedrängnis und trug einen Anteil an Eigenverantwortung an den Folgen. Hat Wulff in seiner Funktion als Bundespräsident oder als (vermeintlicher) Freund eines Journalisten diesen Anruf getätigt? Zwischen Wulff und der *Bild*-Zeitung bestand eine langjährige, oftmals exklusive Zusammenarbeit. Diese Nähe lässt darauf schließen, dass „Wulff zu Recht davon ausgegangen [sei], dass zwischen ihm und „Bild" eine „seit Jahren erprobte Geschäftsbeziehung" zu beiderseitigem Vorteil bestanden habe.[511] Dass eine solche Geschäftsbeziehung in einem derart hohen Amt und bei derart verschiedenen Interessen der Handelnden jederzeit zu einem kommunikativen Malheur führen kann, liegt auf der Hand. Zumal die

Person und das Amt nicht so ohne Weiteres voneinander zu trennen sind. Durch seinen Anruf hat der Bundespräsident, der „die Stimme des Staates"[512] ist, in eine Abhängigkeit von einem Journalisten begeben. Zudem hatte der Bundespräsident in dem Wissen auf die Mailbox gesprochen, dass eine Mailbox-Nachricht wiederholt vom Empfänger abgehört werden und folglich wortgetreu wiedergegeben werden kann – u. a. für eine Veröffentlichung als Audio-File oder eine Abschrift. Gleichwohl muss man bei alledem berücksichtigen, dass Wulff mit einer gewissen Hinterlist öffentlich vorgeführt wurde.

Ein sicher feststellbarer medienethischer Fehltritt wurde dann in der *Urlaubsreisen-Affäre* begangen. Dieser Fehltritt wurde u. a. von Stefan Niggemeier und Hans Mathias Kepplinger ausführlich dokumentiert und kritisiert. Wie in anderen Fällen beriefen sich auch hier Journalisten in ihrer Berichterstattung auf die Recherchen anderer Journalisten – im vorliegenden Beispiel auf *Bild*. Den Vorgang selbst nennt man, wie bereits dargelegt, Koorientierung oder Kollegenorientierung.[513] Er ist typisch dafür, wie Medien – vor allem unter Zeitdruck und angesichts eines Mangels an Informationen – recherchieren und zitieren:

> „In dieser Skandalisierungsphase will jeder möglichst schnell mit Informationen oder zumindest mit einem Beitrag auf den Markt kommen. Und die Konsequenz ist: Einer schreibt vom anderen ab, und zwar auch die Fehler. Es wird relativ wenig eigenständig recherchiert, es wird sehr viel im Grunde nachgeahmt. Das führt zu einer ungeheuren Wirkungswelle."[514]

Dabei bleibt regelmäßig die journalistische Sorgfalt auf der Strecke, wie auch andere Fälle in diesem Band zeigen. Die falsche Behauptung der *Bild*-Zeitung, Groenewold habe versucht, Informationen über den Sylt-Aufenthalt zu vertuschen, wurde zwar nicht von allen Blättern aufgenommen, geriet aber dennoch in Umlauf und war Auslöser jener folgenreichen staatsanwaltschaftlichen Ermittlungen, die zu Wulffs Rücktritt führten. Dass der gesamte Bericht sich später als nicht haltbar herausstellte, stellte das gesamte journalistische Framing des Falls in Frage – drang aber in der Öffentlichkeit nicht durch.[515]

Diese klar erkennbare Verletzung journalistischer Grundsätze fand in einem Klima statt, das viele Beobachter – wie oben dargelegt – zunehmend kleinlich, hämisch und pedantisch empfanden. Einzelne Medien waren sich nicht zu schade, sogar über Nichtigkeiten wie den Austausch von „Bobby-Cars" für politische Gefälligkeiten zu spekulieren. Der Hauskredit hatte Wulff nicht zu Fall gebracht, wegen der Mailbox-Nachricht wollte Wulff nicht zurücktreten – also mussten mehr Rücktrittsgründe gefunden werden, selbst falsche und nichtige.

Was war nun der faktische Kern der Causa Wulff? Nach dem Rücktritt von Christian Wulff nahm die Staatsanwaltschaft Hannover eine mehrere Monate andauernde Ermittlung in insgesamt 21 Verdachtsfällen auf – darunter eine ganze Reihe von Kleinigkeiten, wie sie im normalen Geschäftsleben regelmäßig vorkommen.[516] Es wurden bis zu 100 Zeugen befragt und elektronische Daten mit einem Gesamtvolumen von fünf Terabytes ausgewertet.[517] Aufgrund von Indizien und Beweisen wurde am 27. August 2013 die Klage gegen Christian Wulff wegen Vorteilsnahme im Amt nach

§ 331 StGB vom Landgericht Hannover zugelassen.[518] Im Hauptverfahren warf die Staatsanwaltschaft dem Wulff-Freund David Groenewold vor, am Wochenende vom 26. bis 28. September 2008 (Besuch des Münchener Oktoberfestes) mehrere Rechnungen, darunter 209,40 Euro für ein Abendessen, eine Pauschale von 140 Euro für die Bewirtung im Käfer-Festzelt, 110 Euro für einen Babysitter und 400 Euro für das Hotelzimmer-Upgrade des Ehepaars Wulff, bezahlt zu haben. Im Gegenzug dafür, so der Vorwurf der Anklage, soll Wulff am 15. Dezember 2008 einen Brief an den Vorstandsvorsitzenden der *Siemens AG* geschrieben haben, in dem er um die Unterstützung des Films „John Rabe" bittet, der von Groenewold produziert worden war. Gegen diesen Vorwurf wandte Wulff ein, er habe schon immer einen guten Kontakt zur *Siemens AG* gehabt. Den Film „John Rabe" wollte er unabhängig von Produzent Groenewold unterstützen, weil ihm das Thema ein persönliches Anliegen gewesen sei. Ebenso erklärte Wulff, er habe von der teilweisen Übernahme der Hotelkosten durch Groenewold bis zur Berichterstattung nichts gewusst. Nachdem Wulff davon erfahren hatte, habe er umgehend eine Überweisung mit dem ausstehenden Betrag an Groenewold veranlasst. Auch die anfängliche Kostenübernahme des Babysitters konnte er erklären, da ihm erst nach dem Begleichen der Rechnung auffiel, dass die Position gefehlt habe. Wulff berichtete weiter, dass er seinen Freund Groenewold auf die Kosten für den Babysitter angesprochen habe, „weil dieser dazu geneigt habe, ihn einzuladen und einfach etwas zu bezahlen." Nachdem Groenewold ihm die Übernahme bestätigt hatte, habe Wulff ihm direkt den ausstehenden Betrag in bar zurückbezahlt. An ein gemeinsames Abendessen hingegen konnte sich Wulff nicht mehr erinnern, er vermutete, dass dies eher nicht der Fall gewesen sei. Es blieben die geringwertigen Bewirtungskosten im Käfer-Festzelt, von denen das Gericht nicht ausgeht, dass Wulff „trotz der Geringwertigkeit dieser Vorteile das Risiko bewusst in Kauf genommen habe, deshalb belangt zu werden und seine politische und gesellschaftliche Stellung zu gefährden". Auch die bewusste Verknüpfung zwischen der Diensthandlung und einem gewährten Vorteil konnte in Anbetracht der bestehenden Freundschaft nicht nachgewiesen werden. Außerdem erlaubte das Niedersächsische Ministergesetz die Teilnahme an üblichen Bewirtungen bei dienstlichen Handlungen, Besprechungen und dergleichen. Da Wulff auf dem Münchener Oktoberfest auch dienstliche Gespräche geführt hatte, bestand für das Gericht kein Tatbestand der Vorteilsannahme. Aufgrund dessen wurde Wulff am 27. Februar 2014 vom Vorwurf der Vorteilsannahme freigesprochen. Wenn die Aufnahme der Ermittlungen durch die Staatsanwaltschaft zu den genannten Vorwürfen der Anlass für Wulffs Rücktritt gewesen war, dann bleibt ein schaler Nachgeschmack, wenn man bedenkt, dass die Vorwürfe, die Anlass für die Ermittlungen waren, aus fehlerhaften Medienberichten stammten und, wie das Gericht urteilte, letztlich nicht haltbar oder nichtig waren.

Was bleibt nun vom *Fall Wulff*, in dem eine (größere) Seite des journalistischen Spektrums lange Zeit fest annahm, alles richtig gemacht und die ureigenste Aufgabe des Journalismus erfüllt zu haben – und der andere (kleinere) Teil von einer Hetzjagd, von Rudeljournalismus und dergleichen sprach? Zweifellos hatte Christian Wulff eine ganze Reihe von Fehlern gemacht, die immer irgendwie damit zu tun hatten, wie er persönliche Beziehungen zu anderen Akteuren, darunter Journalisten und Persönlichkeiten aus dem Wirtschaftsleben wahrnahm. Es hatte immer irgendwie den Anschein, dass er zumindest kein erklärter Gegner einer Do-ut-des-Philosophie war, die es mit der Trennung von politischen Ämtern und Gefälligkeiten durch Nahestehende – seien es informationelle oder pekuniäre – nicht ganz so ernst nahm. Hinzu kam, dass er das Problem selbst vergrößerte, als er dem *Bild*-Chefredakteur auf Band sprach. Dies alles eingedenk, bleibt dennoch der Eindruck haften, dass vor allem gegen Ende der Affären-Kaskade unter den beteiligten Journalisten eine gewisse Unbarmherzigkeit vorherrschte, ein Nicht-Nachlassen-Wollen, der Wunsch danach, den Gejagten, der sich so lange dem finalen Schuss entzogen hatte, zur Strecke zu bringen.

Die zentralen Fragen lauten: War Wulff kriminell? Waren die Ermittlungen gerechtfertigt? Hätte er zurücktreten müssen? Es gibt Stimmen, die mit Verweis auf die *Urlaubsreisen-Affäre* von einer Kampagne gegen Wulff sprechen – als beinahe täglich neue Meldungen hereinkamen, die sich (nachträglich) als nichtig erwiesen. Vor diesem Hintergrund erscheint Wulffs Sicht der Dinge verständlich: „Aufgeputscht durch Gerüchte, Halbwahrheiten und Unwahrheiten der *Bild*-Zeitung, hatten sich viele in einen kollektiven Wutrausch geschrieben, aus dem sie nicht mehr heraus fanden".[519] Er ist, wie die Auflistung einiger Reaktionen zu diesem Fall zeigte, mit diesem Urteil nicht alleine. Schon in seiner Rücktrittserklärung sagte er: „Die Berichterstattungen, die wir in den vergangenen zwei Monaten erlebt haben, haben meine Frau und mich verletzt".[520] Dieser Kritik entgegnete der Bundesvorsitzende des Deutschen Journalisten-Verbands, Michael Konken, in einer umgehend veröffentlichten Pressemitteilung: „Es ist die Pflicht der Journalistinnen und Journalisten, über politische Affären und Skandale kritisch zu berichten [...]. Davon ist auch das deutsche Staatsoberhaupt nicht ausgenommen".[521] Rechtfertigt das auch eine in Teilen übertreibende, kampagnehafte Berichterstattung, die erwiesenermaßen rechtliche Nichtigkeiten zum Gegenstand hatte? Diese Frage bleibt am Ende der Auseinandersetzung mit der Causa Wulff im Raum stehen. Und eine zweite Frage, die in solchen Diskussionen regelmäßig aufkommt, bleibt virulent: Was tun als Journalist? Nicht publizieren ist – wie immer – keine Alternative. Es geht um die Frage „Wie publizieren?":

> „Hier wäre es sehr sinnvoll gewesen, wenn die Mehrzahl der Journalisten, die sozusagen mehr oder weniger blind in die gleiche Kerbe gehauen haben, wenn diese Journalisten sich mal überlegt hätten, in welcher Relation steht eigentlich der Vorwurf, um den es hier geht. Und es waren ja unzählige, Dutzende von Vorwürfen. In welcher Relation steht das eigentlich zu dem Amt und der Sache, um die es geht. Und da hätte man bei nüchterner Betrachtung sagen müssen, das ist im Grunde absurd."[522]

Diese Lesart Kepplingers teilten *während* der heißen Phase des *Falles Wulff* nur wenige Journalisten. Doch mit wachsendem zeitlichen Abstand und zumal nach dem Freispruch Wulffs änderte sich der Tenor. Unter dem Eindruck zunehmender Medienkritik – man denke an die Lügenpresse-Debatte der Jahre 2015 und 2016 – wird der *Fall Wulff* heute mitunter als Referenz für Diskussionen um journalistische

Grenzübertretungen verwendet. Ein aktuelles Beispiel, in welchem ein eigentlich Wulff-kritischer *FAZ*-Autor argumentiert, der vormalige Bundespräsident sei von den Medien quasi zum Rücktritt gezwungen worden, mag diese Tendenz anekdotisch veranschaulichen:

> „Er musste [zurücktreten], weil er Fehler gemacht hatte, vor allem aber, weil der von den Medien ausgeübte Druck auf ihn so groß war, dass er sein Amt gar nicht mehr ausfüllen konnte. Das war kein Ruhmesblatt für die Presse. Je mehr Zeit ins Land geht, desto deutlicher tritt das zu Tage. Zu fragen wäre, warum so etwas geschieht und wieso sich das Phänomen wiederholt. Warum so oft alle in eine Richtung rennen, Mal um Mal der Zug der Lemminge einsetzt [...]. Dahinter steckt keine Verschwörung, sondern ein Tunnelblick samt fehlender Sorgfalt und fehlendem Mut – erst zu urteilen, wenn die Fakten halbwegs beisammen getragen sind und diese gefälligst erst einmal zu recherchieren. In der Summe ergibt das einen Vertrauensverlust, auf den sich diejenigen nur draufsetzen müssen, die meinen, sie seien im Besitz der allein seligmachenden Wahrheit und diese finde sich eben nicht in den „etablierten" Medien."[523]

Siebtes Kapitel: Der Fall „Uli Hoeneß" (2014) – oder die Frage, ob auch geständige Sünder Achtung verdienen

(in Zusammenarbeit mit Dave Jörg)

Fall

„Im Namen aller ehrlichen Steuerzahler: Verknackt Hoeneß!" – so titelte die *Bild* am 13. März 2014[524] – dem vierten Prozesstag im Verfahren gegen Uli Hoeneß, damaliger Präsident des *FC Bayern München*, der sich vor Gericht wegen Steuerhinterziehung verantworten musste. In der klassischen Dramentheorie gibt es die Kategorie der *Fallhöhe*: Der Fall eines Helden wird demnach als besonders eindringlich empfunden, wenn sein moralischer oder sozialer Rang zuvor ganz besonders hoch war.[525] Im übertragenen Sinne war Uli Hoeneß vor der Steueraffäre ein Held[526], der aus enormer Fallhöhe und vor aller Augen in die Tiefe stürzte. Diese dramaturgischen Mechanismen kennzeichneten auch die Medienberichterstattung um den *Fall Hoeneß*: Das öffentliche Bild des Uli Hoeneß vor dem Skandal war die Skizze einer Heldenfigur, die mit Wille, Ehrgeiz und Fleiß einen langen Aufstieg geschafft hatte:[527] Dem Ulmer Metzgersohn gelang eine Weltkarriere als Fußballer beim *FC Bayern München* – mit 20 wurde Hoeneß im Jahr 1972 Fußball-Europameister und zwei Jahre später Weltmeister.[528] Nicht nur seine sportlichen Erfolge, auch sein Bewusstsein für öffentliche Wirkung begründeten das Image von Uli Hoeneß: Als Manager in der Münchner Geschäftszentrale des *FC Bayern* erlangte Hoeneß große Bekanntheit, weil er mit lukrativen Geschäftsmethoden den Verein zum finanziellen Erfolg führte[529] – der wirtschaftliche und sportliche Erfolg des Vereins wurde in der öffentlichen Wahrnehmung vielfach vor allem mit Hoeneß in Verbindung gebracht.[530] Zu Hoeneß' öffentlicher Legende gehörten außerdem sein Erfolg als Wurstfabrikant und ein überlebter Flugzeugabsturz – was er anfasse, werde zu Gold, er sei ein „Glücklicher, ein Vordenker, ein Gutmensch, ein Geldvermehrer, ein Besessener und ein Bauchmensch."[531]

Bei der Charakterisierung von Uli Hoeneß finden sich folgende Motive immer wieder: sein soziales und karitatives Wirken, mit dem er beispielsweise andere Fußballclubs vor der Pleite rettete oder Vertragshonorare für wohltätige Zwecke spendete[532] sowie sein explosives Temperament, das sich in verschiedenen öffentlichen Konflikten u. a. mit Christoph Daum, *Bayern*-Fans oder Journalisten ausdrückte.[533] Bei seinem späteren Sturz waren es auch charakteristische öffentliche Ausbrüche in Talkrunden, die ihm vorgehalten wurden – dort äußerte er sich etwa kritisch über die deutsche Steuerpolitik, die Reiche eher vertreibe als sie im Land zu halten, und warf deutschen Managern „Raffgier und Turbokapitalismus"[534] vor. Als streitbare Persönlichkeit, die gern den moralischen Zeigefinger hob, provozierte

Hoeneß folglich nicht nur Kritik, sondern auch Häme, Hohn und Schadenfreude – konnte man ihm nun doch mit einigem Recht den Verlust seiner moralischen Instanz vorwerfen oder ihn als „gescheitertes Vorbild" bezeichnen.[535]

Die Causa *Hoeneß* hat eine Vorgeschichte, die kaum jemandem bekannt war:[536] Nach eigenen Angaben spekulierte Hoeneß zwischen 2001 und 2006 im großen Stil an der Börse und nutzte dafür ein geheimes Nummernkonto in der Schweiz. 2012 begannen nach eigenen Angaben Recherchen des Magazins *Stern*, ausgelöst durch „verlässliche Informationen"[537], die darauf hindeuteten, dass ein ranghoher Vertreter der deutschen Fußball-Bundesliga bei der Schweizer Bank *Vontobel* ein größeres Barvermögen deponiert hatte. Am Morgen des 17. Januar 2013 reichte Hoeneß über seine Anwälte beim zuständigen Finanzamt eine Selbstanzeige wegen Steuerhinterziehung ein.[538] Am gleichen Tag berichtete die Druckausgabe des *Sterns* über ein geheimes Konto bei einer Schweizer Privatbank. Kurze Zeit später leitete die Staatsanwaltschaft München II Ermittlungen wegen Steuerhinterziehung gegen Hoeneß ein, es wurde Haftbefehl erlassen. Nach einer Millionen-Kaution blieb er jedoch auf freiem Fuß. Im April 2013 bestätigte er seine Selbstanzeige.[539] Im Mai veröffentlichte die *Zeit* ein langes Interview mit Hoeneß, in dem er einräumte, exzessiv an der Börse spekuliert zu haben und sich reuig zeigte.[540] Endgültig zugelassen wurde die Anklage gegen Uli Hoeneß am 4. November 2013. Der Prozessbeginn wurde auf den 10. März 2014 festgesetzt. Gleich zu Beginn des Prozesses wurde die Steuerschuld des Angeklagten von den bisher festgesetzten 3,5 auf insgesamt 27,2 Millionen Euro korrigiert. Am 13. März verurteilte die Strafkammer des Oberlandesgerichts München Uli Hoeneß zu einer Haftstrafe von drei Jahren und sechs Monaten. Seine Gesamtsteuerschuld wurde auf 28,462 Millionen Euro taxiert. In der später veröffentlichten Urteilsbegründung schrieb das Gericht, dass es mildernde Umstände geltend gemacht habe.[541] Nachdem weder die Verteidigung noch die Staatsanwaltschaft Revision eingelegt hatten, wurde das Urteil rechtskräftig. Am 2. Juni 2014 trat der Verurteilte seine Haft in der JVA Landsberg am Lech an. Die Haft erfolgte zunächst im geschlossenen Vollzug.[542] Nach 21 Monaten wurde Hoeneß am 29. Februar 2016 auf Bewährung vorzeitig aus der Haft entlassen, nachdem er etwa die Hälfte seiner Haftstrafe verbüßt hatte und zuvor bereits Freigänger war. Über die Begründung der Haftentlassung berichtete *Tagesschau.de* am selben Tag:

> „Bei der Entscheidung zugunsten des 64-Jährigen wurden unter anderem dessen Persönlichkeit, sein Vorleben, die Umstände der Tat und das Verhalten während der Haft berücksichtigt. Hoeneß habe sich trotz seiner Position stets in die Gefangenengemeinschaft integriert, so das zuständige Gericht. Bei seinen zahlreichen Ausgängen sei es zu keinen Beanstandungen gekommen. Den Schaden habe der ehemalige FC-Bayern-Chef durch Rückzahlungen in Millionenhöhe wieder gutgemacht."[543]

Hoeneß zeigte sich anfangs noch optimistisch, dass sich alles zu seinen Gunsten entwickeln könnte. Zugleich ging er juristisch gegen einzelne Medien vor[544], indem er sich z. B. gegen Spekulationen des *Sterns* wehrte.[545] Nach und nach trat Hoeneß dann demütiger auf, wie im Interview mit der *Zeit*, in dem er „einen Riesenfehler" eingestand.[546] Bekannt wurde auch seine sehr emotionale Verteidigungsrede auf der Hauptversammlung des *FC Bayern München*.[547] Nach der Urteilsverkündung verzichtete er auf weitere Auseinandersetzungen mit Öffentlichkeit und Justiz, akzeptierte das Urteil und sah von einer möglichen Berufung ab.[548]

Unter den medialen Akteuren ist vor allem das Münchner Nachrichtenmagazin *Focus* hervorzuheben, das angab, die Affäre aufgedeckt zu haben.[549] Auch der *Stern* war ein wichtiger Akteur, denn das Blatt galt als inoffizieller Entdecker der Steueraffäre und druckte bereits lange vor der *Focus*-Enthüllung eine Geschichte über ein geheimes Konto.[550] Den Namen Hoeneß nannte der *Stern* zwar noch nicht, aber schon vor der Enthüllung im *Focus* befragte der *Stern* Uli Hoeneß persönlich über mögliche Geheimkonten.[551] Im direkten medialen Wettbewerb mit dem *Focus* beanspruchte der *Stern* für sich, dass Hoeneß erst durch die eigenen Recherchen aktiv geworden sei[552] und brachte angriffslustige Titelgeschichten: So erschien etwa am 14. November 2013 das „Porträt eines Getriebenen"[553], und nach der Urteilsverkündung legte der *Stern* ein Interview mit dem geheimen Informanten nach[554], der nach Darstellung des Magazins entscheidenden Anteil an der Aufdeckung der Steueraffäre gehabt habe.[555] Das Boulevardblatt *Münchner Abendzeitung* schlug sich früh auf die Seite des *Sterns* und berichtete entsprechend, dass Hoeneß mehrere Hundert Millionen Euro in der Schweiz gehortet habe.[556] Das Nachrichtenmagazin *Spiegel* übernahm zwar keine herausgehobene investigative Rolle, veröffentlichte jedoch z. B. die kapitalismuskritische Titelgeschichte „Das Hoeneß-Prinzip – Gier, Steuerbetrug und der FC Bayern"[557] und trug so zu einer medialen Debatte um Steuergerechtigkeit und Sonderbehandlungen von prominenten Steuerbetrügern bei. In den Tagen des eigentlichen Prozesses spielte *Spiegel*-Gerichtsreporterin Gisela Friedrichsen einen wichtigen Part, indem sie Einschätzungen und Zusammenfassungen der Verhandlungstage und schließlich auch zum Urteil lieferte.[558] Die *Bild*-Zeitung verfolgte keine eigene, einseitige Berichterstattung, sondern emotionalisierte in verschiedene Richtungen: So bezeichnete das Blatt am 20. April 2013 die bestätigte Selbstanzeige Hoeneß' als „Hammer!"[559], setzte später die „Rückendeckung für Hoeneß"[560] beim *FC Bayern* in Szene oder die „Tränen von Wembley"[561] nach dem Sieg des Champions-League-Finales. Im Zuge der Anklage gegen Hoeneß fragte *Bild* „Wie unmoralisch sind unsere Eliten?"[562] und während des Prozesses, ob Uli Hoeneß keine Reue zeigen könne.[563] Unmittelbar vor der Urteilsverkündigung titelte *Bild* „Im Namen aller Steuerzahler. Verknackt Hoeneß!"[564], um gleich danach Hoeneß wieder als Angreifer zu inszenieren, der mit den Medien abrechne und nach seiner Zeit im Gefängnis ein Comeback plane.[565] Hans Leyendecker von der *Süddeutschen Zeitung* schließlich arbeitete sich u. a. am Verhalten des *FC Bayern* München ab[566] und gab in der Expertenrolle Interviews, etwa gegenüber dem *Deutschlandfunk*, wo er im April 2013 über mögliche geschäftspolitische Motive von *Adidas*-Chef Robert Louis-Dreyfus spekulierte, der Uli Hoeneß im Jahr 2000 einen millionenschweren Privatkredit für Börsenspekulationen zur Verfügung gestellt hatte.[567] In der *Münchner Abendzeitung* resümierte Leyendecker nach dem Urteil gegen Hoeneß aber, dass er keine weiteren Enthüllungen im Fall mehr erwarte.[568] Darüber hinaus positionierte sich die *Süddeutsche Zeitung* neben der *Zeit* als einer der wenigen medialen Akteure, die nach der Urteilsverkündung auch Kritik an der überspitzten Berichterstattung im *Fall Hoeneß* übten.[569]

In der beschriebenen Konstellation medialer Akteure entwickelte sich z. T. eine Berichterstattung, die mindestens in dreierlei Hinsicht ethisch diskussionswürdig war: Es wurde die *Unschuldsvermutung* verletzt, es wurden z. T. *Sorgfaltspflichten* vernachlässigt und – wie in vielen anderen Fällen – auch individuelle ethische Güter des *Ehr- und Persönlichkeitsschutzes* in Frage gestellt.

Eine der Grundregeln für die Berichterstattung über laufende Ermittlungs-, Straf- und Gerichtsverfahren ist der Grundsatz der *Unschuldsvermutung* nach Ziffer 13 des Pressekodex, wonach Beschuldigte nicht als feststehende Täter etikettiert werden dürfen:

> „Die Berichterstattung über Ermittlungs- und Gerichtsverfahren dient der sorgfältigen Unterrichtung der Öffentlichkeit über Straftaten und andere Rechtsverletzungen, deren Verfolgung und richterliche Bewertung. Sie darf dabei nicht vorverurteilen. Die Presse darf eine Person als Täter bezeichnen, wenn sie ein Geständnis abgelegt hat und zudem Beweise gegen sie vorliegen oder wenn sie die Tat unter den Augen der Öffentlichkeit begangen hat. In der Sprache der Berichterstattung ist die Presse nicht an juristische Begrifflichkeiten gebunden, die für den Leser unerheblich sind. Ziel der Berichterstattung darf in einem Rechtsstaat nicht eine soziale Zusatzbestrafung Verurteilter mit Hilfe eines „Medien-Prangers" sein. Zwischen Verdacht und erwiesener Schuld ist in der Sprache der Berichterstattung deutlich zu unterscheiden."[570]

Schon wenige Tage nach Bekanntwerden der Steueraffäre um Uli Hoeneß empfanden laut einer repräsentativen Umfrage im Auftrag der *Zeit* ein Drittel der Deutschen die Berichterstattung über ihn als vorverurteilend.[571] Von Beginn an drehten sich Berichte und Kommentare um die Fallhöhe der „moralischen Instanz" Uli Hoeneß. Die Berichterstattung enthielt – lange vor der Urteilsverkündung – feste moralische Urteile über den Beschuldigten. So schrieb beispielsweise der *Stern*-Kolumnist Hans-Ulrich Jörges über seinen guten Bekannten Hoeneß, dass er dessen „alptraumhafte Doppelexistenz"[572] nun erst jetzt erschüttert kennengelernt habe. *Stern*-Redakteure schrieben über die Selbstwahrnehmung von Hoeneß im selben Heft: „Hoeneß hat diese Welt verlassen".[573] Der *Spiegel* psychologisierte den Fall in der Ausgabe vom 29. April 2013 ebenfalls und attestierte Hoeneß, dass dieser sich rechtlich in einer Art Sonderstatus sehe und die Steuerflucht als Belohnung für seine Leistungen rechtfertige.[574] Dieselbe Ausgabe titelte mit einem in Geldscheinen schwimmenden Hai, der einen anderen frisst, darunter steht: „Gier, Steuerbetrug und der FC Bayern". Die weitere Berichterstattung und Kommentierung in der deutschen Presse orientierte sich an diesem und ähnlichen Schemata. Die *Süddeutsche Zeitung* bezeichnete Hoeneß bereits am 22. April 2013 als „Steuerbetrüger, der Integrität gepredigt und den Staat jahrelang betrogen hat".[575] Die *Münchner Abendzeitung* forderte in einem Kommentar bereits am 28. April: „Hoeneß muss gehen".[576] Vor und während der öffentlichen Hauptverhandlung des Hoeneß-Prozesses spitzte sich der Ton der Berichterstattung weiter zu: Die *FAZ* titelte „Die Ehrlichkeit kommt wohl zu spät"[577], die *Welt* druckte ein Interview mit einem Anwalt für Wirtschaftskriminalität, der eine Bewährungsstrafe für Hoeneß praktisch ausschloss.[578] Die *taz* schrieb vor der Urteilsverkündung:

„Sie sind eine asoziale Type, Herr Hoeneß. Sie sind kein Opfer! Wir wollen das jetzt nicht mehr hören, Herr Hoeneß! [...] Ja, wir wissen, dass Sie wahnsinnig viel Geld an wahnsinnig viele gemeinnützige Organisationen überwiesen haben. Aber bitte verschonen Sie uns mit der Aufzählung Ihrer Wohltaten! [...] Wir lassen Ihnen den Rollenwechsel nicht durchgehen. Herr Hoeneß, Sie sind eine asoziale Type, Sie sind kein Opfer! Wir sind uns da ziemlich sicher, auch wenn das Urteil über Sie erst am Donnerstag gesprochen wird. Es mag schon sein, dass Sie süchtig waren nach dem Kick an den Börsen, dass Sie nicht mehr Herr Ihrer Sinne waren, als Sie auf Devisenkurse gewettet haben. Aber sollen wir wirklich Mitleid mit Ihnen haben, wenn Sie sagen, Sie hätten auch mal 18 Millionen Euro an einem Tag verzockt? „Ich war verrückt", haben Sie gesagt. Sollen wir glauben, wir hätten es bei Ihnen mit einem Wahnsinnigen zu tun? Und diesen Wahnsinnigen sollen wir dann gleichzeitig noch dafür verehren, dass er den FC Bayern München zum erfolgreichsten Fußballklub des Planeten gemacht hat! Vergessen Sie es! Wir werden auch nicht mit Ihnen heulen, wenn Sie sagen, das ganze Gezocke habe sich unter dem Strich gar nicht gelohnt. Sie sprechen von Spielgeld und tun so, als wäre das Leben ein Brettspiel. Sie hätten das Vermögen auf Ihrem klandestinen Konto in der Schweiz gar nicht als echtes Geld wahrgenommen. Geht's eigentlich noch zynischer? Und noch eines, Herr Hoeneß: Wir neiden Ihnen nichts. Wir gönnen Ihnen Ihr Anwesen mit Blick auf den Tegernsee, das fette Auto, das Sie fahren, sowieso, wir wollen Ihnen Ihr Jetset-Leben und Ihre guten Kontakte zu den Reichen und Mächtigen nicht nehmen. Wir wollen nur eines klarstellen: Sie sind für uns keine bedeutende Persönlichkeit. Sie waren ein guter Fußballer. Als Fußballmanager waren Sie wahrscheinlich noch besser. Als Mensch mögen Sie, wenn Sie wollten, ab und zu mal ganz okay gewesen sein. Als soziales Wesen haben Sie versagt."[579]

Und die *Bild* forderte am Morgen der Urteilsverkündung „Im Namen aller ehrlichen Steuerzahler. Verknackt Hoeneß!"[580]

Auch die im *Pressekodex* gleich zu Beginn thematisierte *Sorgfaltsplicht* verdient im Rahmen der Betrachtung des *Falles Hoeneß* eine kritische Prüfung: Wenn Journalisten Informationen veröffentlichen, sollen sie diese den Umständen entsprechend sorgfältig auf ihren Wahrheitsgehalt prüfen sowie Gerüchte und Vermutungen als solche kenntlich machen[581], so steht es in Ziffer 2 des Deutschen Pressekodex. Die Berichterstattung über den Fall enthielt jedoch eine Vielzahl von Spekulationen und Unklarheiten: Nachdem die Selbstanzeige publik wurde, berichtete der *Focus*, dass Hoeneß' Name auf einer Steuer-CD aufgetaucht sei, welche die nordrhein-westfälische Landesregierung gekauft habe. Die Daten seien danach den bayerischen Behörden überliefert worden.[582] Die Staatsanwaltschaft München II dementierte diese Berichte und erklärte, dass sie erst nach der Selbstanzeige die Ermittlungen aufgenommen habe und sich dessen Name nicht auf der besagten Steuer-CD befunden habe.[583] Hoeneß ging juristisch gegen den *Focus* vor und erreichte eine Gegendarstellung.[584] Ebenso musste sich der *Stern* per Gerichtsbeschluss verbieten lassen zu behaupten, dass es im *Fall Hoeneß* einen Deal mit der Justiz gegeben habe.⁵⁸⁵ Diese Spekulation wurde auch von anderen Medien weiter verbreitet und erst die Urteilsbegründung im Oktober 2014 lieferte den Nachweis, dass es keinen Deal oder außergerichtliche Absprachen gegeben hat.⁵⁸⁶

Eine weitere Mutmaßung betraf vergangene Kontostände und Bewegungen von Hoeneß' Schweizer *Vontobel*-Privatkonto: Die *Süddeutsche Zeitung* berichtete von 600 bis 800 Millionen Franken – ein Betrag, der schon am 17. Januar 2013 im *Stern*-Artikel in Verbindung mit einem schwarzen Konto erwähnt wurde. Die *Süddeutsche Zeitung* schrieb, dass damit ein Gerücht über Hoeneß' Depot-Vermögen in dreistelliger Millionenhöhe losgetreten worden sei.⁵⁸⁷ Der *Stern* legte dar, das Schweizer Nummernkonto habe zeitweise *Telekom*-Aktien im Wert von 40 Millionen Euro enthalten und implizierte damit einen unsauberen geschäftlichen Zusammenhang zwischen Uli Hoeneß und dem *FC Bayern*-Sponsor *Telekom*.⁵⁸⁸ Das Magazin mutmaßte außerdem, Leo Kirch könne eine der Quellen des Geldes auf Hoeneß' Konto gewesen sein, was Hoeneß jedoch zurückwies. Verschiedene Medien griffen die Spekulationen über rätselhafte Geld-Transfers auf und bezogen sich hauptsächlich auf die zuvor berichtenden Medien.⁵⁸⁹ Der *Stern* fragte im Mai 2013, ob die Zahlungen wirklich nur privater Natur gewesen waren und mutmaßte in einem Info-Kasten, dass es vielleicht weitere verdeckte Straftaten gegeben habe.⁵⁹⁰ Die *Münchner Abendzeitung* spekulierte im August 2013 über 33.000 Kontobewegungen und zeitweise 500 Millionen Franken auf dem Hoeneß-Konto und wollte das aus sachkundiger Quelle erfahren haben⁵⁹¹, die nicht genannt wird. Ein geheimer Informant bekräftigte nach dem Urteil im *Stern* die Vorwürfe über große Summen auf dem Hoeneß-Depot in der Schweiz und weiterer Geschäfte.⁵⁹² Viele solcher und ähnlicher Spekulationen wurden später zumindest relativiert, wenn nicht widerlegt: So legte der Sprecher der Staatsanwaltschaft München II, Ken Heidenreich, in der *Süddeutschen Zeitung* am 21. April 2014 die Herkunft der Hoeneß-Gelder in der Schweiz dar, die von weiteren, legalen Konten und aus den bekannten privaten Transfers von Ex-*Adidas* Chef Louis-Dreyfus stammten. Belege für eine schwarze *FC Bayern*-Kasse habe die Staatsanwaltschaft nicht gefunden und auch keine Anhaltspunkte dafür, dass Hoeneß weitere Straftaten begangen haben könnte.⁵⁹³ Der geheime *Stern*-Informant hatte laut *Süddeutscher Zeitung* sogar Kontakt zur Staatsanwaltschaft, galt aber womöglich nicht als glaubwürdig genug. Trotzdem wurde in den Medien weiter über mögliche versteckte Hoeneß-Delikte auch ohne verlässliche Quellen spekuliert – etwa, dass das wahre Ausmaß des Betruges gar nicht herauskommen würde und die Behörden den Fall gar nicht richtig nachvollziehen könnten.⁵⁹⁴

Die dritte ethische Problemdimension betrifft im *Fall Hoeneß* den Bereich des *Schutzes der Persönlichkeit und der Ehre*, wobei teil ethische, teils auch rechtliche Vorgaben verletzt wurden. In diesem Buch interessieren vor allem erstere, da sich die Beschuldigten gegen die letzteren in der Regel juristisch wehren können. So fiel der Tonfall von Anfang an hart und sehr persönlich aus, was u. a. mit Hoeneß' Prominenz, seinem Erfolg, seinem Reichtum und seiner „Fallhöhe" begründet werden kann. Es ist fraglich, ob ein weniger bekannter Steuersünder eine ähnliche Form der Darstellung hätte erleben müssen. Am 22. April 2013 schrieb die *Frankfurter Allgemeine Zeitung* vom „Ende des Patriarchen", es sei nicht irgendein Steuerfall gewesen, sondern „einer aus großer Höhe."[595] Und am 10. Mai 2013 brachte die *FAZ* den generellen Tenor der Berichterstattung durchaus zeitgeist- und medienkritisch auf den Punkt:

> „Aktuell jagt die Meute Uli Hoeneß, Fußballboss, Wurstfabrikant und offenbar auch ganz erfolgreicher Spekulant. Letzteres stürzte ihn ins Unglück. Seit bekannt wurde, dass er sich wegen Steuerhinterziehung selbst angezeigt hat, ist die Treibjagd im Gang. Normalerweise werden solche Geschichten zwischen reuigem Steuerhinterzieher und Fiskus im Stillen bereinigt. Das Steuergeheimnis gilt eigentlich für alle. Beim Präsidenten des FC Bayern München findet jedoch das Spiel vor einem großen Publikum statt. Warum, das wissen die Götter. [...] Hoeneß gab sich gerne als moralische Instanz. Das ist ein Teil der Erklärung für seinen tiefen Fall. Nach seinem Zwangsouting stand Hoeneß allein da. [...] Der Fall treibt das Land seit Wochen um. Selbst Bundespräsident Joachim Gauck schaltete sich in die Debatte mit starken Worten ein: „Wer Steuern hinterzieht, verhält sich verantwortungslos oder gar asozial." Er löste damit ein großes Echo aus. Es passte in die Zeit und das Bild von reichen Nichtstuern, die es sich auf Kosten anderer gutgehen lassen. Doch hat Gauck in demselben Interview mit dem Magazin „Stern" einen weiteren bemerkenswerten Satz gesagt: „Wer sich unsere Gesellschaft so vorstellt, als stünden lauter moralische Normalverdiener lauter unmoralischen Reichen gegenüber, der irrt." [...] Beim kleinen Mann ist die Politik immer noch eher geneigt, wegzuschauen und Fünfe gerade sein zu lassen. Gegen die oben Härte zu zeigen ist dagegen populär."[596]

Die meisten Darstellungen waren aber weniger differenziert: Der *Spiegel* berichtete u. a. vom „Hochmut eines öffentlichen Mannes".[597] Die *taz* bezeichnete Hoeneß als „großkopferten Samariter" und schrieb:

> „Uli Hoeneß ist ein Angeber, er war es schon immer. Er lässt keine Gelegenheit aus, in die Welt hinauszuposaunen, dass er ein notorischer Wohltäter ist, der nicht gerne über seine Wohltaten spricht. [...] Auch wenn er nicht danach gefragt wurde, hat er erzählt, mit welcher Größe aus der Politik und der Wirtschaft er gegolft oder sich beim Mittagessen irgendetwas Deftiges in den Fresskopf hineingeschoben hat. [...] Nicht einmal als durchsickerte, dass der FC Bayern München mit den russischen Staatenerpressern von Gazprom über eine Beteiligung verhandelt, gab es einen Aufschrei. Stattdessen wurden wahre Hagiografien über Hoeneß verfasst, und manch einer glaubte ernsthaft, der Bayern-Boss sei noch bescheidener, als sich der neue Papst gibt, nur weil er in seinem Büro ein paar alte Rattanmöbel stehen hat. Warum seine Nürnberger Würstel („original") bei Aldi fast gar nichts kosten, das will keiner wissen. Am Ende wird der Niedrigpreis dem heiligen Hoeneß noch als soziale Wohltat ausgelegt. Die Hassfigur von einst wurde in der Republik immer mehr geliebt, weil es da mittlerweile keinen Traditionsverein mehr gibt, der sich noch nicht vom FC Bayern hat retten lassen. Und wer in München immer noch nicht an das Gute im Hoeneß glauben wollte, der konnte irgendwann das großflächig plakatierte Gesicht des Bayern-Managers nicht mehr übersehen, mit dem er für sich und die Stiftung geworben hat, die er nach dem tödlichen Angriff von Jugendlichen auf einen Mann mittleren Alters gegründet hat. Wo Hoeneß war, da gab es die soziale Dröhnung. [...] Und während der bayerische

Wurstwaren-Oligarch seine patriarchal verteilten Wohltaten über das Land geschüttet hat, baute er fleißig weiter an seinem Großkopfertenkartell, indem er Konzernchefs, diverse Minister und Ministerpräsidenten mit seinen fetttriefenden Würsten gemästet hat. Von Volkswagen flossen Millionen – vielleicht nicht nur in die Klubkasse – und die CSU tat viel, um ihn vor der Verfolgung durch Steuerermittler zu schützen, während er sich als Korruptions- und Fifa-Kritiker inszeniert und damit geprahlt hat, dass er Sepp Blatter nicht leiden kann. Er war eben immer ein Angeber – als solcher indes ein wahres Naturtalent. Man hat ihm aus der Hand gefressen. Warum nur?"[598]

Im Rahmen des Gerichtsverfahrens verschärfte sich der Ton nochmals, die *taz* beispielsweise nannte Hoeneß, wie zuvor dargelegt, eine „asoziale Type".[599] Nach dem Urteil brach eine Welle aus Spott, Schadenfreude und Häme über den Verurteilten herein: Die *Frankfurter Rundschau* kommentierte, dass ein Heuchler gerichtet sei[600], der *Spiegel* resümierte über das Ende von Hoeneß' Selbstgefälligkeit und verwendete die Metapher einer alten leiernden Schallplatte der Selbstverliebtheit.[601] Die *Münchner Abendzeitung* schrieb ironisch: „Der demütige Hoeneß, das ist wie der schwarze Schimmel. Es ging nicht zusammen bisher."[602] Die *Süddeutsche Zeitung* sammelte wenige Tage nach dem Urteil auf ihrem Titelblatt einige besonders spöttische Titelseiten anderer Printmedien[603], darunter eine der *Berliner Zeitung* mit der Überschrift „Der Runde muss ins Eckige" sowie die Titelseite der *taz*, die ein Gitterfenster zeigt, aus dem ein *Bayern*-Fanschal hängt, darüber die Zeile „Mia san hier". Nach dem Verzicht auf eine Revision und der endgültigen Rechtswirksamkeit des Urteils gegen Uli Hoeneß belagerten Paparazzi wochenlang die Haftanstalt in Landsberg am Lech, um ein Foto des künftigen Insassen zu machen. Die JVA organisierte einen Tag der offenen Tür für Medienvertreter, um einen Einblick in den künftigen Gefängnisalltag von Hoeneß zu geben.[604] Die mutmaßlichen Haftbedingungen waren im Oktober 2014 dem *Stern* eine Exklusivgeschichte wert. Darin beklagte sich ein Mithäftling auf Freigang, dass Uli Hoeneß Sonderprivilegien genieße, auf der Krankenstation nach eigenem Wunsch duschen dürfe, eine neue Matratze bekommen habe und so etwas wie ein König sei, der das Gefängnis regiere.[605]

Reaktionen und Konsequenzen

Hoeneß selbst reagierte, wie dargelegt, zunächst mit dem Versuch, sich argumentativ und juristisch zu verteidigen. Als deutlich wurde, dass die Dynamik des Falles sich klar gegen ihn entwickelte, nahm er die Konsequenzen an, akzeptierte das Urteil, ohne weitere rechtliche Mittel einzulegen und trat seine Haftstrafe an. Auf die Medienberichte reagierte er ab einem bestimmten Zeitpunkt nicht mehr, allerdings gab es auch von anderer Seite Reaktionen auf die Art der Medienberichterstattung. So gingen beispielsweise Beschwerden aufgrund von vorverurteilender Berichterstattung beim Presserat ein – allerdings in sehr geringer Fallzahl.[606] Nur die *Bild*-Schlagzeile „Verknackt Hoeneß!" wurde überhaupt berücksichtigt und im Beschwerdeausschuss diskutiert.[607] Der Vorwurf der Vorverurteilung wurde jedoch als unbegründet abgelehnt:

„Die Online-Ausgabe einer Boulevardzeitung veröffentlicht einen Artikel unter der Überschrift „Verknackt Hoeneß!" Die Dachzeile lautet: „Im Namen aller ehrlichen Steuerzahler". Im Bericht geht es um den Steuerstrafprozess gegen den Bayern-Boss und das bevorstehende Urteil. Ein Leser der Zeitung sieht den Persönlichkeitsschutz von Uli Hoeneß verletzt. Die Veröffentlichung sei außerdem vorverurteilend. Nach Darstellung der Rechtsvertretung der Zeitung fasst die Überschrift in Form einer zulässigen Meinungsäußerung lediglich die überwiegende Auffassung der Bevölkerung zusammen. Hoeneß habe im Prozess Steuerhinterziehung von insgesamt 27,2 Millionen Euro zugegeben. Dies – verbunden mit der Tatsache, dass Hoeneß sich zuvor als „Gutmensch" geriert und Steuerhinterzieher in Talkshows öffentlich verdammt habe – sei ausschlaggebend für die Meinung in der Bevölkerung, dass Hoeneß bestraft werden müsse und nicht mit einem Freispruch davon kommen dürfe. Diese Stimmung „aller ehrlichen Steuerzahler" habe die Zeitung mit der Überschrift aufgegriffen. Eine Vorverurteil [sic!] liege auch nicht vor, da der Beitrag objektiv und neutral die verschiedenen Möglichkeiten des Prozessausgangs darstelle. Der Presserat sieht presseethische Grundsätze in diesem Fall nicht verletzt. Die Beschwerde ist unbegründet. Weder verletzt die Zeitung den Persönlichkeitsschutz von Uli Hoeneß, noch liegt eine Vorverurteilung vor. Über den Bayern-Boss als einer Person des öffentlichen Lebens kann in der vorliegenden Form berichtet werden. Aus dem Artikel geht eindeutig hervor, dass Hoeneß zum Zeitpunkt der Berichterstattung lediglich angeklagt und nicht verurteilt war. Insofern ist die Berichterstattung nicht vorverurteilend. Im Hinblick auf die Überschrift kommt der Beschwerdeausschuss zu der Ansicht, dass diese vertretbar ist. Auch eine Redaktion kann zu einem Prozess Stellung nehmen. Wenn sie der Auffassung ist, dass Hoeneß für die ihm zur Last gelegten Straftaten verurteilt werden sollte, so kann sie diese Ansicht äußern. Publizistische Grundsätze werden dadurch nicht verletzt."[608]

Die vereinzelten juristischen Erfolge, die Hoeneß in seiner Auseinandersetzung mit der Presse „feiern" durfte, zeigen, dass einzelne Zeitungen tatsächlich manifeste Fehler gemacht haben oder zumindest vor Gericht nicht überzeugend nachweisen konnten, dass sie im Recht waren. Journalistische Fehlleistungen einzelner Medien wurden auf diese Weise erfolgreich sanktioniert, was jedoch weitere, auch unberechtigte Spekulationen nicht verhinderte. Im Gegenteil: Es kam anscheinend zu einer Solidarisierung unter Journalisten[609], die danach weiter auf die umstrittenen Meldungen und Tatsachenbehauptungen Bezug nahmen – darunter Behauptungen, wonach Hoeneß wie einst Kohl noch weitere Geheimisse für sich behalten habe, es in Wirklichkeit einen unentdeckten bayrischen Justizskandal in der Causa Hoeneß gebe und anderes mehr.[610] Und es verstärkte sich der Eindruck, dass sich das Maß an Hohn und Spott gegen Uli Hoeneß schließlich eher noch verstärkte, je mehr dieser sich öffentlich gegen einzelne Aussagen wehrte.

Wie die Analysen Hans Mathias Kepplingers zeigen, bekennen sich Beschuldigte zwar häufig zu ihren Verfehlungen, verfielen aber angesichts der intensiven Beschäftigung mit der Berichterstattung über die eigene Person in eine Opferrolle.[611] Dies führe bei großen Skandalen häufig dazu, dass sich die Skandalisierten gegen die Angriffe in den Medien wehrten. Kepplinger sieht damit einen Rückkopplungsprozess in Gang gesetzt, der sich nicht mehr stoppen lasse: Weitere Angriffe des Skandalisierten gegen Medien beantworteten Journalisten dann in der Regel damit, dass sie sich gegen ihn solidarisierten.[612] Hoeneß wehrte sich im August 2013 vehement gegen die Berichterstattung des *Sterns*, der mit Verweis auf anonyme Informanten über Beträge auf dessen Schweizer Privatkonto gemutmaßt hatte. Er drohte mit einer Verleumdungsklage.[613] Das Landgericht Hamburg erließ dazu erst Ende März 2014, nach der Verurteilung Hoeneß', eine Unterlassungsverfügung, die dem *Stern* diese Spekulationen verbot. Auch einen Zusammenhang zwischen Hoeneß' Aktiengeschäften und etwaigen Sponsorenverträgen musste sich der *Stern* verbieten lassen.[614]

Zwar kann das Medienrecht durchaus helfen, sich gegen bestimmte Formen von Berichten zur Wehr zu setzen – nicht aber, wenn es sich um vornehmlich ethisch fragwürdige und dabei nicht justiziable Auswüchse handelt. Gleichwohl waren manche Reaktionen und Verhaltensweisen durchaus auch rechtlich problematisch: Wie ist es beispielsweise – ganz unabhängig von der ethischen Fragwürdigkeit – rechtlich zu beurteilen, dass sich Fotografen auf die Lauer legten, um private Bilder von Uli Hoeneß zu schießen oder Mithäftlinge über Knast-Anekdoten ausgefragt wurden. Die *SZ*-Autorin Ramelsberger klagte entsprechend:

> „[D]ie Bild-Reporter hängen in den Bäumen rund um sein Grundstück und schießen seine Familie ab, bis hin zu Tochter und Schwiegersohn. Sogar, als sich Susi Hoeneß über die Wiege des Enkelkinds beugt, wird sie geknipst. Das ist ein Verstoß gegen das Recht auf Privatsphäre, die auch ein verurteilter Straftäter hat. Aber das zählt ja nichts mehr."[615]

Ganz ähnlich kommentierte *SZ*-Autor Heribert Prantl, der von einem ethischen Standpunkt aus auf die Übertreibungen der Berichterstattung reagierte: Es sei zwar angesichts des öffentlichen Interesses berechtigt, darüber zu berichten, in welches Gefängnis Hoeneß kommen werde, doch die ersten Tage im Gefängnis in allen Details auszuleuchten, habe mit berechtigtem öffentlichen Interesse nichts mehr zu tun. So wurde Hoeneß „zu dreieinhalb Jahren Haft verurteilt, nicht zu verschärftem Pranger". Und: „Mit der Rechtskraft ist gewissermaßen der Rechtsfrieden, der durch eine Straftat verletzt worden ist, wieder hergestellt. Man sollte auch den Verurteilten wieder in Frieden lassen."[616] Und Ramelsberger ergänzte: „Was viele Medien rund um diesen Prozess bieten, das lässt einen am eigenen Berufsstand zweifeln. Was tun wir hier eigentlich?" Weiter heißt es: „[...] Häme gegen einen, der auf dem Boden liegt, ist das Einfachste. Man kriegt die billigen Lacher. Jeder grinst sich eins. Und dann blättert man um".[617]

Diskussion

Im Kern begann der eigentliche *Fall Hoeneß* mit der Selbstanzeige, die einem öffentlichen Schuldeingeständnis gleichkam. Über den Sachverhalt der Steuerhinterziehung hat kein Journalist mehr spekulieren oder vorverurteilen müssen. Mit der Selbstanzeige ist ein Vergehen offenkundig und in gewisser Weise gestanden, obwohl die

Schwere der Schuld das Strafgericht festlegt – und nicht die Journalisten. Im *Fall Hoeneß* geht es aus medienethischer Sicht um das, was die *SZ*-Journalistin Ramelsberger implizit meinte, als sie sagte, auf jemanden, der am Boden liegt, solle man nicht treten, Häme sei einfach und gut für billige Lacher. Es geht um die Frage, wie eine Mediengesellschaft mit denjenigen umgeht, die offensichtlich schwere Fehler gemacht, gegen Gesetze, Spielregeln und gute Sitten verstoßen und sich dabei nicht vorbildlich verhalten haben. Die Frage nach einem ethisch korrekten Umgang mit moralisch oder juristisch Unschuldigen ist nur eine Seite der Medaille – vielleicht das leichter zu diskutierende Problem. Schwieriger wird es, wenn der Betroffene von Medienberichten offensichtlich (und hier auch nach eigenem Eingeständnis) auf der juristisch und/oder moralisch falschen Seite der Geschichte steht: Wie soll eine faire Mediengesellschaft mit solchen Leuten umgehen, die man aus guten Gründen am liebsten bestraft sehen möchte?

Zunächst: Dass Hoeneß sich tatsächlich auch eine Berichterstattung über seinen Fall gefallen lassen musste, liegt im *allgemeinen Informationsinteresse der Öffentlichkeit* begründet.[618] Dass die als Steuersache eigentlich vor der Öffentlichkeit zu schützende Information durch einen unbekannten Informanten an die Presse gelangte, kann man als Gegenstand einer Güterabwägung zwischen den beiden betroffenen Gütern betrachten: dem Schutz des Steuergeheimnisses und damit verbunden der Persönlichkeit und Ehre des Betroffenen auf der einen Seite sowie das Interesse der Öffentlichkeit auf der anderen Seite. Doch wie auch immer man diese Güterabwägung, und damit einen juristischen Sachverhalt, bewertet – einmal in der Welt, lässt sich die Berichterstattung nicht mehr stoppen. Zudem kann man aus ethischer Perspektive auch utilitaristisch argumentieren, wonach durch illegal gewonnene Informationen auch immer wieder Missstände aufgedeckt werden.[619]

Das Verhalten Prominenter ist, insofern es sich in der Öffentlichkeit abspielt oder einen Bezug zu dieser hat, ein natürlicher Anlass für Berichterstattung – auch für kritische. Uli Hoeneß hat sich selbst gerne in Talkshows inszeniert und sich den Ruf einer streitbaren moralischen Instanz aufgebaut. Dieses öffentliche Image fiel Hoeneß mit Bekanntwerden der Steueraffäre vor die Füße – in Form scharfer Berichte, die bisweilen auch argumentativ gerechtfertigt wurden, wie etwa in einem Kommentar von *FAZ*-Autor Steltzner, der urteilte, dass einer, der austeile wie Hoeneß, auch einstecken können müsse.[620] Dieses Austeilen erfolgte z. T. durchaus kräftig, was sich nicht zuletzt mit einem wesentlichen journalistischen Selbstverständnis deckt, das Hans Mathias Kepplinger in einer empirischen Journalistenbefragung zu Tage gefördert hat: Eine überwiegende Mehrheit von befragten Journalisten rechtfertigt demnach auch übertriebene und lautstarke Darstellungen von Sachverhalten, wenn sie geeignet sind, Missstände zu beseitigen.[621] Und dass es sich bei der Dimension von Steuerbetrug, der im *Fall Hoeneß* ans Licht kam, um einen solchen Missstand handelte, steht außer Frage. Die Reaktion der Medien, die mit dem Befund Kepplingers korrespondiert, ist klar an der „Hoeneß"-Berichterstattung mit ihren stilistischen Überspitzungen und starken Meinungsäußerungen abzulesen. Dass aber immerhin jeder dritte Rezipient in der bereits zitierten Befragung der *Zeit* den Eindruck hatte, Uli Hoeneß sei vorverurteilt worden, lässt aufhorchen – und dieser

Eindruck ist nicht unbegründet. Zwar kommt die Selbstanzeige einem Schuldeingeständnis gleich, das Urteil über Hoeneß ist in diesem Augenblick jedoch noch nicht gesprochen. Und die Medien sind in Deutschland nicht Teil der Judikative – und sie ersetzen diese auch nicht.

Im Pressekodex des Deutschen Presserates heißt es in Ziffer 8 zum Persönlichkeitsschutz: „Die Presse achtet das Privatleben des Menschen und seine informationelle Selbstbestimmung. Ist aber sein Verhalten von öffentlichem Interesse, so kann es in der Presse erörtert werden."[622] In der Richtlinie 8.1 zur Kriminalberichterstattung wird zudem noch ergänzt, dass dann ein überwiegendes öffentliches Interesse an der Berichterstattung über einen Prominenten besteht, wenn Amt, Mandat, gesellschaftliche Rolle oder Funktion im starken Widerspruch zu seiner zur Last gelegten Tat steht und so nicht mehr zum öffentlichen Bild der Person passt. Damit ist aus Sicht des Pressekodex eine umfangreiche Berichterstattung über den *Fall Hoeneß* generell gerechtfertigt. Grundlegend ist in Ziffer 1 auch die Achtung der Wahrheit gegenüber der Öffentlichkeit und der Menschenwürde. Wie zuvor ausgeführt, haben immerhin ein Drittel der Rezipienten in der Öffentlichkeit den Eindruck bekommen, dass Uli Hoeneß vorverurteilt wurde. Der Kodex fordert grundsätzlich die Unschuldsvermutung und die Presse darf vor und während eines Prozesses einen Täter nur so betiteln, wenn er ein Geständnis abgelegt hat. Da Uli Hoeneß mit seiner Selbstanzeige ein Vergehen zugibt, ist hier medienethisch keine klare Trennlinie mehr erkennbar.

Der Pressekodex schreibt weiterhin eine sorgfältige Recherche als unverzichtbares Instrument für guten Journalismus vor. Der Wahrheitsgehalt von Informationen solle den Umständen entsprechend sorgfältig nachgeprüft und unbestätigte Meldungen oder Gerüchte als solche gekennzeichnet werden. Wie die Berichterstattung über den Fall zeigt, sind immer wieder Gerüchte, vermutete Zusammenhänge mit möglichen weiteren Straftaten, anonyme Quellen und Informanten für die journalistische Arbeit herangezogen worden. Vor allem die medialen Wortführer haben darauf gerne zurückgegriffen, und diese Quellen sind von anderen Medien übernommen worden. Im *Fall Hoeneß* haben sich einige Meldungen nicht bestätigt. Dass diese Nachrichten oft ungeprüft abgeschrieben wurden, mit Hinweis auf die zuvor berichtenden Kollegen, steht im Gegensatz zu den Ansprüchen im Presskodex. Aus medienethischer Sicht ist ein derartiges Vorgehen problematisch – aber, wie die Kommunikationswissenschaft zeigt, nicht überraschend: Hans Mathias Kepplinger hat wiederkehrende Phänomene, Gesetzmäßigkeiten und Dramatisierungen in medialen Skandalen in seinem Buch *Mechanismen der Skandalisierung* zusammengetragen. Einige dieser analytischen Betrachtungen lassen sich auch auf den Steuerskandal um Uli Hoeneß anwenden: Nach Kepplinger ist in der öffentlichen Wahrnehmung eines Skandals die Bildung von *Schemata* von zentraler Bedeutung. Einzelne überzeugende Deutungsmuster der medialen Berichterstattung werden in anderen Medienberichten übernommen und etablieren sich schließlich als verbindliche Norm.[623] Im Steuerskandal um Uli Hoeneß etablierte sich schlagartig nach Bekanntwerden der Selbstanzeige das Bild des Steuerbetrügers, der seinen guten Ruf und seine Rolle als Vorbild zerstört hat und sich als Scheinheiliger[624] und

Doppelmoralist entlarvt. Schemata sind nach Kepplinger besonders einflussreich, wenn sie am Anfang der Berichterstattung vorgegeben werden und ihnen niemand widerspricht.[625] Im *Fall Hoeneß* hat die Diskrepanz zwischen moralischem Vorbild und öffentlichem Outing durch Selbstanzeige keine andere Deutung mehr zugelassen. Der Versuch Hoeneß', sich selbst durch das *Zeit*-Interview als spielsüchtiger Zocker[626] alternativ zum etablierten Schema zu präsentieren, misslang, weil er als holprige Krisen-PR-Inszenierung rezipiert wurde.[627]

Weitere Faktoren in der Skandalisierung von Uli Hoeneß waren nach Kepplinger die *Koorientierung*[628] und der *Konsens*. Demnach orientieren sich Journalisten ohnehin stark an der Berichterstattung von Kollegen, was im Skandal noch stärker greift, auch um die Ausrichtung der eigenen Beiträge zu justieren. Kepplinger folgert, dass die starke Koorientierung von Journalisten maßgeblich den Verlauf von Skandalen beeinflusst und sich Bewertungen und Gewichtungen schnell angleichen[629], also in einen Berichterstattungskonsens münden. Auch gibt es demnach in Skandalen wenige Wortführer, viele Chronisten und wenige Skeptiker.[630] Nach der Enthüllung der Selbstanzeige von Uli Hoeneß im *Focus* bildete das Magazin zusammen mit *Stern* und *Spiegel* die Front dieser tonangebenden Medien. Skeptiker gab es vornehmlich außerhalb der professionellen Medien in Internet-Blogs[631] oder beispielsweise in Form von Einzelmeinungen, etwa von Kirchenvertretern.[632] Kritische Stimmen in den etablierten Medien gab es wenige: Die *Zeit* reflektierte beispielsweise in der Frühphase des Skandals, am 25. April 2013, die eigene Berichterstattung und die anderer Kollegen aus dem Qualitätsjournalismus mit dem Kommentar „Hoeneß, die Hysterie und wir".[633] Und ganz entsprechend den Analysen Kepplingers kritisierte *SZ*-Autor Esslinger im Mai 2013 die Berichterstattung anderer Journalisten, die im *Fall Hoeneß* „lieber gefahrlos in einen Chor" einstimmten, „als eine Solostimme zu wagen".[634]

Als typisch für alle großen Skandale beschreibt Kepplinger auch die Welle der Empörung, die sich im Laufe der Skandalisierung auftürmt. Dabei gehe die moralische Erregung einher mit einer sich immer weiter hochschaukelnden Berichterstattung.[635] Sie gipfelt in den hämischen und schadenfrohen Kommentaren, wie sie z. B. von der *taz* veröffentlicht wurden – eben in jenem Nachtreten gegen jemanden, der bereits am Boden liegt. Auch wenn solche Formen von persönlich angreifenden Kommentierungen vollkommen zulässig sind, muss die Frage erlaubt sein, ob man sie auch als Ausdruck guten Geschmacks oder ethisch reflektierter Urteilskraft begreifen darf. Ob man sich eine Gesellschaft wünscht, die sich an ihrer Häme, an Hohn und Schadenfreude in dieser Form medial selbst ergötzt – diese Frage muss man sich stellen, bei aller Schuld, die Hoeneß auf sich geladen hat.

Dass Hoeneß selbst nicht ganz unschuldig war am Ton einiger in diesem Kapitel kritisierten Beiträge, liegt sicherlich – wie an einigen Stellen dargelegt – auch an seiner eigenen Sicht der Dinge und an seinem Kommunikationsstil. Seine Kommentare zum Fall, auch nach der Entlassung aus der Haft, provozierten die erwartbaren und direkten Reaktionen: Am 08. Mai 2017 beispielsweise äußerte sich Hoeneß auf einer Gala-Veranstaltung in Vaduz (Liechtenstein) unter anderem über seine Verurteilung zu einer Haftstrafe, die er für falsch hielt: „Ich bin der einzige Deutsche, der Selbstanzeige gemacht hat und trotzdem im Gefängnis war. Ein Freispruch wäre völlig normal gewesen. Aber in diesem Spiel habe ich klar gegen die Medien verloren." Und: „Mein wirtschaftliches Ergebnis bei der Bank Vontobel von 2001 bis 2010 war minus drei Millionen Euro. Ich habe über 40 Millionen Strafe gezahlt, inklusive 18 Millionen Zinsen und 2 Millionen Kirchensteuer. Trotzdem entschied ich mich, ins Gefängnis zu gehen."[636] Die *Zeit* kommentierte diese Einlassung entsprechend kritisch: „Nicht der Richter, nicht das Gesetz haben also entschieden, dass Uli Hoeneß ins Gefängnis muss. Sondern er selbst. Großzügig von ihm. Reue und Einsicht, die Grundlagen von Resozialisierung scheinen zumindest an diesem Abend an Hoeneß vorübergegangen zu sein."[637] Andere Medien hingegen beachteten Hoeneß' Aussage wenig. Der nordrhein-westfälische Justizminister Thomas Kutschaty reagierte drohend: „Offensichtlich haben 21 Monate in einem bayrischen Luxusknast mit Wochenend-Urlauben und Aufenthalten in der Schön-Klinik am Starnberger See nicht die gewünschte Wirkung gezeigt. Im Steuerparadies Liechtenstein macht er sich über die ehrlichen Steuerzahler lustig. Dabei sollte er sehr vorsichtig sein." Denn Hoeneß' Äußerungen könnten sogar Anlass dazu geben, „den Widerruf der Bewährung [zu] prüfen".[638] Der Anwalt Hoeneß', Steffen Ufer, entgegnete, dass sein Mandant mit dieser Aussage „in keiner Weise gegen seine Bewährungsauflage verstoßen"[639] habe. Vielmehr bezeichnete Ufer Kutschatys Angriff als „Wahlkampfgeschwätz" im Kontext der Landtagswahl in Nordrhein-Westfalen am 14. Mai 2017.[640]

An der medienethischen Problemlage und dem letztlichen Fazit dieses Kapitels ändern die neuerlichen Scharmützel zwischen Hoeneß, Medien und der Politik jedoch nichts. Uli Hoeneß musste sich neben einer Reihe von überzogenen Spekulationen, falschen Anwürfen und unbewiesenen Behauptungen, gegen die er sich zum Teil erfolgreich juristisch wehrte, eine Menge Spott und Häme gefallen lassen. Ob aber – bei aller durchaus nachvollziehbaren Abneigung gegen bestimmte Rechtsbrüche, Menschentypen und Verhaltensweisen – Häme, Hohn, Revanchelust oder Nachtreten grundsätzlich angemessene journalistische Erzählmotive sein sollten oder guter Journalismus nicht nobler, distanzierter und weniger auf (populistischen) Applaus aus sein sollte, wird noch eine wesentliche Frage für das Fazit dieses Buches sein. Die Pressefreiheit, so schrieb *SZ*-Autor Heribert Prantl in mit Blick auf den *Fall Hoeneß*, „[...] ist ein überragend wichtiges Grundrecht; aber manchmal hat sie Mundgeruch."[641]

Achtes Kapitel: Der Fall „*Sebastian Edathy*" (2014) – oder die Frage, ob der Medienpranger den Rechtsstaat untergräbt

Gastbeitrag von Tanjev Schultz

Fall

Kinder verdienen die Liebe ihrer Eltern und die Fürsorge der Gesellschaft. Viele Menschen wären bereit, ihr eigenes Leben zu opfern, würden sie damit das Leben ihres Kindes retten. Werden Kinder Opfer eines Verbrechens, sind die Trauer, aber auch die Wut und die Empörung besonders groß. Erst recht gilt dies für Fälle sexuellen Missbrauchs und sexueller Ausbeutung, die medial intensiv berichtet werden. Die Täter und mutmaßlichen Täter müssen damit rechnen, dass sie nicht nur von der Justiz verfolgt werden, sondern von einer aufgeheizten Öffentlichkeit. Wenig anderes ist so rufschädigend wie der Vorwurf, jemand vergreife sich an Kindern. Bereits der Verdacht kann Karrieren ruinieren und das Leben eines Menschen aus der Bahn werfen. Journalisten tragen deshalb in solchen Fällen eine große Verantwortung.

Am 10. Februar 2014 brach ein Sturm über den damals 44 Jahre alten Bundestagsabgeordneten Sebastian Edathy los. Ermittler durchsuchten sein Haus in Rehburg-Loccum (Niedersachsen) und seine Büros im Wahlkreis Nienburg/Schaumburg. Rasch erfuhr die Öffentlichkeit den Grund. *Die Harke*, eine kleine Lokalzeitung, berichtete von der Polizeiaktion und nannte den strafrechtlichen Vorwurf: Besitz kinderpornografischer Schriften. Das Blatt veröffentlichte auch ein Foto von Edathys Wohnzimmer, aufgenommen durch ein Fenster während der Durchsuchung. Darauf sind zwei Akt-Gemälde zu erkennen. Die Online-Version des Artikels „Staatsanwaltschaft ermittelt gegen Edathy"[642] war weltweit und also auch in München zugänglich. So erreichte der Sturm am 11. Februar den Autor dieses Kapitels, der zu dem Zeitpunkt als Politik-Redakteur für die *Süddeutsche Zeitung* arbeitete und Edathy aus persönlichen Begegnungen kannte.

Ausnahmsweise wird in den folgenden Zeilen gelegentlich in der ersten Person Singular geschrieben, der Text ist zu Teilen eine Reflexion der eigenen journalistischen Rolle. Ich gehörte zu den Journalisten, die zahlreiche Artikel über den *Fall Edathy* veröffentlicht haben – ein Fall, in dem es viele Opfer gab, auf unterschiedlichen Seiten. Landwirtschaftsminister Hans-Peter Friedrich (CSU) wird im Laufe der Affäre zurücktreten und der Bundestag einen Untersuchungsausschuss einrichten. Die Öffentlichkeit wird von Kindern erfahren, die in Osteuropa in Filmaufnahmen gelockt und sexuell ausgebeutet wurden. Sie wird zusehen und einen eigenen Anteil daran haben, wie ein eben noch geachteter Politiker zur persona non grata wird. Sebastian Edathy stürzt tief. Er verlässt Deutschland, weil er sich zu Hause nicht mehr sicher fühlt, und begibt sich gleichsam ins Exil. Er verbüßt eine Strafe, die kein Gericht verhängt hat. Im Frühjahr 2015 wird sein Prozess vor dem Landgericht Verden gegen eine Geldauflage eingestellt. Damit ist Edathy strafrechtlich unbescholten, auch wenn dies nicht bedeutet, dass die Vorwürfe gegen ihn haltlos waren. Dass er hierzulande jemals wieder Boden unter die Füße bekommt, wirkt derzeit wenig wahrscheinlich.

Edathy war in den Jahren 2012/13 Vorsitzender des ersten NSU-Untersuchungsausschusses des Deutschen Bundestags, der das Versagen der Behörden im Zusammenhang mit den Verbrechen des „Nationalsozialistischen Untergrunds" (NSU) aufklären sollte. Der SPD-Abgeordnete hatte sich zuvor bereits einen Namen als Innenpolitiker gemacht, als Ausschussvorsitzender gewann er bundesweit an Aufmerksamkeit und Ansehen. Viele Journalisten zollten ihm Anerkennung für seinen Aufklärungswillen und die harten Befragungen, mit denen er Vertreter der Sicherheitsbehörden in Bedrängnis brachte. Auch mir imponierten seine Leistungen im NSU-Ausschuss. Ich besuchte regelmäßig die Sitzungen, verfolgte Edathys Statements und traf ihn zu ein paar Hintergrundgesprächen. Damit verfügte ich, ergänzt durch Gespräche mit anderen Politikern und politischen Referenten, über ein gewisses Bild von seiner Person, ohne diese näher, und schon gar nicht privat, kennengelernt zu haben. Doch der Umstand, dass ich derjenige in der Redaktion war, der in jüngster Zeit am meisten mit Edathy zu tun gehabt hatte, führte dazu, dass sein Fall in meine Zuständigkeit fiel. Hinzu kam, dass ich jahrelang über sexuelle Ausbeutung von Kindern und Jugendlichen recherchiert und geschrieben hatte, überwiegend im Zusammenhang mit der bundesweit bekannten Odenwaldschule, die lange Zeit als Reform- und Eliteschule galt und 2010 von einem Missbrauchsskandal erschüttert wurde, der schließlich dazu führte, dass die Schule heute nicht mehr existiert.

Bereits die erste Phase der Berichterstattung, in der Edathy zur breaking news wurde, ist medienethisch aufschlussreich: Kann man, soll man, darf man darüber überhaupt berichten – und wenn ja: wie? Für mich war es an jenem kalten Dienstag, an dem mich die Nachricht in meinem *SZ*-Büro erreichte, keine nur theoretische Frage. Was sollte ich tun? Bereits in den Tagen zuvor hatte ich mich gefragt, warum Edathy überraschend sein Mandat als Abgeordneter niedergelegt hatte. Er hatte dies am 08. Februar mit einem lapidaren Verweis auf „gesundheitliche Gründe" mitgeteilt. Steckte etwas anderes dahinter? Von seinen Parteifreunden war nichts Näheres zu erfahren, und ich hatte nicht vor, den Gesundheitszustand öffentlich zu erörtern. Nun aber war ich mit dieser Neuigkeit konfrontiert: spektakuläre Ermittlungen gegen einen Mann, der zeitweise als möglicher Minister oder Staatssekretär in der neuen Großen Koalition gehandelt worden war. Alle wichtigen Medien würden darüber berichten, schnell würden auf den Online-Seiten die ersten Schlagzeilen auftauchen und andere Politiker sich äußern. So kam es auch. Der Nachrichtenwert war unbestreitbar, und doch erinnere ich mich gut an mein Gefühl des Unbehagens. Am liebsten hätte ich zunächst abgewartet und gar nichts geschrieben. Zu viel erschien mir noch unklar, und das Risiko groß, voreilige Schlüsse zu ziehen und zu einer Vorverurteilung beizutragen.

Nun liegt es in der Natur einer Verdachtsberichterstattung, dass noch nicht alles „klar" ist. Dennoch kann sie wichtige Funktionen erfüllen; würde die Presse grundsätzlich abwarten, bis ein rechtskräftiges Urteil vorliegt, würde sich die Öffentlichkeit wichtiger Debatten und Erkenntnisse berauben. Die mediale Berichterstattung dient auch dazu, die Arbeit der Ermittlungsbehörden und Gerichte kritisch zu begleiten. Zudem sind Recht und Moral nicht deckungsgleich. Im Falle der Odenwaldschule ging es beispielsweise um zahlreiche Missbrauchstaten, die strafrechtlich bereits verjährt waren. Dennoch halte ich es für richtig und angemessen, darüber zu berichten und diese Fälle aufzuarbeiten. Erstmals bekamen Opfer die Chance, gehört und in ihrem Leiden anerkannt zu werden.

Bei den Ermittlungen gegen Edathy war zunächst unklar, worauf die Vorwürfe sich stützten, wie schwerwiegend sie waren und wie solide. Der durchgesickerte Hinweis, es gehe um den Besitz kinderpornografischer Schriften, blieb vage. Offensichtlich stand kein Kapitalverbrechen in Rede, weder Mord noch Totschlag. Und auch nicht Vergewaltigung oder sexuelle Nötigung. Die SPD-Fraktionsgeschäftsführerin im Bundestag, Christine Lambrecht, sagte in einer Stellungnahme, „wir sind bestürzt", und nannte den Vorwurf „schwerwiegend". Edathy persönlich zu erreichen, gelang mir an dem Tag nicht; er veröffentlichte jedoch auf seiner Facebook-Seite eine Stellungnahme, in der er den Vorwurf zurückwies. Mit diesem Sachstand einen Beitrag zu schreiben, war möglich und presserechtlich in Ordnung, unwohl war mir trotzdem. Muss man selbst berichten, nur weil alle anderen es tun? Wäre es nicht besser, erst die Hintergründe weiter zu recherchieren? Eine Tageszeitung steht unter dem Druck, aktuell zu berichten, im Internet sogar fast in Echtzeit. Die Zeit zum Innehalten kann dadurch gefährlich verkürzt werden.

Die Kollegen vom Newsdesk fragen nach, was wir mit dem Thema machen. Die Online-Kollegen wollen auch wissen, was dran ist an der Sache und wie sie damit umgehen sollen. Gemeinsam einigen wir uns auf die Linie: möglichst zurückhaltend und vorsichtig berichten. Gar nichts zu bringen, dazu fehlen uns vielleicht der Mut oder das Rückgrat, aber vor allem eine ausreichend starke Überzeugung. Immerhin geht es um einen bekannten Politiker, und die Polizeiaktion fand nicht im Verborgenen statt. Sie hat bereits öffentliche Aufmerksamkeit erregt. Das Thema ist schon in der Welt. Es ist wie beim Domino: Ist ein Stein umgekippt, fallen alle weiteren um. Alle großen Medien sind nun im Spiel.

Da es für den Betroffenen alles andere als ein Spiel ist, bemühen sich meine Ko-Autorin Charlotte Parnack, die damals als Korrespondentin für Niedersachsen zuständig ist, und ich um einen behutsamen Text, den die Zeitung nicht auf der Titelseite, sondern auf Seite 5 platziert. Die Hauptzeile lautet „Razzia bei Sebastian Edathy".[643] In der Unterzeile erwähnen wir, dass sich der Politiker gegen die Vorwürfe wehrt. Im Internet erscheint der Artikel schon am Vorabend, hier mahnt bereits die Überschrift: „Es gilt die Unschuldsvermutung". Es handelt sich um ein Zitat der früheren Bundesfamilienministerin Kristina Schröder (CDU), die damit auf die Nachricht zu Edathy reagierte. Schröder bezeichnete zudem den Abdruck des Fotos aus Edathys Wohnzimmer in der Lokalzeitung als ‚unsäglich". Wir thematisieren also auch das teilweise fragwürdige Vorgehen der Presse. Darf man bei einer laufenden Hausdurchsuchung den Moment ausnutzen und die Wohnung des Verdächtigen fotografieren? Wie viele andere Journalisten – und wie Sebastian Edathy – sehe ich darin eine unzulässige Grenzüberschreitung.

Unser erster Beitrag in der Causa weist auf die Verdienste Edathys im NSU-Ausschuss hin; und darauf, dass der SPD-Politiker etliche Feinde hatte, in der Neonazi-Szene ebenso wie in den Sicherheitsbehörden, deren Vertreter sich von ihm teilweise vorgeführt und inquisitorisch im Ausschuss behandelt fühlten. Auch wenn wir als Zeitung keinen Verschwörungstheorien Nahrung geben wollten, die nach Bekanntwerden der Ermittlungen sofort zu blühen begannen, konnten wir zu dem Zeitpunkt nicht sicher sein, ob dem Politiker womöglich gezielt etwas angehängt werden sollte.

Rückblickend halte ich den ersten Beitrag heute noch für angemessen, und doch frage ich mich, ob es nicht besser gewesen wäre, an dem Tag gar nichts zu schreiben oder nur mit einer Kurzmeldung zu reagieren. Dass alle anderen bereits berichten und viele Menschen, zumal im digitalen Zeitalter, den Fall aus anderen Quellen erfahren würden, ist ein Argument, das moralisch wenig überzeugt. Man kann die Verantwortung nicht abwälzen. Zu meinen Skrupeln trug auch die Tatsache bei, dass Edathy gerade dabei war, sich aus der Politik zurückzuziehen. Gab es überhaupt noch ein berechtigtes öffentliches Interesse an seiner Person? Handelte es sich um einen Fall, in dem das Unterlassen zur Tugend wird und ein Journalist gegen seine Gewohnheit eine Neuigkeit nicht weitergeben sollte?[644] Wäre sein Mandatsverzicht einige Wochen oder Monate früher erfolgt, wäre dies tatsächlich ein guter Grund gewesen, die Neuigkeit zu ignorieren oder jedenfalls nicht in gleicher Weise zu personalisieren. Nun aber bestand offensichtlich ein direkter Zusammenhang zwischen Edathys Rückzug und den Ermittlungen.

Am 12. Februar setzten Polizei und Staatsanwaltschaft ihre Durchsuchungsmaßnahmen fort. Edathy kritisierte sie in einem Statement als „unverhältnismäßig". Meinen Kollegen und mir gelang es, mehr über die Hintergründe zu erfahren. Demnach beruhte der Anfangsverdacht darauf, dass sich Edathy von einem kanadischen Versandhändler Aufnahmen bestellt hatte, auf denen teilweise unbekleidete Kinder zu sehen waren. Das hat Edathy in der Folge auch nicht bestritten. Die Firma war schon vor Jahren zum Ziel kanadischer Ermittler geworden (Operation „Spade"), die dann eine internationale Kundendatei mit den Behörden anderer Staaten teilten, so auch mit dem deutschen Bundeskriminalamt (BKA). Die Fotos und Filme, um die es in diesem Stadium bei Edathy ging, waren nach damaligem Recht in Deutschland höchstwahrscheinlich gar nicht strafbar. Die Ermittler leiteten daraus aber einen Anfangsverdacht ab und erwarteten, dass sie weiteres, dann tatsächlich strafbares Material finden würden. Diesen komplizierten Sachstand, der auch die juristisch delikate Frage nahelegte, ob die Behörden aufgrund legaler Inhalte auf den Besitz illegaler Inhalte schließen dürfen, berichteten zwei Kollegen und ich in einem längeren Beitrag, erneut auf Seite 5, diesmal platziert als Seitenaufmacher.[645]

Am 14. Februar 2014 legte die zuständige Staatsanwaltschaft Hannover auf einer gut besuchten Pressekonferenz ihre Sicht dar. Damit verließen die Beamten ihre Deckung und trugen dazu bei, den Fall zu einem in aller Öffentlichkeit ausgetragenen Verfahren zu machen. Ein leitender Ermittler beklagte sich über die schon erfolgten

Indiskretionen und vermittelte den Eindruck, er habe keine andere Wahl mehr gesehen, als selbst die Schleusen zur Öffentlichkeit zu öffnen. Die Ermittler sahen sich wohl auch deshalb genötigt, in die Offensive zu gehen, weil Zweifel an der Verhältnismäßigkeit ihres Vorgehens und der Angemessenheit der Abläufe laut geworden waren.

Bohrende Fragen betrafen nicht mehr nur Edathy, sondern auch Ermittler, Behördenchefs und andere Politiker: Wer wusste wann was? Wer griff wann und wie ein? Der Fall entwickelte sich zu einem Politikum. Vieles deutete darauf hin, dass Edathy einen Tipp bekommen und er rechtzeitig vor den Durchsuchungen sein Mandat niedergelegt hatte. Damit stand die Möglichkeit einer versuchten Strafvereitelung und einer Vernichtung von Beweismitteln im Raum. Als windig erschien beispielsweise, dass Edathys vom Bundestag gestellter Dienst-Laptop verschwunden war. Der Politiker meldete ihn als gestohlen; das Gerät sei ihm am 31. Januar 2014 – wenige Tage vor der Razzia – auf einer Zugfahrt nach Amsterdam entwendet worden.

Deutsche Beamte besaßen schon seit dem Herbst 2011 die Liste mit den Daten aus Kanada und begannen zu ermitteln (Operation „Selm"). Dennoch dauerte es sehr lange, bis sie gegen Edathy vorgingen. Was war in der Zwischenzeit geschehen? Pikanterweise stand, wie *Spiegel Online* Ende Februar 2014 enthüllte, auch der Name eines BKA-Beamten in der Kundendatei. Den Ermittlern war dies schon zu Beginn des Jahres 2012 aufgefallen, während Edathys Name erst später ihre Aufmerksamkeit erregt haben soll. Auch der am 2. Juli 2014 eingesetzte Untersuchungsausschuss, dessen Abschlussbericht 949 Seiten umfasst, hat die Abläufe später nicht vollständig erhellen können.[646] In 46 Sitzungen wurden insgesamt 57 Zeugen vernommen und mehr als 600 Aktenbände ausgewertet. Im Laufe der Untersuchung konnte zwar vieles geklärt werden, was zunächst Verdacht erregt hatte, zum Beispiel die langsam anmutenden Abläufe der Operation „Selm". Die Ermittlungen zu Hunderten möglicher Verdächtiger waren aufwendig und zeitraubend. Wie dabei vorgegangen wurde, ist jetzt in weiten Teilen bekannt, aber die Frage, *von wem* Edathy gewarnt wurde, lässt sich noch immer nicht beantworten.[647] Außer dem BKA waren noch andere Behörden involviert, vor allem in Niedersachsen, und schließlich erfuhren auch Politiker von dem Verdacht.

Edathy war offensichtlich bereits im November 2013 darauf aufmerksam geworden, dass er in Schwierigkeiten geraten könnte. Denn zu dem Zeitpunkt gingen die kanadischen Ermittler an die Öffentlichkeit und berichteten über ihre Operation gegen den Versandhändler. Auch in deutschen Medien war darüber zu lesen. Dass Edathy in der folgenden Zeit noch anderweitig gewarnt und informiert wurde, davon gehen die meisten, die sich mit dem Fall eingehend befasst haben, mit großer Sicherheit aus, nicht zuletzt die Abgeordneten des Untersuchungsausschusses. Da dies bereits im Februar 2014 ruchbar war, nahm der Fall, der anfangs aussah wie ein individueller Skandal, rasch die Gestalt einer größeren politischen Affäre an; der *Spiegel* sprach auf einem Titel sogar von einer „Staatsaffäre".[648]

Wie sich herausstellte, hat der frühere Innenminister Hans-Peter Friedrich (CSU), nachdem er vom BKA über den Verdacht gegen Edathy unterrichtet worden war, bereits im Oktober 2013 die SPD-Spitze informiert. Als dies nun Monate später

175

bekannt wird, nimmt die Staatsanwaltschaft Vorermittlungen gegen Friedrich wegen Geheimnisverrats auf. Sie werden zwar später eingestellt, aber der CSU-Politiker ist längst, wie auch die SPD-Spitze, in Erklärungsnöte geraten. Mit meinem Kollegen Christoph Hickmann schreibe ich darüber nicht nur den Aufmacher auf der Titelseite[649], sondern auch ein seitenfüllendes Stück auf Seite 3[650], an der als Autoren zudem Hans Leyendecker und Georg Mascolo beteiligt sind. Noch am selben Tag, an dem die beiden Artikel in der Zeitung stehen, erklärt Friedrich seinen Rücktritt vom neuen Amt als Landwirtschaftsminister. Aus Sicht vieler Parteifreunde und Beobachter wirkt es wie ein Bauernopfer.

Was war mit der eingeweihten SPD-Spitze, etwa Parteichef Sigmar Gabriel und Fraktionschef Thomas Oppermann, der sogar ein Telefonat mit BKA-Chef Jörg Ziercke geführt hatte? Es ging nun auch um den Verdacht der Kungelei und eines partiellen Aushebelns des Rechtsstaats. Darüber zu berichten, erschien mir damals so angemessen wie heute, auch wenn dies bedeutete, dass die Sensibilität, die mit Blick auf Edathys Person notwendig war, in Konflikt geriet mit der Vehemenz, mit der das gesamte Verfahren öffentlich begleitet und in allen Details durchleuchtet werden würde. Letztlich gelang es den Politikern der SPD-Spitze, sich weitgehend unbeschädigt aus der Affäre zu ziehen. Das war zu dem Zeitpunkt aber noch keineswegs ausgemacht.

In den folgenden Tagen sind von mir und anderen Journalisten eine Reihe fragwürdiger Schritte und Vorfälle bei den Ermittlungen berichtet worden, die hier im Einzelnen nicht ausgebreitet werden müssen. Sie schienen die Position Edathys partiell zu stärken, zumal in Kombination mit der Tatsache, dass das Material, das ihm vorgeworfen wurde, zwar moralisch anstößig, strafrechtlich aber nach Einschätzung von Experten und nach Einschätzung der Ermittler irrelevant war. Für die öffentliche Meinung sind komplizierte juristische Sachverhalte jedoch häufig weniger wichtig als einfache moralische Kategorien. Und da Edathy sich offensiv verteidigte und in einem *Spiegel*-Interview zwar sagte, Kindesmissbrauch sei verwerflich, er aber zugleich den Kauf der Nacktaufnahmen mit einem Verweis auf die Tradition der Aktmalerei in der Kunst verteidigte, wirkte er auf viele weder einsichtig noch überhaupt problembewusst.[651] So ging es auch mir, der ich u. a. durch meine Recherchen zum Missbrauchsskandal an der Odenwaldschule und anderen Einrichtungen sensibilisiert war für die Verletzlichkeit von Kindern und für die Chuzpe, mit der Erwachsene ihre Grenzüberschreitungen rechtfertigen.

Auch in der eigenen Redaktion tauchte die Frage auf, ob Edathy nicht großes Unrecht geschehe, wenn doch die Aufnahmen, die den Anfangsverdacht ausgelöst hatten, gar nicht für eine strafrechtliche Verurteilung ausreichen würden. Obwohl ich dieses Argument damals wie heute wichtig finde, erschien es mir angebracht, näher zu beleuchten, welcher Art diese Bilder waren. Gemeinsam mit meinem Kollegen Frederik Obermaier recherchierte ich deshalb die Geschichte und das Angebot des mittlerweile geschlossenen kanadischen Versandhandels, von dem Edathy das Material gekauft hatte. Von Kunstwerken konnte keine Rede sein. Im Angebot waren einerseits klar pornografische Videos, andererseits sogenannte Posing-Aufnahmen, die nach deutschem Recht nicht strafbar waren, möglicherweise aber nach dem Recht anderer Staaten. Der Versandhändler warnte seine Kunden sogar, manches Material könnte, je nach Gesetzeslage, illegal sein. Edathy hatte das offenbar nicht davon abgehalten, dort Kunde zu werden. In einem größeren Beitrag auf der Seite „Thema des Tages" beleuchteten wir die dubiosen Geschäftspraktiken und zeigten, wie rumänische Jungen für die Filme ausgebeutet worden waren.[652] Mir war es wichtig, in der Debatte auch diese Seite nicht aus dem Blick zu verlieren. Ein Kollege fuhr später nach Rumänien und lieferte eine Reportage, die zeigte, wie dort die Geschäfte liefen für einen internationalen Markt, auf dem Pädophile Geld für Bilder nackter Jungen ausgeben.

Die *Welt am Sonntag* berichtete ein paar Tage später unter der Überschrift „Als 'bastian' surfte Edathy auf Pornoseite"[653], der Politiker sei in früheren Jahren auch bei einem anderen kostenpflichtigen Portal angemeldet gewesen, das Zugang zu jugendpornografischen Filmen geboten habe. Edathys Anwalt Christian Noll verwies in dem Bericht darauf, es habe sich um eine normale Pornoseite gehandelt, deren Besuch nicht öffentlich erörtert werden dürfe.

Wenn nicht gerade Straftaten begangen werden oder andere wichtige Gründe vorliegen, gehen das Sexualleben und die sexuelle Orientierung eines Politikers eigentlich niemanden etwas an. Spekulationen darüber hielt ich damals wie heute für unangebracht, es allerdings für journalistisch geboten, den von Edathy selbst gezogenen Vergleich mit der Aktmalerei zu prüfen. Dieser Vergleich fiel nach meiner Meinung verheerend für den Politiker aus. Bei den Lieferungen aus Kanada handelte es sich um schmierige Machwerke, produziert und vertrieben von einem nicht nur anrüchigen, sondern teilweise kriminellen Netzwerk.

Zwischen den Ermittlern und Edathys Rechtsanwalt entwickelte sich in dieser moralisch und juristisch aufgeheizten Lage ein Kampf um die Deutungshoheit in der Öffentlichkeit. Aus Sicht Edathys war es unerträglich, dass bereits bei der Hausdurchsuchung Presse zugegen war (dass sie von Ermittlern informiert worden war, ist nicht bewiesen; in einem kleinen Ort können Journalisten auch über andere Wege aufmerksam werden). Auch im weiteren Verlauf blieb die Ermittlungsakte nicht geheim. Zu Recht sind Journalisten, wenn es um Fälle geht, an denen ein berechtigtes öffentliches Interesse besteht, relativ frei in ihrer Berichterstattung über laufende Verfahren. Da sie den Quellenschutz ausschöpfen können, ist es ihnen möglich, zugespieltes Material zu nutzen, das diejenigen, die Zugang dazu hatten, nicht hätten weitergeben dürfen. Sowohl für Strafverteidiger als auch für Staatsanwälte kann es zum Ärgernis werden, wenn Journalisten mit Informationen aus den Ermittlungen versorgt werden. Beide Seiten können allerdings auch versuchen, auf diese Weise Einfluss auf die Öffentlichkeit und auf die Gegenseite zu nehmen.

Als Journalist muss man sich der Gefahren bewusst sein, instrumentalisiert zu werden. Daher ist es sehr wichtig, möglichst alle relevanten Perspektiven zu kennen und alle Seiten zu hören und fair zu bewerten. Das bedeutet nicht, es allen recht machen zu müssen, und regelmäßig werden sich Situationen ergeben, in denen der Entschluss, bestimmte Informationen zu veröffentlichen, der einen Seite eher nützt als der anderen. Anfang Mai 2014 brachten Jochen Becker, der für den *NDR* arbeitete, und ich exklusive Informationen über einen neuen Stand im Fall Edathy: Demnach kam das Landeskriminalamt (LKA) Niedersachsen zu dem Ergebnis, dass der Politiker in mehreren Fällen strafbares Material über das Internet aufgerufen hatte. Es ging nun nicht mehr nur um die in Deutschland strafrechtlich irrelevanten Filme des kanadischen Händlers, sondern um Bild- und Videodateien, die in den Jahren 2013/14 über den später als gestohlen gemeldeten Laptop abgerufen worden waren. Die Ermittler wollen dies durch die Analyse von Verbindungsdaten vom Server des Bundestags herausgefunden haben.[654] Edathy reagierte auf die Vorwürfe mit einem Angriff auf die Ermittlungsbehörden: Es handle sich um eine „gezielte Indiskretion". Offenkundig sei kein rechtsstaatliches Verfahren intendiert, „sondern ausschließlich eine öffentliche Vernichtung meiner Person, einhergehend mit einer beabsichtigten Vor-Verurteilung".[655] Edathy kritisierte auch die Medien, beispielsweise im Juli 2014 mit einem Spottgedicht auf Facebook:

> FAZ und Tagesspiegel?
> Lieber kauf ich mir nen Igel.
>
> Taz und Rundschau, ARD?
> Hm, Moment, ich sage: Ne.
>
> „Bild" oder SZ genehm?
> Wie spät ist es? Ich muss gehen.
>
> Das Beste an nem Urteil sei
> So sagt man
> Es macht ziemlich frei
> Von dem, was wir nicht wissen wollen
> Wissen könnten oder sollen.
>
> Der Daumen, der nach unten zeigt
> Der trifft bei mir auf Heiterkeit.

Auch wenn ich mich um Sachlichkeit bemühte, konnte ich natürlich nicht verhindern, dass die neuen Vorwürfe die Angriffe auf Edathy beflügeln würden, darunter viele unzivile Attacken auf Facebook. Wäre es nicht besser gewesen, gar nicht mehr aus dem laufenden Verfahren zu berichten und die neuen Vorwürfe erst im Zuge eines ordentlichen Gerichtsverfahrens aufzugreifen? Andererseits: Die Informationen veränderten den Sachstand erheblich. Sie zu verschweigen, hätte bedeutet, die Öffentlichkeit in dem falschen (und nach meiner Erfahrung bei vielen noch heute vorherrschenden) Glauben zu lassen, es gehe ausschließlich um die aus Kanada bezogenen Filme. Zudem war bereits die Frage diskutiert worden, ob die Annahme der Ermittler, man werde weiteres Material finden, richtig und als Basis für die Durchsuchung zulässig war. So entschloss ich mich trotz einiger Skrupel zur Veröffentlichung.

Mittlerweile ist mein Unbehagen weiter gewachsen. Denn der Beitrag trug zweifellos dazu bei, dass der öffentliche Deutungskampf um die Schuld oder Unschuld Edathys weiter eskalierte. Ich möchte nicht zu einer Meute gehören, die eine Treibjagd veranstaltet. In solchen Konstellationen sehe ich auch die Gefahr, dass ein Mensch, der sich in die Enge gedrängt fühlt, Hand an sich legen könnte. In der Kommunikationswissenschaft gibt es das Konzept der *Instrumentellen Aktualisierung*. Hans Mathias Kepplinger bezeichnet damit das gezielte Hoch- oder Herunterspielen von Informationen durch Journalisten, die damit einer bestimmten Seite nützen oder schaden. In publizistischen Konflikten und in Skandalberichten spiele diese Taktik eine große Rolle.[656] Habe ich damals eine solche Instrumentalisierung betrieben? Ja, möglicherweise. Der Nachrichtenwert der neuen Informationen war angesichts der geschilderten Vorgeschichte zwar unbestreitbar, zugleich aber war ich, womöglich wegen meiner erhöhten Sensibilität für die Seite der Kinder als Opfer, verärgert über die Rechtfertigungen Edathys. Mir selbst würde ich allerdings zugutehalten, dass ich stets offen blieb für Entlastendes und ich mich bemühte, die Positionen Edathys und seines Anwalts fair wiederzugeben (beispielsweise zu einer am Ende nicht erfolgreichen Verfassungsbeschwerde). In einem begleitenden Kommentar zu den neuen Vorwürfen schimmerten meine Skrupel durch, als ich mahnend schrieb:

> „Straftäter sollten nie das Gefühl haben, dass sie Verdammte sind für alle Zeit. Den Rechtsstaat und eine zivile Gesellschaft zeichnet aus, dass sie auch Täter schützen – vor Rache und vor maßloser Verfolgung. Das muss man hier vorausschicken, wenn es um die neuen Vorwürfe geht. Und: Edathy ist bisher gar nicht verurteilt und noch nicht einmal angeklagt. Die Ermittler haben belastendes Material gefunden, aber das Verfahren läuft noch. (...) Die größte Strafe in diesem Fall hat ihn allerdings längst getroffen: die öffentliche Ächtung."[657]

Die Anklage folgte im Juli 2014, im November ließ das Landgericht Verden sie zu. Im Frühjahr 2015 begann die erneut von großem Medientrubel begleitete Hauptverhandlung. Ich war froh, dass ich nicht aus dem Gericht in Verden berichten musste, dies übernahm die *SZ*-Gerichtsreporterin Annette Ramelsberger. Ich hatte den Eindruck gewonnen, dass das öffentliche Urteil über Edathy längst gefällt worden war. Edathy hatte auf Facebook sogar von einer „öffentlichen Hinrichtung" gesprochen. In einem Kommentar aus Anlass der Anklage schrieb ich:

> „Kinder zu schützen, ist ein hehres Ziel. Deshalb ist jeder Ermittler zu verstehen, der mit besonderem Eifer gegen Kinderpornografie vorgeht. Einen blinden Verfolgungseifer darf es im Rechtsstaat allerdings nicht geben. Im Fall Sebastian Edathy könnten am Ende mal wieder alle Beteiligten beschädigt sein: der Angeschuldigte ebenso wie die Ankläger. Und auch die Medien, die sich irgendwie dazu positionieren müssen. Die Situation erinnert an den Fall Christian Wulff, zumal erneut die Staatsanwaltschaft Hannover involviert ist. Ein Prozess mutiert leicht zum Spektakel, wenn der Angeklagte ein Prominenter und der Vorwurf besonders heikel ist. Staatsanwaltschaften haben durchaus die Möglichkeit, die Dinge diskret zu regeln. Wird ein Strafbefehl ausgestellt, kann eine öffentliche Verhandlung vermieden werden. Diskretion ist aber nicht die Paradedisziplin der Ermittler in Hannover. Sie haben Edathy von Anfang an mit einer Hausdurchsuchung und einer Pressekonferenz vorgeführt. So hat das Publikum

über Edathy längst den Stab gebrochen – wozu er dann durch Uneinsichtigkeit und ein unsägliches Interview, in dem er die Tradition von Nacktbildern in der Kunstgeschichte beschwor, auch selbst beigetragen hat."[658]

Enthielten diese Zeilen Spuren von Heuchelei? Oder zeugten sie nicht zumindest von einer gewissen journalistischen Schizophrenie? Immerhin hatte ich selbst die Berichterstattung und damit die indiskrete Art, den Fall zu behandeln, mitgemacht und teilweise sogar vorangetrieben. Zu jedem einzelnen Zeitpunkt mag es mehr oder weniger gute Gründe gegeben haben, die Öffentlichkeit zu informieren. Doch in der Gesamtschau, so wurde mir zunehmend klar, produzierte der Skandal immer mehr Verlierer und drängte Edathy in einer Weise an die Wand, dass man sich schon vor einem Gerichtsurteil die Frage stellen musste, ob er jemals Aussicht auf Resozialisierung haben würde.

Die Boulevardpresse ging alles andere als zimperlich mit Edathy um. Sie bezog sich dabei nicht zuletzt auf die aus Sicht vieler Journalisten trotzigen und uneinsichtig wirkenden Reaktionen des Politikers.[659] Die Auseinandersetzung erreichte am 18. Dezember 2014 einen neuen Höhepunkt, als Edathy sich zunächst in der Bundespressekonferenz erklärte und anschließend vor dem Untersuchungsausschuss aussagte. Die Berliner Boulevardzeitung *BZ* brachte auf der Titelseite ein Foto des ehemaligen Abgeordneten mit der Schlagzeile: „Der Schwein-Heilige".[660]

Vor Gericht dementierte Edathy die Anklagevorwürfe nicht, dennoch sah das Gericht von einer Bestrafung ab und erteilte ihm lediglich eine Geldauflage (5000 Euro), um das Verfahren ohne Schuldspruch zu beenden. Obwohl Edathy anschließend nicht von einem Geständnis sprechen wollte, hieß es in einer Mitteilung des Gerichts vom 3. März 2015, die Einstellung sei nach „geständiger Einlassung" des Angeklagten erfolgt. Bei der Entscheidung habe die Kammer berücksichtigt, dass der Angeklagte bisher strafrechtlich nicht in Erscheinung getreten sei. Bei den ihm zur Last gelegten Rechtsverletzungen handele es sich um vergleichsweise wenige Taten in einem begrenzten Zeitraum, so dass die Straferwartung eher im unteren Bereich anzusiedeln wäre. Unter Berücksichtigung dieser Umstände erscheine es gerechtfertigt, das Verfahren gegen eine Geldauflage einzustellen. Darüber hinaus habe der Angeklagte auch bereits durch die breite öffentliche Berichterstattung Nachteile erlitten. Seine politische Karriere sei beendet, berufliche Perspektiven bestünden kaum und sein privates und gesellschaftliches Ansehen dürften irreparabel beschädigt sein.

Für Edathy war dieser Ausgang zwar weitgehend positiv, eine umfassende Rehabilitation erfolgte allerdings nicht und die öffentlichen Reaktionen waren weiterhin feindselig. Er blieb nahezu völlig isoliert. Die SPD versuchte sogar, Edathy aus der Partei auszuschließen. Vor dem Bundesschiedsgericht der Partei einigte man sich später auf einen Vergleich, in dem Edathy sich bereit erklärte, seine Mitgliedsrechte fünf Jahre ruhen zu lassen.[661] An eine Rückkehr in politische Ämter war ohnehin nicht zu denken. Auf Facebook tobte sich ein Mob aus, forderte die Todesstrafe für den Politiker und schwelgte in Fantasien, was man alles mit ihm anstellen sollte.

Edathy zog es vor, an einem der Öffentlichkeit nicht bekannten Ort im Ausland zu bleiben. Dort besuchte ihn der SZ-Journalist Heribert Prantl und schrieb eine von erkennbarem Wohlwollen getragene Geschichte über diese Begegnung. Edathy leide unter Albträumen, heißt es darin. Und er wird mit den Worten zitiert, die Filme habe er damals aus „fehlgeleiteter Neugier" bestellt. Er sei, so Edathy, nicht pädophil und habe kein sexuelles Interesse an Minderjährigen. Vielleicht sei er „strukturell generell ein Borderliner, das will ich gar nicht ausschließen; aber es war unnötig und falsch."[662]

Reaktionen und Konsequenzen

Im Vergleich zum *Fall Kachelmann*, in dem die Medien unterschiedliche Positionen bezogen, oder zum *Fall Wulff*, in dem es in der Medienbranche anschließend eine Phase der Nachdenklichkeit und Selbstkritik gab, ist über den Umgang mit dem *Fall Edathy* wenig öffentlich reflektiert worden. Das lag sicherlich nicht nur am Grundkonsens, dass sowohl explizite Kinderpornografie als auch das Vermarkten von Posing-Bildern nackter Kinder verwerflich sind, sondern auch an der fast einhelligen Empörung über Edathys Rechtfertigungsversuche. Zwar sind das Vorgehen der Ermittler und der Umgang anderer Politiker mit dem Fall ebenfalls kritisch beleuchtet worden, an der Isolation Edathys änderte dies aber wenig. So wurde eine kritische Prüfung der Frage vernachlässigt, ob und inwiefern auch in diesem Fall die Skandalisierung das Maß verlor und ein Einzelner in einer Weise an den medialen Pranger gestellt wurde, die einer aufgeklärten Öffentlichkeit und eines Rechtsstaats unwürdig ist.

Noch am intensivsten thematisiert wurde das Verhalten der Lokalzeitung *Die Harke* und ihres Fotografen, der am Tag der Hausdurchsuchung bei Edathy in dessen private Räume hineinfotografiert hatte. Dass er dies, ohne unlautere Methoden anzuwenden, von der Straße aus bewerkstelligte und die Privaträume nicht betrat, änderte nichts daran, dass sowohl Edathy als auch viele Journalisten und Leser diese Art der Berichterstattung ablehnten. Beschwerden beim Deutschen Presserat, die der Zeitung unter anderem eine Vorverurteilung und Voyeurismus vorwarfen, führten zu einer öffentlichen Rüge.[663] In Ziffer 8 des Pressekodex verpflichten sich Journalisten, das Privatleben des Menschen und seine informationelle Selbstbestimmung zu achten. Ist das Verhalten eines Menschen von öffentlichem Interesse, so kann es in der Presse erörtert werden. In Richtlinie 8.8 heißt es:

„Der private Wohnsitz sowie andere private Aufenthaltsorte, wie z. B. Krankenhäuser, Pflege- oder Rehabilitationseinrichtungen, genießen besonderen Schutz."[664]

Der Rechtsanwalt der Zeitung argumentierte, Edathy habe offenbar keinen Wert darauf gelegt, seine Wohnung als privat erscheinen zu lassen. Denn das Klingelschild und der Briefkasten hätten nicht nur den Namen aufgeführt, sondern auch die Abkürzung „MdB" für „Mitglied des Bundestags". Zudem hätte jeder Passant durch die ebenerdigen Fenster blicken können. In seiner Entscheidung urteilte der

Presserat jedoch, die Veröffentlichung des Bildes sei nicht von einem öffentlichen Interesse gedeckt gewesen. Während der Text des Artikels als zulässige Verdachtsberichterstattung nicht zu beanstanden sei, verstoße das Foto gegen die zitierte Ziffer 8, Richtlinie 8.8 des Pressekodex. Der Presserat führte aus:

> „Die Aufnahme von der Wohnung bedeutet ein Eindringen in Edathys persönlichen Rückzugsort. Dies ist nicht durch einen überwiegenden Nachrichtenwert des Bildes gerechtfertigt. Der Eingriff ist schwerwiegend, weil die auf dem Foto erkennbaren Gemälde mit männlichen Akten im Gesamtzusammenhang des Falles geeignet sind, eine Vorverurteilung Edathys noch zu verstärken."[665]

Der Presserat musste sich zudem mit dem – auch online veröffentlichten – Artikel aus der *Welt am Sonntag* befassen, in dem berichtet worden war, Edathy sei, abgesehen vom Bezug der Aufnahmen aus Kanada, in früheren Jahren bei einer bestimmten, kostenpflichtigen Pornoseite angemeldet gewesen. Die Zeitung veröffentlichte die E-Mail-Adressen, unter denen der Politiker dort registriert gewesen sein soll. Erneut ging es um einen möglichen Verstoß gegen den in Ziffer 8 des Pressekodex geforderten Schutz der Persönlichkeitsrechte, außerdem um die in Ziffer 2 verlangte journalistische Sorgfaltspflicht, die im Übrigen auch in den Medien- und Pressegesetzen der Bundesländer verankert ist. Der Presserat sprach keine Rüge aus, aber eine Missbilligung:

> „Zwar ist Sebastian Edathy als früherer Bundestagsabgeordneter und Vorsitzender des NSU-Untersuchungsausschusses eine Person des öffentlichen Lebens. Dies berechtigt jedoch die Redaktion nicht, seinen 'Nickname' (Spitznamen) und die von ihm benutzten E-Mail-Adressen zu veröffentlichen. Es handelt sich dabei um private, personenbezogene Daten, die im Fall der E-Mail-Adressen eine von dem Betroffenen wohl nicht erwünschte Kontaktaufnahme ermöglichen. Die Veröffentlichung dieser Daten ist eine schwere Verletzung des redaktionellen Datenschutzes. Die Veröffentlichung des 'Nickname' verstößt zudem gegen die journalistische Sorgfaltsplicht. Wie im Artikel eingeräumt wird, ging aus den Unterlagen nicht klar hervor, ob [sich] der Spitzname tatsächlich Edathy zuordnen lässt. Trotzdem stellt der Autor des Artikels als Tatsache dar, dass der Ex-Politiker unter diesem Namen einen Zugang zu der Pornoseite gehabt haben soll."[666]

Auch eine Person des öffentlichen Lebens und ein Verdächtiger, gegen den ermittelt wird, hat weiterhin ein Recht auf den Schutz seiner privaten Daten. Dies mag in einer Situation, in der im Zusammenhang mit den Ermittlungen so intime Fragen wie das Sexualverhalten berührt sind, seltsam anmuten. Doch die Tatsache, dass in bestimmter Hinsicht ein berechtigtes öffentliches Interesse besteht, rechtfertigt eben nicht, dass eine Person in allen anderen Bereichen ebenfalls sein Recht auf Privatsphäre und den Schutz vor Veröffentlichungen verliert. Wer im Zentrum eines Skandals steht, erlebt sich ohnehin oft als Getriebener, der einer geballten Medienmacht ausgeliefert zu sein scheint. Umso wichtiger ist es, dass Journalisten hier die Grenzen wahren und Maß halten. Dies gilt auch für presserechtlich im Prinzip zulässige scharfe Bewertungen. Als Meinungsäußerungen unterliegen sie in der Regel dem besonderen Schutz des Grundgesetzes, sofern es sich nicht um Beleidigungen, Verleumdungen oder üble Nachrede handelt.

Wie weit kann, darf oder sollte die Kritik an einer Person gehen? Auch mit dieser Frage musste sich der Presserat im *Fall Edathy* auseinandersetzen, nachdem die Berliner Boulevardzeitung *BZ* die Schlagzeile gedruckt hatte: „Der Schwein-Heilige".[667] In Ergänzung zur Hauptüberschrift war zu lesen: „Arroganz statt Reue, Verrat statt Aufklärung, Sebastian Edathys bizarrer Auftritt in Berlin". Ein Leser kritisierte, Edathy sei mit einem Schwein verglichen worden. Auch Edathy selbst trat als Beschwerdeführer auf. Sein Anwalt sah die Ziffern 1 und 9 sowie 13 des Pressekodex verletzt (Achtung der Menschenwürde, Schutz der Ehre sowie Unschuldsvermutung). Die Bezeichnung als „Schwein-Heiliger" diene ausschließlich einer Herabsetzung der Person. Der Presserat sah hingegen erstaunlicherweise keinen Grund zur Beanstandung:

> „Die Bezeichnung Edathys als 'Der Schwein-Heilige' ist zulässig. Bei der Überschrift handelt es sich um eine boulevardeske Bewertung des nach Ansicht der Zeitung moralisch verwerflichen Verhaltens des Betroffenen. Dachzeile und Text stellen den Bezug her zum Ankauf von Filmen, auf denen nackte Kinder zu sehen sind, zur fehlenden Reue gegenüber diesen Opfern und zu den Anschuldigungen gegenüber Parteikollegen vor dem Untersuchungsausschuss. Die beanstandete Formulierung, gegen die sich Edathy wegen der möglichen Verletzung des Grundsatzes der Unschuldsvermutung wendet, ist kein Verstoß gegen den Pressekodex. Sie bezieht sich auf den Auftritt des Betroffenen als Zeuge im Untersuchungsausschuss, nicht aber auf das eingeleitete Strafverfahren. Edathy hat den Erwerb von Filmen mit nackten Kindern zugegeben. Der beanstandete Text nimmt jedoch keine strafrechtliche Einordnung vor."[668]

Auch presserechtlich blieb der Artikel, soweit der Autor weiß, folgenlos. Etwas mehr Erfolg hatte Edathy im Kampf gegen Beleidigungen und Attacken, die in sozialen Netzwerken veröffentlicht wurden. Ein ehemaliger Darsteller, der durch die Fernsehserie *Berlin Tag & Nacht* bekannt wurde und nun als DJ viele Fans hat, nannte Edathy auf Facebook einen „perversen Bastard". Er hoffe, dieser werde „an jedem Ort auf diesem Planeten bespuckt und mit Steinen beworfen". Im Frühjahr 2016 wurde der Hasskommentator zu einer Geldstrafe von 6000 Euro verurteilt.

Auf der politischen Ebene führte der *Fall Edathy* nach dem Rücktritt des Ministers Friedrich zum einen zur Einrichtung des erwähnten Untersuchungsausschusses im Bundestag. Da auch dort nicht aufgeklärt werden konnte, von wem Edathy gewarnt worden war, kam es zu keinen weiteren Rücktritten oder Anklagen. Trotz einer Reihe fragwürdiger Vorgänge ergaben sich keine Anhaltspunkte dafür, dass Edathy Opfer einer Verschwörung geworden sein könnte.[669] Dies war schon deshalb wenig plausibel, weil er den Bezug des Materials aus Kanada selbst eingeräumt hatte. Wenn es eine verschwörerische Kommunikation gegeben haben sollte, so hätte diese eher zu Edathys Gunsten stattgefunden, nämlich im Zusammenhang mit Warnungen vor der Polizeiaktion.

Jenseits des Untersuchungsausschusses hatte der Skandal in der Politik aber noch andere Konsequenzen: Die Debatte um die Aufnahmen aus Kanada, die als

Posing-Bilder in Deutschland nicht strafbar waren, führte zu einer Verschärfung des Strafrechts (49. Gesetz zur Änderung des Strafgesetzbuchs). Die Reform wurde von Justizminister Heiko Maas (SPD) vorangetrieben und trat Anfang 2015 in Kraft. Der neu geregelte Paragraf 201a stellt Bildaufnahmen, „die die Nacktheit einer anderen Person unter achtzehn Jahren zum Gegenstand" haben, unter Strafe, wenn diese Bilder hergestellt oder angeboten werden, um sie „einer dritten Person gegen Entgelt zu verschaffen", oder wenn jemand sich oder einer dritten Person solche Bilder gegen Bezahlung verschafft. Eine Freiheitsstrafe von bis zu zwei Jahren oder eine Geldstrafe können die Folge sein.

Für Edathys Gerichtsverfahren blieb diese Regelung bedeutungslos, hier galt noch das alte Recht. Strafrechtlich passierte dem ehemaligen Abgeordneten nichts, dafür traf ihn das Urteil der öffentlichen Meinung umso härter und er zog sich aus dem öffentlichen Leben zurück. Zwar bemühte sich der erwähnte Beitrag Prantls im *SZ Magazin* um eine Diskussion, ob diese de facto Verbannung nicht überzogen ist. Dies führte aber zu keiner nachhaltigen Debatte – und ausweislich zahlreicher Reaktionen nicht unbedingt zu einem wachsenden Verständnis für die Lage des Geächteten. Exemplarisch dafür sind Leserzuschriften wie diese (*SZ* vom 3. Juni 2016): „Es ist mir total unverständlich, wieso man sich für Edathys Schicksal und sein Leben nach der Politik interessieren sollte." Oder diese: „Sebastian Edathy hat noch immer kein Unrechtsbewusstsein, geschweige denn Reue entwickelt und sieht sich ausschließlich als Opfer." Etliche Leser monierten, in der Darstellung habe die Perspektive der Kinder und Jugendlichen gefehlt, die sexuell ausgebeutet wurden.

Diskussion

Der *Fall Edathy* belegt die Macht der öffentlichen Meinung und die starke Wirkung, die mediale Berichte auf das Schicksal Einzelner haben können. Ein Mann, der strafrechtlich gar nicht belangt worden ist, fühlt sich wie ein Aussätziger, verlässt das Land und ist für unabsehbare Zeit geächtet. Nach juristischer Terminologie erscheint dies vollkommen unverhältnismäßig, allerdings übersieht dies, dass in der öffentlichen Meinung zwischen strafrechtlicher und moralischer Schuld unterschieden werden darf. Das Ansehen, das eine Person genießt, beruht nicht nur darauf, ob sie sich gesetzeskonform verhält. Überdies ist es auch eine wichtige Funktion der Öffentlichkeit, die Justiz kritisch zu begleiten; in einer Demokratie ist eine Kritik an Gerichtsentscheidungen erlaubt. So entsteht zwar regelmäßig eine Spannung zwischen den Prozeduren und Urteilen des Rechtsstaats und den Diskussionen und Urteilen der (medialen) Öffentlichkeit. Diese Spannung ist jedoch auszuhalten und Teil eines komplizierten Zusammenspiels unterschiedlicher gesellschaftlicher Akteure, Sphären oder Subsysteme.

Meines Erachtens gehen jene fehl, die in Reaktion auf möglicherweise maßlose Skandalisierungen die Forderung erheben, die Medien sollten alles der Justiz überlassen, diese in Ruhe arbeiten lassen und dann allenfalls nur noch das Gerichtsurteil öffentlich verbreiten. Eine demokratische Öffentlichkeit kann sich nicht derart selbst beschneiden, zu Recht genießt auch die Verdachtsberichterstattung den Schutz des

Grundgesetzes. Im Übrigen zeigt gerade der Fall Edathy, dass das zuständige Gericht sich *nicht* vom medialen Druck beeindrucken ließ. Die Entscheidung, das Verfahren einzustellen, ist ein Indiz dafür, dass die Justiz in der Lage ist, ihre Unabhängigkeit zu wahren.

Aus Sicht Edathys ist das Problem also eher, dass die Justiz in seinem Fall keinen oder nur geringen Einfluss auf das Urteil der öffentlichen Meinung zu haben scheint. Diese hat den Rechtsstaat zwar nicht zerstört, ihn aber für den Betroffenen beinahe bedeutungslos gemacht. Wie Edathy in seinen Stellungnahmen zum Ausdruck brachte, sah er sich als Opfer eines medialen Prangers, der ihn zur Schau stellte und für sein weiteres Leben versehrte. Und darauf gründeten sich auch meine Skrupel und mein Unbehagen, mit dem ich als Journalist in diesem Fall zu Werke ging. Selbst wenn ich versuchte, sachlich zu schreiben: Durch die Nennung des Namens trugen auch meine Berichte dazu bei, die Person zu treffen und die Kommunikation derer zu befeuern, die sich nicht mehr in sachlichen und zivilen Bahnen bewegten. Zudem wurden zwangsläufig Schamgrenzen gebrochen.[670]

Die öffentlichen Rechtfertigungen Edathys erschienen mir weder geschickt noch in der Sache überzeugend; in der Position, in der er sich befand, war eine Verteidigung allerdings sehr schwer. Einen Menschen, der bereits am Boden liegt, muss man nicht noch treten. Auch wenn Edathy weiterhin betont selbstbewusst auftrat, war eine Schlagzeile wie „Der Schwein-Heilige" aus meiner Sicht völlig überzogen. Wer solche Zeilen textet, nimmt meines Erachtens in Kauf, dass einem Menschen die Menschlichkeit abgesprochen wird. Darum halte ich auch die Entscheidung des Deutschen Presserats, der daran keinen Anstoß nahm, für fragwürdig. Es mag im Sinne einer weit auszulegenden Meinungsfreiheit sein, dass die Formulierung im Kontext der konkreten Berichterstattung nicht als Beleidigung aufzufassen und *presserechtlich* nicht zu beanstanden ist. Doch *presseethisch* erscheint sie mir sehr wohl höchst problematisch, und es ist möglicherweise typisch für die in dieser Hinsicht eher laxe Spruchpraxis des Presserats, dass er die Schlagzeile als „boulevardeske Bewertung" verteidigt und verharmlost hat.

Wer prominent ist, das zeigt einmal mehr der *Fall Edathy*, ist einem hohen Risiko ausgesetzt, die Macht der öffentlichen Meinung zu spüren zu bekommen. Wäre Edathys Rückzug aus der Politik früher erfolgt, hätte ich mich vermutlich dafür ausgesprochen, über die Vorwürfe gar nicht, sehr knapp und, sofern dies möglich gewesen wäre, in anonymisierter Form zu berichten. Wie sich zeigte, war dies hier schon deshalb nicht möglich und auch nicht sinnvoll, weil die Causa auch brisante Fragen zum Verhalten der Behörden sowie anderer Politiker aufwarf, die sich nicht ignorieren ließen, wollte die Presse ihrer Kontrollfunktion nachkommen. Aber musste ich unbedingt dazu beitragen, dass zwischen Ermittlern und Verteidigung ein Deutungskampf in aller Öffentlichkeit ausgetragen wurde? Auf diesen Beitrag bin ich nicht stolz, und ich wünschte, dies wäre anders abgelaufen. Zeitweise müssen sich Edathy und sein Anwalt tatsächlich wie Getriebene gefühlt haben.

Nach wie vor für wichtig und richtig halte ich das kritische Nachhaken zu den Abläufen der Ermittlungen, nicht zuletzt im Hinblick auf eine Warnung, die Edathy erhielt. Schon aus diesem Grund wäre es keine Alternative gewesen, den ganzen Fall medial zu ignorieren – hier ging es schließlich auch um eine öffentliche Kontrolle der Behörden und der Politik. Hätten die Ermittler weiteres relevantes Material gefunden, wenn es keine Warnung gegeben hätte? Es mag müßig und unangebracht sein, darüber zu spekulieren. Die genannten dubiosen Umstände sind aber ein weiterer Grund dafür, warum das Urteil der öffentlichen Meinung so harsch ausfiel.

Ebenfalls für wichtig und richtig halte ich noch heute die Recherche zu den Hintergründen der Posing-Fotos, die von der kanadischen Firma vertrieben wurden. Der *Fall Edathy*, der ja zunächst wie ein Einzelfall aussah, lenkte den Blick auf eine Szene, in der Geschäfte mit den Nacktaufnahmen von Kindern und Jugendlichen gemacht werden. Auf der Kundendatei, die das BKA erhalten hatte, befanden sich ja noch etwa 800 weitere Personen aus Deutschland – nur war Edathy der Einzige, bei dem die Ermittlungen so hohe mediale Wellen schlugen. Deutsche Staatsanwälte führten mehr als 700 weitere Ermittlungsverfahren. Hier blieben die mutmaßlichen Täter vom grellen Licht der Öffentlichkeit weitgehend verschont.

Im Gegensatz zu vielen Vertretern eines liberalen Strafrechts halte ich zudem die Verschärfung des deutschen Rechts im Hinblick auf Posing-Bilder grundsätzlich für einen Fortschritt. Generell besteht die mediale und gesellschaftliche Herausforderung bei den Themen Kinderpornografie und sexueller Missbrauch von Kindern allerdings darin, weder eine Hysterie zu befördern (die beispielsweise dazu führt, dass männliche Erzieher einem Generalverdacht ausgesetzt werden), noch die Augen vor dem Unrecht zu verschließen, das vielen Kindern angetan wird. Es hat Jahrzehnte gedauert, bis die Gesellschaft die massenhaften Übergriffe und Vergewaltigungen, die im Kontext der Kirche, aber auch in vermeintlich progressiven Einrichtungen wie der Odenwaldschule begangen wurden, endlich beachtet hat. Viele Betroffene trafen viel zu lange auf eine Kultur des Wegsehens und Bagatellisierens, zu der ein autoritäres Milieu und ein anti-autoritäres Milieu je auf ihre Weise beigetragen haben. Die Opfer standen vor einer Mauer des Schweigens, und es war gut, dass diese Mauern in den vergangenen Jahren auch von den Medien durchbrochen wurden.

Dennoch bleibt der Umgang mit dem Thema heikel. Wer wie Edathy in den Ruch kommt, auf kleine Jungen zu stehen, ist ruiniert. Obwohl er beteuert hat, nicht pädophil zu sein, zieht das Publikum seine eigenen Schlüsse. Wer Bilder nackter Jungen ordert, hat kaum noch eine Chance, sich zu erklären. Und niemand möchte als Verteidiger eines Pädophilen erscheinen. Dass der Schutz von Kindern Priorität haben muss, ist zweifellos richtig. Aber das bedeutet nicht, dass nicht auch über einen vernünftigen Umgang mit Personen gesprochen werden sollte, die pädophile Neigungen haben und deshalb zu einer Gefahr für Kinder werden können. Ob und inwiefern dies für Edathy zutraf, ist hier nicht entscheidend, es geht nicht mehr um diesen einen Fall: Wenn Kinderpornografie massenhaft verbreitet wird und entsprechende Neigungen, wie Sexualwissenschaftler erklären, bei einer größeren Zahl von Männern vorliegen, kann moralische Verdammung allein das Problem nicht lösen.[671] Wenn diese Neigungen nicht frei gewählt wurden und sie nicht therapierbar sind, offenbart die gesellschaftliche Empörung eher Hilflosigkeit. Notwendig sind Angebote, in denen Betroffene lernen, sich so im Griff zu halten, dass sie keine

Kinder schädigen, weder direkt noch indirekt. Entsprechende Programme, wie sie einige Kliniken anbieten, sind eine pragmatische und zugleich humane Art, auf das Thema zu reagieren. Im Verlauf der Edathy-Affäre haben *Die Zeit* und das *ARD*-Magazin „Panorama" Beiträge über solche Hilfsangebote und über die schwierige Situation pädophiler Männer gebracht.[672]

An der gesellschaftlichen Ächtung und Ausstoßung Sebastian Edathys konnten diese Beiträge nichts ändern. Sein früheres Leben hat der Politiker hinter sich lassen müssen. Im Sommer 2014, als dieses Leben zusammenfiel, veröffentlichte er auf Facebook ein Zitat, das angeblich von Konfuzius stammt: „Finde nicht mehr Gefallen am Fallen anderer als am eigenen Gehen – oder prüfe Deinen Weg."

Ob Edathy die Chance bekommen wird, aufzustehen und in Deutschland neu anzufangen, ohne ständig angefeindet zu werden? Skepsis ist angebracht. Das Gebot der Resozialisierung sollte aber nicht nur im Strafrecht gelten, sondern auch für eine oft gnadenlos abstrafende Öffentlichkeit.

Neuntes Kapitel: Der Fall „Germanwings 4U9525" (2015) – oder die Frage, wie man auch über schlimmste Ereignisse angemessen berichten kann

(in Zusammenarbeit mit Irem Cati)

Fall

Mit einer 25-minütigen Verspätung startete der Germanwings-Airbus 320 Flug 4U9525 am 24. März 2015 um 10.00 Uhr von Barcelona mit dem Ziel Düsseldorf. Um 11.55 Uhr sollte die Maschine dort landen. An Bord befanden sich 144 Passagiere sowie sechs Besatzungsmitglieder. Im Cockpit saß ein erfahrener Pilot, der seit mehr als zehn Jahren für Lufthansa und Germanwings im Einsatz war und auf dem Airbus-Modell schon über 6000 Stunden Flugerfahrung gesammelt hatte. Der Co-Pilot war seit September 2013 für die Lufthansa tätig.[673]

Laut Abschlussbericht der französischen Ermittler (BEA) vom 13. März 2016 erreichte die Maschine um 10.27 Uhr ihre Reiseflughöhe von 38.000 Fuß. Daraufhin verließ der Pilot das Cockpit und bat den Co-Piloten, das Steuer zu übernehmen. Um 10.30 Uhr ging das Flugzeug in den Sinkflug und beschleunigte mehrmals. Insgesamt elf Minuten lang sank das Flugzeug immer weiter – ein Notruf wurde nicht ausgelöst. Der Fluglotse fragte die Flugbesatzung in diesem Zeitraum mehrere Male nach der freigegebenen Flughöhe, erhielt aber keine Antwort. Auch das Kontrollzentrum Marseille versuchte, Funkkontakt herzustellen, jedoch ohne Erfolg. Die französische Luftwaffe versuchte, Kontakt aufzunehmen. Wieder keine Reaktion. Um 10.41 Uhr schlug das Flugzeug in einem Bergmassiv der französischen Alpen auf. Französische Rettungshubschrauber erreichten kurz darauf die Trümmer der abgestürzten Maschine nahe dem Bergdorf Seyne-les-Alpes in den französischen Alpen.

Der Stimmenrekorder wurde noch am Nachmittag des 24. März gefunden. Mit seiner Hilfe konnten die Ermittler das Geschehen recht genau rekonstruieren. Die Auswertung der letzten halben Stunde vor dem Aufprall ergab, dass sich beide Piloten ruhig und höflich miteinander unterhielten. Der Pilot gab dem Co-Piloten das Briefing für die Landung in Düsseldorf. Anschließend forderte er den Co-Piloten auf, das Kommando über das Flugzeug zu übernehmen und verließ das Cockpit. Man konnte hören, wie der Sitz zurückglitt und die Tür geschlossen wurde. Kurze Zeit später verlangte der Pilot wieder Zutritt zum Cockpit. Man hörte keine Antwort, nur die ruhigen Atemgeräusche des Co-Piloten. Der Pilot klopfte stärker an die Tür, bekam aber wieder keine Antwort. Dann konnte man hören, wie er versuchte die Tür einzutreten. „Mach' die verdammte Tür auf", schrie der Pilot. Als immer noch keine Reaktion kam, rief er wieder: „Um Gottes Willen, mach die Tür auf!" Wenig später hörte man, wie das Flugzeug den Berg touchierte und die Passagiere schrien. Das war das letzte, was der Stimmenrekorder aufzeichnete.

Die Daten des Flugschreibers, der am 02. April 2015 gefunden wurde, stützen die Aussage, dass der Co-Pilot die Maschine absichtlich zum Absturz gebracht hatte. Die Auswertung von Geschwindigkeit, Flughöhe, Kurs etc. ergab, dass der Co-Pilot den Autopiloten auf 100 Fuß, also etwa 30 Meter eingestellt und somit bewusst einen Sinkflug eingeleitet hatte. Währenddessen wurde auch die Geschwindigkeit der Maschine erhöht. Der ermittelnde Staatsanwalt Brice Robin sagte auf einer Pressekonferenz: „Es sieht so aus, als ob der Co-Pilot das Flugzeug vorsätzlich zum Absturz gebracht und so zerstört hat." [674]

Als der Absturz der Germanwings-Maschine bekannt wurde, reagierte die Öffentlichkeit ähnlich betroffen wie angesichts ähnlich gelagerter Unglücksfälle: eine bedauerliche Katastrophe aufgrund technischen Versagens, so erste Erklärungsversuche, zumal die *Germanwings*-Maschine einem verschiedentlich kritisierten Flugzeugtyp angehörte, dessen „Schwächen" eine solche Erklärung nahelegten. Doch als sich herausstellte, dass der Co-Pilot der Germanwings-Maschine an diesem Tag fluguntauglich – weil krankgeschrieben – war und gemutmaßt wurde, dass er die Maschine absichtlich zum Absturz gebracht haben könnte, war die Öffentlichkeit schockiert.

Auch für die Medien war dieser Fall etwas Besonderes: Bereits unmittelbar nach dem Absturz gab es eine großangelegte Berichterstattung, die umso pikanter wurde, je mehr Details des Falles bekannt wurden. Zwei Tage nach dem Unglück wurde der vollständige Name des Co-Piloten veröffentlicht. Wenig später gelangten private Fotos des mutmaßlichen Täters und die Heimatadresse seiner Eltern sowie sein Krankheitsverlauf an die Öffentlichkeit. Es entstand der Eindruck, dass die Medien um die aufsehenerregendsten Schlagzeilen wetteiferten. Dass dieser Fall auch unter medienethischen Gesichtspunkten Aufmerksamkeit erregte, wurde relativ bald danach, quasi zeitgleich zur medialen Berichterstattung deutlich: Nur wenige Fälle erzeugten in den letzten Jahren eine vergleichbare medienethische Resonanz. Einerseits waren viele Beobachter offensichtlich von der Schwere der Tat entsetzt. Andererseits entstand daraus ein Medienspektakel, in dessen Rahmen zunächst die Kleinstadt Haltern am See von den Journalisten belagert wurde. Aus Haltern kamen 16 Schüler und zwei Lehrerinnen, die auf dem Rückflug von einem Spanisch-Austausch waren. Das journalistische Routineprogramm in solchen Fällen brachte es mit sich, dass – wie zumeist – diese Opfer, Schüler, Lehrer und Angehörige, zuallererst in den Fokus der Medien rückten und in ihrer Trauer durch Medienvertreter gestört wurden. [675]

Als zwei Tage später bekannt wurde, dass der Co-Pilot die Maschine absichtlich zum Absturz gebracht haben könnte, zogen die Fernsehteams nach Montabaur und Düsseldorf weiter, zu den Wohnorten des Co-Piloten, dessen Name alsbald überall zu finden war: Andreas Lubitz. Dort wurden dann – auch hier das journalistische Routineprogramm – Nachbarn, Bekannte und weitere Ortsansässige nach seinem Leben und seiner Person befragt. Aus journalistischer Sicht mag das nachvollziehbar sein: Man unterstellt dem interessierten Publikum, dass es wissen möchte, was passiert ist, warum es zu diesem Unglück kam und was für ein Mensch in der Lage war, eine solche Tat zu begehen. Zudem stehen aktuell arbeitende Medien unter großem

Publikationsdruck. Den Rezipienten, auf der anderen Seite, wird die Motivation unterstellt, sich so schnell wie möglich durch diese Medien informieren zu wollen. Den Anfang machte die *Bild*-Zeitung. Die Schlagzeile „Der Amok-Pilot" vom 27. März umfasste die komplette Titelseite inklusive eines unzensierten Fotos des mutmaßlichen Täters und der Nennung seines vollständigen Namens. Unter der Überschrift stand:

> „Er flog 149 unschuldige Kinder, Frauen und Männer absichtlich in den Tod! Es ist eine unfassbare Tat, die unsere Vorstellungskraft übersteigt. BILD dokumentiert das Leben des Mannes aus dem Westerwald, der zum Massenmörder wurde."[676]

Die komplette Seite drei widmete sich dem Leben des mutmaßlichen Täters. Zudem nannten ihn die Reporter fortan den „Amok-Piloten". Neben dem Artikel „Was steht in der geheimen Kranken-Akte des Amok-Piloten?" war ein Foto von Lubitz' *Facebook*-Seite abgedruckt, das ihn vor der Golden Gate Bridge in San Francisco zeigt. Die Bildunterschrift lautete: „Todes-Pilot Andreas Lubitz (27) an der Golden Gate Bridge in San Francisco, Kalifornien. Sein großer Traum war es, Pilot zu werden." Offizielle Bilder wurden für die Berichterstattung nicht verwendet, sondern ausnahmslos private Urlaubsbilder. Im selben Artikel wurde außerdem darüber berichtet, dass Lubitz während seiner Ausbildung bei der *Lufthansa* eine mehrmonatige Pause eingelegt hatte. Obwohl sich *Lufthansa*-Chef Carsten Spohr aus Rücksicht auf die ärztliche Schweigepflicht weigerte, sich zu den Gründen hierfür zu äußern, wollte die *Bild* aus *Lufthansa*-Kreisen erfahren haben:

> „Der Grund für die Unterbrechung waren psychische Probleme. [...] Er soll sich insgesamt anderthalb Jahre in psychiatrischer Behandlung befunden haben. Mehrfach wurde er wegen Depressionen in seinen Flugschulkursen zurückgestuft, beendete dann aber erfolgreich seine Ausbildung. 2009 wurde bei ihm 'eine abgeklungene schwere depressive Episode' diagnostiziert."

Es schien, als habe die *Bild*-Zeitung tatsächlich Einblicke in seine Krankenakte oder zumindest sehr detaillierte Informationen darüber. Bei der Suche nach Motiven für die Tat waren sich die *Bild*-Reporter darüber einig, dass es nur an Beziehungsproblemen gelegen haben könne: Vor der Tat soll er eine Beziehungskrise gehabt haben, die ihn wohl schwer gezeichnet habe. Im weiteren Verlauf des Artikels gingen die Autoren nun dazu über, das private Leben von Andreas Lubitz detaillierter zu beschreiben:

> „Lubitz wohnte bei seinen Eltern in Montabaur. In einem ruhigen Wohngebiet im Süden der Stadt. Schiefergedecktes Einfamilienhaus mit Garten. Weiße Fassade. Die Eltern leben im Erdgeschoss. Lubitz und sein Bruder teilten sich die erste Etage. Er hatte aber auch eine kleine Wohnung in Düsseldorf, fuhr einen dunklen VW-Golf. Sein Vater: Bankkaufmann. Seine Mutter: Organistin bei der evangelischen Kirchengemeinde."[677]

Nicht nur private Informationen über den mutmaßlichen Täter gab *Bild* heraus, auch dessen Familie und Bekannte wurden zum Gegenstand der Berichterstattung. Sportlich sei er gewesen, Marathon gelaufen und seit seiner Jugend Mitglied im Segelfliegerverein im Westerwald. „Lustig" und vielleicht manchmal „ein bisschen ruhig" sei er gewesen, so hieß es aus dem Verein. Man habe ihn öfter mit einer Freundin in Düsseldorf gesehen, so ein Mitarbeiter der Pizzeria neben seiner Wohnung.

In der Ausgabe vom 28. März druckte *Bild* dann ein Interview mit besagter Freundin: „Jetzt spricht die Ex-Freundin des Amok-Piloten", lautete die Schlagzeile. Sie berichtete, dass Lubitz privat „sehr weich" gewesen sei und ein Mensch, der „Liebe brauchte". Doch wenn es um die Arbeit gegangen sei, sei er plötzlich zu einem anderen Menschen geworden und habe sich über die Arbeitsbedingungen aufgeregt: „Zu wenig Geld, Angst um den Vertrag, zu viel Druck". Letztendlich habe sie sich von ihm getrennt, weil er öfter ausgerastet und aggressiv gewesen sei. Sie habe „Angst" vor ihm gehabt:

> „Als ich vom Absturz hörte, ging mir immer wieder ein Satz durch den Kopf, den er sagte: 'Eines Tages werde ich etwas tun, was das ganze System verändern wird, und alle werden dann meinen Namen kennen und in Erinnerung behalten.' Ich wusste nie, was er damit meint, aber jetzt ergibt es einen Sinn. [...] Er hat es getan, weil er gemerkt hat, dass durch seine gesundheitlichen Probleme sein großer Traum von einem Job bei der Lufthansa, von einem Job als Kapitän und als Pilot von Langstrecken, so gut wie unmöglich war." [678]

Am 28. März wurde außerdem bekannt, dass Lubitz für den Tag des Unfalls eigentlich krankgeschrieben war und gar nicht hätte fliegen dürfen. Die *Bild*-Zeitung schrieb: „Amok-Pilot flog trotz Krankschreibung".[679] Ein Foto, das ihn bei einem Straßenrennen in Hamburg zeigt, nahm fast die ganze Seite ein.

> „*[D]er Co-Pilot, der den Germanwings-Airbus vorsätzlich zum Absturz brachte und für den Tod von 149 Menschen verantwortlich ist, war krank! Seelisch krank! AUCH AM TAG DER KATASTROPHE.*"[680]

Auch *FAZ.NET* stimmte in die entsetzten Ausrufe der Presse ein: „Wir", schrieb Mathias Müller von Blumencron, „wollen nicht in ein Flugzeug steigen, mit der Angst, oder auch nur einem Unbehagen: [...] 'Wird er [der Pilot] uns in die nächste Felswand rammen?'" Weiter formulierte er:

> „Andreas Lubitz ist der Mann, der 149 Menschen und sich selbst in den Tod gerissen hat. Es ist eine der größten Katastrophen der deutschen Luftfahrtgeschichte. Er hat sie verursacht – das steht laut den Ermittlern fest. Es sind nicht irgendwelche Ermittler. Es sind die Spezialisten der Luftfahrtbehörde BEA, der französischen Untersuchungsbehörde für Flugunfälle. Es sind erfahrene Spezialisten, deren vorläufige Erkenntnisse der französische Staatsanwalt Brice Robin mitgeteilt hat, ein routinierter Jurist aus der Verbrechensmetropole Marseille."[681]

Im Zentrum der Erklärungen stehe das möglicherweise irregeleitete Gehirn eines Menschen, schrieb Müller von Blumencron weiter. Und eben das sei das Unerklärliche – die Psyche Lubitz', die Unfassbares verursacht habe. Interessanterweise verzichtete die gedruckte Ausgabe der *Frankfurter Allgemeine Zeitung* sowohl auf die Nennung seines vollen Namens als auch auf die Veröffentlichung von Fotos.[682]

Dem schloss sich auch die Berichterstattung der Welt an: Sie hielten an dem Vorhaben fest, weder das Foto noch vollständigen Namen des Co-Piloten zu drucken. Chefredakteur Jan-Eric Peters hatte diesbezüglich sogar an seine Kollegen geschrieben und sich für die Arbeit bedankt. Die Berichterstattung sei zugleich angemessen und gehaltvoll gewesen, besser als die der Konkurrenz, so Peters. Er sei davon überzeugt, dass die Entscheidung, weder den vollen Namen des Co-Piloten zu nennen, noch sein Foto zu zeigen, gut und richtig gewesen sei, auch wenn sie vielleicht ein bisschen altmodisch erscheine und andere Medien anders entschieden hätten. In einem Postskriptum hieß es weiter: „Es sind schwierige und traurige Tage. Aber auch Tage, die zeigen, dass der Journalismus lebt. Und dass Journalisten nicht zwingend Zyniker sind."[683]

Die Journalisten aus der Spiegel Online-Redaktion entschieden sich anders: Am Freitagvormittag konnte man unter dem Artikel „Germanwings-Absturz: Was über den Co-Piloten bekannt ist"[684] noch folgenden Nachtrag lesen: „Hinweis an unsere Leser: Die Redaktion von SPIEGEL ONLINE hat sich entschieden, den Namen des Co-Piloten derzeit nicht vollständig zu nennen und ihn auch nicht im Bild zu zeigen." Stunden später erschien ein Artikel auf Spiegel Online, der zwar kein Foto, nun aber doch den vollständigen Namen des Piloten preisgab. Die Redaktion erläuterte ihren Lesern:

> „Anmerkung der Redaktion: Nachdem wir den Nachnamen des Co-Piloten zunächst abgekürzt haben, schreiben wir ihn nun, ebenso wie der an diesem Freitagabend digital erscheinende SPIEGEL, aus. Die bisher veröffentlichten Ergebnisse der Ermittler lassen keine Zweifel zu: Andreas Lubitz führte diese Katastrophe herbei, aus welchen Gründen er auch immer handelte. Der Pressekodex fordert für eine identifizierende Berichterstattung, es müsse „eine außergewöhnlich schwere oder in ihrer Art und Dimension besondere Straftat" vorliegen. Diese Voraussetzung sehen wir erfüllt."[685]

Was die Redakteure weiterhin nicht zeigen würden, seien Nahaufnahmen der Angehörigen der Opfer, denn dafür gebe es keinen Grund, und sie respektierten auch deren Privatsphäre.

Trotz solcher Ausnahmen blieben auch Lubitz' Eltern und sein näheres Umfeld von der Berichterstattung nicht verschont. Der Pressekodex besagt in seiner Richtlinie 8.4, dass Namensnennungen und Fotoveröffentlichungen „bei Familienangehörigen und sonstigen durch die Veröffentlichung mittelbar Betroffenen, die mit dem eigentlichen Gegenstand der Berichterstattung nichts zu tun haben", unzulässig sind.[686] Gleichwohl wurde auch das Haus der Eltern in Montabaur, in dem Lubitz mit seinem Bruder eine Etage bewohnt hatte, von Journalisten belagert. Onlinemedien hatten das Haus sogar auf Google-Karten markiert.[687]

Wie sah die Berichterstattung des Fernsehens in dieser Hinsicht aus? Der ARD-Brennpunkt vom 26. März „Germanwings. Was geschah im Cockpit?"[688] nannte zwar nicht den vollen Namen des Piloten und zeigte auch nur verpixelte Bilder. Allerdings wurden Aufnahmen von seiner Düsseldorfer Wohnung gezeigt sowie vom Haus seiner Eltern in Montabaur. Auch der Hessische Rundfunk berichtete vom Elternhaus und interviewte Nachbarn. Zudem gab es eine Live-Berichterstattung in der

Hessenschau[689], die einen Reporter vor einer größeren Menge von Journalisten und Polizisten zeigte. Er berichtete, dass die Nachbarn ein Zeichen für die Eltern setzen wollten, die wohl sehr unter der Tat ihres Sohnes leiden müssten und zum damaligen Zeitpunkt in Frankreich weilten. Wie schrecklich müsse es für sie gewesen sein, erst ihren Sohn zu verlieren und dann zu erfahren, dass er vermutlich verantwortlich sei für die Tat, so der Reporter. Die Eltern würden wohl nicht so schnell in ihr Haus in Montabaur zurückkehren, berichtete er weiter, denn das Haus würde von ungefähr 200 Journalisten belagert. Von überall seien sie gekommen: aus Japan, Holland, Frankreich, Spanien und Amerika (und, wie man feststellen kann, auch aus Frankfurt). Dabei drehte er sich zu den Satellitenwagen, um das Gesagte auch für die Fernsehkameras zu verdeutlichen. „Montabaur", sagte er, „wird also jetzt weltbekannt durch dieses tragische Ereignis." Doch was kann der Heimatort über jemanden aussagen, der 149 Menschen mit sich in den Tod gerissen hat[690], fragte Karsten Polke-Majewski in *Zeit Online*: Was können Freunde, Nachbarn, Lehrer oder Vereinskameraden wirklich über das Leben des jungen Mannes aussagen? Auf *Twitter* reagierte ein User auf diese Art Berichterstattung wie folgt: „Leute, ich kotz gleich, da stehen zahlreiche Fernsehteams in Montabaur und bieten den Leuten 75 Euro für ein Interview."[691]

Der *Germanwings*-Absturz hatte bei den Experten und der Öffentlichkeit diverse offene Fragen aufgeworfen: Warum ging das Flugzeug plötzlich und ohne Absprache mit der Flugsicherung in den Sinkflug über? Wieso wurde kein Notruf gesendet? Erkenntnisse dazu erhoffte man sich von der Auswertung der Blackbox. Bis zu diesem Zeitpunkt gingen einige Medien von einem technischen Versagen aus. Insbesondere *Die Zeit* sorgte mit ihrer Schlagzeile vom 26. März für Aufruhr: „Absturz eines Mythos" titelte man dort – inklusive eines Bildes, das den Lufthansa-Kranich im Sinkflug zeigte. Und weiter: „Wenn eines sicher war, dann die Lufthansa. Das furchtbare Unglück der Germanwings rührt am Selbstverständnis des Konzerns – und der Nation".[692] Der eigentliche Artikel dazu, platziert im Wirtschaftsteil, trug die Überschrift: „Ein Glaube zerschellt" und die Unterüberschrift „Sicherheit war das große Plus des Lufthansa-Konzerns. Der Absturz stellt alles infrage".[693] Kritisiert wurde dort u. a., dass die Lufthansa durch Billigangebote und Sparmaßnahmen die Sicherheit ihrer Passagiere aufs Spiel setzen würde. Überhaupt fiel das Wort Sicherheit sehr häufig in diesem Artikel. „Sicherheit war die ganz große Stärke der deutschen Parade-Airline" – doch der Absturz sei eine schwarze Stunde für das Sicherheitsgefühl der Deutschen bei dem Gedanken an „ihre'" Fluglinie.

Auch *Lufthansa*-Chef Carsten Spohr wurde direkt kritisiert: „Er setzte mehr auf billig. Und jetzt muss er der Weltöffentlichkeit 150 Tote erklären" – angesichts der vollkommen unklaren Faktenlage ein schwerwiegender impliziter Vorwurf. Obwohl die Autoren Thomas Winkelmann, den damaligen Sprecher der Geschäftsführung von *Germanwings*, zitierten, der auf der Pressekonferenz Sicherheitsprobleme klar dementiert hatte, schien es, als fahndeten einige Journalisten gezielt nach technischen Ursachen. So berichteten sie etwa über das Alter der Germanwings-Maschinen, die gesamte A320-Flotte sei mindestens 22 Jahre alt gewesen: „Viele davon hat Lufthansa für Germanwings bereitgestellt: alte Maschinen zum Aufbau der neuen

Linie." Als Thomas Winkelmann 2012 den Startschuss für *Germanwings* verkündete, versicherte er, dass ihm die Sicherheit der Reisenden am allerwichtigsten sei. Die Autoren zitierten Winkelmann: „'Das Grundbedürfnis eines jeden Reisenden ist Sicherheit." Daraus leiteten die Autoren die rhetorische Frage ab: „Darf sich die Institution Lufthansa wirklich erlauben, Billigflieger zu betreiben?" Insgesamt erweckte der Beitrag den Eindruck, dass die Lufthansa an der Sicherheit gespart habe und die Insassen deswegen sterben mussten.

Auch auf der nachfolgenden Seite wurde über Technikfehler spekuliert: Der Artikel „Der Golf unter den Flugzeugen" trug die Unterüberschrift: „Der Airbus A320 birgt, statistisch gesehen, kaum Risiken – trotz einiger Schwachstellen."[694] Im Beitrag wurde dieses Gefühl von Unsicherheit weiter bestärkt: Viele Piloten hätten die Maschinen der neuen A320-Familie für „dem Absturz geweiht" gehalten, heißt es da. Obwohl der Autor schrieb, dass sich die Befürchtungen nicht bewahrheiteten, konnte er sich den Seitenhieb, die Airbusse seien keine „sonderlich" unsicheren Flugzeuge, nicht verkneifen. Schließlich habe die „A320-Familie [...] bekanntermaßen auch Schwachstellen". So hätten abfallende Triebwerksverkleidungen die Piloten bereits öfter dazu zwingen müssen, am Abflughafen notzulanden. All diese Aussagen dürften geeignet gewesen sein, beim Leser ein Gefühl von Unsicherheit zu erzeugen und verstärkten die Annahme, dass es sich bei dem Absturz um einen technischen Fehler gehandelt habe. Daneben gab es auch ein Hintergrundinterview mit einem ehemaligen Berufspiloten. Die erste Frage lautete: „Wie sicher ist der A320?".[695] Weiter ging es mit Fragen wie: „Glauben Sie an einen Technikfehler?" und „Könnte eine fehlerhafte Wartung der Grund für das Unglück sein?". Kurz nachdem die Ausgabe in den Verkauf ging, stellte sich heraus, dass all die Spekulationen falsch waren. Man hatte eine sozialpolitische Story aus dem Fall machen wollen und war damit gescheitert.

Doch nicht nur die Presse verrannte sich in irreführende Ursachenforschung: Auch *Sandra Maischberger* versuchte in ihrem Talk mit dem Thema „Germanwings 4U-9525 Airbus-Absturz in Frankreich"[696] einen solchen Zusammenhang herzustellen:

> „Was [...] passiert, wenn alles immer billiger wird? [...] Ob das dazu führt, dass möglicherweise Technik und Piloten nicht mehr so gut ausgebildet oder gewartet werden wie es sein müsste?",

fragte die Moderatorin in die Runde, und präzisierte:

> „Setzen wir uns einer Gefahr aus, weil wir als Konsumenten sagen, wir wollen immer billiger fliegen und das führt am Ende dazu, dass es einen Preiskampf gibt, wo die Airlines dann Sicherheitsvorkehrungen vernachlässigen?"

Der ehemalige Airline-Chef Niki Lauda, einer der Teilnehmer der Talkshow-Runde, versicherte, dass in Europa alle technischen Vorschriften eingehalten würden und auch die Piloten auf dem weltweit höchsten Standard seien.

In die gleiche Kerbe hieb ein *ZDF-Spezial*: „Germanwings ist die Billigfluglinie der Lufthansa" hieß es dort, „da kommt natürlich die Frage ins Spiel, wie denn

195

die niedrigen Preise erreicht werden. Wirklich nur durch weniger Service für die Passagiere oder doch auch durch weniger Wartung oder schlechter ausgebildetes Personal, kurzum: Durch weniger Sicherheit?"[697] Es gebe keine Hinweise darauf, dass Billigairlines ihre Piloten schlechter ausbildeten oder ihre Flugzeuge schlechter warteten, sagte Luftfahrtexperte Heinrich Großbongardt in der Sendung – dafür sprächen auch alle Statistiken. Trotzdem wurden Beispiele von spektakulären Beinahe-Unfällen aufgezählt – und dies, obwohl keine europäische Billigairline tödliche Unfälle zu verzeichnen hatte. Zu dem überdurchschnittlich hohen Alter der *Germanwings*-Flugzeuge sagte der Experte, dass diese ehemalige *Lufthansa*-Maschinen seien, die ihr Leben lang regelmäßig gewartet wurden und somit kein Sicherheitsrisiko darstellen würden. Abschließend resümierte der Bericht: „Auch wenn beim heutigen Absturz der Germanwings-Maschine laut Experten manches auf ein technisches Versagen hindeute, ein spezielles Problem, das nur eine Billigairline treffen konnte, wird es wohl nicht sein." Es gebe zwar noch keine eindeutige Antwort auf die Unfallursache, aber es gebe Hinweise auf technische Probleme beim A320, die in den letzten Jahren wiederholt aufgetreten seien – darunter insbesondere vereiste Sensoren.

Auch der Luftfahrtexperte Andreas Spaeth wurde in der Sendung zu der Unglücksursache befragt. In seiner Antwort wies er darauf hin, dass er noch keine genaueren Informationen geben könne, aber dass er nicht davon ausgehe, dass der Pilot den Sinkflug eingeleitet habe könne, in dem Wissen, dass er direkt auf die französischen Alpen zusteuerte:

> „Zumal sie mit Sicherheit nicht willentlich und wissentlich auf diese geringe Höhe gesunken wären, hätten sie eben gewusst, wo sie dort hinfliegen, sprich in die Alpentäler. Die Alpengipfel waren höher als ihre Flughöhe. Also ich gehe davon aus, dass hier wirklich ganz prekär die Lage gewesen sein muss. Ich kann mir gut vorstellen – auch das ist reine Spekulation, das sag ich dazu – aber dass möglicherweise Rauch im Cockpit war oder sie sonst auch gehandicapt waren."

Nur zwei Tage später saß er dann in der Sendung *maybrit illner* und erklärte diesmal:

> „Also sich das anzuschauen, was wir bisher wussten, bis heute morgen wussten an Fakten, war eigentlich klar zu erkennen, dass dies kein Zufall sein konnte, was hier passiert ist, sondern dass das wirklich eine aktive Aktion eines Menschen gewesen sein muss, die natürlich von vornherein unerklärlich war, weil es würde kein Pilot wissentlich einen derartigen Sinkflug einleiten, wenn vor ihm die Alpen liegen. [...] Erstaunlicherweise [...] ist es überhaupt nicht ungewöhnlich, dass Piloten mit ihrem Flugzeug Selbstmord begehen. Der letzte Fall ist erst anderthalb Jahre her, November 2013 in Namibia [...]. Der Pilot [...] war allein im Cockpit, hat also einen Sinkflug eingeleitet [...] und das Flugzeug ganz zielgenau auf den Boden gesteuert. Und die Untersuchungsbehörde sagt auch, es ist eindeutig Absicht gewesen, aber sie konnten auch damals überhaupt nicht feststellen, was seine Motive waren. Das wird vermutlich irgendwie hier so ähnlich enden, fürchte ich. [...] Es gibt etliche andere Fälle aus den letzten zehn Jahren [...], also das Motiv, dass ein Pilot sein Flugzeug für einen

Massenmord und gleichzeitig Selbstmord benutzt, ist leider Gottes ziemlich üblich, also in Anführungsstrichen, es kommt leider durchaus nicht so selten vor."[698] In den sozialen Netzwerken und Online-Portalen der Nachrichtenseiten wurden andere Spekulationen angestellt. Frank Schneider, NRW-Chefreporter der *Bild-Zeitung* twitterte unmittelbar nach dem Absturz: „[...] nach unbestätigten Informationen soll zum Zeitpunkt des Absturzes ein starkes Gewitter über der Region getobt haben." Obwohl nicht einmal eine Quelle angegeben wurde, übernahm *Bild.de* den Tweet gleich im Live-Ticker. Die *Bild* twitterte außerdem in einem „EIL-Medienbericht", dass der Stimmen-Rekorder nicht ausgewertet werde könne.

Im Fernsehen, insbesondere in den Polit-Talkshows der öffentlich-rechtlichen Sender, wurde das Thema – wie bereits dargelegt – intensiv thematisiert. Die Sendungen *Menschen bei Maischberger* und *Anne Will* wurden ausgestrahlt, bevor bekannt wurde, dass der Co-Pilot etwas mit dem Absturz zu tun hatte. Zwei Tage nach dem Unglück, als neue Erkenntnisse publik wurden, wurde die Sendung *maybrit illner* gesendet.

Den Anfang machte die Sendung *Menschen bei Maischberger* am Abend des Absturzes.[699] Zu Beginn stellte die Moderatorin die Frage, was ihre Gäste gedacht haben, als sie die Nachricht über das Unglück erreichte. Wie zu erwarten, antworteten diese einstimmig, dass sie geschockt waren. Nachdem jeder der Gäste einmal zu Wort kommen durfte, warf Maischberger die Frage in den Raum: „Mein erster Gedanke war: Das kann ja nur ein Anschlag gewesen sein. Ist das ein komplett dummer Gedanke?" „Nein", antwortete Niki Lauda, man könne nichts ausschließen, weil ja noch nichts bekannt sei. Diese Antwort schien der Moderatorin jedoch nicht zu genügen, deswegen richtet sie sich explizit an den *Lufthansa*-Piloten Jörg Handwerg, der ihr allerdings die gleiche Antwort wie Lauda gab: Man könne zurzeit nichts ausschließen, aber es sei auch nicht hilfreich, alle Varianten in der Presse aufzuzählen und in der Öffentlichkeit durchzudiskutieren. Ob es sich um einen Technikfehler handeln könne, fragte Sandra Maischberger weiter. Nein, auch das sei nicht bekannt, antwortete Handwerg. Eine Antwort war wieder nicht genug. Die gleiche Frage also auch erneut an die Adresse Laudas, der ebenfalls unverbindlich antwortete.

In der Sendung *maybrit illner* vom 26. März saßen viele Experten, die alle mehr oder weniger Gehaltvolles zu dem Flugzeugunglück zu sagen hatten.[700] An diesem Morgen war bekannt geworden, dass es sich vermutlich nicht um ein technisches Versagen gehandelt hatte, sondern dass der Co-Pilot Andreas Lubitz das Flugzeug anscheinend bewusst zum Absturz gebracht hatte. Illners erste Frage an den ehemaligen Verkehrsminister Peter Raumsauer lautete daher:

„Herr Ramsauer, wir wissen heute offenbar, dass nicht die Technik schuld war. Wir wissen offenbar, dass der Mensch, ein einzelner Mensch, möglicher Täter dieser Katastrophe war. Ist das der noch dramatischere Befund? Der noch brutalere?"

Peter Raumsauer – weder Psychologe noch Journalist, sondern Politiker – versuchte diplomatisch zu antworten:

„Wissen Sie, wenn ein Staatsanwalt etwas behauptet, dann heißt das noch lange nicht, dass es wirklich definitiv so ist. Viele Staatsanwaltschaften und Staatsanwälte haben schon viel in die Welt gesetzt, die Urteile waren dann völlig anders oft. Und wir haben den Stimmenrekorder jetzt ausgewertet. Der Flugdatenschreiber wurde bisher überhaupt nicht gefunden. Also was mich [...] in einer solchen Situation stört und ich habe in meinem Amt [...] als Verkehrsminister einige ähnliche Situationen erlebt, dass, kaum ist etwas passiert, sofort Millionen von Richtern da sind, die genau wissen, wie es war. Und so ähnlich kommt mir das auch wieder vor. Jetzt werden Dinge als feststehend behauptet, als ob zig Zeugen an Bord gewesen wären, die das unmittelbar miterlebt haben [...] Ich neige dazu, immer sehr sehr besonnen mit diesen Dingen umzugehen, gerade im Hinblick auf die Angehörigen. Was wir diesen Angehörigen antun, ist unfassbar, wenn man nicht verantwortungsvoll mit dieser Datenlage umgeht."

Sofort versuchte die Moderatorin ihre Frage zu rechtfertigen:

„Wir tun das, weil es seit heute Mittag eine Information der französischen Staatsanwaltschaft gibt. Ansonsten würden wir natürlich auch nicht in dieser Form darüber reden."

Kritik kam auch von der Konstanzer Psychologin Maggie Schauer, die erläuterte, Polizisten lernten in ihrer Ausbildung, die Fakten zu nennen, wenn sie schlechte Nachrichten zu übermitteln hätten – nur das sagen, was gesagt werden muss, nichts hinzufügen. „Und jetzt machen wir eigentlich genau das Gegenteil."

Tom Enders, Vorstandsvorsitzender von *Airbus*, übte scharfe Kritik an diesen Fernseh-Gesprächsrunden: „Was wir kritisch hinterfragen sollten, ist das Unwesen, das manche „Experten" vor allem in TV-Talkshows treiben'", sagte er der *Bild am Sonntag*. In den Talkshows sei „'ohne Fakten spekuliert, fantasiert und gelogen'" worden. Dies sei „'hanebüchener Unsinn'" und eine „'Verhöhnung der Opfer'".[701]

Reaktionen und Konsequenzen

Innerhalb kürzester Zeit verzeichnete der *Deutsche Presserat* die Rekordzahl von 430 Beschwerden über die *Germanwings*-Berichterstattung.[702] Insgesamt wurden zwei öffentliche Rügen, sechs Missbilligungen und neun Hinweise ausgesprochen. Dabei seien bezüglich der Nennung des Namens und der Abbildung des Co-Piloten die meisten Beschwerden eingegangen – und es habe eine sehr sorgfältige Abwägung erfolgen müssen:

„Zunächst handelte es sich bei dem Germanwings-Unglück nach Ansicht des Presserats um eine außergewöhnlich schwere Tat, die in ihrer Art und Dimension einzigartig ist. Dies spricht für ein überwiegendes öffentliches Interesse an dem Fall insgesamt, jedoch könnte es auch Gründe geben, die dennoch eine Anonymisierung erfordern würden. So könnte z. B. durch die Nennung des Namens des Co-Piloten, seines Wohnortes und der Information, dass er auch im Elternhaus gelebt hat, die Identifizierung der Eltern ermöglicht werden. Aus Sicht des Presserats überwiegt jedoch in diesem außerordentlichen Fall das öffentliche Interesse an der Information über den Täter, soweit es die reine Nennung des Nachnamens betrifft."[703]

Der *Presserat* erachtete die Beschwerden folglich als unbegründet, das öffentliche Interesse rechtfertige die Identifizierung des Co-Piloten – eine Entscheidung, die von Richtlinie 8.1 des Pressekodexes über Kriminalberichterstattung gedeckt ist:

> „Die Presse veröffentlicht dabei Namen, Fotos und andere Angaben, durch die Verdächtige oder Täter identifizierbar werden könnten, nur dann, wenn das berechtigte Interesse der Öffentlichkeit im Einzelfall die schutzwürdigen Interessen von Betroffenen überwiegt. [...] Für ein überwiegendes öffentliches Interesse spricht in der Regel, wenn eine außergewöhnlich schwere oder in ihrer Art und Dimension besondere Straftat vorliegt [...]."[704]

Auch den Vorwurf, dass die Medien sich angesichts des Suizids des Co-Piloten in ihrer Berichterstattung mehr hätten zurückhalten sollen, wies der *Presserat* zurück. Zwar gebiete die Tatsache einer Selbsttötung nach Richtlinie 8.7 des Pressekodex Zurückhaltung – insbesondere mit Blick auf die „[...] Nennung von Namen, die Veröffentlichung von Fotos und die Schilderung näherer Begleitumstände." Allerdings habe Lubitz 149 weitere Todesopfer zu verantworten, weswegen der Gesichtspunkt des Suizids in diesem Fall hinter dem Mord an den vielen Opfern zurücktrete.[705]

> „Schließlich setzte sich der Presserat mit einer möglichen Vorverurteilung des Co-Piloten durch die Berichterstattung auseinander. Er kam zu der Auffassung, dass die Medien ab dem Zeitpunkt der Pressekonferenz der Staatsanwaltschaft Marseille am Mittag des 26.3.2015 davon ausgehen durften, dass Andreas Lubitz das Flugzeug absichtlich zum Absturz gebracht hatte. Zu diesem Zeitpunkt hatten entsprechende Erkenntnisse durch die Auswertungen des Sprachrekorders und weitere Ermittlungen der französischen Luftfahrtbehörde vorgelegen. Zusammen mit der Einzigartigkeit des Falls war in der Gesamtschau eine Nennung des Namens des Co-Piloten aus Sicht des Presserats zulässig."

Insofern habe die Berichterstattung nicht gegen die Maxime verstoßen, dass man mögliche Täter nicht vorverurteilen dürfe – schließlich hätten Beweise vorgelegen, was in der entsprechenden Richtlinie ein entscheidendes Kriterium dafür ist, von einem Täter und nicht mehr von einem Verdächtigen zu sprechen.

Deutlich strikter urteilte der *Presserat* dagegen über die Beschwerden, die sich auf den Schutz der Opfer bezogen:

> „Als sehr hoch zu bewerten ist die Schutzwürdigkeit der Opfer und ihrer Angehörigen. Deren Namen und Fotos dürfen aus Sicht des Presserats nur dann identifizierbar veröffentlicht werden, wenn es sich um berühmte Persönlichkeiten handelt oder eine ausdrückliche Zustimmung vorliegt. [...] Eine Rüge gegen BILD und BILD Online sprach der Beschwerdeausschuss 2 aus, weil mehrfach Bilder und Namen von Opfern veröffentlicht worden waren. [...] Eine Lehrerin durfte nicht benannt und gezeigt werden, da sie nicht durch ihren Beruf und die Tatsache, dass sie Opfer des Absturzes geworden war, zu einer Person von so öffentlichem Interesse geworden wäre, dass dies den Schutz ihrer Persönlichkeit überwiegen würde. Das Foto einer Schulklasse, zu der auch Opfer des Unglücks gehörten, verstieß gegen den Schutz der Persönlichkeit der

Abgebildeten. Zwar waren die Gesichter unkenntlich gemacht worden, jedoch ist die Klasse als Gruppe für einen erweiterten Personenkreis identifizierbar. Unzulässig war auch der Nachdruck einer Todesanzeige mit den Namen der Todesopfer aus dieser Klasse, insbesondere in Kombination mit dem gleichen Klassenfoto. Insgesamt sah der Ausschuss in diesen Veröffentlichungen einen schweren Verstoß gegen Richtlinie 8.2 des Pressekodex. [...] Eine weitere Rüge erging gegen die RHEINISCHE POST. Diese hatte über die Partnerin des Co-Piloten berichtet. Zwar wurde ihr vollständiger Name nicht genannt, jedoch waren in dem Text so viele persönliche Details über sie enthalten, dass sie für einen erweiterten Personenkreis identifizierbar war. Eine Missbilligung sprach der Beschwerdeausschuss 1 gegen BILD Online aus, weil in zwei Artikeln zu viele Details über die Eltern des Co-Piloten genannt worden waren. [...] In den beanstandeten Berichten waren darüber hinaus aber noch die Berufe der Eltern erwähnt worden, womit die Grenze des Persönlichkeitsschutzes überschritten worden ist. Eine regionale Tageszeitung erhielt eine Missbilligung, weil sie ein Foto veröffentlicht hatte, welches das Haus der Eltern des Co-Piloten zeigte. [...] Dies verletzt aus Sicht des Beschwerdeausschusses 2 den Schutz der Persönlichkeit der Eltern. Zahlreiche Beschwerden richteten sich gegen die Veröffentlichung von Fotos der Angehörigen von Absturzopfern, die an den Flughäfen in Düsseldorf und Barcelona aufgenommen worden waren. Im Fall von BILD Online gingen hierzu 13 Beschwerden ein. Der Beschwerdeausschuss 2 sprach eine Missbilligung aus."

Der *Presserat* legte folglich Richtlinie 8.2 zum Opferschutz streng aus, die besagt, dass die Identität von Opfern besonders zu schützen ist und es für das Verständnis eines Unfallgeschehens, Unglücks- bzw. Tathergangs in der Regel unerheblich ist, die Opfer genauer zu kennen. Gleichermaßen wurde Richtlinie 8.4 zum Umgang mit Familienangehörigen und Dritten streng befolgt, wonach Familienangehörige und sonstige durch die Veröffentlichung mittelbar Betroffene, die mit dem Gegenstand der Berichterstattung nichts zu tun haben, nicht mit Namen und/oder Foto identifizierbar gemacht werden dürfen.

Angesichts der über 400 Beschwerden verwundert die geringe Menge der letztendlich ausgesprochenen Sanktionen dennoch – auch und gerade mit Blick auf die Reaktionen der Öffentlichkeit. Besonders die Berichterstattung der *Bild* löste große öffentliche Empörung aus, was sich u. a. in dem *Bild*-Boykott mehrerer Zeitungshändler mit dem Titel „Wir unterstützen diese Hetzkampagne nicht!" und den vielen Online-Kommentaren in sozialen Medien manifestierte.[706] Diese Händler hatten ihre Entscheidungen teilweise erläutert. Der am häufigsten genannte Grund war der, dass die Händler die Art und Weise der Berichterstattung der *Bild*-Zeitung nicht unterstützen wollten und sich daher dafür entschieden hatten, die *Bild*-Zeitung nicht mehr anzubieten. *Bild* wurde in diesem Zusammenhang besonders wegen der reißerischen Aufarbeitung des Themas kritisiert. So stießen u. a. emotionalisierende Reizworte wie „Amok-Pilot", „Todes-Flieger", „Todesflug", „Todes-Pilot" und „Tal der Tränen" auf öffentliche Kritik. Ferner wurde beklagt, dass *Bild* wenig Sensibilität für das Thema Depressionen bewies, als sie den Co-Piloten sofort nach der Veröffentlichung erster Hinweise verurteilte, obwohl noch nicht klar war, dass dieser an Depressionen litt. Die

Bild stellte Lubitz als Personifikation des „Bösen" dar, was in krassem Widerspruch zu den tatsächlichen Hintergründen des Krankheitsbildes Depression steht: Es bleibt immer zu berücksichtigen, dass es sich bei Depressionen um eine ernsthafte Krankheit handelt, welche die Gedanken und das Handeln von Menschen beeinflusst, ohne, dass diese Menschen „böse" Absichten haben. Indem Lubitz, der an Depressionen litt, öffentlich als ein von Grund auf böser Mensch dargestellt wurde, ohne, dass auf die Komplexität seiner Krankheit eingegangen wurde, förderte die *Bild* die Stigmatisierung dieser Krankheit in der Gesellschaft. In der Folge entbrannte eine öffentliche Diskussion darüber, ob Depressive überhaupt Jobs ausführen dürften, in welchen sie andere Menschen gefährden könnten. Diese Diskussion erweckte den Anschein, dass man alle Depressiven pauschal verurteilen dürfe.

Daneben meldeten sich auch Medienkritiker zu Wort: Stefan Niggemeier schrieb einen umfangreichen Kommentar mit dem Titel „Jeder ist ein Medienkritiker".[707] Bereits der erste Satz gibt den Ton seines gesamten Artikels an: „In den letzten Tagen konnte man den Eindruck gewinnen, dass die Medienwelt den Verstand verloren hat." Niggemeier kritisierte in seinem Beitrag, dass die Medien Verwandte und Nachbarn behelligten, Social-Media-Profile der Opfer durchsuchten oder Gerüchte und Spekulationen verbreiteten, nur um ihre Sendeplätze oder ihre Seiten zu füllen, noch bevor es neue Erkenntnisse in dem Fall gegeben habe. Die Berichterstattung sei mit so viel Empörung einhergegangen, dass sich einige Medien dazu veranlasst gesehen hätten, ihre Artikel oder Sendungen auf ihren jeweiligen Plattformen zu rechtfertigen.

> „Die Empörung entzündet sich an vielen konkreten Punkten, vor allem der Frage, ob es erlaubt sei, den Kopiloten, der unter Verdacht steht, das Flugzeug und seine Passagiere absichtlich und mutwillig in die Katastrophe gesteuert zu haben, identifizierbar zu machen, und dem Umgang mit Menschen, die um Freunde und Angehörige trauern."

Doch nicht alle Journalisten teilten diese Sichtweise: Viele rechtfertigten ihr Verhalten auch vehement und kritisierten eher die Journalisten und Medien, die sich in Zurückhaltung übten.

> „Die Diskussion ist so vergiftet, dass Medien, die sich eher zögerlich-abwägend und im Zweifel zurückhaltend verhalten wollen, sich von einem Branchendienst fragen lassen müssen, ob sie das aus billigem Kalkül machen, um den Beifall der kritischen Twitter- und Facebook-Meute zu erhaschen. Die Nennung des Namens und das Zeigen der Bilder des Kopiloten sei nicht nur erlaubt, sondern die Pflicht eines jeden richtigen Journalisten. Wer das nicht tun wolle, solle überlegen, seinen Presseausweis abzugeben."

Froben Homburger, Nachrichtenchef der *dpa*, twitterte diesbezüglich: „Man könnte fast den Eindruck gewinnen, dass die ideale Newswelt mancher Medienkritiker nur noch offizielle Verlautbarungen enthalten dürfte." Stefan Niggemeier konterte diesen Tweet: „Man konnte aber in den vergangenen Tagen auch den Eindruck gewinnen, dass die real existierende „Newswelt" jeden Skrupel, jedes Maß, jeden Halt – kurz: den Verstand verloren hat." Es sei traurig und frustrierend für Medienkritiker zu sehen, dass nach solchen Katastrophen immer wieder die gleichen journalistischen

Fehler gemacht würden und wie jeder Appell zur Zurückhaltung und Vorsicht wirkungslos verhalle. Doch genauso wie das Ausschlachten des Opferleids zu der Berichterstattung der *Bild* gehöre, sei auch die Empörung der Medienkritiker darüber ein Teil dieser Maschinerie. Andererseits sei bisher auch noch nichts Vergleichbares passiert – insbesondere im Zeitalter der sozialen Medien. Jeder könne mittlerweile auf *Twitter, Facebook* oder in den Kommentarspalten der Medien seine Meinung veröffentlichen und würde somit auch zum Medienkritiker.

Auch *W&V*-Chefredakteur Jochen Kalka fragte: „Ihr wollt Qualitätsmedien sein?"[708] Es sei traurig, entsetzlich und enttäuschend, wie fahrlässig die Medien mit dem Unglück umgegangen seien. Es sei völlig egal, welchen Hintergrund, Motive und Aussehen der Täter habe, um ihn ginge es nicht.

„Dennoch zeigen einige Medien, darunter natürlich „Bild", den mutmaßlichen Mörder. Am schlimmsten geht ein sogenannter Mediendienst mit dem Thema um und zeigt mehrfach den Mörder – wie er von anderen, vor allem britischen Medien abgelichtet wurde. Zynischer kann man über solch ein Thema kaum berichten. Ganz schlimm auch der mediale Umgang mit den Angehörigen der Opfer. Muss man Eltern, Partner und Mitschüler filmen? Etwa, wenn sie die grausige Nachricht gerade am Flughafen erfahren haben? Muss man sie in ihren schlimmsten Minuten und Stunden mit den Kameras begleiten, um die emotionalsten Momente aufzusaugen? Auch wenn vereinzelt Sender die Personen gepixelt haben, so wurden die Kameras gleich schweren Waffen den unter Schock stehenden Menschen an den Kopf gehalten. Noch etwas: Muss wirklich jedes Medium seinen Senf zu diesem Unglück abgeben? Muss das „Handelsblatt" in seinem Morning Briefing unterirdische Fantasiesätze gleich einem Live-Bericht aus dem Flugzeug schreiben wie etwa „Wir hören zwei Babys schreien"? Oder muss ein Nachrichtenkanal am Tag der Katastrophe wörtlich sagen, dass der Kurs von Lufthansa „abgestürzt" sei? Das macht man nicht."

Die *W&V* Online-Redaktion habe sich daher ganz bewusst dazu entschlossen, auf eine Berichterstattung zu dem Unglück zu verzichten.

Nicht nur innerhalb der deutschen Medienlandschaft wurde Kritik an der Berichterstattung laut, auch internationale Medien konnten das Vorgehen einiger deutscher Medienvertreter nicht nachvollziehen. Allerdings staunten insbesondere US-amerikanische Journalisten über den deutschen Umgang mit dem Unglück. Für sie war es nicht nachvollziehbar, warum Privatsphäre wichtiger sein sollte als die Aufklärung der Tat. Die *New York Times* etwa fragte, ob Deutschland 70 Jahre nach dem Ende des Zweiten Weltkrieges weiterhin darauf bestehen sollte, den Schutz der Privatsphäre hartnäckig über eine Debatte zu stellen, die dabei helfen könnte, „'schlimmstes menschliches Verhalten zu vermeiden'".[709] Und die *Washington Post* stimmte *Bild*-Chef Kai Diekmann zu, indem sie ihn zitierte: „Deutsche schrecken oft vor bestimmten Realitäten zurück – Realitäten des Krieges und der Gewalt." Deutschland glaube an die Präzision deutscher Industrie und habe großes Vertrauen in die Regelwerke. Dazu gehöre eben auch der Schutz der Privatsphäre. Für viele amerikanische Journalisten war das eine übertriebene Behütung der Privatsphäre, was letztlich nur dazu führe, dass man nicht die richtigen (sicherheitspolitischen) Konsequenzen aus solchen Fällen ziehen würde.

Im Zuge massiver Kritik an der Berichterstattung über den *Germanwings*-Absturz löschten manche Medien ihre kritisierten Beiträge oder publizierten Entschuldigungen: So zum Beispiel *Die Zeit*, die auf die Kritik auf den oben beschriebenen Artikel „Absturz eines Mythos" reagierte. Die stellvertretende Chefredakteurin und für die Artikel verantwortliche Redakteurin Sabine Rücker erklärte dazu auf Facebook:

> „Liebe Leserinnen, liebe Leser! Unsere Titelzeile und das dazugehörige Cover-Bild hat manche von Ihnen bestürzt und empört. Das bedauere ich als Titelverantwortliche in der Chefredaktion sehr. Die Nachricht vom schrecklichen Unglück erreichte uns am Dienstag, unserem Produktionstag, kurz vor Redaktionsschluss. Die Frage der Flugsicherheit für alle Passagiere schien uns die richtige für den kommenden Donnerstag. Um eine Vorverurteilung der Lufthansa ging es uns an keiner Stelle. Dass die Ursache des Unglücks nach wie vor ungeklärt ist, trägt sicher zum Missverständnis unseres Titels bei. […] Ihre Botschaft ist bei uns angekommen."[710]

Auch der Nachrichtensender *N24* entschuldigte sich für seine Berichterstattung, insbesondere für die Übertretung der Privatsphäre: „'Es tut uns leid, dass wir das Haus des Germanwings-Co-Piloten im TV gezeigt haben. Wir werden in Zukunft auf diese Bilder verzichten.'"[711]

Andere Medien hingegen blieben beharrlich dabei, dass ihre Art der Berichterstattung korrekt und damit auch legitim und gerechtfertigt gewesen sei – insbesondere die *Bild*, die sich ebenfalls auf *Facebook* an die Öffentlichkeit wandte. In ihrer gemeinsamen Erklärung schrieben Kai Diekmann und Julian Reichelt, Chefredakteure der *Bild* und *Bild.de*, dass sie ihre Entscheidung, Fotos des Co-Piloten und seinen vollständigen Namen zu veröffentlichen „nicht nur für richtig, sondern für völlig selbstverständlich und absolut zwingend halten."[712] Sie argumentierten, dass der mutmaßliche Täter Andreas Lubitz den Absturz bewusst eingeleitet und somit 149 Menschen in den Tod gerissen – also ermordet habe. Er sei ein Amokläufer, der mehr Menschen auf dem Gewissen habe als jeder andere Einzeltäter in der deutschen Nachkriegsgeschichte. Die acht Minuten Sinkflug könne man „als Folter, als Ritualmord" bezeichnen. Die Aufgabe von Journalisten sei es, Geschichte zu erkennen und zu erzählen, während sie entsteht. Und das Geschehene habe durchaus geschichtliches Ausmaß. Andreas Lubitz gelte als bisher größter deutscher Verbrecher des jungen 21. Jahrhunderts. Und weil der Fall noch nicht abgeschlossen sei, müsse *Bild* ihre Reporter zu den Menschen schicken, die etwas über den Fall wissen könnten oder den Täter kannten sowie zu Angehörigen der Opfer. Die Hauptbeteiligten von solchen Ereignissen müssten beim Namen genannt werden, denn sie gelten als Personen der Zeitgeschichte und „Geschichte wird von Menschen gemacht. Menschen haben Namen. Namen sind Geschichte." Das Wissen, welcher Mensch die Tat begangen habe, sei essentiell für die historische und emotionale Aufarbeitung, hieß es weiter. Sogar die psychische Erkrankung Andreas Lubitz' nahmen die Redakteure mit in ihre Argumentation auf:

203

„Natürlich war Andreas Lubitz psychisch krank. Wer nicht psychisch krank ist, entschließt sich nicht zu einer solchen Tat, aber das macht Andreas Lubitz nicht weniger historisch."

Zusätzlich verwiesen Diekmann und Reichelt auf die Praxis in anderen Ländern, den vollständigen Namen des mutmaßlichen Täters in entsprechenden Fällen ohne Zögern zu veröffentlichen. Jedoch entschieden sie nicht deshalb so, weil andere so handelten, sondern weil sie nach innerredaktionellen Debatten dazu gekommen seien, dass es richtig sei, so zu vorzugehen.

„Wir glauben, dass unsere Kollegen richtig gehandelt haben. Wir glauben, dass wir richtig gehandelt haben. Und noch mehr: Wir glauben, dass es unserem Beruf nicht gerecht wird, Erkenntnisse über den Täter zurückzuhalten, zu unterdrücken."

Abschließend argumentierten sie:

„Nach unserem journalistischen Selbstverständnis kann es nur eine Antwort auf die Frage geben, ob Menschen, die historisch Großes leisten und historisch Schreckliches anrichten, mit ihrer vollen Identität dafür stehen und einstehen sollten: Ja."

Auch *FAZ.NET* rechtfertigte die eigene Berichterstattung: Eines der schrecklichsten Verkehrsunglücke der vergangenen Jahre habe den Sicherheitsmythos, der die deutsche Luftfahrt umgab, zerbrochen. Es hätten Schulkinder im Flugzeug gesessen, es hätten die eigenen sein können, Urlauber seien gestorben, das hätten wir sein können.[713] Ein schrecklicher Unfall, der durch den Co-Piloten ausgelöst worden sei, und die Öffentlichkeit habe ein Recht darauf zu erfahren, wer das Unglück ausgelöst habe. Und dieses Unglück müsse erklärt werden, damit es überwunden werden könne. Dafür seien Reporter, Redakteure, Webseiten, Zeitungen und TV-Sender da. Die Lösung sei nur im Co-Piloten selbst zu finden, daher müsse man sich mit ihm beschäftigen, man müsse ihn ansehen, man dürfe ihn sehen.

„Deshalb hat FAZ.NET das Foto von Andreas Lubitz gezeigt. Nachdem die Redaktion zuvor lange darüber diskutiert hat, denn auch wir hatten zunächst Zweifel. So haben sich im Übrigen auch viele der führenden News-Dienste der Welt entschieden. Darunter die New York Times, die BBC, der Guardian, der Independent und viele mehr. Redaktionen, die von besonnenen Köpfen geleitet werden und für ihre Aufklärungsdienste oft gelobt werden."

Andreas Lubitz werde in die Geschichtsbücher eingehen, er sei eine Person der Zeitgeschichte. Wer bei *Google* den Namen Andreas eingebe, erhalte schon in der Vorschlagsfunktion alle wichtigen persönlichen Parameter wie Nachname, Wohnort oder Beruf. Namen der Opfer hingegen dürften laut Müller von Blumencron nicht genannt werden, es sei denn, sie seien prominent:

„[D]ie Medien haben eine eingeschränkte Freiheit. Wer es ernst meint mit seinem Job in dieser Branche, der hat die Pflicht zur Aufklärung. Nicht nur bei Unglücken, sondern auch bei jedem anderen relevanten Vorfall. Die Presse [...] ist ein riesiges Unternehmen

Aufklärung. Aufklärung bringt Erkenntnisse, Aufklärung beseitigt Ungewissheit und Angst. Und Aufklärung liefert auch Trost. Diese Pflicht zur Aufklärung besteht auch dann, wenn es in den sozialen Netzwerken rumort. Aufklärung ist kein Dienst an der Mehrheit, sondern ein Dienst an der Wahrheit, selbst wenn sie manchmal unbequem oder noch nicht zu ertragen ist."

Vehement verteidigte auch Stefan Winterbauer von *Meedia* die Entscheidung, Lubitz' Identität preiszugeben. Selbstverständlich dürfe man Namen und Bild des Täters Andreas Lubitz veröffentlichen, schrieb er, denn:

„Die Opfer konnten nichts dafür. Sie haben sich das verdammte Schicksal nicht ausgesucht, an Bord des Flugzeugs zu sein, das von Andreas Lubitz gegen eine Bergwand geflogen wird. Der Täter aber kann alles dafür. Ohne ihn gäbe es die Tragödie nicht. Natürlich will die Öffentlichkeit wissen, wer das ist, wie er aussieht, was er vorher getan hat, welche Krankheiten er womöglich hatte. Alles, was vielleicht nur ein kleines bisschen zum Verständnis oder zur Verarbeitung dieser fürchterlichen Sache beitragen kann."[714]

Auch die Namen Mohammed Atta, Anders Breivik und Robert Steinhäuser seien ja genannt worden und würden immer mit ihrer Tat in Verbindung gebracht. Auf die Aussage Jochen Kalkas, um den Täter gehe es nicht, reagierte Winterbauer: „Was ist das für ein Verständnis von Journalismus?" Auch seine Kollegen von *Spiegel Online*, erst dann entsprechend zu berichten, wenn die Sachverhalte sachlich geklärt seien, kritisierte er: Das sei eine „Farce".

„Einige deutsche Medien tun gerade so, als ob sie alleine bestimmen könnten, was öffentlich wird und was nicht. Dient ihre Zurückhaltung wirklich dem Schutz der Privatsphäre des Täters und seiner Angehörigen oder geht es auch ein bisschen darum, sich moralisch zu erheben und in Sozialen Netzwerken dafür auf die Schultern geklopft zu bekommen?"

Wer ein Flugzeug mit voller Absicht an einem Berg zerschellen lasse, sei automatisch eine Person der Zeitgeschichte. Medien haben daher das Recht und sogar die Pflicht, seinen Namen und Bilder zu veröffentlichen, denn er sei der Kern der Geschichte. Jeder, der das anders sehe, solle überlegen, seinen Presseausweis zurückzugeben.

Diskussion

Ziffer 8 des Pressekodexes regelt den Schutz der Persönlichkeit und besagt, dass die Presse das Privatleben des Menschen und seine informationelle Selbstbestimmung achten muss. Eine Ausnahme ist nur im Falle eines öffentlichen Interesses zulässig. Nur wenn das Informationsinteresse der Öffentlichkeit die schutzwürdigen Interessen des Betroffenen überwiegt, darf eine identifizierende Berichterstattung erfolgen. Das gilt insbesondere für die Kriminalberichterstattung. Bei einer Abwägung, ob das öffentliche Interesse überwiegt, ist u. a. die Intensität des Tatverdachts, die Schwere des Vorwurfs oder der Verfahrensstand zu berücksichtigen. Ein berechtigtes öffentliches Interesse ist u. a. dann vorhanden, wenn eine außergewöhnliche Schwere oder eine in ihrer Art und Dimension besondere Straftat vorliegt.

Im vorliegenden Fall wogen die Medien ab, ob sie Namen und Foto eines Verdächtigen bzw. Täters veröffentlichen sollten – und sie entschieden mehrheitlich auf „besondere Schwere der Tat". Mit diesem Argument rechtfertigten viele Medien, dass sie Lubitz' vollen Namen und Fotos von ihm veröffentlichten. Der „erweiterte Suizid" hatte nicht nur 149 unschuldigen Menschen das Leben gekostet, sondern durch diese besondere Schwere auch das Interesse der weltweiten Öffentlichkeit geweckt. Die Besonderheit und Außergewöhnlichkeit des Unglücks weckte wohl nicht ohne Grund die Neugier der Öffentlichkeit und warf Fragen auf wie: Wer war dieser Mensch? Wieso hat er so etwas getan? Die Medien versuchten, unterstellte Bedürfnisse der Rezipienten zu befriedigen und aufkommende Fragen zu beantworten. Also: alles richtig gemacht?

Zwar scheint die Preisgabe des Namens des Co-Piloten durchaus kompatibel zu sein mit dem Pressekodex und so im Informationsinteresse der Öffentlichkeit eine legitime Grundlage zu finden. Allerdings bezieht sich das Aushebeln dieser Maxime nur auf die Bekanntgabe der Identität des mutmaßlichen Täters und begründet keine Vorverurteilung und auch keine dezidiert negative Berichterstattung über dessen Persönlichkeit. Ein Blick in den Pressekodex offenbart die klaren Regeln, die es auch im Umgang mit Krankheiten gibt: Dort heißt es, dass körperliche und psychische Erkrankungen und Schäden zur Privatsphäre gehören und in der Regel nicht ohne Zustimmung des Betroffenen über sie berichtet werden darf. Die Medien hätten nicht auf die dargestellte Art über Lubitz' Erkrankung berichten dürfen.

Ziffer 1 im Pressekodex besagt, dass die Achtung vor der Wahrheit und die wahrhaftige Unterrichtung der Öffentlichkeit die obersten Gebote der Presse sind. Ziffer 2 im Pressekodex bezieht sich auf die Sorgfalt. Die Recherche ist ein unverzichtbares Instrument der journalistischen Sorgfalt. Die zur Veröffentlichung bestimmten Informationen in Wort, Bild und Grafik müssen sorgfältig auf ihren Wahrheitsgehalt geprüft und wahrheitsgetreu wiedergegeben werden, heißt es weiter. Unbestätigte Meldungen und Vermutungen müssen als solche kenntlich sein oder erkennbar gemacht werden. Bevor der französische Staatsanwalt bekanntgab, dass der Co-Pilot den Absturz vermeintlich absichtlich herbeigeführt habe, gab es in den Medien diverse Spekulationen über die Unfallursache. Die Redakteure von *Die Zeit* hätten z. B. sorgfältiger recherchieren müssen – aber sie hatten andere Publikationsziele: Sie wollten aus der Sache einen sozialpolitischen Skandal rund um Lohndumping, kapitalistischen Wettbewerb und Sicherheitsmängel machen. Ungeachtet der Tatsache, dass Airline-Verantwortliche unmittelbar nach dem Geschehen einen technischen Defekt so gut wie ausgeschlossen hatten, hielt die Zeitung an ihrer Linie fest. Obwohl zu dem Zeitpunkt noch nichts über die Unfallursache gesagt werden konnte, verbreitete man durch Spekulationen einen falschen Eindruck von den Tatsachen und framte den „erweiterten Suizid" als persönlichen Skandal von unverantwortlichen Managern in „Billigheimer-Fluglinien", denen der Profit über Menschenleben geht. Ähnliche Vorwürfe müssen sich auch andere Medienvertreter anhören, die unbedingt einen Zusammenhang zwischen Billigairlines und einer daraus resultierenden mangelnden Sicherheit herstellen wollten. Im Moment der Berichterstattung mochte dieser konstruierte Kausalzusammenhang zwar plausibel und auch naheliegend gewesen sein, allerdings gab es dazu so kurz nach dem Absturz keinerlei Anhaltspunkte. Im Ergebnis sind durch solche Spekulationen Airlines in ein schlechtes Licht gerückt worden – eine journalistische Praxis nahe am Rande der Rufschädigung. Vorbildlich hob sich hier u. a. die *Frankfurter Allgemeine Zeitung* ab, die überwiegend sachlich und tatsachenorientiert berichtet hat.[715]

Auch wurde das Ereignis sehr kurzfristig auf die Agenda der Talkshows genommen – das mag ein Grund dafür sein, dass angesichts des Informationsdefizits zum Sendungszeitraum Spekulationen viel Raum eingeräumt wurde. Allerdings trug dies – zumindest kurzzeitig – zu einem falschen Tatsacheneindruck bei: War es ein technischer Defekt oder gar ein Terroranschlag? Insbesondere der Verdacht auf einen technischen Defekt hat zu wilden Spekulationen geführt, und das, obwohl zuständige Experten eine solche Unfallursache so gut wie ausgeschlossen hatten. Schnell wurde versucht, einen Zusammenhang zwischen Billigairlines und Technikproblemen herzustellen. Alle Experten, die zu diesem Thema befragt wurden, gaben einstimmig an, dass europäische Airlines, insbesondere die Lufthansa, sehr sicher seien und die Sicherheitsstandards ebenso für die Billigairlines gelten.

Die schwersten Missgriffe erlaubten sich die Medien einmal mehr bei Berichten über die Opfer des Absturzes – hier legten Journalisten bestimmter Zeitungen, wie in den meisten in diesem Buch dargestellten Fällen, routinemäßig jegliche Form von Pietät und Sensibilität ab und drangen tief in die Gefühlswelten von Angehörigen der Opfer und des Täters ein. Verstöße gegen die kristallklaren Regeln, die hier gelten, wurden kaum oder gar nicht geahndet. Fast schon resigniert fragte Stefan Niggemeier ein paar Tage nach dem Ereignis:

„Warum macht ihr das alles? Warum behelligt ihr Nachbarn, Verwandte, Angehörige von ehemaligen Bekannten? Warum durchsucht ihr Internetseiten und Social-Media-Profile, veröffentlicht Fotos und Namen, verbreitet Spekulationen und Gerüchte?"[716]

Er sprach von dem zwischen Müdigkeit und Verzweiflung schwankenden Gefühl des Medienkritikers, wie „sinnlos sein Tun ist":

„Mitansehen zu müssen, wie all das an der Berichterstattung, was schon nach der letzten Katastrophe und der vorletzten als problematisch erkannt worden ist, wieder passiert; wie alle Fehler und Grenzüberschreitungen immer wieder von Neuem gemacht werden müssen; wie jeder Appell zur Zurückhaltung, zur Vorsicht, scheinbar wirkungslos verhallt ist. Es ist anscheinend auch egal, ob sich gerade erst herausgestellt hat, dass man sich am Tag zuvor hoffnungslos verspekuliert hat – man rennt nun ohne Innehalten mit demselben Schwung in die neue Richtung."

Neben altbekannten Mustern machte er auch zwei neue aus – ein problematisches und ein ermutigendes. Eine Verschlimmerung erkannte er im Umgang der Medien mit Internetquellen:

„Früher, zum Beispiel nach dem Amoklauf von Winnenden 2009, galt das Internet in der Berichterstattung noch als der gefährliche Ort, an dem irgendwelche Leute einfach – unsortiert und ungeprüft – Gerüchte verbreiteten, Fotos oder den vollen Namen des Täters. Jetzt verteidigen professionelle Medien das Recht, Fotos und den vollen Namen des Kopiloten zu veröffentlichen, gegen viele kritische Stimmen im Netz. (Auch wenn das, auf der anderen Seite, natürlich nach wie vor der Ort ist, an dem die abwegigsten Spekulationen und die übelste Hetze zu finden sind)."

Hoffnung machte in seinen Augen, dass sich zunehmend Mediennutzer und Teile der Öffentlichkeit kritisch mit dieser Art von Berichterstattung auseinandersetzen:

„Die Berichterstattung [...] wird begleitet von lauten Protesten aus dem Publikum, einem großen, unkoordinierten Aufschrei im Netz, der vielleicht nur für einen kleinen Teil der Zuschauer und Leser steht, aber immerhin von einer Reihe von Medien so ernst genommen wurde, dass sie ihre Entscheidungen in eigenen Artikeln rechtfertigten. Selbst die beiden Chefs der „Bild"- Zeitung sahen sich veranlasst, in einem längeren Facebook-Eintrag ihr Handeln zu erklären. [...] Dass sich plötzlich größere Gruppen von Lesern und Zuschauern öffentlich sichtbar artikulieren, die rufen: „Halt, hört auf, macht langsam, lasst das weg!", ist in dieser Form neu."

Die Ratlosigkeit, die den Medienkritiker angesichts der Wiederholung des ewig Gleichen befällt, mag verständlich sein – aber sie darf nicht dazu führen, dass man angesichts des sich einstellenden Sisyphos-Gefühls aufgibt. Es stimmt, um noch einmal Stefan Niggemeier zu zitieren, die Frage nach dem „Warum?" „[...] ist dabei teilweise erstaunlich schwer zu beantworten. Warum müssen wir in das Gesicht des Kopiloten sehen, warum seinen Namen wissen? Was würden wir verlieren, was gewinnen, wenn wir darauf verzichten?"

Die Frage, die sich Journalisten auch hier wieder stellen müssen, ist nicht, ob man über solche Ereignisse berichten soll – vielmehr: Wie man über sie berichten soll. Das war das Fazit bei den Amokläufen und es ist auch hier das Fazit. Niemand fordert von den Medien, Ereignisse wie den Absturz der Germanwings-Maschine zu verschweigen. Auch fordert niemand von den Medien apriorisch, auf identifizierende Informationen über Täter schwerer Gewalttaten zu verzichten. Der Pressekodex hält hierfür eindeutige Regeln vor. Es geht in diesem wie in den anderen Fällen um Differenzierung. Die Nennung des Täters ist nicht gleichbedeutend mit seiner Verteufelung. Die Aufklärung der Ursachen ist nicht gleichbedeutend mit einem unsensiblen Umgang mit einer schweren Erkrankung wie der Depression. Die Schilderung des Falles ist nicht gleichbedeutend mit obszöner Ausschlachtung und Vermarktung von Opfern. Die Darstellung der Fakten, auch das Eingehen auf fehlende Informationen, ist nicht gleichbedeutend mit ausufernden Spekulationen. Kurzum: Man behielte bzw. gewänne eine tatsachenorientierte Berichterstattung, die den Fall fokussiert, die sensibel mit Menschen, ihrem Schock und ihrer Trauer umgeht, die Menschen nicht zum reinen Zweck der Berichterstattung oder gar der Vermarktung und Reichweitensteigerung herabwürdigt. Man müsste allerdings durchaus etwas auf sensationalistische Schlagzeilen, effektheischende Bilder und schrille Töne verzichten – und damit auf Dinge, die Verlagen und Sendern Profit einbringen. Man gewänne also eine menschenwürdigere Medienwelt, in der Journalisten nicht darauf verzichten, die Tatsachen zu berichten – aber vielleicht darauf, besonders schnell, besonders schrill und besonders eindringlich zu sein, wenn es um den Umgang mit ihren Mitmenschen, zumal mit Opfern, geht.

Zehntes Kapitel: Der Fall „Kölner Silvesternacht" (2016) – oder die Frage, wie wichtig die Herkunft eines Täters für eine wahrhaftige Berichterstattung ist

(in Zusammenarbeit mit Rebecca Fink)

Fall

In der Nacht zum Jahreswechsel von 2015 auf 2016 kam es rund um den Kölner Domplatz zu zahlreichen sexuellen Übergriffen, Taschendiebstählen und Raubüberfällen. Bis Mitte des Jahres 2016 gingen bei der Polizei rund 1.200 Strafanzeigen ein, von welchen sich über 500 auf sexuelle Übergriffe bezogen.[717] In Einzelfällen wurden auch Vergewaltigungen zur Anzeige gebracht.[718] Nach Schätzungen der Polizei wurden die Straftaten aus einer Gruppe von über 1.000 Männern heraus begangen.[719] Später gab die Polizei bekannt, dass ein Großteil dieser Tatverdächtigen als Flüchtlinge, Asylbewerber und irregulär eingereiste Migranten nach Deutschland gekommen waren – die meisten aus Nordafrika.[720] Die meisten der 290 Verfahren gegen namentlich Bekannte wurde eingestellt, da den Angeklagten „'die ihnen zur Last gelegten Taten nicht mit hinreichender Wahrscheinlichkeit nachzuweisen waren'". So führten 1.210 Strafanzeigen in nur 36 Fällen zu Verurteilungen.[721]

Erst relativ spät wurde das tatsächliche Ausmaß der Überfälle deutlich – und erst relativ spät konnten die deutschen Medien den Hergang der Ereignisse umfassender dokumentieren. Ein Grund dafür war eine von der Polizei veröffentlichte Pressemitteilung am Neujahrsmorgen, welche behauptete, die Silvesternacht sei friedlich verlaufen. Im Verlauf des Tages berichteten jedoch Lokalmedien von sexuellen Übergriffen in der Silvesternacht, wobei die tatsächliche Größenordnung noch nicht zu erahnen war.[722]

Am 02. Januar korrigierte die Polizei ihre ursprüngliche Aussage und sprach nun von rund 30 Betroffenen. Die Opfer sprachen von Tätergruppen, die aus bis zu 20 Personen bestanden. Weitere zwei Tage später sprach die Polizei dann von „Straftaten einer völlig neuen Dimension'". Als die Oberbürgermeisterin der Stadt Köln, Henriette Reker, daraufhin ein Krisentreffen mit den Behörden der Stadt ankündigte, erregte dies auch die Aufmerksamkeit einer größeren Zahl überregionaler Medien.[723] Am 04. Januar entschied sich die Nachrichtensendung *heute* des *ZDF* dafür, nicht über die Ereignisse zu berichten, was der stellvertretende Chefredakteur Elmar Theveßen später als Fehleinschätzung bezeichnete. Um 20 Uhr berichtete dann allerdings erstmals die *Tagesschau* der *ARD* von den Übergriffen, woraufhin es in den nächsten Tagen zu einer regelrechten Berichterstattungswelle kam.[724] Am 05. Januar äußerte sich Polizeipräsident Albers bezogen auf die Herkunft der Straftäter wie folgt:

„Das einzige, was die Polizeibeamten wahrgenommen haben, ist, dass es sich um junge Männer im Alter von 18 bis 35 Jahren handelt, die aus dem nordafrikanisch-arabischen Raum stammen. Auch die Opfer beschreiben die Täter so. Mehr kann ich zu den Tätern bisher nicht sagen."[725]

Am 02. Januar erwähnte die Kölner Boulevardzeitung *Express* erstmals in einem Bericht, dass es sich bei den mutmaßlichen Tätern um eine Gruppe junger Nordafrikaner gehandelt haben soll. Die Zeitung schrieb jedoch auch, dass es sich der Aussage ihrer Quelle aus Polizeikreisen nach nicht um Flüchtlinge gehandelt habe.[726] Ein offizielles Statement der Polizei zur Herkunft der Täter gab es zu diesem Zeitpunkt noch nicht. Auch die *Bild*-Zeitung berichtete bereits am 3. Januar von Männern, welche laut Zeugenaussagen nordafrikanisch aussahen.[727] Sowohl der *Spiegel* als auch der *Stern* veröffentlichten am 04. Januar ihren ersten Artikel über die Vorfälle. Dabei blieben beide Zeitungen im Teaser ihrer Beiträge noch vage, indem sie lediglich von Männern, beziehungsweise von einer Männergruppe sprachen.[728] Im eigentlichen Beitrag gingen beide Magazine jedoch auf die Herkunft ein: Im *Stern* hieß es, dass die Täter „'dem Aussehen nach aus dem arabischen oder nordafrikanischen Raum'" stammten.[729] Als Quellen wurden Zeugen- und Polizeiaussagen genannt. Zum gleichen Zeitpunkt wurde in der *Frankfurter Allgemeinen Zeitung* ähnlich berichtet.[730] *Focus online* nannte in Beiträgen vom 01. Januar und vom 03. Januar keine Täterherkunft.[731] Erst am 05. Januar, nach der Pressekonferenz der Polizei, schrieb der *Focus*:

„Bisher ist lediglich bekannt, dass es sich um Männer „dem Aussehen nach aus dem arabischen oder nordafrikanischen Raum" handelt. Wer wirklich für die Übergriffe verantwortlich ist, ist unklar."[732]

Ähnlich verlief die Berichterstattung der *Süddeutschen Zeitung*. So wurde am 02. Januar 2016 von vielen Übergriffen auf Frauen berichtet, ohne dass auf die Herkunft der Täter eingegangen wurde.[733] Diese wurde erst am 04. Januar konkretisiert.[734] Am selben Tag nannte auch die *taz* in einem Bericht die vermutete Täterherkunft.[735]

Reaktionen und Konsequenzen

Nur wenige Ereignisse dürften im Jahr 2016 vergleichbar hitzig diskutiert worden sein wie die Kölner Silvesternacht. Das Ausmaß der Vorfälle sorgte vor dem Hintergrund der zeitlich vorgelagerten Flüchtlingskrise für ein großes gesellschaftliches Interesse:

„Die Ereignisse in Köln werden nun deutschlandweit diskutiert, was innerhalb weniger Tage dazu führt, dass sich zahlreiche und unterschiedliche Akteure in die Debatte einschalten und diese immer facettenreicher wird. Unter anderem wird die Pressekonferenz der Kölner Polizeibehörde, in der erstmals eine genauere Beschreibung der Vorfälle und der möglichen Täter abgegeben wird, medial intensiv verarbeitet. Außerdem folgen personelle Konsequenzen: Der in die Kritik geratene Kölner Polizeipräsident Wolfgang Albers wird am 8. Januar von Nordrhein-Westfalens Innenminister

Ralf Jäger in den Ruhestand versetzt, damit sollen 'Vertrauen der Öffentlichkeit' und 'Handlungsfähigkeit der Kölner Polizei' zurückgewonnen werden. [...] Öffentlich wird jetzt erbittert gestritten. 'Nach Köln ist die Debatte vergiftet', schreibt die „Süddeutsche Zeitung" – und hat damit Recht. Parallel verlaufende Diskursstränge offenbaren, dass sich in den Monaten zuvor einiges angestaut hat, was jetzt offen hervorbricht – die Ereignisse der Kölner Silvesternacht werden zur Projektionsfläche der Flüchtlingsdebatte, in der jetzt mit harten Bandagen gekämpft wird."[736]

Schnell meldeten sich auch nicht-mediale Akteure, die das Verhalten bestimmter Redaktionen teils heftig kritisierten: Der frühere Bundesinnenminister Hans-Peter Friedrich (CSU) beispielsweise beschwerte sich über die in seinen Augen verzögerte Berichterstattung einiger deutschen Medien. Er kritisierte besonders den öffentlich-rechtlichen Rundfunk und behauptete, es sei „'ein Skandal, dass es Tage gedauert hat, bis die öffentlichen Medien die Berichterstattung aufgegriffen'" hätten. Weiterhin sprach Friedrich in diesem Kontext von einem „'Schweigekartell'" und warf den Medien „'Nachrichtensperren'" vor, welche typischerweise dann verhängt würden, sobald Ausländer unter Verdacht stünden. Er nahm an, dass man über Übergriffe von Migranten in den Medien nicht berichte, um die Bevölkerung nicht zu beunruhigen. Er forderte von Journalisten zu beschreiben, was wirklich passiert sei, und „'nicht zu filtern, was können wir der Bevölkerung zumuten und was nicht'".[737]

„Speziell ARD und ZDF stehen im Fokus, während Kritik beispielsweise von der 'Frankfurter Allgemeinen Zeitung' oder 'meedia.de' kommt. Der Vorwurf: Aus Angst davor, Rechtsextremismus und Fremdenhass zu nähren, hätten sich ARD und ZDF in der Berichterstattung zurückgehalten [...]. Experten sehen dies teilweise anders: In einem n-tv-Beitrag beurteilt ein Medienwissenschaftler den späten Einstieg eher als journalistisches Qualitätsmerkmal. Im Gegensatz zu sozialen Netzwerken, in denen die Vorfälle sofort aufgegriffen und diverse, auch falsche Informationen verbreitet worden seien, hätten journalistische Organisationen abgewartet. So konnten Quellen verifiziert und Fakten bestätigt werden [...]. Die Nutzerkommentaranalyse zeigt jedoch, dass dies von vielen Rezipienten anders wahrgenommen wird."[738]

Thomas de Maizière (CDU), der damalige Bundesinnenminister, warnte Politik und Medien davor, mit Straftaten von Menschen mit Migrationshintergrund anders umzugehen als mit Straftaten, die von Deutschen begangen werden. Es dürfe nicht unterschlagen werden, wenn Straftäter einen Migrationshintergrund hätten: „'Das wäre im Ergebnis nur Wasser auf die Mühlen all derjenigen, die Politik und Medien bewusste Verzerrung vorwerfen.'"[739] Berthold Kohler, einer der Herausgeber der *FAZ*, hielt dem entgegen, dass diese Schweigespirale „politisch gewollt" sei.[740] CSU-Generalsekretär Andreas Scheuer äußerte sich in diesem Zusammenhang kritisch gegenüber den Medien: Der gesellschaftliche Zusammenhalt dürfe nicht durch falsch verstandene Vorsicht in der Berichterstattung gefährdet werden.[741]

Eine gegenteilige Haltung nahm der *Deutsche Journalisten-Verband* (DJV) ein. Die Vorwürfe der Parteilichkeit für Flüchtlinge und der Nachrichtensperre lehnte er ab. Es sei die Aufgabe von Journalisten, zu informieren und nicht zu spekulieren. Erst nach und nach seien Informationen über die Vorfälle in der Silvesternacht bekannt geworden. Besonders die Herkunft der Täter sei erst spät von der Polizei bestätigt worden: „'Eine nicht durch solide Recherchen gedeckte Verdachtsberichterstattung ist nicht nur unvereinbar mit den Prinzipien des professionellen Journalismus, sondern auch innenpolitisch brandgefährlich'".[742] Dabei verwies der DJV-Bundesvorsitzende Frank Überall auf den Pressekodex, demzufolge die Herkunft eines Straftäters erst dann genannt werden dürfe, wenn diese Information für das Verständnis des Vorganges von Bedeutung ist.

Dabei blieb es jedoch nicht: Eine zentrale Konsequenz der Kölner Silvesternacht findet sich im aktuellen Text des Pressekodex – mit folgender Vorgeschichte: Im Jahresbericht 2016 gab der Presserat bekannt, dass sich in diesem Jahr 1.851 Leser mit der Bitte um Überprüfung einer journalistischen Berichterstattung an den Presserat wandten. Thematisch standen dabei besonders politische Krisen, Konflikte und Terroranschläge bei den eingegangenen Beschwerden im Mittelpunkt. So waren etwa die Darstellung und Bewertung der Konfliktparteien im syrischen Bürgerkrieg immer wieder Anlass für Kritik. Auch die Darstellung der Terroranschläge in Würzburg, Nizza, Paris, Brüssel und Istanbul sowie der Amoklauf in München waren wichtige Themen. Der Presserat sanktionierte in den meisten Fällen die Darstellung der Opfer, nicht kritisiert wurde dagegen die oftmals identifizierende Darstellung der Täter, da laut Presserat „das öffentliche Interesse an den Hintergründen und Motiven der Tat in der Regel den Persönlichkeitsschutz der Täter überlagerte".[743]

Grundsätzlich bearbeitete der Presserat im Jahr 2016 1.348 Beschwerden, wovon lediglich 728 in einen der drei Beschwerdeausschüsse gelangten. Die Sanktionen setzen sich aus 33 Rügen, 64 Missbilligungen und 151 Hinweisen zusammen. Mit 15 ausgesprochenen Rügen war die Ziffer 8 (Persönlichkeitsschutz) die am häufigsten zitierte Ziffer im Jahr 2016. Dabei stand besonders die Verletzung des Opferschutzes nach Ziffer 8.2 im Vordergrund. Interessant ist jedoch, dass viele Leser den Presserat darum baten, neben Ziffer 2 (journalistische Sorgfaltspflicht) und der bereits erwähnten Ziffer 8 auch die für die Kölner Silvesternacht relevante Ziffer 12 (Diskriminierung) zu prüfen.[744] So gab es im Jahr 2016 133 Beschwerden auf Grundlage der Ziffer 12. Im Vorjahr waren es noch 100.[745] Dies sei, laut Jahresabschlussbericht, das Resultat aus der Debatte über die Kölner Silvesternacht.[746] In der Folge wurde Ziffer 12.1 im März 2017 tatsächlich geändert.

Jene Ziffer 12.1 des Pressekodex lautete zum Zeitpunkt der Silvesternacht:

„In der Berichterstattung über Straftaten wird die Zugehörigkeit der Verdächtigen oder Täter zu religiösen, ethnischen oder anderen Minderheiten nur dann erwähnt, wenn für das Verständnis des berichteten Vorgangs ein begründbarer Sachbezug besteht. Besonders ist zu beachten, dass die Erwähnung Vorurteile gegenüber Minderheiten schüren könnte."[747]

Da lange unklar war, ob es sich bei den Tätern um Bewohner von Flüchtlingsheimen mit nordafrikanischer und arabischer Herkunft gehandelt hatte, wies der *Deutsche Journalisten-Verband* (DJV) Vorwürfe der Parteilichkeit für Flüchtlinge mit Verweis auf Richtlinie 12.1 in der alten Fassung zurück: „Journalisten müssen informieren, aber nicht spekulieren".[748] Doch damit war das Thema der „Herkunftsnennung eines Straftäters" nicht beendet. Vielmehr entfachte sich eine Diskussion um die Ziffer 12.1 selbst. Kritiker forderten bereits seit Längerem eine Überarbeitung oder gar die Abschaffung der Regel, da es sich dabei um eine Form der Selbstzensur handele, die den Grundsätzen der Pressefreiheit widerspreche – so ein beispielhaftes Argument:

> „Bei Ziffer 12.1 geht es um die Frage, in welchen Fällen Medien auf die Nennung der Herkunft eines (Straf-)Täters verzichten sollten, und wann die Weiterverbreitung von Ethnie oder Religion gerechtfertigt ist. Die Überarbeitung der Diskriminierungsrichtlinie des Kodex, der 1973 vom Presserat formuliert worden ist, war überfällig – denn zuletzt bröckelte ihre Akzeptanz gewaltig. 12.1 ist die meist diskutierte Ziffer der journalistischen Grundregeln, zu deren Einhaltung sich Redaktionen freiwillig verpflichtet haben. Kritiker forderten bereits seit Längerem eine Überarbeitung, einige gar die Abschaffung der Regel. Der Medienwissenschaftler Horst Pöttker oder auch Bild-Chefin Tanit Koch erkannten in ihr eine Form der „Selbstzensur", die den Grundsätzen der Pressefreiheit widerspreche. Leser würden das Weglassen von Täterherkünften registrieren und das Vorgehen der Redaktionen nicht immer nachvollziehen können, was das Vertrauen in die Medien erschüttere, so ihre Argumentation. Auf derartige Ablehnung stößt Ziffer 12.1 vor allem (wieder) seit der Silvesternacht 2015 in Köln, in der es rund um den Kölner Dom zu zahlreichen Übergriffen auf Frauen gekommen ist. Die mutmaßlichen Täter waren nordafrikanischer Herkunft. Diskutiert wird ebenfalls regelmäßig nach terroristischen Anschlägen. Kernpunkt der Kritik war der in der Richtlinie geforderte „begründbare Sachbezug" der Religion oder Herkunft zu einer Tat. Lediglich in diesen Fällen, so das bisherige Verständnis des Presserates, sei die Nennung legitim."[749]

Ähnlich äußerte sich Kai Gniffke, Chef von ARD aktuell: „Was nützt uns regelkonformer Journalismus, wenn uns niemand mehr glaubt?".[750]

Andere Akteure sprachen sich für die in der Richtlinie formulierte Norm und ihre Anwendung aus: Frank Überall, Vorsitzender des *Deutschen Journalisten-Verbandes*, hielt die Ziffer für „nach wie vor tragfähig", da sich viele Menschen durch das Lesen der Herkunft ausländischer Straftäter in ihren Vorurteilen bestätigt fühlten und somit Diskriminierung entstehen könnte.[751] Lutz Tillmanns, Geschäftsführer des Presserates, betonte, dass es „keine pauschalen Sprachverbote" gebe.[752] Ähnlich argumentierte der Medienjournalist Stefan Niggemeier: Die Ziffer 12.1 fordere nicht, dass Medien Straftaten verschweigen oder herunterspielen sollen, die von Menschen mit Migrationshintergrund begangen werden. Wer jedoch meine, dass nur die Information über die Täterherkunft die vollständige „Wahrheit" beinhalte, der behaupte, „dass sich Kriminalität nur durch die Herkunft von Menschen erklären lässt".[753] So begegnete er Tanit Kochs Kritik:

> „Medien wählen aus und lassen weg, was irrelevant ist, was die Öffentlichkeit nichts angeht, was ethischen Ansprüchen widerspricht. Man kann das, wie 'Bild'-Chefredakteurin Tanit Koch, 'Selbstzensur' nennen. Der übliche Ausdruck dafür ist: Journalismus."[754]

In seinem Jahresbericht von 2016 legte der *Deutsche Presserat* dar, dass eine Beibehaltung der Richtlinie innerhalb des Presserates unumstritten gewesen sei. Noch im März 2016 positionierte man sich eindeutig: Eine Änderung der Richtlinie würde es vorerst nicht geben. Es müsse weiterhin ein Zusammenhang zwischen Straftat und Herkunft des Straftäters vorliegen, um dessen Nennung zu rechtfertigen.[755] Konkret bedeutete dies, dass Redaktionen bei der Kriminalberichterstattung die Herkunft oder Religion eines mutmaßlichen Täters erst erwähnen durften, wenn dies für das Verständnis der Tat von Bedeutung war.[756] Die Redaktionen müssten dafür jeden Einzelfall abwägen. Dabei sei die Eigenständigkeit der Journalisten allerdings nicht beeinträchtigt, da kein Verbot einer Herkunftsnennung vorgelegen habe, sondern lediglich ein ethisches Gebot: Die Zugehörigkeit eines Täter sei vor allem dann nicht zu nennen, wenn die Diskriminierungsgefahr höher gewichtet werden müsse als das Informationsbedürfnis der Öffentlichkeit mit Blick auf das Verständnis der Straftat.[757] Dabei blieb jedoch für viele Journalisten unklar, wann genau ein begründeter Sachbezug existiere – und was ein begründeter Sachbezug sei.[758]

Entgegen der ursprünglichen Linie, Ziffer 12.1 nicht anzutasten, wurde die Ziffer schlussendlich doch geändert. Seit März 2017 lautet sie nun wie folgt:

„In der Berichterstattung über Straftaten ist darauf zu achten, dass die Erwähnung der Zugehörigkeit der Verdächtigen oder Täter zu ethnischen, religiösen oder anderen Minderheiten nicht zu einer diskriminierenden Verallgemeinerung individuellen Fehlverhaltens führt. Die Zugehörigkeit soll in der Regel nicht erwähnt werden, es sei denn, es besteht ein begründetes öffentliches Interesse. Besonders ist zu beachten, dass die Erwähnung Vorurteile gegenüber Minderheiten schüren könnte."[759]

Auf die Frage, weshalb die Ziffer reformiert wurde, antwortete der *Deutsche Presserat*, dass die Umformulierung der Richtlinie eine Präzisierung darstelle, welche dem Wunsch einiger Redaktionen nachkäme, die Regel zeitgemäßer und stärker an der Praxis orientiert zu formulieren. Nach der neuen Formulierung hat die Presse nun darauf zu achten, dass die Kriminalberichterstattung nichtdiskriminierende Darstellungen fördert. Die Abwägung zwischen dem Informationsinteresse der Öffentlichkeit und den Risiken einer nicht anonymisierenden Darstellung müsse sorgfältig sein – reine Neugierde sei kein Maßstab für presseethisch verantwortliche Abwägungsentscheidungen. Mit der Veröffentlichung von spezifischen Leitsätzen zum Thema stellte der Presserat im Mai 2017 interessierten Redaktionen Entscheidungshilfen zum Umgang mit Ziffer 12.1 zur Verfügung: ‚'Wir haben Kritik und Anregungen zu diesem Thema aus vielen Redaktionen aufgenommen und umgesetzt. Die Leitsätze sollen Entscheidungshilfen für die Anwendung der Regeln im Redaktionsalltag geben'", so Manfred Protze, Sprecher des Deutschen Presserats in einer Pressemitteilung vom 31. Mai 2017.[760] Die Nennung der Herkunft eines Täters oder mehrerer Tatverdächtiger sei laut Leitfaden beispielsweise gerechtfertigt, wenn eine Straftat aus „einer größeren Gruppe heraus begangen" worden sei, „von der ein nicht unbeachtlicher Anteil durch gemeinsame Merkmale wie ethnische, religiöse, soziale oder nationale Herkunft verbunden ist."[761] Als Beispiel werden dabei die Ereignisse der Kölner Silvesternacht 2015/2016 angeführt.

Die Auswirkungen der Kölner Silvesternacht auf den Journalismus und den Umgang mit der Identität eines Täters beschäftigte auch die Wissenschaft: Eine Studie an der Münchner *Ludwig-Maximilians-Universität* untersuchte mithilfe einer quantitativen Inhaltsanalyse, ob die Kölner Silvesternacht im Sinne eines *Schlüsselereignisses* in den Folgemonaten substantielle Auswirkungen auf die Kriminalberichterstattung nach sich zog.[762] Die klassische Schlüsselereignisforschung zeigt, dass im Anschluss an besonders aufsehenerregende Ereignisse vermehrt über Themen berichtet wird, welche mit dem Schlüsselereignis in Verbindung stehen. Schlüsselereignisse färben demnach auf die nachfolgende Berichterstattung ab – es wird gehäuft über ähnliche und thematisch verwandte Ereignisse berichtet.[763] Anders als diese bisherige Forschung untersuchte die Münchner Studie allerdings auch, ob zudem eine veränderte Berichterstattung bei Themen festzustellen ist, die keinen direkten Bezug zum Schlüsselereignis haben.[764] Grundlage der Inhaltsanalyse bildeten 746 Kriminalitätsberichte der *Süddeutschen Zeitung*, der *Bild*-Zeitung und des *Kölner Express* vom 01. Dezember 2015 bis zum 29. Februar 2016.[765]

Die Studie förderte eindeutige Befunde zu Tage: Nach der Kölner Silvesternacht seien wesentlich häufiger ausländerspezifische Attribute in den relevanten Artikeln zur Sprache gekommen. Die Wahrscheinlichkeit, dass Begriffe wie „Ausländer", „Migrationshintergrund", „Asylbewerber" oder „Afrikaner" in den Beiträgen auftauchen, stieg im Januar 2016 um das drei- bis neunfache im Vergleich zur Häufigkeit im Dezember. Auch im Februar blieb die Frequenz solcher Begrifflichkeiten in den journalistischen Beiträgen – gemessen am Vergleichszeitraum „Prä-Köln" – erhöht.[766] Die Herkunft eines Straftäters wurde also nach dem Schlüsselereignis „Kölner Silvesternacht" sehr viel häufiger genannt als noch vor dem Jahreswechsel. Außerdem wurden die jeweiligen Beiträge immer dann größer aufgemacht und auffälliger bebildert, wenn ausländerspezifische Attribute im Text vorkamen.[767] Auffällig ist, dass diese Änderung der Berichterstattung nicht mit einer Änderung der realweltlichen Bedingungen begründet werden konnte: Während die Aufmerksamkeit der Journalisten für den Themenkomplex anstieg und sich in gesteigerter Berichterstattungsintensität manifestierte, fand zeitgleich kein Anstieg bei den dokumentierten Straftaten mit ausländischen Tätern statt.[768] Dass Journalisten vermehrt und augenfälliger über die Herkunft von Straftätern berichteten, ließ sich – wie in vergleichbaren, vielfach wissenschaftlich dokumentierten Fällen – mit veränderten Selektionskriterien und Relevanzzuschreibungen im Journalismus erklären: Was sich geändert hatte, war nicht die kriminalistische Wirklichkeit, sondern die Entscheidungskriterien von Journalisten.

Diskussion

Davon, dass die Kölner Silvesternacht tiefe Spuren im medienethischen Diskurs des Jahres 2016 und darüber hinaus hinterlassen hat, legt die bereits referierte Änderung von Richtlinie 12.1 beredtes Zeugnis ab. Der neue Passus ist länger, ausführlicher und führt einen journalistisch gut bekannten Terminus technicus als abzuwägendes

Gut ein – das öffentliche Interesse. Die Diskussionen um die Änderung der Richtlinie ließen allerdings nicht nach. Die zentralen Fragen lauteten:

„Doch was bedeutet der Einschub des nun geforderten „begründeten öffentlichen Interesses" für die praktische Arbeit in den Redaktionen? Ist die Novelle als Lockerung der Richtlinie zu verstehen? Halten Journalisten sie nun für zeitgemäß beziehungsweise hilfreicher als zuvor? Die Antwort ist: nein."[769]

Auch der Medienpsychologe Frank Schwab war der Meinung, dass es sich bei der neuen Fassung der Ziffer 12.1 nicht um eine „180-Grad-Wende" handelt: „Die Stärke sind die flankierenden Sätze, der Schwachpunkt ist das ‚begründete öffentliche Interesse'". Es sei immer noch unklar, wann die Täterherkunft genannt werden dürfe und wann nicht.[770]

Entsprechend fragte *Meedia* bei einigen Chefredakteuren nach, wie diese neue Formulierung einzuordnen sei:

„Dort wird die Überarbeitung der Richtlinie zwar durchaus begrüßt, wirklich positiv sind die Reaktionen allerdings nicht, wie unter anderem Carsten Fiedler deutlich macht. „Leitend ist die Warnung vor der 'diskriminierenden Verallgemeinerung individuellen Fehlverhaltens' im ersten Satz. Alles Folgende ist – um ehrlich zu sein – Wortgeklingel", so der Chefredakteur des Kölner Stadt-Anzeigers. Fiedler kritisiert: „Insbesondere führt das Kriterium des öffentlichen Interesses in der Praxis nicht weiter. Schließlich steht das öffentliche Interesse für den Journalisten immer an erster Stelle." Die neue Richtlinie gibt Journalisten keine größere Sicherheit, wenn es um die Abwägung der Herkunftsnennung geht, kritisiert auch Stefan Weigel, stellvertretender Chefredakteur der Rheinischen Post. Journalisten haben früher „rätseln" müssen, ob ein Sachbezug gegeben sei. „Jetzt muss jeder Redakteur rätseln, ob ein öffentliches Interesse vorliegt", so Weigel. Fiedler stimmt damit in etwa überein: „Die Richtlinie zieht die blass und undeutlich gewordenen Fahrbahnmarkierungen nach." Weigel sieht sogar eine Verschlimmbesserung. „Der Presserat hat auch die Formulierung 'begründbar' leider durch die schärfere Formulierung 'begründet' ersetzt." Dies stehe im Widerspruch zur bisherigen Praxis, in der der Ermessensspielraum weiter ausgelegt gewesen sei. [...] Froben Homburger, Nachrichten-Chef der dpa, begrüßt, dass der Presserat mit seiner Aktualisierung dem Wunsch vieler Redaktionen grundsätzlich nachgekommen sei und unterstreicht, dass die bisherigen Formulierungen nicht zeitgemäß gewesen seien. „Die dpa hat auch bisher schon das Informationsinteresse der Öffentlichkeit als ein weiteres Entscheidungskriterium bei der Frage berücksichtigt, wie detailliert über eine einzelne Tat, einen Tatverdächtigen oder ein Tatmotiv berichtet werden soll", so Homburger. So habe man sich im Fall des Sexualmordes an einer Freiburger Studentin im vergangenen Jahr nach Festnahme des Verdächtigen genauso für die Nennung der (afghanischen) Herkunft entschieden, wie im Fall der sieben Tatverdächtigen, die vergangenes Jahr in der Weihnachtsnacht einen Obdachlosen in einer Berliner U-Bahn-Station angezündet haben. „Bei einem derart Aufsehen erregenden Verbrechen in einem alltäglichen Umfeld und mit willkürlich ausgewählten Opfern gehört es zum journalistischen Auftrag, möglichst viele Informationen über den Täter zu recherchieren und zu melden, um so die Tat und das Motiv fassbarer zu machen. Das schließt die Nationalität mit ein und kann in besonderen Fällen bis hin zur komplett identifizierenden Berichterstattung inklusive Namensnennung reichen. Naheliegendste Beispiele: Anders Behring Breivik oder Andreas Lubitz." Zu einer Bewertung der neuen Richtlinie, will sich Homburger noch nicht durchringen. Man werde intern wie extern darüber diskutieren und zudem erst einmal die „Handreichung für die Redaktionen", die der Presserat angekündigt hat, auswerten. [...] Weiterhin hart mit dem Presserat ins Gericht geht Bild-Chefin Tanit Koch, die dem Presserat „Praxisferne" vorwirft. Mit der Überarbeitung habe sich der Presserat um die Abschaffung gedrückt. „Oder zumindest um eine deutliche Klarstellung", so Koch, die Journalisten weiterhin vom Presserat bevormundet und belehrt sieht. „Verschwiegen wird in der Richtlinie hingegen, dass die Nichtnennung von Fakten die Glaubwürdigkeit der Berichterstattung negativ beeinflusst. Auch die neue Richtlinie ist also tendenziös." Weiter kritisiert Koch: „Die Herkunft von Straftätern soll laut Presserat 'in der Regel' nicht erwähnt werden. Dabei muss die Regel doch lauten, alle relevanten Informationen zu nennen. Ausgerechnet der Deutsche Presserat schürt mit solchen Formulierungen das Misstrauen gegenüber Medien." Für die Bild-Chefin ist klar, dass die Diskriminierungsrichtlinie des Presserates für die Arbeit ihrer Redaktion auch zukünftig eine untergeordnete Rolle spielen wird. „Wir werden in Fragen von Ziffer 12 weiterhin ausschließlich unsere eigenen journalistischen Maßstäbe anlegen."[770]

Auch vor der Änderung von Ziffer 12.1 war der deutsche Journalismus mit Blick auf die Herkunftsnennung gespalten – an dieser Spaltung hat sich auch nach der Änderung von Ziffer 12.1 nichts geändert: So gab die *Sächsische Zeitung* in einem Artikel auf ihrer Website bekannt, dass sie den Pressekodex ignorieren und grundsätzlich die Herkunft eines Straftäters nennen werde. Dabei sei es egal, ob es sich bei dem Täter um einen Deutschen oder einen Ausländer handele.[771] Diese Entscheidung wurde damit begründet, dass viele Mitarbeiter der *Sächsischen Zeitung* davon überzeugt seien, dass gerade die Nichtnennung der Herkunft Raum für Spekulationen schaffe. Rezipienten nähmen Informationen aus den Medien selektiv auf und suchten oftmals nach der Bestätigung ihrer Vorurteile. Mit Verweis auf eine Abonnentenumfrage der *Technischen Universität Dresden* argumentierte die Zeitung, dass viele Leser die Zahl der kriminellen Flüchtlinge höher schätzen würden, als diese tatsächlich sei.[772] In der Befragung wurde darüber hinaus deutlich, dass über zwei Drittel der Abonnenten die Inhalte der Richtlinie 12.1 nicht kannten. So wussten sie nicht, dass die Nationalität von Straftätern nur in Ausnahmefällen genannt werden darf. Nachdem ihnen die Vorschrift in der Befragung erklärt worden war, glaubte fast die Hälfte der Teilnehmer, dass es sich um „eine Anordnung von oben in der Flüchtlingskrise"[773] gehandelt habe. Nur ein Viertel wusste, dass die Vorschrift dem Pressekodex entspringt, dem sich die Medien freiwillig verpflichtet haben. Außerdem empfanden 80 Prozent der Befragten die Herkunftsnennung eines Straftäters nicht als diskriminierend. Daher sprachen sich auch fast 80 Prozent der Abonnenten dafür aus, dass die Nationalität von Straftätern in Zukunft immer genannt wird, unabhängig davon, ob es sich um Deutsche oder Ausländer handelt. Dadurch würde die Richtlinie 12.1 obsolet. Bei der Frage, wie hoch der Anteil von

Asylbewerbern an den Straftaten in Sachsen ist, wird, wie bereits erwähnt, deutlich, dass die Befragten diesen bisweilen um ein Vielfaches überschätzten. Trotzdem gingen zwei Drittel der Befragten davon aus, dass Ausländer, die in Deutschland leben, nicht häufiger kriminell sind als Deutsche. Obwohl die meisten Befragten die Qualität ihrer Zeitung hoch einschätzten, ging ein Viertel der Befragten davon aus, dass die *Sächsische Zeitung* die Beteiligung von Flüchtlingen an Straftaten verschweigt. Weitere 22 Prozent waren sich dahingehend nicht sicher. Abonnenten, die angaben, die Kriminalität von Flüchtlingen werde verschwiegen, schätzen durchschnittlich auch den Anteil von Asylbewerbern an Straftaten höher ein.[774]

Vor diesem Hintergrund sah die *Sächsische Zeitung* eine Chance, dass die Herkunftsnennung künftig einen versachlichenden Beitrag leisten könnte. Der Presserat hingegen kritisierte die Entscheidung der *Sächsischen Zeitung*, die Täterherkunft ausnahmslos zu nennen. Der *Deutsche Journalisten-Verband* sah darin die Gefahr, „die Rolle des Presserats als System der freiwilligen Selbstkontrolle" zu untergraben. Solange die Ziffern des Pressekodex für alle Beteiligten gültig seien, dürfe nicht eine Ziffer von einem Akteur außer Kraft gesetzt werden.[775]

Auch die *Rhein-Zeitung* gab an, keine Rücksicht auf den Pressekodex nehmen zu wollen. In einem Interview wurden eigene Richtlinien für die Redakteure angekündigt, die hilfreicher sein sollten als Richtlinie 12.1 und den Redakteuren Sicherheit geben sollten, sodass diese „künftig keine Probleme bekommen, wenn es aufgrund unserer eigenen Richtlinie Rügen oder Missbilligungen des Presserates geben sollte."[776] Auch die *Bild*-Zeitung gab an, bei der Kriminalitätsberichterstattung nach eigenen Richtlinien vorzugehen.[777]

Wie ist die Berichterstattung über die Kölner Silvesternacht nun abschließend zu beurteilen? Zunächst muss eine medienethische Analyse die Verfügbarkeit von relevanten Informationen in Betracht ziehen – können Redaktionen doch nicht über die Herkunft von Tätern Auskunft geben, von denen sie zum Zeitpunkt ihrer Berichterstattung noch nichts wissen. Insofern muss man vor allem die frühen Berichte zunächst in Schutz nehmen. Da haltlose Spekulation keine journalistische Tugend ist und in den ersten Stunden keine hinreichend soliden Informationen z. B. vonseiten der Polizei vorlagen, wäre es medienethisch betrachtet falsch, gerade diese frühen Berichte, die noch keine Hinweise auf die Täterherkunft enthielten, zu tadeln. Zunächst haben die meisten Journalisten getan, was ihre Aufgabe ist: recherchiert und sich bei unsicherer Informationslage zurückgehalten. Später, als Zeugenaussagen vorlagen und auch die Polizei zur Herkunft der Täter Informationen zur Verfügung gestellt hatte, gingen viele Redaktionen auf die Täterherkunft ein – dies zumeist mit Verweis auf Zeugen und Polizei. Auch hier wurde vielfach zurückhaltend berichtet – zumeist war von „mutmaßlichen" Tätern die Rede und es wurden Hinweise erwähnt, wonach diese vermutlich arabischer oder nordafrikanischer Herkunft gewesen seien, diese Hinweise aber noch unbestätigt seien. Dass der Umgang mit diesen Informationen zumeist zurückhaltend und nicht sensationalistisch war, kann man als positiven Beitrag zu einer sachlichen und ethisch vertretbaren Berichterstattung werten.

Davon unberührt ist jedoch die Frage, ob die Täterherkunft überhaupt hätte erwähnt werden dürfen. Sowohl in der alten als auch in der neuen Fassung erfordert diese Entscheidung eine Güterabwägung – zwischen einem „begründeten Sachbezug" bzw. dem „öffentlichen Interesse" und der Abwehr von Diskriminierung. Ein wesentliches Element in dieser Güterabwägung ist die Abmessung möglicher Folgen, wie beide Fassungen von Ziffer 12.1 deutlich machen: „Besonders ist zu beachten, dass die Erwähnung Vorurteile gegenüber Minderheiten schüren könnte."[778] Zeitungen mussten sich also die Frage stellen, ob man das Ereignis nur dann richtig verstehen und einordnen kann, wenn man die Herkunft der Täter nennt. Sie mussten prüfen, ob die Tat sich (nur oder auch) durch die Herkunft der Täter erklären lässt bzw. ob die Herkunft eine wesentliche Rolle für die Tat gespielt haben dürfte. An sich ist auch diese Abwägung in vielen Fällen spekulativ – und auch die Abschätzung von Konsequenzen ist nicht trivial: Bringt jeder Bericht, der die Herkunft von Einbruch-Banden aus Osteuropa erwähnt, gleich die Gefahr einer Diskriminierung von osteuropäischen Einwanderern mit sich? Oder verweist ein solcher Bericht nicht vielmehr auf die Notwendigkeit politischer Reaktionen auf einen tatsächlich existierenden Missstand? Steht die Herkunft von Tätern aus einem Kulturkreis, in dem die weibliche Emanzipation nicht besonders weit gediehen ist, sexuelle Repression vorherrscht und religiöse Regeln einen ungezwungenen Umgang beider Geschlechter miteinander behindern, in einem möglichen Kausalverhältnis zu Sexualstraftaten hierzulande? Diese Fragen sind schon für Kriminologen, Ethnologen, Soziologen oder Kulturwissenschaftler diffizil zu beantworten und erfordern eine seriöse und vorsichtige Beurteilung der Sachlage – was kann man dann von Redaktionen erwarten, die sich unter Zeitdruck entscheiden müssen?

Vor dem Hintergrund der neuen Richtlinie 12.1 ist es im Nachhinein medienethisch nicht zu tadeln, dass ab einem gewissen Zeitpunkt nahezu alle Redaktionen die mutmaßliche Herkunft der Täter, wie sie aus Augenzeugen-, Opfer- und Polizeiberichten entnommen werden konnte, preisgaben. Ein öffentliches Interesse lag – auch angesichts des übergeordneten Flüchtlingsdiskurses, der Deutschland seit Monaten bewegte – sicherlich vor, auch wenn der begründete Sachbezug diskutabel sein mag. Insofern trug die Änderung von Ziffer 12.1 dem offensichtlichen Konnex von zeitgeschichtlicher Relevanz und spontanem Einzelereignis Rechnung. Vor *diesem* zeitgeschichtlichen Kontext, der sich in allen relevanten Foren stattgefundenen, monatelangen Debatten über die Flüchtlingspolitik manifestierte, war die Nennung der Täterherkunft nachvollziehbar. Darauf deutet auch die Reaktion des Presserates hin, der keine Rügen oder ähnliche Sanktionen verhängt hatte – und vielmehr seine Leitlinien an die Sachlage anpasste.

Nach Maßgabe der Wahrheitsnorm kann man der deutschen Presse dann keinen Vorwurf machen, wenn sie die Herkunft von Tätern als Teil der Wahrheit der berichteten Geschichte betrachtete und auf die ermittelnden Quellen verwies, die diese Informationen bereithielten. Wenn es die vordringliche Aufgabe ist, die Öffentlichkeit wahrheitsgemäß zu unterrichten, dann ist die Erfüllung dieser Aufgabe aus deontologisch-werteethischer Sicht nicht zu kritisieren. Die teleologisch-zielethische oder konsequentialistische Betrachtung, die in der Ziffer 12.1 mit der

Berücksichtigung des Antidiskriminierungsgebotes verankert ist, gebietet jene Abwägung zwischen der Norm der wahrheitsgemäßen und vollständigen Berichterstattung und dem Schutz von Minderheiten. Die alte Argumentation über den begründeten Sachbezug dürfte selbst wissenschaftliche Beobachter der Herkunftskulturen in manche Erklärungsnot gebracht haben. Daher hat die Einführung des öffentlichen Interesses als zweites argumentatives Standbein Abhilfe geschaffen: Demnach dürfte die Gefahr abschätziger Einstellungen der Bevölkerung gegenüber einer Gruppe von Tätern mit einer bestimmten Herkunft kein Grund sein, auf die Nennung zu verzichten, wenn es ein übergeordnetes öffentliches Interesse gibt – was im Fall der Kölner Silvesternacht zweifellos vorlag. Zumal sich hinter der Furcht vor einem Anwachsen negativer Einstellungen gegenüber bestimmten Personengruppen eine Medienwirkungshypothese verbirgt, die ihrerseits noch nicht bis zu einem unzweideutigen Befund (vor allem mit langfristiger Perspektive) erforscht wurde.

Medienethisch höchst folgenreich ist hingegen der *Schlüsselereignis*-Befund der Münchner Studie: Eine Zunahme der Berichterstattung über „ausländische", „afrikanische" oder „Flüchtlings"-Straftaten darf – ethisch betrachtet – nicht auf ein singuläres Ereignis wie die Kölner Silvesternacht folgen. Vor allem dann nicht, wenn sich die dazugehörigen Straftaten nicht häufen, d. h. die Kriminalitätsstatistik keinen Anlass hergibt, sich intensiver mit Straftaten „ausländischer" Täter zu beschäftigen. Wenn die presseethischen Leitlinien eine situative Abwägung fordern, eine Betrachtung eines jeden einzelnen Falles, dann ist die Berichterstattungswelle infolge geänderter Relevanz- und Selektionskriterien unter den Journalisten tatsächlich ein ethisches Problem, auch weil vom Einzelfall abstrahiert und nach Maßgabe der quantitativ messbaren Realitätsindikatoren übertrieben wird. Dem Einzelfall folgt – wie zumeist – ein medialer Hype. Dieser Mechanismus ist spätestens seit den 1970er Jahren in der Kommunikationswissenschaft bekannt und tritt nahezu zwangsläufig auf[780] – und stellt das eigentliche medienethische Problem dar: Die realweltliche Häufigkeit von Kriminalität wird nicht angemessen repräsentiert und Schlüsselereignisse, besonders aufsehenerregende Straftaten, führen zu einer Änderung der Berichterstattung, die den kontrafaktischen Eindruck entstehen lässt, als würde die Bevölkerung von einer Welle ähnlicher Taten überrollt. Diese hypeartigen Berichterstattungswellen könnten in der Tat dazu beitragen, dass Vorurteile gegenüber Minderheiten geschürt werden.[781]

Aktuelle Befunde eines Mainzer Forscherteams um Marcus Maurer weisen in dieselbe Richtung: Der Vergleich der Berichterstattung zur Flüchtlingskrise mit statistischen Real-Welt-Indikatoren zeigt, dass die Zahl der Zuwanderer schon gesunken war, als die Silvesternacht dem Diskurs eine neue inhaltliche Richtung gab. Fortan stieg die Zahl der Berichte – bei weiter sinkenden Flüchtlingszahlen – massiv an und zugleich drehte der Tenor der zuvor insgesamt positiven Berichterstattung ins Negative. Die Silvesternacht brachte demzufolge einen deutlichen Umschwung in der Medienberichterstattung, und zwar unabhängig von den realweltlichen Fakten: Kriminalität von Zuwanderern wurde nunmehr häufiger thematisiert, mit einer überproportionalen Fokussierung von schweren Verbrechen wie Gewaltdelikten

– und verbunden mit einem zunehmend kritischen journalistischen Unterton.[782] Die Medienberichterstattung, dies kann man aus den Analysen schließen, war zu Beginn der Flüchtlingskrise konsonant und einseitig positiv und wurde dann infolge der Silvesternacht konsonant und einseitig negativ. Dass Übertreibungen dieser Art nicht nur Folgen für das Image von Zuwanderern haben, sondern auch für die Glaubwürdigkeit der Medien selbst, ist eine problematische Nebenwirkung, an der das deutsche Mediensystem bis heute laboriert.

Ein zweites medienethisches Problem entsteht dort, wo fortan grundsätzlich über die Herkunft von Tätern berichtet wird. Hier könnte man die Frage aufwerfen, welchen zwingenden Grund es gibt, auf den individuellen Hintergrund von Tätern bei Straftaten einzugehen, die in keinem sinnvoll begründbaren Zusammenhang zu dieser Herkunft stehen oder nicht von übergeordneten öffentlichen Interesse sind – man denke z. B. an einen Überfall auf eine Tankstelle oder ein Verkehrsvergehen. Ob die grundsätzliche Nennung von Tätern in solchen Situationen zu mehr oder weniger Diskriminierung führt, mag eine empirisch prüfbare Frage sein, der sich die Forschung widmen sollte. Ob man diese Informationen nach Maßgabe einer medienethischen Abwägung verwendet oder nicht, ist dagegen eine Herausforderung des journalistischen Alltages, die bei skrupulöser Betrachtung und nach Maßgabe mitmenschlicher Achtung die Leitlinien des Pressekodex unverzichtbar macht. Eine generelle Nennung der Täterherkunft ist ein durchaus fragwürdiges journalistisches Vorgehen, das bis zur empirischen Klärung der dahinterliegenden Wirkungsfrage nicht flächendeckend umgesetzt werden sollte.

Elftes Kapitel: Exkurs: „*Die Finanzkrise im Spiegel*" – oder die Frage, wie die Sprache von Journalisten Krisen befeuern kann

(in Zusammenarbeit mit Rahel Künkele)

Hintergrund

Die Schockwellen des Zusammenbruchs der US-Bank *Lehman Brothers* im Jahr 2008 lösten eine globale Finanzkrise aus, die zunächst auf den US-Immobilienmarkt beschränkt war, sich dann zu einer internationalen Bankenkrise auswuchs und am Ende in eine europäische Staatsschulden- bzw. Euro-Krise mündete, von der sich das Finanz- und Politiksystem weiter Teile des Westens bis dato (2018) nicht vollständig erholt haben. In der Folge der Krisenkaskaden brachen die internationalen Börsenkurse ein, wurden die Märkte der Welt infolge beispielloser Interventionen der Notenbanken durch massive Zinssenkungen und Bond-Aufkaufprogramme mit Geld geflutet und angesichts der sozialen Folgen sogar reihenweise Regierungen hinweggefegt. Eine der sozialen Folgen der Finanzkrise war beispielsweise eine immens gestiegene Jugendarbeitslosigkeit in Europa – beinahe jeder vierte Jugendliche in der Europäischen Union war 2013 arbeitslos, in Spanien war es jeder zweite.[783] In ganz Europa formierten sich Widerstände gegen die politischen Maßnahmen, die im Zuge der Finanz- und Wirtschaftskrise von Regierungschefs und Institutionen der EU ergriffen wurden. Es entstand die *Blockupy*-Bewegung, die sich gegen das „Krisenregime der Europäischen Union" richtete – und spätestens seit 2015 und 2016 kann auch der um sich greifende Rechtspopulismus in Europa und andernorts als (mindestens indirekte) Folge der Finanzkrise betrachtet werden.

Die Finanz- und spätere Wirtschaftskrise, mit ihrem Ursprung im US-Immobilienmarkt, beeinflusste und beeinflusst das Leben weiter Teile der europäischen Bevölkerung noch heute. Die Informationsquellen der Bevölkerung sind, neben eigenen Erfahrungen, in erster Linie die Massenmedien. Über sie erhielten die Rezipienten Einblicke in Ursachen, aktuelle Entwicklungen und mögliche Konsequenzen der Krise. Und die Komplexität der Krisen-Thematik stellte die Medien vor Herausforderungen – auch in sprachlich-stilistischer Hinsicht. Denn wenn Ökonomen, Spekulanten und Politiker versuchen zu erklären, welche Ursachen und Prozesse sich hinter der Krise verbergen, verwenden sie nicht nur hochspezifische Fachtermini, sondern erklären auch häufig wirtschaftliche Zusammenhänge, die ohne Vorwissen kaum zu verstehen sind.

Die Finanzkrise ließ sich auf eine komplexe Verflechtung verschiedener Ursachen zurückführen, wie Bundesbankpräsident Jens Weidmann im August 2018 rückblickend bilanzierte:

"Beim Entstehen der Krise wirkte ein ganzes Bündel an Faktoren zusammen. Die eine, einfache Erklärung gibt es nicht. Es gab Übertreibungen, Regulierungslücken und Fehlanreize im Finanzsystem. Risiken wurden falsch eingeschätzt und nicht adäquat bepreist. Epizentrum der Krise war der amerikanische Immobilienmarkt, doch die Schockwellen nach dem Platzen der dortigen Blase breiteten sich weltweit aus. Insgesamt war die Widerstandsfähigkeit der Systeme zu gering."[784]

Angesichts des äußerst komplexen Krisengeschehens erhebt der folgende Versuch einer kurzen Zusammenfassung keinen Anspruch auf Vollständigkeit: Der US-Häusermarkt sowie der US-Finanzmarkt stellten den Ausgangspunkt dar. In den USA herrschte seit Mitte der Neunzigerjahre bis ins Jahr 2006 eine Hochkonjunktur auf dem Immobilienmarkt – die Preise für Immobilien stiegen stetig an.[785] Für viele US-Amerikaner gab es Anreize, eine Immobilie zu kaufen. Da die Preise der Häuser immer weiter stiegen und damit die eigene Immobilie von Jahr zu Jahr an Wert gewann, gingen sie von einer klugen Investition und damit von einer Absicherung für die Zukunft aus. Denn selbst wenn sie die Kredite für die Immobilie nicht hätten zurückbezahlen können, wäre im Falle eines Verkaufs des Hauses möglicherweise noch immer ein Gewinn abgefallen.[786] Gleichzeitig sparten sie jedoch immer weniger: Im Durchschnitt lag die Sparquote in den USA bei nur 0,9 Prozent des verfügbaren Einkommens (zum Vergleich: in der Eurozone sparte die Bevölkerung durchschnittlich 8,7 Prozent ihrer Einnahmen).[787] Die Banken hatten angesichts der Preissteigerungen und der Konsumfreude der Bürger ein großes Interesse daran, Kredite für Immobilien zu vergeben, auch wenn die Zahlungsfähigkeit vieler Hausbesitzer oftmals zweifelhaft war.[788] Denn auch diese weniger solventen Kunden waren scheinbar dadurch abgesichert, dass ihnen im Falle einer Zahlungsunfähigkeit noch immer die nun teurere Immobilie blieb. Dieser Optimismus war so stark ausgeprägt, dass Hausbesitzer sogar auf erwartete Preissteigerungen ihrer Immobilie Kredite aufnehmen konnten.[789] Von Rating-Agenturen wurden diese Hypotheken in Tranchen mit einem Rating[790] versehen und mit Hilfe von Zweckgesellschaften (sogenannten „Schattenbanken")[791] weltweit verkauft. Die Käufer wiederum verkauften diese Wertpapiere teilweise weiter. Und diejenigen, die am Ende dieser Kette standen, kannten die tatsächlichen Ausfallrisiken der Papiere oft nicht.[792] Die Verkäufer strukturierten diese Tranchen trickreich möglichst so, dass ein hoher Anteil davon die sichersten Bewertungen erhielt.[793]

Mit einer Erhöhung der kurzfristigen Hypothekenzinsen zwischen 2004 und 2006 bahnte sich die Finanzkrise an: Die Hausbesitzer mussten höhere Zinsen zahlen, wodurch ihre Schulden anwuchsen, die sie wiederum nicht bezahlen konnten. Die Folgen waren gehäufte Kreditausfälle, Pfändungen und Zwangsversteigerungen der Immobilien.[794] Nicht zuletzt durch die Zinserhöhung sanken die Preise für private Häuser ab 2006 plötzlich wieder – die Rechnung ging nicht mehr auf.[795] In der Folge kam es zu weiteren Kreditausfällen bei Schuldnern mit geringer Zahlungsfähigkeit. Denn deren oftmals einzige Möglichkeit, um den Kredit zu refinanzieren, war der Verkauf der Immobilie selbst. Die Immobilien wiederum waren nun weniger wert als noch kurze Zeit zuvor und konnten zum Teil nur mit Verlust weiterverkauft

werden. Schließlich stuften Rating-Agenturen Wertpapiere aus den Boom-Jahren herab und lösten damit eine Kettenreaktion aus, an deren Ende sich viele Banken nicht mehr refinanzieren konnten, weil sich zu viele nun wertlose, toxische Papiere in ihren Bilanzen befanden.[796]
Die Zentralbanken versuchten der Situation entgegenzuwirken, indem sie den Geschäftsbanken mit Liquidität aushalfen.[797] Als die Investmentbank *Lehman Brothers* im September 2008 Insolvenz anmeldete und ihr staatliche Hilfen versagt blieben, führte dies weltweit zu Angst vor weiteren Ausfällen im Leihgeschäft. Die Entscheidung, *Lehman* nicht mit staatlichen Mitteln zu stützen, kann damit auch als „mikroökonomische[r] Katalysator für die dramatische Verschärfung der Finanzkrise"[798] gesehen werden. Überall auf der Welt versuchten die Regierungen der Staaten ihre Finanzsektoren zu stabilisieren, indem sie Banken mit Geld „retteten" – was zu höherer Staatsverschuldung führte: „Die Finanzmarktkrise mündete so direkt in die Verschuldungskrise".[799]
Regierungen und Zentralbanken versuchten mit einigen Maßnahmen, das Vertrauen auf dem Finanzmarkt wiederherzustellen. So garantierten die Regierungen den Bankkunden ihre Spareinlagen und die Europäische Zentralbank (EZB) stellte den Banken ausreichend Geld bereit. Jedoch waren diese Maßnahmen nicht ausreichend.[800] Die Architektur der gemeinsamen Währung in der Eurozone wirkte verstärkend auf die Entwicklung der Krise, da den unterschiedlichen Wirtschaftsräumen das Instrument der Wechselkursanpassung fehlte.[801] Die Nachrichten über die Folgen gingen um die Welt: „Ausfälle von Wertpapieren und Forderungen, Bankenpleiten, starker Vertrauensverlust, Rettung von Banken, Einbruch der Konjunktur und Konjunkturprogramme"[802] und damit eine anwachsende Staatsverschuldung in beinahe jedem Industrieland. Irlands Staatsverschuldung wuchs beispielsweise von 25 Prozent des Bruttoinlandproduktes im Jahr 2007 auf 100 Prozent im Jahr 2010. Island hatte aufgrund der Probleme seines Finanzsektors die drei größten isländischen Banken verstaatlicht. Der Etat des Staates reichte jedoch nicht aus, um diese Banken zu tragen: Am 16. Oktober 2008 war Island zahlungsunfähig.[803] Ungarn war bald mit ähnlichen Problemen konfrontiert und auch Irland bekundete im September 2008 als erstes europäisches Land Finanzierungsprobleme. Der irische Staat bürgte für seine Banken mit 400 Milliarden Euro, was dem doppelten Umfang des irischen Sozialproduktes entspricht.[804] Die Finanzminister der Europäischen Union entschieden sich daraufhin dafür, relevante Finanzinstitute zu stabilisieren. Am 15. November wurden auf dem G20-Gipfel außerdem weitere Maßnahmen und eine Reform des Finanzsystems beschlossen.[805]
Griechische Banken hatten kaum in amerikanische Staatsanleihen investiert. Aus diesem Grund blieb der Staat zunächst von der Krise verschont.[806] Erst später stellte sich heraus, dass sowohl das Haushaltsdefizit als auch der Staatsschuldenstand Griechenlands über Jahre systematisch als zu niedrig ausgewiesen worden waren. Hinzu kam, dass in Griechenland „zahlreiche Einnahmen und Ausgaben 'unsauber' verbucht" sowie „gezielt innovative Finanzierungstechniken eingesetzt" wurden.[807] Im Jahr 2010 wurden diese Vorfälle bekannt und lösten Spekulationen gegen griechische Staatsanleihen aus. Die Spekulationen beschränkten sich jedoch

bald nicht mehr nur auf Griechenland, sondern weiteten sich auch auf Anleihen anderer Länder aus. So begann die Eurokrise. Auch Spanien traf eine Immobilien- und Bankenkrise und Portugal bekam ebenfalls Finanzierungsprobleme.[808] Es folgten weitere finanzielle Hilfen von Seiten der finanzstarken Euroländer: Der sog. Euro-Rettungsschirm, die sog. Rettungspakete für Irland, Portugal und Griechenland (insgesamt knapp 400 Mrd. Euro) sowie ein Erlass der griechischen Staatsschulden in Höhe von rund 100 Mrd. Euro.[809] Es folgten verschiedene Neuwahlen, Regierungskrisen, Regierungswechsel, historische Nachtsitzungen der EU-Gremien zur „Rettung" Griechenlands vor dem „Grexit" und noch heute ist das Kapitel nicht abgeschlossen – man denke an die Finanzprobleme Italiens zum Zeitpunkt der Abfassung dieses Kapitels oder an das „Brexit"-Votum in Großbritannien im Jahr 2016.

Die Medien und das Framing der Krise

Welche Rolle kam nun den Medien im Rahmen der Finanzkrise zu? Zunächst: Der erste Vorläufer der EU, die Europäische Gemeinschaft für Kohle und Stahl (EGKS), wurde bereits 1950 gegründet. Gesamteuropäische Medien entstanden aber nicht, zu stark ausgeprägt sind die sprachlichen, kulturellen und politischen Barrieren innerhalb Europas.[810] Was in Brüssel entschieden wird und welche Entwicklungen sich während der Finanzkrise ergaben, wurde somit fast ausschließlich über nationale Medien an deren nationale Öffentlichkeit weitergetragen. Diese Medien hatten schon allein deshalb so große Bedeutung, weil die Finanzkrise sich weitgehend außerhalb des direkten Erfahrungshorizonts der Bürger abspielte. Damit ging eine Verantwortung der Journalisten einher, sind doch die von den Medien zur Verfügung gestellten Informationen oftmals die einzigen, die die Bevölkerung des jeweiligen Landes rezipiert. Besondere Tragweite haben in diesem Zusammenhang vor allem das Fernsehen und der Printsektor, denn Informationen über Europa erhielten seine Bürger zur Zeit der Krise nach eigenen Angaben in erster Linie über diese Kanäle (58 Prozent Fernsehen und 37 Prozent Print).[811] In Deutschland lagen die Zahlen sogar noch etwas höher, aber auch hier belegten das Fernsehen mit 60 Prozent und der Printsektor mit 46 Prozent die zwei Spitzenpositionen.[812]

Bereits vor Ausbruch der Krise wurden große Hoffnungen in Massenmedien als vierte Gewalt in Europa gesetzt: Neben der Stiftung einer gemeinsamen Identität unter EU-Bürgern sollten sie „durch hinlänglich breite und tiefe Information den transnationalen Diskurs erstehen lassen, die politische Kommunikation über Europa demokratisieren und die EU legitimieren helfen".[813] Tatsächlich stellte die Finanzkrise die Journalisten vor eine anspruchsvolle Aufgabe: So sind die Entwicklungen und wirtschaftlichen Zusammenhänge der letzten Jahre zum Teil schwer zu begreifen und bisweilen noch schwerer zu erklären. Den Journalisten kam und kommt hier die Aufgabe zu, diese komplexen Strukturen verständlich aufzubereiten, da gerade wirtschaftliche Themen die Bevölkerung oft direkt betreffen und nicht jeder Bürger das notwendige Vorwissen mitbringt. Die Rezipienten können zwar neben den Informationen aus den Medien auch eigene Erfahrungen mit der Wirtschaft, wie die Preisentwicklung bei bestimmten Gütern und Dienstleistungen, zurate ziehen.[814]

Nichtsdestotrotz kann die Berichterstattung den Eindruck beeinflussen, den sich ein Mensch von der Wirtschaft macht.[815] So beleuchten Journalisten häufig nur wenige Indikatoren, mithilfe derer sie die Wirtschaftslage erläutern, anstatt die Vielzahl von relevanten wirtschaftlichen Faktoren zu nennen und zu erklären.[816] Die Art und Weise sowie das Ausmaß der Berichterstattung entsprechen dabei oftmals nicht den realweltlichen Entwicklungen.[817] Als Beispiel kann eine Untersuchung von Brettschneider dienen, der feststellte, dass im Zeitraum zwischen 1995 und 1998 ein leichter Anstieg der Arbeitslosigkeit auf vier Millionen Menschen eine Verdopplung der Berichterstattung über dieses Thema nach sich zog.[818] Ein derartiges Phänomen in der Medienberichterstattung lässt sich auch mit der Überschreitung von „psychologisch wichtige[n] und plakativ darstellbare[n] Grenzen"[819] begründen, in diesem Fall die Grenze von vier Millionen Arbeitslosen. Durch eine solche Berichterstattung wird bestimmten Themen und Ereignissen nicht nur überzogene Aufmerksamkeit zuteil, sie werden auch häufig negativer dargestellt, als sie realweltlich sind.[820] Komplexe Informationen werden folglich von den Medien oftmals vereinfacht (z. B. um sie für sich selbst und andere verständlicher zu machen) und gewertet (damit sie beispielsweise vom Rezipienten besser eingeordnet werden können).[821]

Eine Möglichkeit dieser Vereinfachung (mit gleichzeitiger Wertung) stellt das *Framing* dar.[822] Unter Framing sind Deutungsrahmen oder -muster zu verstehen, die von Journalisten vergeben werden und beeinflussen können, in welchen größeren Kontext die Informationen eingeordnet werden.[823] Eine Studie zum Framing in deutschen Tageszeitungen während der Wirtschaftskrise identifizierte für das Krisenjahr 2008 insgesamt acht solcher krisenspezifischen Frames[824]:

Komplexitäts-Risiko-Frame: Neuartige Produkte und Prozesse der Finanzmärkte sind in ihrer Komplexität undurchschaubar, unverantwortlich und tragen immense Risiken in sich.

Globalisierungs-Frame: Die Finanzkrise ist durch die Globalisierung und intensive Vernetzung der Märkte sowie den rapiden Geschwindigkeitszuwachs des weltweiten Handels (mit-)bedingt, was zu schneller, weltweiter Ausbreitung / Ansteckung von Risiken/Krisen führt.

Solidaritäts-Frame: Der Staat setzt zur Behebung bzw. Verhinderung von Krisenphänomenen Steuergeld ein, obwohl die Bankenwelt die Schuld trägt – hier wird auch das Einkommen der im Finanzsektor tätigen Menschen thematisiert.

Gier-Frame: Hier sind moralische Aspekte der Krise subsummiert, Gier und schuldhaftes Versagen von (Finanzmarkt-)Akteuren werden als Ursache der Krise ausgemacht.

Regulierungs-Frame: Die Antwort auf die Ursachen der Finanzkrise und die Prävention künftiger Krisen wird hier in der Regulierung von Finanzmärkten gesehen, beispielsweise werden Verbote bestimmter Produkte gefordert bzw. frühere Deregulierung kritisiert.

Selbstreinigungs-Frame: Hier wird eher auf individuelle Krisenursachen verwiesen, Regulierung als falsch bzw. ineffektiv betrachtet, die Krise erscheint als Teil der natürlichen Entwicklung von Finanzmärkten mit dem Wechsel von Wachstum und Absterben.

Systembedrohungs-Frame: In ihrer Gesamtheit wird die Finanzkrise als akuter Zusammenbruch der Wirtschaft oder schwere wirtschaftliche Depression charakterisiert, sie wird mit historischen Großkrisen verglichen, dramatische Situationsbeschreibungen und Schadensszenarien sowie apokalyptische Spekulationen werden vorgetragen – die Krise erscheint als Ausnahmezustand, der kaum ergründbar ist, es werden massive staatliche Rettungsmaßnahmen gefordert, die alternativlos seien.

Moral-Hazard-Frame: Hier wird angenommen, dass staatliche Rettungsmaßnahmen zu einer größeren Risikobereitschaft der Marktteilnehmer führen könnten – sie also kontraproduktiv wären.

Die Forscher zeigen auf Basis ihrer Inhaltsanalyse, dass in der Medienberichterstattung generell der *Systembedrohungs-Frame* dominierte, 37 Prozent aller Aussagen waren mehr oder weniger apokalyptische Prognosen für den Zusammenbruch von Finanzmärkten und Volkswirtschaften.[825] Für die Rezipienten war der Interpretationsrahmen aufgespannt, die Krise als gewaltige Bedrohung des gesamten wirtschaftlichen Systems zu deuten. Der zweithäufigste Frame *Regulierung*, der allerdings nur 17 Prozent aller Aussagen ausmachte, legte dem Leser nahe, dass zukünftigen Krisen nur durch eine starke Regulierung der Finanzmärkte vorgebeugt werden könne. Die restlichen Frames kamen nur auf Bruchteile des Aufkommens an Aussagen.

Eine weitere Studie untersuchte die Repräsentation wirtschaftlicher Interventionen durch den Staat in deutschen Medien während der Finanzkrise in den Jahren 2008 und 2009.[826] Auch in dieser Studie wurden Frames ausgemacht – sie bezogen sich explizit auf die Interventionen des deutschen Staates als Maßnahmen gegen die Krise. Namentlich handelte es sich hierbei um die zentralen Kernpunkte:

Opel-retten-Frame: Opel und GM sind – teilweise selbstverschuldet – Opfer der Wirtschaftskrise und müssen gerettet werden.

Banken-retten-Frame: Banken sind ebenfalls teilweise selbstverschuldete Opfer und würden von staatlichen Hilfen profitieren.

Wirtschaft-retten-Frame: Auch die Realwirtschaft ist Opfer der Krise und benötigt staatliche Unterstützung.

Wirtschaft-ankurbeln-Frame: Der Staat soll durch Konjunkturmaßnahmen die (Binnen-)Konjunktur aktiv stützen/antreiben.

Regulierungs-Frame: Die Politik fordert Regulierungsmaßnahmen zur Prävention künftiger Finanzkrisen.

Regierungs-Frame: Die Finanzwirtschaft wird von der Regierung als Hauptschuldiger beschrieben; die Bundesregierung trägt jedoch die Hauptverantwortlichkeit für die Behebung der Notlage.

Banken-entmachten-Frame: Ein hauptsächlich von journalistischer Seite herrührender Frame, wonach die Ursache der Krise in der Finanzwirtschaft liegt und deren Befugnisse eingeschränkt werden sollten.[827]

Diese Ergebnisse weisen Parallelen zu den von Bach et al. ermittelten Frames auf, sind jedoch spezifischer auf die Interventionen des Staates ausgerichtet. Parallelen finden sich in erster Linie hinsichtlich der Forderung nach einer stärkeren Regulierung der Finanzmärkte. Wird die gesamte Argumentation im Hinblick auf die angewandten staatlichen Interventionen während der Finanzkrise betrachtet, so stufen die Forscher deren Qualität als schlecht ein: „Die geringe Komplexität und Einseitigkeit der weitaus meisten Beiträge sind Belege für eine [...] unzureichende Darstellung des dramatischen Geschehens und der damit verbundenen politischen Entscheidungen", da die Berichterstattung „nicht den Regeln eines guten rationalen Diskurses folgt und folgen kann".[828]

Mediensprache und (Wirtschafts-)Krisen

Neben *Frames* und der *Qualität der Argumentation* ist auch die *Wortwahl* der Presse während der Finanzkrise von Bedeutung. Medien, auch wenn es sich um vermeintlich homogene Subsparten wie Printmedien handelt, repräsentieren kein einheitliches sprachliches System. Neben den verschiedenen Typen (z. B. Boulevard, Nachrichtenmagazin, überregionale Tageszeitung etc.) unterscheiden sie sich in Bezug auf Rubriken (Wissenschaft, Politik, Wirtschaft etc.) und Präsentationsweisen (Kommentar, Bericht, Glosse etc.).[829] Weiterhin werden z. B. Nachrichten hinsichtlich ihrer Darstellungsform (harte oder weiche Nachrichten) eingeteilt.[830] Trotz dieses Formenreichtums und der vielfältigen Kombinationsmöglichkeiten existieren auch einheitliche Merkmale ihrer Sprache, wie sie bereits von der klassischen Rhetorik systematisiert wurden – etwa in Form verschiedener Stilmittel, die Sprache, unabhängig vom sie tragenden medialen Format, prägen. Dazu zählen z. B. die Metapher, die Personifikation, der Vergleich, der Neologismus, das Wortspiel und die Hyperbel.[831]

Eines der bekanntesten Stilmittel ist die *Metapher*. Der Sprachgebrauch mit Metaphern wird häufig als „bildliche Rede" umschrieben, was jedoch zu Missverständnissen führen kann, da besonders viele Redeweisen als „bildlich" gelten und dieser Begriff daher nicht spezifisch genug ist.[832] Besteht eine Ähnlichkeitsbeziehung zwischen zwei Gegenständen oder Begriffen, kann die Bedeutung des einen Begriffs auf den anderen übertragen werden. Der Ausdruck „eine spitze Bemerkung" überträgt beispielsweise die Eigenschaft „spitz" (in einer scharfen Spitze endend, eine spitze Nadel) auf das Wort „Bemerkung". Wird der gesamte Ausdruck wörtlich gelesen, ergibt sich ein Widerspruch, übertragen wird die „Bemerkung" jedoch als anzüglich oder stichelnd aufgefasst.[833] Die *Personifikation* ist ein Untertyp der Metapher. Wird Unbelebtem (z. B. dem Euro), Abstrakta (der Austerität) oder Kollektivem (der EU) sprachlich Leben verliehen, wird von einer Personifikation gesprochen. Unbelebte Sachverhalte werden als menschliche Gestalten dargestellt, so wird bei „der Euro stirbt" zum Beispiel eine Währung zum Lebewesen gemacht.[834] Beim

Vergleich werden zwei Begriffe verknüpft, die sich in mindestens einem Punkt ähneln. Die unterschiedlichen Vorstellungen werden durch Vergleichspartikel „wie", „als" oder „denn" oder durch Verben/Adjektive des Scheinens oder Gleichens verbunden („Die Kanzlerin kämpfte wie eine Löwin"). Vergleich und Metapher verbindet derselbe Ursprung.[835] Der *Neologismus* ist ein neu erschaffener oder neuartig gebrauchter Begriff.[836] Zum einen wird er genutzt, um neue Gegenstände zu benennen. Zum anderen wird er expressiv und/oder persuasiv, also mit dem Ziel der Überzeugung/Überredung eingesetzt.[837] Neologismen dienen auch der Verdichtung eines längeren Ausdrucks, dem Spiel mit der Sprache oder der Bildhaftigkeit (z. B. „Behördeneuropa" oder „Eurokraten"). Nach einer bestimmten Übergangszeit werden sie teilweise in den allgemeinen Sprachgebrauch übernommen.[838] Beim *Wortspiel* werden gleiche oder ähnlich lautende Wörter in einem Ausdruck gebraucht. Das Wortspiel ist ein Sammelbegriff für verschiedene Arten, sprachliche Ausdrücke beabsichtigt und „spielerisch" zu verändern oder zu kombinieren. Das Wortspiel taucht häufig in der Werbesprache auf. Dies ist vor allem durch seinen witzigen Effekt zu erklären, der bei den Adressaten emotionale und kognitive Zugänglichkeit gewährleisten soll. Häufig werden Laute oder Silben umgestellt, die Morphologie (Form) oder Semantik (Bedeutung des Wortes) umgedeutet (z. B. „Entrüstet euch!") oder mit anderen Buchstaben vermengt, sodass sich ein neuer Sinn ergibt (z. B. „Demokratur").[839] Das Wortspiel kann weiterhin kränkend wirken, wenn beispielsweise der Eigenname verunstaltet wird.[840] Die *Hyperbel* (Übertreibung) dient der Hervorhebung bestimmter Sachverhalte. Sie kann Begriffe auf- und abwerten, verfremden oder emotionale Wirkungen erzielen, z. B. indem metaphorisch übertrieben wird („Schneckentempo"). Hyperbeln werden häufig durch Vorsilben wie ultra-, hyper-, super- oder end- gebildet („Hyperkrise").[841] Neben den bereits vorgestellten Stilmitteln existiert noch eine Reihe weiterer rhetorischer Figuren, von denen jedoch nur noch eines Erwähnung in den folgenden Analysen findet: die *Metonymie*, ein Ausdruck wird durch einen Begriff ersetzt, der mit dem Gemeinten in einer Beziehung steht, z. B. das Weiße Haus – statt der US-Regierung – oder Brüssel – statt der EU-Führungsgremien.[842]

Typisch für die Pressesprache sind eine „Tendenz zu *drastischer Ausdrucksweise*", viel verwendete Superlative und Bildhaftigkeit.[843] Bezüglich der Bildhaftigkeit weist z. B. Wolff darauf hin, dass Journalisten auch dazu angehalten werden, eine bildhafte Sprache zu verwenden. Hier kommen die zuvor vorgestellten rhetorischen Stilmittel ins Spiel: Insbesondere überraschende Metaphern haben den Vorteil, im Gedächtnis der Leser erhalten zu bleiben.[844] Weiterhin typisch für die Sprache der Presse sind Wiederholungen, emotional gefärbte und damit übertrieben wirkende Worte und Komposita (Neologismen/Wortschöpfungen).[845] Letztgenannte werden auf verschiedene Arten gebildet. Verwendung in journalistischen Texten finden z. B. „individuelle Einmalbildung[en]", also Begriffe, die genutzt werden, um einen Augenblick zu umschreiben. Sie dienen sowohl der Variation im Ausdruck als auch der verkürzten, aber treffenden Beschreibung eines Sachverhaltes. So zum Beispiel „Obamanie" für die Begeisterung für den Präsidentschaftskandidaten Barack Obama während des US-Wahlkampfes im Jahr 2008.[846] Weitere Möglichkeiten, einen

Neologismus zu bilden, sind die Nachsilbe -bar („unrettbar") oder die Vorsilben an- (anermitteln, anrecherchieren, angedacht), ent- (entschleunigen) oder ab- (absenken statt senken).[847] Neben den bereits genannten Besonderheiten gehören außerdem rhetorische Stilmittel sowie Sprichwörter und Redewendungen zur typischen Pressesprache. Letztere werden (zum Teil auch in abgewandelter Form) bevorzugt in Überschriften verwendet; in erster Linie um Leser zu werben. Jedoch dienen sie auch der bloßen Auflockerung und/oder bilden „rezeptionssteuernde Signale".[848] So soll zum Beispiel bereits in der Überschrift vermittelt werden, wie der Text vom Autor gewertet wird. Typisch für journalistische Arbeiten (die Presse eingeschlossen) sind weiterhin elegante und/oder wertende Metonymien[849], zum Teil hyperbolische Metaphern[850] und „sprachliche Fertigstücke"[851], also Formulierungen, die von Journalisten regemäßig übernommen werden. Zu Letzteren zählen beispielsweise Ausdrücke wie „freundschaftliche Beziehungen", „ein Zeichen setzen", „auf die Tagesordnung setzen", „schrittweise verwirklichen" oder „wie eine Bombe einschlagen".[852]

Angesichts der hohen Komplexität und des hohen Abstraktionsgrades von Finanz- und Wirtschaftsthemen kommt den Medien hier eine besondere Vermittlerrolle im öffentlichen Diskurs zu.[853] Sie müssen ihre Artikel so aufbereiten, dass sie für die Leser verständlich sind; ja, dies ist sogar ein „universelle[r] Gradmesser für die Qualität journalistischer Produkte geworden".[854] Lüger weist in diesem Zusammenhang darauf hin, dass der Verständlichkeitsgrad eines journalistischen Textes (neben der allgemeinen Adressaten-Gruppe des betreffenden Mediums) zum Teil auch davon abhängt, in welcher Rubrik er veröffentlicht wird und damit, welchem übergreifenden Thema er zugrunde liegt. So seien Beiträge aus dem Wirtschaftsteil oft weniger verständlich als Beiträge aus anderen Rubriken. Dies sei zum Teil darauf zurückzuführen, dass in wirtschaftlichen Artikeln besonders häufig Fachwörter gebraucht würden.[855] In der Rubrik „Wirtschaft" sei vor allem bei Börsenberichten außerdem die Metaphorik besonders charakteristisch. Die Bildhaftigkeit entstamme oftmals den Bereichen *Gesundheit, Sport, Spiel, Verwandtschaft, Technik* sowie *Kampf* und *Krieg*.[856] Diese Metaphern, so Lüger, dienten zunächst der Anschaulichkeit und Auflockerung für den Leser.[857] Da aber auch Hintergrundinformationen meist nicht erklärt, die Sätze oft unpersönlich konstruiert („musste hingenommen werden") und Kollektivsubstantive (Finanzmärkte, Aktienmarkt etc.) benutzt würden, würden Sachverhalte „entsubjektiviert" dargestellt[858]: Es sei nicht mehr erkennbar, welcher Akteur handle und welche Absicht er dabei eigentlich verfolge. Gleichzeitig seien die Handlungsträger plötzlich Abstrakta oder Begriffe, die eigentlich Objekte des Geschehens sind.[859] Beispiele hierfür finden sich auch in der aktuellen Berichterstattung: „Lahmes Debüt des Deutschland-Bonds".[860] Auch hier tritt der Deutschland-Bond als agierend, debütierend auf. Wer verantwortlich ist für den „lahmen" Start, wird indes nicht klar.

Allerdings scheint auch in der Finanzkrise Verständlichkeit oder Informationsvermittlung nicht alleiniges oder maßgebliches Gebot journalistischer Berichterstattung gewesen zu sein. Kirchhoff und Krämer stellen beispielsweise einige spezifische „Imponier-Anglizismen und Fachvokabeln" der Finanzkrise in einem

Katalog zusammen.[861] In ihrer Liste tauchen u. a. „Brückenfinanzierung", „Cash-Pooling", „Finanzarchitektur", „Globale Minderausgaben", „Massekredit", „Moral-Hazard-Problematik", „positive Bilanz" oder auch „Subprime" auf.[862] Werden Fremdwörter und Jargon verwendet, so urteilen die Forscher, hat dies nur noch wenig mit Vermittlung von Informationen zu tun: Ein Journalist, der solche Begriffe nutze, „will nicht vermitteln, sondern predigen, nicht erläutern, sondern blenden, nicht anderen etwas mitteilen, sondern sich selbst in Szene setzen. [...] Er ist das Gegenteil eines guten Journalisten".[863] So zitieren Kirchhoff und Krämer aus dem Duden-Fremdwörterbuch, nach welchem der Gebrauch eines Fremdworts „überall da vermieden werden [sollte], wo Gefahr besteht, dass es der Leser oder Hörer, an den es gerichtet ist, nicht oder nur unvollkommen versteht".[864] Sie stellen außerdem fest, dass bezüglich der Quelle einer Information häufig auf unspezifische „Kreise" statt konkreter Personen verwiesen wird. Dem Leser würde damit die Möglichkeit genommen einzuschätzen, welchen Wert diese Quelle hat.[865] Konkret fragen sie sich zum Beispiel: „Was bitte schön sind *nicht unprominente Kreise* der großen Koalition? Sind sie nun prominent oder nicht? Und was haben sie überhaupt in einer Qualitätszeitung wie der Frankfurter Rundschau zu suchen?"[866]

Die Finanzkrise im Spiegel

Nach dem Zweiten Weltkrieg verfolgten die Siegermächte eine umfassende Erziehungspolitik der deutschen Bevölkerung. Dabei schrieben sie besonders den publizistischen Medien eine hohe Bedeutung zu[867] und verfügten Maßnahmen, um einerseits den Informationsfluss im Land zu kontrollieren und andererseits ein neues demokratisches Pressesystem in Deutschland zu errichten.[868] So wurden zunächst alle deutschen Medien verboten, im zweiten Schritt alliierte Medien eingeführt und schließlich über Lizenzverfahren die alliierten Medien in deutsche Hand zurückgegeben.[869] Der *Spiegel* entstand im Rahmen dieser „reeducation" („Umerziehung") nach anglo-amerikanischem Vorbild, denn neben den vielfach neu eingeführten Zeitungen sollte auch mit Zeitschriften „der Bevölkerung die neue politische und gesellschaftliche Situation deutlich gemacht werden".[870] Die Lizenz für den *Spiegel* erhielten Rudolf Augstein sowie zwei weitere Mitherausgeber. Am 4. Januar 1947 erschien die erste Ausgabe des wöchentlichen Nachrichtenmagazins als Nachfolger von *Die Woche*. Die Beiträge des *Spiegel* stammten und stammen aus den Bereichen Politik, Kultur, Wirtschaft, Wissenschaft und Technik sowie Kultur, Unterhaltung, Medien, Gesellschaft und Sport.

Einen ersten Höhepunkt in seiner öffentlich perzipierten Bedeutung erreichte das Magazin im Verlauf der *Spiegel*-Affäre im Jahr 1962, als aufgrund der regierungskritischen Titelgeschichte „Bedingt abwehrbereit" (Nr. 41, 10. Oktober 1962) der Herausgeber und Chefredakteur verhaftet sowie die genannte Ausgabe beschlagnahmt wurde.[871] Die *Spiegel*-Affäre erregte öffentliches Aufsehen. So wurde auf der Straße gegen den Polizeieinsatz demonstriert und auch die Presse protestierte fast einhellig gegen den Angriff auf das Magazin, der – als Nebenaspekt – zu einem enormen Auflagenanstieg des Blattes führte. Von rund 400.000 Exemplaren verdoppelte sich die Auflage in den folgenden fünf Jahren und verhalf damit dem *Spiegel*, zum publizistischen Meinungsführer aufzusteigen.[872] Zum Zeitpunkt der Finanzkrise lag die Auflage bei circa 900.000 Exemplaren pro Ausgabe. Damit führte der *Spiegel* weiterhin die Reihe der deutschen Wochenmagazine vor dem *Stern* mit einer Verbreitung von knapp 840.000 und dem *Focus* mit 540.000 Exemplaren an.[873] Seine Reichweite betrug 6 Millionen Personen, der weiteste Leserkreis des *Spiegel* lag bei 27,13 Millionen Menschen.[874] Neben seiner starken Stellung auf dem Rezipienten-Markt galt der *Spiegel* im Jahr 2005 außerdem als eines der wichtigsten Orientierungsmedien für Journalisten. So gab in der Studie *Journalisten in Deutschland 2005* ein Drittel der 1533 befragten Journalisten an, den *Spiegel* regelmäßig zu lesen. Einen ähnlich hohen Anteil erreichte nur noch die *Süddeutsche Zeitung*.[875] Personen mit einem hohen Bildungsstand und Nettoeinkommen, die aus den höheren sozialen Schichten stammen, erreicht das Nachrichtenmagazin, auch im Gegensatz zu anderen einflussreichen Medien, überdurchschnittlich häufig.[876] Sowohl aus der Studie *Journalisten in Deutschland 2005* als auch dem *Media Tenor* Zitate-Ranking geht jedoch ein Einflussrückgang des *Spiegels* hervor. So verändere die immer stärkere Ausdifferenzierung der Medien auch das Mediennutzungsverhalten der Journalisten. Sie orientierten sich verstärkt an Special-Interest- und Fachmedien – und damit weniger „am einstigen 'Sturmgeschütz der Demokratie', dem Spiegel".[877]

Sich selbst beschreibt *Spiegel* als „Deutschlands bedeutendstes [...] Nachrichten-Magazin", das „politisch unabhängig" und „niemandem [...] verpflichtet" ist. Laut eigenen Angaben zeichnet er sich durch „gründliche Recherche und verlässliche Qualität" aus und steht „in Deutschland für investigativen Journalismus".[878] Da sich der *Spiegel* sowohl in Bezug auf Verbreitung, Orientierungsmedium für Journalisten, Elite-Lesestruktur als auch Zitierhäufigkeit durch andere Medien weiter an der Spitze befindet und auch seine publizistische Intention über die bloße Funktionserfüllung des Journalismus hinausgeht, ist davon auszugehen, dass ihm noch immer eine Leitrolle zukommt. So erfüllt er die von Wilke ermittelten Merkmale für ein Leitmedium und bekräftigt die Annahme von Wilke: „Wenn ein Presseorgan in der Geschichte der Bundesrepublik Deutschland seit 1949 die Funktion eines Leitmediums erlangte, so das Nachrichtenmagazin 'Der Spiegel'".[879]

Seinen kritisch-investigativen Auftrag erfüllt der *Spiegel* auch mithilfe einer sehr eigenen Sprache, die Hans Magnus Enzensberger bereits in den 1960ern als „Masche" bezeichnete: Sie scheine zwar komplex, aber der Einsatz ihrer typischen Gewitztheit, Terminologie, Modewörter, Rhetorik und Gags sei erlernbar und mache sie damit „anonym"; zu einem „Produkt eines Kollektivs": „Der allgegenwärtige Jargon überzieht das, worüber er spricht, also alles und jedes, mit seinem groben Netz: die Welt wird zum Häftling der Masche. Genauer als mit jedem anderen Ausdruck läßt sich die *Spiegel*-Sprache mit diesem Wort kennzeichnen, das aus ihrer eigenen Sphäre stammt."[880] Zur typischen Sprache gehörten bereits damals umgangssprachliche Wendungen, die Meidung von Fremdwörtern, starke Verben, gezielt eingesetzte Adjektive und besonders viele Wortneubildungen[881] mit englischen Einflüssen. Die Funktion der so vielfältig vorkommenden Neologismen sieht Just darin, dass die Autoren lange Ausdrücke vermeiden wollten. Damit dienten sie zunächst der reinen Information.[882]

Er gibt jedoch zu bedenken, dass diese Informationen dadurch häufig ungenau seien und die Wortneubildungen somit zu Missverständnissen führen könnten. Außerdem sei „zu vermuten, daß der Durchschnittsleser dem geschlossenen Wort weniger kritisch als dem Satz gegenübersteht, so daß man ihm mit der Komposition eine in der Nachricht versteckte Meinung unterschieben kann".[883] Weiterhin findet er im *Spiegel* einen eigenwilligen Satzbau und eine starke Bildhaftigkeit, unter anderem durch Kontraste und bildhafte Vergleiche. Damit sei der Stil des *Spiegels* oftmals tendenziös und „[d]ie Wirksamkeit [...] wird durch den Gebrauch von Klangmitteln, wie Reimen und Stabreimen, sowie bewußten Wiederholungen [...] zusätzlich erhöht".[884] Die Sprache diene dem Transport von Meinung und Wirkung: „[E]r [der *Spiegel*] ist auf Wirkung ausgerichtet – sowohl auf Faszination des Lesers als auch auf politische Beeinflussung –, ist aber auch Mittel anschaulicher Information".[885] Während Just davon ausgeht, dass in den Artikeln des *Spiegels* Fremdwörter möglichst vermieden werden, sieht Yang diese als die „wichtigste sprachliche Besonderheit"[886] des Magazins. Dabei meint er besonders jene Fremdwörter, die aus dem Englischen übernommen werden. Diese These stützen auch seine quantitativen Ergebnisse: In 24 untersuchten Ausgaben des *Spiegels* macht er 10.070 Anglizismen aus, was einer Häufigkeit von drei Anglizismen pro Seite entspricht.[887]

Wie stellte der *Spiegel* vor diesem Hintergrund die Finanzkrise sprachlich dar? Eine deskriptive Studie zu emotionalen Konnotationen im *Spiegel* zwischen September 2008 und September 2009 deutet darauf hin, dass in den Beiträgen des *Spiegel* besonders häufig negative Emotionen benannt wurden (sowohl explizit als auch semantisch-assoziativ).[888] Dabei wurden vor allem (mit abnehmender Häufigkeit) die Emotionen Besorgnis, Furcht, Angst und Verzweiflung erwähnt. In Anlehnung an Neidhardt weisen die Forscher darauf hin, dass „[h]insichtlich der Medienberichte [...] eine explizit auf Emotionen abzielende Darstellung und Deutung der Krise vor allem Aufmerksamkeit erzeugende und bindende Effekte entfalten [kann]".[889] Eine Studie von Peter et al. untersuchte die verwendeten Sprachbilder in 52 Beiträgen des *Spiegel* während der Finanzkrise.[890] Untersucht wurden Artikel aus dem Zeitraum von August 2008 bis September 2009. Es wurden Metaphern, Metonymien, Vergleiche und Personifikationen sowie Sprachbilder erfasst und quantitativ sowie qualitativ textanalytisch ausgewertet. Die Sprachbilder wurden in vier Kategorien unterteilt, die, so die Forscher, für sich selbst wiederum als *Frames* fungieren.[891] Die thematischen Felder waren *Natur* (Frame: die Krise ist ein unabwendbarer Zustand, ein quasi „natürlicher" Vorgang), *Körper* (Frame: das Wirtschaftssystem ist eine „anthropologisch gegebene Konstante", deren schlechtem Funktionieren aber entgegengewirkt werden kann), *menschliche Praxis* (Frame: die Krise ist selbstverursacht und steuerbar) und *Metaphysik* (Frame: es wirken übergeordnete, undurchdringliche Kräfte). Die Metaphorik des *Spiegels* stammte dieser Studie zufolge hauptsächlich aus dem Bereich *Praxis*, gefolgt von *Körper*[892], *Natur* und zuletzt *Metaphysik*. Bei der Frage, ob die Krise eher als „natürlich" präsentiert wird (mit der Folge, dass Menschen nichts gegen sie unternehmen könnten) oder ob sie von Menschen „gemacht" wurde (und damit Steuermöglichkeiten bietet), zeigen die Ergebnisse der Studie ein recht ausgeglichenes Verhältnis.[893]

Die bisher referierten Analysen zeigen, dass der *Spiegel* in der Forschung für seine bildhafte und wertbeladene Sprache bekannt ist. Wie Peter et al. anmerken, fehlt es jedoch bisweilen an einer Analyse, die die Sprachbilder differenziert betrachtet.[894] Im Zuge der Finanzkrise ist in der Berichterstattung weiterhin von zahlreichen Akteuren, Institutionen, Ländern und übergeordneten Abstrakta die Rede. Mithilfe einer quantitativen Analyse von 50 Artikeln des *Spiegels* in den Jahren 2010 und 2011 zum Thema Wirtschafts- und Finanzkrise wird im Folgenden eingehender analysiert, wie die weiter oben referierten Stilmittel *Metapher, Hyperbel, Personifikation, Neologismus, Vergleich* und *Wortspiel* verwendet wurden.

In einem ersten Schritt wurden zur Schätzung der Grundgesamtheit alle Artikel des *Spiegel* zum Thema Wirtschaftskrise in den Jahren 2010 und 2011 mit Fokus auf Europa gesammelt. Wurde in den Beiträgen thematisch auf die Wirtschaftskrise hingewiesen, wurden die Artikel in die Analyse aufgenommen. Es handelt sich somit um eine intramediale (nur ein Medium wird betrachtet) und monothematische Analyse (es wird in Bezug auf nur ein Themengebiet analysiert).[895] In einem zweiten Durchgang wurde die bis dahin große Anzahl der Artikel mithilfe eines objektiven Selektionskriteriums, ihrer Zeichenzahl, eingeschränkt, um einen realistisch zu bewältigenden Datenkorpus zu erhalten. Die minimale Länge der zu analysierenden Artikel wurde auf 15.000 Zeichen festgelegt. Kurze Meldungen und Berichte bieten schon allein aufgrund ihres Umfangs weniger Möglichkeiten einer bildhaften Sprache.[896] Um die Vergleichbarkeit zu gewährleisten, war es in einem dritten Schritt notwendig, die Auswahl noch weiter einzuschränken. Denn nicht bei allen der bisher 54 ermittelten Artikel handelte es sich um Beiträge der gleichen Präsentationsweise.[897] In die Auswahl wurden folglich alle journalistischen *Spiegel*-Artikel aufgenommen, die den Themenschwerpunkt Finanzkrise mit Europabezug aufwiesen und die mindestens 15.000 Zeichen lang waren – in der Summe 50 Artikel.

Basierend auf Literaturrecherchen und einer Probedurchsicht von Beiträgen wurde ein erster Katalog an Stilmitteln erstellt, auf die sich die Analyse beziehen sollte. Einige Begriffe wurden doppelt codiert. Wenn es sich beispielsweise um hyperbolische Metaphern handelte, wurde der Begriff sowohl als Metapher als auch als Hyperbel codiert. Formulierungen, die sich auf zwei Kategorien beziehen, wurden ebenfalls für beide Kategorien codiert. Als Beispiel kann der Begriff „Griechen-Krise" angeführt werden. Dieser wurde sowohl für *Griechenland* als auch für *Krise* als *Neologismus* codiert. Analyseeinheiten stellten die ermittelten 50 *Spiegel*-Artikel dar. Codiert wurde jedoch ausschließlich der Fließtext der Artikel. Überschriften, Zwischenüberschriften, Bildunterschriften sowie Teaser wurden nicht mit in die Analyse einbezogen, da davon auszugehen ist, dass sich deren Sprache vom Fließtext unterscheidet. Auf diese Weise wurden in den 50 *Spiegel*-Beiträgen insgesamt 2751 Stilmittel erfasst. Davon waren 1219 Metaphern (44 Prozent), 828 Personifikationen (30 Prozent), 316 Hyperbeln (12 Prozent), 302 Neologismen (11 Prozent), 67 Vergleiche (zwei Prozent), und 19 Wortspiele (unter einem Prozent).

Die Wirtschafts-, Finanz-, Schulden- und Eurokrise wurde als ein Gesamt-Phänomen unter dem Oberbegriff *Krise* subsummiert. Wie wurde diese Krise in der Sprache des *Spiegels* stilistisch dargestellt? Sowohl 2010 als auch 2011 wurde sie hauptsächlich mit Metaphern beschrieben (39 Metaphern im Jahr 2010 und 53 im Jahr 2011).

Tabelle 1: Stilmittel zur Charakterisierung der Krise (n)

	Metapher	Hyperbel	Personifikation	Vergleich	Neologismus
2010	39	9	2	4	10
2011	53	18	6	4	7
Summe	92	27	8	8	17
Anteil %	61	18	5	5	11

Lügers Analysen zufolge entstammen die *Spiegel*-Metaphern im Bereich der Wirtschaftsberichterstattung häufig aus Kontexten wie *Sport, Spiel, Kampf* und *Krieg, Technik* und *Verwandtschaft*. Dies trifft auch auf die Metaphorik der Finanzkrisen-Beiträge zu: So ist z. B. von der „Schlacht um den Euro"[898], dem „Endspiel um den Euro"[899], einem „Sieg der Maschine über den Gigolo" die Rede.[900] In einigen Ausgaben wird ihr Verlauf mit Theatermetaphorik (Kategorie *Spiel*) geschildert, so werden hier einzelne Entwicklungsstufen als „Akte" oder die Krise als „Drama" bezeichnet.[901] Sowohl die Kriegs-, Sport- als auch Theatermetaphorik stützen die These von Peter et al., dass die Krise vom Leser dahingehend gedeutet werden kann, dass sie selbstverschuldet und steuerbar ist (Frame: *menschliche Praxis*). Die Verwendung der o. g. Stilmittel lässt die Vermutung plausibel erscheinen, dass die Krise vom Leser als besonders dramatisch (sowohl durch Kriegsmetaphorik als auch durch den hohen Anteil an Hyperbeln), lächerlich (u. a. Theatermetaphorik) oder sensationell (Sportmetaphorik) aufgefasst werden könnte. Auch die von Peter et al. ermittelten Felder *Natur* und *Körper* tauchen in der vorliegenden Analyse auf. So wird die Krise beispielsweise als „Strudel"[902], „Sturm"[903] oder „Herz-Kreislauf-Zusammenbruch" bezeichnet.[904] Im Gesamteindruck dominieren effektheischende, dramatisierende Hyperbeln („Europas Krise, riesig, dramatisch, größer noch, als sie sich der vorausschauende Hedgefonds-Manager [...] anfangs ausgemalt hatte"[905]) und sehr starke, z. T. hyperbolische Metaphern („der größte Bankraub aller Zeiten"[906]).

Besonders hyperbolisch werden die in den Artikeln genannten (befürchteten) Konsequenzen der Krise dargestellt. Hyperbeln können dazu dienen, Sachverhalte auf- oder abzuwerten. In Bezug auf die befürchteten Konsequenzen war besonders Letzteres der Fall, wobei die Hyperbeln hier häufig in Verbindung mit Metaphern gebraucht wurden. So heißt es beispielsweise: „Die Politiker in der gesamten Euro-Zone würden sich möglicherweise rasch an das süße Gift der EZB gewöhnen."[907] Es droht die Konsequenz, dass „die Welt wirklich am Abgrund" steht[908] oder die Krise „Europa um Jahrzehnte zurückwerfen [könnte], vielleicht würde es sich von diesem Schlag auch nie mehr erholen".[909]

Tabelle 2: Stilmittel zur Charakterisierung des Euro (n)

	Metapher	Hyperbel	Personifikation	Vergleich	Neologismus
2010	23	4	12	1	3
2011	27	3	17	2	12
Summe	50	7	29	3	15
Anteil %	*48*	*7*	*28*	*3*	*14*

Im Mittelpunkt der Besorgnis der *Spiegel*-Autoren steht u. a. die Gemeinschaftswährung *Euro*, wurde aus der Subprime-Krise doch nicht nur eine Banken-, Staatsschulden- und Griechenland- sondern auch explizit eine Euro-Krise. Neben Metaphern wurden hier vor allem Personifikationen verwendet, der Euro also subjektiviert. Bezüglich des Euro, der „Schönwetterwährung"[910], zeigte sich, dass Stilmittel häufig Bezug auf seinen Verfall nehmen. So ist er beispielsweise „zerbrechlich".[911] Übertrieben wird er seltener dargestellt, jedoch taucht mehrmals der Ausdruck von der „gefährlichsten Währung der Welt" auf.[912] Die Personifikationen beziehen sich oftmals auf die von Peter et al. beschriebene *Körper*-Kategorie und der „Verfassung" der Gemeinschaftswährung: Dem Euro werden Eigenschaften wie „labil, angreifbar" zugeschrieben, er „krankte [...] [von Anfang an] an einem schweren Geburtsfehler"[913] und die Chancen, dass er „überlebt", werden von den *Spiegel*-Autoren als „geringer denn je" eingeschätzt.[914] Insgesamt wird die Gemeinschaftswährung in den Artikeln des *Spiegels* häufig als schwach, krank, gefährlich und zerbrechlich umschrieben. Der Euro erscheint sehr menschlich und u. U. auch bemitleidenswert durch seine „Krankheiten".

Bei der Charakterisierung der *Finanzmärkte* war das am häufigsten eingesetzte Stilmittel die Personifikation. Das zweithäufigste Stilmittel war die Metapher, gefolgt von der Hyperbel. Es konnten nur wenige Neologismen ermittelt werden. Die derart zum Leben erweckten Finanzmärkte seien „aufgeregt"[915] und „dümpeln"[916] oder vollführen „hysterische Bocksprünge".[917] Beispielsweise seien die Märkte in der Vergangenheit „von ihren regulatorischen Fesseln befreit" und „konnten [...] ihr gefährliches Eigenleben entwickeln." Es wurde ein „Monster [...] geschaffen", das jedoch wieder „gezähmt werden kann".[918]

Auch die *Banken* als Teil des Finanzsystems wurden bevorzugt personifiziert und mit Metaphern versehen. Übertrieben werden die Banken selten dargestellt. Und auch Neologismen tauchen insgesamt seltener auf. Die große Anzahl an Personifikationen kommt zum einen durch bereits verbreitete und damit etablierte Personifikationen zustande, wenn z. B. die Deutsche Bank „keine Stellung nehmen [will]"[919] oder die Banken sich „untereinander kein Geld mehr [liehen]".[920] Zum anderen werden die Banken auch als „Spieler", Kranke oder Süchtige bezeichnet[921], die „auf Geldspritzen [...] angewiesen"[922] sind – eine Medizin, die ihnen „notfalls [...] zwangsweise eingeflößt wird." Während immer mehr Maßnahmen gegen die Verschärfung der Krise ergriffen würden, „sind [sie] bereits dabei, ein neues Spielcasino zu eröffnen".[923] Ein prominenter Neologismus im Zusammenhang mit den Banken entstammt dem Vokabular der Naturkatastrophen – das „Bankenbeben".[924]

In der gemeinsamen Betrachtung von Finanzmärkten und Banken nehmen Personifikationen eine herausragende Stellung ein. Die starke Vermenschlichung der Finanzindustrie durch „Kollektivsubstantive"[925] wie „Märkte", „Banken" und „Hedgefonds" führt zu einer „Entsubjektivierung" des Sachverhaltes, sodass letztlich nicht mehr klar ist, wer wie mit welcher Absicht handelt – und wem Verantwortung zuzuweisen ist. Zugleich entbinden sie von einer differenzierteren Analyse von ursächlichen Zusammenhängen und erleichtern eine anschauliche, narrative Darstellung. Personifikationen erlauben es dann diesen ohnehin schon vagen Begriffen, sprachlich Handlungen auszuführen, die sie in der Realität nicht vollbringen können. So müssen die eigentlichen Akteure nicht benannt werden. Es besteht folglich Grund zu der Annahme, dass die „Entsubjektivierung" durch die Personifikation noch verstärkt wird. Verbunden mit den negativen Formulierungen der meisten Wendungen entsteht eine sinistre, undurchschaubare Erzählung vom Versagen unpersönlicher, unverantwortlicher, unkontrollierter und machtvoller Systeme.

Tabelle 3: Stilmittel zur Charakterisierung von Finanzmärkten, Banken und speziell Lehman Brothers (n)

	Metapher	Hyperbel	Personifikation	Vergleich	Neologismus
2010	53	17	94	3	1
2011	77	29	122	2	9
Summe	130	46	216	5	10
Anteil %	32	11	53	1	2

Anders fällt die sprachliche Darstellung des zweiten größeren Kontexts der Finanzkrise aus – der EU bzw. der Währungsunion. Hier finden sich vor allem viele Neologismen, Begriffe wie „Behördeneuropa"[926], „Euro-Club"[927] oder auch „Merkel-Europa".[928] Die verwendeten Metaphern handeln meist von Zerstörung: So gehe ein „Riss [...] durch den Kontinent"[929] bzw. durch Europa[930] und Europa „droht [...] auch politisch zu erodieren".[931] Personifiziert stehe die „EU-Familie"[932] „vor dem Zerreißen".[933] Weiterhin habe die EU eine „Statik"[934], sie sei ein „Konstrukt aus glitzernden Häusern mit klingenden Namen, die Riesenschachtel voller Ideen [...], das babylonische Monster"[935] und eine „Fehlkonstruktion", die Gefahr liefe, gesprengt zu werden.[936] Recht häufig lehnt sich die Sprache auf diese Weise an Kategorien der Architektur an, verbunden mit Befürchtungen von Zusammenbruch und Zerstörung.

Tabelle 4: Stilmittel zur Charakterisierung von Europa, der EU und der Währungsunion (n)

	Metapher	Hyperbel	Personifikation	Vergleich	Neologismus
2010	31	9	11	-	11
2011	58	13	40	3	10
Summe	89	22	51	3	21
Anteil %	*48*	*12*	*27*	*2*	*11*

Als Teil der EU bzw. der Währungsunion werden auch die sie tragenden Staaten in den Beiträgen erwähnt und personifiziert. So verlieren die Mitgliedsstaaten (und nicht die handelnden Regierungsvertreter) beispielsweise „langsam die Geduld mit der Mannschaft von Ministerpräsident Papandreou".[937] Weiterhin müsse darauf geachtet wird, dass die Staaten „fit bleiben".[938] An anderer Stelle wird gemutmaßt, dass die Staaten „ihre Selbstherrlichkeit und einen guten Teil ihrer Macht verlieren" werden und „nur noch ein Schatten ihrer selbst [sind]".[939] Hyperbeln fanden sich selten, ebenso Vergleiche und Neologismen – der Fokus der angewandten Stilmittel liegt somit eindeutig auf den Personifikationen. Das lässt die Mitgliedsstaaten als Runde von Personen erscheinen, die Beschlüsse fassen, als säßen sie an einem Tisch. Begriffe wie „der Europäische Rat" oder „die Regierungschefs der Währungsunion" werden häufig zugunsten von Ausdrücken wie „Mitgliedsstaaten", „Staaten der Währungsunion" oder „Partnerländer" vermieden. Die auch hier auftretende „Entsubjektivierung" kann somit dazu führen, dass ganze Staaten (um die o. g. Personifizierung aufzugreifen) vom Leser als „selbstherrlich" empfunden werden und nicht deren Regierungschefs.

Wendet man den Blick weg von „Akteuren" wie Banken, Märkten und Staaten hin zu deren Handlungen, erkennt man einen Vorrang von Metaphern und Neologismen. Auch Vergleiche werden genutzt, um Handlungen und Prozesse zu verbildlichen – und dies oftmals klar wertend. So wirkt beispielsweise das Zitat „Lasst uns Geld drucken, so lautet das Rezept, und die Schuldenkrise in einem Meer von Liquidität ertränken"[940] mit seiner Metaphorik vom „Rezept" und der hyperbolischen Metapher „Meer von Liquidität" wie ein ironischer Appell. Etwas ironisch mag auch der Ausdruck „Brüsseler Fahrplan" für Sparmaßnahmen in Griechenland wirken.[941] Das „Retten" von Banken und Staaten kommt besonders häufig vor und die Anstrengungen der Verantwortlichen werden bildhaft umschrieben. So werden z. B. Gesetze durch Parlamente „gepeitscht" und Paragraphen „gedehnt".[942] Die Autoren bedienen sich auch Metaphern aus dem Sport, indem sie z. B. von einem „Befreiungsschlag" sprechen[943], ein Ausdruck, der laut Duden dem Eishockey- und Fußballsport entlehnt wurde. Prominente Neologismen sind beispielsweise die sogenannten „Zwangshilfen für Banken".[944] Handlungen, Maßnahmen und Prozesse zur Bewältigung der Finanzkrise werden in der Gesamtschau überwiegend negativ dargestellt. Einerseits werden die Anstrengungen betont, die Akteure wie Staaten, die EU oder Banken unternehmen, um die Probleme zu lösen – zumeist werden diese aber als zu schwach charakterisiert, angesichts der (vermeintlichen) Übermacht des Finanzsystems und der Komplexität der Probleme. So würden Europas Führer „nur Heftpflaster verteilen, wo eine Operation an den inneren Organen der Union nötig wäre".[945] Vertrauen in die Leistungsfähigkeit der Politik und ihrer Institutionen wird so nicht erzeugt.

Tabelle 5: Stilmittel zum Vorgehen gegen die Krise (n)

	Metapher	Hyperbel	Personifikation	Vergleich	Neologismus
2010	44	11	10	1	16
2011	57	7	2	3	19
Summe	101	18	12	4	35
Anteil %	59	11	7	2	21

Eine besondere Unterkategorie der Analysen stellten Finanzhilfen dar, die für notleidende Banken und Staaten im Rahmen der Krisenbewältigung entwickelt wurden. Diese Form finanzieller Unterstützung wurde aus Gründen der Differenzierung in einer separaten Kategorie erhoben. Worte wie „Rettungsschirm", „Rettungspaket" oder auch „Geldtopf" stehen für diese Maßnahmenpakete, hier finden sich viele Neologismen, darunter neue Wortzusammensetzungen wie die „Griechenland-Hilfe".[946] Innerhalb der thematischen Unterkategorie *Finanzhilfen* spielte die Gruppe der sogenannten PIIGS-Staaten eine besondere Rolle. Diese umfassen nach ihren Anfangsbuchstaben Portugal, Irland, Italien, Griechenland und Spanien. Hier wurden gemeinsam diejenigen Länder zusammengefasst, die im Zuge der Wirtschaftskrise mit Finanzierungsproblemen konfrontiert waren. Ob denkbare Assoziationen zu dem englischen Wort „pigs" (Schweine) bei der Entwicklung dieses Begriffs beabsichtigt waren, lässt sich nicht feststellen – allerdings würde eine rein alphabetische Auflistung den Begriff GIIPS nahelegen und auch eine geographische Logik bringt nicht zwangsläufig den Begriff PIIGS hervor. Und wenn von „Südländer[n]"[947], „Freizeitweltmeister[n] am Südrand Europas"[948] oder schlicht dem „Mittelmeer"[949] die Rede ist, ist dies nicht nur faktisch falsch, sondern angesichts der unterschiedlichen Problemlagen vor Ort auch kollektivistisch, vereinfachend und abwertend. Weder liegt Irland im Süden noch am Mittelmeer. Und auch Portugal liegt geographisch am atlantischen Ozean.

Demgegenüber tauchen in den Berichten des *Spiegel* die Länder mit weitgehend stabilen Finanzen als gemeinsame Gruppe auf. Diese werden als Gegenpol z. B. mit dem Begriff „Überschussländer"[950] oder „Kern solider Volkswirtschaften im Norden"[951] bezeichnet. Besonders interessant erscheint hier der Vergleich der Stilmittelanteile zwischen beiden Gruppen; der „Mark-Wirtschaft", die Gruppe mit weitgehend stabilen Finanzen, und der „Lire-Wirtschaft"[952], der „unsoliden" Staatengruppe. Diese Dichotomie ist zwar ebenfalls schon in ihrer Sprachlogik (sachlich) falsch, ermöglicht aber einen empirischen Vergleich der verwendeten Stilmittel (Tabelle 6).

Tabelle 6: Stilmittel zur Charakterisierung „reicherer" EU- (Mark) und GIIPS-Staaten (Lire) (n)

	Metapher		Hyperbel		Personifikation		Neologismus	
	Mark	Lire	Mark	Lire	Mark	Lire	Mark	Lire
2010	31	13	7	1	38	16	11	6
2011	20	8	5	1	22	7	18	4
Summe	51	21	12	2	60	23	29	10
Anteil %	*35*		*7*		*40*		*19*	

Beim Vergleich der beiden Gruppen zeigt sich durchgängig ein gehäufter Gebrauch von Stilmitteln in der Gruppe der „soliden" Mark-Staaten: Metaphern kommen hier mehr als doppelt so häufig vor, Hyperbeln sechsmal so oft. Bei Personifikationen und Neologismen erhöht sich die Anzahl um den Faktor drei. Dabei weisen die verwendeten Stilmittel zur Beschreibung der „reicheren" EU-Staaten eine stärker positive Valenz auf als diejenigen der Lire-Staaten. So werden sie als „Sonnenseite der Union"[953] bezeichnet.

Betrachtet man die einzelnen Länder im Vergleich, dann ist Deutschland direkt nach Griechenland das Land, dem die Autoren die meisten Stilmittel zuordnen – hauptsächlich Metaphern (54) und Personifikationen (72), zumeist mit positiver Valenz: So wird Deutschland bildlich als „Motor"[954], „sicherer Hort"[955] oder „Konjunktur-Lokomotive"[956] bezeichnet, die „vergleichsweise kraftstrotzend da [steht]".[957] Aber Deutschland wird auch in negativer Hinsicht als „Export-Junkie"[958] beschrieben, dessen „Staatsschulden [sich] inzwischen auf die schwindelerregende Summe von knapp acht Billionen Euro addieren".[959] Griechenland wird mit Abstand am häufigsten mit Stilmitteln versehen. Alle rhetorischen Mittel zusammengenommen wurden diesem Land in beiden Jahren insgesamt 251 Stilmittel zugeordnet. Dies entspricht knapp 10 Prozent aller in der Analyse ermittelten Figuren. Besonders auffallend ist die Anzahl der Metaphern sowie der Neologismen, aber auch Personifikationen – und die Valenz ist überwiegend negativ: So wird Griechenland zum Beispiel als „Geldbombe"[960] bezeichnet. Das Land erscheint zugleich als Opfer und Täter, gezeichnet von Korruption und bevölkert von Menschen, denen es an Disziplin mangele. Folglich zweifeln die *Spiegel*-Autoren, „ob die verschriebene Rosskur den Patienten wirklich gesund oder eher noch kränker macht".[961]

Tabelle 7: Stilmittel zur Charakterisierung von Griechenland (n)

	Metapher	Hyperbel	Personifikation	Vergleich	Neologismus
2010	52	18	31	1	18
2011	58	20	25	4	24
Summe	110	38	56	5	42
Anteil %	*43*	*15*	*22*	*2*	*17*

Die anderen „Problem"-Länder werden, vielleicht mit Ausnahme Irlands, ebenfalls überwiegend negativ dargestellt, zumeist im Kontext von Rettungsmaßnahmen. Wie stellte der *Spiegel* nun in der Gesamtschau die Finanzkrise dar? Zumindest für den hier gewählten zeitlichen Ausschnitt und die zugrunde gelegten Analysekategorien kann man von einem charakteristischen Eindruck sprechen, den das Magazin vermittelt. Basierend auf einer stark metaphorischen, oft hyperbolischen und personifizierenden Sprache...

... wird die Finanzkrise als Großkrise, Drama, Kriegsereignis und Katastrophe dargestellt – effektheischend, dramatisierend und sprachlich übergroß gezeichnet,

... werden die Konsequenzen der Krise in die Nähe des Weltuntergangs gestellt, als Abgrund oder Super-GAU bezeichnet, geeignet, Staaten und Staatenordnungen, Banken und Unternehmen, ganze Gesellschaften zu vernichten,

... wird die Gemeinschaftswährung Euro als schwach, gefährlich, nicht zu retten dargestellt, kränklich und voller Geburtsfehler,

... werden Finanzmärkte und Banken durch Personifikationen als undurchschaubare, abstrakte und zugleich handelnde bzw. wirkmächtige Akteure (Monster, Zocker) bezeichnet, die einerseits zerstörerische Kräfte entfalten, andererseits dringend Hilfe bräuchten – durch die Entsubjektivierung wird konkrete Verantwortung handelnder Personen und eine sachliche Analyse von Ursachen und Lösungen obsolet, vielmehr wird einer weiteren Dramatisierung und Überzeichnung der Darstellung Vorschub geleistet,

... wird Europa als zerstritten, hilflos, überfordert, monströs fehlkonstruiert dargestellt; unfähig, seine Probleme zu lösen,

... werden die Staaten Europas selbstherrlich, realitätsblind und unfähig dargestellt – ebenso die Gremien der EU,

... wird das Management der Finanzkrise durch Staaten und EU-Akteure auf die Rettung von Banken und Staaten reduziert – überdies negativ gezeichnet, u. a. als ineffektiv, oberflächlich und gefährlich,

... werden südeuropäische bzw. notleidende nationale Volkswirtschaften und Staaten als unverantwortlich, faul, sündig, unsolide abgewertet, während nordeuropäische Länder als solide, erfolgreich, stark dargestellt werden,

... wird in der Gesamtschau der Eindruck einer Kollision unpersönlicher, unverantwortlicher, unkontrollierbarer Systeme, Staaten und Akteure vermittelt, der die Menschen mehr oder weniger hilflos ausgeliefert sind – vergleichbar mit einer Naturkatastrophe,

... entsteht letztlich der Eindruck, die beschreibenden Journalisten wüssten viel besser, wie man der Krise beikommen könnte, welche Ursachen sie habe und wie man ihre Konsequenzen beherrschen könnte – der Gestus ist der eines besserwissenden Beobachters, der teils erschrocken, teils amüsiert ist.

Wie Medien Krisen befeuern...

Der Fairness halber muss an dieser Stelle zunächst gesagt werden, dass andere Medien sich weit drastischer äußerten – sowohl bei der Dramatisierung als auch z. B. bei der Abwertung von „Euro-Sündern". So bezeichnete der *Focus* beispielsweise „die Griechen" als „Betrüger in der Euro-Zone". Auf der Titelseite war eine griechische Göttin aus Marmor mit einem Stinkefinger abgebildet. Michalis Pantelouris kommentierte in einem Dossier für die *Bundeszentrale für politische Bildung*:

> „Die Symbolik des Titels, in der die Venus wahrscheinlich eher stellvertretend für „die Griechen" stehen sollte, die der Euro-Familie den Finger zeigen, wurde in Griechenland instinktiv als Verhöhnung eines nationalen Symbols verstanden, einer nationalen Reliquie – mithin des ganzen Landes."[962]

Und zur Berichterstattung der *Bild*-Zeitung, die Griechenland z. B. mit dem Kollektivbegriff „Pleite-Griechen" verhöhnte, merkte er an:

> „Die Euro-Krise wurde aus der Perspektive deutscher Medien, und damit letztlich auch der deutschen Öffentlichkeit, vor allem zu einer „Griechenland-Krise" umgedeutet – ausgelöst durch „die Griechen", die auf Kosten anderer Länder ein arbeitsarmes (nicht arbeitsames!) Leben auf der satten Basis von „Luxus-Renten" führten. [...] Einen ihrer traurigen Tiefpunkte erreichte die lautstark von der größten deutschen Zeitung angeführte Kampagne im Oktober 2010, als Politiker aus den hinteren Bänken des Bundestages schlagzeilenträchtig in der Bild fordern durften: 'Verkauft doch eure Inseln, ihr Pleite-Griechen!'"[963]

Im Ton trat der *Spiegel* bei weitem nicht so drastisch auf, im Tenor bisweilen schon. Immerhin erkannte Kolumnist Thomas Fricke im Januar 2018, dass den Griechen und anderen „Südländern" durchaus Unrecht getan wurde – allerdings sah er nicht den *Spiegel* selbst in der Schuld:

> „Es gibt Medienexperten, die sagen, dass die Leute so gern 'Dschungelcamp' gucken, weil sie da Leute sehen, die (noch) doofer sind. In dem Sinne war die Eurokrise für uns Deutsche eine tolle Sache, so eine Art Reality-Dauersendung ohne Script. Da konnten wir täglich in der 'Bild'-Zeitung lesen, wie die Griechen wieder irgendwas nicht hinbekommen, schludern, pfuschen. Und die Spanier und Portugiesen uns jedenfalls Geld kosten. Ohne sich anzustrengen. Failed States, kaputte Staaten. Südländer halt. Wogegen wir fleißig, ordentlich, pünktlich sind. Prima. Zum Jahresstart also mal ein kleines Sorry gen Süden? Aus dem Dschungelcamp. Mit Besserungsgelöbnis. Und eine Umdeutung der Hans-Werner-Sinn-Krise. Wahrscheinlicher ist: Die Südländer waren nie so marode, wie sie in hiesigen Dschungelshows geredet wurden. [...] Der tiefere Grund für die Eskalation dürfte nicht die Mentalität gewesen sein (zumal, sagen wir, Irland ja nur bei sehr großzügiger Auslegung im Süden liegt), sondern die Schockwelle, die von Jahrhundertfinanzkrise und Lehman-Pleite ab 2008 ausging. Laut Auswertungen von Historikern haben es solche Bankenkrisen an sich, ganze Staaten in Schuldenprobleme zu stürzen – als Folge, nicht Ursache: weil viel Geld für die Rettung

von Banken draufgeht. Und zappelige Anleger nach solchen Crashs panisch in die supersicherste Anlage flüchten. Glück fürs Bundesbank-Land, Pech für die anderen. Was nicht heißt, dass es in Griechenland nicht auch Ausgabenexzesse gab."[964]

Und auch in der Dramatisierung der Ereignisse neigte der *Spiegel* nicht zu den drastischsten Ausdrucksformen – dramatisierte jedoch mit großer Konsequenz und befand sich damit in angesehener (medialer) Gesellschaft, wie das Magazin *Cicero* anlässlich der Berichterstattung im Jahr 2011 kommentierte:

> „In den vergangenen Monaten hat der *Spiegel* genau vier Mal das Ende des Wirtschaftssystems ausgerufen. Das Heft 25 war einem [sic!] „Nachruf auf eine gemeinsame Währung", die – so der Titel – „Plötzlich und unerwartet" gekommen sei. Dann fragte das Magazin seine Leser „Geht die Welt bankrott?", zwei Wochen später war der „Gelduntergang" schon da. Ende September tickte auf dem Titelblatt ein an Dynamit geketteter Euro. Die Münze diente zugleich als Zifferblatt, „Die Geldbombe" zeigte fünf vor zwölf. Um Worte für die Wirtschaftskrise zu verwenden, griffen Journalisten in den vergangenen Monaten teils sogar auf Kriegsvokabular zurück. So bezeichneten *Zeit*, *Welt* und die *Tagesschau Online* die Beziehungen zwischen Europa, den USA und China als „Währungskrieg". Im Magazin *Stern* empfahl ein Experte denn auch gleich, als „Abwehrwaffe" eine „Brandmauer", um die Schuldenstaaten zu errichten. Die *Süddeutsche* bezeichnete die weltweiten Proteste gegen die Banken als „Kollateralschaden der Geldindustrie". Neben militärischen Begriffen sind auch Katastrophenvergleiche beliebt, wenn von der „finanziellen Kernschmelze" (*Bild*) oder einem „Banken-Beben" (*Handelsblatt*) die Rede ist. Am 9. August verfolgte *Spiegel Online* die Geschehnisse an den Börsen atemlos im Live-Ticker, in sechs Teilen. Die *Financial Times Deutschland* rief schon mal die „Angst vor dem neuen Lehmann" aus [...]. Als hätten die Journalisten aus der Geschichte nichts gelernt, folgen sie heute einem neuen Mainstream: den Untergang herbeizuschreiben, ja, zum Zwecke der Auflagen- und Quotensteigerung beinahe herbeizusehnen. Wenn nötig, mit Kampfesparolen. Ja, auch CICERO ONLINE folgte ab und zu der Kriegsrhetorik – etwa mit den Artikeln „Finanzielle Massenvernichtungswaffen" oder „Kindersoldaten des Kapitals". Vielleicht wäre es endlich mal Zeit innezuhalten."[965]

Jenseits der Frage, wie es ethisch zu bewerten ist, wenn Medien stereotyp und herabwürdigend über Völker, Staaten und deren Institutionen berichten, ist die Frage ethisch relevant, welche Verantwortung Medien dafür haben, wenn sich aus Problemen und Missständen Krisen und „Großkrisen" entwickeln. Wie die eingangs referierten quantitativen Inhaltsanalysen zeigen, stellten fast 40 Prozent aller in den Medien getätigten Aussagen die Finanzkrise als wirtschaftliches Weltuntergangszenario dar, mit Regulierungen und staatlichen Eingriffen als einzigem Mittel zur Rettung vor dem Abgrund.[966] Dass solche apokalyptisch-negativistischen Schreckensbilder mit Blick auf Medienwirkungen nicht folgenlos sind, zeigen einschlägige Modellstudien: Eine frühe Analyse der Art, wie mediale Darstellungen Krisen befeuern, sie bisweilen überhaupt erst entstehen lassen, veröffentlichte Hans Mathias Kepplinger bereits in den 1970er Jahren im Zusammenhang mit der sogenannten Ölkrise. Basierend auf Inhaltsanalysen und Realwelt-Statistiken konnte er zeigen, dass die negativistische Darstellung der Medien – hier mit Blick auf die Versorgung der Bundesrepublik mit Rohöl und Rohölprodukten – zu einem Anstieg der Sorgen in der Bevölkerung führte. De facto war die Versorgungslage zu Beginn der „Krise" gut, die medialen Befürchtungen fußten eher auf Vermutungen denn auf Fakten. Doch das mediale Krisenszenario beherrschte die öffentliche Wahrnehmung – die tatsächliche Situation rückte in den Hintergrund:

> „Die Sorgen der Bevölkerung stiegen im Gefolge des Anstiegs der negativen Berichterstattung und fielen im Gefolge ihres Rückgangs. [...] Die Bevölkerung (und die Unternehmen) kauften im Gefolge der zunehmend negativen Berichterstattung und ihrer wachsenden Sorgen mehr Rohölprodukte als in vergleichbaren Jahren. [...] Als Folge der gestiegenen Nachfrage und der beschränkten Kapazität der Raffinerien kam es zu Versorgungslücken. [...] Die Medien berichteten umfangreich über die erkennbaren Versorgungslücken und die dadurch verstärkten Sorgen der Bevölkerung. Die Bundesregierung beschränkte die zulässige Höchstgeschwindigkeit und erließ deshalb, da ihr die tatsächliche Versorgungslage bekannt war, am 9. November 1973 ein Fahrverbot für Kraftfahrzeuge an vier Sonntagen. [...] Die Medien charakterisierten im Gefolge dieser Entscheidung die Situation zunehmend als Krise und erklärten sie vor allem durch das Verhalten der arabischen Staaten und der Erdölgesellschaften."[967]

Am Ende dieses Prozesses, der das Wesen einer selbsterfüllenden Prophezeiung hatte, stand die Ölkrise als eines der Urerlebnisse der zunehmend umweltbewegteren deutschen Bevölkerung in den 1970er Jahren. Dass allerdings die Medienberichterstattung entscheidenden Anteil an der Entstehung der Krise selbst hatte, ist bis heute nur randständig wahrgenommen worden. Doch es sind die Medien, die in modernen Gesellschaften die Deutungshoheit über Krisen haben – am Beispiel der Ölkrise:

> „Die Versorgungslage der Bundesrepublik Deutschland wurde [...] eindeutig von den Massenmedien bzw. von den Journalisten und nicht von anderen Personen oder Institutionen als Krise etikettiert. Geht man davon aus, dass die negative Berichterstattung der Massenmedien über die Versorgung der Bundesrepublik Deutschland mit Rohöl und Rohölprodukten im Oktober und November die übersteigerte Nachfrage wesentlich mit verursacht hatte, dann definierten die Massenmedien einen Zustand als Krise, den sie selbst entscheidend mit herbeigeführt hatten. Dabei waren die Massenmedien bzw. die für sie arbeitenden Journalisten gerade diejenigen, die die Situation im Unterschied zu Politikern, Wirtschaftlern und Wissenschaftlern für eine Krise hielten."[968]

Die Finanzkrise haben die Medien sicherlich nicht „herbei geschrieben" – auch nicht der *Spiegel*. Wenn man jedoch berücksichtigt, wie stark psychologische und sozialpsychologische Mechanismen (z. B. von Marktakteuren) die tatsächliche Wirtschaftsentwicklung und die Lage an den Finanzmärkten beeinflussen können[969], dann ist es unzweifelhaft, dass dramatisierende Darstellungen zumindest nicht zu einer Entspannung krisenhafter Entwicklungen führen oder zu deren ruhigem, sachlichen Management beitragen. Schon in der initialen Zuweisung der grundlegenden

Bedeutung eines Sachverhaltes sind es die Medien, die bestimmen, wovon die Gesellschaft spricht: „Die Verwendung wertender Begriffe, z. B. des Begriffes „Krise", ist ein Mittel zur Definition einer Situation, die einem zunächst objektiven oder wertfreien Sachverhalt seine gesellschaftliche Bedeutung gibt."[970] Und auch in der späteren Entfaltung des Krisengeschehens sind es mediale Deutungen und Darstellungen, die den Verlauf medial mehr oder weniger befeuerter Krisen beeinflussen.

Ganz ähnlich kommentierten auch Beobachter aus Medien und Wissenschaft die problematische Zuspitzung der Krisenrhetorik und in ihrem Gefolge das (wahrgenommene) zugespitzte Krisengeschehen – etwa erneut der *Cicero*:

„Die schlechte Stimmung – das ist Psychologie – wird von geltungsbedürftigen Experten, Politikern auf Wählerfang und vor allem von den Medien zusätzlich angeheizt. Wie unmittelbar Nachrichten sich auf den Finanzmärkten auswirken, zeigte sich im Mai dieses Jahres. Die Nachrichtenagenturen Dow Jones und dapd spekulierten damals, dass ein zweites Rettungspaket für Athen bis zu 60 Milliarden Euro schwer sein könne. Prompt stieg der Euro-Kurs. Besonders irreführend war die Berichterstattung des Fernsehens über die diesjährige Schuldenkrise, wie aus einer Analyse des Forschungsinstituts Media Tenor International vom August hervorgeht. Die Wissenschaftler warfen den Journalisten darin „Hysterie und Lückenhaftigkeit" vor. Demnach befassten sich im ersten Halbjahr in zehn untersuchten Ländern 59 Prozent aller Nachrichten mit Griechenland oder Portugal. „Die Dramatisierung der Krisen stand in keinem Verhältnis zur wirtschaftlichen Bedeutung dieser Länder", sagte Christian Kolmer, Leiter des Forschungsprojekts. Seine Schlussfolgerung: „Die Berichterstattung über die Staatsverschuldung hat der jüngsten Krise den Weg gebahnt, indem sie das Vertrauen in die US-Wirtschaft weiter erschüttert und andererseits den Blick von den größten Problemfällen abgewandt hat." Zudem verdeckt der einseitige Fokus auf die Euro-, Staatsschulden- und Bankenkrise die wirklichen Krisen dieser Welt: etwa die Hungerkrise in Somalia – durch die Spekulationen an den Finanzmärkten mit ersteren verquickt – oder die Situation in Syrien, im Jemen oder Libyen."[971]

Etwas zurückhaltender, aber durchaus in eine ähnliche Richtung argumentierte der Kommunikationswissenschaftler Bertram Scheufele in der *Zeit* im Oktober 2008:

„Anhand der Massenmedien versuchen Investoren, das Verhalten von Kleinanlegern zu antizipieren, einen etwaigen Herdentrieb vorwegzunehmen und für die eigene Strategie fruchtbar zu machen. Nach dem Motto: „Ich glaube, dass Medien wenn schon nicht auf mich, dann doch auf andere wirken. Daher versuche ich, mit der vermuteten Medienwirkung zu spielen." Das Problem ist nur: Die Sache ist so komplex, so viele Faktoren spielen eine Rolle, dass die Wirkung einzelner Faktoren sehr schwer nachweisbar ist. [...] Es gibt in der Tat eine Tendenz seit den siebziger Jahren hin zu negativerer Berichterstattung. Viele Wissenschaftler sehen hier einen direkten Zusammenhang mit der zunehmenden Politikverdrossenheit und der zunehmenden Zahl der Protestwähler in westlichen Demokratien. In wirtschaftlichen Fragen, also auch jetzt in der aktuellen Finanzkrise, kann eine übertriebene Krisenberichterstattung zu Verunsicherung in der Bevölkerung führen. Denn das Thema ist sehr komplex. Die Funktion der Medien, komplizierte Inhalte, wie beispielsweise Leerverkäufe, verständlich zu erklären, ist nun wichtiger denn je."[972]

Verständliches Erklären stand jedoch nicht überall im Mittelpunkt der Berichterstattung. Vielmehr trug die Form der Darstellung, etwa im *Spiegel*, eher zur Dramatisierung des Geschehens bei. Orientierung und Aufklärung leistet eine derart gestaltete Sprache nur in den seltensten Fällen. Vielmehr trägt sie zu einer Schwarz-Weiß-Zeichnung und Zuspitzung bei, fördert möglicherweise negative Einstellungen gegenüber europäischen Ländern, Partnern, Institutionen und Prozessen, gegen die eigene Politik und die Funktionsweise der europäischen Demokratien und ihrer Mechanismen. Stereotypen werden auf solche Weise eher befördert als kritisiert, proaktives, lösungsorientiertes Krisenmanagement ins Lächerliche gezogen, Ängste geschürt und einer allgemeinen Euro- bzw. EU-Depression Vorschub geleistet – nicht zuletzt auch populistischem Gedankengut, das in ähnlicher Weise auf Vereinfachung, Dramatisierung, Entsubjektivierung und Schwarz-Weiß-Zeichnung sowie einen allgemeinen Katastrophen-Duktus setzt.

Die Finanzkrise ist beileibe kein Sonderfall, aber angesichts der wahrgenommenen Größe der Probleme kam es auch zu besonders großen Übertreibungen in der journalistischen Darstellung. Dieses Muster ist typisch für journalistische Krisen- und Skandalberichte, wie Hans Mathias Kepplinger betont: „Zwischen der Einschätzung der Größe der Missstände und der Akzeptanz von Übertreibungen besteht ein enger Zusammenhang: Je größer der Missstand erscheint, desto eher sind Übertreibungen im Interesse seiner Beseitigung akzeptabel."[973] Über zwei Drittel der deutschen Journalisten billigen übertreibende Darstellungen, wenn sie in ihren Augen dazu dienen, ein Problem zu beseitigen.[974] Und auch die sprachlichen Übertreibungen und Schmähbegriffe, die angesichts der Finanzkrise zu lesen waren, sind an sich typisch für diese Art von Berichterstattung, dazu die Suggestion von Katastrophen und maximalen Schadensszenarien, „Horror-Etiketten" zur Erzeugung von Angst, „Verbrechensassoziationen", die Verallgemeinerung von Extremfällen und „Katastrophen-Collagen".[975]

Beim *Spiegel* sind Dramatisierungen und apokalyptische Schwarzmalerei jedenfalls durchaus keine Seltenheit – eher Masche, um noch einmal Enzensbergers Urteil zu zitieren. Besonders augenfällig wurde dies erneut nach der Wahl von Donald Trump zum US-Präsidenten im Spätjahr 2016. *Welt*-Autor Thomas Schmid kritisierte Aufmachung und Tenor des Magazins vehement:

> „Das aktuelle Cover des „Spiegels" ist wegen seines apokalyptischen Furors vielen unangenehm aufgestoßen. Zu Recht. Trump als übergroßer Feuerschweif kurz vor dem Aufprall auf dem Globus, vor dem Verschlingen des Globus, der Weltuntergang steht vor der Tür. Mancher, der von dieser Hemmungslosigkeit geschockt war, warf besorgt die Frage auf, ob der „Spiegel" nun auch vollends auf Knalleffekte setze und damit sein Hauptgeschäft, das Hinterfragen und Aufklären, verrate, zumindest aber hintansetze. Nein, das ist kein Bruch. Wie es auch nicht angemessen wäre, das Blatt als ein Organ des Hinterfragens und Aufklärens zu verstehen. Das war es noch nie. Zweifellos hat der „Spiegel" große Verdienste, die nach ihm benannte Affäre ist eines der wichtigsten

davon. [...] Worum es mir hier eigentlich geht, ist etwas ganz Einfaches. Im „Spiegel" hat sich die Geste des Politik- und Politikerentlarvens früh verselbstständigt – man kann es in den alten Ausgaben Seite um Seite nachlesen. Es herrschte und herrscht ein Generalverdacht gegen Politiker. Nicht nur, dass sie uns hinters Licht führen. Vor allem gilt fast immer und überall: *Sie können es nicht.* Sie sind unfähig, ahnungslos, tölpelhaft, gierig, korrupt, verschlagen, provinziell: Die Litanei ließe sich fortsetzen. Natürlich gibt es solche Politiker. Es gibt aber auch andere, bessere, verantwortungsvollere. Letztere stellen die Mehrheit, und nicht zuletzt das hat zum nachhaltigen Erfolg der Bundesrepublik Deutschland beigetragen. Liest man jedoch quer durch die „Spiegel"-Ausgaben der vergangenen sieben Jahrzehnte, dann muss man den Eindruck bekommen, es handle sich um eine beispiellose Geschichte des Misserfolgs, des Scheiterns, des Verfehlens des demokratischen Ziels. [...] Natürlich hat der „Spiegel" recht, wenn er Missstände aufdeckt. Diese ergeben aber nicht das ganze Bild. Das Blatt macht sie aber notorisch zum ganzen Bild. Das schwierigste journalistische Fach – das Berichten über das Gelingen – findet beim „Spiegel" kaum statt. Das hat zwei ungute Folgen. Mit seiner Fokussierung auf die Fehler im System trägt das „Sturmgeschütz der Demokratie" beim Publikum kräftig dazu bei, Politik zu *delegitimieren.* Im Namen der Aufklärung hat der „Spiegel" den Generalverdacht gegen Politik und Politiker genährt: schmutziges, undurchsichtiges Geschäft. Hohe Phrasen, hinter denen sich dunkle Machenschaften verbergen. Der „Spiegel" hat seiner Leserschaft die Überzeugung eingeflößt, dass man Politikern im Grunde nie trauen kann. Tatsächlich aber kann man vielen von ihnen trauen. Und sie machen einen guten Job – auch weil sie sich auf eine Heerschar guter Beamter und gut gefügte Institutionen stützen können. [...] Das leitet unmittelbar zur zweiten unguten Folge über. Wenn die Politik so miserabel und die Teufelskerle aus Hamburg so ungeheuer auf Draht sind, dann wissen sie wohl, wie's besser zu machen wäre. Mehr noch: Im Laufe der Jahrzehnte hat der „Spiegel" seinen Lesern beigebracht, dass Politik eigentlich etwas ganz Einfaches ist – wenn nur die Fähigen zum Zuge kommen. Der „Spiegel" betreibt eine konsequente Reduktion von Komplexität. Dass die Politik wie der Mensch ein krummes Holz ist, aus dem kaum etwas Gerades geschnitzt werden kann, dass Politik in der Klemme von Dilemmata, Prioritäten, Zufällen und schlicht Ereignissen steckt – das kommt in der „Spiegel"-Welt nicht vor. Diese ist daher politisch äußerst schlicht. [...] Ganz unschuldig ist das Blatt nicht daran, dass Elite fast schon zum Schimpfwort geworden ist."[976]

Dass diese Betrachtungen eines Journalisten nicht einfach dem Neid auf die Kollegen geschuldet sind, sondern mit Blick auf die darin enthaltenen Mediendarstellungs- und -wirkungsthesen durchaus plausibel sind, unterstreichen Zeitreihendaten aus der politischen Kommunikationsforschung. Längsschnittanalysen zeigen folgende zentrale Trends, die auch für den thematischen Zusammenhang dieses Kapitels relevant sind und in der Einleitung zu diesem Buch bereits vorgestellt wurden:[977]

- Seit den 1970er Jahren wurden die Medienberichte über Politik immer negativer, der Anteil der Berichte, die sich mit (vermeintlichen) Skandalen befassten, stieg immer mehr an, die Politik wurde zunehmend als eigensüchtig, inkompetent und nicht problemlösungsfähig dargestellt.

- Seit den 1970er Jahren hat der Respekt vor den Fähigkeiten deutscher Politiker massiv abgenommen, im Gefolge einer immer skandalorientierteren, sensationalistischeren und negativistischeren Berichterstattung der Massenmedien.
- Zugleich verbreitete sich der Eindruck, dass Politiker sich nicht dem Gemeinwohl, sondern nur Eigeninteressen verpflichten.
- Seit Mitte der 1980er Jahre wird Politikern auch zunehmend Wahrhaftigkeit abgesprochen, der Eindruck verbreitete sich, dass man ihnen nicht trauen könne.
- Daten aus den USA und Deutschland zeigen, dass mit zunehmendem Pessimismus und Negativismus in der Politik-Berichterstattung die Entfremdung der Bürger von Politik und Demokratie wächst, die Politikverdrossenheit steigt, politischer Zynismus um sich greift.
- Negative Informationen wirken nachhaltiger auf Rezipienten als positive, negativistische Grundtendenzen der Berichterstattung leisten eher einen Beitrag zur sogenannten „Medienmalaise" als sie politisch positive, d. h. mobilisierende Effekte haben könnten.

Was hat das mit dem thematischen Komplex der Finanzkrise zu tun? Experten für Wirtschaftsberichterstattung gehen davon aus,

„[...] dass die Wirtschaftsberichterstattung eine unverzichtbare Grundlage für wirtschaftliches Verständnis und Urteilsbildung in der Bevölkerung darstellt. Insbesondere in Krisensituationen, während derer die ökonomische Entwicklung als unsicher und bedrohlich wahrgenommen wird, sollte den Medien demnach die Aufgabe zukommen, die Komplexität der wirtschaftlichen Realität zu reduzieren und den Rezipienten geeignete Maßstäbe zu ihrer Bewertung zur Verfügung zu stellen."[978]

Doch das tun die Medien nur in eingeschränktem Maße: Langzeitstudien zur Wirtschaftsberichterstattung zeigen, dass sich beispielsweise der „immer wieder beklagte Negativismus in der Wirtschaftsberichterstattung der Fernsehnachrichten wiederfinden [...]" lässt.[979] Wirtschaftsberichterstattung neige zur Vereinfachung und vernachlässige die Erklärung von Kausalzusammenhängen. Auch würden nur wenige, sehr prominente Indikatoren für Wirtschaftsentwicklung (z. B. Arbeitslosenzahlen) referiert und selten das ganze (komplexe) Bild gezeichnet. Zugleich würden negative Entwicklungen besonders intensiv, häufig und groß aufgemacht berichtet, während positive Entwicklungen seltener und weniger stark beachtet werden.[980] Da die Bevölkerung wirtschaftliche Informationen in erster Linie aus den Medien bezieht, führt derart negativistische Berichterstattung zu Pessimismus, sinkenden wirtschaftlichen Erwartungen und Schuldzuweisungen gegenüber Politik und Wirtschaftseliten.[981]

Das vorliegende Kapitel ist bewusst als Exkurs bezeichnet worden, verweist es doch auf ein komplexes und viel beforschtes Themenfeld der Publizistik- und Kommunikationswissenschaft an der Schnittstelle von Mediennutzungs-, Medienwirkungs- und politischer Kommunikationsforschung. Die Frage, wie Medien

Politik und Wirtschaft darstellen, wie diese Darstellung rezipiert wird und wie sie wirkt – mit welchen individuellen und gesamtgesellschaftlichen Folgen – ist zu komplex, um sie im Rahmen eines Bändchens zur Medienethik des frühen 21. Jahrhunderts erschöpfend behandeln zu können. Und doch hat ein solcher Exkurs seinen Stellenwert – zur Illustration wesentlicher medienethischer Probleme, die mit dem Begriff der „journalistischen Verantwortung" zu tun haben: Verkürzt gesagt, tragen Journalisten durch ihre Art der Darstellung und deren Tenor auch Verantwortung für die Folgen, die eine solche Berichterstattung (mutmaßlich oder empirisch untermauert) entfalten kann.

Der Begriff der Verantwortung ist für die vom Soziologen Max Weber definierten Kategorien der Ethik und Rationalität zentral. Weber unterscheidet zwischen Zweck- und Wertrationalität. Zweckrational handelt, „wer sein Handeln nach Zweck, Mitteln und Nebenfolgen orientiert"[982] und diese gegeneinander rational abwägt. Wertrationales Handeln hingegen berücksichtigt nicht die absehbaren Folgen. Vielmehr handelt ein Verfechter der Wertrationalität „im Dienst seiner Überzeugung von dem, was Pflicht, Würde, Schönheit, religiöse Weisung, Pietät, oder die Wichtigkeit 'einer Sache' gleichviel welcher Art ihm zu gebieten scheinen. Stets ist [...] wertrationales Handeln ein Handeln nach 'Geboten' oder gemäß 'Forderungen', die der Handelnde an sich gestellt glaubt."[983] Diesen unterschiedlichen Ansätzen der Rationalität ordnet Weber verschiedene Ethiken zu: die Verantwortungs- und die Gesinnungsethik. Wer verantwortungsethisch handelt, übernimmt Verantwortung sowohl für die beabsichtigten als auch für die unbeabsichtigten Folgen seines Handelns und orientiert sein Verhalten an diesem Grundsatz. Dafür muss der Handelnde die Folgen seines Handelns abschätzen können.[984] Gesinnungsethisch handelt, wer die Verantwortung für unbeabsichtigte Konsequenzen seines Handelns ablehnt und dieses ausschließlich nach bestimmten Normen ausrichtet. Das bedeutet nicht, dass ein Gesinnungsethiker verantwortungslos handelt, vielmehr macht er eine bestimmte ethische Forderung zum allein gültigen Maßstab.[985] Laut Weber ist das wertrationale Handeln mit der Gesinnungsethik und das zweckrationale mit der Verantwortungsethik verbunden. Das Zusammenspiel aus Zweckrationalität und Verantwortungsethik werde im Handeln von Politikern ersichtlich. Dagegen könnten Journalisten als Beispiel für Wertrationalität in Kombination mit einer gesinnungsethischen Haltung gelten.[986] Hier wird folglich das „Verhältnis zwischen Kommunikationsabsicht, Folgen der Berichterstattung sowie Mitverdienst und Mitverantwortung von Journalisten für die Folgen ihrer Publikationsentscheidung"[987] beschrieben.

Die entscheidenden Fragen in diesem Zusammenhang sind nicht empirisch, sondern normativ: Wer trägt dafür Verantwortung, wenn Partnerländer und deren Bevölkerung zunehmend negativ und despektierlich dargestellt und von Mediennutzern wahrgenommen werden? Wer trägt Verantwortung für Pauschalisierungen und stereotype Berichte, die zu Ressentiments (z. B. gegen Griechen) führen können? Wer trägt dafür Verantwortung, dass Menschen durch massiv dramatisierende Berichterstattung verängstigt werden und in der Folge z. B. ihr finanzielles Verhalten, ihr Verhalten als Bankkunden, Konsumenten oder Wähler ändern? Wer trägt dafür Verantwortung, wenn allseits der Eindruck entsteht, politische und wirtschaftliche Eliten seien zumindest vollständig unfähig, wenn nicht kriminell und korrupt – und in der Folge Vertrauensverluste in der Bevölkerung auftreten, etwa gegenüber dem eigenen Staatswesen, der Demokratie, ihren Institutionen und Akteuren, der EU und deren Gremien, Führungsfiguren, Institutionen und so weiter? Wer trägt die soziale, volkswirtschaftliche und politische Verantwortung von Entfremdung, Verdrossenheit und Abwendung? Oder anders gewendet: Ist denn die politische und wirtschaftliche Entwicklung Deutschlands und Europas in den letzten 30, 40 oder 50 Jahren – etwa verglichen mit anderen Weltregionen oder früheren Jahrhunderten – tatsächlich so schlecht, so verheerend, so apokalyptisch gewesen, dass dies eine entsprechend zynische und negativistische Berichterstattung rechtfertigen würde? Leben und lebten wir tatsächlich inmitten beispielloser Krisen, die schlecht oder gar nicht gemanagt wurden? Was bringt es, wenn führende Medien sich eher in apokalyptischem Grusel an einer vermeintlich schrecklichen Realität delektieren, anstatt sachlich und unaufgeregt zu berichten, was *ist*, *warum* es so ist und *wie* man es sachlich beurteilen und perspektivisch verbessern könnte?

Zwölftes Kapitel: Exkurs: „Das Interview als Verhör" – oder die Frage, wie man mit Interviewfragen das Trennungsgebot aushebeln kann Gastbeitrag von Bernd-Peter Arnold

„Never forget who the star of the interview is".[988] Der amerikanische Journalismusdozent John Brady benennt mit dieser Empfehlung ein zentrales Problem des Interviews als journalistischer Darstellungsform – auch und vor allem in Deutschland. Das Interview als wichtigste Dialogform ist nämlich ungeeignet für journalistische Selbstdarstellung. Es geht ausschließlich um die Gewinnung von Informationen aus einer authentischen Quelle. Dabei kann es um Sachinformationen zu einem Thema gehen, um die Meinung des Interviewten oder um Informationen zur Person des Gesprächspartners. Der Interviewer ist Vermittler, der durch Fragen Informationen gewinnt, der diese aber weder selbst gibt noch bewertet.

Im Folgenden geht es um Interviews in Radio oder Fernsehen, also um „gesprochene" Interviews, das heißt um die direkte Abbildung eines Dialogs. Interviews in gedruckten oder Online-Medien sind demgegenüber Konstrukte. Dies bedeutet, dass aus einem Gespräch ein Frage-Antwort-Spiel konstruiert wird. Deshalb ist es auch üblich, dass in diesen Fällen dem Interviewpartner das Interview zum Gegenlesen und zur Autorisierung vorgelegt wird. Zurück zum Interview in Radio und Fernsehen. Es dient – wie gesagt – der Gewinnung authentischer Informationen. Dies ist im Zeitalter des Internets von noch größerer Bedeutung als zuvor. Insbesondere die Gefahr durch die sozialen Medien mit ihrer Fülle an nicht überprüfbaren Informationen, die zum Teil aus dubiosen Quellen stammen und den Adressaten mit durch Algorithmen gesteuerten Informationen manipulieren, macht das Interview als originäre Informationsform immer wichtiger. Die sozialen Medien gaukeln den Menschen vor, stets umfassend und aktuell informiert zu werden. Dabei übersehen viele, dass sie weniger Sachinformationen als vielmehr persönliche Eindrücke, Erlebnisse und vor allem Bewertungen von Informationen erhalten, die die klassischen Medien generiert und auf die Agenda gesetzt haben. Die professionellen journalistischen Medien liefern also letztlich die Basis für die sozialen Medien. Dies geschieht nicht zuletzt durch Interviews – vorausgesetzt, diese werden zur Informationsgewinnung benutzt und nicht zur Anklage von Gesprächspartnern oder zur Selbstdarstellung der Interviewer.

Umso bedauerlicher ist, dass viele journalistische Interviews oftmals elementare Grundsätze des Handwerks vermissen lassen, stattdessen aber zu Formen der Manipulation, der Meinungsmache und der journalistischen Selbstdarstellung verkommen. Diese sind vom ursprünglichen Ziel dieser journalistischen Darstellungsform weit entfernt. Der amerikanische Medienforscher Neil Postman, stets konstruktiver Kritiker der Medien und des Journalismus, empfiehlt recherchierenden und interviewenden Journalisten: „Erkenntnis bedeutet nicht, dass man die richtigen Antworten hat. Erkenntnis heißt nur, dass man die richtigen Fragen stellt."[989]

Es ist erstaunlich, dass viele Interviewer ihre Rolle nicht als Fragesteller verstehen, sondern als Kommentatoren und oft sogar als Ankläger. Intelligente und kritische Fragen stellen und zuhören generiert Informationen. Ein falsches Rollenverständnis blockiert diese jedoch. Es wird nachfolgend von den Handwerksregeln für Interviewer die Rede sein. Diese zu beherrschen, ist in Zeiten hochprofessioneller Public-Relations-Aktivitäten, in denen Politiker und Manager systematisch auf Interviewsituationen vorbereitet werden, wichtiger als je zuvor. Wegen fehlender Professionalität oder aus falschem Verständnis der Funktion eines journalistischen Interviews schwanken Interviewer oft zwischen den Extremen „Mikrofonhalter" und „Stichwortgeber" einerseits und „Gegnerschaft" sowie „Kommentator" andererseits. Medien sind aber weder Werbeplattform noch Ersatzparlament oder gar Ersatzgericht.

Doch zunächst einige Beispiele, die zeigen, dass selbst „prominente" Journalisten Probleme mit den Grundzügen des Handwerks haben – vermutlich aus einem falschen Verständnis ihrer Rolle als Interviewer.

Beispiel 1: Am 26. März 2014 wurde der Vorstandsvorsitzende des Siemens-Konzerns, Jo Kaeser, im *ZDF-Heute-Journal* interviewt (Interviewer: Claus Kleber).[990] Kaeser war während der Krimkrise zu Wirtschaftsgesprächen nach Moskau gereist. Gefragt wurde er jedoch nicht nach dem Inhalt der Gespräche, sondern es ging dem Interviewer sehr stark darum, seine eigene politische Position darzustellen. Der frühere Mitherausgeber der Frankfurter Allgemeinen Zeitung, Frank Schirrmacher, schrieb dazu am 28. März 2014 in dieser Zeitung:

> „Als am Mittwochabend der deutsche Fernsehmoderator Claus Kleber über den Siemens-Vorstandsvorsitzenden Jo Kaeser wie ein Strafgericht hereinbrach, erlebte der Zuschauer eine Sternstunde der Selbstinszenierung des Journalismus. Unerbittlich nahm Kleber den Mann in die Zange: Kaeser war, lange geplant, nach Moskau gefahren („Was haben Sie sich bei Ihrem Freundschaftsbesuch gedacht?"), er hat nicht nur Putin besucht („Wie lange mussten Sie warten?"), sondern auch den mit Einreiseverbot belegten Eisenbahnchef („Und Sie haben mit dem geredet!") – und das alles, so Kleber, „als Repräsentant eines Unternehmens, das auch für Deutschland steht." [...] Diese Inquisition, die auch in ihrem nur dem Remmidemmi verpflichteten Desinteresse daran, was Kaeser von Putin denn gehört haben könnte, alles in den Schatten stellt, was man an Vaterlandsverratsrhetorik aus dem wirklichen kalten Krieg kannte, ist überhaupt nur als Symptom journalistischen Übermenschentums diskutierbar und wird dadurch allerdings auch über den peinlichen Anlass hinaus interessant. Beharren auf einer normativen Deutung dessen, was die westlichen Sanktionen angeblich bedeuten, verwandelt Journalismus in Politik und das Fernsehstudio in einen Ort, wo der Interviewer plötzlich außenpolitische Bulletins abgibt: Claus Kleber zeigt der deutschen Wirtschaft die rote Linie auf. [...] Die Deutschen sollten nicht erfahren, was Jo Kaeser in Moskau tat, sondern, wie Claus Kleber darüber denkt – ein Ereignis immerhin, von dem selbst die Bundesregierung noch lernen könnte, die am selben Tag mitteilte, dass die wirtschaftliche Zusammenarbeit mit Russland weitergehen müsse."[991]

Beispiel 2: Am 28. November 2013 wurde – ebenfalls im *ZDF-Heute-Journal* – der damalige SPD-Vorsitzende Sigmar Gabriel interviewt.[992] Gegenstand des von der Journalistin Marietta Slomka geführten Interviews war die Entscheidung der SPD-Spitze, ihre Mitglieder über die Bildung einer großen Koalition abstimmen zu lassen, zum ersten Mal in der Geschichte der Partei. Das Interview wurde zum Verhör. In bohrendem Ton wurde immer wieder dieselbe Frage gestellt: „Verträgt sich ein solches Votum mit unserer parlamentarischen, repräsentativen Demokratie?" Gabriel gab eine Antwort mit Begründung. Die Journalistin wiederholte mehrmals die Frage, um von Gabriel die Bestätigung ihrer offenbar abweichenden Meinung zu erhalten, die dieser – natürlich – nicht gab. Selbstverständlich kann man zu dem Thema eine abweichende Meinung haben. Diese gehört dann in einen journalistischen Kommentar, nicht aber in ein Interview. Der Informationsgewinn war übrigens im vorliegenden Fall extrem gering, weil durch die Selbstdarstellungsversuche der Journalistin sehr viel Sendezeit vergeudet wurde.

Beispiel 3: Am 12. Juli 2017 wurde – wiederum im *ZDF-Heute-Journal* – die Schauspielerin Maria Furtwängler interviewt.[993] Es ging um eine Studie, die belegt, dass Frauen in den Medien unterrepräsentiert sind. Die Antworten der Schauspielerin entsprachen offensichtlich nicht den Vorstellungen des Journalisten Claus Kleber. Daraufhin kam es zu Unterstellungen, wie zum Beispiel, Maria Furtwängler wolle „das Publikum umerziehen". Bemerkenswerter noch als der Verlauf des Interviews selbst sind die Reaktionen des Journalisten auf die öffentliche Kritik an seiner Interviewführung. Diese Reaktionen zeugen von einem fragwürdigen Verständnis der Rolle eines Interviewers. Einige Äußerungen im Wortlaut: Maria Furtwängler „war mir [...] in der Sache weit überlegen." „Sie hat [...] die Runde gewonnen." „Sie hat dieses Spiel [...] hervorragend bestanden." „Und so wie ich das verstehe, ist die Aufgabe immer, und das ist manchmal nicht schön, die Gegenhaltung einzunehmen, um das Gespräch reizvoll zu machen und die Gesprächspartnerin auch herauszufordern."[994]

Von einem problematischen Verständnis der Rolle eines Interviewers zeugen auch häufig Interviews, in denen Journalisten, wenn etwa ein Politiker nicht die gewünschten Antworten gibt, dieser mit den Aussagen anderer Politiker konfrontiert wird, quasi, um ihn zu „überführen". Dass diese oft aggressiv vorgetragenen Anklageversuche dem Interviewten und nicht dem Interviewer „Punkte" bringen, wird dabei unterschätzt. Zahlreiche Interviews mit Vertretern der *AfD* zeigen immer wieder, wie Journalisten mit dem Versuch, diese Partei um jeden Preis schlecht aussehen zu lassen, eher das Gegenteil bewirken. Beifall von Kollegen und politischen Freunden ersetzt aber nicht mangelnde Professionalität.

„Als Interviewer nehme ich die Gegenposition ein" – so versuchen viele Journalisten ihr aggressives Verhalten zu rechtfertigen. Nein, man ist ein Dienstleister für Hörer und Zuschauer, für ein Publikum, das sich aus Personen mit unterschiedlichen Positionen und Meinungen zum jeweiligen Thema zusammensetzt. Dies bedeutet, dass man stellvertretend für dieses Publikum Fragen stellt. Ein Interview-Profi bezieht nicht die Gegenposition, sondern er konfrontiert den Interviewpartner mit anderen Positionen zum Thema – in Frageform. Journalisten führen in einer Radio- oder

Fernsehsendung oft mehrere Interviews. Wird stets die gleiche Position vertreten, entsteht der Eindruck der Parteilichkeit. Zumindest beim öffentlich-rechtlichen Rundfunk ist dies ein Verstoß gegen wichtige Grundsätze. Wechselt man aber die Position von Interview zu Interview, werden die Adressaten irritiert. Für Interviewer sollte ein Grundsatz gelten, den der langjährige Moderator der *ARD-Tagesthemen*, Hanns Joachim Friedrichs, immer wieder vertreten hat, in Diskussionen, Seminaren und Sendungen: „Ein Journalist sollte sich niemals mit einer Sache gemein machen – auch nicht mit einer guten."

„Ich war [...] nicht auf Augenhöhe mit Frau Furtwängler" – das oben beschriebene Interview dokumentiert eine problematische Grundeinstellung. Selbstverständlich bereitet sich ein Interviewer auf ein Gespräch vor. Aber bringt ihn dies auf Augenhöhe mit dem Interviewpartner? Fünf Interviews in einer Sendung – fünfmal auf Augenhöhe mit Fachleuten? Dies wäre wohl eine bemerkenswerte Selbstüberschätzung und kann nur schiefgehen. Die Folgen sind aggressive Unterstellungen und unzulässige Kommentare. Der amerikanische Journalismusdozent Lawrence Grobel schreibt in diesem Zusammenhang: „Man erwartet von Ihnen als Journalist doch nicht, dass Sie von dem Thema ebenso viel wissen wie der Interviewpartner. Wenn das so wäre, brauchten Sie doch kein Interview zu führen."[995]

Es geht um die Gewinnung authentischer Informationen und nicht um Selbstdarstellung von Journalisten. Auch hier sei noch einmal an die Formulierung von Neil Postman erinnert: „Erkenntnis bedeutet nicht, dass man die richtigen Antworten hat. Erkenntnis heißt nur, dass man die richtigen Fragen stellt."[996]

Interviewen ist ein wesentlicher Teil des journalistischen Handwerks. Umso erstaunlicher ist, wie oft selbst einfache Handwerksregeln nicht beherrscht werden. Elementar ist die Unterscheidung der verschiedenen Fragearten. Einige wenige Beispiele:[997]

Der Gebrauch von „offener" und „geschlossener" Frage ist von ausschlaggebender Bedeutung für die Struktur und das Zeitmanagement eines Interviews. Die offene Frage an einen Politiker „Wie beurteilen Sie die Politik des neuen amerikanischen Präsidenten?" kann zu Beginn eines Interviews gestellt werden, da man mit einer längeren Antwort rechnen muss. Am Schluss eines Interviews gestellt, bringt die offene Frage unter Umständen das Zeitmanagement in Gefahr. Eine geschlossene Frage, wie zum Beispiel „Werden Sie morgen nach Washington reisen?" eignet sich demgegenüber besser für den Schluss eines Interviews, weil man im Zweifel mit einer „Ja"- oder „Nein"-Antwort rechnen kann. Verstöße gegen diese einfache Regel sind leider journalistischer Alltag.

Noch problematischer ist die Bündelung von Fragen. Es scheint eine deutsche Unsitte zu sein, mehrere Fragen zusammen zu stellen. Dieses Verfahren macht es dem Interviewten sehr leicht. Man sucht sich die angenehmste Frage aus und beantwortet diese ausführlich. Die Adressaten und oft auch der Interviewer vergessen die übrigen Fragen, und dem Gesprächspartner bleiben möglicherweise unangenehme Antworten erspart. Interviewer in England, den USA und Kanada bündeln normalerweise keine Fragen. Sie fragen knapp, oft in einem Satz, sodass jeder weiß, was gefragt wurde und man bemerkt, wenn nicht oder ausweichend geantwortet wird.

So werden kritische Interviews geführt, uneitel, souverän, auf das einzig wichtige Ziel gerichtet: Informationen für Hörer und Zuschauer zu gewinnen. Tabu ist ein Fragetyp, der gleichwohl in Interviews auftaucht: die Suggestivfrage, eine Frage also, die mit Unterstellungen arbeitet. Sie bringt den Interviewpartner – wenn er nicht berechtigterweise die Antwort verweigert – in die Position eines Angeklagten, der sich verteidigen muss. Die (fiktive) Frage: „Prügeln Sie Ihre Frau immer noch?" darf nicht gestellt und muss natürlich nicht beantwortet werden. Sie unterstellt, dass der Gefragte seine Frau mindestens einmal geprügelt hat. Die (ebenfalls fiktive) Frage: „Prügeln Sie gelegentlich Ihre Frau?" ist (im entsprechenden Zusammenhang) erlaubt, da sie nichts unterstellt. Nahezu täglich kann man in Interviews Suggestivfragen hören. Sie bringen in der Regel keine wichtigen Informationen. In jedem Fall verderben sie aber die Gesprächsatmosphäre. Eine gute Atmosphäre bietet aber größere Chancen, Informationen zu gewinnen. Distanz halten zum Gesprächspartner ist eine weitere Grundregel. Der Interviewer ist weder Kumpel noch Gegner.

Zur professionellen Interviewführung gehört auch das Zuhören. „Silence is golden as an interviewing technique"[998] („Schweigen ist Gold als Interviewtechnik") empfiehlt John Brady in seinem Lehrbuch. Zuhören, eine Antwort auch einmal stehen lassen. Dem Interviewpartner Gelegenheit geben, nachzudenken und sich eine Antwort zu überlegen – dies alles fällt Journalisten oft schwer, geht aber naturgemäß auf Kosten der Information. Neil Postman beschreibt dieses Phänomen so:

> „Es liegt schon beinahe außerhalb der Grenzen des Erlaubten, in einer Fernsehsendung zu sagen: „Lassen Sie mich darüber nachdenken", „Ich weiß nicht", „Was meinen Sie, wenn Sie sagen ...?" oder „Aus welcher Quelle stammt Ihre Information?". Diese Art von Diskurs verlangsamt nicht nur das Tempo der Show, sie erzeugt auch einen Eindruck von Unsicherheit oder 'fehlendem Pfiff. [...] Denken kommt auf dem Bildschirm nicht gut an [...]. Es gibt dabei nicht viel zu *sehen*. Mit einem Wort, Denken ist keine darstellende Kunst."[999]

Neben der Regel, dass Zuhören mehr Informationen bringt als journalistische Selbstdarstellung, gibt es natürlich auch Techniken für das Unterbrechen eines Interviewpartners – auch dabei zeigen sich bei nicht wenigen Journalisten Defizite. Unhöflich ins Wort fallen kommt beim Publikum nicht gut an. Die oft zu beobachtende Situation, dass Interviewer und Gesprächspartner gleichzeitig reden, führt dazu, dass keiner von beiden verstanden wird – ein technisches Phänomen, das zumindest Interviewer kennen sollten. Im Unterschied zum menschlichen Ohr kann nämlich ein Mikrofon nicht selektiv wahrnehmen. Die bewährte Regel, dass ein Interviewer den Gesprächspartner am geschicktesten unterbricht, indem er den gerade begonnenen Satz des Gegenübers aufnimmt und diesen seinerseits fortführt und so wieder das Wort gewinnt, gehört erstaunlicherweise bei vielen Journalisten nicht zum Instrumentarium.

Es wurde bereits dargestellt, dass Radio- und Fernsehjournalisten in England, in den USA und in Kanada sehr kritische Interviews führen, die in der Regel einen beträchtlichen Informationsgewinn für den Zuhörer bringen. Die Interviewer halten sich aber gleichwohl an die Grundregeln von Neutralität, Distanz und Verzicht auf die Präsentation der eigenen Meinung. Unterstellungen und Werturteile, insbesondere das Nachkommentieren von Antworten sind tabu. Dies liegt zum einen am Journalismusverständnis in den angelsächsischen Ländern. Man versteht sich in erster Linie als Vermittler von Informationen – auch von unangenehmen Informationen auf der Basis gründlicher Recherche. Hintergrund und Einordnung gelten dort im Unterschied zu Deutschland mehr als der Kommentar oder der in Mode gekommene Begriff „Einschätzung" zum Kaschieren von Meinung. Mit letzterem wird oft das Trennungsgebot zwischen Nachricht und Meinung umgangen. Im öffentlich-rechtlichen Rundfunk ist dies bei kritischer Betrachtung sogar ein Verstoß gegen Rechtsnormen.

Es kommt aber beim Vergleich der Situation in den angelsächsischen Ländern und in Deutschland noch ein wichtiger Aspekt hinzu. Es sind die unterschiedlichen bzw. nicht vorhandenen festgeschriebenen Regeln. Im Gegensatz zu den deutschen Rundfunkanstalten existieren in den Rundfunkorganisationen in England und Nordamerika nicht nur allgemein formulierte Programmgrundsätze, sondern sehr konkrete Handlungsanweisungen für Journalisten. Diese werden nicht etwa als unzulässige Einschränkung der Pressefreiheit oder als Beschränkung des persönlichen Entfaltungsspielraums verstanden. Ganz im Gegenteil, hier geht es um professionelle Standards. Diese dienen der Qualitätssicherung, und sie sind wichtige Entscheidungshilfen für Journalisten in aktuellen Situationen. So werden sie auch von den Journalisten im täglichen Aktualitätsstress empfunden.

Im Zusammenhang mit dem Thema „Interview" einige Beispiele aus den entsprechenden Regelwerken. Beim öffentlich-rechtlichen kanadischen Rundfunk *CBC* (*Canadian Broadcasting Corporation*) sind in den „Journalistic Standards and Practices"[1000] neben den Grundsätzen für die Arbeit der Organisation insgesamt auch bis ins Detail gehende Anleitungen für die journalistische Arbeit formuliert. Unter dem Stichwort „Integrity" heißt es zum Beispiel: „Rundfunkjournalisten nutzen nicht ihre Macht, um ihre eigene Meinung zu präsentieren." Zum Thema „Interview" heißt es, dass Interviewer nicht gegenüber dem einen Gesprächspartner kritisch, und einem anderen gegenüber konziliant sein dürfen. „Es ist wichtig, dass wir uns wegen unserer Glaubwürdigkeit jeglicher persönlicher Werturteile enthalten."

Dieser Aspekt ist für das Gesamtthema von ausschlaggebender Bedeutung. Journalisten müssten sich stets – wenn sie aus falschem Rollenverständnis die Regeln des Handwerks vernachlässigen – darüber im Klaren sein, dass ihr Verhalten vom Publikum auf die Medienorganisation insgesamt und nicht auf den einzelnen Journalisten bezogen wird.

Noch detaillierter als beim kanadischen Rundfunk sind die Regeln bei der öffentlich-rechtlichen *BBC* (*British Broadcasting Corporation*). Zwei kurze Abschnitte aus dem Kapitel „Interviewing":

> „BBC-Interviews sollen stilvoll und höflich sein. Sie können fordernd, kritisch, skeptisch, informiert und auf den Punkt gebracht sein – aber nicht parteiisch, unhöflich und emotional einer Seite der Argumentation zugewandt. Den Interviewpartnern soll

eine faire Chance gegeben werden, ihre komplette Antwort auf die Fragen darzulegen. [...] Interviews dürfen herausfordernd sein, aber nicht aggressiv, einschüchternd oder barsch – selbst, wenn man sich provoziert fühlt. In einem gut geführten Interview betrachten die Hörer und Zuschauer den Interviewer als Jemanden, der in ihrem Auftrag arbeitet."[1001]

Auffallend bei diesen verbindlichen Regeln ist der hohe Stellenwert des Stils, mit dem Interviewer Gesprächspartnern begegnen. Kritisch sein und kritisch fragen heißt eben nicht, sich unhöflich und aggressiv zu verhalten. Ein wirklich kritischer Journalist wird immer sachlich bleiben. Wie unkritisch viele jedoch sind, kann man leicht an den fehlenden Nachfragen erkennen. Steif von der Karteikarte oder vom Teleprompter abgelesene Fragen, eine nach der anderen, während der Antwort bereits den Blick auf die nächste notierte Frage gerichtet, kein aufmerksames Zuhören – wie sollen so kritische Nachfragen zum Thema entstehen? Stattdessen oft aggressives Wiederholen ein und derselben Frage im Ton eines Inquisitors. Dabei weiß der erfahrene Interviewer, dass eine Frage, die nach einmaligem Nachfragen nicht beantwortet wird, auch beim fünften Anlauf unbeantwortet bleibt. Journalisten haben zwar das Recht, Fragen zu stellen. Interviewpartner haben aber ihrerseits das Recht, nicht zu antworten oder Antworten zu geben, die den Interviewer nicht zufriedenstellen, ihn nicht in seiner vorgefassten Meinung bestätigen oder ihm nicht gefallen.

Bei der kritischen Beobachtung vieler Interviews im deutschen Radio und Fernsehen drängen sich einige Fragen auf:

Warum verstehen sich so viele Interviewer nicht als Dienstleister, sondern als Selbstdarsteller?

Warum wird so häufig gegen grundsätzliche Handwerksregeln verstoßen?

Warum werden so selten wirklich kritische Fragen gestellt und stattdessen Behauptungen und Unterstellungen gebracht – in der falschen Erwartung einer Bestätigung?

Warum geht es wohl in der öffentlichen Diskussion über Interviews oft weniger um die Inhalte der Aussagen der Interviewten als vielmehr um das Verhalten der Interviewer?

Was sagen eigentlich die Verantwortlichen in den Rundfunkanstalten zu der geschilderten Situation, durch die ja das Image des jeweiligen Hauses durchaus leiden kann?

Die wichtige journalistische Darstellungsform Interview dient – wie gesagt – der Gewinnung authentischer Informationen. Sie dient nicht der Anklage oder der Überführung von „Tätern". In diesem Sinne schlechte Interviews bringen Medienhäuser, aber auch den Journalismus insgesamt, in Misskredit. Um die Verbesserung der Medienqualität und des Ansehens von Journalisten bemüht sich seit einigen Jahren eine Expertengruppe um den Nachrichtenchef des dänischen Rundfunks Ulrik Haagerup. Unter dem Motto „Constructive News" erarbeitet die Gruppe Methoden zur Verbesserung der Qualität im Journalismus. Dabei geht es nicht ausschließlich um Nachrichten im engeren Sinne, sondern um den Informationsjournalismus generell. Die Gruppe betont, dass sie nicht für einen Journalismus eintritt, der Negatives schönredet, Kritik auslässt und Interviews zu Public-Relations-Auftritten verkommen lässt. Es geht lediglich um mehr Nachdenklichkeit und Selbstkritik bei denen, die oft aus reiner Gewohnheit willig dem journalistischen Mainstream folgen. Unter der Überschrift „Der Weg vom traditionellen Journalismus zu Constructive News" schreibt Ulrik Haagerup:

> „Nicht mehr, sondern besser. Nicht negativ, sondern kritisch. Nicht aufgebracht, sondern wissbegierig. Nicht anklagend, sondern ermutigend. Nicht schreierisch, sondern neugierig. Nicht populistisch, sondern populär. Nicht stumpfsinnig, sondern modern. Nicht anklagend, sondern offen. Nicht nur nach dem üblichen wo?, wer? und wann? fragend, sondern auch nach dem wie? und was nun?"[1002]

So können zeitgemäße journalistische Standards entstehen. Sie könnten auch eine Antwort auf die Gefahren der Manipulation der sozialen Medien sein. Auf jeden Fall können sie aber zur Verbesserung der Qualität von Interviews in Radio und Fernsehen beitragen. Bessere Interviews könnten ihre wichtige Rolle in einem zukunftsorientierten Journalismus wahrnehmen, nämlich die Funktion der Einordnung von Fakten und der Erläuterung von Hintergründen. Wiederholt wurde dargelegt, dass das Ziel eines Interviews die Gewinnung authentischer Informationen ist, Sachinformationen, Informationen über die Meinung des Interviewpartners zu einem Thema oder Informationen zur Person selbst. Informationen gewinnt man, wie gesagt, durch professionelles Fragen. Es kommt aber noch ein von vielen Journalisten unterschätzter Faktor hinzu: das Vertrauen des Interviewpartners. Man kann leicht im täglichen Umgang mit Menschen feststellen, dass man von Personen, deren Vertrauen man genießt, mehr erfährt. Die erwähnten Regeln aus den „BBC Producers Guidelines" fordern ja auch ein Verhalten, das Vertrauen erzeugt. Ein Gesprächspartner, der aggressiv, unfreundlich, unhöflich, fordernd oder unterstellend angegangen wird, sagt weniger, als er weiß, hält sich zurück, schweigt gegebenenfalls. Man fragt sich, warum manche Radio- und Fernsehjournalisten auf solche doch einfachen und einleuchtenden Dinge nicht achten. Das Thema „Vertrauen bringt mehr Informationen" ist auch Gegenstand von drei in der Anlage sehr unterschiedlichen amerikanischen Interview-Lehrbüchern für Journalisten, die längst zu „Klassikern" geworden sind. Drei Zitate zur Verdeutlichung:

> Lawrence Grobel: „Wenn man nicht das Vertrauen des Interviewpartners gewinnt, bekommt man nur die üblichen Allgemeinplätze als Antworten. Und: möglicherweise kein Interview mehr".[1003]

> Joan Clayton: „Nach einem Interview ist es besser, dass einen der Gesprächspartner für eine nette Person hält als wenn er das Gefühl hat, durch eine Waschmaschine gedreht worden zu sein."[1004]

> John Brady: „Interviewen ist die Wissenschaft, erst Vertrauen zu gewinnen und dann Informationen."[1005]

Sicherlich bedarf – dies wurde aufgezeigt – das System der Interviews in Radio und Fernsehen in Deutschland der Verbesserung und der Korrekturen. Zwei Wege kommen dafür in Frage: Zum einen fehlt es an verbindlichen Regeln. Deren Einführung etwa nach angelsächsischem Vorbild hätte allerdings die hohe Hürde des hiesigen journalistischen Selbstverständnisses zu überwinden. Dieses ist aber stärker von Kritik und Meinung geprägt als vom Streben nach Informationsvermittlung. In einem anderen Bereich wären Verbesserungen indes leichter umzusetzen. Die Ausbildung von Radio- und Fernsehjournalisten könnte und sollte sich stärker dem Thema „Interview" widmen.

Dreizehntes Kapitel: „Gewaltbilder" in den Medien und die Frage, was Journalisten zeigen sollten und was besser nicht[1006]

(in Zusammenarbeit mit Christian Ströder)

Ausgangspunkt

Am 07. Januar 2015 stürmten islamistische Attentäter die Redaktion des Pariser Satiremagazins *Charlie Hebdo* und richteten ein Blutbad an. Auf der Flucht töteten sie einen am Boden liegenden Polizisten per Kopfschuss. Ein 42-sekündiges Amateurvideo des Mordes kursierte wenig später im Netz und wurde auch von professionellen Nachrichtenmedien verbreitet. Zudem wurden Screenshots der Mordszene veröffentlicht. Der Film sorgte für Empörung und Wut, nicht zuletzt bei den Angehörigen: „Wie könnt ihr es wagen, dieses Video zu senden? Ich habe seine Stimme gehört. Ich habe ihn erkannt. Ich habe gesehen, wie er abgeschlachtet wurde und ich höre jeden Tag, wie er abgeschlachtet wurde", klagte der Bruder des Polizisten die Medien an.[1007] Die Gewaltbilder aus Paris sind ein typisches Beispiel für das Dilemma, vor dem Journalisten stehen. Täglich erreichen Schreckensbilder aus der ganzen Welt, ob vom IS-Terror in Syrien, aus dem Ukraine-Konflikt oder aus Katastrophengebieten, die Redaktionen. Jedes Mal müssen die Journalisten abwägen: Können, sollen, dürfen oder müssen wir dieses Material zeigen? Die Frage nach dem Umgang mit Gewaltbildern ist eine bildethische.

Bildethik in der Kommunikationswissenschaft

Die Bildethik ist eine noch junge Teildisziplin der Medienethik und beschäftigt sich mit dem moralisch angemessenen Umgang mit Bildmaterial in den Massenmedien.[1008] Der Begriff selbst taucht in der deutschen Fachliteratur bislang nur selten auf, erst wenige Publikationen gibt es dazu.[1009] Der bildethische Diskurs konzentriert sich vor allem auf zwei Problemfelder: Einerseits geht es um Verstöße gegen die journalistische Objektivitätsnorm durch Bildfälschungen, -manipulationen und -inszenierungen, andererseits um das Für und Wider extremer nonfiktiver Gewaltdarstellungen in den Medien. Der Diskurs über Gewaltbilder bewegt sich zwischen zwei zentralen Maximen der Bildethik. Auf der einen Seite die *professionelle Augenzeugenschaft*[1010]: Dahinter steht die Erwartung an die Bildberichterstattung, die Situation vor Ort so treffend wie möglich, d. h. situativ adäquat wiederzugeben.[1011] Die so verstandene Authentizität gilt als die bildspezifische Variante der journalistischen Objektivitätsnorm.[1012] Auf der anderen Seite sollen die *Persönlichkeitsrechte* von Abgebildeten und Angehörigen geschützt werden. Beide Maximen stehen in einem Spannungsverhältnis zueinander, das auf die Abwägung zwischen *Gesinnungs-* und

Verantwortungsethik hinausläuft. „In dieser Güterabwägung spiegelt sich die ganze Schwierigkeit der bildethischen Gratwanderung wider", schreiben Isermann und Knieper.[1013]

Gewaltbilder in den Massenmedien

In Anlehnung an die Definition von Balzert kann man unter Gewaltbildern Fotografien verstehen, die die physischen Folgen äußerer Gewalteinwirkung gegen Menschen ohne Verpixelung oder schwarzen Balken zeigen, sodass Verletzte und Tote oder Verletzungen und Verstümmelungen explizit zu erkennen sind.[1014] Im weiteren Sinne gehören auch Aufnahmen dazu, die mutmaßlich den direkten Moment vor der Tötung oder Verletzung einer Person dokumentieren.

Auf den ersten Blick kann es verwerflich, pietätlos oder zynisch erscheinen, derartige Fotos zu publizieren. Den Medien werden in solchen Fällen Sensationalismus und Auflagengier unterstellt.[1015] Ein Vorwurf, der wohl nicht aus der Luft gegriffen, aus ethischer Sicht aber möglicherweise zu pauschal ist. Denn: „Es gilt grundsätzlich, zwischen dem Skandal im Bild und dem skandalösen Bild zu unterscheiden".[1016] Bei einer medienethischen Einordnung von Gewaltbildern sind auf einer übergeordneten Ebene der kommunikationswissenschaftliche Diskurs, journalistische Begründungszusammenhänge und Einordnungen bzw. Bewertungen Dritter, wie beispielsweise der Kirchen, zu unterscheiden. Auf einer untergeordneten diskursiven Ebene wiederum ist jeweils zwischen Pro- und Contra-Argumenten zu differenzieren.

Der kommunikationswissenschaftliche Diskurs

In der Kommunikationswissenschaft werden aufseiten der Befürworter von Gewaltbildern insbesondere drei Pro-Argumente ins Feld geführt: Was das *aufklärerische Potenzial* von Gewaltbildern anbetrifft, wird *erstens* auf die Informations- und Aufklärungspflicht der Medien gegenüber der Öffentlichkeit verwiesen.[1017] Der Bildjournalismus müsse auch über die ungeschönte Realität von Naturkatastrophen, Unfällen, Verbrechen oder Kriegen berichten. Ethisch zu handeln könne nicht bedeuten, reales Leid auszublenden. Das Aufklärungsethos gelte folglich auch für Gewaltbilder.[1018] Mit ihrer Veröffentlichung werde das Recht verwirklicht, etwa über Menschenrechtsverletzungen informiert zu werden.[1019] Mit Blick auf das *soziale Gedächtnis* einer Gesellschaft hätten Gewaltbilder *zweitens* dann einen hohen gesellschaftlichen Wert, wenn sie zentrale Bezugspunkte des öffentlichen Wissens und der Erinnerung darstellen.[1020] Sie könnten etwa das kollektive Gedächtnis einer ganzen Gesellschaft prägen und sorgten auf diese Weise für den kulturnotwendigen Erhalt des Gestern in der Gegenwart.[1021] Zu den eindringlichsten Beispielen in der deutschen Geschichte gehören zweifellos die Fotos aus den 1945 befreiten NS-Konzentrationslagern: „How would the Holocaust be remembered if it existed only in 'civil' representations – those which were most discreet?", fragt John Taylor.[1022]

Und *drittens* wird Gewaltbildern bisweilen ein *appellativer Charakter* attestiert. Besonders eindringliche Gewaltfotos könnten zu konkretem Handeln auffordern und sogar gesellschaftliche Veränderungen herbeiführen.[1023] Als Paradebeispiel für die positive Wirkung von Gewaltbildern gelten die Aufnahmen aus dem Vietnamkrieg, die zum Katalysator der Anti-Kriegsbewegung wurden.[1024]

Den positiven Effekten von Gewaltbildern stehen im bildethischen Diskurs der Kommunikationswissenschaft eine Reihe von Dysfunktionen gegenüber. Mindestens fünf negative Wirkungen auf die Rezipienten werden beschrieben: *Erstens* befürchtet man eine zunehmende *Abstumpfung* oder *Verrohung* der Rezipienten. Stapf verweist in diesem Kontext auf den englischen Begriff „compassion fatigue", die Ermüdung des Mitleids.[1025] Brosius erkennt „Abnutzungserscheinungen, denen solche Fotos unterliegen".[1026] *Zweitens* stellen Gewaltbilder *Stressoren* dar: Isermann und Knieper führen an, dass Gewaltbilder bei manchen Betrachtern auch ernsthafte Verstörungen und Angstreaktionen auslösen können. Die Bildberichterstattung werde dann zu einem „Stressor" für den Leser und könne sogar zu einer medieninduzierten posttraumatischen Belastungsstörung führen.[1027] Die Autoren verweisen auf verschiedene US-amerikanische Studien, welche die These eines medial verursachten Schockzustandes empirisch stützen. *Drittens*: „Gewaltbilder können, müssen aber nicht informativ sein", warnt Brosius.[1028] Statt die Informationsaufnahme zu fördern, machen Schockfotos häufig nur oberflächlich auf die Relevanz eines Themas aufmerksam – sie fördern folglich in gewissem Maße die *Desinformation*. Wer in einen thematischen Zusammenhang noch nicht involviert ist, könne einen falschen Eindruck von der Tragweite und der Anzahl der Betroffenen bekommen. Für sich allein stehend, ließen Fotos einen zu großen Interpretationsspielraum. Entscheidend für den Informationsgehalt von Gewaltbildern seien deshalb zusätzliche Kontextinformationen.[1029] *Viertens* bedienten Gewaltbilder oft *voyeuristische Interessen*. Brosius stellt fest, dass mehr Gewaltbilder veröffentlicht werden als zu Informationszwecken unbedingt notwendig.[1030] Die Grenze zwischen echter Aufklärung und der Bedienung voyeuristischer Tendenzen bezeichnet er als fließend. Andere Autoren sind der Ansicht, dass Rezipienten „einer offenen bzw. geheimen höchst individuellen voyeuristischen Lust"[1031] unterliegen. Die Rede ist von Sensationsgier und einer „Faszination des Bösen", welche die eigentliche Bildinformation zur unwichtigen Nebensache macht.[1032] Und *fünftens* seien es vor allem *kommerzielle Interessen*, die hinter Gewaltbildern stehen: Der Vorbehalt, sie bedienten voyeuristische Interessen, ist eng mit dem Vorwurf an die Medien verknüpft, Sensationsjournalismus zu betreiben. Als Hauptgrund gilt der Wettbewerbsdruck. Durch die Veröffentlichung schockierender Fotos werde versucht, sich voneinander abzuheben.

Der Diskurs unter Journalisten

Während Wissenschaftler sich entsprechend ihrem Forschungsinteresse fakultativ mit Bildethik auseinandersetzen, sind Journalisten von Berufs wegen quasi dazu gezwungen. Sichtbar wird der bildethische Diskurs, wenn Journalisten sich dazu entscheiden, ihn in die Öffentlichkeit zu tragen. In der Regel geht es dann um

Metaberichterstattung, d. h. Journalisten äußern sich zur Bildberichterstattung eines anderen Mediums. Exemplarisch lässt sich das anhand der „Badewannen-Fotos" von Uwe Barschel, der blutigen Leichenbilder von Muammar al-Gaddafi und der Auseinandersetzung des Mindener Tageblatts mit der Erdbebenkatastrophe in Haiti 2010 nachvollziehen. Ein klares Argumentationsmuster ist zu erkennen: Die Hauptargumente der Veröffentlichungsbefürworter – das Bild als zeitgeschichtliches Dokument, die Chronistenpflicht der Journalisten und die Versorgung des öffentlichen Informationsinteresses[1033] – stehen ganz im Zeichen der Gesinnungsethik und korrespondieren mit den Argumenten *Aufklärung* und *soziales Gedächtnis* aus dem kommunikationswissenschaftlichen Diskurs. Herausgestellt wird der Authentizitätsanspruch des Bildjournalismus und sein Beitrag zur Wahrheitsfindung.[1034] Daneben werden Argumente mit verantwortungsethischem Charakter, wie die Erhöhung der Spendenbereitschaft und der Mobilisierungseffekt, genannt.[1035] Sie entsprechen der *Appell-Funktion* des kommunikationswissenschaftlichen Diskurses. Hinzu kommen weitere Argumente, die zumindest im Rahmen der Fallbeispiele eher vorgeschoben erscheinen. So wird sich auf ähnliche Fälle in der Vergangenheit berufen, auf die Publikationspraxis anderer Medien verwiesen und die vermeintlich dezente Aufmachung der eigenen Bildberichterstattung herausgehoben.[1036]

Die Veröffentlichungskritiker argumentieren auf Grundlage der Verantwortungsethik und heben besonders die Folgen visueller Gewaltberichterstattung hervor. Sie sehen durch die Veröffentlichung von Gewaltbildern Persönlichkeitsrechte, wie die Menschenwürde, die Würde des Toten oder die Pietätsgefühle Angehöriger, verletzt und warnen vor der emotionalen Belastung der Rezipienten.[1037] Außerdem werden Imageschäden für den eigenen Berufsstand befürchtet.[1038] Als gerechtfertigt wird die Publikation von Gewaltbildern nur angesehen, wenn damit ein konkreter Informationsmehrwert einhergeht.[1039] Ansonsten ist von „Sudeljournalismus"[1040] und „Trophäen-Journalismus"[1041] die Rede – der Vorwurf lautet: Sensations- und Auflagengier.[1042]

Als Organ der Selbstkontrolle ist der Presserat mit seiner Spruchpraxis dem Diskurs im Journalismus zuzurechnen. Wie er zu Gewaltbildern steht, darüber geben die Publizistischen Grundsätze (s. Ziffern 8, 9, 11) und die darauf aufbauende Spruchpraxis Aufschluss. Fallbeispiele lassen erkennen, dass der Presserat liberal mit Gewaltfotos umgeht. Das Schockmoment eines Bildes ist für sich gesehen kein Grund, eine Rüge auszusprechen. Dass Bilder dem „guten Geschmack" entgegenstehen und Ekel, Entsetzen oder Angst hervorrufen können, ist offenbar nebensächlich. Das Urteil des Pressrats hängt vom Gesamtpaket der Berichterstattung ab, d. h. von den Begleitumständen, der Entstehungsgeschichte des Bildes, seiner Größe und Platzierung, dem Bezug zwischen Text- und Bildebene sowie der Charakteristik des jeweiligen Mediums. Dies erklärt die unterschiedliche Spruchpraxis in auf den ersten Blick ähnlichen Fällen.

Die Beschwerde gegen ein von der *Bild*-Zeitung abgedrucktes Foto aus dem liberianischen Bürgerkrieg, auf dem ein Soldat mit dem abgetrennten, blutigen Kopf eines Gegners posiert, wurde mit ausdrücklichem Verweis auf dessen Schockeffekt und Empathiewert zurückgewiesen. Das Bild wurde als authentisches Dokument der Zeitgeschichte und Informationsträger mit Empathiewert eingestuft.[1043] Obwohl optisch sehr ähnlich, urteilte der Presserat im Falle Nicholas Berg anders: Irakische Terroristen hatten den Amerikaner vor laufender Kamera geköpft. Die *Bild* druckte ein Standbild aus dem Video ab, auf dem der Henker den abgeschnittenen Kopf hochhielt. Der Presserat verhängte eine öffentliche Rüge. Es handele sich nicht um ein journalistisches Produkt, sondern „um Aufnahmen der Mörder, die den Mord [...] gezielt begingen, um mit den Bildern Angst zu schüren und Propaganda für ihre Ziele zu machen", so die Begründung.[1044]

Für die bildethische Abwägung ist inhaltlich ausschlaggebend, ob ein Gewaltfoto als Informationsträger und zeitgeschichtliches Dokument eingestuft wird. Ist dies gegeben, wertet der Presserat das öffentliche Informationsinteresse in der Regel höher als die Persönlichkeitsrechte der Abgebildeten. Das gilt auch, wie das Beispiel Liberia zeigt, wenn Gesichter klar identifizierbar sind. Pressekodex und Spruchpraxis machen aber auch deutlich, dass das öffentliche Interesse nicht mit Sensationslust zu verwechseln ist. Die ethische Grenze der Bildberichterstattung sieht das Kontrollgremium überschritten, wenn ein Gewaltfoto um seiner selbst willen publiziert wird und keine relevanten bzw. neuen Informationen vermittelt.

Unter dem Titel „Ein Pfund Hand und drei Liter Blut, bitte! Wieso gibt es auf deutschen Märkten eigentlich nur Gemüse und Obst?" berichtete das Männermagazin *FHM* über den Handel mit Leichenteilen in Nigeria. Das beigefügte Foto zeigte drei zerstückelte Leichen in Großaufnahme. Die Bildunterschrift: „Ballermann 6: Sangria bis der Arzt kommt". Der Presserat sprach aufgrund der zynischen Artikelüber- und Bildunterschrift eine Rüge aus. Das Foto stehe in keinem konkreten Zusammenhang zum Text und diene lediglich der formalen Illustration. Ohne jegliche dokumentarische Absicht sei ein Bild publiziert worden, das Menschen zum bloßen Objekt herabwürdige.[1045]

Dem Jugendschutz scheint der Presserat eine eher untergeordnete Rolle beizumessen. Beschwerden gegen die Veröffentlichung eines Fotos vom Terroranschlag in Madrid 2004, auf dem blutüberströmte Menschen zu sehen waren, wurden zurückgewiesen. Dass ein solches, zumal auf der Titelseite abgedrucktes Foto Kinder psychisch schädigen kann, schloss der Presserat nicht aus. Das Informationsinteresse der Öffentlichkeit hatte aber Vorrang.[1046]

Exkurs: Die Haltung der (katholischen) Kirche

Es würde zu kurz greifen, das Thema Bildethik zu behandeln und dabei die Kirchen als wichtige Moralinstanzen außen vor zu lassen. Menschenwürde, Respekt und Pietät sind nicht nur Begriffe, die im bildethischen Diskurs häufig auftauchen, sondern einen starken Bezug zu christlichen Werten haben. Der mediale Umgang mit dem toten Gaddafi ist dafür ein sehr gutes Beispiel. Im Interview mit dem *Domradio* wurde der Hamburger Weihbischof Hans-Jochen Jaschke gefragt, ob man das zerstörte Gesicht eines Menschen auf der Titelseite präsentieren dürfe, auch wenn es sich um einen Bösewicht wie Gaddafi handele: „Ich meine, nein. Das Sterben eines Menschen ist nie ein Grund zur Freude. Der Tod verlangt Respekt von uns", so Jaschke.[1047]

Dieses Verständnis gegen Gewaltbilder spiegelt auch die Pastoralinstruktion *Communio et Progressio* (CP) aus dem Jahre 1971 wider, die bis heute als Maßstab für Äußerungen der katholischen Kirche zu Medienfragen gilt.[1048] Hier heißt es in Abs. 40, dass Redakteure Nachrichten zwar lebendig, ansprechend und fesselnd vermitteln sollen, das Publikum jedoch keinesfalls geschockt werden dürfe. Die Nachrichten sollten weder sensationell aufgebauscht noch dramatisiert werden. Abs. 43 warnt vor einer offenen und ausführlichen Darstellung von Verbrechen und Brutalität. Wenn Brutalität allzu häufig gezeigt werde, bestehe die Gefahr, ein falsches Bild vom wirklichen Leben zu vermitteln. Negative Folgen könnten sein, dass bei Rezipienten Psychosen entstehen oder sie den Eindruck gewinnen, Gewalt und Brutalität seien normale Wege der Konfliktlösung. An anderer Stelle wird besonders der Jugendschutz hervorgehoben. In Abs. 89 heißt es: „Die Jugend ist durch gesetzliche Maßnahmen soweit wie möglich zu schützen vor [...] Schäden, die bestimmte Kommunikationsangebote ihrer seelischen Entwicklung und ihrem sittlichen Urteil zufügen können."

Fazit

Ist es verwerflich oder ethisch vertretbar, Gewaltbilder in den Massenmedien zu zeigen? Fest steht: Ein Patentrezept für die „richtige" Bildauswahl gibt es nicht. Der „Wunsch nach katalogartigen abschließenden Entscheidungskriterien [ist] kaum erfüllbar".[1049] Kommunikationswissenschaftler, Journalisten und der Deutsche Presserat tendieren jedoch dazu, dass die auf einem Foto dargestellte Grausamkeit für sich gesehen kein Grund ist, die Publikation von vornherein zu unterlassen. Auch das deutsche Medienrecht verbietet die Veröffentlichung von Gewaltbildern grundsätzlich nicht.

Als entscheidend gilt, in welchem *Kontext* ein Bild gezeigt wird und welche *Funktion* – oder *Dysfunktion* – es im Rahmen der Berichterstattung erfüllt. Ausgehend vom Wahrheits- und Authentizitätsanspruch des Bildjournalismus und dem Informationsbedürfnis der Öffentlichkeit zielen die Pro-Argumente auf den *gesellschaftlichen Wert* von Gewaltbildern ab. Mit Rücksicht auf die abgebildeten Opfer, deren Angehörige und die Rezipienten steht hinter den Contra-Argumenten die Intention, *das Individuum zu schützen*. Welches Interesse Vorrang hat, ist von Fall zu Fall abzuwägen.

Gerade mit Blick auf die journalistische Praxis ist das Forschungspotenzial in der noch jungen Disziplin der Bildethik enorm. Viele Fragen und Zusammenhänge sind noch ungeklärt, beispielsweise: Nach welchen Kriterien werden im Nachrichtenjournalismus Gewaltbilder ausgewählt? Haben Gewaltfotos einen negativen Einfluss auf die Auflage oder unterliegen Rezipienten tatsächlich einer voyeuristischen „Faszination des Bösen"? Wie gehen Journalisten psychisch damit um, wenn sie als Gatekeeper nahezu täglich mit schockierendem Bildmaterial zu tun haben? Sind Journalisten der Ansicht, dass der Presserat konkretere Regeln, d. h. eigene Ziffern für die Bildberichterstattung einführen sollte? Wie positionieren sich gesellschaftliche Akteure – etwa pädagogische, kirchliche, politische Instanzen – zum Umgang mit Gewaltbildern und deren (möglichen) Folgen?

Zusammenfassung

In der Einleitung wurde darauf hingewiesen, dass bereits die Betrachtung der Spruchpraxis des *Presserates* eine Reihe von Hinweisen auf den ethischen Zustand der gegenwärtigen Mediengesellschaft gibt: Einerseits wird erkennbar, dass der Presserat über die Jahre immer aktiver werden musste, um ethische Grenzverletzungen zu ahnden – auch infolge eines immer höheren Beschwerdeaufkommens. Andererseits wurden einige der in den Ziffern und Leitlinien des *Pressekodex* adressierten Normen besonders häufig verletzt – darunter vor allem Normen, die sich aus der *Menschenwürde* ableiten lassen bzw. die Menschenwürde selbst. So ergibt sich beispielsweise die Notwendigkeit des Schutzes von Kindern und Jugendlichen wie auch die des Schutzes der Intimsphäre oder die Unschuldsvermutung unmittelbar aus dem Postulat der Menschenwürde. Kinder und Jugendliche etwa vor Traumatisierung und publizistischem Missbrauch zu schützen, Verdächtige vor Falschbeschuldigung, jeden einzelnen vor Verletzungen seiner Intimsphäre und individuellen Ehre – das bedeutet in jedem einzelnen Fall auch, die Menschenwürde zu schützen.

Betrachtet man die vom Presserat geahndeten Grenzverletzungen, wie in der Einleitung getan, fallen immer wieder dieselben Verstöße auf: Der Schutz der Persönlichkeit wird verletzt (279 Rügen), die Wahrhaftigkeit und Achtung der Menschenwürde ignoriert (73 Rügen), Sensationsberichterstattung betrieben und der Jugendschutz missachtet (65 Rügen) sowie der Schutz der Ehre nicht berücksichtigt (51 Rügen). Im erweiterten Feld der für dieses Buch relevanten Normen finden sich daneben auch Verstöße gegen die Sorgfaltspflicht (160 Rügen), die Unschuldsvermutung (46 Rügen) und das Diskriminierungsverbot (45 Rügen).[1050] Insgesamt ist die Zahl der Rügen – auch und gerade zu einigen der aufgezählten Normen – deutlich angestiegen. Hier, so die Lesart dieses Buches, finden sich die zentralen Probleme, die unsere gegenwärtige Mediengesellschaft kennzeichnen. Und hier werden auch jene Opfer produziert, die im vorliegenden Buch vorgestellt wurden. Dabei können zusammenfassend zwei Gruppen von medienethisch typischerweise sensiblen Ereignissen unterschieden werden:

Die *erste Gruppe* von Ereignissen stellen spektakuläre Unglücke und Verbrechen dar. Mit Blick auf die *Menschenwürde* und einige aus ihr abgeleiteten Normen, sticht sicherlich der *Fall Winnenden* hervor: Opfer und Angehörige wurden belästigt, in ihrer Trauer gestört, durch journalistische Aktivitäten traumatisiert, gegen ihren Willen für Berichterstattungszwecke missbraucht, für Sensationszwecke instrumentalisiert und zu Objekten herabgewürdigt. Dies betraf auch und gerade Kinder. Anwohner und Unbeteiligte wurden belästigt, es wurde Geld für Interviews und intime Details geboten – es fand eine regelrechte Wegelagerei um Bilder und O-Töne statt. Daneben fiel vor allem die heroisierende Darstellung des Täters auf, die ihm genau jenen postumen Ruhm ermöglichte, den er sich als Preis für seine Taten sicherlich erhofft hatte. Medien setzten dem Amokläufer nachträglich einen Lorbeer auf – und jeder Nachahmer darf sich trotz aller Besserungsgelöbnisse denselben Lorbeer erhoffen, solange die Tat nur grausam genug ist. Dies ist umso problematischer, als es mittlerweile viele Handreichungen und Leitlinien für die journalistische Praxis gibt. Die Darstellung der Morde erfolgte in grellen Farben mithilfe von Bildmontagen, 3D-Darstellungen und anderen optischen Hilfsmitteln. Dass in diesem Fall auch Schutzgüter des Täters ignoriert wurden und Falschmeldungen die Runde machten, fällt angesichts des Ausmaßes der anderen Verstöße kaum noch ins Gewicht. Winnenden war ein Tiefpunkt. In der Folge entwickelten Experten umfassende Leitlinien für eine bessere Berichterstattung künftiger Fälle, die Opfer schützt, Täter nicht belohnt, Nachahmer nicht inspiriert. Aber die mangelnde Responsivität des Presserates bei der Anpassung des Pressekodex und der eigenen Spruchpraxis sowie die seither vorgefallenen Amoktaten (etwa in München 2016) geben nicht viel Anlass für Hoffnung auf Besserung.

Ähnlich der *Germanwings-Fall*: Auch hier wurden Opfer zu Sensationszwecken missbraucht, zu Objekten der Berichterstattung herabgewürdigt und ein zweites Mal zu Opfern gemacht – durch Journalisten. Private Bilder wurden aus dem Internet zusammenkopiert und für sensationalistische Darstellungen missbraucht. Familien, Angehörige, Bewohner der Heimatorte der Opfer belästigt und in ihrer Schockverarbeitung und Trauer gestört. Ob die Toten, ihre Verwandten oder Freunde sich eine solche Art von Behandlung wünschen würden, wurde in mancher Redaktion nicht erwogen. Auch hier wurde für Interviews Geld geboten, etwa für Interviews mit Mitschülern der Flugschule des Täters. Auch hier war es für viele Publikationsentscheidungen offenkundig nicht weiter bedeutsam, dass Kinder und Jugendliche von der Berichterstattung betroffen waren. Darüber hinaus wurden auch persönliche Schutzgüter des Täters verletzt, auch wenn es angesichts des Ausmaßes der Tat schwerfällt, sich mit ihm zu solidarisieren. Dass eine schwere Erkrankung nach Lesart seröser Analysen die Tat mit bedingt, wenn nicht gar hervorgerufen hat, fiel nicht überall entlastend ins Gewicht. Und wenn sie doch thematisiert wurde, dann dergestalt, dass Stigmatisierungen des Täters und einer ganzen Personengruppe Vorschub geleistet wurde. Angesichts einer sicherlich monströsen Tat konstruierten manche Medien das Bild eines Monsters, das sie ausübte. Als durchaus bemerkenswerter Nebenaspekt muss auch die Spekulationssucht vieler Redaktionen erwähnt werden, die der Fluglinie Vorwürfe zu ihrem Umgang mit Personal und Technik machten oder dem Täter terroristische Motive unterstellten. Ahnungslosigkeit und Publikationsdruck mögen diese Fehlgriffe und einige Verstöße gegen die Sorgfaltsplicht begründen. Allerdings sind irreführende Spekulationen und politisch instrumentalisierte Fehlannahmen von Ursachen und Gründen solcher Ereignisse durchaus typische Kennzeichen insbesondere der ersten Stunden und Tage von ereignisbezogener Berichterstattung.

Die Fälle *Winnenden* und *Germanwings* stehen für eine Reihe ähnlicher Ereignisse, die hier nicht berichtet wurden. Angesichts ihrer Tragweite und der Folgen der korrespondierenden Berichterstattung ist diese Selektivität gerechtfertigt. Was nicht heißt, dass nicht auch andere Amokläufe, Terroranschläge oder Unglücke hätten vorgestellt werden können. Was beide Ereignisse jedoch besonders macht, sind die schiere Menge und der Inhalt der journalistischen Grenzübertretungen. Auch die vergleichsweise große Zahl an Beschwerden beim Presserat rechtfertigt die Auswahl.

Die beiden anderen in diesem Buch vorgestellten öffentlichen Großkrisen waren – trotz aller Unterschiede im Detail – ebenfalls spektakuläre Kriminalfälle mit großer Tragweite: der *Fall Sebnitz* und die *Kölner Silvesternacht*. Im *Fall Sebnitz* führten stereotype Wahrnehmungen und vorurteilsgetriebene Berichterstattung im Verbund mit mangelnder Sorgfalt zu einer bis dato beispiellosen Fehlinterpretation. Eine ganze Stadt wurde verdächtigt, einen rassistischen Mord gedeckt zu haben. Die Medienerzählung rund um diesen vermeintlichen Mord wurde zwar sehr schnell von medialer Selbstkritik und Schuldbekenntnissen abgelöst. Gleichwohl mündeten von Vorurteilen getriebene Wahrnehmungen, Stereotype gegenüber Ostdeutschland und etablierte Frames, die sich anhand wirklicher Übergriffe auf Einwanderer in den 1990er Jahren durchaus verständlicherweise etabliert hatten, in – lässt man damalige Quellen zu Wort kommen – den ersten Medien-GAU des Jahrtausends. Durch den weitgehenden Verzicht auf Konjunktive und Fragezeichen wurden Prinzipien der Verdachtsberichterstattung ignoriert – Verdachtsmomente wurden zu Tatsachen. Aus Mangel an eigenen Recherchen übernahmen viele Medien die Lesart eines einzelnen Berichtes und eine jener typischen Berichterstattungswellen begann, wie man sie auch in vergleichbaren Fällen findet: Kollegenorientierung führte dazu, dass immer mehr Redaktionen auf den fahrenden Zug aufsprangen, Sichtweisen konvergierten, Berichte kumulierten. Schneller als gewohnt allerdings ebbte die Welle ab, weil die Geschichte sich nicht halten ließ.

Im Falle der *Kölner Silvesternacht* waren ebenfalls kriminalistische Verdachtsmomente ohne einzeln identifizierbare Protagonisten für die Berichterstattung ausschlaggebend, weswegen man dieses Ereignis durchaus der ersten Kategorie zuordnen kann. Um die Frage, ob man die Herkunft von (möglichen) Straftätern in der Berichterstattung nennen dürfe, flammte eine schon lange schwelende Debatte in Redaktionen, unter Medienwächtern und in der Öffentlichkeit neu auf. Die klassische Güterabwägung zwischen den Pflichten journalistischen Erzählens und seinen Folgen – hier: für potenzielle Diskriminierungsopfer – drang ins Bewusstsein vieler Beobachter. Was routinemäßig in Redaktionsstuben zu entscheiden ist, wurde nun, vor dem Hintergrund des seit 2015 hitzig geführten Flüchtlingsdiskurses in Deutschland, zum Gegenstand gesellschaftlicher Debatten. Noch kurz nach den Übergriffen in Köln entschied der Presserat, seine Leitlinien im Umgang mit der Herkunft von Tätern nicht zu ändern – erwähnen solle man diese nur, so die alte Lesart der Ziffer 12.1, wenn es einen begründeten Sachbezug gebe. Es folgten Mordfälle mit eingewanderten Tatbeteiligten wie jener in Freiburg – der Presserat entschied sich, seine Haltung zu ändern und führte mit dem öffentlichen Interesse ein weiteres, lang bekanntes und etabliertes Gut zur Abwägung in Konfliktfällen ein. Die Entscheidung, ob man die Herkunft nun künftig nennen soll oder nicht, wurde, dem Empfinden vieler Beobachter nach, auf diese Weise nicht erleichtert und manche Redaktion suchte fortan eine individuelle Lösung – mancherorts wird seither die Herkunft grundsätzlich genannt, anderswo wird von Fall zu Fall abgewogen.

Mit Blick auf die anderen Fallstudien in diesem Buch ist die Kölner Silvesternacht ein Musterbeispiel für die Komplexität journalistischer Abwägungsprozesse in Krisensituationen. Publikationsentscheidungen mit Herkunftsangaben sind geeignet,

Diskriminierungsopfer zu erzeugen und ganze Bevölkerungsgruppen in schlechtem Licht dastehen zu lassen. Sie können Ängste schüren und erzeugen als Schlüsselereignisse, wie die zitierten Studien zeigen, auch die Ausweitung des Berichterstattungsradius auf andere Ereignisse oder Personengruppen. Auf diese Weise können schlimmstenfalls diskriminierende Zerrbilder entstehen, die negativen, angst- und vorurteilsbeladenen Gesellschaftsperzeptionen Vorschub leisten. Solche Wirkungen sind durchaus dysfunktional, wie auch weiter unten argumentiert wird. Im Fall der Kölner Silvesternacht haben jedoch weit weniger Medien Fehler gemacht, als es angesichts der Lautstärke der Vorwürfe und der Prominenz ihrer Quellen den Eindruck machte. Hier ging Gründlichkeit bei der Recherche vielerorts vor Schnelligkeit. Berichterstattung über solche Ereignisse ist und bleibt eine sensible Gratwanderung, gerade weil sie zu Stigmatisierungen und Opfern führen kann.

Die *zweite Gruppe* von Ereignissen ist dadurch gekennzeichnet, dass Einzelpersonen mit einzelnen oder mehreren Medien einen Konflikt auszutragen hatten, der ihnen zumeist aufgezwungen wurde und in dessen Rahmen sie in vielfältiger Hinsicht Verletzungen erfuhren. Auslöser waren zum Teil Kriminalfälle bzw. Verdachtsmomente für Verbrechen, wie in den Fällen *Kachelmann*, *Wulff*, *Hoeneß* und *Edathy*. Zum Teil waren auch durch Krankheiten bedingte Taten wie der Selbstmord von *Robert Enke* oder der mitunter als erweiterter Selbstmord etikettierte Absturz der *Germanwings*-Maschine Auslöser der Berichte. Der *Fall Kekilli* zeigt jedoch auch, dass man in solche publizistischen Gewitter geraten kann, wenn man kerngesund ist und nicht im Verdacht steht, ein Verbrechen begangen zu haben. Die Analyse dieses Sonderfalles insinuiert, dass es genügt, den doppelmoralischen Standards einiger Boulevard-Journalisten nicht zu genügen, um Angriffe auf die eigene Menschenwürde zu erleben.

Hier, wie vom Presserat in erfreulicher Klarheit dargelegt, wurde die *Menschenwürde* von Sibel Kekilli verletzt. Sie wurde als Persönlichkeit und Schauspielerin, so der Presserat, auf das reduziert, was man auf Klappentexten von Pornofilmen lesen kann. Dass sich Boulevardmedien an anzüglichen Details delektieren, verwundert nicht. Jugendsünden einer aufstrebenden Schauspielerin wurden über Wochen grell und großformatig, kampagnenartig und hämisch ausgebreitet. Der Umgang mit einer jungen Frau aus einer Zuwandererfamilie, die sich entschieden hatte, eine seriöse Schauspielkarriere einzuschlagen – mit Welterfolg bis heute – war anprangernd, verächtlich, kulturell unsensibel und unbarmherzig. Es wurden Verwandte und Prominente als Sekundanten in einem künstlich erzeugten Drama rekrutiert, nur um angesichts fehlender Berichterstattungsereignisse die Kampagne fortführen zu können. Die Reaktion des Presserates war mit dem Verweis auf die Menschenwürde der Schauspielerin glasklar, der Abdruck der Rüge, viel zu spät und versteckt auf einer unbedeutenden Seite, zeugte hingegen von Verachtung gegenüber dem Opfer und auch dem Presserat.

Der *Fall Kekilli* war im Grunde ein Duell – die Schauspielerin gegen *Bild*. In den anderen Fällen sahen sich Einzelpersonen Angriffen durch mehrere Medien oder beinahe die gesamte Medienlandschaft ausgesetzt. Der *Fall Kachelmann* ist mit all seinen Facetten ein besonderer Tiefpunkt: Zentrale Akteure der deutschen Medienlandschaft begriffen sich nicht als neutrale Beobachter eines von ihnen unabhängigen (und inhaltlich zu schützenden) Prozessgeschehens, sondern als Akteure in einem juristischen Stück – als Ankläger, Staatsanwälte und Richter in Personalunion. Die medienethischen Vergehen, von denen bezeichnenderweise die wenigsten im Rahmen der Medienselbstkontrolle thematisiert wurden, sondern von hohen deutschen Gerichten, reichten vom üblichen Sensationalismus und der Verletzung der Sorgfaltspflicht, der Privat- und Intimsphäre und der Unschuldsvermutung bis hin zur publizistischen Vorverurteilung. Journalisten ergriffen Partei, äußerten ehrabschneidende Schmähkritik an Kachelmann, delektierten sich an schlüpfrigen Bettgeschichten, zahlten hohe Summen für Interviews mit Prozessbeteiligten – um nur einige wenige Verstöße zu erwähnen. Noch ehe ein richterliches Urteil in Kraft war, loderten die Flammen von Kachelmanns publizistischen Scheiterhaufen derart in die Höhe, dass sich auch seriöse Journalistinnen berufen fühlten, selbst als Verteidigerinnen aufzutreten. Das krasse Missverhältnis zwischen der Reaktion des Presserates und den harten Worten der Gerichte dokumentiert eines der wesentlichen Probleme der gegenwärtigen Mediengesellschaft: Die Selbstkontrolle wirkt in vielen Situationen nicht. Auf der einen Seite liest man die Zeilen von Gerichtsurteilen, die in luziden Worten darlegen, in welcher Form sich einige Medien versündigt hatten, mit welchen Folgen einer lebenslangen publizistischen Stigmatisierung zu rechnen sei und welche – in der Geschichte der Bundesrepublik einmaligen – Geldstrafen als Schadensersatz zu zahlen seien. Auf der anderen Seite: weitgehend Schweigen.

Mit Blick auf die inhaltlichen Vorwürfe weit weniger dramatisch, aber hinsichtlich der Konsequenzen von besonderer Tragweite war der *Fall Wulff*. Auch hier findet sich der Generalbass der journalistischen Begleitmusik der letzten Jahre, siehe auch *Kachelmann*, *Kekilli* und *Hoeneß*: Häme, Schadenfreude, Unbarmherzigkeit. Einem sicherlich nicht unangreifbaren und kommunikativ fragwürdig agierenden Bundespräsidenten wurde aus sehr kleinen Vorwürfen, die sich vor Gericht später im Großen und Ganzen als nichtig erwiesen, journalistisch ein Strick gedreht. Als man ihn wegen zweifelhafter Kritikpunkte publizistisch nicht zu fassen bekam, musste ein – sicherlich unkluger, aber für die Beziehungen von Politikern und Journalisten nicht untypischer – vertraulicher Anruf auf einem Anrufbeantworter einen Nebenschauplatz eröffnen, damit die Berichte weitergehen konnten. Der Rücktritt schließlich erfolgte als Reaktion auf den Beginn staatsanwaltlicher Ermittlungen, deren Auslöser sich nachträglich ebenfalls als nichtig erwies. Die Berichterstattung gegen Wulff war inhaltlich zum Teil kleinlich, strategisch sogar mitunter hinterlistig. Der publizistische Verfolgungsdruck stand, nimmt man den Freispruch Wulffs als Maßstab, in keinem adäquaten Verhältnis zum juristischen Gehalt der Vorwürfe. Eine gewisse Erbarmungslosigkeit und der unbedingte Wille einiger Redaktionen, auch kleinste, irrelevante, ja erdichtete Details zu berichten, machten das Wesen der Berichterstattung in den letzten Akten des Falles aus. Mediale Eigenlogiken und Selbstreferenzialität waren wichtiger als der materielle Gehalt des Falles. Zu all den Übertreibungen gesellten sich Berichte, die auf die Familie Wulffs zielten und seinen Charakter zu desavouieren versuchten.

Klammheimliche und offene Freude, moralinsaure Empörung, Häme und Nachtreten angesichts des Sturzes einer prominenten Persönlichkeit waren nicht nur in den Fällen *Kachelmann* und *Wulff* kennzeichnend für die zentralen journalistischen

Narrative – auch der *Fall Hoeneß* dokumentiert trotz aller Vorwürfe, die man Hoeneß zurecht machen musste, die mentale Verfassung der deutschen Mediengesellschaft: Von christlichen Werten im Umgang mit Sündern scheinen jedenfalls die wenigsten Autoren beseelt. Doch auch Sünder haben eine Menschenwürde und einige der Berichte – weitaus weniger als in den vorangegangenen Fällen – zielten unmittelbar auf ihre Verletzung ab. Angesichts der Selbststilisierung Hoeneß' in den Jahren und Jahrzehnten zuvor mag das verständlich erscheinen – medienethisch sind einige der Verunglimpfungen der dargestellten Art dennoch nicht zu rechtfertigen. Im *Fall Hoeneß* kommt hinzu, dass das Steuergeheimnis und die Selbstanzeige die Beurteilung dessen, was man berichten darf, erschwerte. War die Berichterstattung vorverurteilend, obwohl Hoeneß sich selbst bezichtigte? Wurden das Steuergeheimnis gebrochen und Informationen veröffentlicht, die nicht hätten öffentlich sein dürfen? Diese Fragen sind schwieriger zu beantworten als die Frage, ob Journalisten in die Privatsphäre von Hoeneß und seiner Familie eindringen durften, um etwa durch Fenster hindurch Frau und Enkel zu fotografieren. Das durften sie nicht. Letztlich versuchten auch im *Fall Hoeneß* viele Redaktionen zumindest zum Teil die Judikative zu ersetzen. Dabei ist mit der Haftstrafe die Schuld abgegolten. Stattdessen erhielt Hoeneß, um einen weiter oben vorgestellten Bericht zu zitieren, gewissermaßen eine zusätzliche Prangerstrafe, wie viele lächerlich machende Kommentare und Titelseiten nahelegen. Eine Randnotiz sind in diesem, wie in den anderen Fällen, die juristisch erfolgreich geahndeten Verstöße gegen die Sorgfaltspflicht.

Auch der *Fall Edathy* hat mit rechtlichen Vergehen zu tun – mit sehr schweren und moralisch obendrein äußerst intrikaten. Auch in die Privatsphäre von Sebastian Edathy wurde eingedrungen, die Unverletzlichkeit seiner Wohnung wurde missachtet, persönliche Internet-Daten wurden veröffentlicht. Laufende Ermittlungen wurden nicht abgewartet, sondern sensationalistisch ausgeschlachtet. Verdachtsmomente wurden als Tatsachen ausgegeben, noch bevor es belastbare Ermittlungsergebnisse gab. Edathy wurde vorverurteilt und mit der auch die anderen Fälle kennzeichnenden Gnadenlosigkeit und Häme verfolgt. Hinzu kam ein moralischer Ekel angesichts der Vorwürfe, der Berichte und Internetbeiträge prägte. Medienberichterstattung trug ihren Teil zur sozialen Ächtung, zum moralischen Aussatz Edathys bei. Hasskommentare und standgerichtsartige Urteile, wie sie heutzutage vor allem im Netz grassieren, waren keine Seltenheit. Angesichts der schwerwiegenden Vorwürfe ist es durchaus nachvollziehbar, dass emotionale Empörung hochkocht und Forderungen nach schweren Strafen vorgetragen werden. Journalisten haben jedoch andere Aufgaben als twitternde, bloggende oder auf Websites postende Privatmenschen – insbesondere im Umgang mit Gerichtsverfahren, Verdachtsmomenten und der generell einzuhaltenden Unschuldsvermutung. Auch ein möglicher Täter selbst schwerster Verbrechen hat eine Menschenwürde.

Betrachtet man die bisher genannten Fälle, in denen sich einzelne, durchgängig prominente Personen im Konflikt mit Teilen der Medien befanden, stellt sich neben allen medienethischen Fragestellungen am Rande eine weitere: Was macht es mit einer Gesellschaft, wenn Fehler, Vergehen, Sünden und Verbrechen auf derart hämische, unbarmherzige Weise verfolgt werden? Wenn Rachsucht und Schadenfreude

Vorrang haben vor Seriosität, Aufklärung, idealerweise auch Resozialisierung und im Fall gesühnter, kleinerer Vergehen vielleicht auch Vergebung? Welche Art Diskurs auf Schulhöfen, zwischen Nachbarn, in Familien oder andernorts dürfen wir in einer Gesellschaft erwarten, deren mediale Narrative nicht in erster Linie von Mitmenschlichkeit und Achtung geprägt sind, sondern in vielen Situationen Inquisitionsprozessen oder gar Standgerichten gleichen? Es ist schwer vorstellbar, wo hier positive Funktionserfüllung von Medien stattfindet und nicht vielmehr eine ganze Reihe von Dysfunktionen entstehen – etwa langfristig kultivierende Effekte solcher Mediennarrative: das Nähren von Angst, sozialer Ablehnung und Ausgrenzung, die Stigmatisierung bestimmter Menschengruppen, die Absenkung kommunikativer Hygienestandards und sicher auch das Entstehen von Entfremdungs- und Verdrossenheitsphänomenen, die Menschen glauben machen, die Menschheit sei schlecht, die Eliten korrupt, das Leben voller Gewalt und Verbrechen, den Mitmenschen könne man nicht trauen, die Institutionen und der Staat versagten und dergleichen mehr. Das ist im Grunde das unsere Gesellschaft in vielen Momenten umrahmende mediale Narrativ. Aus einem psychiatrischen Blickwinkel wäre es sicherlich als pathologisch zu bezeichnen.

Ein letztes Beispiel für medienethische Konflikte der zweiten Kategorie zwischen Einzelpersonen und Journalisten stellt auf einer anderen Ebene der *Fall Enke* dar, weswegen er hier gesondert zusammengefasst wird: Wie in den Fällen *Winnenden* und *Germanwings* waren es hier Pietät und mitmenschliche Achtung, die in erster Linie geopfert wurden, um sensationsheischende Berichte zu munitionieren. Voyeurismus kennzeichnete viele Berichte, wo Zurückhaltung gefordert gewesen wäre. Auch hier war die Menschenwürde berührt – nicht nur die Enkes, sondern z. B. in der publizistisch vermarkteten Situation am Bahnübergang auch die seiner Frau. Der eigentliche medienethische Kern des Falles ist jedoch der journalistische Umgang mit Krankheit, insbesondere Depression und ihren Folgen. Obwohl es eine Vielzahl empirischer Studien und eine Fülle an praktischen Leitlinien für den Umgang mit Suiziden gibt, die nachdrücklich vor Nachahmungssuiziden warnen und aufzeigen, wie präventive Berichterstattung aussehen kann, verstieß eine große Zahl von Redaktionen gegen simple Regeln und lieferte Vorlagen für Nachahmungssuizide. Kaum irgendwo in der medienethischen Forschung herrscht eine derart große Kongruenz zwischen praktikablen Leitlinien und Vorgaben, die helfen würden, jene empirisch klar nachweisbaren letalen Folgen sensationalistischer Suizidberichterstattung abzuwenden. Doch auch hier ist der deutsche Pressekodex, verglichen mit fortschrittlicheren Regelwerken, hoffnungslos anachronistisch, die konkreten Formulierungen sind angesichts des Wissens um den Werther-Effekt unzureichend und rückständig und die Spruchpraxis ist – freundlich gesagt – zumeist dezent. Im *Fall Enke* wurde ausgerechnet eine Satire-Zeitschrift gerügt, während viele seriöse Redaktionen daran arbeiteten, die Zahl an Nachahmungssuiziden in die Höhe zu treiben, wie Beobachter feststellten.

Die bisher zusammengefassten Fälle beider Kategorien sind sicherlich Extremfälle. Aber diese Extremfälle eignen sich dazu, die zentralen Probleme und Dysfunktionen der gegenwärtigen Mediengesellschaft vor Augen zu führen und ihren Opfern ein Gesicht zu geben. Zugleich eignen sie sich für derartige Analysen, weil hier viele der typischen dysfunktionalen Prozesse des Mediensystems mit seinen inhärenten

Eigenlogiken kulminieren. Dazu gehört u. a., dass Journalisten – zumal im Zustand von Informationslosigkeit – von Kollegen Ereignisdarstellungen und Wertungen übernehmen, dass sie nicht rigoros zwischen Verdacht und Tatsache unterscheiden, dass sie sich mehrheitlich von Kollegen geteilten Sichtweisen und Werturteilen anschließen, dass sie zu haltlosen Spekulationen neigen, wenn ihnen Fakten fehlen, dass sie bei längerem Krisenverlauf zunehmend irrelevante Details in den Vordergrund rücken, um die Berichterstattung am Laufen zu halten, dass sie zum Zwecke der Aufmerksamkeitssteigerung ethische Grenzen übertreten und Opfer erzeugen – auch und gerade unter Schwachen, Kindern, Betroffenen von Unglücken und Kriminalität. Immer wieder sind es in solchen Fällen die Menschenwürde und ihre Derivate, der Persönlichkeits- und Ehrschutz, der Opferschutz, die Unschuldsvermutung, das Diskriminierungsverbot, der Missbrauch von Menschen für reine Sensationalisierungszwecke, gegen die am häufigsten und besonders deutlich verstoßen wird. Dies wird in Tabelle 8 veranschaulicht, die jene Normen, die am häufigsten betroffen sind, fallweise und überblicksartig zusammenfasst – die später noch diskutierten Exkurse ausgenommen. Hier finden sich auch die vom Presserat am meisten gerügten Ziffern wieder. Die Tabelle fasst, gemeinsam mit der empirischen Auswertung der Spruchpraxis des Presserates weiter oben, den materiellen Gehalt vieler medienethischer Grenzübertretungen zusammen und indiziert in gewisser Weise die ethische Verfassung unserer gegenwärtigen Mediengesellschaft.

Tabelle 8: Hauptsächlich betroffene medienethische Normen in den dargestellten Fällen

Hauptsächlich betroffene Normen

Fall	Menschenwürde	Persönlichkeit/Ehre	Opferschutz	Sensationalismus	Wahrheit	Sorgfalt	Unschuld, Verdacht
Sebnitz				+	++	++	+
Kekilli	++	++	++				
Winnenden	++	+	++	++	+	+	
Enke	+	+	++	+			
Kachelmann	++	++	+	++	++	++	++
Wulff	+	+		+	+		++
Hoeneß	+	+		+	+	+	+
Edathy	++	++	+	+			++
Germanwings	++	++	++	++	++	++	+
Silvesternacht				+	+		+

Lesehilfe: + bedeutet, hier wurde zum Teil gegen die betreffende Norm verstoßen; ++ bedeutet, hier wurde deutlich gegen die Norm verstoßen; keine Markierung bedeutet, die Norm spielte keine Hauptrolle in diesem Fall.

Daneben gibt es auch eine Reihe anderer Probleme, wie in der Einleitung zu diesem Buch oder in diversen Studien dargelegt[1051]: der hysterische Charakter vieler Berichterstattungs-Hypes, etwa in der Risiko-, Technik-, Gesundheits- oder Umweltkommunikation, die mangelhafte Repräsentation von Weltsichten, die nicht zum journalistischen Mainstream passen, die zunehmende kulturelle bzw. lebensweltliche Entfremdung zwischen Teilen der Bevölkerung und der gesellschaftlich eher progressiven journalistischen Elite[1052], sicherlich auch die mangelhafte Medienbildung in der Bevölkerung[1053], die zu falschen Eindrücken davon führen, was Medien Positives für unsere Gesellschaft leisten – aber mitunter auch zu falschen Eindrücken davon, was sie an negativen Folgen tatsächlich zu verantworten haben (und was nicht). Wie in der Einleitung gesagt, ist es nicht die Lüge, die nach Lesart dieses Buches das zentrale Problem darstellt. Auch sind Journalisten nicht Befehlsempfänger von Staatskanzleien oder Parteizentralen. Sie stecken auch nur selten mit Politik und Wirtschaft unter einer Decke, sofern es sich um Qualitätsjournalismus handelt – dieser versteht sich vielmehr auch und gerade als Kontrolleur und Antagonist gesellschaftlicher Macht. Die Probleme liegen, das zeigen die bisherigen Fallbeispiele, zumeist woanders.

Ergänzt werden die zentralen Botschaften dieses Buches durch drei Exkurse, die mit ihren jeweiligen Problemszenarien eigene medienethische Dimensionen ergänzen: In seiner Auseinandersetzung mit dem zunehmend inquisitorischen Interviewstil in Teilen des Informationsfernsehens untermauert der Exkurs um fragwürdige *Interviewtechniken* zwar die Lesart des letzten Absatzes, wonach Journalisten eben nicht – wie der *Lügenpresse*-Anwurf insinuierte – Handlanger von Politikern sind. Denn der zum Teil sehr harte Fragestil ist Ausweis eines journalistischen Selbstbewusstseins, das im klaren Gegensatz zu solchen Verschwörungstheorien steht. Allerdings werden auch hier – direkt wie indirekt – medienethische Gebote übertreten, von denen ein Wesentliches lautet, dass man Berichterstattung und persönliche Weltsichten zu trennen habe. Die eigene Meinung in Gestalt moralisch überhöhter Anklagen oder trickreicher Demaskierungsversuche in die Fragetechnik einfließen zu lassen, ist geeignet, jenes Trennungsgebot auszuhebeln. Journalisten werden auf diese Weise zu Akteuren, sie rücken sich selbst und ihre Ansichten in den Mittelpunkt – und nicht den Interviewpartner. Man erlebt Parteilichkeit anstelle von Werturteilsfreiheit und Zurückhaltung. Und man lernt als Zuschauer weniger über die Wirklichkeit als vielmehr darüber, wie prominente Gesichter des Fernsehens über Politiker oder andere gesellschaftliche Eliten denken. Offensichtlich nichts Gutes.

Ein durchaus verwandtes Problem ist das rhetorische Inventar des *Spiegel* im Rahmen der Berichterstattung über die Finanzkrise und ihre Teilkrisen. Auch hier stehen subjektive Sichtweisen, stilistisch-performative Vorlieben und Stereotype über Politik im Mittelpunkt – nicht so sehr die Beschreibung der Wirklichkeit. Dazu kommt eine bemerkenswerte Lust am Untergang. Der *Spiegel* berichtete im Rahmen der Finanzkrisen-Kaskade im Grunde so, wie zumeist, wenn er sich regelmäßig im Angesicht einer dräuenden Apokalypse wähnt. Nicht anders fielen beispielsweise die Reaktionen auf die Trump- (2016) oder die Italien-Wahl (2018) aus: der Trump-Meteor zerschmetterte den Erdball und rief „Das Ende der Welt" hervor und unsere italienischen Nachbarn erhängten sich an einer Spaghetti und wurden als Selbstzerstörer dargestellt, die Europa in den Abgrund rissen.[1054] Gerade die Reaktionen auf die vermeintliche Italien-Apokalypse erinnerten sehr an das „Griechen-Bashing" der Jahre zuvor[1055]: Berichte voller kultureller Stereotype, man denke an die disziplinlosen, chaotischen und faulen Südländer, zeichneten die Zukunft in düsteren Farben. Der *Spiegel* ist – sicherlich nicht allein und nicht durchgängig, aber doch prominent – einer der Erzähler jenes tiefschwarzen Narrativs, das der deutsche Journalismus seit Jahrzehnten um die politische, wirtschaftliche und gesellschaftliche Verfassung Deutschlands und zuletzt auch Europas flicht. Der im vorliegenden Fallbeispiel medienethisch eigentlich zu kritisierende Befund ist jedoch ein anderer: Die Berichterstattung schürt durch explizite und implizite Bewertungen Ressentiments gegenüber Partnerländern in der Europäischen Union und stellt die Akteure und Institutionen der EU wahlweise als hilflos oder unfähig dar. Vermeintlich ökonomischen Lotterlebens schuldige Länder werden – man beachte die Wortwahl – als PIIGS bezeichnet, ihre Einwohner und Eliten als faul, spendierfreudig und undiszipliniert. Die negative Darstellung der Problemlösungsfähigkeit der Europäischen Union dürfte, trotz aller Erfolge in der Krisenbekämpfung, genau zu jenem grassierenden Negativismus beigetragen haben, auf dessen Wellen populistische und EU-feindliche Parteien und Bewegungen in den letzten Jahren ritten. Allenthalben waren despektierliche Bewertungen von Politikern, Institutionen und ganzen Ländern sowie resignierende Endzeitszenarien vom ökonomischen Weltuntergang zu lesen. Solcherlei Berichterstattung dürfte in Ton und Inhalt durchaus Mitverantwortung dafür haben, dass materielle Krisenschäden sich ausweiten und Populisten Rückenwind bekommen – Kommunikation bringt ihrerseits Wirklichkeit hervor.

Der letzte der in diesem Buch vorgetragenen Exkurse greift nach den eher ausweitenden und ergänzenden Beiträgen noch einmal die zentrale Motivik der bisherigen Argumentation auf: Wie kann eine der *Menschenwürde* verpflichtete Berichterstattung auch über schlimmste Gewalt und niederschmetterndstes Leid aussehen – eine Berichterstattung, die ihre Informationsaufgaben erfüllt, aber zugleich Opfer, Angehörige und Publikum vor Exzessen und Grenzübertretungen schützt? Das Kapitel zeigt einmal mehr, dass es in journalistischen Entscheidungssituationen in der Regel nicht darum geht, ob man berichtet oder nicht. Es geht um die Frage, *wie* man berichtet. Über Gewalt und Leid zu berichten, gehört zum journalistischen Alltag und kann positive, funktionale Berichterstattungsfolgen für die Gesellschaft haben, darunter Aufklärung, historische Einordnung, Bewusstseinsbildung, Mobilisierung für demokratische Werte. Es gibt aber auch gewichtige Stimmen, die vor Abstumpfung, Verrohung und dem publizistischen Missbrauch von Opfern warnen. Die verschiedenen Sichtweisen zu diesem Problem werden im Kapitel dargelegt und müssen hier nicht nochmals erwähnt werden. Gleichwohl hat dieses abschließende Kapitel auch eine erzählerische Funktion für das vorliegende Buch: Es zeigt die Dilemmata auf, in denen Journalisten sich oftmals befinden – wie auch beim Umgang mit *Sebastian Edathy* oder bei der Berichterstattung über die *Kölner Silvesternacht*. Hier prallt u. a. die Informationspflicht auf medienethische Gebote und die tägliche Herausforderung besteht in der sensiblen Abwägung dieser Güter gegeneinander.

Das Kapitel zeigt auf, mit welchen guten Gründen Gegner und Befürworter härterer und weicherer Berichterstattungsphilosophien aus Wissenschaft und Journalismus miteinander streiten. Es zeigt auf diese Weise auch die Ernsthaftigkeit, mit der man solche Debatten – hier wäre auch auf den *Werther-Effekt* oder *Amoktaten* zu verweisen – führen kann, wenn man sie aus einer Meta-Perspektive unter Einbezug seriöser Forschung und sachlichen Argumenten führt. Es zeigt verhalten auch Lösungswege für eine medienethisch tragfähige, wichtige und wirksame, die *Menschenwürde* schützende Berichterstattung auf: Man muss über die Enthauptung eines Journalisten im Bürgerkrieg im Nahen Osten nicht mit Bildern seines abgetrennten Kopfes berichten, um die Geschichte vollständig und wahrhaftig zu erzählen. Man muss auch nicht zeigen, wie tote Körper in einer Diskothek verstreut sind, nach einem terroristischen Anschlag in Paris. Man muss bluttriefende Tatorte nicht zeigen oder in Kampfanzüge montierte Amokläufer und deren Tötungswege in 3D-Animationen wie im *Fall Winnenden*. Wenn es für die zu erzählende Geschichte notwendig ist, auf solche Details einzugehen, dann hat man die Wahl zwischen anderen Darstellungsformen, auch zwischen verschiedenen Detailgraden von Bildern – und oft leisten Worte mehr als Bilder. Es geht also nicht, wie von manchem hyperallergischen Journalisten befürchtet, um die Abschaffung der Pressefreiheit, Zensur oder die Kastration der vierten Macht. Es geht um das *Wie* einer der *Menschenwürde* verpflichteten Berichterstattung, die einer positiven gesellschaftlichen Entwicklung zuträglich ist. Diese zentrale Argumentationslinie trägt das letzte Exkurskapitel am Beispiel *Gewaltbilder* noch einmal ausschnittartig vor. Daher bildet es den Schlussstein für die Falldarstellungen im vorliegenden Buch.

Fazit

Wie würde man sich nun angesichts der dargestellten Missstände eine andere, bessere Mediengesellschaft wünschen? In seiner *Theorie der Gerechtigkeit* führt der amerikanische Philosoph John Rawls mit seinen Lesern ein Gedankenexperiment durch.[1056] Er schlägt vor, sich einen hypothetischen Zustand vorzustellen, in welchem die Menschen gemeinsam die Regeln für die Gesellschaft festlegen sollen, in welcher sie später leben werden. Allerdings hat die Sache einen Haken: Diejenigen, die in dieser fiktiven Situation einen Gesellschaftsvertrag erarbeiten sollen, der später für alle Individuen der Gesellschaft universale Gültigkeit haben wird, wissen bereits im Voraus, dass sie nach der Fertigstellung ihres Regelwerks gewissermaßen in ein gnädiges Koma fallen und hernach in jener von ihnen selbst erdachten Gesellschaft erwachen werden – und sich in dieser Gesellschaft arrangieren müssen. Bei der Ausgestaltung der Spielregeln dieser neuen Gesellschaft können sie jedoch noch nicht wissen, in welcher Rolle, mit welchem Status, in welcher gesellschaftlichen Position sie später erwachen werden: Für jeden einzelnen der Mitgestalter des Gesellschaftsvertrages wäre ex ante vollkommen unklar, ob er oder sie als Chefärztin oder Kassierer, Kehrmaschinenfahrer oder Journalist, Bauarbeiter oder Immobilieninvestorin, Hochbegabter oder geistig eingeschränkter Mensch, körperlich Gesunde oder Behinderter erwachen werden. Die Festlegung der gesellschaftlichen Spielregeln erfolgt unter einem *Schleier des Nichtwissens* und jeder muss für sich selbst die Frage beantworten: In welcher Gesellschaft will ich leben? Rawls Antwort – in äußerster Verkürzung – lautet: in einer gerechten, *fairen* Gesellschaft, die Chancengleichheit für alle ermöglicht.

Das arg strapazierte Wort von der Mediengesellschaft beschreibt nach wie vor treffend, welche der Institutionen der modernen Demokratie unserer Gegenwartsgesellschaft in besonderem Maße ihren Stempel aufgedrückt hat: die Medien, gemeint das (journalistisch-)professionelle System der Informations- und Unterhaltungsproduktion, erweitert durch das Internet und seine darin entstandenen Phänomene um (nicht-)professionelle Formen der Informations- und Unterhaltungsproduktion. Wie jede andere Gesellschaft braucht und hat auch unsere Mediengesellschaft Spielregeln in Form von Gesetzen, Verträgen und normativen Kodizes. All diese Spielregeln hat sich die demokratische Mediengesellschaft gegeben, um den Austausch von informationellen Äußerungen, die Produktion von Medieninhalten informativer und unterhaltender Art, das Zusammenspiel zwischen Medien und Macht, Medien und Nutzern usw. zu regulieren.

Gesetzt, man versetzte auch die heutigen Einwohner unserer Mediengesellschaft in John Rawls' hypothetischen Entscheidungszustand und fragt: In welcher Gesellschaft wollt ihr leben? Und ganz konkret: Welche Medien wollt ihr haben? Wie sollen die Spielregeln aussehen? Und auch diesmal müsste die Entscheidung unter dem *Schleier des Nichtwissens* fallen. Auch diesmal wüssten diejenigen, die sich die Spielregeln ausdenken, nicht, ob sie selbst Journalisten würden, ob sie nur passive

Nutzer wären, ob sie zur Elite oder zur Peripherie der Gesellschaft gehörten, als Schwache, Eingeschränkte, sehr Junge oder sehr Alte besonders schutzbedürftig wären, ob sie reich oder arm wären, ein Medienhaus besäßen und es steuern könnten, oder selbst in irgendeiner Form Gegenstand von Berichterstattung werden würden. Welche Mediengesellschaft würden wir uns dann wünschen? Vermutlich, ganz wie bei Rawls, eine *faire*. Eine Gesellschaft, in der Medien nicht vorsätzlich Opfer produzierten, um Profite zu generieren. Eine Gesellschaft, in der Eliten wie normale Bürger auch im Krisenfall mit Respekt und unter Achtung ihrer Menschenwürde behandelt werden. Eine Gesellschaft, in der auch Minderheiten eine Chance haben, Gegenstand einer fairen, unparteilichen Berichterstattung zu werden. Im Kern eine Gesellschaft, in der die *Menschenwürde* eines der Leitbilder des medialen Produktionssystems würde.

Nun mag beim Lesen dieser Zeilen durchaus die Frage aufkommen: Haben wir solch eine Gesellschaft denn nicht? Gilt denn Artikel 1 des Grundgesetzes, die *unbedingte Achtung der Menschenwürde*, nicht ohnehin schon? Gelten für Journalisten wie für andere Produzenten von medialen Inhalten nicht sowieso das Grundgesetz, die zivil- und strafrechtlichen Vorschriften, die Staatsverträge, die Ethikkodizes wie z. B. der Pressekodex? Und die Antwort müsste lauten: selbstverständlich! Doch Spielregeln sind eine Seite der Medaille, das Spiel selbst sieht vielfach ganz anders aus. Das zeigte das vorliegende Buch anhand zum Teil sehr eindringlicher Fälle:

Wie würde man sich eine Mediengesellschaft wünschen, würde man unter Rawls' Schleier des Nichtwissens Regeln entwerfen, die später für jede Person Gültigkeit hätten – ob als Autor, Rezipient oder Objekt von Berichterstattung? Würde man sich eine Gesellschaft wünschen, in der Jugendsünden – wie im *Fall Kekilli* – keine Nachsicht oder Vergebung finden, sondern vielmehr hämisch ausgeschlachtet werden? Würde man sich eine Gesellschaft wünschen, die unbarmherzig frühere Fehler und Entscheidungen, die niemandem sonst schaden, bestraft? Eine Gesellschaft, deren öffentlicher Diskurs von Hohn statt von Respekt gekennzeichnet ist? In der Medien bisweilen das letzte Wort darüber haben, wenn es darum geht zu bestimmen, wie man sich selbst definieren und entwickeln und wie man wahrgenommen werden möchte?[1057]

Welche Art Medien würde man sich angesichts des *Falles Winnenden* wünschen, wenn man im Rawlsschen Urzustand über ein zukünftiges Mediensystem und seine Regeln befinden würde? Hier ist die Antwort recht einfach und nirgendwo besser repräsentiert als in jenem Film des im Kapitel selbst mehrfach erwähnten *ZDF Reporter*-Teams: Man würde sich die Art Journalisten wünschen, die in ihrer Arbeit als Lokalredakteure bei der *Winnender Zeitung* Verantwortungsbewusstsein, Sensibilität und Respekt vorgelebt und dies mit ihrer Schelte an den in Winnenden eingefallenen auswärtigen Berichterstattern unterstrichen haben. Und man würde genau jene Art von pietät- und distanzlosen sowie selbstmitleidigen Journalismus ablehnen, den das *ZDF*-Team selbst an den Tag legte, als es beispielsweise an den Haustüren von Nachbarn klingelte, Interviews mit Jugendlichen führte und Unbeteiligten auflauerte, um sie um O-Töne anzubetteln – das alles offensichtlich mit Unbehagen angesichts der eigenen Grenzübertretungen und gerechtfertigt mit weinerlichem Unterton: Man wolle so ja eigentlich nicht arbeiten, habe aber keine andere Wahl, weil das Publikum eben genau diese Art Journalismus verlange. Der Film bietet mit seiner atemberaubenden Widersprüchlichkeit auch heute noch sehenswertes Anschauungsmaterial für medienethisches Grenzgängertum. Und weiterhin würde man sich sicherlich kein Mediensystem wünschen, in dem man jederzeit damit rechnen müsste, als Opfer einer Gewalttat oder als deren Angehörige ein zweites Mal Opfer zu werden und zu kommerziellen Zwecken missbraucht zu werden – als Instrument der Aufmerksamkeitssteigerung und der fortwährenden Selbstverherrlichung des Täters, dem so eben jene Bühne bereitet wird, auf die hin er seine Tat kalkuliert hat. Könnte man sich dafür entscheiden, welche Art Journalismus man seiner Gesellschaft verschreiben würde, dann wäre es gewiss keiner, der feixend Pappkameraden in 3D-Dungeons aufstellt, um auf diese Weise Opfer zu Zielscheiben zu machen.

Oder würde man sich, wie im *Fall Kachelmann*, eine Medienwelt wünschen, in der jeder auf den bloßen Verdacht einer Straftat hin öffentlich vorgeführt und sozial vernichtet werden kann? Was wäre die Schlussfolgerung für diejenigen, die ein neues Reglement für ein ethisch gutes und hier sprichwörtlich faires bzw. gerechtes Mediensystem entwerfen dürften? Wenn theoretisch jeder Mensch in den Verdacht einer Straftat geraten kann, wer würde sich dann Kachelmanns Behandlung wünschen? Man würde sich sicherlich eher ein Mediensystem wünschen, dass auch die Würde vor Gericht noch unschuldiger Angeklagter kompromisslos schützt – in jeder Hinsicht. Und ein Rechtssystem, das Verstöße dieser Art grundsätzlich strenger ahndet, sind doch die Schadensersatzsummen in Deutschland – verglichen mit anderen Ländern – noch immer sehr moderat. Abschreckung tut not, Pressefreiheit hat Grenzen – auch und gerade dort, wo es eben nicht um Kritik und Kontrolle von Macht und Mächtigen oder politische Hygiene geht. Der *Fall Kachelmann* zeigt auch, wie nötig eine Reform der Spruchpraxis des Presserates wäre. Hier allerdings nicht mit Blick auf die im Grunde sehr eindeutigen publizistischen Grundsätze, sondern hinsichtlich des Verfahrens – der Presserat muss auch selbst initiativ werden und Verfehlungen ahnden können. Die insgesamt nur sehr wenigen und obendrein nicht mit Sanktionen bewehrten Beschwerden über Berichte zum *Fall Kachelmann* stehen in geradezu peinlichem Kontrast zu den eindeutigen juristischen Erfolgen Kachelmanns. Wo derart klar und gegen grundlegende publizistische Regeln verstoßen wurde, dröhnt das Schweigen des Presserates geradezu.

Oder im *Fall Wulff*: Welche Art Medienwelt würden wir gestalten, wenn wir noch einmal von Null anfangen könnten? Sicherlich eine, die Verfehlungen von gesellschaftlich führenden Personen recherchiert, benennt und kritisiert. Dies dient der politischen Hygiene einer Gesellschaft und der Legitimation von Politik und ist unabdingbar für demokratische Gesellschaften. Aber auch sicherlich eine, die nicht unbarmherzig wird, wenn sie enttäuscht feststellen muss, dass ihre Arbeit nicht ausreicht, um jemanden vom Thron zu stürzen. Unbarmherzigkeit und Häme sind keine ethischen Normen, auch nicht in der journalistischen Ethik. Tatsächlich werden in einem solchen Klima Persönlichkeiten, von denen man zunächst nicht glaubt, dass sie angesichts ihrer herausgehobenen Position, ihrer Erfahrung oder Professionalität auch zu Opfern werden könnten, am Ende doch zu Opfern. Opfer werden sie, wie Hans Mathias Kepplinger schreibt, wegen der „Wirkmacht" der „unglaubliche[n] Menge an Beiträgen" – und „[...] in diesen Beiträgen ist vieles richtig, aber auch einiges falsch und dagegen können sie sich effektiv nicht wehren."[1058] Und welches Signal gibt der *Fall Wulff* an Menschen, die sich in herausgehobenen Ämtern für ihr Gemeinwesen einsetzen möchten – das Signal, dass sie jederzeit einer gnadenlosen öffentlichen Anprangerung ausgesetzt werden können, einschließlich öffentlichen Beschimpfungen von Anverwandten und Kindern, sobald selbst kleinere Verfehlungen ruchbar werden?

Man könnte die Reihe solcher Fragen und Gedankenspiele am Ende dieses Buches sicherlich weiter fortführen und käme am Ende doch meist zu demselben Ergebnis: Man würde sich Medien wünschen, die sich noch weitaus stärker an der *Menschenwürde* jeder einzelnen betroffenen Person orientieren. Die mitmenschliche Achtung und gesamtgesellschaftliche Verantwortung in den Mittelpunkt ihrer Tätigkeit rücken und sich auch ihrer eigenen Verantwortlichkeit für dysfunktionale Wirkungen bewusster sind. Man würde sich Medien wünschen, die vor allem die Schwächsten, darunter Opfer von Gewalt, Kinder, Unbeteiligte, kompromisslos vor publizistischer Ausbeutung schützt. Und die im Umgang mit Eliten kritisch und kampfeslustig ist, aber Leistungsträgern auch ihre Menschenwürde zugesteht. Man würde sich weniger Schadenfreude, Häme und Unbarmherzigkeit angesichts des immer möglichen Scheiterns von herausgehobenen Persönlichkeiten wünschen – denn Scheitern, auch moralisches Versagen, ist menschlich. Man würde sich wünschen, dass Verdächtige ohne Wenn und Aber geschützt sind, bis ihre Schuld oder Unschuld zweifelsfrei geklärt ist – und man würde sich wünschen, dass diese Aufgabe Gerichten überlassen wird. Man würde sich wünschen, dass Medien sich nicht zu erweiterten gesellschaftlichen Standgerichten aufschwingen. Eingedenk der Möglichkeit, selbst Opfer von skandalisierenden, herabwürdigenden oder faktisch falschen Berichten werden zu können, müsste man sich eine Mediengesellschaft wünschen, die auf allen Ebenen mehr *mitmenschliche Achtung* und *Respekt vor ethischem Reglement* aufbringt.

Fraglos darf man daran zweifeln, dass sich so eine Kursumkehr bewerkstelligen lässt. Da einerseits vielerorts das Bewusstsein für die beschriebenen Missstände fehlt und auch zusätzliche gesetzliche Einschränkungen und Verschärfungen mit Verweis auf die Pressefreiheit nicht gewünscht sind, bleiben letztlich drei Ebenen, auf der man den Versuch unternehmen könnte, einer ethisch tragfähigeren Medienberichterstattung zumindest ein Stück weit näher zu kommen. Im Folgenden sollen einige bescheidene Verbesserungen im Bereich der *Medienselbstkontrolle*, der *journalistischen Ausbildung* und der *gesellschaftlichen Medienbildung* vorgeschlagen werden. Sicherlich gäbe es eine Fülle rechtlicher Möglichkeiten, insbesondere bei der Ermessung von Schmerzensgeldern für schwerwiegende Grenzübertretungen. Der *Fall Kachelmann* macht angesichts der für deutsche Verhältnisse hohen, im internationalen Vergleich jedoch noch immer viel zu niedrigen Summen, Hoffnung. Waffengleichheit zwischen dem verletzlichen Individuum und mächtigen, mit Ressourcen und Reichweite überaus großzügig ausgestatteten Medienhäusern herrscht hier noch lange nicht und es ist fraglich, ob sechsstellige Strafzahlungen wirklich abschreckend wirken. Verschärfungen in diesem Bereich hätten nicht das Ziel, die Macht vor den Medien zu schützen, sondern einzelne Privatpersonen vor der Macht der Medien – die Möglichkeiten des Persönlichkeitsschutzes sind noch nicht voll ausgeschöpft, wie Heinz Pürer bereits 1990 feststellte.[1059] Aber da dieses Buch nicht um Medienrecht kreist, muss an dieser Stelle ein Punkt gesetzt werden.

Wie könnten nun konkrete Vorschläge für Änderungen aussehen? Die deutsche Gesellschaft, die sich zu Recht freie Medien wünscht, die nicht von gesetzlichen Schranken in ihren Aufgaben willkürlich begrenzt werden, hat zunächst die Möglichkeit, im Bereich der *Medienselbstkontrolle* Akzente zu setzen. Hier sind die konkretesten Ansatzpunkte und die deutlichsten Defizite erkennbar: So forderte Saxer bereits 1996, dass die Journalismus- und Medienethik weiterentwickelt werden und insbesondere ihre Durchsetzbarkeit verbessert werden müsse und eine präzisere Formulierung von Normen mit einer stärkeren Sanktionierung einhergehen müsse[1060]:

„Eine legitimierte Sanktionsinstanz ist es also, die ethische Selbstverpflichtung von Medien und Journalismus erst wirkungsvoll macht. Wieweit sich die im Mediensektor Tätigen auf eine solche einigen und mit welcher Sanktionsmacht sie sie ausstatten, verrät, wie ernst es ihnen mit der ethischen Selbstverpflichtung tatsächlich ist. Angesichts der wachsenden Kontrollansprüche, die sich von überall her auf die Mediensysteme richten, wären vermehrte Bemühungen um ethisch und leistungsmäßig überzeugende Systeme der Selbststeuerung von demokratischen Mediensystemen ein wichtiger Beitrag an deren besseres Funktionieren."[1061]

Es kann etwas grundlegend nicht stimmen, wenn die deutschen Journalisten selbst, wie die in der Einleitung zu diesem Buch zitierte Studie von Carsten Reinemann aus dem Jahr 2008 zeigte, mit der Funktionserfüllung des Presserates überwiegend unzufrieden sind und härtere Sanktionen fordern:

„Knapp 90 Prozent stimmen der Meinung zu, die Sanktionen des Presserates würden das Bewusstsein für journalistische Standards fördern und helfen, die Qualität der Presse zu bewahren. Aber on ihrer Durchschlagskraft sind die Befragten nicht eben überzeugt: Die Hälfte glaubt, dass gescholtene Medien ihr Verhalten aufgrund der Sanktionen nicht ändern. Dass die derzeitig vorhandenen Sanktionsmöglichkeiten nicht ausreichen, meint eine klare Mehrheit von 60 Prozent."[1062]

Im Detail forderten mehr als die Hälfte der befragten Journalisten, dass der Presserat auch finanzielle Sanktionen verhängen können sollte. Auch die Organisation der Qualitätskontrolle wurde von den Journalisten selbst kritisiert: 75 Prozent forderten, dass der Presserat von sich aus tätig werden müsse, wenn er Anhaltspunkte für Regelverletzungen findet – seine bisherige Verfassung lähmt ihn und ist anachronistisch: Bereits 10 Jahre vor Publikation dieses Buches forderten die deutschen Journalisten in der Studie von Reinemann mehr Systematik und Eigeninitiative vom Presserat, mehr Details und Sanktionsmöglichkeiten. Vor allem die Eigeninitiative war in Reinemanns

Analyse ein wichtiger Punkt, da viele Verfahren nur deshalb nicht stattfinden, weil niemand sich beschwert und viele Opfer die Auseinandersetzung mit den Medien scheuen.[1063] Wesentliche Maßnahmen zur Verbesserung des Status Quo der medienethischen Selbstkontrolle könnten wie folgt aussehen – viele davon sind, wie die obigen Zitate zeigen, keineswegs neu, allerdings wurden sie nie umgesetzt:

Erstens bedarf es dringend eines medienethischen Reglements für *alle* journalistischen Plattformen. Der Pressekodex adressiert zwar universelle journalistische Normen, sanktioniert jedoch nur Verstöße im Pressesektor – im Printbereich und seit geraumer Zeit auch online. Dass es kein universelles Reglement gibt, welches z. B. auch die audiovisuellen Medien einschließt und konsensuell von den einschlägigen Rundfunkanbietern mitgetragen wird, ist seit Jahrzehnten ein Manko. Dasselbe gilt für die vielen verschiedenen Online-Plattformen. Die Herausforderung ist groß, aber ein solcher universeller Medienkodex ist dringend nötig.

Zweitens, und das ergibt sich unmittelbar aus dem ersten Punkt, müssen auch alle journalistischen Plattformen einem entsprechenden Sanktionsregime unterworfen werden. Da gesetzliche Regelungen nicht gewünscht sind, muss ein solches Regime, vergleichbar mit den Rügen des Presserates, im Sinne von Selbstverpflichtung von allen Medienplattformen mitgetragen werden. Technisch steht einer Publikation von Rügen in audiovisuellen oder Internet-Formaten nichts im Wege.

Drittens muss der Pressekodex bzw. ein zukünftiger Medienkodex inhaltlich auf den neuesten Stand der medienethischen Debatte gebracht werden: Dass beispielsweise Amokläufe, Krankheiten und Selbstmorde in Deutschland nicht so detailliert normiert werden, wie es in fortschrittlicheren Ländern der Fall ist oder von einschlägigen Institutionen wie der WHO oder Expertenkommissionen gefordert wird, ist anachronistisch. Es gibt klare Antworten auf die journalistischen Herausforderungen in diesen und anderen Berichterstattungsfeldern – man muss sie nur in die eigene Praxis implementieren wollen. Der deutsche Pressekodex ist mit Blick auf den Diskussionsstand in einschlägigen Fachkreisen in seiner gegenwärtigen Fassung inhaltlich rückständig.

Viertens muss das Sanktionsregime der institutionalisierten Medienethik in Deutschland verschärft werden. Dass Rügen beispielsweise in großem zeitlichen Abstand und geradezu minimalistischer Aufmachung abgedruckt werden können, ohne dass daraus Strafen folgen, führt das Instrument ad absurdum. Wenn – wie im *Fall Kekilli* – großformatig auf der Titelseite über Wochen mit skandalösen Berichten Geschäfte gemacht wurden, muss der Rügenabdruck in einem angemessenen Verhältnis zu den sanktionierten Beiträgen stehen. Die Rüge müsste folglich ebenso großformatig auf der Titelseite abgedruckt werden. Die fortgesetzte, über Wochen anhaltende Verletzung medienethischer Normen wäre auf diese Weise zwar nicht vollständig gesühnt – ein Zeichen würde eine solche Praxis gleichwohl setzen. Vielleicht würde eine solche Verschärfung auch abschrecken. Aber es ist höchst fraglich, ob sich Medienhäuser zu einer solchen Praxis freiwillig verpflichten lassen würden.

Fünftens müsste der Presserat bzw. ein zukünftiger Medienrat auf eigene Initiative tätig werden können. Dass der Presserat bisher nur auf Beschwerden von Bürgern hin aktiv wird, beschränkt sein Wirkungspotenzial. Dies mag zur Zeit seines Entstehens wünschenswert gewesen sein. Angesicht der immer massiver werdenden Verstöße gegen medienethische Normen ist dieses Charakteristikum des Presserates jedoch ebenfalls anachronistisch. Andernfalls werden, wie heute üblich, nur Bruchteile der tatsächlichen Missstände diskutiert und sanktioniert – und letzteres vollkommen unzulänglich.

Sechstens braucht der Pressekodex bzw. ein zukünftiger Medienkodex eine stärkere Anbindung an die Gesellschaft, z. B. in Form von Beratergremien bestehend aus Experten und Vertretern der Bürgergesellschaft, nicht der Parteien, nicht der politischen Sphäre, sondern aus den Reihen anderer mit Ethik befassten Gesellschaftsbereiche, man denke beispielsweise an die philosophische Ethik, die Medizinethik oder die Bioethik. Auch sollten Experten für zentrale von Berichterstattung betroffenen Ereignistypen sowie für mögliche Wirkungen von Berichterstattung einbezogen werden, beispielsweise Psychologen oder Kriminologen. Es wäre überdies zu überlegen, ob solche begleitenden Gremien aus Vertretern von Bürgergesellschaft und Experten in Konfliktfällen gegenüber konkreten Spruchentscheidungen ein Veto-Recht eingeräumt werden sollte. Daneben sollten Mediennutzer selbst in Beratungen und Spruchpraxis eingebunden werden können. Die Journalisten bekommen die Missstände in Eigenregie, wie das vorliegende Buch gezeigt hat, nicht in den Griff. Schlimmer noch, viele von ihnen rechtfertigen ihre Verfehlungen mit angeblichen Bedürfnissen von Mediennutzern. Dass Journalisten nur das zu publizieren vorgeben, was ihrer Auffassung nach dem Publikumsinteresse entspreche, ist ein eingeübtes und in Teilen zynisches Verteidigungstopos. Es ist durchaus fraglich, ob Rezipienten sich bei Redaktionen melden und dort zielgerichtet um Interviews mit verstörten Kindern ersuchen, um abgeschlagene Köpfe von Terroropfern bitten oder Journalisten anhalten, die Trauer von Angehörigen zu stören. Tatsächlich rechtfertigen Journalisten auf diese Weise eigene Fehlleistungen, die aus medialer Eigenlogik entstanden sind – und nicht als Resultat von Rezipientenwünschen. Dem sind rigorose Publikumsforschung und die Einbindung des Publikums in die medienethische Evaluation entgegenzusetzen.

Der zweite Bereich, in dem man – außerhalb der Sphäre des Rechts – positive Effekte für die ethische Tragfähigkeit künftiger Berichterstattung erzielen könnte, ist die *Ausbildung von Journalisten*, denn:

„Die Wirksamkeit der medienethischen Selbstkontrolle hängt aber entscheidend davon ab, wie gut es gelingt, ethische Strukturen im Mediensystem und moralische Orientierungen im Individuum zu verankern. Dabei ist eine medienethisch ausgerichtete Ausbildung ebenso wichtig wie die ethische Durchdringung der Medienpraxis durch die Einbindung von medienethischen Normen und Werten in das organisationelle Handeln. Hinzutreten muss ein medienethisch sensibilisierter Diskurs, der kritisch auf Vorgänge und Entwicklungen im Mediensystem reagiert."[1064]

Heinz Pürer beispielsweise forderte bessere organisatorische Selbstnormierungen, darunter „restriktivere Bedingungen des Berufszuganges für Journalisten, eine Verbesserung der Journalistenaus- und Fortbildung sowie eine effizientere und besser durchsetzbare Selbstkontrolle."[1065]

Was die konkrete Ausbildung anbetrifft: In angesehenen Journalistenschulen sind Kurse zur Ethik der eigenen Profession vielerorts gang und gäbe. Auch bemüht man sich in berufspraktischen Ausbildungsprogrammen wie Volontariaten sowie in der täglichen Praxis des Lernens im Beruf vielfach darum, medienethisches Grundwissen und Haltung zu vermitteln – oft sehr praktisch, fallbezogen, am Beispiel aktueller Konfliktfälle. Die vielen Ethikkodizes, die auch Einzelmedien seit dem 19. Jahrhundert – etwa in den USA[1066] – hervorgebracht haben, legen ein beredtes Zeugnis von der tiefen Sensibilisierung dieser normativ so anspruchsvollen und geforderten Profession ab. Doch der rapide Wandel der Medienwelt führt zu sich wandelnden ethischen Konfliktszenarien und neue kommunikative Akteure mit weit weniger Skrupeln treten in Konkurrenz zum etablierten Journalismus. Sich dabei nicht an die verschärfte Tonlage unter semi- und unprofessionellen Akteuren anzupassen und die eigenen hohen Standards, die es bei aller Kritik nach wie vor gibt, zu befolgen, ist eine Herausforderung für sich. Die Vermittlung ethischer Standards, ihre demokratietheoretische Fundierung wie auch ihre konkrete praktische Anwendung müssen denselben Stellenwert haben wie das eigentliche Handwerk der – wie es neudeutsch heißt – „Content Production". Guten Journalismus in seiner demokratietheoretisch geforderten Verfassung zu machen, ist etwas anderes, als einfach nur „Content" zu produzieren. Was gebraucht wird, sind verbindlich artikulierte Organisationsethiken, wie Saxer sie bereits vor Jahrzehnten forderte, mit konkreten Hinweisen zu Interviewführung, Terror-, Amok- und Katastrophenberichterstattung, zu Gewaltdarstellungen, zum Umgang mit Krankheiten, zum Werther-Effekt und dergleichen mehr. Dazu, auch das forderte Saxer bereits in den 1990er Jahren, bedarf es einer Modernisierung der Journalistenausbildung durch Einbeziehung der Befunde moderner Wirkungs- und Rezeptionsforschung.[1067]

Auch ein weiterer, zentraler Zugangsweg zum Journalistenberuf weist hier nach wie vor Defizite auf: das akademische Studium des Journalismus bzw. der Medien-, Kommunikations- oder Publizistikwissenschaft sowie ihrer vielfältigen Studiengangsderivate. Spricht man Fachkollegen auf das Thema Ethik an, erntet man häufig freundliche Zustimmung zur Auffassung, dass Ethik wichtig sei und man sich damit befassen müsse. Ein akademisches Massenphänomen ist Ethik in der Publizistik- und Kommunikationswissenschaft allerdings nicht – auch wenn viele Unverzagte daran arbeiten, dem Thema die nötige Aufmerksamkeit zu schenken. So gibt es z. B. die *Fachgruppe Kommunikations- und Medienethik* der *Deutschen Gesellschaft für Publizistik- und Kommunikationswissenschaft* (DGPuK), die sich zum Ziel gesetzt hat, „die Auseinandersetzung über theoretisch-wissenschaftliche und praktisch-anwendungsbezogene Aspekte der Ethik innerhalb der deutschsprachigen Kommunikations-, Publizistik- und Medienwissenschaft zu intensivieren."[1068] Auch wird Ethik an deutschen Hochschulen mit relevanten Medienfächern gelehrt. So wurden bereits in den 1970er Jahren erstmals Vorlesungsreihen zur Medien- und Kommunikationsethik an deutschen Hochschulen angeboten und neue Studiengänge für professionelle Journalistenausbildung entwickelt – in Mainz startete das *Journalistische Seminar* des *Instituts für Publizistik* der *Johannes Gutenberg-Universität* 1978 seinen Lehrbetrieb. Aber es ist keinesfalls so, dass Ethik-Vorlesungen und -Seminare zum Pflichtcurriculum der meisten Institute gehören. So ist „[...] die Medienethik in der Kommunikations- und Medienwissenschaft sowie in der journalistischen Ausbildung immer noch eher eine Randerscheinung", wie Debatin nach der Jahrtausendwende schrieb: „Sie wird in vielen Lehrveranstaltungen nur als Anhängsel behandelt oder fällt ganz dem Zeitdruck zum Opfer."[1069]

Medienethik war für Jahrzehnte ein randständiges Thema in der Publizistik- und Kommunikationswissenschaft. Man hatte sich als Fach in Deutschland erst in den 1960er Jahren von den älteren normativen Wissenschaftstraditionen der früheren Zeitungswissenschaft gelöst. Die empirisch-sozialwissenschaftliche Neuausrichtung wurde zu Recht als wichtiges Projekt gefeiert, in das fast alle forscherische Energie floss – normative Fragestellungen verloren an Boden.[1070] Inspiriert von US-amerikanischen Studien, die seit den 1940er Jahren große Erkenntnisfortschritte brachten, rückte die Erforschung des Wesens, der Funktionen und der Auswirkungen von Massenkommunikation in der modernen Gesellschaft mit den Mitteln der empirischen Sozialforschung in den Mittelpunkt des Interesses. Erst in den 1980er Jahren zog Medien- und Kommunikationsethik wieder größere Aufmerksamkeit auf sich – u. a. infolge „journalistische[r] Fehlleistungen spektakulärer Art" entstand ein „Ethikbedarf".[1071] Große Medienskandale führten dem Fach die Notwendigkeit einer intensivierten Auseinandersetzung mit ethischer Fragestellung (wieder) vor Augen: So befeuerten u. a. die Publikation der gefälschten *Hitler-Tagebücher* im *Stern* (1983), das Eindringen eines *Stern*-Journalisten in das Genfer Hotelzimmer des toten ehemaligen Ministerpräsidenten von Schleswig-Holstein *Uwe Barschel* (1987) oder das *Geiseldrama von Gladbeck* (1988) die Debatte um normativ guten und gesellschaftlich verantwortungsvollen Journalismus.[1072] Hermann Boventer begründete den damals augenfällig gewordenen Bedarf an ethischen Regeln für Medienschaffende – hergeleitet von Neuartigkeit und der Macht moderner Massenmedien:

„Die Massenmedien sind Teil unserer politischen Kultur. Sie sind der Art wie der Größenordnung nach neuartig und allem Bisherigen unähnlich, und deshalb stehen wir, was ihre ethische Theorie und die Philosophie ihrer Praxis betrifft, noch ganz am Anfang, wo sich keine überlieferte Ethik mit ihren Normen von Gut und Böse ohne weiteres übertragen läßt. Was der Mensch heute journalistisch ins Werk setzen kann und was er dann, im unwiderstehlichen Fortschritt seines Könnens, weiterhin zu tun gezwungen wird, scheint das Maß aller bisherigen Verantwortung zu sprengen. Deshalb gewinnt auch die Technologie der Massenkommunikation eine ethische Relevanz."[1073]

Dieses Urteil gilt – auch und gerade im Kontext der Emergenz neuer Medien – nach wie vor. Ähnlich argumentierte damals der Mainzer Publizistikwissenschaftler Jürgen Wilke mit Verweis auf die vielfältigen Befunde der empirischen Forschung, die seit den 1970er Jahren den großen Einfluss der Massenmedien unterstrichen hatten:

„Daß die Zurückhaltung gegenüber dem Thema journalistische Berufsethik auch bei uns aufgegeben oder zumindest als leichtfertig empfunden wird, dürfte vornehmlich darauf zurückzuführen sein, daß man zunehmend wieder von einer großen Wirkung, ja einer Macht der Massenmedien ausgeht. Denn der Ruf nach der Ethik wird immer dann laut, wenn es um die Bewältigung von Folgeproblemen geht."[1074]

Seither ist viel geschehen und die Wissenschaft hat ihre Auseinandersetzung mit ethischen Fragestellungen intensiviert. Aber wir sind noch weit davon entfernt, dass in jedem kommunikationsbezogenen Studiengang verpflichtende Ethik-Vorlesungen für alle Studierenden angeboten werden.

Das dritte und letzte Feld, auf dem dringender Handlungsbedarf besteht, ist die *gesellschaftliche Medienbildung*. Neuere Studien zeigen, dass das Wissen der Bürger um die Aufgaben, Pflichten, Leistungen und Grenzen der letzten Endes für sie und ihre Gesellschaft arbeitenden Journalisten defizitär ist. So zeigt die *Mainzer Langzeitstudie Medienvertrauen* unter anderem, dass nur 53 Prozent der Deutschen von den gesetzlichen Schranken wussten, die Journalisten zu befolgen haben (Tabelle 9).[1075] Nur 60 Prozent wussten, dass Journalisten dazu verpflichtet sind, den Wahrheitsgehalt ihrer Berichte vor der Publikation zu prüfen. Dass der öffentlich-rechtliche Rundfunk den Auftrag hat, den gesellschaftlichen Meinungspluralismus abzubilden, war immerhin 72 Prozent der Befragten bekannt. Fast ebenso viele – 73 Prozent – wussten, dass es für den Journalistenberuf keine Zugangshürden gibt. Und über drei Viertel – 78 Prozent – lagen richtig mit der Aussage, dass es keine politische bzw. behördliche Vorzensur gibt. Dass also Frau Merkel, um ein prominentes Zerrbild der *Lügenpresse*-Diskussion zu verwenden, eben nicht täglich ihren vermeintlichen Lakaien aus den Redaktionsstuben Presseordres erteilt und eigenhändig oder mithilfe von Behörden Berichte zensiert, ist der übergroßen Mehrheit der Bevölkerung bewusst – aber es gibt doch einen erschreckend großen Personenkreis, der zumindest in Teilen an politische oder behördliche Vorzensur irgendeiner Art glaubt. Aus den auf den ersten Blick beruhigenden Zahlen spricht folglich im Umkehrschluss, dass bei einzelnen Aspekten des Medienwissens zwischen rund 20 und 50 Prozent der Befragten keine richtige Antwort geben konnten.

Tabelle 9: Medienwissen in Deutschland 2017 (%)

Frage: „Ich lese Ihnen einige Aussagen über Medien und Journalismus vor. Bitte sagen Sie mir, ob diese Aussagen richtig oder falsch sind."

	Korrekte Antwort	% der Befragten, die die korrekte Antwort wussten	% der Befragten, die die falsche Antwort nannten	% der Befragten, die Antwort nicht wussten
„Journalisten dürfen berichten, was sie wollen, es gibt keine gesetzlichen Schranken."	Falsch	53	38	9

	Korrekte Antwort	% der Befragten, die die korrekte Antwort wussten	% der Befragten, die die falsche Antwort nannten	% der Befragten, die die Antwort nicht wussten
„Journalisten sind gesetzlich dazu verpflichtet, den Wahrheitsgehalt ihrer Beiträge zu prüfen."	Wahr	60	28	12
„Der öffentlich-rechtliche Rundfunk hat den gesetzlichen Auftrag, die verschiedenen Meinungen in der Bevölkerung abzubilden."	Wahr	72	15	13
„Der Staat prüft in Deutschland, ob jemand Journalist werden kann."	Falsch	73	11	16
„Journalisten müssen jeden Beitrag, den sie veröffentlichen wollen, vorher von Behörden prüfen lassen."	Falsch	78	11	11

Telefonische Befragung im November/Dezember 2017, n=1200, repräsentativ für die deutsche Bevölkerung ab 18 Jahren.

Es gibt sicherlich noch mehr und wichtigere Wissenslücken als die beschriebenen. Sie eignen sich jedoch als Indikator für einen Missstand und verweisen auf eine große gesellschaftliche Aufgabe, die am Ende dieses Buches nicht in ihrer ganzen Breite thematisiert werden kann: Unser Bildungssystem muss sich auf allen Ebenen und systematisch der Vermittlung von Medien- und Kommunikationsbildung verschreiben. Im Unterricht an weiterführenden Schulen dürfen diesbezügliche Fragen nicht Randaspekte traditioneller Bildungsinhalte sein – wenn sie denn überhaupt berührt werden. Es geht um Fragen wie: Wozu brauchen Bürger in Demokratien Informationen? Was sind fragwürdige und was zuverlässige Informationsquellen – woran kann man beide unterscheiden? Wo spielen sich im Alltag von Bürgern

Medienwirkungen ab, denen man sich bewusst werden sollte? Und grundsätzlich: Wozu braucht die freiheitliche Gesellschaft Journalismus? Was sind seine Aufgaben und welche Leistungen soll er für die Demokratie und jeden einzelnen Bürger erbringen? Welche Freiheiten hat er und welchen Zwängen unterliegt er? Welche Verantwortung trägt er und welcher Ethik sieht er sich verpflichtet? Wo sind seine Stärken, wo seine Schwachstellen? Wo können Bürger mitwirken und sich einbringen? Welche Form von Medienkritik – hier schließt sich der Bogen zur Einleitung dieses Buches – ist sachlich begründet und welche nicht? Wo wird der Journalismus verleumdet – wo zu Recht kritisiert?

Fragen wie diese tauchen im Leben der meisten Jugendlichen erst sehr spät und nicht im Rahmen systematischer Bildungsarbeit auf. In den Lehrveranstaltungen von rund 16 Jahren, in denen der Autor dieses Buches mit Teilnehmern seiner Seminare und Vorlesungen diskutierte, gaben nahezu alle Studierende auf Rückfrage an, dass sie sich mit solchen Themen in der Schule so gut wie nicht befasst hätten. Wenn überhaupt, dann wurden sie als Nebenaspekte sozialkundlicher, geschichtlicher oder ethikbezogener Unterrichtseinheiten tangiert. Und selbst im einschlägigen Hochschulstudium, das nur von einer Minderheit der jeweiligen Jahrgänge besucht wird, werden viele dieser Fragen angesichts der großen Menge zu vermittelnden theoretischen und methodischen Wissens nicht in der nötigen Tiefe angesprochen.

Den Bürgern systematisch und über die gesamte Bildungssozialisation hinweg das geistige Rüstzeug dafür zu geben, mündig und souverän mit ihren Medien umgehen zu können, stellt eine der zentralen Aufgaben des 21. Jahrhunderts dar. In unterschiedlichen Rollen, etwa als Wähler, Konsumenten, Kollegen und Eltern, müssen Bürger basierend auf Informationen Entscheidungen für sich, ihre Umwelt und ihre Gesellschaft treffen. Sie müssen sich ein solides Urteil darüber bilden können, ob die Informationen, auf deren Basis sie handeln, tragfähig und vertrauenswürdig sind. Sie müssen auch beurteilen können, welche Art Medienberichterstattung sich der Beschreibung von Wirklichkeit verpflichtet fühlt und welche nicht. Und sie müssen beurteilen können, welche Medienberichte Grenzen verletzen, wie die in diesem Buch beschriebenen – wo Menschen zu Opfern werden und ihnen und der gesamten Gesellschaft auf diese Weise ein Schaden entsteht. Medienbildung erzeugt so direkt und indirekt einen Schutzmechanismus für die Demokratie, die Interessen der Bürger und – es mag widersprüchlich erscheinen – auch für den Journalismus selbst. Denn im Dialog mit seinen eigentlichen Ansprechpartnern, den Lesern und Zuschauern, kann er sich reflektieren, kann es zu Läuterungen und Kursänderungen kommen, die dringend nötig sind. Ob als gesuchtes Gespräch mit dem Publikum, als Leserbrief, Online-Kommentar oder Beschwerde beim Presserat – die Auseinandersetzung mit kritisch-benevolenten, medienkompetenten Teilen des Publikums ist bereichernd und eine Ressource für Medienmacher. Das ist ja u. a. auch der Zweck der Beschwerde beim Presserat: Das Mediensystem soll sich infolge der Bedenken seines Publikums mit Fehlleistungen und Dysfunktionen auseinandersetzen und so unmittelbar zur Standeshygiene und mittelbar zum Erhalt der gesellschaftlichen Bedeutung, Funktionsfähigkeit und Glaubwürdigkeit der Medien beitragen. Eine systematischere Medienbildung im oben dargelegten Sinne würde – gerade auch durch die Auseinandersetzung mit tatsächlichen Leistungen des Journalismus und profunder Kritik einigen seiner Auswüchse – in vielen Bereichen stabilisierende Effekte haben. Die breitenwirksame Vermittlung von grundlegendem Wissen um den Journalismus und die ihn prägenden normativen Grundsätze, wie sie z. T. in diesem Buch behandelt wurden, könnte sensibilisierend wirken, das Immunsystem der Mediengesellschaft stärken und es daraufhin trainieren, die wirklichen Probleme zu bekämpfen.

Solange viele Redaktionen jedoch nicht in der Lage oder willens sind, das eigene standeshygienischen Regelwerk glaubwürdig zu befolgen, liefern sie ihren Gegnern unentwegt neue Munition für gerechtfertigte Kritik ebenso wie für jenes fehlgeleitete Lügenpresse-Geraune, das eingangs erwähnt wurde. Eine rigorose Befolgung – durchaus auch verschärfter – medienethischer Normen sowie eine ebenso rigorose und nachvollziehbare Sanktionierung wären in diesem Sinne wichtige Beiträge zur überlebensnotwendigen Glaubwürdigkeit des Journalismus. Doch solange viele Medien selbst nicht in der Lage sind, ihre eigenen ethischen Regeln zu befolgen, kann man kaum vom Publikum, das – wie weiter oben dargelegt – nur in Teilen Kenntnis vom Wesen, der Funktion und den äußeren Zwängen des Journalismus in demokratischen Gesellschaften hat, erwarten, die Arbeit von Journalisten realistisch und wohlwollend einzuschätzen. Von den notorischen Gegnern des pluralistischen Mediensystems, die auf Fehler nur warten und diese propagandistisch nutzen, ganz zu schweigen. Noch ist das Vertrauen der Bürger in ihre Medien – trotz aller Fehlleistungen – vergleichsweise groß.[1076] Doch jede neue Fehlleistung schwächt das Immunsystem der freien Medien, schadet den Medien selbst und untergräbt damit die Grundfesten der demokratischen Ordnung. Denn medienethische Regeln dienen nicht nur dem Schutz von Opfern, sondern unmittelbar auch der (kommunikativen) Leistungsfähigkeit unserer Demokratie. Unglaubwürdige Medien sind genau das, was sich die Gegner der Demokratie und ihres pluralistischen Mediensystems wünschen – man denke an Sebnitz. Schon ohne gravierende Missstände im Mediensystem ist die Auseinandersetzung mit populistischen Vereinfachungen schwierig genug. Den eigenen Gegnern leichtfertig Beispiele für mediales Versagen zu liefern, ist in jedem einzelnen Fall ein weiterer Beitrag zur Zerstörung der Grundlagen der eigenen Arbeit und damit des kommunikativen Rahmens der Demokratie.

Endnoten

1 Vgl. den Beitrag „Unser Ruf steht auf dem Spiel" in *Zeit online* vom 29. Februar 2016, einsehbar unter https://www.zeit.de/kultur/2016-02/dresdner-rede-dresden-giovanni-di-lorenzo; eingesehen am 10. September 2018.
2 Vgl. Wilke 2016.
3 Vgl. Kepplinger 1989: 139.
4 Kepplinger 2012: 195
5 Vgl. als aktuelle Beispiele zu einigen Aspekten dieser Debatte z. B. Arnold 2018; Kepplinger 2017, 2018a.
6 Vgl. als Überblick www.medienvertrauen.de; vgl. Schultz et al. 2017; Ziegele et al. 2018; vgl. auch Jackob et al. 2017.
7 Vgl. als Überblick Jackob 2012.
8 Vgl. Ziegele et al. 2018.
9 Vgl. Schultz et al. 2017: 253-254.
10 Kepplinger 2018a: 54.
11 Vgl. Kepplinger 2018a.
12 Vgl. Kepplinger 2009: 158.
13 Kepplinger 2009: 158.
14 Vgl. Kepplinger 2009: 161.
15 Vgl. für die folgenden Ausführungen Kepplinger 1989, 1996, 1998, 2009: 155-171, 2012, 2018a: 49-55. Vgl. auch Maurer 2003a; vgl. überblickshaft auch Jackob 2012.
16 Vgl. die Belege in Fußnote 15; vgl. auch Kepplinger 2012: 209-211; vgl. z. B. für die USA Cappella & Jamieson 1996, 1997; vgl. zur Vertrauenskrise in den USA auch Bennett et al. 1999; Chanley et al. 2000; Jones 2004; Ladd 2008.
17 Kepplinger 2017: 58.
18 Kepplinger 2012: 209.
19 Kepplinger 2012: 209.
20 Vgl. z. B. Arzheimer 2002: 147-150; Maurer 2003a.
21 Vgl. die Belege in den Fußnoten 15 und 16 sowie konkret Cappella & Jamieson 1997.
22 Vgl. dazu das elfte Kapitel in diesem Buch.
23 Vgl. Giddens 1995: 143.
24 Peter von Zahn zitiert nach Boventer 1996: 54.
25 Vgl. z. B. Pürer 1990, 2003; vgl. auch Ruß-Mohl & Seewald 1992
26 Vgl. Kepplinger 2017: 37.
27 Kepplinger 2017: 37.
28 Vgl. Valentin 2018.
29 Vgl. Valentin 2018.
30 Kepplinger 2017: 38.
31 Pürer 1990: 6.
32 Kepplinger 2017: 38.
33 Vgl. Reinemann 2008: 76-81.
34 Reinemann 2008: 77.
35 Reinemann 2008: 79.
36 Vgl. Deutscher Presserat 2017b; Valentin 2018.
37 Vgl. Pürer 2003: 143.

38 Vgl. Deutscher Presserat 2017a: 3.
39 Pürer 1990: 3–5.
40 Vgl. z. B. Kepplinger 2012, 2018a, 2018b; vgl. auch Jackob 2012.
41 Vgl. z. B. Bücher – der Aufsätze sind zu viele – wie die von Boventer 1985; Debatin & Funiok 2003; Funiok 1996, 2007; Haller & Holzhey 1992; Holderegger 1992a; Karmasin 2002; Leschke 2001; Schicha & Brosda 2000; Thomaß 1998; Wilke 1996a.
42 Vgl. die Fallschilderungen des *Spiegel* unter http://www.spiegel.de/spiegel/print/d-17976118.html und den Bericht von Anja Willkommen „Sebnitz, Joseph und die Presse", herausgegeben von der sächsischen Staatskanzlei im Januar 2005, einsehbar unter https://publikationen.sachsen.de/bdb/artikel/ 10988; beides eingesehen am 15. Dezember 2016.
43 So in *Bild* vom 23. November 2000.
44 Schultz 2016: 154.
45 Schultz 2016: 155.
46 Vgl. die in Fußnote 42 erwähnte Gesamtdarstellung; vgl. auch Donsbach & Willkommen 2001.
47 Willkommen 2001: 3–4.
48 Wie solche Wellen verlaufen, sieht man exemplarisch in der berühmten Studie von Mark Fishman mit dem Titel „Crime Waves as Ideology" aus dem Jahr 1978.
49 Vgl. Willkommen 2001: 7–11.
50 So auf der Titelseite von *Bild* vom 23. November 2000.
51 Willkommen 2001: 7.
52 Willkommen 2001: 8.
53 Willkommen 2001: 9.
54 Willkommen 2001: 9.
55 Willkommen 2001: 10.
56 Vgl. Willkommen 2001: 11.
57 Vgl. Donsbach & Willkommen 2001: 21.
58 Vgl. die Übersicht in Willkommen 2001: 17–18.
59 Willkommen 2001: 16.
60 Willkommen 2001: 16.
61 Deutscher Presserat 2017a: 9, 29.
62 Vgl. Willkommen 2001: 22.
63 Willkommen 2001: 23.
64 Zur Trennungsnorm und ihrem Ursprung vgl. u.a. Schönbach 1977: 15–27.
65 Willkommen 2001: 25.
66 Vgl. Willkommen 2001: 25.
67 Vgl. zur Verwendung rhetorischer Mittel in journalistischen Texten auch das elfte Kapitel in diesem Buch.
68 Vgl. Willkommen 2001: 32.
69 Willkommen 2001: 32.
70 Vgl. Willkommen 2001: 33.
71 Willkommen 2001: 18.
72 Willkommen 2001: 19.
73 So kam es beispielsweise im September 1991 in Hoyerswerda zu mehrere Tage währenden Unruhen, die sich gegen Beherbergungen von Asylbewerbern und Gastarbeitern richteten. Die Aggressoren wurden von Anwohnern angefeuert, woraufhin die Polizei mit Hundertschaften zum Einsatz kommen musste und die Geschädigten

schließlich in anderen Unterkünften untergebracht wurden. Ähnliches ereignete sich im August 1992 in Rostock-Lichtenhagen, wo rund 200 Rechtsextremisten versuchten, die „Zentrale Anlaufstelle für Asylsuchende" zu stürmen und sie schließlich in Brand setzten. Die Betroffenen mussten auch hier in andere Heime verlegt werden. Vgl. hierzu Brosius et al. 2002: 27 und Winter 2004: 68–69.
74 Vgl. Willkommen 2001: 20–21.
75 Willkommen 2001: 21.
76 Willkommen 2001: 40.
77 Vgl. Schultz 2016: 155.
78 So Annette Ramelsberger im Beitrag „Es war der Medien-GAU" in *SZ* vom 01. Dezember 2000, S. 5.
79 So im Beitrag „Medien sollten sich entschuldigen" in *SZ* vom 20. Dezember 2000, S. 8.
80 So Alexander Gorkow im Beitrag „Zur rechten Zeit" in *SZ* vom 29. November 2000, S. 22.
81 So Kurt Biedenkopf am 15. Dezember 2000 in seiner „Regierungserklärung des Ministerpräsidenten zu den jüngsten Ereignissen in Sebnitz" (Protokoll der 28. Sitzung des 3. Sächsischen Landtags, S. 9), einsehbar unter https://www.landtag.sachsen.de/de/aktuelles/sitzungskalender/protokoll/30; eingesehen am 15. Mai 2017.
82 So im Beitrag „Medien-GAU in Sachsen: Der Niederschlag von Sebnitz" in *Zeit Online* vom 25. November 2010, einsehbar unter http://www.zeit.de/2010/48/S-Sebnitz/seite-2; eingesehen am 15. Mai 2017.
83 Deutscher Presserat 2017a: 4.
84 Fechner & Mayer 2009: 2.
85 So in der Pressemeldung „Tod im Schwimmbad. Boulevardblatt titelt 'Neonazis ertränken Kind'", einsehbar unter http://recherche.presserat.info/; eingesehen am 18. Mai 2017.
86 So in der Pressemitteilung „Deutscher Presserat spricht sieben Rügen aus" vom 13. Februar 2001, einsehbar unter http://www.presserat.de/presserat/news/pressemitteilungen/datum/2001/; eingesehen am 18. Mai 2017.
87 So im Beitrag „Der kollektive Irrtum" in *Die Welt* vom 06. Dezember 2000, einsehbar unter https://www.welt.de/print-welt/article-551469/Der-kollektive-Irrtum.html; eingesehen am 12. Februar 2017.
88 Vgl. Jackob 2012: 200.
89 Vgl. Jackob 2012: 200.
90 Vgl. Noelle-Neumann 1973.
91 Schultz 2016: 155–159.
92 Vgl. Jackob 2012: 200; vgl. auch Reinemann 2003; Kepplinger 2012: 56–65 Willkommen 2001; Donsbach & Willkommen 2001.
93 Donsbach, 1982: 236
94 Donsbach, 1982: 237
95 Reinemann 2003: 33, Hervorhebung im Original
96 Reinemann 2003: 35.
97 Kepplinger 2012: 56.
98 So di Lorenzo im Beitrag „Unser Ruf steht auf dem Spiel" in *Zeit online* vom 29. Februar 2016, einsehbar unter https://www.zeit.de/kultur/2016-02/dresdner-rede-dresden-giovanni-di-lorenzo; eingesehen am 10. September 2018
99 Schultz 2016: 155.

100 Vgl. Donsbach & Willkommen 2001.
101 So Wolfgang Donsbach im Beitrag „Der kollektive Irrtum" in *Die Welt* vom 06. Dezember 2000, einsehbar unter https://www.welt.de/print-welt/article551469/Der-kollektive-Irrtum.html; eingesehen am 12. Februar 2017.
102 So stand es auf der Titelseite der *Bild* vom 16. Februar 2004.
103 Vgl. Interview mit Sibel Kekilli in *FAS* vom 22. Februar 2004 und Beitrag des *Focus* am 29. November 2004 in Ausgabe 49/2004.
104 So z. B. der *Focus* Nr. 49 vom 29. November 2004 und der Beitrag von Annabel Wahba in *ZEITmagazin* Nr. 7 vom 13. Februar. 2010 und die *Heilbronner Stimme* vom 17. Februar 2004.
105 So in *Bild* vom 17. Februar 2004, S. 9.
106 So in *Berliner Kurier* vom 20. Februar 2004.
107 So im Interview mit *FAS* vom 22. Februar 2004.
108 So in *Bild* vom 02. November 2004, S. 4.
109 So in *Bild* vom 16. Februar 2004, S. 7.
110 Pressemitteilung des Deutschen Presserates vom 02. Dezember 2004, einsehbar unter http://www.bildblog.de/359/bild-entwrdigt-und-verletzt/, eingesehen am 29. Mai 2017.
111 So im Beitrag „Sibel Kekilli siegt gegen 'Bild'" in *Tagesspiegel* vom 28. Januar 2005, einsehbar unter http://www.tagesspiegel.de/weltspiegel/sibel-kekilli-siegt-gegen-bild/580652.html; eingesehen am 22. Mai 2017.
112 Vgl. den Beitrag „RTL darf Sexszenen mit Kekilli nicht mehr zeigen" in *Spiegel Online* vom 25. September 2010, einsehbar unter http://www.spiegel.de/kultur/gesellschaft/einstweilige-verfuegung-rtl-darf-sexszenen-mit-kekilli-nicht-mehr-zeigen-a-719581.html; eingesehen am 08. Juni 2017.
113 Vgl. http://www.bildblog.de/448/bild-versteht-rge-nicht/ vom 02. Februar 2005; eingesehen am 19. Mai 2016.
114 So in *Bild* vom 18. März 2006, S. 4.
115 So im Beitrag „Gegen den Schmerz" von Annabel Wahba in *ZEITmagazin*, einsehbar unter http://www.zeit.de/ 2010/07/Kekilli-07; eingesehen am 19. Mai 2016.
116 So in *Bild* vom 26. Februar 2015, einsehbar unter http://www.bild.de/regional/berlin/sibel-kekilli/gegendarstellung-kekilli-39935668.bild.html; eingesehen am 19. Mai 2015, Hervorhebungen im Original.
117 Vgl. zu Prominenten als Personen der Zeitgeschichte z. B. Räker 2007.
118 Vgl. dazu z. B. Tiedemann 2014; Lamp 2009, Kepplinger & Glaab 2007.
119 Vgl. Lamp 2009: 10.
120 Vgl. Lamp 2009: 48.
121 Vgl. Kepplinger & Glaab 2007.
122 Vgl. Kepplinger & Glaab 2007: 345–346.
123 Vgl. Kepplinger & Glaab 2007: 350.
124 Kepplinger 2018a: 79.
125 Vgl. Kepplinger 2018a: 80.
126 Vgl. Kepplinger 2012: 122–123.
127 Kepplinger 2012: 125.
128 Kepplinger 2012: 133.
129 Vgl. Kepplinger 2012: 121.
130 Vgl. Kepplinger 2018b: 167.
131 Vgl. Kepplinger & Glaab 2007: 351–352.

132 Vgl. Böckler & Seeger 2010: 16.
133 Scheithauer & Bondü 2011: 15.
134 Vgl. Böckler & Seeger 2010: 17.
135 Vgl. Scheithauer & Bondü 2011: 23.
136 Vgl. Böckler & Seeger 2010: 17–18.
137 Verhovnik 2009: 288.
138 Vgl. für die folgende Darstellung das Buch von Geipel 2012: 249–277.
139 Vgl. Christian Tretbar in *Tagesspiegel* vom 11. März 2009, einsehbar unter http://www.tagesspiegel.de/weltspiegel/winnenden-das-erste-twitter-ereignis-in-deutschland/1471214.html; eingesehen am 24. Oktober 2016.
140 Vgl. auch Verhovnik 2009: 290.
141 Vgl. Stefan Niggemeiers Beitrag „RTL lässt Winnenden-Video löschen" vom 03. April 2009, einsehbar unter http://www.stefan-niggemeier.de/blog/4723/rtl-laesst-winnenden-video-loeschen/; eingesehen am 10. Juli 2017.
142 Deutscher Presserat 2010: 2.
143 Deutscher Presserat 2010: 37–38.
144 Vgl. als Überblick die Dissertation von Rochler 2012. Der Film findet sich auf *YouTube* unter https://www.youtube.com/watch?v=cZRb2ufmOnE; eingesehen am 03. September 2016.
145 Rochler 2012: 37.
146 Vgl. Bergholz 2009.
147 Vgl. Landesregierung Baden-Württemberg 2009: 63.
148 Deutscher Presserat 2017a: 5.
149 Presseinformation des Deutschen Presserates vom 10. September 2009, einsehbar in Deutscher Presserat 2010: 50.
150 Deutscher Presserat 2010: 12.
151 Deutscher Presserat 2010: 14.
152 Deutscher Presserat 2010: 13.
153 Deutscher Presserat 2017a: 6.
154 Deutscher Presserat 2017a: 26.
155 Deutscher Presserat 2010: 31.
156 Deutscher Presserat 2010: 29.
157 Deutscher Presserat 2010: 27.
158 Vgl. Deutscher Presserat 2010: 9–10.
159 Vgl. Fechner 2014: 331.
160 Vgl. Fechner 2014: 165, 303.
161 Vgl. Fechner 2014; vgl. auch den Text des Staatsvertrages, einsehbar unter http://www.die-medienanstalten.de/fileadmin/Download/Rechtsgrundlagen/Gesetze_aktuell/RStV_18.pdf; eingesehen am 01. September 2016.
162 Vgl. Fechner 2014; vgl. auch den Text des Staatsvertrages, einsehbar http://www.die-medienanstalten.de/fileadmin/Download/Rechtsgrundlagen/Gesetze_aktuell/JMStV_Stand_13.RStV_deutsch.pdf; eingesehen am 01. September 2016.
163 Vgl. Fechner 2014: 168, 278–289.
164 Vgl. Die Medienanstalten 2016: 50.
165 Vgl. Bertelsmann 2013.
166 Bertelsmann 2013: 23.
167 Vgl. Bertelsmann 2013: 35.

168 Vgl. als Überblick die Dissertation von Rochler 2012. Der Film findet sich auf *YouTube* unter https:// www.youtube.com/watch?v=cZRb2ufmOnE; eingesehen am 03. September 2016.
169 Vgl. Rochler 2012: 63.
170 Vgl. Rochler 2012: 37–38.
171 Vgl. Bergholz 2009.
172 Deutscher Presserat 2010: 35–36.
173 Vgl. Deutscher Presserat 2010: 40–41.
174 Deutscher Presserat 2010: 43.
175 Deutscher Presserat 2010: 2.
176 Böckler & Seeger 2010: 206–207.
177 Verhovnik 2009: 292.
178 So im Beitrag „Der Selbstmord von Robert Enke. Alle Hintergründe finden Sie hier" in *Hamburger Morgenpost* vom 12. November 2009, einsehbar unter http://www.mopo.de/der-selbstmord-von-robert-enke-alle-hintergruende-finden-sie-hier-20068490; eingesehen am 10. November 2016.
179 Einsehbar unter https://robert-enke-stiftung.de/robert-enke; eingesehen am 10. November 2016.
180 Vgl. Schäfer & Quiring 2013: 147.
181 Schäfer & Quiring 2013: 148; vgl. im Folgenden Schäfer & Quiring 149–151.
182 Schäfer & Quiring 2013: 149.
183 Schäfer & Quiring 2013: 150.
184 Teismann et al. 2013: 117.
185 Die beiden Fälle sind auf Stefan Niggemeiers Blog dokumentiert, einsehbar unter http://www.stefan-niggemeier.de/blog/7526/das-geschaeft-mit-den-bildern/ und http://www.stefan-niggemeier.de/blog/ 7498/lebt-er-noch/; eingesehen am 10. November 2016.
186 So in Stefan Niggemeiers Beitrag „Lebt er noch?" vom 12. November 2009, einsehbar unter http://www.stefan-niggemeier.de/blog/7498/lebt-er-noch/; eingesehen am 10. November 2016.
187 So in Stefan Niggemeiers Beitrag „Über Enke und Werther" vom 16. November 2009, einsehbar unter http://www.stefan-niggemeier.de/blog/7495/ueber-enke-und-werther/; eingesehen am 11. November 2016, Hervorhebungen im Original.
188 Vgl. Schäfer & Quiring 2013: 153–157.
189 Schäfer & Quiring 2013: 154.
190 Schäfer & Quiring 2013: 157.
191 Vgl. Hegerl et al. 2013.
192 Vgl. Stefan Niggemeiers Beitrag „Mick Werup" vom 11. Januar 2011, einsehbar unter http://www.stefan-niggemeier.de/blog/10629/mick-werup/; eingesehen am 15. November 2016.
193 Einsehbar unter http://www.presserat.de/presserat/news/pressemitteilungen/datum/2010/; eingesehen am 11. November 2016.
194 Vgl. Goethe 1981: 146–149.
195 Vgl. Brosius & Ziegler 2001: 9.
196 Vgl. Heliosch 2014: 3.
197 Vgl. Goldney 2001: 173.
198 Vgl. Phillips 1974.
199 Vgl. Phillips 1977, 1979.

200 Vgl. Erlangsen 2013: 316.
201 Vgl. Phillips 1974: 340; Brosius & Ziegler 2001: 12; Heliosch 2014: 4; Niederkrotenthaler et al. 2010: 234/237.
202 Vgl. Heliosch 2014: 5.
203 Vgl. Goldney 2001: 175.
204 Vgl. Niederkrotenthaler et al. 2010: 234.
205 Vgl. Scherr 2013: 103.
206 Vgl. Schäfer & Quiring 2013: 143–144; vgl. grundsätzlich Bandura 1979; vgl. auch Schmidtke & Häfner 1986; Brosius & Ziegler 2001.
207 Vgl. Schäfer & Quiring 2013: 144.
208 Vgl. Österreichischer Presserat 2013: 4; Schweizer Presserat 2017: 7–8; Australian Press Council 2014.
209 Deutscher Presserat 2017a: 22.
210 Vgl. Brosius & Ziegler 2001: 9; Schäfer & Quiring 2013: 142.
211 Vgl. Dare et al. 2011: 1–2.
212 Vgl. Deutsche Gesellschaft für Suizidprävention 2006.
213 WHO 2008: 7–10.
214 Schäfer & Quiring 2013: 156–157.
215 Vgl. Brosius & Ziegler 2001: 22.
216 Vgl. Brosius & Ziegler 2001: 22–23.
217 Schäfer & Potrafke 2016: 17.
218 Brosius & Ziegler 2001: 25.
219 Vgl. Niederkrotenthaler et al. 2010: 236.
220 Vgl. Brosius & Ziegler 2001: 25–26.
221 Vgl. Weischenberg et al. 2006: 102.
222 Vgl. Arnold 2008: 260.
223 Vgl. Jobes et al. 1996: 261.
224 Vgl. Gonther 2009: 4; Jobes et al. 1996: 260.
225 Vgl. Ystgaard 1997.
226 Vgl. Jobes et al. 1996. 261–264.
227 Vgl. Jobes et al., 1996, S. 263
228 So im Beitrag „Um seine Leiche herum lagen interne Dokumente der Deutschen Bank" in *Welt* vom 14. Mai 2017, einsehbar unter https://www.welt.de/wirtschaft/article164534406/Um-seine-Leiche-herum-lagen-interne-Dokumente-der-Deutschen-Bank.html; eingesehen am 18. Mai 2017.
229 Vgl. z. B. Berichte der *Bild* und anderer Boulevardblätter sowie die Blogs einschlägiger Medienkritiker, einsehbar u. a. unter http://www.stefan-niggemeier.de/blog/10629/mick-werup/; http://www.bild-blog.de/59709/gefaehrlicher-journalismus/; http://www.bild.de/unterhaltung/leute/leute/diese-drom-buschs-starfreitod-15391534.bild.html; eingesehen am 15. November 2016.
230 Schäfer 2014: 173.
231 Vgl.Schäfer & Potrafke 2016: 27.
232 Schäfer & Potrafke 2016:
233 Vgl. Munzinger-Archiv: Archiv für publizistische Arbeit.
234 Vgl. Munzinger-Archiv: Archiv für publizistische Arbeit.
235 Vgl. Polednik & Rieppel 2012: 238.
236 Vgl. Kachelmann & Kachelmann 2012.
237 Vgl. Knellwolf 2011: 22.

238 Vgl. Munzinger Archiv: Archiv für publizistische Arbeit.
239 Vgl. Knellwolf 2011: 18, 86–87.
240 Vgl. Knellwolf 2011: 96.
241 Vgl. Knellwolf 2011: 153–154, 209, 241, 255.
242 Vgl. Knellwolf 2011: 195, 198.
243 Vgl. Knellwolf 2011: 201–202.
244 Vgl. Knellwolf 2011: 12–19.
245 Vgl. Knellwolf 2011: 135–142.
246 Vgl. Oberlandesgericht Karlsruhe, Beschluss vom 29.07.2010, AZ 3 Ws 225/10.
247 Vgl. Knellwolf 2011: 150–151, 245–246.
248 Polednik & Rieppel 2011: 229.
249 So im Beitrag von Gisela Friedrichsen „Gutachter in Kachelmann-Prozess: „Vielleicht hat sie das Messer nur gefühlt?" in Spiegel vom 09. Mai 2010, einsehbar unter http://www.spiegel.de/panorama/justiz/gutachter-in-kachelmann-prozess-viel leicht-hat-sie-das-messer-nur-gefuehlt-a-761541.html; eingesehen am 17. Januar 2013.
250 Vgl. Knellwolf 2011: 183.
251 So im Beitrag „Die Gutachterschlacht" in Stern vom 17. September 2010, einsehbar unter http://www.stern.de/panorama/kachelmann-prozess-die-gutachter schlacht-1604718.html; eingesehen am 29. Dezember 2012.
252 Vgl. den Beitrag von Stephan Eisner „Gutachter schließt Lüge der Ex-Freundin nicht aus" vom 10. Mai 2011, einsehbar unter http://www.morgenweb.de/nach richten/vermischtes/gutachter-schliesst-luge-der-ex-freundin-nicht-aus-1.312975; eingesehen am 11. Januar 2013.
253 Vgl. Knellwolf 2011: 150.
254 Vgl. Knellwolf 2011: 89.
255 Vgl. Knellwolf 2011: 151.
256 Vgl. Knellwolf 2011: 215.
257 Vgl. Knellwolf 2011: 255; vgl. auch Munzinger-Archiv: Archiv für publizistische Arbeit.
258 Vgl. Munzinger-Archiv: Archiv für publizistische Arbeit.
259 Vgl. z. B. den Beitrag von Bernd Dörries „Kachelmann bleibt in Haft. 'Ich bin unschuldig'" in SZ vom 25. März 2010, einsehbar unter http://www.sueddeutsche. de/panorama/kachelmann-bleibt-in-haft-ich-bin-unschuldig-1.12069; eingesehen am 04. Januar 2013.
260 Vgl. den Beitrag „Der Gefängnis-Chef schickte Kachelmann einen Psychologen" in Bild vom 24. März 2010, S. 5.
261 Vgl. den Beitrag „Hat Jörg Kachelmann seine Ex-Freundin gewürgt?" in Bild vom 27. März 2010, S. 8.
262 Vgl. den Beitrag „Messer mit Fingerabdrücken" in SZ vom 22. April 2010, S. 10.
263 Vgl. den Beitrag „'Süddeutsche Zeitung' berichtet über brisantes Beweisstück. Messer mit Kachelmanns DNA gefunden?" in Bild vom 22. April 2010, S. 8.
264 Vgl. z. B. den Beitrag „Seine Ex-Freundin packt aus" in Bunte vom 29. April 2000, einsehbar unter https://www.bunte.de/panorama/joerg-kachelmann-seine-ex-freundin-packt-aus-16773.html; eingesehen am 17.11.2017.
265 Vgl. den Beitrag „Kampfansage aus Mannheim" in Spiegel vom 06. September 2010, einsehbar unter http://www.spiegel.de/spiegel/print/d-73600067.html; eingesehen am 23. Juli 2017

266 Das Videointerview wurde auf unterschiedlichen Internetseiten veröffentlicht, unter anderem auf den Nachrichtenseiten von *Stern* und *Bild*, einsehbar unter https://www.youtube.com/watch?v=Lyk-1Fo66CkQ; eingesehen am 09. Dezember 2016.
267 Vgl. das Interview mit dem Titel „Es gab schwierige Momente" in *Spiegel* vom 02. August 2010, einsehbar unter http://www.spiegel.de/spiegel/print/d-72462690.html; eingesehen am 23. Juli 2017.
268 Kachelmann & Kachelmann 2012: 25.
269 Kachelmann & Kachelmann 2012: 100.
270 Kachelmann & Kachelmann 2012: 100.
271 Kachelmann & Kachelmann 2012: 87.
272 Vgl. das Interview „Kollektiver Blutrausch" in *Spiegel* vom 08. Oktober 2012, einsehbar unter http://www.spiegel.de/spiegel/print/d-88963928.html; eingesehen am 23. Juli 2017.
273 Kachelmann & Kachelmann 2012: 8, 226.
274 Einsehbar unter http://www.bunte.de/panorama/joerg-kachelmann-jetzt-redet-sie-37433.html; eingesehen am 09. Dezember 2016.
275 Vgl. Kepplinger 2012: 86–87.
276 Vgl. den Beitrag von Tanja May „Ist er ein Frauenhasser?" in *Bunte* vom 08. Juli 2010.
277 Vgl. den Beitrag „Eine verhängnisvolle Affäre" in *Focus* vom 29. März 2010.
278 So im Beitrag „Missbrauchte Seelen" in *Focus* vom 03. Mai 2010.
279 Vgl. die *Focus*-Beiträge „Indizien auch im Bad" vom 14. Juni 2010, „Wir werden uns hassen" vom 26. Juli 2010 und „Die Akte Kachelmann" vom 02. August 2010.
280 So im Beitrag „Kachelmann fast 3 Stunden im Verhör. Lachend geht er zurück in den Knast" in *Bild* vom 25. März 2010, S. 1.
281 So im Beitrag „Brutalo-Sex. Neue Vorwürfe gegen Kachelmann!" in *Bild* vom 06. Dezember 2010, S. 10.
282 Vgl. z. B. die Zeitung *Welt* vom 04. September 2010, einsehbar unter https://www.welt.de/vermischtes/weltgeschehen/article9392444/Alice-Schwarzer-fuer-Bild-beim-Kachelmann-Prozess.html; eingesehen am 09. Dezember 2016.
283 Vgl. Knellwolf 2011: 82.
284 Vgl. z. B. Alice Schwarzers Auftritt in der Talkshow „Anne Will" vom 01. August 2010.
285 So in Alice Schwarzers Beitrag „Kachelmanns Heirat, ist es Liebe oder nur ein Schachzug" in *Bild* vom 31. März 2011, S. 10.
286 So Gisela Friedrichsen im Beitrag „Entgleist?" in *Spiegel* vom 27. Dezember 2010, einsehbar unter http://www.spiegel.de/spiegel/print/d-75936228.html; eingesehen am 23. Juli 2017.
287 Vgl. Friedrichsen in einem Interview mit *Spiegel TV* am 30. Mai 2011, einsehbar unter http://www.spiegel.de/video/gisela-friedrichsen-prozess-um-sex-macht-und-luegenvideo-1130228.html; eingesehen am 14. Januar 2013.
288 Vgl. den Beitrag von Gisela Friedrichsen „Schlammschlacht zweier Verlierer" in *Spiegel Online* vom 17. Juni 2011, einsehbar unter http://www.spiegel.de/panorama/kachelmann-vs-ex-freundin-schlammschlachtzweier-verlierer-a-769106.html; eingesehen am 30. Dezember 2012.
289 So Sabine Rückert im Beitrag „Schuldig auf Verdacht" in *Zeit* vom 24. Juni 2010, einsehbar unter http://www.zeit.de/2010/24/DOS-Justiz-Kachelmann/komplettansicht; eingesehen am 23. Juli 2017.

290 So Sabine Rückert im Beitrag „Schuldig auf Verdacht" in *Zeit* vom 24. Juni 2010.
291 Vgl. Polednik & Rieppel 2011: 231–232.
292 Vgl. Sabine Rückert im Beitrag „Schuldig auf Verdacht" in *Zeit* vom 24. Juni 2010 und im Beitrag „Ein verfahrenes Verfahren" in der *Zeit* vom 09. September 2010.
293 Vgl. Polednik & Rieppel 2011: 238–239.
294 So im Beitrag „Missbrauchte Seelen" in *Focus* vom 03. Mai 2010.
295 Vgl. den Beitrag „Missbrauchte Seelen" in *Focus* vom 03. Mai 2010.
296 Vgl. den Beitrag „'Focus' berichtet über massive Vorwürfe. Hat Kachelmann seine Freundin mit dem Messer zum Sex gezwungen?" in *Bild* vom 29. März 2010, S. 5.
297 Kachelmann & Kachelmann 2012: 375–376.
298 So im Beitrag „Es geht um Schläge, Peitschen, Fessel-Sex. Das bizarre Liebesleben von Kachelmann und seiner Ex" in *Bild* vom 19. Juli 2010, S. 8.
299 Vgl. den Beitrag „Es geht um Schläge, Peitschen, Fessel-Sex. Das bizarre Liebesleben von Kachelmann und seiner Ex" in *Bild* vom 19. Juli 2010, S. 8.
300 So im Beitrag „Ist er ein Frauenhasser?" in *Bunte* vom 08. Juli 2010.
301 Vgl. den Beitrag „Ich bin auch ein Opfer von Kachelmann" in *Bunte* vom 02. September 2010.
302 Am 08. Dezember 2010 beantragte Verteidiger Schwenn eine Durchsuchung der Redaktionen von *Bunte* und *Focus*. Er warf den Zeitschriften vor, mit „gekauften Zeuginnen" das Verfahren beeinflussen zu wollen.
303 Polednik & Rieppel 2011: 227.
304 Vgl. den Beitrag „Ich bin auch ein Opfer von Kachelmann" in *Bunte* vom 02. September 2010.
305 So im Beitrag „50 heiße Flirt-SMS! So baggerte Jörg Kachelmann Pop-Star Indira an" in *Bild* vom 07. April 2010, S. 1.
306 So Alice Schwarzer im Beitrag „Darum ist es wichtig, dass Ex-Freundinnen vor Gericht aussagen" in *Bild* vom 24. September 2010, S. 13.
307 Vgl. den Beitrag „Die Akte Kachelmann" in *Focus* vom 02. August 2010.
308 So im Beitrag „Es geht um Schläge, Peitschen, Fessel-Sex. Das bizarre Liebesleben von Kachelmann und seiner Ex" in *Bild* vom 19. Juli 2010, S. 8.
309 Vgl. den Beitrag „Hat Jörg Kachelmann seine Ex-Freundin gewürgt?" in *Bild* vom 27. März 2010, S. 8.
310 Vgl. Landgericht Köln, Urteil vom 09. November 2011, Aktenzeichen 28 O 225/11.
311 Vgl. Kachelmann & Kachelmann 2012: 375.
312 So Alice Schwarzer im Beitrag „Kachelmann ist sein eigenes Opfer" in *Bild* vom 22. Dezember 2010, S. 10.
313 So Alice Schwarzer im Beitrag „Der mutige Auftritt der Ex-Freundin vor Gericht" in *Bild* vom 07. September 2010, S. 6.
314 So im Beitrag „Kachelmann schreibt Mail an Alice Schwarzer …und bekommt volle Breitseite zurück" in *Bild* vom 03. August 2010, S. 7.
315 So Tanja May im Beitrag „Ist er ein Frauenhasser?" in *Bunte* vom 08. Juli 2010.
316 So Tanja May im Beitrag „Er ist frei – und seine Ex-Freundinnen leiden. Wer glaubt einem Vergewaltigungsopfer?" in *Bunte* vom 05. August 2010.
317 Vgl. den Beitrag „Ich bin auch ein Opfer von Kachelmann" in *Bunte* vom 02. September 2010.
318 So Hellmuth Karasek in seinem Beitrag „Kachelmanns Niederschläge" in *Berliner Morgenpost* vom 01. August 2010.

319 Vgl. für den gesamten Absatz den Beitrag „Wer hat Angst vor Jörg Kachelmann?" in *SZ-Magazin* vom 26. August 2010, einsehbar unter http://sz-magazin.sueddeutsche.de/texte/anzeigen/34561/; eingesehen am 14. Dezember 2016.
320 Vgl. den Beitrag „Um 15.30 Uhr stieg Kachelmann in den Gefangenen-Transporter" in *Bild* vom 25. März 2010, S. 8.
321 So im Beitrag „Der Gefängnis-Chef schickte Kachelmann einen Psychologen" in *Bild* vom 24. März 2010, S. 5.
322 Knellwolf 2011: 210.
323 So im Beitrag „Glaube und Wahrheit" in *Spiegel* vom 30. Mai 2011, einsehbar unter http://www.spiegel.de/spiegel/print/d-78689615.html; eingesehen am 14. Dezember 2016.
324 So Schertz gegenüber der *dpa*, einsehbar z. B. unter http://www.spiegel.de/panorama/der-fall-kachelmann-abgefuehrt-vorgefuehrt-a-685732.html; eingesehen am 14. Dezember 2016.
325 So zitiert im Beitrag „Abgeführt, vorgeführt" in *Spiegel Online* vom 25. März 2010, einsehbar unter http://www.spiegel.de/panorama/der-fall-kachelmann-abgefuehrt-vorgefuehrt-a-685732.html; eingesehen am 14. Dezember 2016.
326 Vgl. für den folgenden Absatz den Beitrag von Köhler & Langen 2012.
327 So im Beitrag „Der Fall Kachelmann oder: Was Presse darf" in der *Aachener Zeitung* vom 17. Juni 2010, einsehbar unter http://www.aachener-zeitung.de/lokales/region/der-fall-kachelmann-oder-was-presse-darf-1.353314; eingesehen am 22. November 2016.
328 Einsehbar unter http://www.epd.de/fachdienst/fachdienst-medien/schwerpunktartikel/springer-muss-kachelmann-635000-euro-schmerzensgeld-zahlen; eingesehen am 22. November 2016.
329 So im Beitrag „Kachelmann einigt sich mit Burda" in *Spiegel Online* vom 21. Mai 2015, einsehbar unter http://www.spiegel.de/panorama/justiz/joerg-kachelmann-einigt-sich-aussergerichtlich-mit-burda-a-1035001.html; eingesehen am 22. November 2016.
330 So im Beitrag „Kommentar: Fall Kachelmann: Ein deutlicher Warnschuss" in *Westdeutsche Zeitung* vom 30. September 2015, einsehbar unter www.wz.de/home/leitartikel/fall-kachelmann-ein-deutlicher-warnschuss-1.2028716; eingesehen am 22. November 2016.
331 Einsehbar unter https://www.justiz.nrw.de/Presse/presse_weitere/PresseOLGs/archiv/2016_02_Archiv/12_07_ 2016_1/index.php; eingesehen am 27. Juli 2017.
332 So im Beitrag „OLG Köln verurteilt Springer und Bild im Fall Kachelmann zu 395.000 Euro Entschädigung" in *Meedia online* vom 12. Juli 2016, einsehbar unter http://meedia.de/2016/07/12/olg-urteil-springer-und-bild-muessen-kachelmann-inklusive-zinsen-513-000-euro-entschaedigung-zahlen/; eingesehen am 22. November 2016.
333 Einsehbar unter http://www.axelspringer.de/presse/Oberlandesgericht-reduziert-Entschaedigung-fuer-Kachelmann-Keine-Kampagne-von-BILD-gegen-den-Wetter-Moderator_27961972.html; eingesehen am 22. November 2016.
334 So im Beitrag „Fall Kachelmann. Springer-Verlag streitet weiter" in *Spiegel Online* vom 15. August 2016, einsehbar unter http://www.spiegel.de/kultur/gesellschaft/fall-kachelmann-springer-verlag-streitet-weiter-a-1107790.html; eingesehen am 22. November 2016.

335 Vgl. z. B. den Beitrag „BGH bestätigt Schmerzensgeld für Kachelmann" in *Spiegel Online* vom 15. April 2018, einsehbar unter http://www.spiegel.de/kultur/gesellschaft/joerg-kachelmann-springer-muss-schmerzensgeld-zahlen-a-1203014.html; eingesehen am 10. September 2018.
336 Vgl. den Beitrag „Ein lebenslanger Makel: Warum Springer Kachelmann 635.000 Euro zahlen soll" vom 01. Oktober 2015, einsehbar unter http://www.stefan-niggemeier.de/blog/22108/ein-lebenslanger-makel-warum-springer-kachelmann-635-000-euro-zahlen-soll/; eingesehen am 14. Dezember 2016.
337 Vgl. z. B. die Diskussion zum Fall Kekilli im zweiten Kapitel dieses Buches.
338 Vgl. Lamp 2009: 48; Kepplinger & Glaab 2007: 345–346.
339 Vgl. Kepplinger & Glaab 2007: 351–352. Vgl. auch das zweite Kapitel in diesem Buch.
340 So im Beitrag „Ein lebenslanger Makel: Warum Springer Kachelmann 635.000 Euro zahlen soll" vom 01. Oktober 2015, einsehbar unter http://www.stefan-niggemeier.de/blog/22108/ein-lebenslanger-makel-warum-springer-kachelmann-635-000-euro-zahlen-soll/; eingesehen am 14. Dezember 2016. Alle weiteren Zitate entstammen diesem Blogbeitrag.
341 So im Beitrag „Kachelmann entfacht Zensurdebatte" in *taz* vom 01. Juni 2011, einsehbar unter http://www.taz.de/!5119462/; eingesehen am 22. November 2016.
342 So im Beitrag „Kachelmann entfacht Zensurdebatte" in *taz* vom 01. Juni 2011, einsehbar unter http://www.taz.de/!5119462/; eingesehen am 22. November 2016.
343 Einsehbar unter http://djv-bb.de/lehren-aus-kachelmann-verfahren-der-pressekodex-muss-fuer-die-gerichtsberichterstattung-ergaenzt-werden/; eingesehen am 22. November 2016.
344 Einsehbar unter http://www.evangelisch.de/inhalte/105078/01-06-2011/streitueber-konsequenzen-aus-fall-kachelmann; eingesehen am 22. November 2016.
345 So Stefan Niggemeiers Beitrag „Jörg Kachelmann und die Verbrecher von kabel eins" vom 15. Juli 2015, einsehbar unter http://www.stefan-niggemeier.de/blog/21525/joerg-kachelmann-und-die-verbrecher-von-kabel-eins/; eingesehen am 22. November 2016.
346 Einsehbar unter http://www.titelschutzanzeiger.de/medienundrecht/detail.php?rubric=Medien+%26+Recht&nr=73625; eingesehen am 22. November 2016.
347 Schwarzer 2012: 9–13.
348 Einsehbar unter https://www.heise.de/tp/features/Bild-setzt-Alice-Schwarzer-auf-Kachelmann-an-3386817.html; eingesehen am 14. Dezember 2016.
349 Vgl. dazu z. B. http://www.emma.de/artikel/kachelmann-urteil-emma-wehrt-sich-fuer-die-freiheit-des-unwortes-317363; eingesehen am 14. Dezember 2016.
350 So Gisela Friedrichsen in ihrem Kommentar zum Urteil gegen *Bild*, einsehbar unter http://www.spiegel.de/kultur/gesellschaft/joerg-kachelmann-kommentar-zum-urteil-von-gisela-friedrichsen-a-1055514.html vom 30. September 2014; eingesehen am 14. Dezember 2016.
351 So z. B. im Beitrag „Zwei blaue Flecke und ein Nullbefund" in *Zeit* vom 24. Februar 2011, einsehbar unter http://www.zeit.de/2011/09/WOS-Kachelmann; eingesehen am 14. Dezember 2016.
352 So im Beitrag „Und das wollen Journalisten sein?" in *FAZ* vom 01. Juni 2011, einsehbar unter http://www.faz.net/aktuell/feuilleton/medien/kachelmann-prozess-in-den-medien-und-das-wollen-journalisten-sein-1635503.html; eingesehen am 01. Juni 2011.

353 So das Urteil des Landgerichts Köln vom 30. September 2015, Aktenzeichen 28 07/14, einsehbar unter https://openjur.de/u/857935.html; eingesehen am 14. Dezember 2016.
354 Vgl. Thomaß 1998: 37-40.
355 Vgl. Thomaß 1998: 38.
356 Fechner 2014: 346.
357 Branahl 2013: 99.
358 Deutscher Presserat 2017a: 5.
359 Deutscher Presserat 2017a: 26.
360 § 7 Abs. 1 Landesmediengesetz (LMG) Rheinland-Pfalz.
361 Vgl. Bundesverfassungsgericht, 25.02.93, Az. 1 BvR 153/93 – Böll.
362 Höcker et al. 2011: 157.
363 Heimann 2009: 195-196.
364 So Hellmuth Karasek in seinem Beitrag „Kachelmanns Niederschläge" in der *Berliner Morgenpost* vom 01. August 2010.
365 Branahl 2013: 137.
366 Art. 6 Abs. 2 Europäische Menschenrechtskonvention.
367 Deutscher Presserat 2017a: 29.
368 Kepplinger 2012: 190.
369 So im Beitrag „Wenn der Gerichtssaal zum Boulevard wird" vom 04. April 2013, einsehbar unter https://www.deutschlandfunk.de/wenn-der-gerichtssaal-zum-boulevard-wird.1148.de.html?dram:article_id=242581; eingesehen am 10. September 2018.
370 Vgl. den Beitrag „Akte Kachelmann: Spiegel räumt am Kiosk ab" in *Meedia online* vom 13. Juli 2010, einsehbar unter http://meedia.de/2010/07/13/akte-kachelmann-spiegel-raumt-am-kiosk-ab/meedia.de; eingesehen am 14. Dezember 2016.
371 Vgl. den Beitrag „Bunte: starke Verkäufe mit Kachelmann" in *Meedia online* vom 05. Juli 2011, einsehbar unter http://meedia.de/2011/07/05/bunte-starke-verkaufe-mit-kachelmann/amp/; eingesehen am 14. Dezember 2016.
372 Vgl. z. B. den Beitrag „Alice Schwarzer verliert gegen Jörg Kachelmann" in *Spiegel Online* vom 29.06.2014; eingesehen am 10. September 2018.
373 Vgl. Trentmann, 2015: 405; Kepplinger 2012: 107-125.
374 Vgl. Kepplinger 2012: 108.
375 Vgl. Kepplinger 2012: 122.
376 Trentmann 2015: 418.
377 Vgl. den Beitrag „Kachelmanns Schmerzensgeld-Prozess. Drei Minuten Rache" in *Spiegel Online* vom 31. Oktober 2012, einsehbar unter http://www.spiegel.de/panorama/justiz/kachelmann-fordert-schadensersatz-von-seiner-ex-geliebten-a-864460.html; eingesehen am 14. November 2017.
378 Vgl. Gisela Friedrichsens Kommentar „Kachelmanns Konter" in *Spiegel* vom 5. November 2012, S. 48.
379 Vgl. den Beitrag „Kachelmanns Schmerzensgeld-Prozess. Drei Minuten Rache" in *Spiegel Online* vom 31. Oktober 2012, einsehbar unter http://www.spiegel.de/panorama/justiz/kachelmann-fordert-schadensersatz-von-seiner-ex-geliebten-a-864460.html; eingesehen am 14. November 2017.
380 Vgl. den Beitrag „Jörg Kachelmann legt Berufung ein" in *FAZ* vom 13. Januar 2014, einsehbar unter http://www.faz.net/aktuell/schadenersatz-prozess-joerg-kachelmann-legt-berufung-ein-12750336.html; eingesehen am 14. November 2017.

381 Vgl. den Beitrag von Gisela Friedrichsen „Wahrheit ist, was Richter glauben" in *Spiegel* vom 23. Juni 2014, S. 40–41.
382 So im Beitrag „Gericht hält Kachelmann-Klage gegen Ex-Geliebte für berechtigt" in *SZ* vom 20. Januar 2016, einsehbar unter http://www.sueddeutsche.de/panorama/wettermann-gericht-haelt-kachelmann-klage-gegen-ex-geliebte-fuer-berechtigt-1.2827533; eingesehen am 14. November 2017.
383 So im Beitrag „Kachelmanns Ex-Geliebte muss 7000 Euro zahlen" in *Spiegel Online* vom 28. September 2016, einsehbar unter http://www.spiegel.de/panorama/justiz/joerg-kachelmann-ex-geliebte-muss-7000-euro-zahlen-a-1114310.html; eingesehen am 14. November 2017.
384 So im Beitrag „Jörg Kachelmann: Unschuldig und doch verurteilt" in *Zeit* vom 26. Oktober 2017, einsehbar unter https://www.zeit.de/gesellschaft/zeitgeschehen/2017-10/joerg-kachelmann-unschuldig-freispruch-reputation; eingesehen am 10. September 2018.
385 Vgl. den Beitrag „Justiz ermittelt gegen ehemalige Kachelmann-Geliebte" in *FAZ* vom 07. März 2017, einsehbar unter http://www.faz.net/aktuell/gesellschaft/kriminalitaet/justiz-ermittelt-gegen-ex-geliebte-von-joerg-kachelmann-14913503.html; eingesehen am 14. November 2017.
386 So im Beitrag „Staatsanwaltschaft Mannheim stellt Ermittlungen gegen Ex-Geliebte von Jörg Kachelmann ein" in *Meedia online* vom 22. September 2017, einsehbar unter http://meedia.de/2017/09/22/staatsanwaltschaft-mannheim-stellt-ermittlungen-gegen-ex-geliebte-von-joerg-kachelmann-ein/; eingesehen am 14. November 2017.
387 Vgl. den Beitrag „Jörg Kachelmann: Verurteilt trotz Freispruch", einsehbar unter http://daserste.ndr.de/panorama/archiv/2017/Joerg-Kachelmann-Verurteilt-trotz-Freispruch,kachelmann224.html; eingesehen am 14. November 2017.
388 Für dieses und folgende Zitate siehe den Beitrag „Kachelmann verklagt Mannheimer Staatsanwaltschaft" in *Spiegel Online* vom 19. September 2014, einsehbar unter http://www.spiegel.de/panorama/ justiz/joerg-kachelmann-verklagt-staatsanwaltschaft-mannheim-a-992717.html; eingesehen am 14. November 2017.
389 Vgl. den Beitrag „Keine Kachelmann-DNA am angeblichen Tatmesser", einsehbar unter https:// www.lto.de/recht/nachrichten/n/vgh-baden-wuerttemberg-az1s19117-kachelmann-staatsanwaltschaft-mannheim-unterlassungserklaerung-dna-spuren-beweisstueck-messer/; eingesehen am 14. November 2017.
390 Vgl. z. B. den Beitrag „BGH bestätigt Schmerzensgeld für Kachelmann" in *Spiegel Online* vom 15. April 2018, einsehbar unter http://www.spiegel.de/kultur/gesellschaft/joerg-kachelmann-springer-muss-schmerzensgeld-zahlen-a-1203014.html; eingesehen am 10. September 2018.
391 Vgl. den Beitrag „Hat Wulff das Parlament getäuscht" in *Bild* vom 12. Dezember 2011, einsehbar unter http://www.bild.de/politik/inland/christian-wulff/wirbel-um-privat-kredit-ueber-halbe-million-euro-21531308.bild.html; eingesehen am 24. Februar 2015.
392 http://www.bundespraesident.de/SharedDocs/Pressemitteilungen/DE/2011/12/111215-Erklaerung.html; eingesehen am 24. Februar 2015.
393 Vgl. den Beitrag „So bezahlte Maschmeyer die Anzeigen für das Wulff-Buch" in *Bild* vom 20. Dezember 2011, S. 2.
394 Einsehbar unter http://www.bundespraesident.de/SharedDocs/Pressemitteilungen/DE/2011/12/ 111222-Mitteilung.html; eingesehen am 24. Februar 2015.

395 So Wulff in *Spiegel* vom 22. Dezember 2011, einsehbar unter http://www.spiegel. de/politik/deutschland/wortlaut-wulffs-erklaerung-a-805406.html; eingesehen am 24. Februar 2015.
396 Einsehbar unter http://www.tagesschau.de/inland/wulffinterview114.html; eingesehen am 24. Februar 2015.
397 So in der Stellungnahme von RA Gernot Lehr am 05. Januar 2012, einsehbar unter https:// www.redeker.de/downloads/pm/pm20120105.pdf; eingesehen am 07. November 2017.
398 Vgl. den Beitrag „Film-Finanzier zahlte den Wulffs Upgrade für Luxus-Suite" in *Bild am Sonntag* vom 15. Januar 2012, S. 2-3; vgl. auch den Beitrag „Glatt durchgegangen" in *Spiegel* vom 16. Januar 2012, S. 27.
399 Vgl. den Beitrag „Neuer Wirbel um Wulff-Urlaub" in *Bild* vom 08. Februar 2012, S. 2.
400 Einsehbar unter http://www.staatsanwaltschaft-hannover.niedersachsen.de/por tal/live.php?navigation_id=22924&article_id=103287&_psmand=165.; eingesehen am 24. Februar 2015.
401 Kepplinger 2018: 65.
402 Vgl. den Beitrag „Wirbel um Privatkredit" in *Bild* vom 13. Dezember 2011, S. 1-2.
403 Vgl. den Beitrag „Die Affäre Wulff" in *Bild* vom 14. Dezember 2011, S. 1-2.
404 So im Beitrag „Vorwürfe gegen Wulff erfüllen Berliner Koalition mit Sorge" in *FAZ* vom 14. Dezember 2011, S. 2.
405 Vgl. den Beitrag „Wer sind die Geerkens?" in *Bild* vom 14. Dezember 2011, S. 2.
406 So im Beitrag „Ein Häuschen mit Garten" in *FAS* vom 18. Dezember 2011, S. 3.
407 Vgl. den Beitrag „Vorwürfe gegen Wulff erfüllen Berliner Koalition mit Sorge" in *FAZ* vom 14. Dezember 2011, S. 2.
408 Einsehbar unter http://www.bundespraesident.de/SharedDocs/Pressemitteilung/ DE/2011/12/111215-Erklaerung.html. vom 15. Dezember 2011.; eingesehen am 24. Februar 2015.
409 Vgl. den Beitrag „Schöne Bescherung" in *Stern* vom 22. Dezember 2011, S. 39.
410 Vgl. den Beitrag „Verführerischer Kredit" in *Spiegel* vom 17. Dezember 2011, S. 25.
411 So Eckart Lohse und Winand von Petersdorff im Beitrag „Schöne Bescherung" in *Stern* vom 22. Dezember 2011, S. 40; vgl. auch den Beitrag „Versteckspiel um ein Einfamilienhaus" in *SZ* vom 16. Dezember 2011, S. 6 und den Beitrag „Der Top-Klient" in *Spiegel* vom 09. Januar 2012, S. 20.
412 Vgl. Heidemanns & Harbusch 2012: 46.
413 Wulff & Maibaum 2012: 150.
414 Vgl. Heidemanns & Harbusch 2012: 48.
415 Vgl. den Beitrag „Ein teurer Freund" in *Zeit* vom 15. November 2011, S. 3; vgl. auch Heidemanns & Harbusch 2012: 53.
416 Vgl. Heidemanns & Harbusch 2012: 53; vgl. auch den Beitrag „Schöne Bescherung" in *Stern* vom 22. Dezember 2011, S. 42.
417 Vgl. Heidemanns & Harbusch 2012: 60-61.
418 Vgl. Heidemanns & Harbusch 2012: 62-63.
419 Vgl. den Beitrag „Noch einmal in eigener Sache" in *Bild* vom 04. Januar 2012, S. 2; vgl. auch Heidemanns & Harbusch 2012: 66.
420 So im Beitrag „Wirbel um Privat-Kredit über 500.000 Euro. Hat Wulff das Parlament getäuscht?" in *Bild* vom 13. Dezember 2011, S. 2.
421 Vgl. den Beitrag „Gehobener Privatkunde" in *Spiegel* vom 24. Dezember 2011, S. 25.

422 Vgl. z. B. den Beitrag „Die Spur der Scheine" in *Zeit* vom 09. Februar 2012, S. 6.
423 So im Beitrag „Hat Wulff das Parlament getäuscht?" in *Bild* vom 13. Dezember 2011, S. 2.
424 So im Beitrag „Der Präsident hat ein Problem" in *Bild* vom 13. Dezember 2011, S. 2.
425 Vgl. den Beitrag „Hat der Bundespräsident sich strafbar gemacht?" in *Bild* vom 14. Dezember 2011, S. 2.
426 So im Beitrag „Vorwürfe gegen Wulff erfüllen Berliner Koalition mit Sorge" in *FAZ* vom 14. Dezember 2011, S. 2.
427 So im Beitrag „Kredit verspielt" in *Zeit* vom 15. Dezember 2011, S. 1.
428 Vgl. für die folgenden Zitate den Beitrag „Verführerischer Kredit" in *Spiegel* vom 17. Dezember 2011, S. 26.
429 So z. B. im Beitrag „Schöne Bescherung" in *Stern* vom 22. Dezember 2011, S. 38.
430 So im Beitrag „Gehobener Privatkunde" in *Spiegel* vom 24. Dezember 2011, S. 26.
431 So im Beitrag „Geld, Moral und Recht" in *SZ* vom 19. Dezember 2011, S. 2.
432 So im Beitrag: „Amt und Kredit" in *FAZ* vom 14. Dezember 2011, S. 29.
433 So Volker Zastrow im Beitrag „The voice of Germany" in *FAZ* vom 18. Dezember 2011, S. 14.
434 So Heribert Prantl im Beitrag „Das blamierte Amt" in *SZ* vom 19. Dezember 2011, S. 4.
435 So Heribert Prantl im Beitrag „Das blamierte Amt" in *SZ* vom 19. Dezember 2011, S. 4.
436 Einsehbar unter http://www.bundespraesident.de/SharedDocs/Pressemitteilungen/DE/2011/12/1112-13-Pressemitteilung.html; eingesehen am 16. November 2016.
437 So im Beitrag „Hat der Bundespräsident sich strafbar gemacht?" in *Bild* vom 14. Dezember 2011, S. 2.
438 So im Beitrag „Wulffs Erklärung" in *Spiegel Online* vom 22. Dezember 2011, einsehbar unter http://www.spiegel.de/politik/deutschland/wortlaut-wulffs-erklaerung-a-805406.html; eingesehen am 24. Februar 2015.
439 So im Beitrag „Das tut mir leid" in *Bild* vom 23. Dezember 2011, S. 2.
440 So im Beitrag „Das war nicht geradlinig" in *SZ* vom 23. Dezember 2011, S. 1.
441 So im Beitrag „Wulff: Das war nicht geradlinig, und das tut mir leid" in *FAZ* vom 23. Dezember 2011, S. 1.
442 So Nils Minkmar im Beitrag „Eine Frage der Ehre" in *FAZ* vom 20. Dezember 2011, S. 33.
443 Wulff 2014: 184–186.
444 So im Beitrag „Der Präsident und der Chefredakteur" in *SZ* vom 02. Januar 2012, S. 5.
445 So im Beitrag „Wulff-Anrufe lösen neue Debatte über Amtsverständnis des Bundespräsidenten aus" in *Bild* vom 03. Januar 2012, S. 2.
446 So im Beitrag „In eigener Sache" in *Bild* vom 03. Januar 2012, S. 2.
447 So Berthold Kohler im Beitrag „Der endgültige Bruch" in *FAZ* vom 03. Januar 2012, S. 1.
448 So Günther Nonnenmacher im Beitrag „Amt und Autorität" in *FAZ* vom 05. Januar 2012, S. 1.
449 So im Beitrag „Der Anruf des Bundespräsidenten" in *FAZ* vom 03. Januar 2012, S. 27.
450 So im Beitrag „Wie ein Landrat von Osnabrück" in *SZ* vom 03. Januar 2012, S. 4.
451 So im Beitrag „Der Top-Klient" in *Spiegel* vom 09. Januar 2012, S. 23.
452 So im Beitrag „Leeres Schloss" in *Zeit* vom 05. Januar 2012, S. 1.
453 Einsehbar unter http://www.redeker.de/main-V2.php/de/news/pm20120105.html; eingesehen am 24. Februar 2015.

454 Vgl. den Beitrag „Film-Finanzier zahlte den Wulffs Upgrade für Luxus-Suite" in *Bild am Sonntag* vom 15. Januar 2012, S. 2-3.
455 Vgl. den Beitrag „Glatt durchgegangen" in *Spiegel* vom 16. Januar 2012, S. 26.
456 Vgl. den Beitrag „Neuer Wirbel um Wulff-Urlaub" in *Bild* vom 08. Februar 2012, S. 2.
457 So im Beitrag „Glatt durchgegangen" in *Spiegel* vom 16. Januar 2012, S. 27.
458 Vgl. den Beitrag „Film-Finanzier zahlte den Wulffs Upgrade für Luxus-Suite" in *Bild am Sonntag* vom 15. Januar 2012, S. 2-3.
459 So im Beitrag „Neuer Wirbel um Wulff-Urlaub" in *Bild* vom 08. Februar 2012, S. 2.
460 So im Beitrag „Im Biotop" in *Spiegel* vom 11. Februar 2012, S. 29.
461 Einsehbar unter http://www.bild.de/politik/inland/politik-inland/gegendarstellung-23734842.bild.ht-ml; eingesehen am 24. Februar 2015.
462 So im Beitrag „Im Biotop" in *Spiegel* vom 11. Februar 2012, S. 29.
463 So im Beitrag „Früher war alles besser" in *SZ* vom 09. Februar 2012, S. 3.
464 So im Beitrag „Neuer Wirbel um Wulff-Urlaub" in *Bild* vom 08. Februar 2012, S. 2.
465 So im Beitrag „Abermals Vorwürfe gegen Wulff" in *FAZ* vom 09. Februar 2012, S. 2.
466 So im Beitrag „Der Rabattkönig" in *Spiegel* vom 11. Februar 2012, S. 31.
467 So im Beitrag „Aus" in *Stern* vom 16. Februar 2012, S. 72.
468 So im Beitrag „Ziemlich beste Freunde" in *Bild* vom 08. Februar 2012, S. 2.
469 So Heribert Prantl im Beitrag „Das blamierte Amt" in *SZ* vom 19. Dezember 2011, S. 4.
470 So im Beitrag von Kurt Kister „Andockstation für Adabeis" in *SZ* vom 21. Dezember 2011, S. 4.
471 So im Beitrag von Nikolaus Blome „Das reicht nicht, Herr Wulff!" in *Bild* vom 14. Dezember 2011, S. 2.
472 So in der Kolumne von Franz Josef Wagner „Lieber Bundespräsident Wulff" in *Bild* vom 15. Dezember 2011, S. 2.
473 So im Beitrag „Wulffs Notbremse" in *SZ* vom 23. Dezember 2011, S. 4.
474 So im Beitrag „Verführerischer Kredit" in *Spiegel* vom 17. Dezember 2011, S. 30.
475 So die Titelseite des *Spiegels* vom 17. Dezember 2011.
476 So Heribert Prantl im Beitrag „Das blamierte Amt" in *SZ* vom 19. Dezember 2011, S. 4.
477 So im Beitrag „Wie ein Landrat von Osnabruck" in *SZ* vom 03. Januar 2011, S. 4.
478 So im Beitrag „Ein Mann, kein Wort" in *Zeit* vom 05. Januar 2012, S. 3.
479 So Heribert Prantl im Beitrag „Gnade dem Präsidenten" in *SZ* vom 05. Januar 2012, S. 4.
480 So im Beitrag „Leeres Schloss" in *Zeit* vom 05. Januar 2012, S. 1.
481 So Heribert Prantl im Beitrag „Gnade dem Präsidenten" in *SZ* vom 05. Januar 2012, S. 4.
482 So im Beitrag „Die „Bild"-Republik" in *Stern* vom 12. Januar 2012, S. 48.
483 So im Beitrag „Leeres Schloss" in *Zeit* vom 05. Januar 2012, S. 1.
484 So Heribert Prantl im Beitrag „Der Maßkrug des Bundespräsidenten" in *SZ* vom 16. Januar 2012, S. 4.
485 So Nikolaus Blome im Beitrag „Es wird lächerlich!" in *Bild* vom 19. Januar 2012 S. 2.
486 Vgl. Kepplinger 2018: 83.
487 So Stefan Niggemeier im Beitrag „Im Namen des Volkes?" in *Spiegel* vom 15. Januar 2012, S. 141.
488 So Heribert Prantl im Beitrag „Verteidigung des Wulffs gegen die Lämmer" in *SZ* vom 09. Januar 2012, S. 4.
489 So im Beitrag „Offene Fragen" in *SZ* vom 09. Januar 2012, S. 5.

490 So Heribert Prantl im Beitrag „Verteidigung des Wulffs gegen die Lämmer" in *SZ* vom 09. Januar 2012, S. 4.
491 Wulff 2014: 194.
492 Wulff 2014: 7.
493 So im Beitrag „Medienhatz. Wie die Presse Wulff zum Rücktritt zwang" in *Cicero Online* vom 22. Januar 2014, einsehbar unter http://www.cicero.de/berliner-repu blik/christian-wulff-und-die-medien-eine-neuauflage-des-investiturstreits/56879; eingesehen am 17. November 2016.
494 So im Beitrag „Fürsorgliche Vernichtung" in *Stern* vom 23. April 2013, einsehbar unter http://www.stern.de/politik/deutschland/zwischenruf-aus-berlin-fuersorg liche-vernichtung-3208114.html; eingesehen am 17. November 2016.
495 So im Beitrag „Steinbrück kritisiert 'gewalttätigen Journalismus' gegen Wulff" in *Zeit* vom 11. Juni 2014, einsehbar unter http://www.zeit.de/politik/deutschland/2014–06/ peer-steinbrueck-rezension-christian-wulff-medien-kritik; eingesehen am 17. November 2017.
496 So im Beitrag „'Bild' stürzte Wulff mit einer Falschmeldung. Das kümmert aber keinen" vom 15. Juni 2014, einsehbar unter http://www.stefan-niggemeier.de/ blog/18217/bild-stuerzte-wulff-mit-einer-falsch-meldung-das-kuemmert-aber-keinen/; eingesehen am 17. November 2016.
497 Kepplinger 2017: 141–142.
498 Kepplinger 2017: 142.
499 So im Beitrag „Keine Spur von Selbstkritik" in *Cicero Online*, einsehbar unter http://www.cicero.de/salon/keine-spur-von-selbstkritik/52874; eingesehen am 17. November 2017.
500 So im Beitrag „Ende einer Hetzjagd?" in *FAZ* vom 17. Februar 2012, einsehbar unter http://www.faz.net/aktuell/feuilleton/wulffs-medienkritik-ende-einer-hetz jagd-11653237.html; eingesehen am 17. November 2016.
501 Vgl. Kepplinger 2018: 200–201.
502 Vgl. das Interview des *Spiegels* mit Wulff im Juli 2014 sowie den Beitrag „Wulff rechnet mit den Medien ab" in *Spiegel Online* vom 19. Juli 2014, einsehbar unter http://www.spiegel.de/politik/ deutschland/christian-wulff-ex-bundespraesident-im-spiegel-interview-a-981931.html; eingesehen am 17. November 2016. Vgl. auch den Beitrag „Wulff sieht sich als Opfer eines Meinungskartells" in *Zeit Online* vom 20. Juli 2014, einsehbar unter http://www.zeit.de/politik/deutschland/2014–07/ wulff-medienkritik; eingesehen am 17. November 2016.
503 Kepplinger 2017: 47
504 Kepplinger 2018: 89.
505 Kepplinger 2018: 90–92.
506 Arlt & Storz 2012: 19.
507 So die Pressemitteilung auf der Website des Bundespräsidenten vom 05. Januar 2012, einsehbar unter http://www.bundespraesident.de/SharedDocs/Pressemittei lungen/DE/2012/01/120105-Schreiben.html; eingesehen am 17. November 2016.
508 Arlt & Storz 2012: 9.
509 Vgl. Ahrens 2002: 91–92.
510 Einsehbar unter http://www.bundespraesident.de/DE/Amt-und-Aufgaben/Wir ken-im-Inland/wirken-im-inland-node.html; eingesehen am 24. Februar 2015.
511 Arlt & Storz 2012: 19.
512 So Frank Schirrmacher im Beitrag „Die Fiktion" in *FAZ* vom 06. Januar 2012, S. 1.

513 Vgl. das erste Kapitel in diesem Buch.
514 So Hans Mathias Kepplinger zum Fall Wulff und Skandalen allgemein, einsehbar unter http://www.deutschlandradiokultur.de/schwarzer-hoeness-wulff-co-medien-skandale-und die.1008.de. html?dram:article_id=276867; eingesehen am 18. November 2016.
515 Vgl. den Beitrag „Habe Groenewold das Geld fürs Hotel in bar gegeben" in *FAZ* vom 09. Februar 2012, S. 1; vgl. Kepplinger 2017: 141–142.
516 Vgl. dazu z. B. den Beitrag „21 Nichtigkeiten" in *SZ* vom 08. April 2013, einsehbar unter https://www.sueddeutsche.de/politik/akten-im-fall-wulff-nichtigkeiten-1.1642578; eingesehen am 24. Februar 2015.
517 Vgl. Wulff 2014: 236.
518 Vgl. für die folgenden Details aus dem Gerichtsverfahren das Urteil des LG Hannover, Aktenzeichen 40 KLs 6/13, Urteil vom 27. Februar 2014.
519 Wulff 2014: 222.
520 Einsehbar unter http://www.bundespraesident.de/SharedDocs/Reden/DE/Christian-Wulff/Reden/2012/02/120-217-Erklaerung.html; eingesehen am 24. Februar 2015.
521 Einsehbar unter http://www.djv.de/?id=3431&tx_ttnews%5Btt_news%5D=316&L=1&cHash=-b3c09fd7a4a6422-6737ffcfef5fa46cf.; eingesehen am 24. Februar 2015.
522 So Hans Mathias Kepplinger zum Fall Wulff und Skandalen allgemein, einsehbar unter http://www.deutschlandradiokultur.de/schwarzer-hoeness-wulff-co-medien-skandale-und die.1008.de. html?dram:article_id=276867; eingesehen am 18. November 2016.
523 So in Michael Hanfelds Beitrag „Das Brett vor dem Kopf des jeweils anderen" in *FAZ* vom 01. Dezember 2016, einsehbar unter http://www.faz.net/aktuell/feuilleton/medien/tv-kritik/tv-kritik-maischberger-das-brett-vor-dem-kopf-des-jeweils-anderen-14553374.html; eingesehen am 07. November 2017.
524 So im Beitrag „Verknackt Hoeneß!" in *Bild* vom 13. März 2014, einsehbar unter http://www.bild.de/sport/fussball/uli-hoeness-steueraffaere/im-namen-aller-steuerzahler-verknackt-hoeness-35045268.bild.html; eingesehen am 20. Mai 2016.
525 Vgl. Huber & Böhm 2004.
526 Vgl. z. B. den Beitrag „Uli Hoeneß, der gefallene Held" im *Handelsblatt* vom 13. März 2014, einsehbar unter http://www.handelsblatt.com/meinung/kommentare/kommentar-uli-hoeness-der-gefallene-held/ 9612552. html; eingesehen am 19. Mai 2016.
527 Vgl. Bizer 2014: 23.
528 Vgl. den Beitrag „Uli Hoeneß. Fußballer, Manager, Querdenker" vom 25. Mai 2014, einsehbar unter http://www.br.de/themen/sport/inhalt/fussball/bundesliga/fc-bayern-muenchen/uli-hoeness104.html; eingesehen am 19. Mai 2016; vgl. auch den Beitrag „Uli Hoeneß – der Spieler" in *Augsburger Allgemeine* vom 14. März 2014, einsehbar unter http://www.augsburger-allgemeine.de/politik/Uli-Hoeness-der-Spieler-id29199882.html; eingesehen am 19. Mai 2016.
529 Vgl. Bizer 2014: 87.
530 Vgl. den Beitrag „Uli Hoeneß: Das sind seine großen Bayern-Erfolge" in *Focus Online* vom 22. April 2013, einsehbar unter http://www.focus.de/sport/ fussball/spieler-manager-praesident-uli-hoeness-das-sind-seine-grossen-bayern-erfolge_aid_967594.html; eingesehen am 19. Mai 2016.

531 Bizer 2014: 80; vgl. auch den Beitrag „Zum 60. von Uli Hoeneß" vom 04. Januar 2012, einsehbar unter http://www.donaukurier.de/sport/fussball/erstebundesliga/Zum-60-von-Uli-Hoeness-Einer-den-viele-moegen -Einer-der-gerne-aneckt; art-154805,2537128; eingesehen am 19. Mai 2016.
532 Vgl. Bizer 2014: 148–150, 152.
533 Vgl. Bizer 2014: 88, 104; vgl. auch den Beitrag „Abteilung Attacke" vom 25. Mai 2011, einsehbar unter http://www.br.de/themen/sport/inhalt/fussball/bundesliga/fc-bayern-muenchen/uli-hoeness112.html; eingesehen am 19. Mai 2016.
534 So im Beitrag „Der Patriarch" in Stern, Nr. 47 vom 14. November 2013, S. 96.
535 Vgl. den Beitrag „Uli Hoeneß – das gescheiterte Vorbild" unter http://www.dw.de/uli-hoene%C3%9F-das-gescheiterte-vorbild/a-16763379; eingesehen am 19. Mai 2016.
536 Die folgende Darstellung stützt sich – soweit nicht anders angegeben – auf den Beitrag „Chronologie der Steueraffäre Hoeneß" unter http://www.dw.de/chronologie-der-steueraff%C3%A4re-hoene% C3%9F/a-1698–8004; eingesehen am 19. Mai 2016.
537 So im Stern-Beitrag „Fall Hoeneß – die Chronologie. Bayern-Präsident, Steuerhinterzieher, Promi-Häftling" vom 15. Oktober 2014, einsehbar unter https://www.stern.de/panorama/stern-crime/fall-hoeness--vom-ersten-verdacht-bis-zu-den-haftbedingungen-3398580.html; eingesehen am 02. Dezember 2017.
538 Vgl. Oberlandesgericht München: Pressemitteilung Strafsachen vom 30. Oktober 2014 unter http://www. justiz.bayern.de/gericht/olg/m/presse/archiv/2014/04556/index.php; eingesehen am 19. Mai 2016.
539 Vgl. den Focus-Beitrag „Uli Hoeneß unter 'Verdacht der Steuerhinterziehung'" vom 20. April 2013, einsehbar unter http:// www.focus.de/sport/fussball/bundesliga/selbstanzeige-beim-finanzamt-uli-hoeness-unter-verdacht-der-steuerhinterziehung _aid_966246.html; eingesehen am 19. Mai 2016.
540 Vgl. das Interview „Es war der Kick, pures Adrenalin" in Zeit vom 02. Mai 2013, einsehbar unter http://www.zeit.de/2013/19/uli-hoeness-interview; eingesehen am 19. Mai 2016.
541 Vgl. Oberlandesgericht München: Pressemitteilung Strafsachen vom 30. Oktober 2014 unter http://www. justiz.bayern.de/gericht/olg/m/presse/archiv/2014/04556/index.php; eingesehen am 19. Mai 2016.
542 Vgl. den Spiegel-Beitrag „Hoeneß tritt Haftstrafe an" vom 02. Juni 2014, einsehbar unter http://www.spiegel.de/panorama/justiz/uli-hoeness-tritt-haftstrafe-in-landsberg-an-a-972838.html; eingesehen am 19. Mai 2016.
543 Einsehbar unter https://www.tagesschau.de/inland/hoeness-139.html; eingesehen am 20. Mai 2016.
544 Vgl. den Beitrag „Uli Hoeneß will wegen Berichterstattung klagen" im Abendblatt vom 22. April 2013, einsehbar unter http://www.abendblatt.de/nachrichten/article115489810/Uli-Hoeness-will-wegen-Berichterstattung-klagen.html; eingesehen am 22. Mai 2016.
545 Vgl. den Beitrag „Ungeheuerliche Unterstellungen" in SZ vom 08. August 2013, einsehbar unter www.sueddeutsche.de/sport/steueraffaere-um-uli-hoeness-ungeheuerliche-unterstellungen-1.1742557; eingesehen am 22. Mai 2016.
546 So im Beitrag „Es war der Kick, pures Adrenalin" in Zeit vom 02. Mai 2013, einsehbar unter http://www.zeit.de/2013/19/uli-hoeness-interview; eingesehen am 22. Mai 2016.

547 Vgl. Bizer 2014: 162.
548 Vgl. den Beitrag von Rainer Pohlen „Ein Verfahren – und viele Fragezeichen" in *Spiegel Online* vom 18. März 2014, einsehbar unter http://www.spiegel.de/wirtschaft/uli-hoeness-verzicht-auf-revision-beendet-prozess-schnell-a-959051.html; eingesehen am 22. Mai 2016.
549 Vgl. den Beitrag „Endspiel" in *Focus Online* vom 01. März 2014, einsehbar unter http://www.focus.de/magazin/archiv/endspiel-chronik-der-affaere_id_3649221.html; eingesehen am 22. Mai 2016.
550 Vgl. den Beitrag „Das geheime Fußballkonto" in *Stern* Nr. 4 vom 17. Januar 2013, S. 108.
551 Vgl. den Beitrag „Sein wichtigstes Spiel" in *Stern* Nr. 21 vom 16. Mai 2013, S. 53.
552 Vgl. den Beitrag „Der Fall Hoeneß" in *Stern* vom 06. Juni 2013, einsehbar unter http://www.stern.de/wirtschaft/news/steuer-affaere-der-fall-hoeness-2021596.html; eingesehen am 22. Mai 2016.
553 Titelblatt des *Stern* Nr. 47 vom 14. November 2013.
554 Vgl. das Titelblatt des *Stern* Nr. 13 vom 20. März 2014.
555 Vgl. den Beitrag „Der geheime Informant" in *Stern* Nr. 13 vom 20. März 2014, S. 61.
556 Vgl. den Beitrag „Ihre Quelle liegt falsch" in *Abendzeitung* vom 20. April 2013, einsehbar unter http://www.abendzeitung-muenchen.de/inhalt.verdacht-auf-steuerhinterziehung-hoeness-ihre-quelle-liegt-falsch.d7bc9548-96ca-4214-867e-12b3d2fdae71.html; eingesehen am 22. Mai 2016.
557 Titelblatt der *Spiegel*-Ausgabe Nr. 18 vom 29. April 2013.
558 Vgl. den Beitrag „Das Urteil ist überraschend" in *Spiegel Online* vom 13. März 2014, einsehbar unter http://www.spiegel.de/video/gisela-friedrichsen-zum-hoeness-urteil-das-urteil-ist-ueberraschend-video-1334125.html; eingesehen am 22. Mai 2016.
559 So im Beitrag „Selbstanzeige wegen Steuerhinterziehung" in *Bild* vom 20. April 2013, einsehbar unter http://www.bild.de/sport/fussball/uli-hoeness/selbstanzeige-wegen-steuerhinterziehung-30083916.bild.html; eingesehen am 22. Mai 2016.
560 So im Beitrag „Rückendeckung für Hoeneß" in *Bild* vom 24. April 2013, einsehbar unter http://www.bild.de/sport/fussball/uli-hoeness/rueckendeckung-von-den-bayern-bossen-30129572.bild.html; eingesehen am 22. Mai 2016.
561 So im Beitrag „Die Hoeneß-Tränen" in *Bild* vom 26. Mai 2013, einsehbar unter http://www.bild.de/sport/fussball/uli-hoeness/die-traenen-von-wembley-30562256.bild.html; eingesehen am 23. Mai 2016.
562 So im Beitrag „Wie unmoralisch sind unsere Eliten?" in *Bild* vom 10. November 2013, einsehbar unter http://www.bild.de/politik/inland/umfrage/wie-unmoralisch-sind-unsere-eliten-33331798.bild.html; eingesehen am 23. Mai 2016.
563 Vgl. den Beitrag „Kann Hoeneß keine Reue?" in *Bild* vom 12. März 2014, einsehbar unter http://www.bild.de/sport/fussball/uli-hoeness/kann-er-keine-reue-35030146.bild.html; eingesehen am 23. Mai 2016.
564 So im Beitrag „Verknackt Hoeneß!" in *Bild* vom 13. März 2014, einsehbar unter http://www.bild.de/sport/fussball/uli-hoeness-steueraffaere/im-namen-aller-steuerzahler-verknackt-hoeness-35045268.bild.html; eingesehen am 20. Mai 2016.
565 Vgl. den Beitrag „Hoeneß: 'Ich habe Hass in mir entdeckt'" in *Bild* vom 03. Mai 2014, einsehbar unter http://www.bild.de/sport/fussball/uli-hoeness/ich-habe-hass-in-mir-entdeckt-35797196.bild.html; eingesehen am 23. Mai 2016.

566   Vgl. Hans Leyendeckers Beitrag „Armer Aufsichtsrat, armer Verein, armer Hoeneß" in *SZ* vom 07. Mai 2013, einsehbar unter https://www.sueddeutsche.de/sport/kontroll gremium-des-fc-bayern-armer-aufsichtsrat-armer-verein-armer-hoeness-1.1667009; eingesehen am 23. Mai 2106.
567   Vgl. das *Deutschlandfunk*-Interview mit Hans Leyendecker „Ein Geschmäckle hat es allemal" vom 23. April 2013, einsehbar unter https://www.deutschlandfunk.de/ ein-geschmaeckle-hat-es-allemal.694.de.html?dram:article_id=244378; eingesehen am 23. Mai 2016.
568   Vgl. den Beitrag „Im Steuerfall Hoeneß kommt nichts mehr" in *Abendzeitung* vom 06. Mai 2014, einsehbar unter http://www.abend-zeitung-muenchen.de/ inhalt.enthuellungsjournalist-leyendecker-im-steuerfall-hoeness-kommt-nichts-mehr.2da0dc4b-1339-4432-8727-315b7792a595.html; eingesehen am 23. Mai 2016.
569   Vgl. den Beitrag „Tiefer geht's nicht" in *SZ* vom 18. März 2014, S. 25.
570   Deutscher Presserat 2017a: 29.
571   Vgl. den Beitrag „Jeder Dritte sieht Hoeneß vorverurteilt" in *Zeit Online* vom 25. April 2013, einsehbar unter http://www.zeit.de/politik/deutschland/2013-04/ Hoeness-Umfrage-Vorverurteilung; eingesehen am 23. Mai 2016.
572   So im Beitrag „Mein Freund, der Steuerflüchtling" in *Stern* Nr. 18 vom 25. April 2013, S. 22.
573   So im Beitrag „Im Abseits" in *Stern* Nr. 18 vom 25. April 2013, S. 47.
574   Vgl. den Beitrag „Im Strafraum" in *Spiegel* Nr. 18 vom 29. April 2013, einsehbar unter http://www.spiegel.de/spiegel/print/d-93419441.html; eingesehen am 23. Mai 2016.
575   So im Beitrag „Vorbild a. D." in *SZ* vom 22. April 2013, einsehbar unter http://www.sueddeutsche.de/sport/ermittlungen-gegen-uli-hoeness-vorbild-a-d-1.1654668; eingesehen am 23. Mai 2016.
576   So im Beitrag „Hoeneß muss gehen" in *Abendzeitung* vom 28. April 2013, einsehbar unter http://www.abendzeitung-muenchen.de/inhalt.az-meinung-hoeness-muss-gehen.e745d427-1dbd-4613-af16-e49ad3be7c50.html; eingesehen am 23. Mai 2106.
577   So im Beitrag „Die Ehrlichkeit kommt wohl zu spät" in *FAZ* vom 10. März 2014, einsehbar unter http://www.faz.net/aktuell/politik/hoeness-prozess-die-ehrlich-keit-kommt-wohl-zu-spaet-12840718.html; eingesehen am 23. Mai 2016.
578   Vgl. den Beitrag „Hoeneß-Prozess. ‚Bewährungsstrafe kann ich mir nicht vor-stellen'" in *Welt* vom 12. März 2014, einsehbar unter http://www.welt.de/politik/ deutschland/article125708637/ Bewaehrungsstrafe-kann-ich-mir-nicht-vorstellen. html; eingesehen am 23. Mai 2016.
579   So im Beitrag „Wir werden nicht mit Ihnen heulen!" in *taz* vom 10. März 2014, einsehbar unter http://www.taz.de/!134581/; eingesehen am 23. Mai 2016.
580   So im Beitrag „Verknackt Hoeneß!" in *Bild* vom 13. März 2014, einsehbar unter http://www.bild.de/sport/fussball/uli-hoeness-steueraffaere/im-namen-aller-steu erzahler-verknackt-hoeness-35045268.bild.html; eingesehen am 20. Mai 2016.
581   Vgl. Deutscher Presserat 2017a: 4.
582   Vgl. den Beitrag „Der Präsident in der Daten-Falle" in *Focus* Nr. 18 vom 29. April 2013, S. 24–30.
583   Vgl. den Beitrag „Justiz dementiert Steuer-CD-Gerüchte um Hoeneß" in *SZ* vom 28. April 2013, einsehbar unter http://www. sueddeutsche.de/sport/steuer affaere-um-fc-bayern-praesident-justiz-dementiert-steuer-cd-geruechte-um-hoe ness-1.16-60667; eingesehen am 23. Mai 2016.

584 Vgl. Ulrich Hoeneß' „Gegendarstellung" in *Focus* Nr. 24 vom 10. Juni 2013, S. 110.
585 Vgl. „Hoeneß erwirkt weitere Unterlassung gegen den 'Stern'" in *SZ* vom 11. April 2014, einsehbar unter http://www.sueddeutsche.de/sport/frueherer-praesident-des-fc-bayern-hoeness-erwirkt-weitere-unterlassung-gegen-den-stern-1.1935906, eingesehen am 23. Mai 2016.
586 Vgl. Oberlandesgericht München: Pressemitteilung Strafsachen vom 30. Oktober 2014, einsehbar unter http://www. justiz.bayern.de/gericht/olg/m/presse/archiv/2014/04556/index.php; eingesehen am 19. Mai 2016.
587 Vgl. den Beitrag „Drama, Baby" in *SZ* vom 23. April 2013, S. 3.
588 Vgl. den Beitrag „Am Abgrund" in *Stern* Nr. 18 vom 25. April 2013, S. 47.
589 Vgl. den Beitrag „Ex-Adidas-Chef soll Hoeneß 20 Millionen überwiesen haben" in *Focus Online* vom 22. April 2013, einsehbar unter http:// www.focus.de/finanzen/steuern/geld-fuer-boersengeschaefte-ex-adidas-chef-soll-hoeness-20-millionen-ueberwiesen-haben_aid_968186.html; eingesehen am 23. Mai 2016.
590 Vgl. den Beitrag „Sein wichtigstes Spiel" in *Stern* Nr. 21 vom 16. Mai 2013, S. 53.
591 Vgl. den Beitrag „Hoeneß: Was lief da mit den Telekom-Aktien?" in *Abendzeitung* vom 07. August 2013, einsehbar unter http://www.abend-zeitung-muenchen.de/inhalt.informant-belastet-den-fc-bayern-praesidenten-hoeness-was-lief-da-mit-den-telekom-aktien.dd329cd0-fe05-4cbc-a22a-5ea43a044a29.html; eingesehen am 23. Mai 2016, vgl. auch den Beitrag „Steuer-Affäre des FC-Bayern-Präsidenten. 33.000 Bewegungen auf Hoeneß-Konto" in *Abendzeitung* vom 04. August 2013, einsehbar unter http://www.abendzeitung-muenchen.de/inhalt.steuer-affaere-des-fc-bayern-praesidenten-33000-bewegungen-auf-hoeness-konto.0d1acd80-2169-4946-a4c7-e752114f3eaa.html; eingesehen am 05. Oktober 2017.
592 Vgl. den Beitrag „Der geheime Informant" in *Stern* Nr. 13 vom 20. März 2014, S. 61.
593 Vgl. den Beitrag „Die Herkunft ist restlos aufgeklärt" in *SZ* vom 21. März 2014, einsehbar unter http://www.sueddeutsche.de/sport/hoeness-hinterzogene-millionen-die-herkunft-ist-restlos-aufgeklaert-1.1918285; eingesehen am 23. Mai 2016.
594 Vgl. z. B. den Beitrag „Jetzt spricht der Insider, der Hoeneß verriet" in *Bild* vom 20. März 2014, einsehbar unter http://www. bild.de/sport/fussball/uli-hoeness-steueraffaere/wer-hat-den-bayern-boss-uli-hoeness-verraten-35148182.bild.html; eingesehen am 23. Mai 2016.
595 So im Beitrag „Das Ende des Patriarchen" in *FAZ* vom 22. April 2013, einsehbar unter http://www.faz.net/aktuell/ sport/fussball/bundesliga/der-fall-des-uli-hoeness-das-ende-des-patriarchen-12157330.html; eingesehen am 23. Mai 2016.
596 So im Beitrag „Ein Land im Jagdfieber" in *FAZ* vom 10. Mai 2013, einsehbar unter http://www.faz.net/aktuell/wirtschaft/uli-hoeness-ein-land-im-jagdfieber-12178480.html; eingesehen am 23. Mai 2016.
597 So im Beitrag „Das große Zittern" in *Spiegel*, Nr. 18 vom 29. April 2013, S. 18–21.
598 So im Beitrag „Der großkopferte Samariter" in *taz* vom 21. April 2013, einsehbar unter http://www.taz.de/!114902/; eingesehen am 23. Mai 2016.
599 So im Beitrag „Wir werden nicht mit Ihnen heulen!" in *taz* vom 10. März 2014, einsehbar unter http://www.taz.de/!134581/; eingesehen am 23. Mai 2016.
600 Vgl. den Beitrag „Abpfiff für Uli Hoeneß" in *Frankfurter Rundschau* vom 13. März 2014, einsehbar unter http://www.fr-online.de/meinung/uli-hoeness-urteil-prozess---abpfiff-fuer-uli-hoeness,1472602,26547602.html; eingesehen am 23. Mai 2016.

601 Vgl. den Beitrag „Am Ende der Selbstgefälligkeit" in *Spiegel* Nr. 12 vom 17. März 2014, S. 101.
602 So im Beitrag „Uli Hoeneß verurteilt: Auf Zeit gespielt – und verloren" in *Abendzeitung* vom 13. März 2014, einsehbar unter https://www.abendzeitung-muenchen.de/inhalt.urteil-im-steuerprozess-uli-hoeness-verurteilt-auf-zeit-gespielt-und-verloren.44b7d4fa-379e-4f46-bbce-78b3b9944ac5.html; eingesehen am 23. Mai 2016.
603 Vgl. den Beitrag „Tiefer geht's nicht" in *SZ* vom 18. März 2014, S. 25.
604 Vgl. den Beitrag „Hatz auf Hoeneß" in *SZ* vom 02. Juni 2014, einsehbar unter http://www.sueddeutsche.de/muenchen/ex-bayern-praesident-vor-haftantritt-hatz-auf-hoeness-1.1981163; eingesehen am 23. Mai 2016.
605 Vgl. den Beitrag „Uli Hoeneß ist hier so etwas wie ein König" in *Stern*, einsehbar unter http://www.stern.de/ 2145457.html; eingesehen am 23. Mai 2016.
606 So eine telefonische Recherche von Dave Jörg beim Deutschen Presserat.
607 So der Beitrag „Verknackt Hoeneß!" in *Bild* vom 13. März 2014, einsehbar unter http://www.bild.de/sport/fussball/uli-hoeness-steueraffaere/im-namen-aller-steuerzahler-verknackt-hoeness-35045268.bild.html; eingesehen am 20. Mai 2016.
608 Deutscher Presserat Beschwerdeausschuss: Zeitung titelt: „Verknackt Hoeneß"; einsehbar unter http://recherche.presserat.info/; eingesehen am 23. Mai 2016.
609 Vgl. Kepplinger 2012: 123.
610 Vgl. z. B. http://www.evangelisch.de/blogs/altpapier/115491/18-03-2014.
611 Vgl. Kepplinger 2012: 107–110.
612 Vgl. Kepplinger 2012: 123.
613 Vgl. den Beitrag „Bericht über versteckte Millionen: Hoeneß will 'Stern' verklagen" in *Spiegel Online* vom 08. August 2013, einsehbar unter http://www.spiegel.de/wirtschaft/soziales/uli-hoeness-dementiert-stern-bericht-und-kuendigt-verleumdungsklage-an-a-915488.html; eingesehen am 25. Mai 2016.
614 Vgl. Fricke 2014, einsehbar unter http://juve.de/nachrichten/verfahren/2014/04/hoeness-nesselhauf-setzt-sich-erfolgreich-gegen-stern-berichterstattung-zur-wehr; eingesehen am 25. Mai 2016.
615 So im Beitrag „Tiefer geht's nicht" in *SZ* vom 18. März 2014, S. 25.
616 So im Beitrag „Friede dem Verurteilten" in *SZ* vom 17. März 2014, einsehbar unter http://www.sueddeutsche.de/medien/hoeness-friede-dem-verurteilten-1.1915346; eingesehen am 25. Mai 2016.
617 So im Beitrag „Tiefer geht's nicht" in *SZ* vom 18. März 2014, S. 25.
618 Vgl. Branahl 2013: 157.
619 Vgl. Heimann 2009: 139f.
620 Vgl. den Beitrag „Uli Hoeneß am Pranger" in *FAZ* vom 05. Mai 2013, einsehbar unter http://www.faz.net/aktuell/wirtschaft/menschen-wirtschaft/kommentar-uli-hoeness-am-pranger-12173657.html; eingesehen am 25. Mai 2016.
621 Vgl. Kepplinger 2011: 165f.
622 Deutscher Presserat 2017a: 5.
623 Vgl. Kepplinger 2012: 25.
624 Vgl. das Titelblatt des *Stern* Nr. 18 vom 25. April 2013.
625 Vgl. Kepplinger 2012: 35.
626 Vgl. das Interview „Es war der Kick, pures Adrenalin" in *Zeit* vom 02. Mai 2013, einsehbar unter http://www.zeit.de/2013/19/uli-hoeness-interview; eingesehen am 19. Mai 2016.

627 Vgl. den Beitrag „Reinwaschen geht nicht" in *SZ* vom 02. Mai 2013, einsehbar unter http://www.sueddeutsche.de/sport/pr-experte-spreng-ueber-uli-hoeness-reinwaschen-geht-nicht-1.1663697; eingesehen am 25. Mai 2016.
628 Vgl. dazu auch die Diskussion im sechsten Kapitel dieses Buches.
629 Vgl. Kepplinger 2012: 57.
630 Vgl. Kepplinger 2012: 58.
631 Vgl. Brigitte Watermanns Beitrag „Steuerskandal – sind wir nicht (fast) alle ein bisschen Hoeneß?", einsehbar unter http://finanzjournalisten.blogspot.de/2013/04/steuerskandal-sind-wir-nicht-fast-alle. html; eingesehen am 25. Mai 2016.
632 Vgl. den Beitrag „Rote Karte", einsehbar unter http://www.evangelische-zeitung-niedersachsen.de/ez-online/meinung/2014/12; eingesehen am 25. Mai 2016.
633 So im Beitrag „Hoeneß, die Hysterie und wir" in *Zeit Online* vom 25. April 2013, einsehbar unter http://www.zeit.de/gesellschaft/zeitgeschehen/2013-04/Hoeness-Vorverurteilung-Steuerhinterziehung-Kommentar; eingesehen am 25. Mai 2016.
634 So im Beitrag „Prangerland" in *SZ* vom 04. Mai 2013, S. 4.
635 Vgl. Kepplinger 2012: 75.
636 So im Beitrag „Bayern-Boss Uli Hoeneß so offen wie nie. 'Habe zwei Fan-Clubs im Knast'", einsehbar unter https://www.blick.ch/sport/fussball/international/bundesliga/bayern-boss-uli-hoeness-offen-wie-nie-unser-team-ist-kein-altersheim-id6650661.html; eingesehen am 07. Oktober 2017.
637 So im Beitrag „Nicht mehr der Alte" in *Zeit Online* vom 11. Mai 2017, einsehbar unter http://www.zeit.de/sport/2017-05/uli-hoeness-steuerhinterziehung-liechtenstein; eingesehen am 10. Oktober 2017.
638 So im Beitrag „Nach Auftritt in Liechtenstein – Minister droht Hoeneß mit Knast" in *Bild* vom 12. Mai 2017, S. 3.
639 So im Beitrag „Was sagt Uli Hoeneß zur Minister-Attacke?" in *Bild* vom 13. Mai 2017, S. 6.
640 So im Beitrag „'Wahlkampfgeschwätz!' Hoeneß-Anwalt schimpft auf Minister" in *tz* vom 13. Mai 2017, einsehbar unter https://www.tz.de/sport/fc-bayern/nach-knast-drohung-von-nrw-minister-jetzt-spricht-hoeness-anwalt-8298568.html; eingesehen am 10. Oktober 2017.
641 So im Beitrag „Friede dem Verurteilten" in *SZ* vom 17. März 2014, einsehbar unter http://www.sueddeutsche.de/medien/hoeness-friede-dem-verurteilten-1.1915346; eingesehen am 25. Mai 2016.
642 So im Beitrag „Staatsanwaltschaft ermittelt gegen Edathy" in *Die Harke* vom 11. Februar 2014, einsehbar unter https://www.dieharke.de/Lokales/Lokales/31076/Staatsanwaltschaft_ermittelt_gegen_ Edathy.html; eingesehen am 03. April 2018.
643 So im Beitrag „Razzia bei Sebastian Edathy" in *SZ* vom 12. Februar 2014, S. 5.
644 Zur Tugend des Unterlassens aus medienethischer Perspektive vgl. Hasler 1992.
645 Vgl. den Beitrag „Unbekleidet, aber nicht illegal" in *SZ* vom 13. Februar 2014, S. 5.
646 Vgl. Deutscher Bundestag: Bericht des 2. Untersuchungsausschusses der 18. Wahlperiode, Drucksache 18/6700, 26. November 2015.
647 Edathy belastete im Dezember 2014 zunächst in der Illustrierten *Stern* und dann vor der Bundespressekonferenz und dem Untersuchungsausschuss seinen Parteifreund Michael Hartmann. Dieser wiederum stellte es anders dar. Es kämen noch andere Personen in Betracht, von denen Hinweise an Edathy geflossen sein könnten.

648 So auf dem Titelblatt „Der Fall Edathy. Der Fall Friedrich. Die Staatsaffäre" in *Spiegel* vom 17. Februar 2014.
649 Vgl. den Beitrag „SPD-Spitze wusste früh vom Fall Edathy" in *SZ* vom 14. Februar 2014, S. 1.
650 Vgl. den Beitrag „Sehr kurzer Dienstweg" in *SZ* vom 14. Februar 2014, S. 3.
651 Vgl. den Beitrag „'Ich bin verfemt'" in *Spiegel* Nr. 12 vom 17. März 2014, S. 22–25.
652 Vgl. den Beitrag „Auf dem Spielplatz des Abnormen" in *SZ* vom 18. Februar 2014, S. 2.
653 So im Beitrag „Als 'bastian' surfte Edathy auf Pornoseite" in *WamS* vom 23. Februar 2014, einsehbar unter https://www.welt.de/politik/deutschland/article125116214/Als-bastian-surfte-Edathy-auf-Porno-seite.html; eingesehen am 23. Mai 2018.
654 Vgl. den Beitrag „Dubioses aus dem Datenspeicher" in *SZ* vom 03./04. Mai 2014, S. 5.
655 So im Beitrag „Edathy wehrt sich" in *SZ* vom 05. Mai 2014, S. 5.
656 Vgl. Kepplinger et al. 1989; Kepplinger 2018b: 85ff.
657 So im Beitrag „Bestraft schon vor der Strafe" in *SZ* vom 03./04. Mai 2014, S. 4.
658 So im Beitrag „In den Untiefen der Justiz" in *SZ* vom 18. Juli 2014, S. 4.
659 In Skandalen kommt der Reaktion der Angegriffenen eine große Bedeutung zu; oft verschlimmern sie die Skandalisierung oder bringen diese überhaupt erst richtig in Gang. Vgl. zum politischen Skandalmanagement, vgl. Becker 2016.
660 So im Beitrag „Der Schwein-Heilige" in *BZ* vom 19. Dezember 2014.
661 Vgl. den Beitrag „Edathy darf in der SPD bleiben" in *Frankfurter Rundschau* vom 13. Februar 2016, S. 5.
662 So im Beitrag „Der Stempel" in *SZ Magazin* vom 27. Mai 2016.
663 Vgl. die Pressemitteilung des Deutschen Presserats vom 13. März 2014, einsehbar unter http://www.presserat.de/fileadmin/user_upload/Thema_des_Monats/Pressemitteilung_DPR_Beschwerdeausschuss2_13.03.2014.pdf; eingesehen am 23. Mai 2018.
664 Deutscher Presserat 2017a: 22.
665 Deutscher Presserat 2014, Az. 0051/14/2, 0059/14/2 und 0073/14/2.
666 Deutscher Presserat 2014, Az. 0111/14/3 und 0112/14/3.
667 So im Beitrag „Der Schwein-Heilige" in *BZ* vom 19. Dezember 2014.
668 Deutscher Presserat 2015, Az. 0009/15/2 und 1107/14/2.
669 Der Untersuchungsausschuss entlastete vor allem die Ermittlungsbeamten des BKA: „Die Operation (OP) Selm wurde im BKA professionell, engagiert, strukturiert und ohne Ansehen der Person bearbeitet. Der Ausschuss hat keinerlei Anhaltspunkte für ein regelwidriges Vorgehen im Rahmen der konkreten Operation oder ein strukturelles Problem bei der Bearbeitung von Umfangverfahren allgemein festgestellt." (Deutscher Bundestag: Bericht des 2. Untersuchungsausschusses der 18. Wahlperiode, Drucksache 18/6700, 26. November 2015, S. 754)
670 Zur Kategorie der „Scham" in der Medienethik vgl. Herrmann 2003.
671 Zum Stand der Wissenschaft zum Thema Kindesmissbrauch und Pädophilie vgl. Stompe & Schanda 2017.
672 Vgl. z. B. den Beitrag „Schlimmer als jede Sucht" in *Zeit* vom 13. März 2014, einsehbar unter https://www.zeit.de/2014/12/paedophilie-therapie-rueckfall; eingesehen am 24. Mai 2018; vgl. auch den Beitrag „Edathy-Affäre: Hass auf Pädophile" im *ARD*-Magazin „Panorama" vom 18. Dezember 2014, einsehbar unter https://daserste.ndr.de/panorama/archiv/2014/Panorama-vom-18-Dezember-2014,panoramaarchiv296.html; eingesehen am 24. Mai 2018.

673 Vgl. für die folgenden Abschnitte den Abschlussbericht der französischen Untersuchungsbehörde BEA, einsehbar unter https://www.bea.aero/uploads/tx_ely extendttnews/BEA2015-0125.de-LR_04.pdf; eingesehen am 17. April 2018. Vgl. zudem den Beitrag „Wie konnte jemand wie Andreas L. ins Cockpit gelangen?" in *Welt* vom 29. März 2015, einsehbar unter https://www.welt.de/politik/deutsch land/article138893800/Wie-konnte-jemand-wie-Andreas-L-ins-Cockpit-gelangen.html; eingesehen am 17. April 2018. Vgl. auch den Beitrag „Der Amokflug" in *Spiegel* vom 28. März 2015, einsehbar unter http://www.spiegel.de/spiegel/print/d-132909478.html; eingesehen am 18. April 2018. Vgl. auch den Beitrag „Das Voice-Recorder-Protokoll von Flug 4U9525" in *Focus Online* vom 30. März 2015, einsehbar unter https://www.focus.de/panorama/welt/andreas-lubitz-steuerte-a320-an-den-felsen-das-voice-rekorder-protokoll-von-flug-4u9525-11-minuten-bis-zum-aufprall_id_4572397.html; eingesehen am 28. April 2018.

674 Der Vollständigkeit halber ist anzumerken, dass Günter Lubitz, der Vater des Co-Piloten, die dargestellte Version der Geschehnisse ablehnte. Am 24. März 2017 – dem zweiten Jahrestag des Absturzes – bezeichnete er seinen Sohn im Rahmen einer Pressekonferenz als einen „lebensbejahenden, verantwortungsvollen und engagierten Menschen". Er kam zu dem Schluss: „Unser Sohn war zum Zeitpunkt des Absturzes nicht depressiv. Alle Institutionen, die sich mit dem Fall beschäftigt haben, haben sich aber auf einen an Depressionen erkrankten Menschen konzentriert und andere Aspekte vernachlässigt". Zur Untermauerung ihrer Sichtweise hatte das Ehepaar Lubitz den Luftfahrt-Journalisten und Sachverständigen Tim van Beveren beauftragt, ein Gutachten zu erstellen. Der Gutachter kritisierte u. a., dass Lubitz schon in einem sehr frühen Ermittlungsstadium als Täter bezeichnet wurde und alternative Erklärungen hintangestellt wurden. Darüber hinaus erklärte er, „dass einiges für eine mögliche Verunreinigung des Kabinenluftsystems durch Öl oder Enteisungsflüssigkeit spreche", welche den Co-Piloten gesundheitlich beeinträchtigt haben könnte. Allerdings hatten die zuständigen Ermittler kontaminierte Kabinenluft als Auslöser des Absturzes ausgeschlossen. Van Beveren führte weitere Indizien dafür an, dass der Absturz nicht von Andreas Lubitz herbeigeführt wurde, u. a. mit Verweis auf Turbulenzen durch Luftströmungen und technische Defekte am Drehschalter für die Flughöhe sowie an der Cockpit-Tür. Diese Informationen sind u. a. einsehbar unter https://andreas-lubitz.com/de/pressekonferenz-am-24-03-2017-in-berlin/ sowie unter https://andreas-lubitz.com/wp-content/uploads/2017/05/2017.03.24_Einführung-Lubitz_PK-Berlin_4U9525.pdf; beide eingesehen am 06. November 2017. Weiterhin im *FAZ*-Beitrag „Lubitz-Gutachter spekuliert über verunreinigte Kabinenluft" vom 03. Mai 2017, einsehbar unter http://www.faz.net/aktuell/gesellschaft/ungluecke/germanwings-absturz-lubitz-gutachter-verkuendet-alternative-theorie-14998120.html; eingesehen am 06. November 2017 und im *Zeit*-Beitrag „Oder waren es Turbulenzen?" vom 24. März 2017, einsehbar unter http://www.zeit.de/wissen/2017-03/germanwings-pilot-absturz-andreas-lubitz-gutachten-zweifel/komplettansicht; eingesehen am 06. November 2017.

675 Vgl. z. B. den Beitrag „Was dürfen Medien?" in *Cicero Online* vom 27. März 2015; einsehbar unter http://www.cicero.de/berliner-republik/nach-dem-germanwings-absturz-medienkritik-echtzeit/59058; eingesehen am 04. August 2015.

676 So im Beitrag „Der Amok-Pilot" in *Bild* vom 27. März 2015, Titelseite.

677 So im Beitrag „Was steht in der geheimen Kranken-Akte des Amok-Piloten?" in *Bild* vom 27. März 2015, S. 3.
678 So im Beitrag „Andreas ist in Gesprächen plötzlich ausgerastet" in *Bild* vom 28. März 2015, S. 3.
679 So im Beitrag „Amok-Pilot flog trotz Krankschreibung" in *Bild* am 28. März 2016, S. 2.
680 *Bild* am 28. März 2015, S. 2.
681 So die Rechtfertigung von Müller von Blumencron am 27. März 2015 in *FAZ* mit dem Titel „Warum FAZ.NET das Bild von Andreas Lubitz zeigt", einsehbar unter http://www.faz.net/aktuell/gesellschaft/absturz-in-den-alpen/warum-faz-net-das-bild-von-andreas-lubitz-zeigt-13509-080.html?print PagedAr-ticle=true#page Index_2; eingesehen am 18. August 2015.
682 Vgl. *FAZ* vom 27., 28. und 29. März 2015.
683 So im Beitrag „Welt-Chef Peters zur Germanwings-Katastrophe: Warum ich den Namen des Co-Piloten nicht nenne" in *Meedia online* vom 27. März 2015, einsehbar unter http://meedia.de/ 2015/03/27/welt-chef-peters-zur-germanwings-katastrophe-warum-ich-den-namen-des-co-piloten-nicht-nenne/?; eingesehen am 18. August 2015.
684 Vgl. den Beitrag „Germanwings-Absturz: Was über den Co-Piloten bekannt ist" in *Spiegel Online* vom 27. März 2015, einsehbar unter http://www.spiegel.de/panorama/justiz/germanwings-fakten-ueber-co-pilot-andreas-l-a-1025760.html; ein gesehen am 03. November 2016.
685 So im Beitrag „Co-Pilot des Unglücksfliegers: Heimliches Leid" in *Spiegel Online* vom 27. März 2015, einsehbar unter http://www.spiegel.de/panorama/germanwings-absturz-das-heimliche-leid-des-co-piloten-a-1025985.html; eingesehen am 03. November 2016.
686 Deutscher Presserat 2017a: 21.
687 Vgl. den Beitrag „Nicht der Nabel der Welt" in *Zeit Online* vom 28. März 2015, einsehbar unter http://www.zeit.de/gesellschaft/zeitgeschehen/2015-03/montabaur-andreas-lubitz-germanwings-copilot; eingesehen am 03. November 2015.
688 Siehe dazu den *ARD-Brennpunkt* „Germanwings. Was geschah im Cockpit?" vom 26. März 2016.
689 Siehe dazu die Berichterstattung in der *Hessenschau* „Co-Pilot brachte Flugzeug zum Absturz."
690 Vgl. den Beitrag „Nicht der Nabel der Welt" in *Zeit Online* vom 28. März 2015, einsehbar unter http://www. zeit.de/gesellschaft/zeitgeschehen/2015-03/montabaur-andreas-lubitz-germanwings-copilot; eingesehen am 24.August 2015.
691 So im *Deutschlandfunk*-Beitrag „Germanwings-Unglück. Die Medien und der Absturz" vom 26. März 2015, einsehbar unter http://www.deutschlandfunk.de/germanwings-unglueck-die-medien-und-der-absturz.724.de.ht-ml?dram%3 Article_id=315423; eingesehen am 24. August 2015.
692 So im Beitrag „Absturz eines Mythos. Wenn eines sicher war, dann die Lufthansa. Das furchtbare Unglück der Germanwings rührt am Selbstverständnis des Konzerns – und der Nation" in *Zeit* Nr. 13 vom 26. März 2015, Titelseite.
693 Siehe für die folgenden Zitate den Beitrag „Ein Glaube zerschellt. Sicherheit war das große Plus des Lufthansa-Konzerns. Der Absturz stellt alles infrage" in *Zeit* Nr. 13 vom 26. März 2015, S. 19.

694 Siehe für dieses und die folgenden Zitate den Beitrag „Der Golf unter den Flugzeugen. Der Airbus A320 birgt, statistisch gesehen, kaum Risiken – trotz einiger Schwachstellen" in *Zeit* Nr. 13 vom 26. März 2015, S. 20.
695 So im Interview „Vollkommen unerklärlich" mit Lothar Müller, ehemaliger Berufspilot und Flugunfallermittler, in *Zeit* Nr. 13 vom 26. März 2015, S. 20.
696 Siehe für die folgenden Zitate die *ARD*-Sendung „Menschen bei Maischberger: Germanwings 4U-9525 Airbus-Absturz in Frankreich" vom 24. März 2015.
697 Siehe für die folgenden Zitate das „ZDF Spezial: Absturz in den Alpen – Die Katastrophe der Germanwings Maschine" vom 24. März 2015.
698 Siehe die *ZDF*-Sendung „maybrit illner: 4U 9525: Absturz in den Alpen – Die Katastrophe und die Folgen" vom 26. März 2015.
699 Siehe für die folgenden Referate und Zitate die *ARD*-Sendung „Menschen bei Maischberger: Germanwings 4U-9525. Airbus-Absturz in Frankreich" vom 24. März 2015.
700 Siehe für die folgenden Referate und Zitate die *ZDF*-Sendung „maybrit illner: 4U 9525: Absturz in den Alpen – Die Katastrophe und die Folgen" vom 26. März 2015.
701 So im Beitrag „Germanwings-Absturz in Frankreich: Airbus-Chef rechnet mit Talkshows ab" in *Spiegel Online* vom 29. März 2015, einsehbar unter http://www.spiegel.de/panorama/germanwings-airbus-chef-enders-kritisiert-talkshows-a-1026110.html; eingesehen am 09. August 2015.
702 Vgl. die Pressemitteilung des Deutschen Presserats vom 04. Juni 2015, einsehbar unter http://www. presserat.de/presserat/news/pressemitteilungen/datum/2015/; eingesehen am 04. November 2016.
703 Pressemitteilung des Deutschen Presserats vom 04. Juni 2015, einsehbar unter http://www. presserat.de/presserat/news/pressemitteilungen/datum/2015/; ein gesehen am 04. November 2016.
704 Deutscher Presserat 2017a: 20.
705 Vgl. für die folgenden Ausführungen die Pressemitteilung des Deutschen Presserats vom 04. Juni 2015, einsehbar unter http://www. presserat.de/presserat/news/pressemitteilungen/datum/2015/; eingesehen am 04. November 2016.
706 Vgl. den Beitrag „Boykott gegen 'Bild'-Zeitung wegen Germanwings-Berichterstattung" in *Huffington Post* vom 31. März 2015, einsehbar unter http://www.huffingtonpost.de/2015/03/31/boykott-gegen-bildzeitung_n_6975756.html; eingesehen am 04. November 2016.
707 Vgl. für die folgenden Zitate und Referate den *FAZ*-Beitrag „Jeder ist ein Medienkritiker" vom 29. März 2015, einsehbar unter http://www.faz.net/aktuell/feuilleton/medien/germanwings-absturz-jeder-ist-ein-medienkritiker-13511170.html; eingesehen am 15. November 2017.
708 So im Beitrag „Ihr wollt Qualitätsmedien sein?" in *W&V* vom 27. März 2015, einsehbar unter http://www.wuv.de/medien/ihr_wollt_qualitaetsmedien_sein; eingesehen am 04. November 2016.
709 Siehe für die folgenden Zitate den Beitrag „Debatte über Germanwings-Absturz: Der fehlerhafte Mensch? Ausgeschlossen" in *Spiegel Online* vom 04. April 2015, einsehbar unter http:// www.spiegel.de/kultur/gesellschaft/debatte-ueber-germanwings-absturz-dem-chaos-eine-chance-a-1026941.html; eingesehen am 04. November 2016.
710 Einsehbar unter https://www.facebook.com/diezeit/photos/a.129402053796680.23733.11480384858-9834/82 7826817287530/?type=1; eingesehen am 02. August 2015.

711 Vgl. den *Deutschlandfunk*-Beitrag „Germanwings-Unglück. Die Medien und der Absturz" vom 26. März 2015, einsehbar unter http://www.deutschlandfunk.de/germanwings-unglueck-die-medien-und-der-absturz. 724.de.html?dram%3Aarticle_id=315423; eingesehen am 04. November 2016.
712 Für die folgenden Zitate und Referate siehe https://www.facebook.com/bild/posts/101532637844-80730?-fref=nf&pnref=story; eingesehen am 02. August 2015.
713 Vgl. den Beitrag „Warum FAZ.NET das Bild von Andreas Lubitz zeigt" in *FAZ* vom 27. März 2016, einsehbar unter http://www.faz.net/aktuell/gesellschaft/absturz-in-den-alpen/warum-faz-net-das-bild-von-andreas-lubitz-zeigt-13509080.html?printPagedArticle=true#pageIndex_2; eingesehen am 04. November 2016.
714 So im Beitrag „Wer den Namen Andreas Lubitz nicht nennen will, sollte überlegen, seinen Presseausweis zurückzugeben" in *Meedia online* vom 27. März 2016, einsehbar unter http://meedia.de/2015/03/27/werden-namen-andreas-lubitz-nicht-nennen-will-sollte-ueberlegen-seinen-presseausweis-zurueckzugeben/; eingesehen am 04. November 2016.
715 Vgl. dazu die Ausgaben der *FAZ* vom 27., 28. und 29. März 2015 sowie die *Welt*-Ausgaben vom 27. und 28. März 2015.
716 Siehe für die folgenden Referate und Zitate den *FAZ*-Beitrag „Jeder ist ein Medienkritiker" vom 29. März 2015, einsehbar unter http://www.faz.net/aktuell/feuilleton/medien/germanwings-absturz-jeder-ist-ein-medienkritiker-13511170.html; eingesehen am 15. November 2017.
717 Vgl. den Beitrag „1200 Anzeigen, 19 Urteile" in *Spiegel Online* vom 07. Oktober 2016, einsehbar unter http://www.spiegel.de/panorama/justiz/koeln-erst-einschuldspruch-nach-uebergriffen-an-silvester-a-1115678.html; eingesehen am 17. März 2018; vgl. auch den Beitrag „Dokument des Scheiterns" in *Spiegel Online* vom 31. März 2017, einsehbar unter http://www.spiegel.de/panorama/justiz/koeln-bericht-ueber-silvester-2015-belastet-polizei-und-stadt-a-1141368.html; eingesehen am 17. März 2018. Vgl. zudem Dürr et al. 2016: 283.
718 Vgl. Arendt et al. 2017: 135–136.
719 Vgl. den Beitrag „Gruppe von 1000 Männern war Ausgangspunkt – In Köln kam es zu einer Vergewaltigung" in *Focus Online* vom 05. Januar 2016, einsehbar unter https://www.focus.de/regional/koeln/silvesternacht-am-koelner-hauptbahnhof-gruppe-von-1000-maennern-fuer-sexuelle-uebergriffe-verantwortlich_id_5188-685.html; eingesehen am 17. März 2018.
720 Vgl. den Beitrag „1200 Frauen wurden Opfer von Silvester-Gewalt" in *SZ* vom 10. Juli 2016, einsehbar unter http://www.sueddeutsche.de/politik/ueber-griffe-in-koeln-frauen-wurden-opfer-von-silvester-gewalt-1.3072064; eingesehen am 20. Juni 2017.
721 Stand: 31. Dezember 2017, vgl. den Beitrag „Zwei Jahre und 36 Verurteilungen später" in *Zeit Online* vom 31. Dezember 2017, einsehbar unter http://www.zeit.de/gesellschaft/zeitgeschehen/2017-12/koelner-silvesternacht-2015-sexuelle-uebergriffe-ermittlungen; eingesehen am 08. Januar 2018. Märkl et al. (2016: 283) fassen die Datenlage wie folgt zusammen: 1218 Opfer, 1527 Straftaten, davon 529 Sexualstraftaten. [...] In der Nacht vom 31. Dezember auf den 1. Januar 2016 kam es in Köln, vorwiegend am Bahnhofsvorplatz sowie an der Domtreppe, neben einer hohen Zahl an Diebstählen und Körperverletzungen, zu zahlreichen sexuellen Übergriffen auf Frauen. In vielen Fällen wurden die betroffenen Frauen von Männergruppen isoliert und bedrängt, im offiziellen Ermittlungsbericht des

Landes Nordrhein-Westfalen vom April 2016 ist die Rede von 626 Opfern von Sexualdelikten, davon 529 Sexualstraftaten. Begangen wurden die Taten von Männern, die vorwiegend aus dem nordafrikanischen Raum stammten: 149 der 153 Tatverdächtigen sind laut des Ermittlungsberichts nichtdeutscher Herkunft, 103 davon stammen aus Marokko und Algerien.

722 Vgl. den Beitrag „Übergriffe in Köln an Silvester. Das sind die Fakten" in *Spiegel Online* vom 05. Januar 2016, einsehbar unter http://www.spiegel.de/panorama/justiz/koeln-was-wir-bislang-ueber-die-uebergriffe-an-silvester-wissen-a-1070561.html; eingesehen am 20. Juni 2017; vgl. auch den Beitrag „Sexuelle Belästigung in der Silvesternacht. Frauen im Kölner Hauptbahnhof massiv bedrängt" in *Kölner Stadtanzeiger* vom 01. Januar 2016, einsehbar unter https://www.ksta.de/koeln/sote-belaestigung-in-der-silvesternacht-23381646; eingesehen am 07. Januar 2018; vgl. auch den Beitrag „Silvesternacht Hauptbahnhof: Junge Frauen sexuell belästigt" im *Kölner Express* vom 01. Januar 2016, einsehbar unter https://www.express.de/koeln/silvesternacht-hauptbahnhof--junge-frauen-sexuell-belaestigt-23251504; eingesehen am 07. Januar 2018. Vgl. auch den Beitrag „Silvesternacht-Berichterstattung. Wächterpreis für Express und 'Kölner Stadt-Anzeiger'" in *Kölner Express* vom 29. Mai 2017, einsehbar unter https://www.express.de/koeln/silvesternacht-berichterstattung-waechterpreis-fuer-express-und--koelner-stadtanzeiger-26983760; eingesehen am 01. Mai 2018.

723 Vgl. den Beitrag „Übergriffe in Köln an Silvester. Das sind die Fakten" in *Spiegel Online* vom 05. Januar 2016, einsehbar unter http://www.spiegel.de/panorama/justiz/koeln-was-wir-bislang-ueber-die-uebergriffe-an-silvester-wissen-a-1070561.html; eingesehen am 20. Juni 2017.

724 Vgl. den Beitrag „Eine Männergruppe und ihr Hintergrund" in *FAZ* vom 05. Januar 2016, einsehbar unter http://www.faz.net/aktuell/feuilleton/debatten/nach-silvester-in-koeln-muss-es-um-die-taeter-gehen-13999062.html; eingesehen am 20. Juni 2017.

725 So im Beitrag „Oberbürgermeisterin Reker und Kölns Polizeipräsident zu den Sex-Übergriffen" in *Focus Online* vom 05. Januar 2016, einsehbar unter http://www.focus.de/regional/koeln/pressekonferenz-im-live-ticker-oberbuergermeisterin-reker-und-koelns-polizeipraesident-zu-den-sexuebergriffen_id_5190803.html; eingesehen am 20. Juni 2017.

726 Vgl. den Beitrag „Silvester-Sexuelle Übergriffe am Kölner Hbf: Was wir bisher über die Täter wissen" in *Express*, einsehbar unter http://www.express.de/koeln/silvester-sexuelle-uebergriffe-am-koelner-hbf--was-wir-bisher-ueber-die-taeter-wissen-23251756; eingesehen am 20. Juni 2017.

727 Vgl. den Beitrag „Sex-Überfälle an Silvester: Kannten sich die 40 Täter?" in *Bild* vom 03. Januar 2016, einsehbar unter http://www.bild.de/regional/koeln/sexuelle-belaestigung/sexuebergriffe-koeln-vierzig-taeter-43997892.bild.html; eingesehen am 20. Juni 2017.

728 Vgl. den Beitrag „60 Anzeigen nach Übergriffen vor Kölner Hauptbahnhof" in *Spiegel Online* vom 04. Januar 2016, einsehbar unter http://www.spiegel.de/panorama/justiz/koeln-60-frauen-erstatten-anzeige-nach-sexuellen-uebergriffen-an-silvester-a-1070418.html; eingesehen am 20. Juni 2017.

729 So im Beitrag „Männer umzingeln Frauen und belästigen sie sexuell – Polizei entsetzt über Gewalt" in *Stern* vom 04. Januar 2016, einsehbar unter http://www.stern.de/panorama/stern-crime/silvesternacht-in-koeln-am-bahnhof--maenner-umzingeln-frauen-6631416.html; eingesehen am 20. Juni 2017.

730 Vgl. den Beitrag „'Straftaten einer neuen Dimension'" in *FAZ* vom 04. Januar 2016, einsehbar unter http://www.faz. net/aktuell/gesellschaft/kriminalitaet/uebergriffe-in-koeln-straftaten-einer-neuen-dimension-13997272.html; eingesehen am 08. Januar 2018.
731 Vgl. den Beitrag „Frauen am Kölner Hauptbahnhof sexuell belästigt" in *Focus Online* vom 01. Januar 2016, einsehbar unter http://www.focus.de/regional/koeln/in-der-silvesternacht-frauen-am-koelner-hauptbahnhof-sexuell-belaestigt_id_5184802.html; eingesehen am 20. Juni 2017, vgl. auch den Beitrag „Mehrere Frauen belästigt: Selbst Polizistinnen meiden den Kölner Hauptbahnhof" in *Focus Online* vom 03. Januar 2016, einsehbar unter http:// www.focus.de/regional/koeln/in-silvesternacht-mehrere-frauen-belaestigt-selbst-polizistinnen-meiden-den-koelner-hauptbahnhof_id_5186545.html; eingesehen am 13. Dezember 2017.
732 So im Beitrag „Das geschah in der Silvester-Nacht am Kölner Hauptbahnhof" in *Focus Online* vom 05. Januar 2016, einsehbar unter http://www.focus.de/regional/koeln/wer-sind-die-taeter-wirklich-die-7-ungeklaerten-fragen-zur-gewalt-nacht-am-koelner-hauptbahnhof_id_5189655.html; eingesehen am 20. Juni 2017.
733 Vgl. den Beitrag „Etliche Übergriffe auf Frauen zu Silvester in Köln" in *SZ* vom 02. Januar 2016, einsehbar unter http://www.sueddeutsche.de/panorama/kriminalitaet-etliche-uebergriffe-auf-frauen-zu-silvester-in-koeln-1.2803626; eingesehen am 07. Januar 2018.
734 Vgl. den Beitrag „,Völlig enthemmt': Polizei überrascht über Gewalt in Köln" in *SZ* vom 04. Januar 2016, einsehbar unter http://www.sueddeutsche.de/panorama/straftaten-an-silvester-voellig-ent-hemmt-polizei-staunt-ueber-gewalt-in-koeln-1.2805623; eingesehen am 07. Januar 2018.
735 Vgl. den Beitrag „Silvesterschock am Hauptbahnhof" in *taz* vom 04. Januar 2016, einsehbar unter http://www.taz. de/!5263053/; eingesehen am 08. Januar 2018.
736 Märkl et al. 2016: 290–291.
737 So im Beitrag „Kritik an den Medien wegen Köln-Berichterstattung. 'Schweigekartell' und 'Nachrichtensperren'" in *Tagesspiegel* vom 07. Januar 2016, einsehbar unter http://www.tagesspiegel.de/medien/kritik-an-den-medien-wegen-koeln-berichterstattung-schweigekartell-und-nachrichtensperren/12797422.html; eingesehen am 02. Mai 2017.
738 Märkl et al. 2016: 292.
739 So im Beitrag „,Es darf keine Schweigespirale geben'" in *FAZ* vom 08. Januar 2016, einsehbar unter http://www.faz.net/aktuell/politik/inland/thomas-de-maiziere-warnt-im-interview-vor-schweigespirale-14004064.html; eingesehen am 08. Januar 2018.
740 So im Beitrag „Das Menetekel von Köln" in *FAZ* vom 09. Januar 2016, einsehbar unter http://www.faz.net/aktuell/politik/fluechtlingskrise/das-menetekel-von-koeln-ein-kommentar-14004278.html; eingesehen am 09. Januar 2018.
741 Vgl. den Beitrag „Flüchtlingspolitik. 'Das Asylrecht kennt eine Obergrenze'" in *Deutschlandfunk online* vom 06. Januar 2016, einsehbar unter http://www.deutschlandfunk.de/fluechtlingspolitik-das-asylrecht-kennt-eine-obergrenze.694.de.html?dram:article_id=341612; eingesehen am 20. Juni 2017. Vgl. auch den Beitrag „Medienschelte nach Köln. CSU entdeckt die Lügenpresse" in *Spiegel Online* vom 06. Januar 2016, einsehbar unter http://www.spiegel.de/politik/deutschland/koeln-csu-entdeckt-das-thema-luegenpresse-fuer-sich-a-10-70689.html; eingesehen am 01. Mai 2018.

742 So im Beitrag „Kritik an den Medien wegen Köln-Berichterstattung. 'Schweigekartell' und 'Nachrichtensperren'" in *Tagesspiegel* vom 07. Januar 2016, einsehbar unter http://www.tagesspiegel.de/medien/kritik-an-den-medien-wegen-koeln-berichterstattung-schweigekartell-und-nachrichtensperren/12797422.html; eingesehen am 02. Mai 2017.
743 Deutscher Presserat 2017c: 8. Der Jahresbericht ist einsehbar unter http://www.presserat.de/fileadmin/user_upload/Downloads_Dateien/Jahresbericht_2016.pdf; eingesehen am 20. Juni 2017.
744 Vgl. Deutscher Presserat 2017c: 11–12, 16.
745 Vgl. den Beitrag „Was die Presse zu Straftätern schreibt" in *FAZ* vom 22. März 2017, einsehbar unter http://www.faz. net/aktuell/feuilleton/medien/presserat-erneuert-richtlinie-zur-berichterstattung-ueber-straftaten-14937–809.html; eingesehen am 05. Mai 2018.
746 Vgl. Deutscher Presserat 2017c: 17.
747 Deutscher Presserat 2015: 10, einsehbar unter http://www.presserat.de/fileadmin/user_upload/ Downloads_Dateien/Pressekodex_BO_2016_web.pdf; eingesehen am 18. März 2018.
748 So im Beitrag „Kritik an den Medien wegen Köln-Berichterstattung. 'Schweigekartell' und 'Nachrichtensperren'" in *Tagesspiegel* vom 07. Januar 2016, einsehbar unter http://www.tagesspiegel.de/medien/kritik-an-den-medien-wegen-koeln-berichterstattung-schweigekartell-und-nachrichtensperren/12797422.html; eingesehen am 02. Mai 2017.
749 So im Beitrag „'Auch die neue Richtlinie ist tendenziös'": Redaktionen kritisieren die Aktualisierung der Pressekodex-Ziffer 12.1." in *Meedia online* vom 23. März 2017, einsehbar unter http://meedia.de/2017/03/23/auch-die-neue-richtlinie-ist-tendenzioes-redaktionen-kritisieren-die-aktualisierung-der-pressekodex-ziffer-12-1/; eingesehen am 28. April 2017.
750 So im Beitrag „Warum der Pressekodex in der Flüchtlingsdebatte Streitthema ist" in *SZ* vom 08. März 2016, einsehbar unter https://www.sueddeutsche.de/medien/journalismus-warum-der-pressekodex-in-der-fluechtlingsdebatte-streitthema-ist-1.2897243; eingesehen am 04. Februar 2018.
751 Vgl. den Beitrag „Presserat hält an Richtlinie fest. Täter-Herkunft soll weiter anonym bleiben" auf *n-tv.de* vom 09. März 2016, einsehbar unter http://www.n-tv.de/politik/Taeter-Herkunft-soll-weiter-anonym-bleiben-article17184146.html; eingesehen am 28. April 2017.
752 So im Beitrag „'Es gibt keine Sprachverbote'" vom 14. Januar 2016, einsehbar unter http://chrismon.evangelisch.de/artikel/2016/31919/koelnhbf-koeln-fluechtlinge-presserat-medien-luegenpresse-silvester-ausnahmslos-rassismus-refugees; eingesehen am 04. Februar 2018.
753 So im Beitrag „Die üblichen Verdächtigen" vom 13. Januar 2016, einsehbar unter https://ueber-medien.de/895/die-ueblichen-verdaechtigen/; eingesehen am 08. Januar 2018.
754 So im Beitrag „Wenn die Sorge vor Diskriminierung nicht mehr 'zeitgemäß' ist" vom 08. März 2016, einsehbar unter https://uebermedien.de/2710/wenn-die-sorge-vor-diskriminierung-nicht-mehr-zeitge-maess-ist/; eingesehen am 08. Januar 2018.
755 Vgl. Deutscher Presserat 2017c: 17.
756 Vgl. den Beitrag „Öffentliches Interesse" in *SZ* vom 23. März 2017, S. 43.
757 Vgl. Deutscher Presserat 2017c: 18.

758 Vgl. z. B. den Beitrag „Öffentliches Interesse" in *SZ* vom 23. März 2017, S. 43.
759 Deutscher Presserat 2017d, einsehbar unter http://www.presserat.de/fileadmin/ user_upload/Aktuelles/UEbersicht_bisherige_Richtlinie_neue_Richtlinie12.1.pdf; eingesehen am 01. Juni 2017.
760 Deutscher Presserat 2017e, einsehbar unter http://www.presserat.de/presserat/ news/pressemitteilungen/; eingesehen am 01. Juni 2017.
761 Deutscher Presserat 2017f, einsehbar unter http://www.presserat.de/fileadmin/ user_upload/Aktuelles/DPR_Leitsaetze_RL12.1.pdf; eingesehen am 20. Juni 2017.
762 Vgl. Arendt et al. 2017: 135.
763 Vgl. Arendt et al. 2017: 137; vgl. auch Kepplinger & Habermeier 1996.
764 Vgl. Arendt et al. 2017: 139.
765 Vgl. Arendt et al. 2017: 142.
766 Vgl. Arendt et al. 2017: 144.
767 Vgl. Arendt et al. 2017: 146–147.
768 Vgl. Arendt et al. 2017: 147–148.
769 So im Beitrag „'Auch die neue Richtlinie ist tendenziös': Redaktionen kritisieren die Aktualisierung der Pressekodex-Ziffer 12.1." in *Meedia online* vom 23. März 2017, einsehbar unter http://meedia.de/ 2017/03/23/ auch-die-neue-richtlinie-ist-ten denzioes-redaktionen-kritisieren-die-aktualisierung-der-pressekodex-ziffer-12-1/; eingesehen am 28. April 2017.
770 Vgl. den Beitrag „Was die Presse zu Straftätern schreibt" in *FAZ* vom 22. März 2017, einsehbar unter http://www.faz.net/aktuell/feuilleton/medien/presserat-erneuert-richtlinie-zur-berichterstattung-ueber-straftate-14937809.html; eingesehen am 05. Mai 2018.
771 So im Beitrag „'Auch die neue Richtlinie ist tendenziös': Redaktionen kritisieren die Aktualisierung der Pressekodex-Ziffer 12.1." in *Meedia online* vom 23. März 2017, einsehbar unter http://meedia.de/ 2017/03/23/auch-die-neue-richtlinie-ist-tenden zioes-redaktionen-kritisieren-die-aktualisierung-der-pressekodex-ziffer-12-1/; eingesehen am 28. April 2017.
772 Vgl. den Beitrag „Fakten gegen Gerüchte" in *Sächsische Zeitung – SZ-online.de* vom 01. Juli 2016, einsehbar unter http://www.sz-online.de/sachsen/fakten-gegen-geruechte-3434300.html; eingesehen am 28. April 2017.
773 Vgl. Hagen 2016: 6–7.
774 Hagen 2016: 5.
775 Vgl. Hagen 2016: 5–11.
776 So im Beitrag „'Sächsische Zeitung' will Nationalität von Verdächtigen nennen" in *Tagesspiegel* vom 04. Juli 2016, einsehbar unter http://www.tagesspiegel.de/ medien/pegida-und-die-presse-saechsische-zeitung-will-nationalitaet-von-ver daechtigen-nennen/13825970.html; eingesehen am 09. Januar 2018.
777 So im Beitrag „Presserat hält an Richtlinie fest. Täter-Herkunft soll weiter anonym bleiben" auf *n-tv.de* vom 09. März 2016, einsehbar unter http://www.n-tv. de/politik/Taeter-Herkunft-soll-weiter-anonym-bleiben-article17184146.html; ein gesehen am 28. April 2017.
778 Vgl. den Beitrag „'Auch die neue Richtlinie ist tendenziös': Redaktionen kritisieren die Aktualisierung der Pressekodex-Ziffer 12.1." in *Meedia online* vom 23. März 2017, einsehbar unter http://meedia.de/2017/03/23/auch-die-neue-richtlinie-ist-tendenzioes-redaktionen-kritisieren-die-aktualisierung-der-pressekodex-zif fer-12-1/; eingesehen am 28. April 2017.

779 Deutscher Presserat 2017d.
780 Vgl. als Überblick Jackob 2012: 38–48; Kepplinger & Habermeier 1996; vgl. zu Kriminalitätsberichterstattung auch Fishman 1978 und Marsh 1991.
781 Vgl. z. B. Brosius & Esser 1995.
782 Vgl. Maurer et al. 2018, 2019.
783 Vgl. Bundeszentrale für politische Bildung 2016, einsehbar unter http://www.bpb.de/politik/hintergrund-aktuell/225124/jugendarbeitslosigkeit-in-europa; eingesehen am 05. Mai 2018.
784 So Weidmann im Beitrag „Den Unmut der Sparer kann ich verstehen" in *FAS* vom 19. August 2018, S. 22–23.
785 In den Jahren 2000 bis 2003 sanken langfristige Zinsen von Hypotheken um 2,5 Prozent, kurzfristige Zinsen um 5,5 Prozent. Gleichzeitig stieg der Preis für Immobilien um 30 Prozent (vgl. Neubäumer 2008: 735). Vgl. auch Shiller 2008: 12.
786 Vgl. Sinn 2012: 63.
787 Vgl. Sinn 2012: 44–45.
788 Vgl. High-Level Group on Financial Supervision in the EU 2009: 7; vgl. auch Diamond & Rajan 2009: 3.
789 Vgl. Schäfer 2012: 2. Die Entstehung der sogenannten „Immobilien-Blase" ist auch darauf zurückzuführen, dass zu jener Zeit Immobilien gekauft wurden, die weder darauf ausgerichtet waren, darin zu wohnen oder diese zu vermieten, sondern um sie für einen höheren Preis weiterzuverkaufen. Die Marktakteure setzten hier weiter auf Preissteigerung der Immobilien (vgl. Neubäumer 2008: 733).
790 Vgl. hierzu: Böhm 2010: 82–124; vgl. auch Everling & Gareis 2004: 628–633.
791 Vgl. Brunnermeier 2009: 79.
792 Vgl. Neubäumer 2008: 733.
793 Vgl. Mock & Kappius 2009: 8.
794 Vgl. Neubäumer 2008: 736; vgl. auch den Beitrag „Jeder sechste US-Hausbesitzer sitzt auf zu hohen Krediten" in *Spiegel Online* vom 08. Oktober 2008, einsehbar unter http://www.spiegel.de/wirtschaft/sinkende-preise-jeder-sechste-us-hausbesitzer-sitzt-auf-zu-hohen-krediten-a-582879.html; eingesehen am 26. März 2018.
795 Von der Mitte des Jahres 2006 bis April 2009 sanken die Preise um insgesamt 34 Prozent, das entspricht einem Wertverlust von 8 Billionen Dollar (vgl. Sinn 2012: 63). Vgl. auch den Beitrag „Finanzkrise: Vom Immobilienboom zum Börsen-Crash" in *Wirtschaftswoche* vom 04. Mai 2009, einsehbar unter https://www.wiwo.de/archiv/chronik-finanzkrise-vom-immobilienboom-zum-boersen-crash/5139986-all.html; eingesehen am 25. März 2018.
796 Vgl. Neubäumer 2008: 736–739. In den Büchern vieler Banken und Unternehmen häuften sich die nun beinahe wertlosen Papiere, die sie abschreiben wollten. Dadurch verloren viele Anleihen der Banken an Wert (vgl. Neubäumer 2008: 736).
797 Vgl. Schäfer 2012: 5–7.
798 Dombret 2012: 64.
799 Schäfer 2012: 13.
800 Vgl. Neubäumer 2008: 737.
801 Vgl. hierzu Ribhegge 2011: 103–106.
802 Neubäumer 2011: 829.
803 Vgl. Sinn 2012: 98.
804 Vgl. Sinn 2012: 99.
805 Vgl. Mock & Kappius 2009: 12.

806 Vgl. Sinn 2012: 99
807 Neubäumer 2011: 830–831, vgl. auch den Beitrag „Schwere Fehler in der griechischen Statistik" in *FAZ* vom 12. Januar 2010, einsehbar unter http://www.faz.net/aktuell/wirtschaft/eurokrise/staats-defizit-schwere-fehler-in-der-griechischen-statistik-1908399.html; eingesehen am 25. März 2018.
808 Vgl. Neubäumer 2011: 830.
809 Vgl. Neubäumer 2011: 831; vgl. auch den Beitrag „Schuldenschnitt für Südeuropa" in *Welt* vom 10. Oktober 2015, einsehbar unter https://www.welt.de/print/die_welt/wirtschaft/article147436541/Schuldenschnitt-fuer-Suedeuropa.html; eingesehen am 26. März 2018.
810 Vgl. Thomaß 2007: 212–213.
811 Vgl. Europäische Kommission 2012: 9.
812 Vgl. Europäische Kommission 2012: 9.
813 Hagen 2004: 7.
814 Vgl. Haller & Norpoth 1997: 556.
815 Vgl. Blood & Phillips 1997: 101.
816 Vgl. Brettschneider 2000: 459; Hagen 2005: 122–123.
817 Vgl. Blood & Phillips 1997: 99.
818 Vgl. Brettschneider 2000: 450.
819 Quiring 2003: 374.
820 Vgl. Donsbach 2000: 73; Quiring 2004: 72, 94.
821 Vgl. Quiring 2004, Hagen 2005.
822 Vgl. Bach et al. 2012: 196.
823 Vgl. Bonfadelli 2004: 130–134.
824 Vgl. Bach et al. 2012: 204–208.
825 Vgl. Bach et al. 2012: 208.
826 Vgl. Quiring et al. 2013. In die Analyse wurden folgende Medien aufgenommen: *ARD Tagesschau, ARD Tagesthemen, ZDF heute, ZDF Heute-Journal, RTL-Aktuell, Frankfurter Allgemeine Zeitung, Süddeutsche Zeitung, Bild*-Zeitung, der *Spiegel* und *Focus*.
827 Vgl. Geiß 2013: 136–139.
828 Kepplinger & Geiß 2013: 126–127.
829 Vgl. Lüger 1995: 1.
830 Vgl. Lüger 1995: 94, 103.
831 Vgl. Bußmann 2002; Braungart et al. 2007.
832 Vgl. Birus 2007a: 572.
833 Vgl. Bußmann 2002: 432; Birus 2007a: 572–576.
834 Vgl. Huber 2007: 53–55.
835 Vgl. Knapp 2007: 755–757.
836 Vgl. Seibicke 2007: 698.
837 Vgl. Bußmann 2002: 463.
838 Vgl. Seibicke 2007: 697–698.
839 Vgl. Bußmann 2002: 755–756.
840 Vgl. Wagenknecht 2007: 865.
841 Vgl. Bußmann 2002: 285.
842 Vgl. Birus 2007b: 588.
843 Lüger 1995: 33. Ein eindrückliches Beispiel zur Bildhaftigkeit in der Presse liefert Burger 2005: 347–352.

844 Vgl. Wolff 2006: 46-47.
845 Vgl. Lüger 1995: 33.
846 Vgl. Kurz et al. 2010: 26.
847 Vgl. Kurz et al. 2010: 26-27.
848 Lüger 1995: 35-39.
849 Vgl. Kurz et al. 2010: 32, 107. Viele Metonymien sind im Journalismus bereits etabliert und werden aufgrund ihrer Kürze häufig in Überschriften verwendet.
850 Vgl. Kurz et. al. 2010: 109-110.
851 Kurz et al. 2010: 99.
852 Kurz et al. 2010: 99-101.
853 Vgl. Quiring 2004; Kepplinger 2011; Hagen 2005.
854 Bucher 2005: 464, vgl. hierzu auch Kurz et al. 2010: 15, 17.
855 Vgl. Lüger 1995: 38.
856 Vgl. Lüger 1995: 38.
857 Vgl. Lüger 1995: 38.
858 Vgl. Lüger 1995: 39.
859 Vgl. Lüger 1995: 39.
860 So im Beitrag „Lahmes Debüt für Deutschland-Bonds. Bund und Länder platzieren ihre erste gemeinsame Anleihe. Die Nachfrage ist mäßig" in *Handelsblatt* Nr. 121 vom 27. Juni 2013, S. 30.
861 Kirchhoff & Krämer 2010: 110.
862 Kirchhoff & Krämer 2010: 110-117.
863 Kirchhoff & Krämer 2010: 109.
864 Kirchhoff & Krämer 2010: 109.
865 Vgl. Kirchhoff & Krämer 2010: 105.
866 Kirchhoff & Krämer 2010: 106.
867 Vgl. Just 1966: 11.
868 Vgl. Koszyk 1999; Kutsch 1999.
869 Vgl. Koszyk 1999: 31-32.
870 Just 1967: 13.
871 Vgl. Ludwig 1998: 228.
872 Vgl. Ludwig 1998: 229.
873 Vgl. IVW 2013.
874 Vgl. AWA 2013.
875 Vgl. Weischenberg et al. 2006: 359; Reinemann 2003: 155, 165.
876 Vgl. AWA first class 2012.
877 Weischenberg et a. 2006: 359.
878 *Der Spiegel* 2013.
879 Wilke 1999: 318.
880 Enzensberger 1964: 80-81.
881 Vgl. Just 1967: 146-152; Just spricht bei Wortneubildungen bzw. Neologismen auch von Kompositionen.
882 Vgl. hierzu auch Yang 1990: 19.
883 Just 1967: 152.
884 Just 1967: 157.
885 Just 1967: 159.
886 Yang 1990: 19.
887 Vgl. Yang 1990: 19.

888	Vgl. Zink et al. 2012.
889	Zink et al. 2012: 43.
890	Vgl. Peter et al. 2012; die Forscher verglichen diese mit den von Peer Steinbrück in seinen Reden verwendeten Sprachbildern.
891	Vgl. Peter et al. 2012: 55.
892	Eine mögliche Metapher ist hier die Krise als Krankheit, wobei auch die Wirtschaft, Banken oder Unternehmen „erkrankt" sein können. Der „Arzt" ist hier meist der Staat; vgl. Kuck & Römer 2012: 87.
893	Vgl. Peter et al. 2012: 59
894	Vgl. Peter et al. 2012: 65.
895	Vgl. Bonfadelli 2002: 91.
896	Einschränkend ist jedoch festzuhalten, dass es sich beim eben dargelegten Auswahlverfahren nicht um eine Zufallsstichprobe aller *Spiegel*-Artikel handelt. Es ist kein „verkleinertes, strukturgleiches Abbild der Gesamtmenge" aller *Spiegel*-Artikel – noch nicht einmal aller Artikel zum Thema Finanzkrise. Somit muss festgehalten werden, dass nicht auf Repräsentativität bezüglich der Sprache des gesamten Mediums geschlossen werden kann (vgl. Brosius et al. 2009: 73), sondern allenfalls für die Sprache der später definierten Auswahl.
897	Folglich entfielen noch ein Essay und ein Tagebucheintrag des ehemaligen Finanzministers Peer Steinbrück. Da die Analyse den Anspruch verfolgte, einheitliche und journalistische Artikel mit nicht-wertender Tendenz zu untersuchen, war es notwendig, diese Artikel aus der Analyse auszuklammern. Es wurden zudem zwei Artikel ermittelt, deren Inhalt sich trotz thematischer Nähe nicht gänzlich zum Thema Wirtschaftskrise zählen ließ. Diese wurden ebenfalls aus der Analyse ausgeschlossen. Es handelte sich um einen Beitrag zur Macht der Computer an der Börse und einen Artikel zu deutschen Sprachkursen für spanische Jugendliche.
898	So im Beitrag „Schlacht bei Waterloo" in *Spiegel* vom 25. Juli 2011, S. 19.
899	So im Beitrag „Am Abgrund" in *Spiegel* vom 28. November 2011, S. 63.
900	So im Beitrag „Europas erster Sommer" in *Spiegel* vom 08. August 2011, S. 57.
901	So im Beitrag „Die unendliche Krise" in *Spiegel* vom 22. November 2010, S. 31 und im Beitrag „Die Not mit den Noten" in *Spiegel* vom 15. August 2011, S. 65.
902	So im Beitrag „Die letzte aller Blasen" in *Spiegel* vom 03. Mai 2010, S. 62.
903	So im Beitrag „Europa brennt" in *Spiegel* vom 06. Dezember 2010, S. 25.
904	So im Beitrag „Sehnsucht nach Sühne" in *Spiegel* vom 01. Februar 2010, S. 68–69.
905	So im Beitrag „Schlussverkauf" in *Spiegel* vom 12. Dezember 2011, S. 58.
906	So im Beitrag „Sehnsucht nach Sühne" in *Spiegel* vom 01. Februar 2010, S. 67.
907	So im Beitrag „Geld oder Beben" in *Spiegel* vom 15. August 2011.
908	So im Beitrag „Die letzte aller Blasen" in *Spiegel* vom 03. Mai 2010, S. 62.
909	So im Beitrag „Auf Gedeih und Verderb" in *Spiegel* vom 20. Juni 2011, S. 41.
910	So im Beitrag „Welt am Abgrund" in *Spiegel* vom 08. August 2011, S. 65.
911	So im Beitrag „Eine Bombenidee" in *Spiegel* vom 26. September 2011, S. 72.
912	So im Beitrag „Eine Bombenidee" in *Spiegel* vom 26. September 2011, S. 72.
913	So im Beitrag „Anführer auf Abwegen" in *Spiegel* vom 25. Oktober 2010, S. 23.
914	So im Beitrag „Auf Gedeih und Verderb" in *Spiegel* vom 20. Juni 2011, S. 41.
915	So im Beitrag „Europa brennt" in *Spiegel* vom 06. Dezember 2010, S. 26.
916	So im Beitrag „Schlussverkauf" in *Spiegel* vom 12. Dezember 2011, S. 42.
917	So im Beitrag „Schlussverkauf" in *Spiegel* vom 12. Dezember 2011, S. 42.
918	So im Beitrag „Die fünf Gebote" in *Spiegel* vom 21. Juni 2010, S. 78.

919 So im Beitrag „Kultur des Tricksens" in *Spiegel* vom 08. März 2010, S. 75.
920 So im Beitrag „Welt am Abgrund" in *Spiegel* vom 08. August 2011, S. 63.
921 So im Beitrag „Schlussverkauf" in *Spiegel* vom 12. Dezember 2011, S. 46.
922 So im Beitrag „Das zweite Beben" in *Spiegel* vom 10. Oktober 2011, S. 83.
923 So im Beitrag „Die fünf Gebote" in *Spiegel* vom 21. Juni 2010, S. 77.
924 So im Beitrag „Das zweite Beben" in *Spiegel* vom 10. Oktober 2011, S. 82.
925 Lüger 1995: 39.
926 So im Beitrag „Die Eurofighter" in *Spiegel* vom 20. Juni 2011, S. 56.
927 So im Beitrag „Aufpasser aus Brüssel" in *Spiegel* vom 08. Februar 2010, S. 89.
928 So im Beitrag „Europa der zwei Europas" in *Spiegel* vom 31. Oktober 2011, S. 24.
929 So im Beitrag „Auf Gedeih und Verderb" in *Spiegel* vom 20. Juni 2011, S. 40.
930 Vgl. den Beitrag „Die unendliche Krise" in *Spiegel* vom 22. November 2010, S. 31.
931 So im Beitrag „Die letzte aller Blasen" in *Spiegel* vom 03. Mai 2010, S. 60.
932 So im Beitrag „'Der Stab ist gebrochen'" in *Spiegel* vom 10. Mai 2010, S. 67.
933 So im Beitrag „Anführer auf Abwegen" in *Spiegel* vom 25. Oktober 2010, S. 23.
934 So im Beitrag „Agenda für Europa" in *Spiegel* vom 31. Januar 2011, S. 19.
935 So im Beitrag „Weltmacht der Werte" in *Spiegel* vom 14. November 2011, S. 38.
936 So im Beitrag „Aufpasser aus Brüssel" in *Spiegel* vom 08. Februar 2010, S. 75.
937 So im Beitrag „Wieder am Abgrund" in *Spiegel* vom 06. Juni 2011, S. 60.
938 So im Beitrag „Agenda für Europa" in *Spiegel* vom 31. Januar 2011, S. 21.
939 So im Beitrag „Weltmacht der Werte" in *Spiegel* vom 14. November 2011, S. 42.
940 So im Beitrag „Der Unbeugsame" in *Spiegel* vom 14. November 2011, S. 79.
941 So im Beitrag „Rette sich, wer kann" in *Spiegel* vom 07. November 2011, S. 23.
942 So im Beitrag „Die unendliche Krise" in *Spiegel* vom 22. November 2010, S. 30.
943 So im Beitrag „Die unendliche Krise" in *Spiegel* vom 22. November 2010, S. 30.
944 So im Beitrag „Das zweite Beben" in *Spiegel* vom 10. Oktober 2011, S. 85.
945 So im Beitrag „Eine Bombenidee" in *Spiegel* vom 26. September 2011, S. 73.
946 So im Beitrag „Die letzte aller Blasen" in *Spiegel* vom 03. Mai 2010, S. 64.
947 So u. a. im Beitrag „Machtkampf in der Kulisse" in *Spiegel* vom 22. März 2010, S. 21 und im Beitrag „Europa brennt" in *Spiegel* vom 06. Dezember 2010, S. 24.
948 So im Beitrag „Die letzte aller Blasen" in *Spiegel* vom 03. Mai 2010, S. 63.
949 So im Beitrag „Europas erster Sommer" in *Spiegel* vom 08. August 2011, S. 48.
950 So im Beitrag „Machtkampf in der Kulisse" in *Spiegel* vom 22. März 2010, S. 23.
951 So im Beitrag „Europa brennt" in *Spiegel* vom 06. Dezember 2010, S. 24.
952 So im Beitrag „Eine Bombenidee" in *Spiegel* vom 26. September 2011, S. 58
953 So im Beitrag „Auf Gedeih und Verderb" in *Spiegel* vom 20. Juni 2011, S. 40.
954 So im Beitrag „Duell der Titanen" in *Spiegel* vom 10. Mai 2015, S. 23.
955 So im Beitrag „Duell der Titanen" in *Spiegel* vom 10. Mai 2015, S. 20.
956 So im Beitrag „Zweites Wunder" in *Spiegel* vom 19. Juli 2010, S. 25.
957 So im Beitrag „Machtkampf in der Kulisse" in *Spiegel* vom 22. März 2010, S. 21.
958 So im Beitrag „Mein Name ist Bond. Greek Bond" in *Spiegel* vom 14. Juni 2010, S. 60.
959 So im Beitrag „Kürzen als Chance" in *Spiegel* vom 31. Mai 2010, S. 63–64.
960 So im Beitrag „Eine Bombenidee" in *Spiegel* vom 26. September 2011, S. 62.
961 So im Beitrag „Wieder am Abgrund" in *Spiegel* vom 06. Juni 2011, S. 61.
962 So im Beitrag „Schulden und Schuld – die Euro-Krise aus der Perspektive der Medien" auf *bpb.de* vom 03. Februar 2014, einsehbar unter http://www.bpb.de/geschichte/zeitgeschichte/griechenland/ 178337/euro-krise-aus-der-perspektive-der-medien; eingesehen am 18. Januar 2018.

963 So im Beitrag „Schulden und Schuld – die Euro-Krise aus der Perspektive der Medien" auf *bpb.de* vom 03. Februar 2014, einsehbar unter http://www.bpb.de/geschichte/zeitgeschichte/griechenland/ 178337/euro-krise-aus-der-perspektive-der-medien, eingesehen am 18. Januar 2018.
964 So im Beitrag „Boom im Euro-Raum. Tschuldigung, Südländer!" in *Spiegel Online*, einsehbar unter http://www.spiegel.de/forum/wirtschaft/boom-im-euroraum-tschuldigung-suedlaender-thread-697369-1.html; eingesehen am 06. September 2018.
965 So im Beitrag „Jeden Tag ein Untergang" in *Cicero Online*, einsehbar unter http://cicero.de/kapital/jeden-tag-ein-untergang/46203; eingesehen am 30. März 2018.
966 Vgl. Bach et al. 2012: 208.
967 Kepplinger 2011: 171–172.
968 Kepplinger 2011: 170.
969 Vgl. Fischer 1999; Forbes 2009; Kirchler 2011; Werth 2004.
970 Kepplinger 2011: 168.
971 So im Beitrag „Jeden Tag ein Untergang" in *Cicero Online*, einsehbar unter http://cicero.de/kapital/ jeden-tag-ein-untergang/46203; eingesehen am 30. März 2018.
972 So im Beitrag „Die Medien und die Herde" in *Zeit Online* vom 31. Oktober 2008, einsehbar unter http://www.zeit.de/online/2008/45/medien-finanzkrise; eingesehen am 30. März 2018.
973 Kepplinger 2012: 52.
974 Vgl. Kepplinger 2012: 52.
975 Vgl. Kepplinger 2018a: 29–30.
976 So im Beitrag „Der 'Spiegel' stellt Politik unter Generalverdacht" in *Welt* vom 15. November 2016, einsehbar unter https://www.welt.de/kultur/article159508589/Der-Spiegel-stellt-Politik-unter-General-verdacht.ht-ml; eingesehen am 30. März 2018.
977 Vgl. auch die Einleitung zu diesem Buch sowie im Detail Kepplinger 1996, 2012, 2017, 2018; vgl. auch Kepplinger & Weißbecker 1991; Cappella & Jamieson 1997; Maurer 2003a, Maurer 2003b.
978 Bach et al. 2012: 196.
979 Quiring 2004: 115.
980 Vgl. Quiring 2004: 115.
981 Vgl. Quiring 2004: 236–237; vgl. auch Blood & Phillips 1997; Brettschneider 2000; Donsbach 2000; Hagen 2005; Haller & Norpoth 1997.
982 Weber 1980: 13.
983 Weber 1980: 12.
984 Vgl. Kepplinger & Knirsch 2000: 12; Knirsch 2005: 145; Weber 2011: 56.
985 Vgl. Kepplinger & Knirsch 2000: 12; Weber 2011: 56.
986 Vgl. Kepplinger & Knirsch 2000: 12.
987 Knirsch 2005: 144.
988 Brady 1977: 58.
989 Postman 2007: 123.
990 Vgl. *ZDF-Heute-Journal* vom 26. März 2014.
991 So Frank Schirrmacher im Beitrag „Dr. Seltsam ist heute online" in *FAZ* vom 28. März 2014, einsehbar unter http://www.faz.net/aktuell/feuilleton/debatten/echt zeit-journalismus-dr-seltsam-ist-heute-online-12867571.html; eingesehen am 02. April 2018.
992 Vgl. *ZDF-Heute-Journal* vom 28. November 2013.

993 Vgl. *ZDF-Heute-Journal* vom 12. Juli 2017.
994 Interview *Deutschlandfunk* in der Sendung *Medias Res* vom 20. Dezember 2017.
995 Grobel 2004; Übersetzung durch den Verfasser.
996 Postman 2007: 123.
997 Vgl. Arnold 1999: 190ff.; Arnold 2016: 155.
998 Brady 1977: 83; Übersetzung durch den Verfasser.
999 Postman 1985: 113–114.
1000 *CBC*-Radio Canada Journalistic Standards and Practices 2017; Übersetzung durch den Verfasser.
1001 *BBC*-Producers Guidelines: 117, 119; Übersetzung durch den Verfasser.
1002 Haagerup 2015: 141.
1003 Grobel 2004: 130; Übersetzung durch den Verfasser.
1004 Clayton 1994: 150; Übersetzung durch den Verfasser.
1005 Brady 1977: 68; Übersetzung durch den Verfasser.
1006 Dieser Beitrag erschien ursprünglich in der Zeitschrift *Communicatio Socialis* (Ströder & Jackob 2015).
1007 So im Beitrag „Amateurfilmer bereut Veröffentlichung des Videos" in *Spiegel Online* vom 12. Januar 2015, einsehbar unter http://www.spiegel.de/netzwelt/web/charlie-hebdo-amateurfilmer-bereut-veroeffentlichung-von-video-a-1012498.html; eingesehen am 26. Mai 2018.
1008 Vgl. Balzert 2013: 36.
1009 Vgl. Stapf 2010: 391. Dazu gehören die Dissertation von Stefan Leifert (2007) und die Diplomarbeit von Simon P. Balzert (2013). Laut Leifert (2007: 270) beschränkt die explizite Literatur zur Bildethik sich vor allem auf den anglo-amerikanischen Raum. Nennenswert seien u. a. die Publikationen von Susan Sontag (2003) und John Taylor (1998).
1010 Siehe zum Begriff der professionellen Augenzeugenschaft ausführlich Leifert (2007).
1011 Vgl. Funiok 2007: 138; Schockenhoff 2005: 303.
1012 Vgl. Grittmann 2003: 123.
1013 Vgl. Isermann & Knieper 2009: 27.
1014 Vgl. Balzert 2013: 23.
1015 Vgl. Balzert 2013: 29.
1016 Vgl. Isermann & Knieper 2009: 27.
1017 Vgl. Stapf 2010: 391.
1018 Vgl. Sontag 2003: 97–98; Müller 2005: 406; Elitz 2011: 57.
1019 Vgl. Frankenberg 2004: 37.
1020 Vgl. Leifert 2007: 263, 269.
1021 Vgl. Assmann & Assmann 1994: 140; Funiok 2007: 136.
1022 Taylor 1998: 194–195.
1023 Vgl. Leifert 2007: 273.
1024 Vgl. Sontag 2003: 105.
1025 Vgl. Stapf 2010: 401.
1026 Brosius 2005: 21.
1027 Vgl. Knieper 2006: 52–53; Isermann & Knieper 2009: 28.
1028 Brosius 2005: 20.
1029 Vgl. Brosius 2005: 20.
1030 Vgl. Brosius 2005: 21.

1031 Büttner & Kladzinski 2004: 224.
1032 Vgl. Balzert 2013: 28.
1033 Vgl. Deutscher Presserat 2012.
1034 Vgl. Vgl. den Beitrag „Wahrheit und Gesetzestreue. 'Stern'-Verleger Schulte-Hillen zur Berichterstattung aus Genf" in *FAZ* vom 22. Oktober 1987, S. 34.
1035 Vgl. den Beitrag „Erdbebenkatastrophe in Haiti: Auf dem schmalen Grat zwischen notwendiger Berichterstattung und erträglichem Voyeurismus" in *Mindener Tageblatt* vom 18. Januar 2010, einsehbar unter http://www.mindenertageblatt.de/blog_mt_intern/?p=70; eingesehen am 07. April 2014; vgl. auch Deutscher Presserat 2012: 75, 91.
1036 Vgl. den Beitrag „Die Botschaft dieser Bilder" in *Stern* Nr. 43, 1987, S. 26; vgl. auch die Beiträge „Der Tod gehört einfach dazu ..." in *SZ* vom 15. Oktober 1987, S. 2 und „Schwellen-Probleme der anderen" in *SZ* vom 17./18. Oktober 1987, S. 31; vgl. Deutscher Presserat 2012: 75, 91.
1037 Vgl. die Beiträge „Kritik an Berichterstattung über Barschel-Pfeiffer-Affäre" in *FAZ* vom 24. Oktober 1987, S. 2, „Die Anmaßung der Medien" in *Zeit* vom 23. Oktober 1987, S. 3, „Ein Screenshot hat keine Würde" in *SZ* vom 21. Oktober 2011, einsehbar unter http://www.sueddeutsche.de/kultur/bilder-des-getoeteten-gaddafi-ein-screenshot-hat-keine-wuerde-1.1170440; eingesehen am 11. Juni 2018, „Erst kommt das Bild und dann die Moral" in *SZ* vom 15. Oktober 1987, S. 4 und „Sittenverfall – auch in den Medien" in *SZ* vom 23. Oktober 1987, S. 4.
1038 Vgl. die Beiträge „Sittenverfall – auch in den Medien" in *SZ* vom 23. Oktober 1987, S. 4; „Das Lehrstück" in *FR* vom 24. Oktober 1987, S. 3.
1039 Vgl. den Beitrag „Ein Screenshot hat keine Würde" in *SZ* vom 21. Oktober 2011, einsehbar unter http://www.sueddeutsche.de/ kultur/bilder-des-getoeteten-gadafi-ein-screenshot-hat-keine-wuerde-1.1170440; eingesehen am 11. Juni 2018.
1040 So im Beitrag „Erst kommt das Bild und dann die Moral" in *SZ* vom 15. Oktober 1987, S. 4.
1041 So im Beitrag „Wenn ein Diktator zur Trophäe wird" in *SZ* vom 24. Oktober 2011, einsehbar unter http://www.sueddeutsche.de/medien/toter-gaddafi-im-spiegel-wenn-ein-diktator-zur-trophaee-wird-1.1171583; eingesehen am 11. Juni 2018.
1042 Vgl. die Beiträge „Schaden aus einer trüben Affäre" in *FAZ* vom 13. Oktober 1987, S. 3; „Affäre in drei Akten" in *FR* vom 20. Oktober 1987, S. 3; „Badische Neueste Nachrichten. Das Karlsruher Blatt setzt sich mit dem 'Stern' auseinander" in *Welt* vom 20. Oktober 1987, S. 2.
1043 Vgl. Deutscher Presserat 2004: 160.
1044 Deutscher Presserat 2005: 121.
1045 Deutscher Presserat 2003: 161.
1046 Vgl. Deutscher Presserat 2005: 194.
1047 Zitiert im Beitrag „Die katholische Kirche kritisiert Umgang mit totem Gaddafi. 'Der Tod verlangt Respekt'" in *Domradio* vom 21. Oktober 2011, einsehbar unter http://www.domradio.de/nachrichten/ 2011-10-21/die-katholische-kirche-kritisiert-umgang-mit-totem-gaddafi; eingesehen am 25. Mai 2015.
1048 Vgl. Derenthal 2005: 184.
1049 Protze 2005: 39.
1050 Vgl. Deutscher Presserat 2017b.
1051 Vgl. als Übersicht Jackob 2012; vgl. auch Schultz et al. 2017 und Ziegele et al. 2018.

1052 Vgl. z. B. Donsbach 1982; Bentele 2015; Reinemann & Baugut 2014; Mothes 2008, 2017; Steindl et al. 2017.
1053 Vgl. Ziegele et al. 2018.
1054 So auf den Titelseiten der *Spiegel*-Ausgaben vom 12. November 2016 und 02. Juni 2018.
1055 Vgl. als kritischen Beitrag zu dieser Art Berichterstattung z. B. „Kolumne zur Berichterstattung über Griechenland: Schluss mit dem medialen Griechen-Bashing!" in *Berliner Zeitung* vom 12. Juli 2015, einsehbar unter https://www.berliner-zeitung.de/ko-lumne-zur-berichterstattung-ueber-griechenland-schluss-mit-dem-medialen-griechen-bashing--22631910; eingesehen am 16. August 2018.
1056 Vgl. Rawls 1979: 27–34.
1057 Vgl. dazu auch Tiedemann 2014.
1058 So Hans Mathias Kepplinger gegenüber dem *Deutschlandradio*, einsehbar unter https://www.deutschlandfunkkultur.de/schwarzer-hoeness-wulff-co-medienskandale-und-die.1008.de.html?dram:article_id=276867; eingesehen am 16. August 2018.
1059 Vgl. Pürer 1990: 13.
1060 Vgl. Saxer 1996: 85; vgl. auch Saxer 2004: 191.
1061 Saxer 1996: 86.
1062 Reinemann 2008: 79.
1063 Vgl. Reinemann 2008: 81; vgl. auch das zweite Kapitel in diesem Buch.
1064 Debatin 2002: 259.
1065 Pürer 1990: 13–14.
1066 Vgl. die Auflistung einschlägiger Kodizes auf der Website der *American Society of Newspaper Editors* unter https://www.asne.org/resources-ethics; eingesehen am 16. August 2018.
1067 Vgl. Saxer 1996: 85.
1068 Vgl. das Selbstverständnis der FG, einsehbar unter http://www.dgpuk.de/fachgruppen-ad-hoc-gruppen/kommunikations-und-medienethik/selbstverstaendnis/; eingesehen am 17. März 2017.
1069 Debatin 2002: 260.
1070 Vgl. Holderegger 1992b: 8; Boventer 1996: 54; Hausmanninger 2002: 280.
1071 Thomas 1998: 14; vgl. auch Rühl & Saxer 1981.
1072 Vgl. Pürer 2003: 143; vgl. auch Ruß-Mohl & Seewald 1992.
1073 Boventer 1985: 247.
1074 Wilke 1996b: 2.
1075 Vgl. auch Ziegele et al. 2018.
1076 Vgl. Ziegele et al. 2018.

Verzeichnis der verwendeten Literatur

Beiträge aus Medienquellen und Online-Quellen wie Blogs finden sich in den Endnoten

Ahrens, C. (2002). *Persönlichkeitsrechte und Freiheit der Medienberichterstattung. Konfliktsituationen – Schutzansprüche – Verfahrensfragen*. Berlin.

Arendt, F., Brosius, H.-B. & Hauck, P. (2017). Die Auswirkung des Schlüsselereignisses „Silvesternacht in Köln" auf die Kriminalitätsberichterstattung. *Publizistik, 62* (2), 135–152.

Arlt, H.-J. & Storz, W. (2012). *„Bild" und Wulff – Ziemlich beste Partner. Fallstudie über eine einseitig aufgelöste Geschäftsbeziehung* (OBS-Arbeitsheft 71). Frankfurt am Main.

Arnold, B.-P. (1999). *ABC des Hörfunks*. Konstanz.

Arnold, B.-P. (2016). *Nachrichten: Schlüssel zu aller Information*. Baden-Baden.

Arnold, B.-P. (2018). *Die Medien sind an allem schuld!? Behauptungen – Vermutungen – Erklärungen*. Leipzig.

Arnold, K. (2008). Kann guter Journalismus unmoralisch sein? Zum Verhältnis von Qualität und Ethik in den Medien. *Communicatio Socialis, 41* (3), 254–275.

Arzheimer, K. (2002). *Politikverdrossenheit. Bedeutung, Verwendung und empirische Relevanz eines politikwissenschaftlichen Begriffes*. Wiesbaden.

Assmann, A. & Assmann, J. (1994). Das Gestern im Heute: Medien und soziales Gedächtnis. In K. Merten, S. J. Schmidt & S. Weischenberg (Hrsg.), *Die Wirklichkeit der Medien. Eine Einführung in die Kommunikationswissenschaft* (S. 114–140). Wiesbaden.

Australian Press Council (2014). *Specific Standards on Coverage of Suicide*. Einsehbar unter https://www.presscouncil.org.au/uploads/52321/ufiles/SPECIFIC_STANDARDS_SUICIDE_-_July_2014.pdf; eingesehen am 15. Juli 2017.

AWA Allensbacher Markt- und Werbeträgeranalyse (2013). *Reichweiten Magazine zum Zeitgeschehen*. Einsehbar unter http://www.ifd-allensbach.de/awa/medien/printmedien.html; eingesehen am 10. Juli 2013.

AWA Allensbacher Markt- und Werbeträgeranalyse First Class (2012). Einsehbar unter http://www.awa-firstclass.de/cgi-bin/Navigation.py. Eingesehen am 11. Juli 2013.

Bach, T., Weber, M. & Quiring, O. (2012). Das Framing der Finanzkrise. Deutungsmuster und Inter-Media Frame Transfer im Krisenherbst 2008. *Studies in Communication/Media, 1* (2), 193–224.

Balzert, S. P. (2013). *Leichen auf Seite Eins? Gewaltfotos und Bildethik. Deutsche und spanische Qualitätszeitungen im Vergleich*. Saarbrücken.

Bandura, A. (1979). *Sozial-kognitive Lerntheorie. Konzepte der Humanwissenschaft.* Stuttgart.

Becker, K. B. (2016). *Politisches Skandalmanagement. Strategien der Selbstverteidigung in politischen Affären der Bundesrepublik Deutschland.* Opladen.

Bennett, E., Rhine, S. L., Flickinger, R. S. & Bennett, L. L. M. (1999). „Video Malaise" Revisited. Public Trust in the Media and Government. *The International Journal of Press/Politics, 4* (4), 8–23.

Bentele, G. (2015). Rekonstruktiver Ansatz. In G. Bentele, R. Fröhlich & P. Szyszka (Hrsg.), *Handbuch der Public Relations. Wissenschaftliche Grundlagen und berufliches Handeln. Mit Lexikon* (S. 191–204). Wiesbaden.

Bergholz, C. (2009). *Gewalt im Fokus der Medien: Eine vergleichende Analyse der Berichterstattungen über den „Amoklauf in Winnenden" in den Nachrichtensendungen von ARD und RTL* (Bachelorarbeit). Hochschule Mittweida, Deutschland.

Bertelsmann. (2013). *Code of Conduct. Der Bertelsmann Verhaltenskodex.* Einsehbar unter http://www.bertelsmann.de/media/verantwortung/downloads/code-of-conduct/be-code-of-conduct-de-r01.pdf. Eingesehen am 04. September 2016.

Birus, H. (2010a). Metapher. In G. Braungart, H. Fricke, K. Grubmüller, J.-D. Müller, F. Vollhardt & K. Weimar (Hrsg.), *Reallexikon der deutschen Literaturwissenschaft* (Online-Ausgabe). Einsehbar unter http://www.degruyter.com/view/product/175648. Eingesehen am 10. Juni 2013.

Birus, H. (2010b). Metonymie. In G. Braungart, H. Fricke, K. Grubmüller, J.-D. Müller, F. Vollhardt & K. Weimar (Hrsg.), *Reallexikon der deutschen Literaturwissenschaft* (Online-Ausgabe). Einsehbar unter http://www.degruyter.com/view/product/175648. Eingesehen am 10. Juni 2013.

Bizer, P. (2014). *Uli Hoeneß. Nachspiel. Mensch, Macher, Mythos.* Hamburg.

Blood, D. J. & Phillips, P. C. B. (1997). Economic Headline News on the Agenda. New Approaches to Understanding Causes and Effects. In M. McCombs, D. L. Shaw & D. Weaver (Hrsg.), *Communication and Democracy. Exploring the Intellectual Frontiers in Agenda-Setting Theory* (S. 97–113). Mahwah.

Böckler, N. & Seeger, T. (2010). *Schulamokläufer: Eine Analyse medialer Täter-Eigendarstellungen und deren Aneignung durch jugendliche Rezipienten.* Weinheim/München.

Böhm, C. (2010). *Die Finanzmarktkrise im Überblick. Amerikanische Häuslebauer, die Ratingagenturen und die Banken.* Hamburg.

Bonfadelli, H. (2002). *Medieninhaltsforschung. Grundlagen, Methoden, Anwendungen.* Konstanz.

Bonfadelli, H. (2004). *Medienwirkungsforschung I. Grundlagen.* Konstanz.

Boventer, H. (1985). *Ethik des Journalismus. Zur Philosophie der Medienkultur.* Konstanz.

Boventer, H. (1996). Macht der Medien. Zum aktuellen Stand der Ethik-Debatte in Journalismus und Wissenschaft. In J. Wilke (Hrsg.), *Ethik der Massenmedien* (S. 53–67). Wien.

Brady, J. (1977). *The Craft of Interviewing*. New York.

Branahl, U. (2013). *Medienrecht. Eine Einführung*. Wiesbaden.

Braungart, G., Fricke, H., Grubmüller, K., Müller, J.-D., Vollhardt, F. & Weimar, K. (Hrsg.) (2007), *Reallexikon der deutschen Literaturwissenschaft*. Berlin.

Brettschneider, F. (2000). Reality Bytes. Wie die Medienberichterstattung die Wahrnehmung der Wirtschaftslage beeinflusst. In J. W. Falter, O. W. Gabriel & H. Rattinger (Hrsg.), *Wirklich ein Volk? Die politische Orientierung von Ost- und Westdeutschen* (S. 539–569). Opladen.

British Broadcasting Corporation (o. J.). *Producers' Guidelines. The BBC's Values and Standards*. Einsehbar unter http://downloads.bbc.co.uk/guidelines/editorialgui delines/Legacy_ Guidelines/2000-producers-guidelines.pdf. Eingesehen am 02. April 2018.

Brosius, H.-B. (2005). Gewaltfotos: Politische Aufklärung oder Leserfang? In Deutscher Presserat (Hrsg.), *Jahrbuch 2005. Mit der Spruchpraxis des Jahres 2004. Schwerpunkt: Gewaltfotos* (S. 19–23). Konstanz.

Brosius, H.-B. & Esser, F. (1995). *Eskalation durch Berichterstattung? Massenmedien und fremdenfeindliche Gewalt*. Wiesbaden.

Brosius, H.-B., Esser, F. & Scheufele, B. (2002). *Fremdenfeindlichkeit als Medienthema und Medienwirkung*. Wiesbaden.

Brosius, H.-B., Koschel, F. & Haas, A. (2009). *Methoden der empirischen Kommunikationsforschung. Eine Einführung*. Wiesbaden.

Brosius, H.-B. & Ziegler, W. (2001). Massenmedien und Suizid: Praktische Konsequenzen aus dem Werther-Effekt. *Communicatio Socialis, 34* (1), 9–29.

Brunnermeier, K. (2009). Deciphering the Liquidity and Credit Crunch 2007–2008. *Journal of Economic Perspectives, 23* (1), 77–100.

Bundeszentrale für politische Bildung (2016). *Jugendarbeitslosigkeit in Europa*. Einsehbar unter http://www.bpb.de/politik/hintergrund-aktuell/225124/jugendarbeitslosigkeit-in-eu-ropa; eingesehen am 05. Mai 2018.

Burger, H. (2005). *Mediensprache. Eine Einführung in Sprache und Kommunikationsformen der Massenmedien*. Berlin.

Bußmann, H. (Hrsg.) (2002). *Lexikon der Sprachwissenschaft*. Stuttgart.

Büttner, C. & Kladzinski, M. (2004). Die mediale Darstellung des Krieges. Krieg und Medien – Zwischen Information, Inszenierung und Zensur. *Der Bürger im Staat, 54* (4), 223–228.

Canadian Broadcasting Corporation (o. J.). *Journalistic Standards and Practices.* Einsehbar unter https://accountablejournalism.org/ethics-codes/Canada-CBC. Eingesehen am 02. April 2018.

Cappella, J. N. & Jamieson, K. H. (1996). News Frames, Political Cynicism, and Media Cynicism. *The Annals of the American Academy of Political and Social Science, 546* (1), 71–84.

Cappella, J. N. & Jamieson, K. H. (1997). *Spiral of Cynicism. The Press and the Public Good.* New York.

Chanley, V. A., Rudolph, T. J. & Rahn, W. M. (2000). The Origins and Consequences of Public Trust in Government. A Time Series Analysis. *Public Opinion Quarterly, 64* (3), 239–256.

Clayton, J. (1994). *Interviewing for Journalists. How to Research and Conduct Interviews You Can Sell.* London.

Dare, A. J., Andriessen, K. A., Nordentoft, M., Meier, M., Huisman, A. & Pirkis, J. E. (2011). Media Awards for Responsible Reporting of Suicide: Experiences from Australia, Belgium and Denmark. *International Journal of Mental Health Systems, 5* (15).

Debatin, B. (2002). Zwischen theoretischer Begründung und praktischer Anwendung. Medienethik auf dem Weg zur kommunikationswissenschaftlichen Teildisziplin. *Publizistik, 47* (3), 259–264.

Debatin, B. & Funiok, R. (Hrsg.) (2003). *Kommunikations- und Medienethik.* Konstanz.

Derenthal, B. (2005). *Medienverantwortung in christlicher Perspektive. Ein Beitrag zu einer praktisch-theologischen Medienethik.* Münster.

Der Spiegel. (2013). *Der Spiegel. Politisch unabhängig – niemandem verpflichtet.* Einsehbar unter http://www.spiegelgruppe.de/spiegelgruppe/home.nsf/Navigation/440FBE98BAF7E 2F8C1256FD5004406DD?OpenDocument. Eingesehen am 10. Mai 2013.

Deutsche Gesellschaft für Suizidprävention (2006). *Suizide, Suizidversuche und Suizidalität – Empfehlungen für die Berichterstattung in den Medien.* Einsehbar unter http://www.suizid praevention-deutschland.de/fileadmin/user_upload/Flyer/pdf-dateien/NASPRO-Medienempfehlungen-2010.pdf. Eingesehen am 11. Juli 2017.

Deutscher Presserat. (2003). *Jahrbuch 2003. Mit der Spruchpraxis des Jahres 2002. Schwerpunkt: Qualität im Journalismus.* Konstanz.

Deutscher Presserat. (2004). *Jahrbuch 2004. Mit der Spruchpraxis des Jahres 2003. Schwerpunkt: Trennungsgrundsatz.* Konstanz.

Deutscher Presserat. (2005). *Jahrbuch 2005. Mit der Spruchpraxis des Jahres 2004. Schwerpunkt: Gewaltfotos.* Konstanz.

Deutscher Presserat. (2010). *Praxis-Leitfaden. Berichterstattung über Amokläufe – Empfehlungen für Redaktionen.* Einsehbar unter http://www.presserat.info/inhalt/der-pressekodex/leitfaden.html. Eingesehen am 10. Juli 2017.

Deutscher Presserat. (2012). *Jahrbuch 2012. Mit der Spruchpraxis des Jahres 2011. Schwerpunkt: Ombudsleute in den Medien.* Konstanz.

Deutscher Presserat. (2017a). *Publizistische Grundsätze (Pressekodex). Richtlinien für die publizistische Arbeit nach den Empfehlungen des Deutschen Presserates.* Einsehbar unter http://www.presserat.de/fileadmin/user_upload/Downloads_Dateien/Pressekodex2017_web.pdf. Eingesehen am 11. Juli 2017.

Deutscher Presserat. (2017b). *Übersicht der Rügen.* Einsehbar unter http://www.presserat.de/ pressekodex/uebersicht-der-ruegen/. Eingesehen am 15. August 2018.

Deutscher Presserat. (2017c). *Jahresbericht 2016.* Einsehbar unter http://www.presserat.de/fileadmin/user_upload/Downloads_Dateien/Jahresbericht_2016.pdf. Eingesehen am 20. Juni 2017.

Deutscher Presserat. (2017d). *Neue Richtlinie 12.1 – Berichterstattung über Straftaten.* Einsehbar unter http://www.presserat.de/fileadmin/user_upload/Aktuelles/UEbersicht_bisherige_Richtlinie_neue_Richtlinie12.1.pdf. Eingesehen am 01. Juni 2017.

Deutscher Presserat. (2017e). *Leitsätze erleichtern praktische Handhabung in der Redaktion* (Pressemitteilung). Einsehbar unter http://www.presserat.de/presserat/news/pressemitteilungen/datum/2017/. Eingesehen am 01. Juni 2017.

Deutscher Presserat. (2017f). *Praxis-Leitsätze. Richtlinie 12.1 des Pressekodex.* Einsehbar unter http://www.presserat.de/fileadmin/user_upload/Aktuelles/DPR_Leitsaetze_RL12.1.pdf. Eingesehen am 20. Juni 2017.

Diamond, D. W. & Rajan, R. W. (2009). *The Credit Crisis: Conjectures About Causes and Remedies. National Bureau of Economic Research.* Einsehbar unter https://faculty.chicago-booth.edu/raghuram.rajan/research/papers/TheCreditCrisisDougDiamondRaghuRajanAEADec2008.pdf. Eingesehen am 25. März 2018.

Die Medienanstalten (2016). *Staatsvertrag für Rundfunk und Telemedien (Rundfunkstaatsvertrag – RStV) vom 31. August 1991 in der Fassung des Neunzehnten Staatsvertrages zur Änderung rundfunkrechtlicher Staatsverträge (Neunzehnter Rundfunkänderungsstaatsvertrag) in Kraft seit 1. Oktober 2016.* Einsehbar unter http://www.die-medienanstalten.de/fileadmin/Download/Rechtsgrundlagen/Gesetze_aktuell/19_RfAendStV_medienanstalten_Layout_final.pdf. Eingesehen am 10. Juli 2017.

Dombret, A. R. (2012). Die aktuelle Finanzkrise – Ursachen, Folgen und Herausforderungen. In A. Pfingsten (Hrsg.), *Ursachen und Konsequenzen der Finanzkrise* (S. 64–69). Wiesbaden.

Donsbach, W. (1982). *Legitimationsprobleme des Journalismus. Gesellschaftliche Rolle der Massenmedien und berufliche Einstellung von Journalisten.* Freiburg/München.

Donsbach, W. (2000). Sieg der Illusion. Wirtschaft und Arbeitsmarkt in der Wirklichkeit und in den Medien. In E. Noelle-Neumann, H. M. Kepplinger & W. Donsbach (Hrsg.), *Kampa. Meinungsklima und Medienwirkung im Bundestagswahlkampf 1998* (S. 141–171). Freiburg/München.

Donsbach, W. & Willkommen, A. (2001). Störfall im Mediensystem. Wie die Medien über die Vorkommnisse in Sebnitz berichteten. *Wissenschaftliche Zeitung TU Dresden, 50,* 20–26.

Dürr, S., Märkl, D., Schiavone, M. L. & Verhovnik, M. (2016). Die Kölner Silvesternacht in Medien und Öffentlichkeit. Sexuelle Gewalt in der öffentlichen Debatte. *Communicatio Socialis, 49* (3), 283–296.

Elitz, E. (2011). Ethische Perspektiven der Berichterstattung über Gewalt. In P. Grimm & H. Badura (Hrsg.), *Medien – Ethik – Gewalt. Neue Perspektiven* (S. 157–162). Stuttgart.

Enzensberger, H. M. (1964). Die Sprache des Spiegel. In H. M. Enzensberger, *Einzelheiten I. Bewußtseins-Industrie* (S. 62–87). Frankfurt am Main.

Erlangsen, A. (2013). Media Reporting on Suicide: Challenges and Opportunities. *Acta Psychiatrica Scandinavica, 128* (4), 316–317.

Europäische Kommission (2012). *Standard Eurobarometer. Die öffentliche Meinung in der Europäischen Union. Nationaler Bericht Deutschland. Ausgabe Herbst 2012, Nr. 78.* Einsehbar unter http://ec.europa.eu/commfrontoffice/publicopinion/archives/eb/ eb78/ eb78_de _de_ nat.pdf. Eingesehen am 13. Juni 2013.

Everling, O. & Gareis, S. (2004). Credit Rating. In K. Alisch, E. Winter & U. Arentzen (Hrsg.), *Gabler-Wirtschaftslexikon* (S. 628–633). Wiesbaden.

Fechner, F. (2014). *Medienrecht. Lehrbuch des gesamten Medienrechts unter besonderer Berücksichtigung von Presse, Rundfunk und Multimedia.* Tübingen.

Fechner, F. & Mayer, J. C. (2009). *Medienrecht. Vorschriftensammlung. Textbuch Deutsches Recht.* Stuttgart.

Fischer, L. (1999). *Finanzpsychologie.* München.

Fishman, M. (1978). Crime Waves as Ideology. *Social Problems, 25* (5), 531–543.

Forbes, W. (2009). *Behavioural Finance.* Chichester.

Frankenberg, G. (2004). Der normative Blick. Recht, Ethik und Ästhetik der Bilderverbote. In G. Frankenberg & P. Niesen (Hrsg.), *Bilderverbot: Recht, Ethik und Ästhetik der öffentlichen Darstellung* (S. 1–41). Münster.

Funiok, R. (Hrsg.) (1996). *Grundfragen der Kommunikationsethik.* Konstanz.

Funiok, R. (2007). *Medienethik. Verantwortung in der Mediengesellschaft.* Stuttgart.

Geipel, I. (2012). *Der Amok-Komplex: Oder die Schule des Tötens.* Stuttgart.

Geiß, S. (2013). Struktur der Deutungsmuster. In O. Quiring, H. M. Kepplinger, M. Weber & S. Geiß (Hrsg.), *Lehman Brothers und die Folgen. Berichterstattung zu wirtschaftlichen Interventionen des Staates* (S. 129–152). Wiesbaden.

Giddens, A. (1995). *Konsequenzen der Moderne.* Frankfurt am Main.

Goethe, J. W. von (1981). *Die Leiden des jungen Werthers. Die Wahlverwandtschaften* (Johann Wolfgang Goethe Werke, Zweiter Band). Frankfurt am Main.

Goldney, R. D. (2001). The Media and Suicide: A Cautionary View. *Crisis, 22* (4), 173–175.

Gonther, U. (2009). Suizid als Nachahmung? Nirvana – Smells Like Teenspirit: Leben und Tod des Rockstars Kurt Cobain. *Sozialpsychiatrische Informationen, 29* (2), 2–5.

Grittmann, E. (2003). Die Konstruktion von Authentizität. Was ist echt an den Pressefotos im Informationsjournalismus? In T. Knieper & M. G. Müller (Hrsg.), *Authentizität und Inszenierung von Bilderwelten* (S. 123–149). Köln.

Grobel, L. (2004). *The Art of the Interview. Lessons from a Master of the Craft.* New York.

Haagerup, U. (2015). *Constructive News: Warum "bad news" die Medien zerstören und wie Journalisten mit einem völlig neuen Ansatz wieder Menschen berühren.* Salzburg.

Hagen, L. M. (2004). Europäische Union und mediale Öffentlichkeit – ein Überblick über den Band. In L. M. Hagen (Hrsg.), *Europäische und mediale Öffentlichkeit. Theoretische Perspektiven und empirische Befunde zur Rolle der Medien im europäischen Einigungsprozess* (S. 7–12). Köln.

Hagen, L. M. (2005). *Konjunkturnachrichten, Konjunkturklima und Konjunktur. Wie sich die Wirtschaftsberichterstattung der Massenmedien, Stimmungen der Bevölkerung und die aktuelle Wirtschaftslage wechselseitig beeinflussen – eine transaktionale Analyse.* Köln.

Hagen, L. M. (2016). *Ergebnisse einer Befragung der Sächsischen Zeitung aus dem Februar 2016. Richtlinie 12.1 Pressekodex. Meinungen von Abonnenten der Sächsischen Zeitung zur Angabe der Herkunft von Straftätern in Nachrichten.* Technische Universität Dresden.

Haller, M. & Holzhey, H. (Hrsg.) (1992). *Medien-Ethik. Beschreibungen, Analysen, Konzepte für den deutschsprachigen Journalismus.* Opladen.

Haller, H. B. & Norpoth, H. (1997). Reality Bites: News Exposure and Economic Opinion. *Public Opinion Quarterly, 61* (4), 555–575.

Hasler, L. (1992). Die Tugend des Unterlassens. Ethik wirkt auch negativ – oder: Das Prinzip Offenheit läßt es gelegentlich ratsam erscheinen, auf Öffentlichkeit zu verzichten. In M. Haller & H. Holzhey (Hrsg.), *Medien-Ethik. Beschreibungen, Analysen, Konzepte für den deutschsprachigen Journalismus* (S. 212–221). Opladen.

Hausmanninger, T. (2002). Grundlegungsfragen der Medienethik: Für die Rückgewinnung der Ethik durch die Kommunikationswissenschaft. *Publizistik, 47* (3), 280–294.

Hegerl, U., Koburger, N., Rummel-Kluge, C., Gravert, C., Walden, M. & Mergl, R. (2013). One Followed by Many? – Long-Term Effects of a Celebrity Suicide on the Number of Suicidal Acts on the German Railway Net. *Journal of Affective Disorders, 146* (1), 39–44.

Heidemanns, M. & Harbusch, N. (2012). *Affäre Wulff. Bundespräsident 598 Tage. Die Geschichte eines Scheiterns.* Berlin.

Heimann, F. (2009). *Der Pressekodex im Spannungsfeld zwischen Medienrecht und Medienethik.* Frankfurt am Main.

Heliosch, S. (2014). *Der Werther-Effekt*. Frankfurt am Main.

Herrmann, F. (2003). Ein neuer Begriff des Privaten – Scham als medienethische Kategorie. In B. Debatin & R. Funiok (Hrsg.), *Kommunikations- und Medienethik* (S. 143–156). Konstanz.

High-Level Group on Financial Supervision in the EU. (2009). *Report*. Einsehbar unter http://ec.europa.eu/internal_market/finances/docs/de_larosiere_report_en.pdf. Eingesehen am 26. März 2018.

Höcker, R., Dierkes, S. & Engel, R. (2011). Die Kachelmann-Prozesse. *Der IP-Rechtsberater, 7*, 156–159.

Holderegger, A. (Hrsg.) (1992a). *Ethik der Medienkommunikation. Interdisziplinäre Perspektiven*. Freiburg, Schweiz.

Holderegger, A. (1992b). Einführung. Ethik in einer Mediengesellschaft. In A. Holderegger (Hrsg.), *Ethik der Medienkommunikation. Interdisziplinäre Perspektiven* (S. 7–16). Freiburg, Schweiz.

Huber, M. (2007). Personifikation. In G. Braungart, H. Fricke, K. Grubmüller, J.-D. Müller, F. Vollhardt & K. Weimar (Hrsg.), *Reallexikon der deutschen Literaturwissenschaft* (Online-Ausgabe). Einsehbar unter http://www.degruyter.com/view/product/175648. Eingesehen am 10. Juni 2013.

Huber, M. & Böhm, E. (2007). Fallhöhe. *Literaturwissenschaftliche Grundbegriffe online*. Einsehbar unter http://www.li-go.de/uebungsansicht/drama/fallhoehe.html. Eingesehen am 16. Juli 2018.

Isermann, H. & Knieper, T. (2009). Tod und Leid auf Seite eins. *Message: Internationale Fachzeitschrift für Journalismus, 2*, 26–29.

Jackob, N. (2012). *Gesehen, gelesen – geglaubt? Warum die Medien nicht die Wirklichkeit abbilden und die Menschen ihnen trotzdem vertrauen*. München.

Jackob, N., Schultz, T., Ziegele, M., Schemer, C. & Quiring, O. (2017). Medienzyniker und Medienfans. Merkmale eines gespaltenen Publikums. In M. Haller (Hrsg.), *Öffentliches Vertrauen in der Mediengesellschaft* (S. 118–138). Köln.

Jobes, D. A., Berman, A. L., O'Carroll, P. W., Eastgard, S. & Knickmeyer, S. (1996). The Kurt Cobain Suicide Crisis: Perspectives from Research, Public Health, and the News Media. *Suicide and Life-Threatening Behavior, 26* (3), 260–271.

Jones, D. A. (2004). Why Americans Don't Trust the Media: A Preliminary Analysis. *The Harvard International Journal of Press/Politics, 9* (2), 60–75.

Just, D. (1966). *Der Spiegel. Untersuchung zur redaktionellen Arbeitsweise, zum Inhalt und zur Wirkung eines deutschen Nachrichtenmagazins unter besonderer Berücksichtigung seiner Deutschland-Berichterstattung* (Dissertation). Freie Universität Berlin.

Just, D. (1967). *Der Spiegel. Arbeitsweise, Inhalt, Wirkung*. Hannover.

Kachelmann, J. & Kachelmann, M. (2012). *Recht und Gerechtigkeit. Ein Märchen aus der Provinz*. München.

Karmasin, M. (Hrsg.) (2002). *Medien und Ethik*. Stuttgart.

Kepplinger, H. M. (1989). *Künstliche Horizonte. Folgen, Darstellung und Akzeptanz von Technik in der Bundesrepublik*. Frankfurt am Main/New York.

Kepplinger, H. M., Brosius, H.-B., Staab, J. F. & Linke, G. (1989). Instrumentelle Aktualisierung. Grundlagen einer Theorie publizistischer Konflikte. In M. Kaase & W. Schulz (Hrsg.), *Massenkommunikation. Theorien, Methoden, Befunde* (Kölner Zeitschrift für Soziologie und Sozialpsychologie, Sonderheft 30, S. 199–220). Opladen.

Kepplinger, H. M. (1996). Skandale und Politikverdrossenheit – ein Langzeitvergleich. In O. Jarren, H. Schatz & H. Weßler (Hrsg.), *Medien und politischer Prozess. Politische Öffentlichkeit und massenmediale Politikvermittlung im Wandel* (S. 41–58). Opladen.

Kepplinger, H. M. (1998). *Die Demontage der Politik in der Informationsgesellschaft*. Freiburg.

Kepplinger, H. M. (2009). *Politikvermittlung*. Wiesbaden.

Kepplinger, H. M. (2011). *Journalismus als Beruf*. Wiesbaden.

Kepplinger, H. M. (2012). *Die Mechanismen der Skandalisierung. Zu Guttenberg, Kachelmann, Sarrazin & Co. Warum einige öffentlich untergehen – und andere nicht*. München.

Kepplinger, H. M. (2017). *Totschweigen und Skandalisieren. Was Journalisten über ihre eigenen Fehler denken*. Köln.

Kepplinger, H. M. (2018a). *Medien und Skandale*. Wiesbaden.

Kepplinger, H. M. (2018b). *Die Mechanismen der Skandalisierung. Warum man den Medien gerade dann nicht vertrauen kann, wenn es darauf ankommt*. Reinbek.

Kepplinger, H. M. & Geiß, S. (2013). Die Argumentationsqualität der Berichterstattung. In O. Quiring, H. M. Kepplinger, M. Weber & S. Geiß (Hrsg.), *Lehman Brothers und die Folgen. Berichterstattung zu wirtschaftlichen Interventionen des Staates* (S. 111–127). Wiesbaden.

Kepplinger, H. M. & Glaab, S. (2007). Research Note: Reciprocal Effects of Negative Press Reports. *European Journal of Communication, 22* (3), 337–354.

Kepplinger, H. M. & Habermeier, J. (1996). Ereignis-Serien. Was kann man nach spektakulären Vorfällen über die Wirklichkeit wissen? In C. Mast (Hrsg.), *Markt – Macht – Medien. Publizistik zwischen gesellschaftlicher Verantwortung und ökonomischen Zielen* (S. 261–272). Konstanz.

Kepplinger, H. M. & Knirsch, K. (2000). Gesinnungs- und Verantwortungsethik im Journalismus. Sind Max Webers theoretische Annahmen empirisch haltbar? In M. Rath (Hrsg.), *Medienethik und Medienwirkungsforschung* (S. 11–44). Wiesbaden.

Kepplinger, H. M. & Weißbecker, H. (1991). Negativität als Nachrichtenideologie. *Publizistik, 36* (3), 330–342.

Kirchhoff, S. & Krämer, W. (2010). *Presse in der Krise*. Wiesbaden.

Kirchler, E. (2011). *Wirtschaftspsychologie: Individuen, Gruppen, Märkte, Staat*. Göttingen.

Knapp, F. P. (2007). Vergleich. In G. Braungart, H. Fricke, K. Grubmüller, J.-D. Müller, F. Vollhardt & K. Weimar (Hrsg.), *Reallexikon der deutschen Literaturwissenschaft* (Online-Ausgabe). Einsehbar unter http://www.degruyter.com/view/product/175648. Eingesehen am 10. Juni 2013.

Knellwolf, T. (2011). *Die Akte Kachelmann. Anatomie eines Skandals*. Zürich.

Knieper, T. (2006). Die Flut im Wohnzimmer. Die Tsunami-Berichterstattung als traumatischer Stressor für die bundesdeutsche Bevölkerung. *Publizistik, 51* (1), 52–66.

Knirsch, K. (2005). *Zweck und Mittel im Journalismus. Warum Journalisten die Wirklichkeit gelegentlich anders darstellen als sie sie sehen und wie sie mit den Folgen umgehen* (Dissertation). Johannes Gutenberg-Universität Mainz.

Köhler, A. & Langen, P. (2012). Der Fall Kachelmann zwischen öffentlicher und veröffentlichter Meinung: In dubio contra reo? In L. Radermacher & A. Schmitt-Geiger (Hrsg.), *Litigation-PR: Alles was Recht ist: Zum systematischen Stand der strategischen Rechtskommunikation* (S. 187–202). Berlin.

Koszyk, K. (1999). Presse unter alliierter Besatzung. In J. Wilke (Hrsg.), *Mediengeschichte der Bundesrepublik Deutschland* (S. 31–58). Köln.

Kuck, K. & Römer, D. (2012). Metaphern und Argumentationsmuster im Mediendiskurs zur „Finanzkrise". In A. Peltzer, K. Lämmle & A. Wagenknecht (Hrsg.), *Krise, Cash & Kommunikation. Die Finanzkrise in den Medien* (S. 71–94). Konstanz.

Kurz, J., Müller, D., Pötschke, J., Pöttker, H. & Gehr, M. (2010). *Stilistik für Journalisten*. Wiesbaden.

Kutsch, A. (1999). Rundfunk unter alliierter Besatzung. In J. Wilke (Hrsg.), *Mediengeschichte der Bundesrepublik Deutschland* (S. 59–90). Köln.

Ladd, J. M. (2008). *Sources of Negative Attitudes toward the News Media. Horse Race Coverage, Tabloid Coverage and the Neglected Role of Elite Opinion Leadership*. Einsehbar unter http://ssrn.com/abstract=1154244. Eingesehen am 24. Juni 2016.

Lamp, E. (2009). *Die Macht öffentlicher Meinung – und warum wir uns ihr beugen. Über die Schattenseite der menschlichen Natur*. München.

Landesregierung Baden-Württemberg. (2009). *Expertenkreis Amok: Gemeinsam handeln, Risiken erkennen und minimieren. Prävention, Intervention, Opferhilfe, Medien. Konsequenzen aus dem Amoklauf in Winnenden und Wendlingen am 11. März 2009*. Einsehbar unter http://www.baden-wuerttemberg.de/fileadmin/redaktion/dateien/Altdaten/202/BERICHT_Expertenkreis_Amok_25-09-09.pdf. Eingesehen am 11. Juli 2017.

Leifert, S. (2007). *Bildethik. Theorie und Moral im Bildjournalismus der Massenmedien* (Dissertation). München.

Leschke, R. (2001). *Einführung in die Medienethik.* München.

Ludwig, J. (1998). *Zur Ökonomie der Medien. Zwischen Marktversagen und Querfinanzierung. Von J. W. Goethe bis zum Nachrichtenmagazin Der Spiegel.* Opladen.

Lüger, H.-H. (1995). *Pressesprache.* Tübingen.

Marsh, H. L. (1991). A Comparative Analysis of Crime Coverage in Newspapers in the United States and Other Countries from 1960-1989: A Review of the Literature. *Journal of Criminal Justice, 19* (1), 67–79.

Maurer, M. (2003a). *Politikverdrossenheit durch Medienberichte. Eine Paneluntersuchung.* Konstanz.

Maurer, M. (2003b). Mobilisierung oder Malaise: Wie verändert die Politikdarstellung der Massenmedien die Rezipientenurteile über Politik? In W. Donsbach & O. Jarren (Hrsg.), *Chancen und Gefahren der Mediendemokratie* (S. 319–332). Konstanz.

Maurer, M., Jost, P., Haßler, J. & Kruschinski, S. (2018). *Auf den Spuren der Lügenpresse. Zur Objektivität der Medienberichterstattung in der „Flüchtlingskrise".* Vortrag auf der 63. Jahrestagung der DGPuK vom 09. bis 11. Mai 2018 in Mannheim.

Maurer, M., Haßler, J., Jost, P. & Kruschinski, S. (2019, im Erscheinen). Auf den Spuren der Lügenpresse. Zur Richtigkeit und Ausgewogenheit der Medienberichterstattung in der „Flüchtlingskrise". *Publizistik, 64* (1).

Mock, M. & Kappius, R. (2009). *Verlauf der Finanzkrise. Entstehungsgründe, Verlauf und Gegenmaßnahmen. Ausarbeitung Fachbereich Wissenschaftliche Dienste 4 des Deutschen Bundestages Haushalt und Finanzen.* Einsehbar unter http://www.ags-hamburg-mitte.de/ pdf/Wirtschafts_und_Finanzkrise.pdf. Eingesehen am 12. Juni 2013.

Mothes, C. (2008). Die Theorie der kognitiven Dissonanz – fruchtbar oder obsolet? Neue Erklärungspotentiale einer alten Theorie am Beispiel der Politikverdrossenheit. In R. Geier, M. Wuttke & R. Piehler (Hrsg.), *Medien und Wirklichkeit* (pp. 150–166). Technische Universität Chemnitz.

Mothes, C. (2017). Biased Objectivity: Information Preferences of Journalists and Citizens. *Journalism & Mass Communication Quarterly, 94* (4), 1073–1095.

Müller, M. G. (2005). „Burning Bodies". Visueller Horror als strategisches Element kriegerischen Terrors – eine ikonologische Betrachtung ohne Bilder. In T. Knieper & M. G. Müller (Hrsg.), *War Visions. Bildkommunikation und Krieg* (S. 403–421). Köln.

Munzinger-Archiv: Archiv für publizistische Arbeit (o. J.). *Jörg Kachelmann.* Einsehbar unter http://www.munzinger.de/search/document?index=mol-00&id= 00000022609&type= text/html&query.key=d2c0pTmk&template=/publikationen/ personen/document.jsp&pre-view=. Eingesehen am 21. Dezember 2012.

Neubäumer, R. (2008). Ursachen und Wirkungen der Finanzkrise – eine ökonomische Analyse. *Wirtschaftsdienst, 88* (11), 732–740.

Neubäumer, R. (2011). Eurokrise: Keine Staatsschuldenkrise, sondern Folge der Finanzkrise. *Wirtschaftsdienst, 91* (12), 827–833.

Niederkrotenthaler, T. & Sonneck, G. (2007). Assessing the Impact of Media Guidelines for Reporting Suicides in Austria. Interrupted Time Series Analysis. *Australian and New Zealand Journal of Psychiatry, 41* (5), 419–428.

Niederkrotenthaler, T., Voracek, M., Herberth, A., Till, B., Strauss, M., Etzersdorfer, E., Sonneck, G. (2010). Role of Media Reports in Completed and Prevented Suicide: Werther vs. Papageno Effects. *The British Journal of Psychiatry: The Journal of Mental Science, 197* (3), 234–243.

Noelle-Neumann, E. (1973). Kumulation, Konsonanz und Öffentlichkeitseffekt. Ein neuer Ansatz zur Analyse der Wirkung der Massenmedien. *Publizistik, 18* (1), 26–55.

Österreichischer Presserat (2013). *Grundsätze für die publizistische Arbeit. Ehrenkodex für die österreichische Presse*. Einsehbar unter https://www.presserat.at/rte/upload/pdfs/grundsaetze_fuer_die_publizistische_arbeit_ehrenkodex_fuer_die_oesterreichische_presse_idf_ vom_02.12.2013.pdf. Eingesehen am 15. Juli 2017.

Peter, N., Knoop, C., von Wedemeyer, C. & Lubrich, O. (2012). Sprachbilder der Krise. Metaphern im medialen und politischen Diskurs. In A. Peltzer, K. Lämmle & A. Wagenknecht (Hrsg.), *Krise, Cash & Kommunikation. Die Finanzkrise in den Medien* (S. 49–70). Konstanz.

Phillips, D. P. (1974). The Influence of Suggestion on Suicide: Substantive and Theoretical Implications of the Werther Effect. *American Sociological Review, 39* (3), 340–354.

Phillips, D. P. (1977). Motor Vehicle Fatalities Increase just after Publicized Suicide Stories. *Science, 196* (4297), 1464–1465.

Phillips, D. P. (1979). Suicide, Motor Vehicle Fatalities, and the Mass Media: Evidence Toward a Theory of Suggestion. *American Journal of Sociology, 84* (5), 1150–1174.

Polednik, M. & Rieppel, K. (2011). *Gefallene Sterne. Aufstieg und Absturz in der Medienwelt*. Stuttgart.

Postman, N. (1985). *Wir amüsieren uns zu Tode: Urteilsbildung im Zeitalter der Unterhaltungsindustrie*. Frankfurt am Main.

Postman, N. (2007). *Die zweite Aufklärung: Vom 18. ins 21. Jahrhundert*. Berlin.

Protze, M. (2005). Presserat schärft Blick für Gewaltfotos. In Deutscher Presserat (Hrsg.), *Jahrbuch 2005. Mit der Spruchpraxis des Jahres 2004. Schwerpunkt: Gewaltfotos* (S. 39–41). Konstanz.

Pürer, H. (1990). Journalismus-Krisen und Medien-Ethik. *Communicatio Socialis, 23* (1), 3–17.

Pürer, H. (1992). Ethik in Journalismus und Massenkommunikation. Versuch einer Theorien-Synopse. *Publizistik, 37* (3), 304–321.

Pürer, H. (2003). *Publizistik- und Kommunikationswissenschaft. Ein Handbuch.* Konstanz.

Quiring, O. (2003). Fernsehnachrichten über die Arbeitslosigkeit und die Wahlpräferenzen der Bevölkerung. Eine Zeitreihenanalyse 1994–1998. In W. Donsbach & O. Jandura (Hrsg.), *Chancen und Gefahren der Mediendemokratie* (S. 367–385). Konstanz.

Quiring, O. (2004). *Wirtschaftsberichterstattung und Wahlen.* Konstanz.

Quiring, O., Kepplinger, H. M., Weber, M. & Geiß, S. (2013). *Lehman Brothers und die Folgen. Berichterstattung zu wirtschaftlichen Interventionen des Staates.* Wiesbaden.

Räker, J. (2007). Die Veröffentlichung von Abbildungen Prominenter ohne deren Zustimmung – Führt das „Caroline-Urteil" des EGMR zu einem neuen juristischen Prominenz-Begriff? In T. Schierl (Hrsg.), *Prominenz in den Medien: Zur Genese und Verwertung von Prominenten in Sport, Wirtschaft und Kultur* (S. 81–97). Köln.

Rawls, J. (1979). *Eine Theorie der Gerechtigkeit.* Frankfurt am Main.

Reinemann, C. (2003). *Medienmacher als Mediennutzer. Kommunikations- und Einflussstrukturen im politischen Journalismus der Gegenwart.* Köln/Wien/Weimar.

Reinemann, C., & Baugut, P. (2014). Alter Streit unter neuen Bedingungen. Einflüsse politischer Einstellungen von Journalisten auf ihre Arbeit. *Zeitschrift für Politik, 61* (4), 480–505.

Ribhegge, H. (2011). *Europäische Wirtschafts- und Sozialpolitik.* Berlin.

Rochler, S. (2012). *Journalistische Verantwortung für die Wahrung der Menschenwürde. Eine Untersuchung anhand der Recherche und Berichterstattung über das Inzestverbrechen von Josef Fritzl und den Amoklauf an der Albertville-Realschule in Winnenden* (Dissertation). Friedrich-Schiller-Universität Jena.

Rühl, M. & Saxer, U. (1981). 25 Jahre deutscher Presserat. Ein Anlaß für Überlegungen zu einer kommunikationswissenschaftlich fundierten Ethik des Journalismus und der Massenkommunikation. *Publizistik, 26* (4), 471–507.

Ruß-Mohl, S., & Seewald, B. (1992). Die Diskussion über journalistische Ethik in Deutschland – eine Zwischenbilanz. In M. Haller & H. Holzhey (Hrsg.), *Medien-Ethik. Beschreibungen, Analysen, Konzepte für den deutschsprachigen Journalismus* (S. 22–36). Opladen.

Saxer, U. (1996). Konstituenten einer Medien- und Journalismus-Ethik. Zur Theorie von Medien- und Journalismus-Regelungssystemen. In J. Wilke (Hrsg.), *Ethik der Massenmedien* (S. 72–88). Wien.

Saxer, U. (2004). Journalistische Ethik im elektronischen Zeitalter – eine Chimäre? In A. Holderegger (Hrsg.), *Kommunikations- und Medienethik. Interdisziplinäre Perspektiven* (S. 184–197). Freiburg, Schweiz.

Schäfer, D. (2012). Nachhaltige Finanzmärkte. Eine Bestandsaufnahme nach fünf Jahren Finanzkrise. In DIW (Deutsches Institut für Wirtschaftsforschung) (Hrsg.), *Politikberatung kompakt, 6* (S. 1–45), einsehbar unter http://www.diw.de/docu ments/publikationen/ 73/diw _01.c.407704.de/diwkompakt_2012-066.pdf. Eingesehen am 12. Juni 2013.

Schäfer, M. (2014). Persönlichkeitsschutz vor Suizidprävention: Die Spruchpraxis des Deutschen Presserats zu Beschwerden zur Suizidberichterstattung. In E. Baumann, M. R. Hastall, C. Rossmann & A. Sowka (Hrsg.), *Gesundheitskommunikation als Forschungsfeld der Kommunikations- und Medienwissenschaft* (S. 163–175). Baden-Baden.

Schäfer, M. & Potrafke, S. (2016). Welche Rolle spielt die Suizidprävention? Ein internationaler Vergleich von Pressekodizes im Hinblick auf Richtlinien zur Suizidberichterstattung. In A.-L. Camerini, R. Ludolph & F. Rothenfluh (Hrsg.), *Gesundheitskommunikation im Spannungsfeld zwischen Theorie und Praxis* (S. 17–28). Baden-Baden.

Schäfer, M. & Quiring, O. (2013). Gibt es Hinweise auf einen „Enke-Effekt"? Die Presseberichterstattung über den Suizid von Robert Enke und die Entwicklung der Suizidzahlen in Deutschland. *Publizistik, 58* (2), 141–160.

Scheithauer, H. & Bondü, R. (2011). *Amoklauf und School Shootings: Bedeutung, Hintergründe und Prävention.* Göttingen.

Scherr, S. (2013). Medien und Suizide: Überblick über die kommunikationswissenschaftliche Forschung zum Werther-Effekt. *Suizidprophylaxe, 40* (3), 96–107.

Schicha, C. & Brosda, C. (Hrsg.) (2000). *Medienethik zwischen Theorie und Praxis. Normen für die Kommunikationsgesellschaft.* Münster.

Schmidtke, A. & Häfner, H. (1986). Die Vermittlung von Selbstmordmotivation und Selbstmordhandlung durch fiktive Modelle. Die Folgen der Fernsehserie „Tod eines Schülers". *Nervenarzt, 57* (9), 502–510.

Schockenhoff, E. (2005). *Zur Lüge verdammt? Politik, Justiz, Kunst, Medien, Medizin, Wissenschaft und die Ethik der Wahrheit.* Freiburg.

Schönbach, K. (1977). *Trennung von Nachricht und Meinung. Empirische Untersuchung eines journalistischen Qualitätskriteriums.* Freiburg/München.

Schultz, T. (2016). Rechtsextremismus und Journalismus. Die Rolle der Medien zwischen Vorbild, Versuchung und Versagen. In S. Steinbacher (Hrsg.), *Rechte Gewalt in Deutschland. Zum Umgang mit dem Rechtsextremismus in Gesellschaft, Politik und Justiz* (S. 150–166). Göttingen.

Schultz, T., Jackob, N., Ziegele, M., Quiring, O., & Schemer, C. (2017). Erosion des Vertrauens? Misstrauen, Verschwörungstheorien und Kritik an den Medien in der deutschen Bevölkerung. *Media Perspektiven, 5,* 246–259.

Schwarzer, A. (2012). Geleitwort. In L. Radermacher & A. Schmitt-Geiger (Hrsg.), *Litigation-PR: Alles was Recht ist: Zum systematischen Stand der strategischen Rechtskommunikation* (S. 9–14). Berlin.

Schweizer Presserat (2015). *Richtlinien zur „Erklärung der Pflichten und Rechte der Journalistinnen und Journalisten".* Einsehbar unter https://presserat.ch/journa listenkodex/richtlinien/. Eingesehen am 15. Juli 2017.

Seibicke, W. (2007). Neologismus. In G. Braungart, H. Fricke, K. Grubmüller, J.-D. Müller, F. Vollhardt & K. Weimar (Hrsg.), *Reallexikon der deutschen Literaturwissenschaft* (Online-Ausgabe). Einsehbar unter http://www.degruyter.com/view/product/175648. Eingesehen am 10. Juni 2013.

Shiller, R. J. (2008). *The Subprime Solution: How Today's Global Financial Crisis Happened, and What to Do about it.* Princeton: Princeton University Press. Einsehbar unter http://www.afi.es/eo/the%20subprime%20solution%20-%20shiller,%202008. pdf. Eingesehen am 26. März 2018.

Sinn, H.-W. (2012). *Die Target-Falle – Gefahren für unser Geld und unsere Kinder.* München.

Sontag, S. (2003). *Das Leiden anderer betrachten.* München.

Stapf, I. (2010). Tod und Sterben. In C. Schicha & C. Brosda (Hrsg.), *Handbuch Medienethik* (S. 391–405). Wiesbaden.

Steindl, N., Lauerer, C. & Hanitzsch, T. (2017). Journalismus in Deutschland. Aktuelle Befunde zu Kontinuität und Wandel im deutschen Journalismus. *Publizistik, 62* (4), 401–423.

Stompe, T. & Schanda, H. (Hrsg.) (2017). *Sexueller Kindesmissbrauch und Pädophilie. Grundlagen, Begutachtung, Prävention und Intervention – Täter und Opfer.* Berlin.

Ströder, C. & Jackob, N. (2015). Bildethik. Gewaltbilder in den Medien: Vertretbar oder verwerflich? *Communicatio Socialis, 48* (3), 338–349.

Taylor, J (1998). *Body Horror. Photojournalism, Catastrophe and War.* Manchester.

Teismann, T., Schwidder, J., & Willutzki, U. (2013). Mediale Berichterstattung über den Suizid von Robert Enke. *Zeitschrift für Gesundheitspsychologie, 21* (3), 113–121.

Thomaß, B. (1998). *Journalistische Ethik. Ein Vergleich der Diskurse in Frankreich, Großbritannien und Deutschland.* Opladen/Wiesbaden.

Tiedemann, P. (2014). *Was ist Menschenwürde? Eine Einführung.* Darmstadt.

Trentmann, C. (2015). Medien- und Öffentlichkeitsarbeit bei Strafverfahren – Fluch oder Segen? Die Problematik medialer Aktivitäten von Staatsanwaltschaft und Verteidigung (Litigation-PR). *Publizistik, 60* (4), 403–421.

Valentin, G. (2018). *Die Spruchpraxis des Deutschen Presserates von 1986 bis 2017* (Bachelorarbeit). Johannes Gutenberg-Universität Mainz.

Verhovnik, M. (2009). Chaos vom Feinsten. Berichterstattung zum Amoklauf von Winnenden. *Communicatio Socialis, 42* (3), 288–292.

Wagenknecht, C. (2007). Wortspiel. In G. Braungart, H. Fricke, K. Grubmüller, J.-D. Müller, F. Vollhardt & K. Weimar (Hrsg.), *Reallexikon der deutschen Literaturwissenschaft* (Online-Ausgabe). Einsehbar unter http://www.degruyter.com/view/product/175648 Eingesehen am 10. Juni 2013.

Weber, M. (1980). *Wirtschaft und Gesellschaft: Grundriss der verstehenden Soziologie.* Tübingen.

Weber, M. (2011). *Politik als Beruf.* Berlin.

Weischenberg, S., Malik, M. & Scholl, A. (2006). *Die Souffleure der Mediengesellschaft. Report über die Journalisten in Deutschland.* Konstanz.

Werth, L. (2004). *Psychologie für die Wirtschaft. Grundlagen und Anwendungen.* Heidelberg.

Wilke, J. (Hrsg.) (1996a). *Ethik der Massenmedien.* Wien.

Wilke, J. (1996b). Journalistische Berufsethik in der Journalistenausbildung. In J. Wilke (Hrsg.), *Ethik der Massenmedien* (S. 1–12). Wien.

Wilke, J. (1999). Leitmedien und Zielgruppenorgane. In J. Wilke (Hrsg.), *Mediengeschichte der Bundesrepublik Deutschland* (S. 302–329). Köln.

Wilke, J. (2016). Von der Wahrhaftigkeit zur Gerechtigkeit. Die historische Herausbildung von Normen journalistischen Handelns. In D. Bellingradt, H. Böning, P. Merziger & R. Stöber (Hrsg.), *Jahrbuch für Kommunikationsgeschichte 18* (S. 24–50). Stuttgart.

Willkommen, A. (2001). Joseph, Sebnitz und die Presse. In Sächsische Staatskanzlei (Hrsg.), *Ein bemerkenswerter Fall. Joseph, Sebnitz und die Presse* (S. 1–82). Dresden.

Winter, B. (2004). *Gefährlich fremd. Deutschland und seine Einwanderung.* Freiburg.

Wolff, V. (2006). *ABC des Zeitungs- und Zeitschriftenjournalismus.* Konstanz.

World Health Organization (2008). *Preventing Suicide: A Resource for Media Professionals.* Einsehbar unter http://www.who.int/mental_health/prevention/suicide/resource_media.pdf. Eingesehen am 15. Juli 2017.

Wulff, B. & Maibaum, N. (2012). *Jenseits des Protokolls.* München.

Wulff, C. (2014). *Ganz oben – Ganz unten.* München.

Yang, W. (1990). *Anglizismen im Deutschen. Am Beispiel des Nachrichtenmagazins „Der Spiegel".* Tübingen.

Ystgaard, M. (1997). Suicide Among Young People – Is It Contagious? *Norwegian Journal Suicidology, 3.*

Ziegele, M., Schultz, T., Jackob, N., Granow, V., Quiring, O. & Schemer, C. (2018). Lügenpresse-Hysterie ebbt ab. Mainzer Langzeitstudie „Medienvertrauen". *Media Perspektiven, 4,* 150–162.

Zink, V., Ismer, S. & Scheve, C. von (2012). Zwischen Hoffen und Bangen. Die emotionale Konnotation des Sprechens über die Finanzkrise 2008/2009. In A. Peltzer, K. Lämmle & A. Wagenknecht (Hrsg.), *Krise, Cash & Kommunikation. Die Finanzkrise in den Medien* (S. 23–48). Konstanz.

www.ingramcontent.com/pod-product-compliance
Ingram Content Group UK Ltd.
Pitfield, Milton Keynes, MK11 3LW, UK
UKHW021842210426
5322IPUK00022B/420